Arthur Benz · Susanne Lütz · Uwe Schimank
Georg Simonis (Hrsg.)

Handbuch Governance

Arthur Benz · Susanne Lütz
Uwe Schimank
Georg Simonis (Hrsg.)

Handbuch Governance

Theoretische Grundlagen und empirische Anwendungsfelder

VS VERLAG FÜR SOZIALWISSENSCHAFTEN

Bibliografische Information Der Deutschen Nationalbibliothek
Die Deutsche Nationalbibliothek verzeichnet diese Publikation in der
Deutschen Nationalbibliografie; detaillierte bibliografische Daten sind im Internet über
<http://dnb.d-nb.de> abrufbar.

1. Auflage Juni 2007

Lektorat: Frank Schindler

Der VS Verlag für Sozialwissenschaften ist ein Unternehmen von Springer Science+Business Media.
www.vs-verlag.de

Umschlaggestaltung: KünkelLopka Medienentwicklung, Heidelberg
Druck und buchbinderische Verarbeitung: Krips b.v., Meppel
Gedruckt auf säurefreiem und chlorfrei gebleichtem Papier
Printed in the Netherlands

ISBN 978-3-531-14748-2

Vorwort

Seit dem Studienjahr 2003/2004 bietet das Institut für Politikwissenschaft der FernUniversität in Hagen in Kooperation mit der Soziologie und der Geschichte einen Masterstudiengang „Governance" an. Das vorliegende Handbuch stellt das jüngste Ergebnis der intensiven Zusammenarbeit der Initiatoren des neuen Studiengangs dar. Bereits während seiner Konzeptionsphase war vorgesehen, den Studierenden zu Beginn des Masterstudiums einen möglichst breiten Überblick über das Governance-Konzept und die mit ihm verbundenen, das Studium prägenden Grundbegriffe zu vermitteln. Doch hat es noch des Anstoßes durch Frank Schindler vom VS Verlag für Sozialwissenschaften bedurft, dass die geplante Einführung die Gestalt eines Handbuches annahm, das nun in der gleichfalls von der Autorengruppe herausgegebenen Governance-Reihe, die Lehrbücher des Hagener Masterprogramms versammelt, erscheinen kann.

Das Handbuch soll dazu beitragen, das „Zauberwort Governance" – so jüngst Gunnar F. Schuppert – zu entzaubern. Es soll daher in erster Linie die wissenschaftliche Selbstverständigung anregen, indem es das Erkenntnispotenzial des attraktiven Konzeptes, aber auch seine Reichweite und Grenzen herausarbeitet. Dies soll hier dadurch geschehen, dass möglichst viele derjenigen Forscherinnen und Forscher, die sich aktuell mit ihm beschäftigen, zu Wort kommen. Das Handbuchformat erlaubt es, die wesentlichen Grundformen (Strukturen) und die in ihnen wirksamen Mechanismen von Governance (Teil A), die mit dem Konzept verbundenen Theorie- und Analyseperspektiven (Teil B) sowie die vielfältigen Anwendungsmöglichkeiten als Analyseinstrument interdependenter Systeme kollektiven Handelns (Teil C) angemessen, wenn auch nicht vollständig und theoretisch erschöpfend darzustellen. Allein der breite Überblick vermittelt einen verlässlichen Eindruck von der Leistungsfähigkeit des Konzeptes. Ob es sich als sozialwissenschaftliche Schlüsselkategorie oder als modischer Zauber erweist, muss sich an den Forschungsergebnissen ablesen lassen.

Dass von den einunddreißig Autorinnen und Autoren des Handbuchs knapp die Hälfte an der FernUniversität in Hagen lehrt, ist natürlich kein Zufall. Das Handbuch ist aus Forschungs- und Lehrzusammenhängen hervorgegangen, und es soll neben der wissenschaftlichen Selbstvergewisserung der Politikwissenschaft auch dazu dienen, Studierende, unter anderen jene der FernUniversität, mit dem sperrigen Begriff vertraut zu machen. Gemäß dem Hagener Lehrkonzept, Lücken in der Angebotspalette durch auswärtige Gäste zu kompensieren, wodurch aus einer Schwachstelle eine im deutschsprachigen Raum einmalige Stärke erwächst, wurden externe Kolleginnen und Kollegen, die einschlägig zur Governance-Thematik forschen, zur Mitarbeit an dem Handbuch gewonnen. Ihnen allen, die sich an die strengen Vorgaben des Herausgeberteams halten mussten, sei für ihre Bereitschaft, trotzdem an dem Projekt mitzuwirken, ganz herzlich gedankt.

Schließlich möchte das Handbuch noch einen dritten Zweck erfüllen. Es soll im Sinne des „public understanding of science" die an der politikwissenschaftlichen Forschung interessierte Öffentlichkeit über neueste Forschungsergebnisse und Analyseperspektiven informieren. Das Governance-Konzept ist in aller Munde, aber die informierten Laien, denen aus der Perspektive der Wissenschaft auch die Angehörigen der politischen Klasse zurechenbar sind, benötigen Übersetzungshilfen, um die unverständliche Fachsprache zu begreifen. Da das Governance-Konzept nicht allein eine wissenschaftliche Kopfgeburt ist, sondern auch einer veränderten Realität Ausdruck verleiht, ist es aus Sicht der Herausgeber wünschenswert, dass in der politischen Öffentlichkeit eine inhaltlich gehaltvolle Aneignung des Konzeptes stattfindet, damit die modernen Zeiten wenigstens angemessen interpretiert werden können. Ohne die richtigen Begriffe ist die Politik hilflos, unsere Allgemeingüter auch künftig zu sichern. Welchen Beitrag das Governance-Konzept hierfür zu leisten vermag, ist offen. Für die politische Diskussion ist zunächst einmal der Anspruch auf angemessene Problemanalysekompetenz entscheidend.

Allen, die zum Gelingen dieses Handbuches beigetragen haben, sind wir zu großem Dank verpflichtet. Das gilt insbesondere für Ingeborg Voss, die die unangenehme Aufgabe der Koordination des Handbuchprojektes mit großer Verlässlichkeit erfüllte, und für Frank Lorenz, der mit großer Hingabe und Entschlossenheit die Beiträge lektorierte und auf diese Weise das formale Erscheinungsbild vereinheitlichte.

Hagen, im Dezember 2006
Arthur Benz, Susanne Lütz, Uwe Schimank, Georg Simonis

Inhalt

Arthur Benz / Susanne Lütz / Uwe Schimank / Georg Simonis

Einleitung

Sozialwissenschaftliche Konzepte weisen immer ein doppeltes Verhältnis zur Realität auf: Sie stehen für eine bestimmte Sicht, mit der Forscherinnen und Forscher die Wirklichkeit interpretieren, verstehen oder erklären, und sie sind gleichzeitig Teil der Wirklichkeit, die sie durch ihre Effekte auf das Handeln von Menschen, Gruppen oder Organisationen beeinflussen. Wenn ein Begriff neu geprägt wird oder wenn ein alter Begriff, gegebenenfalls modifiziert, plötzlich in aller Munde ist, dann muss man ihn zwar nicht als angemessene Sicht auf die Wirklichkeit annehmen, in seinem zweiten Realitätsbezug ist er aber allemal relevant. Denn selbst wenn sich hinter ihm kein neues wissenschaftliches Paradigma verbirgt, verweist er auf veränderte Wahrnehmungen von in der Praxis handelnden Akteuren.

Governance ist ohne Zweifel in diesem zweiten Sinn relevant. In vielen Bereichen von Politik, Wirtschaft und Gesellschaft und auf allen Ebenen wird der Begriff gebraucht, und zwar in der Wissenschaft wie auch in der Praxis. Der Grund für die Verbreitung des Begriffs liegt keineswegs darin, dass mit ihm eine neue Form von Regierung, ein Organisationsmodell oder ein Modell gesellschaftlicher Selbststeuerung erfunden worden wäre, wenngleich diese Behauptung zum Teil mit Governance verbunden wird. Tatsächlich steht dahinter die Erkenntnis, dass bekannte Formen, von denen man gemeinhin die Lösung kollektiver Probleme in der modernen Gesellschaft erwartet, also der Staat bzw. das Hierarchiemodell in Politik, Verwaltung und Unternehmen, der Markt oder Verbände und soziale Gemeinschaften, problematisch geworden sind. Zwar haben sich Prognosen des Niedergangs des Staates oder des Endes der Hierarchie ebenso als unzutreffend erwiesen wie die Rede vom Marktversagen oder von der Auflösung von Assoziationen oder Gemeinschaften, aber ihre Defizite und ihre Kontingenz sind inzwischen erkannt worden. Und genau auf diesen Tatbestand verweist die Verbreitung des Begriffs Governance. Denn dieser steht für alle diese Formen und Mechanismen der Koordinierung zwischen mehr oder weniger autonomen Akteuren, deren Handlungen interdependent sind, sich also wechselseitig beeinträchtigen oder unterstützen können. Er verweist darauf, dass sie alle nur unter bestimmten Bedingungen und für bestimmte Probleme geeignet sind, wir deshalb ihre Funktionsweise und Funktionsbedingungen besser verstehen müssen, wenn wir die komplexe politische und soziale Wirklichkeit begreifen, Probleme analysieren und Lösungen finden wollen. Insofern kommt ihm eine wissenschaftliche wie praktische Bedeutung zu, ohne dass damit schon etwas über die Eignung des Konzeptes gesagt wäre.

Mit der Verbreitung eines Begriffs auf immer mehr Anwendungsbereiche sinkt dessen Klarheit fast zwangsläufig. Das trifft auch im Fall von Governance zu (Blumenthal 2005). Dies aber ist kein Grund, ihn als für die Wissenschaft nicht brauchbar zu erklären. Seine Eignung liegt nicht in der präzisen Beschreibung einer bestimmten Realität, sondern in einer bestimmten Perspektive auf die Realität. Damit liefert er einen Rahmen, in dem sich weitere

Begriffe einordnen und einander zuordnen lassen, je nachdem, welchen Gegenstand wir betrachten, welche Fragen wir stellen oder was wir erklären wollen (vgl. Kooiman 2002; Pierre/Peters 2000). Gleichwohl fordert gerade auch die breite Verwendung die Wissenschaft auf, die Grenzen des Konzeptes aufzuzeigen und es vor einer Trivialisierung zu schützen.

Das vorliegende Handbuch verfolgt die Intention, dem Governance-Konzept klarere Konturen zu verleihen. Ferner wollen wir weitere Konzepte und Theorieansätze erläutern, die für die Erforschung der Fragen, die Governance stellt, von Bedeutung sind, und am Beispiel wichtiger Forschungsfelder die Anwendung der Governance-Perspektive illustrieren. In diesem Einleitungskapitel soll zunächst die Herkunft des Konzeptes dargestellt, die hier vertretene Perspektive skizziert und ihre Leistungsfähigkeit und ihre Grenzen für die Wissenschaft erörtert werden. Im letzten Abschnitt skizzieren wir die daraus folgenden Gründe für die Anlage des Handbuchs.

1 Herkunft des Konzeptes

Dass mittlerweile nicht nur in sozialwissenschaftlichen Kontexten, sondern auch in der politischen Öffentlichkeit von Governance gesprochen und diese Begrifflichkeit als eine geläufige unterstellt und gehandhabt wird, täuscht leicht über den Tatbestand hinweg, dass Governance vor zehn Jahren noch für viele Fachleute und erst recht in einer breiteren Öffentlichkeit ein Fremdwort war. Seitdem kann man geradezu von einem Siegeszug des Begriffs und der damit verbundenen Perspektive sprechen. Die rasche Diffusion weckt natürlich den Verdacht, es könne sich um einen Modebegriff handeln, der bald wieder von der Bildfläche verschwinden werde. Auch um sich diesbezüglich rückzuversichern, ist es angebracht, sich die Ursprünge der Governance-Perspektive etwas genauer zu vergegenwärtigen. Hat diese Perspektive solide theoretische Wurzeln, oder geht es bloß darum, mit rein semantischen Innovationen kurzfristig Aufmerksamkeit zu erregen? Wir meinen, dass Ersteres zutrifft.

Governance ist ja zunächst einmal im englischen Sprachraum ein durchaus nicht ungebräuchliches Wort, mit dem „the act or manner of governing" beziehungsweise „the office or function of governing" bezeichnet wird (The Concise Oxford Dictionary 1990: 511). Das so allgemein umschriebene Phänomen gibt es historisch schon seit mehreren tausend Jahren, und ein besonderer Blickwinkel darauf ist an einer solchen Wortprägung auch nicht erkennbar. Dieser alltägliche Sprachgebrauch, der bis ins 13. Jahrhundert zurückreicht, ist analytisch nicht sehr inspirierend. Er schlüsselt die Realität nicht in einer Weise auf, die spannende, bisher nicht gesehene Aspekte zum Vorschein bringt. Es wäre allerdings voreilig, die Governance-Perspektive auf ein solches Alltagsverständnis zu reduzieren. Vielmehr zeigt sich bei genauerem Hinsehen, dass hier – wie in den Sozialwissenschaften nicht selten – ein Alltagsbegriff als Name für eine Perspektive herangezogen worden ist, die das Alltagswissen über die betreffenden Sozialphänomene hinter sich lässt und genau dadurch im nächsten Schritt sozialwissenschaftlich aufzuklären vermag.

Eine erste, grobe Annäherung kann zwei disziplinäre Wurzeln der Governance-Perspektive unterscheiden: die in der Institutionenökonomik verankerte wirtschaftswissenschaftliche Wurzel auf der einen, die in der Politikwissenschaft verankerte Wurzel auf der anderen Seite – wobei Letztere zum einen auf das Untersuchungsgebiet der internationalen Beziehungen, zum anderen auf die Policy-Forschung zurückgeht. Diese beiden disziplinären Wurzeln der Governance-Perspektive stehen in einem eigentümlichen Komplementaritätsverhältnis zueinander, das die Fragestellungen, mit denen sich die Perspektive beschäftigt, nachhaltig geprägt hat.

Wissenschaftshistorisch steht die wirtschaftswissenschaftliche Prägung der Governance-Perspektive am Anfang. Ronald Coase (1937) wies früh auf eine offenkundige Anomalie des neoklassischen Mainstreams wirtschaftswissenschaftlichen Denkens hin. Dieser Mainstream zeichnet den Markt als unübertroffenen Mechanismus der Koordination interdependenten Handelns von Akteuren aus, sobald es um die Allokation knapper Ressourcen geht. Doch ganz offensichtlich treten im Wirtschaftsleben der modernen Gesellschaft Koordinierungsprobleme auf, die der Markt nicht zu bewältigen vermag, und es existieren Formen der Handlungskoordination, die den Markt außer Kraft setzen und gerade deshalb für sein Funktionieren unentbehrlich sind. Am unübersehbarsten sind Arbeitsorganisationen, also Institutionen, die dafür sorgen, dass Unternehmer und Arbeitsuchende nicht tagtäglich neu auf einem Arbeitsmarkt aushandeln müssen, wer welche Tätigkeiten für wen zu welchem Preis zu erbringen bereit ist. Oliver Williamson (1985) hat die frühen Überlegungen von Coase zu einem institutionenökonomischen Forschungsprogramm ausgearbeitet, in dessen Zentrum das Konzept der Transaktionskosten steht. Diese Kosten wirtschaftlicher Transaktionen sind nicht in jedem Fall dann am geringsten, wenn die Transaktionen über einen Markt abgewickelt werden. Bestimmte Bedingungen, die man genauer spezifizieren kann, lassen vielmehr organisatorische Hierarchien oder interorganisatorische Netzwerke als überlegene, effizientere oder effektivere Formen der Handlungskoordination erscheinen. Von der Mikroebene der einzelnen Organisation über die Mesoebene von Interorganisationszusammenhängen reicht die institutionenökonomische Governance-Perspektive mittlerweile bis zur Makroebene einer Betrachtung branchenförmiger, regionaler, nationaler oder auch historisch spezifischer „varieties of capitalism", also der jeweils besonderen Mischungsverhältnisse, in denen der Marktmechanismus in Verbindung mit anderen Governance-Mechanismen größere wirtschaftliche Zusammenhänge prägt (Lütz 2006).

Governance ist bei Williamson der Begriff für die institutionellen Regeln der Handlungskoordination, und diese Regeln laufen entgegen dem Modell-Platonismus der Neoklassik nicht immer auf den Markt hinaus. Die damit begründete Institutionenökonomik setzt mit der Governance-Perspektive also den Akzent auf solche Modi der Handlungskoordination, die nicht-marktförmig sind. Der Blick bleibt klar auf wirtschaftliche Transaktionen fixiert; doch gerade an ihnen wird demonstriert, dass keine universelle Überlegenheit und Alleinherrschaft des Marktmechanismus konstatierbar ist.

Eine ganz andere Herkunft der Governance-Perspektive findet sich in den Politikwissenschaften. Während in der wirtschaftswissenschaftlichen Diskussion gerade Hierarchie als Strukturmerkmal formaler Organisationen gegen den Markt akzentuiert wird, setzt die politikwissenschaftliche Begrifflichkeit „Governance" als einen Kontrapunkt zu „Government" – verstanden als etatistisch-hierarchische Gesellschaftssteuerung. Entsprechende Phänomene zeigten sich zunächst in den internationalen Beziehungen. Beziehungen zwischen Staaten sind nicht streng hierarchisch koordiniert, auch nicht im Rahmen der Vereinten Nationen oder der Europäischen Union. Die internationale Bühne der Politik stellt ein „Governance without Government" (Rosenau/Czempiel 1992) dar. Zweifellos ist die Handlungskoordination auf dieser Ebene nicht einfach, wie vielfältige Beispiele dokumentieren; doch Hierarchie ist weder notwendig, um eine dauerhafte Handlungskoordination zwischen Staaten zu ermöglichen, noch zeigt sie sich als eine durchgängig überlegene Form der Handlungskoordination. Nicht nur dass die Etablierung von Hierarchie in den zwischenstaatlichen Beziehungen wenig aussichtsreich erscheint, sie könnte, ginge sie etwa als Formalisierung aus einer faktischen Hegemonie hervor, überdies suboptimal sein.

Die Suboptimalität von Hierarchie war auch der Erfahrungshintergrund für eine weitere politikwissenschaftliche Wurzel der Governance-Perspektive im Kontext der Policy-Forschung. Der Begriff steht hier in einem Dreischritt von „Planung" über „Steuerung" zu „Governance". Stichwortartig und sehr vereinfacht lässt sich die Entwicklung wie folgt zusammenfassen (Mayntz 1996; 1998):

- Hinter „Planung" stand in den 1960er und frühen 1970er Jahren die Vorstellung einer primär hierarchischen, etatistischen Gestaltung gesellschaftlicher Felder durch Politik mit der Ministerialbürokratie als zentralem Gestaltungssubjekt, das „von oben" mit großer Zielgenauigkeit dirigistisch in ein jeweiliges Gestaltungsobjekt – zum Beispiel die Hochschulen, Unternehmen oder weniger organisierte Handlungsfelder einer Gesellschaft – hineinzuwirken vermag. Auch wenn man im Westen niemals der Planungshypertrophie des damals noch real existierenden Sozialismus anhing, war der nicht zuletzt durch die „Systemkonkurrenz" mit den sozialistischen Staaten motivierte technokratische Gestaltungsoptimismus zeitweilig doch beträchtlich.
- Dann erschien eine schnell berühmt gewordene amerikanische Policy-Studie mit dem ironischen Titel „Implementation. How great expectations in Washington are dashed in Oakland, or, why it's amazing that federal programs work at all" (Pressman/Wildavsky 1973). Die Implementationsforschung schaute nach, was denn eigentlich vor Ort aus den ambitionierten Planungen der Regierung wird. Das Ergebnis solcher Studien, auch in Deutschland, war ernüchternd: Die Art von Planung, die man bis dahin praktiziert hatte, funktionierte offensichtlich nicht, weil das jeweilige Gestaltungsobjekt eben nicht bloß ein passiver, seine Formung durch die staatliche Politik willig über sich ergehen lassender Gegenstand ist, sondern aktiv und eigendynamisch Steuerungsimpulse verarbeitet. Bei Objekten der Steuerung handelt es sich in aller Regel um komplexe Konstellationen individueller und kooperativer Akteure mit je eigenen Interessen und Einflusspotenzialen.
- Terminologisch war man inzwischen in Deutschland auf „Steuerung" umgeschwenkt. Zu den empirischen politikwissenschaftlichen Studien, welche das Scheitern der Planung und der Reformpolitik ermittelten und mit institutionellen Restriktionen erklärten (Mayntz 1987; Scharpf 1975), traten theoretische Überlegungen, die stark systemtheoretisch angelegt waren und auf die Resistenz gesellschaftlicher Teilsysteme gegen politische „Interventionen" verwiesen. Dietrich Dörner (1989) zeigte die schier unwiderstehliche „Logik des Misslingens" auf, die jedem Gestaltungseingriff in hochgradig intransparente eigendynamische Systeme innewohnt. Am radikalsten behauptete Niklas Luhmann, dass jedes Bemühen einer politischen Steuerung der Gesellschaft illusio-

när sei, weil alle gesellschaftlichen Teilsysteme geschlossene Operationszusammenhänge bilden, an denen politische Impulse entweder völlig abprallen oder in deren eigensinnigen Bahnen politische Impulse jedenfalls zu gänzlich unvorhersehbaren Effekten führen.

- Die politische Praxis hat aus derlei Einsichten, gepaart mit der chronischen Knappheit der Staatsfinanzen, teilweise den radikalen Schluss gezogen, einen neoliberalen Anti-Etatismus des „Mehr Markt!" zu proklamieren, womit man allerdings nicht selten hinter den geschilderten Diskussionsstand der Institutionenökonomik zurückfiel. Die analytisch differenziertere Reaktion der Politikwissenschaft bestand demgegenüber darin, zwar einerseits entschlossen von der zu einseitigen bisherigen Konzentration auf etatistische Gesellschaftssteuerung, also auf Hierarchie im Verhältnis von Staat und gesellschaftlicher Umwelt, abzurücken, dem jedoch nicht ein ebenso vereinseitigtes Marktmodell, sondern eine Mehrzahl anderer Governance-Mechanismen gegenüberzustellen. So wurden etwa Politiknetzwerke, professionelle Gemeinschaften, die „Zivilgesellschaft", Verhandlungskonstella-tionen oder Verbände neu in den Blick genommen.

Diese Entwicklungslinie politikwissenschaftlicher Forschungen hat dazu geführt, dass Governance teilweise als Gegenbegriff zu Government – Letzteres im Sinne des allein auf Hierarchie fixierten Etatismus verstanden – benutzt wird. Damit läuft man allerdings Gefahr, von einem Extrem ins andere zu fallen und empirisch unbezweifelbare vielfache Phänomene hierarchischer staatlicher Steuerung gesellschaftlicher Vorgänge zu vergessen oder zumindest zu bagatellisieren. Analytisch ist es zweckmäßiger, Governance als Oberbegriff für sämtliche vorkommenden Muster der Interdependenzbewältigung zwischen Staaten sowie zwischen staatlichen und gesellschaftlichen Akteuren zu setzen und Hierarchie im Sinne von Government als ein solches Muster neben anderen zu verstehen. Nur mit einer solchen Begriffsverwendung erreicht die politikwissenschaftliche Betrachtung denselben Allgemeinheitsgrad wie die zuvor geschilderte institutionenökonomische Perspektive.

Zusammengefasst arbeiten sich also die beiden für die Genealogie des Begriffs Governance maßgeblichen Disziplinen aus diametral entgegengesetzten Richtungen an ein gemeinsames Begriffsverständnis heran. Die Wirtschaftswissenschaft lernt, dass es noch andere, ebenso wichtige Mechanismen der Interdependenzbewältigung gibt als den Markt, und die Politikwissenschaft erteilt sich dieselbe Lektion in Bezug auf Hierarchie bzw. Staat. Jede der beiden Disziplinen entdeckt dabei nicht nur den zuvor ausschließlich von der je anderen thematisierten und favorisierten Governance-Mechanismus, sondern darüber hinaus auch weitere Mechanismen; im Zusammenwirken insbesondere mit der Soziologie gewinnt so allmählich ein weitgehend geteiltes, differenziertes Bild von Governance Konturen.

2 Perspektive und Einordnung

Aus der Herkunft des Governance-Konzeptes lässt sich bereits die mit seiner Verwendung verbundene Perspektive erkennen. Zum einen wird die der älteren Regierungslehre und Policy-Forschung implizite Sicht, wonach ein Staat, eine Regierung oder eine Verwaltung ihre Ziele gegen gesellschaftliche Adressaten ihrer Entscheidung einfach durchsetzen können, ebenso überwunden wie die Vorstellung, der Markt könne die Effizienz von Produktion und Verteilung in der Wirtschaft gewährleisten. Zum anderen kommen neben dem Markt und dem Staat andere Formen der Interdependenzbewältigung in den Blick. Diese Formen gelten nicht als spezifisch für einen bestimmten Sektor bzw. ein gesellschaftliches Teilsystem, vielmehr tragen sie in jeweils unterschiedlichen Kombinationen zur Verwirklichung kollektiven Handelns im öffentlichen, im privaten wie im „Dritten Sektor", in Politik, Wirtschaft, Kultur, Wissenschaft oder sozialen Gemeinschaften, bei.

Wenn wir in der Forschung oder im praktischen Handeln den Begriff Governance verwenden, so bedeutet dies zunächst, dass wir dieses erweiterte Spektrum von Möglichkeiten des koordinierten kollektiven Handelns in den Blick nehmen. Über die bloße Tatsache der Koordination zwischen Individuen, Organisationen, gesellschaftlichen Teilsystemen oder Staaten hinaus verweist der Begriff also auf unterschiedliche Formen und Mechanismen der Koordination. Mit *Formen* meinen wir die Strukturen der Interaktion, seien es solche, die sich durch dauerhaftes Zusammenwirken ergeben, oder solche, die durch formale Regeln institutionalisiert wurden. Als *Mechanismen* bezeichnet die Sozialwissenschaft demgegenüber die Prozessverläufe, die sich kausal im Rahmen dieser Formen ergeben. Es handelt sich hierbei um „Ursache-Wirkung-Ablauf-‚Muster'" (Schimank 2002: 155), die, da sie in den institutionellen Strukturen und den Handlungsmotiven der Akteure angelegt sind, regelmäßig vorkommen und daher durch theoretische Modelle der Struktur- und Interaktionsdynamiken rekonstruiert werden können.

Die Governance-Perspektive ist also mehr als eine Beschreibung von Koordination kollektiven Handelns, weil auch die Mechanismen und ihre strukturelle Verankerung erfasst werden, welche koordiniertes kollektives Handeln herbeiführen. Und obgleich sich die Diskussion vielfach auf Formen oder Institutionen bezieht, wenn von Governance die Rede ist, geht es immer auch um die Wirkungsmechanismen und die durch sie ausgelösten Prozesse. Der Governance-Ansatz lässt sich insofern vom älteren Institutionalismus genauso abgrenzen wie vom Funktionalismus. Während Ersterer kollektives Handeln mit den Bauplänen einer Institution und den ihnen zugrunde liegenden Normen erklärt und Letzterer die Realität mit den Leistungserwartungen vergleicht, verweist Governance auf die Handlungslogiken, das heißt die kausalen Verbindungen zwischen Strukturen (Institutionen oder Machtverteilung), Interessen und Interaktionen (vgl. Kooiman 2002).

In dieser abstrakten Kennzeichnung scheint der Begriff Governance ohne wesentlichen Gehalt im Hinblick auf die Beschreibung oder Erklärung realer Phänomene zu sein. Das liegt daran, dass er, jedenfalls in dem hier zugrunde gelegten breiten Verständnis, keine konkrete Realität erfasst, sondern für eine Perspektive auf die Realität steht. Damit verwenden wir Governance als einen *Analysebegriff*, und dieser liegt auch den Beiträgen zugrunde, die in diesem Handbuch zusammengestellt worden sind.

Dabei übersehen wir nicht, dass es auch andere Verwendungsweisen gibt. Zu nennen sind insbesondere die folgenden (Rhodes 1997: 47-53; Kersbergen/Waarden 2004):

- *Deskriptiver* Begriff: Mit diesem wird die Tatsache erfasst, dass kollektive Entscheidungen in modernen Gesellschaften zunehmend in nicht-hierarchischen Formen der Zusammenarbeit zwischen staatlichen und privaten Akteuren zustande kommen, Gesetzgebung und autoritative Gesetzesdurchsetzung des Staates demgegenüber an Bedeutung verlieren. Governance als Realität nicht-hierarchischer, netzwerkförmiger oder kooperativer Politik finden wir innerhalb des Zuständigkeitsbereichs des Staates, vor allem aber auch im internationalen Kontext. Abgesehen davon, dass fraglich ist, ob diese Formen der Politik neu sind, können wir ihre Ausprägungen und Wirkungen nur verstehen, wenn wir über ein analytisches Instrumentarium verfügen, mit dem die jeweils spezifischen Strukturen und Mechanismen begriffen werden können.

- *Normativer* Begriff: Governance wird häufig zur Beschreibung eines Modells des „guten" Regierens oder Verwaltens verstanden. Gemeint sind dabei zum einen Normen wie etwa demokratische Verantwortlichkeit von Regierungen, Rechtsstaatlichkeit, Transparenz sowie Unabhängigkeit der Politik und Verwaltung von spezifischen Interessengruppen oder einer Klientel. Zum anderen wird Governance in der öffentlichen Verwaltung entweder mit dem Konzept des „New Public Management" gleichgesetzt oder als eine Weiterführung dieses Konzeptes unter Berücksichtigung von Interdependenzen zwischen Sektoren und Politikbereichen („joint-up management") verstanden. Ob der Anspruch, den diese Konzepte erheben, in der Realität auch eingelöst werden kann, lässt sich entweder mit einer kritischen Analyse der vorgeschlagenen Institutionen und Verfahren oder einer Evaluierung von Praxisbeispielen ermitteln. Beides erfordert ein geeignetes analytisches Instrumentarium.
- *Praktisches* Konzept: Neuerdings wird Governance auch als Regierungstechnik verstanden. Dieser Begriff leitet sich aus dem normativen Konzept von „Good Governance" ab, fokussiert aber auf das Management von Interdependenzen, Netzwerken oder Verhandlungssystemen ohne Rückgriff auf formale Entscheidungskompetenzen. Dieses Verständnis findet sich etwa im Weißbuch der Europäischen Kommission mit folgender Definition: "'Governance' means rules, processes and behavior that affect the way in which powers are exercised at European level, particularly as regards openness, participation, accountability and coherence" (Europäische Kommission 2001: 8, Fn.1). Während in anderen Praxiskontexten Governance noch stärker auf Management verengt wird, hat das Verständnis der Kommission den Vorteil, dass es nicht auf spezifische Regierungstechniken ausgerichtet und für verschiedene Formen offen ist. Insofern lässt sich seine Umsetzung in die Praxis mit den hier vertretenen Analysekonzepten erfassen. Allerdings sind Praxiskonzepte nicht gleichzusetzen mit analytischen Konzepten der Wissenschaft.

Die unterschiedlichen Verwendungsweisen liefern Kritikern des Governance-Konzeptes Argumente, es als vage und missverständlich abzulehnen. Mit einer solchen Begründung könnte man aber viele zentrale sozialwissenschaftliche Begriffe wie etwa Gesellschaft, Staat, Politik u.a. für unbrauchbar erklären. Wir wollen demgegenüber mit diesem Handbuch dokumentieren, welcher analytische Gehalt in dem Begriff Governance steckt und auf welche Analyseperspektiven er verweist. Auch insofern ist aber zunächst Missverständnissen vorzubeugen.

Der analytische Gebrauch von Governance impliziert eine spezifische Sicht auf die Wirklichkeit, indem die Interdependenzen zwischen Akteuren und die verschiedenen Formen der Interdependenzbewältigung im Kontext von Institutionen und gesellschaftlichen

Teilsystemen in den Mittelpunkt gerückt werden. Damit verweist man darüber hinaus auf ein begriffliches Instrumentarium, das geeignet ist zu untersuchen, wie verschiedene Koordinationsformen sowie ihre Kombination bei der Bewältigung der Interdependenzprobleme funktionieren. Governance stellt aber keine Theorie dar. Zwar verbindet sich mit dem Konzept der Anspruch, verallgemeinerbare Aussagen über Formen und Mechanismen der Koordination zu treffen, angesichts der Vielfalt und Komplexität wird man dabei aber nur mit Theoremen begrenzter Reichweite rechnen können, welche aus vergleichenden Untersuchungen gewonnen werden können. Darüber hinaus gibt es eine Nähe zu vorhandenen Analyseansätzen, weil Governance einen systematischen Zusammenhang von Strukturen und Handlungen, Institutionen und Interaktionen postuliert. Insofern ist es kein Zufall, dass der Begriff in Forschungskontexten entstanden ist, in denen institutionalistische oder interaktionszentrierte Ansätze verwendet wurden. Gleichwohl lassen sich Hypothesen über Struktur-Prozess-Zusammenhänge auch anderen Theorien entnehmen. Innerhalb der Grenzen ihrer spezifischen Analyseperspektive ist die Governance-Forschung offen für einen Theorienpluralismus.

Governance ist damit nicht mehr, aber auch nicht weniger als ein wissenschaftlicher „Brückenbegriff" (Schuppert 2005: 373), der eine problemorientierte Kommunikation zwischen unterschiedlichen Subdisziplinen der Politikwissenschaft sowie zwischen wissenschaftlichen Disziplinen ermöglicht. Innerhalb der Politikwissenschaft fokussiert die Governance-Perspektive auf die wachsende Bedeutung nicht-hierarchischer Formen der Koordination von Politik und deren Effektivität und Legitimität. Die Frage nach dem Potenzial nicht-hierarchischer Koordinationsformen zwischen den Staaten, innerhalb einer Staates sowie zwischen Staat und Gesellschaft steht nicht zuletzt im Kontext eines seit dem Ende des zwanzigsten Jahrhunderts doppelt eingeschränkten Handlungsspielraumes des Nationalstaates. Nach außen ist der Nationalstaat immer weniger fähig, allein Entscheidungen für die Bürger seines Territoriums zu treffen. Vielmehr werden Fragen der Wirtschafts-, Sozial- oder Umweltpolitik, die bislang als überwiegend innenpolitische Angelegenheit galten, nun auch mit anderen Staaten, internationalen Organisationen oder privaten Akteuren auf globaler und europäischer Ebene abgestimmt. Die Formen derartig „gepoolter Souveränität" fallen je nach Problemlage, Politikfeld oder Konstellation beteiligter Akteure sehr unterschiedlich aus; im Ergebnis zeigen sich bereichsspezifisch variierende Muster und Qualitäten sozialer Integration. Im Innern scheitern Versuche zielgerichteter staatlicher Einflussnahme gegenüber der Gesellschaft an deren Eigendynamik und Komplexität, aber auch an ihren durch Internationalisierung und Globalisierung gewachsenen Optionen, sich staatlicherseits auferlegten Zwängen zu entziehen. Auch innerhalb des nationalen Territoriums wird die hierarchische Über- bzw. Unterordnung politischer Handlungsebenen zunehmend infrage gestellt und nach den Gestaltungspotenzialen dezentraler Steuerungsarrangements gefragt, die von erweiterten Kompetenzen der Bundesländer über regionale Planungs- und Entwicklungsnetzwerke bis hin zu lokalen Formen von public-private partnerships reichen können. Der Einsatz marktförmiger Steuerungsinstrumente innerhalb des Staats- und Verwaltungsapparates wird mit der Hoffnung auf Kosteneinsparungen und größere Effektivität der Abläufe verbunden. Die Frage nach der Effektivität und Legitimität nicht-hierarchischer Koordinationsstrukturen hat sich somit innerhalb der Politikwissenschaft zum Querschnittsthema verschiedener Teildisziplinen wie der Internationalen Beziehungen, der Europaforschung, der Politikfeldanalyse, der auf Verbände und gesellschaftliche Interessenvermittlung gerichteten politischen Soziologie, der Föderalismus- und Regionenforschung und nicht zuletzt der politikwissenschaftlichen Verwaltungs- und Kommunalwissenschaft entwickelt.

Die Muster, die Formen und die Qualität sozialer Interdependenzbewältigung werden aber auch über Disziplinen hinweg thematisiert, wie Diskussionen in der Soziologie, den Wirtschafts- und Rechtswissenschaften zeigen. Allerdings lassen sich hier durchaus unterschiedliche disziplinäre Akzentsetzungen beobachten. Die Politik- und Rechtswissenschaften legen ihr Augenmerk auf die *Formen* und *Muster der Interdependenzbewältigung*. Während die Politikwissenschaft Koordinationsstrukturen unter Rückgriff auf das Zusammenspiel von Handeln, Interaktion und institutionellen Rahmenbedingungen rekonstruieren und erklären möchte, thematisiert die Rechtswissenschaft das Steuerungsdesign von Regelungsstrukturen und dabei insbesondere die Steuerungsqualitäten des öffentlichen Rechts im Zusammenspiel mit Zivilrecht und Formen privater Selbstregulierung (Schuppert 2005: 382-394). Demgegenüber rücken die Soziologie und vor allem die Wirtschaftswissenschaften die *Wirkungen* und *Funktionen* von Mustern gesellschaftlicher Koordination in den Mittelpunkt der Betrachtung. Die an Fragen der Sozial- und Systemintegration interessierte Soziologie beurteilt Abstimmungsstrukturen zwischen Staat und Gesellschaft danach, ob diese sich funktional oder dysfunktional auf die gesellschaftliche Integration auswirken – im Idealfall ergibt sich aus der Ordnung der Akteurkonstellationen auch eine Ordnung der Gesellschaft (Lange/Schimank 2004: 26). Die aus der Transaktionskostenökonomik hervorgegangene wirtschaftsbezogene Governance-Diskussion beleuchtet hingegen die Leistungsfähigkeit von Governance-Konfigurationen hinsichtlich ihrer möglichen Kosten, Effizienz- und Wettbewerbsvorteile für die beteiligten Akteure (vgl. Lütz 2006: 19-20).

Das Governance-Konzept verbindet sich also in den einzelnen Fachdisziplinen mit unterschiedlichen Theorien und Methoden der Forschung. Dies muss auch so sein, wenn man in der interdisziplinären Forschung eine naheliegende Gefahr vermeiden will. Wenn nämlich die Disziplinen sich wechselseitig des begrifflichen Instrumentariums der jeweils anderen Seite bedienen, ohne die Unterschiede zu beachten, dann entsteht Verwirrung, welche den interdisziplinären Diskurs eher erschwert als fördert. Als Brückenbegriff zwischen Disziplinen impliziert Governance ein Forschungsprogramm, das nicht identische, sondern komplementäre Begriffe über identische Untersuchungsgegenstände verlangt. Die Übernahme der Governance-Perspektive sollte uns im interdisziplinären Diskurs nicht dazu verleiten, unser begriffliches Instrumentarium zu vereinheitlichen, sondern differente Begriffe aufeinander zu beziehen.

3 Leistungsfähigkeit und Grenzen des Konzeptes

Aus den bisherigen Ausführungen lässt sich der mit dem Governance-Konzept verbundene Vorteil für die Forschung erkennen. Er liegt in dem Analysepotenzial, das die mit dem Konzept vermittelte Sichtweise und die in ihm enthaltenen Kategorien liefern. Abgesehen von den normativ ausgerichteten Varianten der Governance-Debatte, die sich um Begriffe wie „New Public Management" oder „Good Governance", teilweise (vor allem in Deutschland) auch um „Global Governance" ranken, zielt die Governance-Perspektive darauf, Strukturen, Mechanismen und Wirkungen der Bewältigung von Interdependenz zwischen individuellen, kollektiven oder korporativen Akteuren zu beleuchten. Dabei greift sie auf ein heuristisches Instrumentarium zurück, das es erlaubt, Typen von Koordinationsstrukturen zu identifizieren, die man je nach dem Gegenstand der Analyse auf einem Kontinuum zwischen Markt und Staat einordnen oder in Kategorien wie Wettbewerb, Netzwerke, Verhandlungen oder Gemeinschaft fassen kann, um das Zusammenwirken dieser Koordinationsstrukturen zu analysieren. Ein wesentlicher Vorteil dieser Betrachtungsweise liegt insofern darin, einen analytischen Werkzeugkasten zur Beschreibung und zum Verstehen kollektiven Handelns bereitzustellen. Auf der Grundlage einer Governance-Typologie ist es dann etwa möglich, die Bedeutung vertrauensbasierter Netzwerkbeziehungen für das Funktionieren von Märkten aufzuzeigen, Wettbewerbs- und Verhandlungsbeziehungen innerhalb des Staates und zwischen territorialen Gebietskörperschaften oder auch das Zusammenspiel von Hierarchie, Wettbewerbs- und Verhandlungsmechanismen in Organisations- und Interorganisationszusammenhängen in den Blick zu nehmen. Mithilfe des Governance-Ansatzes können insofern Modi der Integration des Individuums in die Gesellschaft sowie Formen der Interdependenzbewältigung innerhalb und zwischen gesellschaftlichen Teilsystemen (wie Politik, Wirtschaft, Gesundheit, Massenmedien) präzise beschrieben und hinsichtlich ihrer Vor- und Nachteile analysiert werden (Lange/Schimank 2004).

Gleichwohl dürfen bei alledem Schwächen und Grenzen des Konzeptes nicht übersehen werden. Das Erkenntnisinteresse des Governance-Ansatzes ist auf Strukturen und Mechanismen der Regelung kollektiver Sachverhalte gerichtet. Die Governance-Perspektive gerät dabei in dem Maße in einen „Problemlösungsbias" (Mayntz 2004: 74), wie sich die Sozialwissenschaften allgemein für die Bearbeitung kollektiver Probleme interessieren und die Leistungsfähigkeit institutioneller Arrangements zur Bereitstellung von Kollektivgütern zum Thema machen. Dies verweist allerdings lediglich auf einen genuinen Praxisbezug der entsprechenden Forschung. Der allgemeine Fokus auf die Bedingungen der Lösung kollektiver Probleme impliziert nicht notwendigerweise, dass Problemlösungen immer zustande kommen, dass die Regelung kollektiver Sachverhalte immer im Konsens erfolgt oder dass diese alle Beteiligten gleichermaßen begünstigt oder benachteiligt. Insofern schließt die Governance-Perspektive die Frage nach den Bedingungen von Steuerungsversagen („governance failure") ebenso ein wie die Thematisierung von Machtfragen innerhalb von Steuerungsarrangements (Blumenthal 2005). Unter Rückgriff auf Governance-Typologien können beispielsweise asymmetrische Abhängigkeitsbeziehungen zwischen den an Regelungsarrangements Beteiligten konzeptualisiert werden, die die Möglichkeit einer erzwungenen Übernahme von Politikmaßnahmen beinhalten. Auch „weiche" Formen von hierarchischer Koordination, die sich häufig als „Rute im Fenster" zeigen und den Ablauf von Verhandlungsprozessen oftmals indirekt beeinflussen, lassen sich mit dem Governance-Ansatz erfassen. Allerdings ist Mayntz (2004) hinsichtlich ihrer Kritik an der „Machtblindheit" der Governance-Perspektive in einem Punkt zuzustimmen: Der Ansatz unterstellt zumindest bei einigen der an Koordinationsprozessen beteiligten Akteure eine vorhandene *Intention* zu kollektiver Regelung, selbst wenn diese nicht immer gelingt oder in ihrem Ergebnis nicht alle Beteiligten zufriedenstellt. Nicht erfasst wird hingegen das Ausbleiben von Steuerungskoordination aufgrund fehlender Steuerungs*absicht*. Beispielhaft hierfür wären Machterwerb und -erhalt mit dem Ziel der eigenen Bereicherung („rent-seeking") und Herrschaftssicherung, die bewusste Nichtentscheidung offener Fragen („non-decision making") oder auch die Verschiebung von Problemen in andere Handlungsarenen.

Der Governance-Ansatz rückt die Formen und Probleme der Regelung kollektiver Sachverhalte in den Mittelpunkt des Interesses. Regelungsstrukturen zwischen Staat und Gesellschaft werden hinsichtlich ihrer Funktionsweise und bezüglich ihrer Wirkungen auf die in ihnen handelnden Akteure beleuchtet. Demgegenüber tritt das politische Handeln Einzelner etwas in den Hintergrund; Akteure werden vielmehr als integriert und eingebettet in eine Governance-Struktur betrachtet, welche bestimmte Anreize und Restriktionen für das Akteursverhalten setzt. Der Governance-Ansatz ist damit stärker als die ältere Steuerungstheorie einer institutionalistischen oder strukturalistischen Denkweise verhaftet. Auch wenn sich die tendenzielle Unterbelichtung der Akteursebene in einigen Varianten der Debatte, wie etwa der auf die Wirtschaft bezogenen Governance-Diskussion, stärker zeigt als im politikwissenschaftlichen Zweig (Lütz 2006), resultieren daraus doch Analysedefizite in unterschiedlicher Hinsicht:

- Zum einen resultiert soziale Integration nicht nur aus formalisierten oder informellen Koordinationsmustern zwischen Staat und Gesellschaft, sondern sie setzt auch geteilte Deutungsmuster und Sinnvorstellungen und damit eine ideelle Ebene voraus. Um Aufschluss über die in Governance-Konfigurationen entstehenden Identitäten zu erhalten, müssten Analysen stärker die kognitive Dimension in den Blick nehmen und rekonstruieren, ob und wie Akteure ihre Weltbilder und Deutungsmuster aufeinander abstimmen. Dies würde auch einen stärkeren Fokus auf die Frage der Problemwahrnehmung in Governance-Analysen nahelegen – wenn alle Beteiligten ihre Problemsituation und damit auch den Koordinationsbedarf sehr unterschiedlich interpretieren, ist es nicht verwunderlich, dass kollektive Regelungsversuche nicht erfolgreich sind oder sich gar nicht erst realisieren lassen.
- Auch wenn in Governance-Analysen sowohl die Struktur- als auch die Prozessdimension von Koordination gemeint und mitgedacht werden, verfügt der Governance-Ansatz doch über keine analytischen Kategorien, um die Entstehung von Governance-Konfigurationen zu erfassen. Diese Blindheit zeigt sich insbesondere in der auf die Wirtschaft bezogenen Governance-Debatte, die Mixturen von Governance-Strukturen letztlich als institutionelle Gleichgewichte bzw. als „geronnene Lösung" für gesellschaftliche Koordinationsprobleme begreift. Dieser implizite Funktionalismus geht auf die institutionenökonomische Tradition des Ansatzes zurück. Zwangsläufig geraten dann auch die Prozesse, vor allem jedoch die Konflikte, die zur Genese, Reproduktion oder auch Transformation von Koordinationsstrukturen führen, aus dem Blickfeld. Institutionen wie auch bestimmte Governance-Formen sind nicht notwendigerweise entstanden, um bestimmte Zwecke und Funktionen zu erbringen, sondern oftmals auch das Ergebnis der Improvisation, des Experimentierens und der stetigen Modifikation durch die beteiligten Akteure. Nicht zufällig verweisen gerade Diskussionszusammenhänge, die auf institutionellen Wandel, die Überwindung von Pfadabhängigkeiten oder dynamische Politikentwicklung gerichtet sind, auf die Bedeutung einer stärkeren Berücksichtigung der Akteursebene in Transformationsprozessen.

- Governance ist so gesehen ein ahistorisches Konzept, welches das „Wie" gesellschaftlicher Koordination sehr umfassend beleuchten kann, jedoch nicht notwendigerweise überzeugende Antworten auf das „Warum" zur Verfügung hat. Die Governance-Perspektive hat nicht den Charakter einer Gesellschaftstheorie, die die Genese, die Funktionsweise und den Wandel gesellschaftlicher Koordinationsmodi im übergreifenden Kontext diskutieren würde, etwa vor dem Hintergrund gesellschaftlicher Differenzierung und Individualisierung oder der kapitalistischen Entwicklung und des historisch-materialistisch bedingten Wandels von Gesellschaftsformationen, oder die Governance-Konfigurationen aus herrschaftskritischer Sicht als Reproduktion klassenbasierter oder geschlechtlicher Ungleichheit betrachtet. Die Governance-Diskussion würde von einer Verknüpfung mit gesellschaftstheoretischen Konzepten zweifellos profitieren ebenso, wie sich diese den Werkzeugkasten des Governance-Ansatzes zunutze machen könnten, um Strukturen und Mechanismen kollektiven Handelns präzise zu beleuchten und auf diese Weise rein funktionalistischer Argumentation vorzubeugen.

Die eigentliche Stärke des Governance-Ansatzes liegt in seiner theoretischen Anschlussfähigkeit. Insofern sind auch die genannten Verengungen oder Einseitigkeiten der Perspektive nicht unüberwindbar. Ob und unter welchen Bedingungen diese Stärken und Schwächen tatsächlich zum Tragen kommen, muss die zukünftige Forschung zeigen. Das vorliegende Handbuch soll die zentralen Begriffe und die relevanten Theorien bzw. Analyseperspektiven darstellen, die diese Forschung leiten können.

4 Grundbegriffe und Fragestellungen – Zum Aufbau und Inhalt des Handbuchs

Die Governance-Forschung vergleicht zum einen unterschiedliche Formen und Mechanismen der Bewältigung von Problemen kollektiven Handelns, um ein Verständnis ihrer Wirkungsweise zu gewinnen. Zum anderen untersucht sie das Zusammenwirken unterschiedlicher Formen und Mechanismen der Koordination und die daraus resultierenden Folgen. Dabei kann sie sich auf grundlegende Begriffe und Theorien stützen, die sie für das jeweilige Untersuchungsfeld kombiniert.

In erster Linie interessiert in diesem Zusammenhang die Funktionsweise von Governance. Die Grundfrage der Sozialwissenschaft, wie koordiniertes kollektives Handeln möglich ist, wird konkretisiert auf bestimmte Felder organisierter Interaktion. Ziel ist es, die in den jeweiligen Strukturen angelegten Mechanismen des kollektiven Handelns zu entdecken und ihre Funktionsweise zu erklären.

Die hierauf gerichtete Forschung kann sich darauf stützen, dass grundlegende Formen kollektiven Handelns in der modernen Gesellschaft schon relativ gut analysiert worden sind und wir auf Aussagen über ihre Funktionsweise zurückgreifen können. Das gilt etwa für Hierarchie, Wettbewerb in der Politik und im Markt, Netzwerke, Verhandlungen und Gemeinschaften. Die Handlungskoordinierung, die in diesen geleistet wird, beruht auf der Wirkung von relativ einfachen, „basalen" Mechanismen: Akteure können ihr Verhalten aufgrund wechselseitiger Beobachtung einander anpassen, sie können sich wechselseitig beeinflussen oder im Verhandeln, das heißt im direkten Austausch von Meinungen und Argumenten, zu einer Einigung über gemeinsame Interessen gelangen. In den komplexeren Governance-Formen wirken meistens spezifische Kombinationen dieser basalen Mechanismen, wobei in aller Regel jeweils einer dominiert. Sie werden ergänzt durch Handlungsanreize und -restriktionen, die in den Strukturen institutionalisiert sind oder faktisch wirken. Koordination in der Hierarchie etwa beruht auf wechselseitigem Einfluss zwischen vorgesetzten und untergeordneten, ausführenden Akteuren unter der Voraussetzung, dass die asymmetrische Machtverteilung die untergeordneten Akteure zur Beachtung der Anordnungen ihrer Vorgesetzten veranlasst, diese aber aufgrund der asymmetrischen Verteilung von Informationen ihre Vorgaben an die Reaktionen der ausführenden Akteure anpassen und sich durch deren Fachkenntnisse beeinflussen lassen. Wettbewerbe funktionieren über wechselseitige Anpassung, zu der die Akteure durch Anreize veranlasst werden, welche die Konkurrenz um knappe Güter setzt. Verhandlungen zielen auf koordiniertes Handeln auf der Basis einer Einigung, welche im Verhandeln angestrebt wird. Diese Koordinationsform kommt zustande, wenn die institutionellen Strukturen einer Verhandlung (insbesondere die Gleichberechtigung der Beteiligten und der Zwang zum Dialog und zur Begründung von Forderungen und Vorschlägen) die Akteure motivieren, eine Einigung zu erzielen und sie auch einzuhalten. Netzwerke und Gemeinschaften wiederum beruhen primär auf Mechanismen der wechselseitigen Beeinflussung, wobei bei Netzwerken die Handlungsanreize in der Ressourcenabhängigkeit oder im Vertrauen liegen, bei Gemeinschaften hingegen in sozialen Ähnlichkeiten normativer, kognitiver oder evaluativer Art.

Abgesehen von der Funktionsweise von Governance richtet sich die Forschung in diesem Bereich auf die Dynamik von Governance-Formen. Die Bedeutung dieses Aspektes dürfte offenkundig sein, wenn daran erinnert wird, dass Governance kollektives Handeln durch Strukturen oder Regeln nicht determiniert, die Handlungskoordination vielmehr aus der Wechselwirkung von Strukturen und Interaktionen zu erklären ist. Governance-Formen lassen sich damit durch eine „endogene“ Dynamik charakterisieren: Hierarchien werden immer wieder durch Steuerungsverzicht der Leitung oder Verselbständigung der ausführenden Einheiten unterlaufen; Wettbewerbe verändern kontinuierlich die Positionen der Akteure, wobei sie dadurch zum Teil Strukturen verfestigen oder aufbrechen; in Gemeinschaften werden Normen im konkreten Handeln immer neu bestätigt oder auch infrage gestellt, was mit Verschiebungen von Machtverhältnissen verbunden ist; Netzwerke sind nur „lose gekoppelt“ und unterliegen daher Veränderungen durch Verdichtung oder Abschwächung von Beziehungen oder den Eintritt oder Austritt von Akteuren.

Diese Eigendynamik wird aber durch Mechanismen der Transformation ergänzt, modifiziert und überlagert, die mit den Kategorien der Governance-Analyse zwar nicht erklärt, aber doch deskriptiv-analytisch erschlossen werden können. Zum Ersten können Akteure bewusst die Regeln der Interaktion, die Institutionen, in denen Governance verankert ist, ändern. Damit werden meistens nur bestimmte Elemente des Regelsystems erneuert, was zu spezifischen Sequenzen des Wandels führt. Zudem setzen sich Institutionen und Interaktionen gegenseitig Grenzen der Veränderung, die zur Einschränkung des Wandels auf mehr oder weniger enge Entwicklungspfade führt. Zum Zweiten können in einem Prozess des Politiktransfers oder der Diffusion von Innovationen Veränderungen von außen induziert werden oder auf die Eigendynamik einwirken. Drittens können gravierende Funktionsdefizite oder grundlegende Veränderungen in den externen Bedingungen eine Transformation bestehender Governance-Arrangements erzwingen. Solche weitreichenden Umbrüche lassen sich vor allem bei komplexen Governance-Formen in Staaten, Regierungssystemen, Märkten und großen Organisationen wie Unternehmen oder Verbänden beobachten, während sich intraorganisatorische Hierarchien, politische Wettbewerbe, Netzwerke, Verhandlungen oder Gemeinschaften tendenziell evolutionär verändern.

In der Politikwissenschaft, aber auch in der Rechtswissenschaft steht darüber hinaus die Frage nach der Legitimität von Governance im Zentrum der Forschung. Zum Teil wird behauptet, Governance rechtfertige sich durch Funktionsfähigkeit, das heißt durch das Erbringen kollektiver Leistungen oder die Lösung von Problemen. Diese Auffassung beruht aber auf einer engen normativen Sicht. Dass die Governance-Perspektive nicht ganz so eng auf die Untersuchung der Problemlösungsfähigkeit festgelegt ist, wurde bereits erwähnt. Hinzu kommt, dass wir mit der Identifikation von Funktionsmechanismen noch nichts darüber aussagen können, welche Leistungen erbracht werden bzw. wie Probleme gelöst werden, ganz abgesehen davon, dass oft die Maßstäbe der Evaluierung des Outputs alles andere als eindeutig bestimmbar sind. Die Frage nach der Legitimität beruht deshalb auf der Anerkennung der Prämisse, dass Formen und Mechanismen von Governance zwar die Funktionsweise, aber nicht die Ergebnisse bestimmen. Letztere werden unter anderem auch dadurch beeinflusst, welche Akteure in welcher Weise beteiligt sind und wie die Macht zwischen ihnen verteilt ist. Die Frage nach der Legitimität impliziert damit die Frage nach der Rechtfertigung von Beteiligungsrechten und der Machtverteilung, welche Gegenstand der Demokratietheorie und Demokratieforschung ist. Die damit verbundenen Probleme sind inzwischen Gegenstand intensiver Diskussionen (Greven/Pauly 2000; Benz/Papadopoulos 2006).

Die genannten Grundfragen von Governance können unter Anwendung verschiedener Theorie- und Analyseansätze untersucht werden. Im zweiten Teil dieses Handbuchs werden zum einen mit institutionalistischen Ansätzen, der Kybernetischen Systemtheorie und der Netzwerktheorie solche vorgestellt, die sich generell mit dem Zusammenwirken von Strukturen und Prozessen bzw. mit Mechanismen befassen. Sie beziehen sich auf je spezifische Aspekte von Governance, insbesondere Normen und Regeln, Steuerungsstrukturen und Beziehungsstrukturen zwischen Akteuren. Zum anderen gibt es auch Theorien, die sich auf bestimmte Bereiche oder Governance-Formen beziehen. Zu diesen gehören zweifellos Organisationstheorien, die formal organisierte Handlungsfelder betreffen, oder die Regulationstheorie, die Aussagen zur Struktur und Entwicklung von Staat-Wirtschaft-Beziehungen und zu Formationen der kapitalistischen Gesellschaft enthält. Genauso relevant ist die Regimetheorie, die in Forschungen zur internationalen Politik entstanden ist, jedoch auch für andere Bereiche wichtige Erkenntnisse über die Entstehung und Wirkung von Normen und Regeln für stabile Interaktionsbeziehungen und für eine erfolgreiche Koordination bereitstellt.

Neben diesen genuin soziologischen und politikwissenschaftlichen Theorien sind rechts- und wirtschaftswissenschaftliche Perspektiven zu berücksichtigen, nicht nur weil die Governance-Diskussion inzwischen interdisziplinär ist, sondern auch weil beide Disziplinen Kategorien und Aussagen liefern, die auch für die anderen Disziplinen fruchtbar gemacht werden können. Das rechtswissenschaftliche Konzept der Regelungsstrukturen verweist auf die Kontexte von Rechtsordnungen, die für spezifische Aufgabenbereiche Regeln der Entscheidungsfindung bestimmen und den Akteuren Rechte, Pflichten und Verantwortlichkeiten zurechnen. Angesprochen ist damit auch die vielfach gegebene Verzahnung von Rechtsregimen, welche nicht mehr der Differenzierung von öffentlichem und privatem oder nationalem und Völkerrecht entsprechen. Die Wirtschaftswissenschaft liefert mit der ökonomischen Theorie der Institution Modelle der Handlungskoordinierung im Zusammenwirken zwischen Institutionen und Akteuren. Auf dieser Grundlage interessiert sich die ökonomische Governance-Forschung für den Vergleich von institutionellen Arrangements, die Elemente von Markt, Unternehmen und Staat verbinden. Das primäre Erkenntnisinteresse der Ökonomie liegt hier in der Frage, wie Transaktionskosten minimiert werden können.

Die Politikwissenschaft erweitert diesen Governance-Ansatz, indem sie berücksichtigt, dass Handlungskoordinierung in der Regel zwischen Akteuren stattfindet, die in unterschiedlichen institutionellen Kontexten agieren und deren Handlungsziele und -optionen oft erst in politischen Prozessen nach den Regeln dieser Institutionen bestimmt werden müssen. Governance wird damit zu einem Prozess in verbundenen Strukturen, in dem verschiedene Koordinationsmodi kombiniert werden („mixed modes of governance"; vgl. Benz 2006). Verhandeln etwa Regierungen, Verwaltungen und Verbände, dann unterliegen sie nicht nur den Spielregeln der Verhandlung, in der sie miteinander eine Einigung anstreben, sondern auch der Willensbildung und Kontrolle in ihren eigenen Institutionen. Regierungen müssen Entscheidungen in Parlamenten berücksichtigen, Verwaltungsvertreter unterliegen Erwartungen oder Weisungen von Behördenleitungen oder Ministerien, Verbandsvertreter benötigen die stillschweigende Zustimmung ihrer Mitglieder oder die explizite Zustimmung von Verbandsgremien. Diese Komplexitätssteigerung der Analyse hat den Nachteil, dass verallgemeinerbare Aussagen schwieriger werden, weil für Kombinationen von Governance keine Theoriemodelle vorliegen und die Variabilität der komplexen Formen sehr hoch ist. Aber sie hat den wichtigen Vorteil, dass die Governance-Analyse damit realitätsnäher wird und auf verschiedene Funktionsbereiche und Ebenen von Politik und Gesellschaft angewandt werden kann.

Die Bedeutung der Governance-Perspektive für die empirische Forschung (und damit zugleich ihre praktische Relevanz) sollen die Beiträge im dritten Teil dieses Handbuchs zeigen. Hier werden zunächst Querschnittsaspekte der Demokratie und Interessenvermittlung behandelt, die die schon angesprochene Frage nach der Legitimation von Governance aufgreifen. Die weiteren Beiträge sind zum einen nach Ebenen gegliedert und wenden das Governance-Konzept auf globale, europäische, nationale, regionale und lokale Kontexte sowie auf Koordinationsprozesse an, die mehrere Ebenen überschreiten. Zum anderen geht es um Funktionsbereiche der Gesellschaft wie Wirtschaft, Wissenschaft oder Massenmedien, für die sich das Governance-Konzept als sinnvoll erwiesen hat.

Ein Handbuch sollte die Forschung in seinem Themenfeld möglichst umfassend dokumentieren. Diesem Anspruch können wir mit diesem Band nicht vollständig gerecht werden, und dies war auch nicht das Ziel. Dazu fehlen dem Governance-Konzept noch die Konturen, und auch die Forschung ist sehr disparat. Aus diesem Grund waren wir im ersten Teil zu einer Entscheidung für bestimmte Kategorien gezwungen und in den anderen beiden Teilen zur Selektion von Themen. Im ersten Teil entschieden wir uns für eine gängige

Typologie von Governance-Formen, die wir um einen Beitrag zu basalen Mechanismen sowie um den Aspekt von Dynamik und Wandel ergänzten. Damit beabsichtigten wir, Governance als Analysekonzept darzustellen und seine Konturen zu präzisieren. Im zweiten Teil wählten wir Theorien aus, die von besonderer Bedeutung für die Governance-Forschung sind. Zugleich versuchten wir, mit der Unterschiedlichkeit der Theorietypen die Offenheit des Governance-Konzeptes für einen Theorienpluralismus zu belegen. Schließlich trugen wir der Interdisziplinarität der Governance-Diskussion Rechnung, indem wir mit zwei Beiträgen die spezifischen Sichtweisen der Rechts- und Wirtschaftswissenschaft in dem ansonsten stark durch die Politikwissenschaft und Soziologie geprägten Diskurs herausstellten.

Ebenso waren wir bei den stärker empirisch ausgerichteten Beiträgen des dritten Teils zur Selektion gezwungen. Die Fokussierung auf Fragen der Legitimation, Demokratie und Interessenvermittlung soll betonen, dass die Governance-Perspektive diese Aspekte und damit Fragen von Macht und Herrschaft nicht ausblendet, sie vielmehr einen zentralen Gegenstand der Diskussion und Forschung darstellen. Die Ebenengliederung spiegelt die Realität wie die Differenzierung von Forschungsfeldern wider. Corporate Governance ist ein Thema, welches bislang stark durch wirtschaftswissenschaftliche Analysen beherrscht wird, dem sich aber die anderen Sozialwissenschaften nicht verschließen können, zumal die Steuerung und die Koordination in Unternehmen enorme Auswirkungen auf Wirtschaft, Gesellschaft und Staat haben. Bei den anderen Funktionsbereichen beabsichtigten wir, die Breite des Forschungsfeldes erkennbar zu machen. Dabei ging es uns nicht um die Auswahl von Politikfeldern, sondern um Bereiche, in denen Staat (bzw. Staaten), Verbände, Unternehmen und zivilgesellschaftliche Akteure bei der Erbringung spezifischer Leistungen oder der Bewältigung bestimmter gesellschaftlicher Probleme zusammenwirken müssen.

Literatur

Benz, Arthur, 2006: Eigendynamik von Governance in der Verwaltung, in: Jörg Bogumil/Werner Jann/Frank Nullmeier (Hrsg.), Politik und Verwaltung (PVS-Sonderheft 37/2006). Wiesbaden: VS, 29-49.

Benz, Arthur/Papadopoulos, Yannis (Hrsg.), 2006: Governance and Democracy – Comparing National, European and Transnational Experiences. London: Routledge.

Blumenthal, Julia von, 2005: Governance – eine kritische Zwischenbilanz, in: Zeitschrift für Politikwissenschaft 15 (4), 1149-1180.

Coase, Ronald, 1991: The Nature of the Firm (1937), in: Oliver E. Williamson/Sidney G. Winter (Hrsg.), The Nature of the Firm. Origins, Evolution, and Development. New York u.a.: Oxford University Press, 18-33.

Dörner, Dietrich, 1989: Die Logik des Misslingens. Strategisches Denken in komplexen Situationen. Reinbek bei Hamburg: Rowohlt.

Europäische Kommission, 2001: European Governance. A White Paper, COM (2001) 424. Brüssel: EU-Kommission.

Greven, Michael/Pauly, Louis W., 2000: Democracy Beyond the State? The European Dilemma and the Emerging Global Order. Lanham: Rowman & Littlefield.

Kersbergen, Kees van/Waarden, Frans van, 2004: "Governance" as a bridge between disciplines. Cross-disciplinary inspiration regarding shifts in governance and problems of governability, accountability and legitimacy, in: European Journal of Political Research 43, 143-171.
Kooiman, Jan, 2002: Governing as Governance. London: Sage.
Lange, Stefan/Schimank, Uwe, 2004: Governance und gesellschaftliche Integration, in: Stefan Lange/Uwe Schimank (Hrsg.), Governance und gesellschaftliche Integration (Reihe Governance, Band 2). Wiesbaden: VS, 9-44.
Lütz, Susanne, 2006: Einleitung: Governance in der politischen Ökonomie, in: Susanne Lütz (Hrsg.), Governance in der politischen Ökonomie (Reihe Governance, Band 6). Wiesbaden: VS, 13-55.
Mayntz, Renate, 1987: Politische Steuerung und gesellschaftliche Steuerungsprobleme. Anmerkungen zu einem theoretischen Paradigma, in: Thomas Ellwein/Joachim Jens Hesse/Renate Mayntz/Fritz W. Scharpf (Hrsg.), Jahrbuch zur Staats- und Verwaltungswissenschaft, Bd. 1. Baden-Baden: Nomos, 89-110.
Mayntz, Renate, 1996: Politische Steuerung. Aufstieg, Niedergang und Transformation einer Theorie, in: Klaus von Beyme/Claus Offe (Hrsg.), Politische Theorien in der Ära der Transformation. Opladen: Westdeutscher Verlag, 148-168.
Mayntz, Renate, 1998: New Challenges to Governance Theory. Jean Monnet Chair Paper 50, Robert Schuman Centre of the European University Institute. Florenz: European University Institute.
Mayntz, Renate, 2004: Governance im modernen Staat, in: Arthur Benz (Hrsg.), Governance – Regieren in komplexen Regelsystemen (Reihe Governance, Band 1). Wiesbaden: VS, 65-75.
Pierre, Jon/Peters, B. Guy, 2000: Governance, Politics and the State. London: MacMillan.
Pressman, Jeffrey L./Wildavsky, Aaron B., 1973: Implementation: How great expectations in Washington are dashed in Oakland; or, why it's amazing that federal programs work at all. Berkley: University of California Press.
Rhodes, Roderick A.W., 1997: Understanding Governance. Policy Networks, Governance, Reflexivity and Accountability. Buckingham u.a.: Open University Press.
Rosenau, James N./Czempiel, Ernst-Otto (Hrsg.), 1992: Governance without Government: Order and Change in World Politics. Cambridge: Cambridge University Press.
Scharpf, Fritz W., 1975: Politische Durchsetzbarkeit innerer Reformen. Göttingen: Schwarze.
Schimank, Uwe, 2002: Theoretische Modelle sozialer Strukturdynamiken. Ein Gefüge von Generalisierungsniveaus, in: Renate Mayntz (Hrsg.), Akteure – Mechanismen – Modelle. Frankfurt a.M./New York: Campus, 151-178.
Schuppert, Gunnar Folke, 2005: Governance im Spiegel der Wissenschaftsdisziplinen, in: Gunnar Folke Schuppert (Hrsg.), Governance-Forschung. Baden-Baden: Nomos:, 371-469.
The Concise Oxford Dictionary of Current English, 8. Aufl., hrsg. von R. E. Allen, 1990. Oxford: Oxford University Press.
Williamson, Oliver E., 1985: The Economic Institutions of Capitalism. Firms, Markets and Relational Contracts. New York: Free Press.

Teil 1: Governancemechanismen und -formen: Strukturen und Dynamiken

Uwe Schimank

1.1 Elementare Mechanismen

Governance ist eine analytische Perspektive, die ihren Gegenstand mit anderen etablierten sozialwissenschaftlichen Theorien teilt (→ Einleitung). Ihr Gegenstand sind Muster der Interdependenzbewältigung zwischen Akteuren. Mit diesen Mustern haben sich die Wirtschafts- und die Politikwissenschaft ebenso wie die Soziologie seit langem beschäftigt. Oft spricht man dabei von Theorien und Modellen sozialer Ordnung, wie etwa der spezifischen Ordnung des Marktes oder der Gemeinschaft. Die Governance-Perspektive setzt die reale Existenz und analytische Durchdringung solcher Ordnungsmuster voraus und kommt dann ins Spiel, wenn gesellschaftliche Akteure und deren sozialwissenschaftliche Beobachter sich für eine intentionale Gestaltung der Muster interessieren, sich also fragen: Welche Gestaltungserfordernisse können zum Beispiel aus einer Marktordnung, etwa in Form von „Marktversagen", erwachsen, und welche Gestaltungsmöglichkeiten existieren gegenüber und im Rahmen dieser Ordnung? Dabei schließt intentionale Gestaltung das bewusste Unterlassen eines gestaltenden Eingriffs in die jeweilige soziale Ordnung ein.

Der Gestaltungsimpetus, der der Governance-Perspektive erst eine klare Kontur – gerade auch gegenüber allgemeinen Theorien sozialer Ordnung – gibt, stammt aus der steuerungstheoretischen Herkunft der Perspektive (→ Kybernetik und Systemtheorie). Gegenüber älteren Theorien politischer Planung, die sich zunächst vorrangig auf die Planungsinstanzen wie etwa die Ministerialbürokratie und deren Funktionieren konzentriert hatten, hatte die Steuerungstheorie, die Erkenntnisse der Implementationsforschung aufgreifend, den Gegenstand der Planung bzw. Steuerung als eine eigenaktive, insbesondere auch sich selbst steuernde und auf die Steuerungsakteure zurückwirkende Konstellation von Akteuren oder als ein eigenen Dynamiken folgendes gesellschaftliches Teilsystem herausgestellt (Mayntz 1997). Damit war eine analytische Grundvorstellung erarbeitet, die in die Governance-Perspektive eingegangen und von dieser weiterentwickelt worden ist: Eine Konstellation von Gestaltungsakteuren steht einem Gestaltungsgegenstand, der ebenfalls eine Akteurkonstellation darstellt, gegenüber, und beide über das Gestaltungshandeln relationierten Konstellationen lassen sich hinsichtlich der in ihnen waltenden sozialen Ordnungsmuster betrachten. Die Governance-Perspektive nimmt, so gesehen, die Gestaltung einer sozialen Ordnung durch ebenfalls in eine soziale Ordnung eingebettete Akteure in den Blick. Beispielsweise kann es in der staatlichen Forschungspolitik um Maßnahmen gehen, die auf eine soziale Ordnung der Wissenschaft, etwa an Universitäten, zielen und dabei beachten sollten, dass in diesem Gesellschaftsbereich wissenschaftliche Gemeinschaften ein wichtiges Ordnungsmuster darstellen (→ Wissenschaft). Zugleich unterliegen die Akteure staatlicher Forschungspolitik eigenen Ordnungsmustern – in Deutschland etwa der föderalen Mehrebenenstruktur des Staates (→ Multilevel Governance). Damit werden Mechanismen und Muster sozialer Ordnungsbildung für die Governance-Perspektive zweifach relevant: erstens als Merkmal des betrachteten Gegenstands intentionaler Gestaltung und zweitens als Merkmal des Kontextes, aus dem heraus Gestaltungsbemühungen stammen. Im Grenzfall der Selbstgestaltung einer Akteurkonstellation fällt beides zusammen – etwa bei der Governance in Organisationen (→ Organisationstheorien).

1 Abstraktes Bezugsproblem

Soziale Ordnungen sind solche Muster der Interdependenzbewältigung zwischen Akteuren, die sich relativ dauerhaft reproduzieren – einschließlich eines geordneten Wandels der Muster. Gegenbegriff zu sozialer Ordnung ist also ein total erratisches handelndes Zusammenwirken, das Beteiligten und Beobachtern keinerlei Erwartungssicherheit bietet. Der – nur theoretisch konstruierbare – Extremfall davon läge dann vor, wenn alle Akteure einer Konstellation ihre jeweiligen Handlungen durch einen Zufallsmechanismus bestimmten, wobei jede mögliche Handlungsalternative eines Akteurs gleiche Wahrscheinlichkeit hätte. Im Umkehrschluss heißt das: Soziale Ordnung beruht darauf, dass alle Beteiligten sich auf sie einzustellen vermögen und Gleiches den je Anderen unterstellen können.

Mit Interdependenzbewältigung wird das konstitutive Merkmal von Sozialität aus der Perspektive der Akteure ins Blickfeld gerückt: „Actors are not fully in control of the activities that can satisfy their interests, but find some of those activities partially or wholly under the control of others“ (Coleman 1990: 29). Ein Akteur kann also seine Handlungsziele nur dann zu erreichen hoffen, wenn bestimmte andere Akteure auf mehr oder weniger bestimmte Weise handeln oder nicht handeln: ihn zum Beispiel unterstützen, mit ihm kooperieren, sich mit ihm absprechen, ihn nicht sanktionieren oder sein Handeln dulden. Es mag bloß darum gehen, auf einem engen Gehsteig aneinander vorbeizukommen, ohne einander anzurempeln, oder es mag um die Aushandlung eines Vertrages gehen, der zwei Nationen langfristig zur Zusammenarbeit in wichtigen Gesellschaftsbereichen verpflichtet. Auch wenn die Governance-Perspektive gesellschaftlich weitreichende, oft Gegenstand politischer Entscheidungen darstellende Ordnungsmuster und nicht die alltägliche Koordination in Interaktionen unter Gestaltungsgesichtspunkten beleuchtet, bleiben viele grundlegende Gemeinsamkeiten der „großen“ mit den „kleinen“ Situationen sozialer Interdependenzbewältigung bestehen.

Interdependenzbewältigung geschieht durch Handlungsabstimmung. Damit sind nicht nur Formen der bewussten und expliziten Abstimmung gemeint, wie es etwa in Verhandlungen der Fall ist (→ Verhandlungen). Abstimmung liegt vielmehr ganz allgemein immer dann vor, wenn ein Akteur bei der Wahl seines Handelns das schon geschehene oder für die Zukunft antizipierte Handeln anderer in Rechnung stellt. Die anderen mögen konkrete Einzelne oder Typen von Gegenübern – zum Beispiel Rollenträger – oder Kollektive wie etwa eine Schulklasse sein; die anderen können dem betreffenden Akteur auch nur in Gestalt von abstrakten Verrechnungseinheiten ihres aggregierten Tuns gegenwärtig sein, etwa als die Nachfrage anzeigende Marktpreise für ihn interessierende Güter (→ Markt). Ein Akteur fragt sich also, was er angesichts des bereits erfolgten oder erwarteten Handelns seiner Gegenüber zur Realisierung seiner Intention am besten tut – wobei die besondere Schwierigkeit zumeist darin besteht, dass kein „Spiel gegen die Natur“ vorliegt, sondern die

Gegenüber sich mit Bezug auf ihn die gleiche Frage stellen und allen Seiten bewusst ist, dass alle sich diese Frage stellen. Talcott Parsons hat diesen Sachverhalt als „doppelte Kontingenz" gefasst und für eine Ego-Alter-Dyade so zugespitzt: Egos Handeln berücksichtigt Alters, das aber Egos berücksichtigt, das aber Alters berücksichtigt usw. (Parsons u.a. 1951: 16).

Was so formuliert wie ein unauflösbarer logischer Zirkel erscheint, wird tagtäglich handlungspraktisch bewältigt. An dieser Evidenz der faktischen geordneten Handlungsabstimmung in Akteurkonstellationen gibt es nichts zu deuteln – wobei die Abstimmung wohlgemerkt nicht nur und eher selten so erfolgt, dass ein Akteur seine jeweilige Intention ungeschmälert und ohne Änderungen realisiert. Im Gegenteil: Interdependenzbewältigung bedeutet zumeist, dass auf allen Seiten Konzessionen gemacht und Enttäuschungen eingesteckt werden, dass man aber eben immer noch für sich „das Beste aus der Situation gemacht" hat, was manchmal nur auf das Zweitschlechteste hinausläuft.

Wie vollzieht sich Interdependenzbewältigung in sozialen Ordnungen? Das ist die Frage nach den Mechanismen, die dafür sorgen, dass zwei oder mehrere Akteure ihr Handeln relativ zuverlässig und damit für beide vorhersagbar aufeinander abstimmen können, sodass für diese Konstellation eine relativ dauerhafte soziale Ordnung etabliert wird. Von Mechanismus zu sprechen heißt, dass man für einen interessierenden Effekt – hier: ein bestimmtes Muster sozialer Ordnung – nicht nur additiv Ursachenfaktoren benennt, sondern ausbuchstabiert, wie diese Faktoren ineinandergreifen und eine soziale Dynamik erzeugen, die dann Schritt für Schritt den Effekt hervorbringt (Mayntz 2005). In diesem Sinne muss es bei der Betrachtung von Mechanismen sozialer Ordnungsbildung darum gehen, erstens zu zeigen, auf welche Weise sie handelndes Zusammenwirken mehrerer Akteure koordinieren, sodass kein bloß erratisches Handlungsgeschehen stattfindet, und zweitens darzulegen, welche Beschaffenheit die aus dieser Art von Koordination hervorgehende soziale Ordnung aufweist. Mit der zweiten Frage wird das Muster sozialer Ordnung – in der ersten Frage noch die abhängige Variable – zur unabhängigen Variablen. Denn dieses Muster wird nun herangezogen, um zu erklären, welche Handlungsmöglichkeiten die Akteure in der betreffenden Konstellation fürderhin haben. Anders gesagt: Mechanismen sozialer Ordnungsbildung sind Mechanismen der wechselseitigen Konstitution von sozialem Handeln und Mustern sozialer Ordnung.

Mechanismen sozialer Ordnungsbildung lassen sich analytisch auf unterschiedlichen Abstraktionsstufen ausmachen, je nachdem wie viele spezifische institutionelle Regelungen man in den Mechanismus hineinmodelliert (Schimank 2002). Ein nahezu institutionenfrei gefasster Mechanismus gewaltbasierter dauerhafter Machtüberlegenheit beispielsweise ist viel abstrakter als etwa der Mechanismus der „Politikverflechtungsfalle" (Scharpf 1985) in politischen Systemen des „Verbundföderalismus". Je abstrakter ein Mechanismus gefasst wird, desto prägnanter lassen sich die ihn auszeichnende Logik der Interdependenzbewältigung und das daraus hervorgehende Muster sozialer Ordnung formulieren und desto größer ist ceteris paribus sein Verwendungsbereich – aber desto unvollständiger ist er als Erklärung für reale Phänomene der Interdependenzbewältigung. Er muss dann immer erst auf empirische Fälle hin spezifiziert werden, und das kann das Gros der zu leistenden Erklärungsarbeit ausmachen. Man denke etwa daran, wie in diversen Bereichen schon spieltheoretische Standardkonstellationen wie das „Prisoner's Dilemma" eingesetzt worden sind

(Axelrod 1984). Der Nutzen der Abstraktion liegt dabei, neben der Prägnanz der aufgewiesenen Logik der jeweiligen Ordnungsproduktion und -reproduktion, im Lernen durch Vergleich. Weil das abstrakte „Prisoner's Dilemma" auf den Rüstungswettlauf wie auf Ehekriege anwendbar ist, kann die Erforschung Letzterer etwas aus den Ergebnissen zum erstgenannten Gegenstand lernen und umgekehrt.

Die hier zu behandelnden elementaren Mechanismen sozialer Ordnungsbildung sind auf der höchsten Abstraktionsstufe angesiedelt. Sie sind also Komponenten einer – als solcher noch gar nicht existierenden – generellen Theorie sozialer Ordnung. Jede Komponente ist ein Modell, das eine bestimmte Art von Akteurkonstellation als Ausgangspunkt hat und die in ihr mögliche Dynamik der Ordnungsbildung und -erhaltung sowie das charakteristische Muster der resultierenden Ordnung rekonstruiert. Dabei wird auf dieser Abstraktionsstufe jeder Mechanismus für sich genommen, also nicht in Kombination mit anderen betrachtet, obwohl reale soziale Ordnungen stets Kombinationen von Mechanismen darstellen.

2 Typologien von Mechanismen

Soziale Ordnungsbildung hat bereits vor Entstehung der Sozialwissenschaften die Aufmerksamkeit von Sozialphilosophen gefunden, die immer wieder versucht haben, die Komplexität real existierender sozialer Ordnungen auf möglichst elementare Mechanismen zu reduzieren und dann daraus auch Schlüsse über wünschenswerte Ordnungsmuster abzuleiten. Parallel zur Ausdifferenzierung des modernen Wirtschaftssystems und des politischen Systems und in Reaktion auf deren von Anfang an spannungsvolles Verhältnis zueinander erlangte spätestens im 19. Jahrhundert das Begriffsdual von Markt auf der einen, Staat auf der anderen Seite Prominenz unter den Selbstbeschreibungen der modernen Gesellschaft (→ Markt). Beides wurde zumeist antagonistisch gedacht: Markt versus Staat. Denn die Befürworter einer „Marktgesellschaft" hoben das „Staatsversagen" hervor, während die Proponenten eines die Gesellschaft umfassend steuernden Staates zugunsten dieses Projektes vor allem das „Marktversagen" anführten. Liberalismus und Sozialismus waren die beiden politischen Ideologien, die jeweils einseitig einen der beiden Mechanismen der Ordnungsbildung universalisieren wollten. Für Liberale ist bis zum heutigen „Neoliberalismus" die wohltätige „invisible hand" des Marktes derjenige Mechanismus, der nahezu überall am besten funktioniert, während Sozialisten bzw. Sozialdemokraten vor der gefährlichen, ordnungzerstörenden „Anarchie" des Marktes warnen. Sie setzen die Notwendigkeit einer „visible hand" (Chandler 1977) des Staates dagegen, der schon für Georg Wilhelm Friedrich Hegel (1989: §§ 189-208, § 258) das ansonsten chaotische gesellschaftliche „System der Bedürfnisse" als „Einheit der Allgemeinheit und der Einzelheit" ordnet. Liberalen wie Friedrich von Hayek (1944) ist hingegen nahezu jegliche Staatstätigkeit prinzipiell totalitarismusverdächtig, die Ausweitung der Staatsaufgaben seit dem 19. Jahrhundert eine „road to serfdom".

Diese bis heute sehr grundsätzlich geführte gesellschaftstheoretische und -politische Debatte wurde in den dreißiger Jahren des letzten Jahrhunderts von einigen Ökonomen, die abseits des neoklassischen Mainstreams dachten, auf die Organisationsebene übertragen (→

Organisationstheorien; → Public Management und Public Governance). Ronald Coase (1937) fragte: Warum gibt es in der Wirtschaft überhaupt Firmen und nicht bloß Märkte? Wieso reicht der Marktmechanismus offensichtlich allein nicht aus, um wirtschaftliche Transaktionen zu regeln? Oliver Williamson (1975) baute diese Fragestellung später zum griffigen Dual von „markets and hierarchies" aus. Die Institutionenökonomie, die sich der von der Neoklassik analytisch weitgehend ausgesparten institutionellen Einbettung ökonomischen Handelns widmet, hat den Ordnungsmechanismus Hierarchie eingehend gerade im Leistungsvergleich mit dem Marktmechanismus untersucht und dabei neben organisationsinternen Hierarchien dann auch die hierarchischen Befugnisse des Staates gegenüber einzelnen Bürgern oder Organisationen wie u.a. Unternehmen thematisiert (→ Hierarchie).

Wieder auf der Gesellschaftsebene, gab und gibt es neben der Auseinandersetzung über Staat und Markt immer noch eine dritte Stimme, politisch traditionell konservativ gefärbt, die auf Gemeinschaft als althergebrachtes, in der Vormoderne sogar tragendes Ordnungsmuster des Zusammenlebens aufmerksam macht (→ Gemeinschaft). Anfangs durchaus auch als rückwärtsgewandter antimodernistischer Kampfbegriff verwendet, etwa in Ferdinand Tönnies' (1991) Kontrastpaar von Gesellschaft und Gemeinschaft, wird Letztere längst im Rahmen einer durch Markt und Staat geprägten Moderne als dritter gesellschaftstragender Governance-Mechanismus angesehen, dessen Stellenwert allerdings immer wieder in Vergessenheit zu geraten droht, sodass von Zeit zu Zeit mahnend auf ihn hingewiesen werden muss – in den letzten zwanzig Jahren etwa von den Kommunitaristen oder den Verfechtern einer „Zivilgesellschaft". Auch auf der Organisationsebene sind die bereits von der Human-Relations-Schule der 1930er Jahre entdeckten informellen Gemeinschaften in ihrer ordnungstiftenden Kraft herausgestellt worden – siehe etwa William Ouchis (1980) anhand japanischer Firmen konzipierte und vielfach übertragene Typologie von „markets, bureaucracies, and clans".

Mit dieser Trias – Helmut Wiesenthal (2000: 45) spricht von der „MGO-Begrifflichkeit" und bietet einen differenzierten Vergleich der Voraussetzungen und der Leistungsfähigkeit von Markt, Gemeinschaft und Organisation – arbeitet die Forschung über Muster der Interdependenzbewältigung zwischen Akteuren in vielen Gegenstandsbereichen, wobei die Begrifflichkeit immer wieder leicht variiert (Kaufmann/Krüsselberg 1984). Es gibt darüber hinaus noch einige weitere elementare Mechanismen sozialer Ordnungsbildung, die zwar nicht ebenso unisono genannt werden, aber doch nennenswerte Beachtung gefunden haben. Hier ist zunächst auf soziale Netzwerke zu verweisen, die etwa als „policy networks", als Netzwerke der Unternehmensverflechtung oder als Netzwerke sozialer Unterstützung kranker Menschen oder berufstätiger Mütter untersucht worden sind (→ Netzwerke). „Associations", also Interessenverbände, werden von Wolfgang Streeck und Philippe Schmitter als vierter elementarer Mechanismus der genannten Trias hinzugefügt (Streeck/Schmitter 1985). Wilfried Gotsch (1987) nennt Profession und erinnert daran, dass Robert Dahl und Charles Lindblom bereits in den 1950er Jahren noch Polyarchie und Verhandlung als eigenständige Mechanismen herausgestellt haben (Dahl/Lindblom 1953). Lindblom (1977) schließlich führt – neben „politics and markets" – „persuasion" als grundlegenden Ordnungsmechanismus an, den er u.a. an politischen Massenbewegungen wie dem Faschismus oder Maoismus illustriert.

Diese Auflistung ist keinesfalls vollständig. Auch ohne bei den genannten Ordnungsmustern in die Tiefe gegangen zu sein, erkennt man, welche weitreichenden und zugleich engen Bezüge die Governance-Perspektive zu Grundlagenfragen verschiedener Sozialwissenschaften haben, die sich mit dem Funktionieren der modernen Gesellschaft als Ganzem, ihrer Teilbereiche wie Wirtschaft, Politik oder Wissenschaft und der in ihr agierenden Organisationen beschäftigen.

Hier kann keine detaillierte Würdigung der Stärken und Schwächen der angesprochenen Typologien und keine Prüfung ihrer Kompatibilität unternommen werden. Ein Hauptgrund dafür, warum die vorgeschlagenen Typologien oftmals sowohl in sich inkonsistent als auch untereinander nicht anschlussfähig sind, besteht darin, dass einerseits beabsichtigt wird, analytische Modelle auf hohem Abstraktions- und damit auch Generalisierungsniveau zu konstruieren; doch andererseits steht der Beschreibung und Erklärung mindestens implizit ein zu konkreter Anwendungsbezug der Typologie auf ein spezifisches Problem Pate – sei es das Verhältnis von Staat und Wirtschaft, vielleicht gar in einem bestimmten Land, sei es die Prinzipal-Agent-Beziehung in Organisationen oder sei es der Leistungsaustausch zwischen oder die Kooperation von Akteuren. Selbst letztere Erklärungsprobleme erfassen nur einen Ausschnitt dessen, worum es bei der Betrachtung sozialer Ordnungen, verstanden als eingespielte Muster der Interdependenzbewältigung, gehen kann; denn es gibt Abstimmungsnotwendigkeiten in Akteurkonstellationen, die weder auf Kooperation noch auf Tausch hinauslaufen.

Anders gesagt: Staat, Markt, Gemeinschaft und die anderen zur Diskussion gestellten Ordnungsmuster sind, analytisch betrachtet, noch nicht elementar genug, sondern stellen jeweils schon spezifische Kombinationen elementarer Mechanismen dar. In diesem Sinne ist zum Beispiel immer wieder darauf hingewiesen worden, dass reale Märkte in der modernen kapitalistischen Wirtschaft eben keineswegs allein auf dem – noch anzusprechenden – elementaren Mechanismus des einmaligen oder eingebetteten Tausches unter Konkurrenzbedingungen beruhen, sondern dass dieses Kernelement marktförmiger sozialer Ordnung durch erhebliche und unerlässliche Beimischungen anderer elementarer Mechanismen wie Hierarchie und Netzwerk sowie ein- und wechselseitiger Anpassung gerahmt wird (→ Wirtschaft). Die Kompaktheit der „MGO-Semantik" nebst Weiterungen muss also tiefer durchdrungen werden. Auf dieser nun anzusteuernden Abstraktionsebene hat sich bislang nur der Pionierbeitrag von Lindblom (1965: 21-84) zur Koordination von „interdependent decision makers" bewegt, der aber auch von ihm selbst nicht weiter vorangetrieben worden ist.

3 Mechanismenvergleich: Voraussetzungen und Leistungsfähigkeit

Die Identifikation und vergleichende Betrachtung elementarer Mechanismen und Muster sozialer Ordnung soll im Weiteren strikt am abstrakten Problem der Interdependenzbewältigung ausgerichtet sein. Wenn die Mechanismen dabei unter Verweis auf bestimmte konkrete Phänomene – etwa einseitige Einflussüberlegenheit durch das Beispiel eines weltpolitisch hegemonialen Staates – näher erläutert werden, ist dies illustrativ zu verstehen und jeweils analytisch-selektiv allein auf den angesprochenen Mechanismus bezogen, also nicht als Totalerklärung des Phänomens gemeint.

Als taugliche Mittel zur Bewältigung sozialer Interdependenzen sind die elementaren Mechanismen sozialer Ordnungsbildung prinzipiell funktional äquivalent. Bei dieser Aussage soll natürlich nicht stehengeblieben werden. Vielmehr wird zum einen zu klären sein, welche Voraussetzungen, vor allem mit Bezug auf die Art der Akteurkonstellation, gegeben sein müssen, damit ein bestimmter Mechanismus funktionsfähig ist. Zum anderen soll die Ordnungsleistung der verschiedenen Mechanismen betrachtet werden. Dafür könnten verschiedene Kriterien zugrunde gelegt werden – siehe etwa die von Wiesenthal (2000) verwendeten. Hier wird das Kriterium der kollektiven Handlungsfähigkeit herangezogen: Welche Art und welches Ausmaß eines solchen handelnden Zusammenwirkens, das zumindest in gewissem Maße einen einheitlichen Willen und damit einen „composite actor" (Scharpf 1997: 51-60) hervorbringt, vermag ein bestimmter Mechanismus herzustellen? Damit wird nicht unterstellt, dass kollektive Handlungsfähigkeit zur Interdependenzbewältigung stets erforderlich oder eine Steigerung kollektiver Handlungsfähigkeit immer wünschbar ist. Doch sie ist ein voraussetzungsvolles Produkt der Interdependenzbewältigung, und sie wird auf Gesellschafts- wie Organisationsebene für die Produktion vieler die Kräfte des je Einzelnen übersteigender Leistungen benötigt –insbesondere auch zur bewussten Gestaltung sozialer Strukturen. Damit zeigt das Kriterium der kollektiven Handlungsfähigkeit eine besondere Affinität zur Governance-Perspektive.

Im Weiteren werden die elementaren Mechanismen sozialer Ordnungsbildung danach sortiert, welche Voraussetzungen sie hinsichtlich der Art der Akteurkonstellation, in der die Interdependenzbewältigung stattfindet, haben: ob sie ausschließlich auf wechselseitiger Beobachtung beruhen oder auf wechselseitiger Beobachtung und wechselseitiger Beeinflussung oder auf wechselseitiger Beobachtung und wechselseitiger Beeinflussung und wechselseitiger Verhandlung (Schimank 2000: 169-331). Diese drei Modi der Interdependenzbewältigung schichten sich nach Art einer Guttmanskala auf: Beeinflussung setzt Beobachtung voraus, aber nicht umgekehrt, und Verhandlung setzt Beeinflussung und Beobachtung voraus. Im Vorfeld dessen, was in diesen drei Konstellationsarten geschehen kann, besteht eine extreme Form der Interdependenzbewältigung darin, die betreffende Interdependenz durch praktiziertes „Exit" abzukappen (Hirschman 1970).

„Exit"

„Exit" bedeutet, aus einer Akteurkonstellation – gleich welcher Art sie ist – auszusteigen. Sie bleibt dann – außer wenn es eine Dyade war – zwar noch bestehen, hat aber im Hinblick auf das jeweilige Handeln keine Bedeutung mehr für den ausgestiegenen Akteur. „Exit" kann schwieriger oder leichter sein. Aus einem Sportverein beispielsweise kann man schnell austreten, wenn einem die Aktivitäten der anderen Vereinsmitglieder nicht passen und man keine Chance sieht, die eigene Position durchzusetzen. In einer Ärztekammer ist demgegenüber jeder niedergelassene Arzt Zwangsmitglied; er müsste seine Praxis aufgeben, um „Exit" praktizieren zu können. Und ein Staatsbürger müsste auswandern, um sich seinen staatsbürgerlichen Pflichten zu entziehen – was ihm von manchen Staaten nicht gestattet wird, sodass er diesbezüglich faktisch kaum eine „Exit"-Option außer lebensgefährlicher „Republikflucht" hat.

„Exit" kann – in der weitergehenden Variante – darauf hinauslaufen, dass ein Akteur sich in der Hinsicht, um die es in der betreffenden Interdependenz geht, autark macht. Auch heute noch könnte man mit einem genügend großen Stück Land, das man bewirtschaftet, in Sachen Ernährung zum Selbstversorger werden, und wer nur noch für sich allein zuhause Gymnastik treibt, wird autark gegenüber allen organisierten Sportanbietern. Vor allem bei allen sachlich oder sozial optionalen Interdependenzen ist Autarkie relativ einfach möglich. Ein weniger weitgehendes „Exit" besteht immer dann, wenn es zu dem spezifischen Gegenüber in einem bestimmten Interdependenzverhältnis verfügbare Alternativen gibt. Auch wer sein Brot nicht selbst backt, kann den Bäcker wechseln.

Sobald ein praktiziertes „Exit" faktisch zur Autarkie geführt hat, ist es fortan sozialwissenschaftlich relativ uninteressant, weil eben die betreffende Interdependenz gleichsam definitiv abgeschüttelt worden ist. Das Problem der Interdependenzbewältigung hat sich diesbezüglich erledigt. Ein noch nicht vollzogenes, aber als möglich implizit im Raum stehendes oder sogar explizit in den Raum gestelltes „Exit" hingegen, das fortan Autarkie hieße, sowie ein „Exit", das zur Auswechslung des Gegenübers führt bzw. führen könnte, stellen beide als Verbesserungs- und Drohpotenziale eine wichtige Option der Bewältigung aufrechterhaltener Interdependenzen dar, wie in Richard Emersons (1962) Konzept der „power-dependence relations" und in Albert Hirschmans (1970) Verbindung von „Exit" mit „Voice" erfasst wird. Dies gilt für alle im Folgenden aufgeführten elementaren Mechanismen sozialer Ordnungsbildung, sodass „Exit" zugleich einen nicht immer, aber oftmals vorhandenen, jeweils eingelagerten Submechanismus bildet.

Wechselseitige Beobachtung

Am elementarsten sind Konstellationen wechselseitiger Beobachtung, in denen die Interdependenzbewältigung allein durch einseitige oder wechselseitige Anpassung des je eigenen Handelns an das wahrgenommene Handeln der anderen – einschließlich ihres antizipierten Handelns – erfolgt (Lindblom 1965: 21-84; Mayntz/Scharpf 1995: 61; Scharpf 1997: 107-112). Bei einseitiger Anpassung wird das Handeln der anderen als unbeeindruckt durch eigenes Handeln angesehen. Dies ist sehr augenfällig dann der Fall, wenn das Gegenüber, ohne über mögliche Reaktionen anderer nachgedacht zu haben, den ersten Schritt getan hat und man selbst darauf nur reagieren kann – spieltheoretisch als sequenzielles Spiel modelliert. Außer zeitlich kann Einseitigkeit auch sozial verursacht sein. Beispielsweise kann sich jeder einzelne Konsument den sich im – von ihm registrierten – Preis einer Ware niederschlagenden zahllosen Kaufentscheidungen der anderen nur fügen, was spieltheoretisch als „Spiel gegen die Natur" modelliert wird (→ Markt). Einseitige Anpassung kann ferner auch beiderseitig geschehen, wenn beide Seiten – irrtümlich – meinen, dass nur sie sich der jeweils anderen anpassen. So kann sich etwa eine politische Partei den Befindlichkeiten wichtiger Gruppierungen ihres Koalitionspartners anpassen, und dieser kann umgekehrt das Gleiche tun, ohne dass beide das entsprechende Agieren des Gegenübers als solches registrieren.

Wechselseitige Anpassung bedeutet demgegenüber, dass man bei der eigenen Anpassung an den anderen in Rechnung stellt, dass der andere sich auch einem selbst anpasst – als Sequenz von Aktionen und Reaktionen, bei der die Initiative mal von der einen, mal von der anderen Seite ausgeht, oder als simultanes beidseitiges Handeln, das auf das antizipierte Handeln des je anderen reagiert. Für Letzteres steht etwa ein nichtkooperatives Spiel wie das „Prisoner's Dilemma", das keine Kommunikation und keine bindenden Vereinbarungen zwischen den Akteuren zulässt und gleichzeitige Handlungswahlen – bzw. Unkenntnis über die getroffene Wahl des anderen zum Zeitpunkt der eigenen Wahl – vorsieht (Holler/Illing 1991: 1-9). Zwei miteinander konkurrierende Kaufinteressenten, die ihre definitiven Gebote in verschlossenen Umschlägen einreichen müssen, sind ein Beispiel für diese Art von Akteurkonstellation.

Interdependenzbewältigung in Beobachtungskonstellationen kann punktuell geschehen, also in Episoden, die jeweils als einmalig angesehen werden, oder verstetigt in sich wiederholenden Episoden. Ein Beispiel für punktuelle ein- oder wechselseitige Anpassung sind Situationen, in denen eine Panik oder ein Mob ausbricht, oder auch Diffusionsprozesse (Coleman 1990: 197-240). Jemand entdeckt als Erster, dass der Kinosaal brennt, oder rastet als Erster in einem Konflikt mit einer zahlenmäßig unterlegenen gegnerischen Gruppe aus; sein von den anderen registriertes Handeln zieht sogleich Nachahmer nach sich, usw. Kollektive Handlungsfähigkeit kann hier im Sinne einer – unter Umständen blitzschnellen – Ausbreitung gleichartiger Handlungsmuster aufkommen, wobei die Gleichartigkeit auf Konkurrenz um knappe Güter wie den Ausgang aus dem brennenden Kino, aber auch auf wechselseitige Bestärkung wie in einem Lynchmob hinauslaufen kann. Es handelt sich allerdings bei diesem Mechanismus sozialer Ordnungsbildung nur um eine reaktive und keine aktive kollektive Handlungsfähigkeit: Sie richtet sich nicht auf kollektiv selbstgesetzte Ziele, sondern reagiert auf von außen gesetzte und gleichartig wahrgenommene Stimuli.

Eine Verstetigung von Interdependenzbewältigung in Konstellationen wechselseitiger Beobachtung bedeutet eine Steigerung wechselseitiger kognitiver Erwartungssicherheit. Einseitige, vor allem aber wechselseitige Anpassung zwischen Akteuren kann dann ihren Niederschlag in geteilten normativen, kognitiven oder evaluativen Orientierungen in Gestalt von Institutionen oder kulturellen Deutungsmustern finden. Zugrunde liegt dabei zunächst eine Dynamik der Abweichungsverstärkung von vielen prinzipiell möglichen Ergebnissen der Handlungsabstimmung zu wenigen tatsächlich noch vorkommenden Ausprägungen des jeweiligen handelnden Zusammenwirkens – immer wieder sogar bis auf eine einzige Ausprägung reduziert. Die Abweichungsverstärkung hin zu einer geordneten Handlungsabstimmung geht sodann in eine Abweichungsdämpfung gegenüber möglichen Erosionen dieses Ordnungsmusters über (Schimank 2000: 207-220). Hat sich erst einmal eine institutionelle Regel wie zum Beispiel das Händeschütteln als Begrüßungsritual oder „Halbe-halbe" als Verteilungsgrundsatz eingeschliffen, wird sie durch stete Wiederholung – auch und gerade dann, wenn man versucht ist, etwas anderes zu tun – aufrecht erhalten: Aus dem bloß registrierenden „There he goes again" wird ein quasinormatives „There we go again" und daraus ein normatives, evaluatives oder kognitives „This is how these things are done" (Berger/Luckmann 1971: 70-79). Dafür sorgt zweierlei: dass für jeden Akteur erstens Erwartungssicherheit ein überragendes reflexives Interesse darstellt, das er nicht so leicht für punktuelle Vorteile zu opfern bereit ist, und dass zweitens seine Unzuverlässigkeit dadurch geahndet würde, dass die anderen ihn als Gegenüber möglichst mieden.

Dieser Mechanismus wechselseitiger Beobachtung und Anpassung liegt etwa auch vielen Moden, technischen Leitbildern (Dierkes u.a. 1992) oder generell Rationalitätsfiktionen (Schimank 2005: 372-393) zugrunde, die als Muster der Handlungsabstimmung ganz ohne dahinterstehende Einflusspotenziale oder bindende Vereinbarungen dauerhaft etabliert werden können. Dass jemand zum Beispiel Sport treibt, um gesünder zu leben, und davon ausgeht, dass viele andere desgleichen tun und ihn selbst dann, wenn sie keinen Sport treiben, in seinem Tun richtig einschätzen, geht auf „mimetic isomorphism" (DiMaggio/Powell 1983) zurück. Akteure, die angesichts vielerlei Unkenntnisse und Unsicherheiten nicht wissen, was sie tun sollen, schauen sich um, was andere in gleichartigen Situationen tun, und machen tatsächlich erfolgreiche oder als erfolgreich gehandelte andere Akteure aus, nach denen sie sich dann richten. Die daraus resultierende kollektive Handlungsfähigkeit ist wiederum nur reaktiver statt aktiver Natur. Ein von vielen als gleichartig wahrgenommener Anlass ruft eine Kette gleichartiger Reaktionen hervor.

Wechselseitige Beeinflussung

Freilich stehen hinter vielen Rationalitätsfiktionen oder auch Moden nicht nur wechselseitige Beobachtungen, sondern auch soziale Einflusspotenziale in Gestalt von Expertenwissen bzw. Vorbildern. Damit sind Konstellationen wechselseitiger Beeinflussung angesprochen. In ihnen findet Handlungsabstimmung – auf der Grundlage wechselseitiger Beobachtung – durch den gezielten Einsatz von Einflusspotenzialen statt. Solche Potenziale beruhen u.a. auf Macht, Geld, Wissen, Liebe bzw. Sympathie oder moralischer Autorität. Jeweils geht es darum, dem anderen ein Handeln abverlangen zu können, das er von sich aus nicht gewählt hätte – also um Fügsamkeit. Dies ist gegenüber dem, was Beobachtungskonstellationen generieren können, eine qualitativ andere, voraussetzungsvollere und leistungsfähigere Art von kollektiver Handlungsfähigkeit. In Beobachtungskonstellationen passt Ego sich den anderen an; in Beeinflussungskonstellationen bemüht sich Ego demgegenüber darum, den anderen Anpassung an seine Handlungsintentionen aufzuerlegen. Alters Handeln kann von Ego auf dessen Ziele hin ausgerichtet werden – unter Umständen sogar dann, wenn Alter eigentlich etwas diametral Entgegengesetztes tun wollte. Das kollektive Handeln reagiert damit nicht mehr nur auf vorgegebene Anlässe, sondern setzt sich selbst Ziele. Die Einzelhandlungen, die zusammen das kollektive Handeln ergeben, können hierbei auch ungleichartig sein, womit sich die Möglichkeit arbeitsteiliger Kooperation ergibt. So kann zum Beispiel ein Machthaber mehrere Machtunterworfene dazu bringen, unterschiedliche Beiträge zu einem kollektiv erstellten Gut, etwa beim Bau eines Hauses, zu erbringen.

Dabei ist davon auszugehen, dass es zwar sehr einseitige Einflusskonstellationen gibt, aber selten solche, in denen das Einflusspotenzial einer Seite gänzlich null ist. Deshalb kann die Handlungsabstimmung in einer Einflusskonstellation in der Regel nicht einfach darauf reduziert werden, dass ein dominanter Akteur seinen Willen ungeschmälert durchsetzt. Die Interdependenzbewältigung vollzieht sich vielmehr als Abgleich von Einflusspotenzialen. So kann etwa auch der Anführer einer Gang nicht völlig selbstherrlich gebieten, was er will, weil seiner Macht durch bestimmte Gewohnheitsrechte der anderen Gangmitglieder Grenzen gezogen sind und diese überdies informelle Gegenmacht zum Einsatz bringen können, die er bei seinen Kommandos besser in Rechnung stellt. Ein geschicktes „Teile und herrsche!" liegt fast allen solchen Konstellationen zugrunde, in denen das Machtpotenzial des einen nicht ausreichte, wenn die anderen ihre Macht gebündelt gegen ihn richteten.

Auch wechselseitige Beeinflussung kann punktuell oder verstetigt vorkommen. Punktuelle Handlungsabstimmung in Einflusskonstellationen beruht auf momentanen und die Zukunft nicht merklich präjudizierenden Überlegenheiten, die sich in einer entsprechend zeitlich begrenzten Fügsamkeit niederschlagen. Ein Beispiel wäre eine Expertendiskussion, in der einem Beteiligten – und sei es aufgrund von „Tagesform" – die überzeugenderen Argumente einfallen, ohne dass damit festgeschrieben wäre, dass dessen Standpunkt fortan die entsprechende Debatte bestimmte. Ein anderes Beispiel wäre die situative Machtüberlegenheit eines Akteurs, etwa auf der Basis eines hic et nunc durch günstige Umstände gegebenen Gewaltpotenzials.

Sozial weitaus bedeutsamer sind freilich verstetigte Abstimmungsmuster auf der Grundlage von auf Dauer gestellten Einflussbeziehungen. In allen Arten von Gemeinschaften kommen – in Verbindung mit wechselseitiger Beobachtung – relativ symmetrische Einflussbeziehungen als ordnungsbildende Mechanismus zum Tragen (→ Gemeinschaft). Es gibt Gemeinschaften, die dominant durch starke affektive Bindungen als wechselseitige Beeinflussung getragen werden – von der Liebesbeziehung über Freundschaften bis hin zu Verwandtschaften und Nachbarschaften. In anderen Fällen wird die Affektivität durch geteilte normative oder evaluative Überzeugungen ergänzt oder mehr oder weniger ersetzt. Dies reicht dann bis zu weit ausgreifenden Gemeinschaften wie dem Staatsvolk oder gar supranationalen Kollektivitäten wie „Europa" oder dem „Westen". Wieder andere Arten von Gemeinschaften werden vorrangig durch geteilte kognitive Überzeugungen getragen – etwa „scientific communities" oder professionelle Gemeinschaften.

Alle Arten von Gemeinschaften sind aus verstetigter wechselseitiger Beobachtung hervorgegangen, stellen also gewissermaßen auf eine höhere Ebene transponierte Verfestigungen von institutionalisierten geteilten Orientierungen in Gestalt wechselseitiger Fügsamkeitszumutungen dar. Darin begründet sich allerdings auch die begrenzte kollektive Handlungsfähigkeit der meisten Gemeinschaften: Auf der Palette der Einflusspotenziale fehlen Macht und Geld, also diejenigen Medien der Erzeugung von Fügsamkeit, die nicht auf geteilte Überzeugungen bzw. affektive Sympathie und damit auf eine aufwendige Pflege dieser beiden Kanäle wechselseitiger Beeinflussung angewiesen sind. Um zu einem gegebenen Zeitpunkt als Gemeinschaft kollektiv handlungsfähig zu sein, muss man sich zuvor wieder und wieder – insbesondere in vielen Ritualen institutionalisiert – der jeweiligen Gemeinsamkeiten versichern; Geld – oder eine Pistole – braucht hingegen jemand nur im richtigen Moment aus der Tasche zu ziehen, um sogleich Fügsamkeit der anderen herstellen zu können.

Im Hintergrund vieler Gemeinschaften sind allerdings stets auch schon Machtpotenziale wirksam – etwa als traditionelle Herrschaft der Ältesten und der Männer in vielen Verwandtschaftsbeziehungen oder als Macht des Establishments in „scientific communities" bei der Besetzung von Positionen wie Lehrstühlen (→ Wissenschaft). Dominant tritt asymmetrisch verteilte Macht als verstetigte Handlungsabstimmung in Einflusskonstellationen des

Musters der Hegemonie auf – also einer durch faktische, nicht selten stark gewaltförmige Überlegenheit oktroyierten Fügsamkeit. Neben „Supermächten", die als Nationen weit über ihr Staatsgebiet hinausreichende Großräume bis hin zum Weltmaßstab beherrschen (→ Global Governance), geben auch Gangs, die Stadtviertel kontrollieren, ein Beispiel für Hegemonie – ebenso wie solche sozialen Bewegungen, die in Form von Großdemonstrationen ihren Willen durchsetzen. Auch andere Einflusspotenziale können, stark asymmetrisch verteilt, Hegemonien begründen – etwa Geld in Konstellationen, in denen ein Großunternehmen viele von seinen Aufträgen abhängige kleinere Unternehmen beherrscht, oder Wissen in Konstellationen der dauerhaften Abhängigkeit anderer von bestimmten Experten oder „Meinungsmachern". Die Einflussasymmetrie von Hegemonien begründet deren im Vergleich zu Gemeinschaften größere kollektive Handlungsfähigkeit. Im Grenzfall vermag ein einziger Akteur viele andere auf seine Linie – die dann zur gemeinsamen wird – zu bringen, während sich Gemeinschaften immer nur durch allseitige wechselseitige Abstimmung auf eine als geteilte Orientierungen vorgegebene gemeinsame Linie bringen können. Die kollektive Handlungsfähigkeit von Hegemonien ist also größer als die von Gemeinschaften, weil weniger Konsens erforderlich ist.

Wechselseitiges Verhandeln

Jede Art von formalisierter Machthierarchie, wie sie insbesondere durch rechtliche Regelungen und im Rahmen von Organisationen institutionalisiert ist, muss demgegenüber bereits unter dem dritten Modus der Handlungsabstimmung, den Konstellationen wechselseitigen Verhandelns (→ Verhandlungen), rubriziert werden. Denn in Hierarchien bestehen zwischen Machthabern und Machtunterlegenen oder Vorgesetzten und Untergebenen bindende Vereinbarungen, etwa in Gestalt von Gesetzen, Satzungen oder Verträgen (→ Hierarchie). Nur aus Verhandlungen zwischen Akteuren – auf der Basis wechselseitiger Beobachtungen und durchaus auch asymmetrischer Beeinflussungen – können solche vereinbarten und nicht bloß auf der jederzeitigen Präsenz und Aktualisierbarkeit von Macht, meist im direkten Kurzschluss auf Gewalt, beruhenden Handlungsabstimmungen hervorgehen. Verhandeln folgt der Logik des Tausches, aus dem ein beiderseitig akzeptiertes und deshalb bindendes Ergebnis hervorgehen kann. Hier passen Akteure ihre Handlungsintentionen bewusst und kommunikativ aneinander an (Majone 1985). Die Spanne reicht dabei von „positionsbezogenem" oder „kompromissorientiertem" Bargaining bis zu „verständigungsorientiertem" Diskurs (Benz 1994: 112-148).

Verhandlungskonstellationen können rein punktueller Natur sein, also Gelegenheiten einmaligen Tausches wie auf allen Arten von Spotmärkten (Mayntz/Scharpf 1995: 61; Wiesenthal 2000: 50-53; → Markt). Solche Märkte sind Konstellationen wechselseitiger Beobachtung zwischen konkurrierenden Anbietern und Interessenten (White 1981), wobei Beobachtungsgegenstand wechselseitige Beeinflussungen durch Offerten und Gebote sowie durch „Exit" sind. Das sich dabei ergebende handelnde Zusammenwirken der je anderen aggregiert sich auf das Geldmedium nutzenden Märkten für einen Interessenten typischerweise zu Preisen. Vor diesem Hintergrund verhandeln dann Anbieter und Interessenten, die miteinander ins Geschäft kommen wollen, bis sie zu einer bindenden Vereinbarung über Leistung und Gegenleistung, prototypisch in Gestalt eines Kaufvertrages, kommen – oder die Aussichtslosigkeit weiteren Verhandelns erkennen. Charakteristisch für solch einen einmaligen Tausch ist, dass die Akteure in einer bestimmten Situation zum ersten Mal aufeinandertreffen und nicht mit Wiederholungen rechnen; die Gegenwart liegt also weder im Schatten der Vergangenheit, noch wirft eine mögliche Zukunft ihren Schatten voraus.

Zwar geht die neoklassische Wirtschaftswissenschaft in ihren Standardmodellierungen von solchen Spotmärkten aus, faktisch findet allerdings das meiste Tauschgeschehen inner- und außerhalb der Wirtschaft unter Bedingungen einer größeren zeitlichen, sachlichen und sozialen Einbettung der Tauschgelegenheiten statt: Die Tauschpartner kennen sich von anderen Gelegenheiten, es gibt also zu berücksichtigende „issue linkages" (McGinnis 1986); man kennt einander zumindest indirekt vom Hörensagen und muss auf diese Reputationseffekte des eigenen Handelns achten, und Iterativität, also zumindest die Möglichkeit zukünftiger weiterer Tauschgelegenheiten miteinander, ist in Rechnung zu stellen. Ganz abgesehen von institutionellen Einbettungen des Tauschgeschehens sind also viele Tauschgelegenheiten in je andere eingebettet (Granovetter 1985). Auch bei einem solchen eingebetteten Tausch bleibt die kollektive Handlungsfähigkeit allerdings gering. Dieser Mechanismus sozialer Ordnungsbildung ist – dies stellt den normativen Kernsatz aller liberalen Marktapologetik dar – zunächst einmal dezidiert darauf ausgerichtet, je individuelle Interessen durch Abstimmung untereinander besser realisieren zu können (Lindblom 2001). Nur wenn das individuelle Interesse auf einer Seite auf die Produktion kollektiver Handlungsfähigkeit ausgerichtet ist, kann dies durch entsprechenden Tausch erreicht werden – siehe etwa den Tausch von Geld gegen Fügsamkeit, der Arbeitsorganisationen konstituiert (→ Organisationstheorien).

Neben eingebetteten Märkten gibt es weitere verstetigte Verhandlungskonstellationen, die dann kollektive Handlungsfähigkeit – in unterschiedlichem Ausmaß – herstellen (Mayntz/Scharpf 1995: 60-65):

- Netzwerke (→ Netzwerke): Hier kann noch jeder einzelne Akteur verhindern, dass ihm ein Handeln auferlegt wird, das er von sich aus in der gegebenen Situation nicht wählte. Kollektive Handlungsfähigkeit kommt nur als allseitige „freiwillige" und oft wechselseitiges Vertrauen voraussetzende Einigung im Sinne des Abtausches von Interessen zustande – was alle Arten der sozialen Beeinflussung nicht ausschließt, wohl aber Zwang. Die Interdependenzbewältigung gründet damit auf „negativer Koordination" (Scharpf 1972) von Vetopositionen; freilich ist darüber hinaus auch „positive Koordination" bis hin zu „verständigungsorientiertem Verhandeln" möglich. Netzwerke der Firmenkooperation geben dafür ebenso Beispiele ab wie Politiknetzwerke, die teilweise issuespezifisch und damit eher kurzlebig, teilweise aber auch jahrzehntelang ein Politikfeld wie die Gesundheitspolitik prägen können (Mayntz 1993).
- Polyarchien: Hier wird kollektive Handlungsfähigkeit so hergestellt, dass Mehrheitsbeschlüsse auch der Minderheit auferlegt werden können. Somit findet bereits ein erhebliches Maß an „unfreiwilliger" Beteiligung am Kollektivhandeln statt. Die kollektive Handlungsfähigkeit ist hierdurch deutlich größer als im Netzwerk. Überall, wo Demokratie praktiziert wird, findet sich Polyarchie (Dahl/Lindblom 1953; → Demokratie und

Legitimation) – von der Freundesgruppe, die darüber abstimmt, welchen Kinofilm man sich gemeinsam anschaut, bis zum Parlament.

- Hierarchien (→ Hierarchie): Wie schon erwähnt, stellt dieser Mechanismus sozialer Ordnungsbildung eine durch bindende Vereinbarungen verstetigte und kanalisierte Einflussdominanz bestimmter Akteure in der Machtdimension dar. Entscheidungsbefugnisse über das Handeln aller Beteiligten liegen bei einer übergeordneten Leitungsinstanz. Interdependenzbewältigung erfolgt in der Weise, dass eine Minderheit in bestimmten, vorher spezifizierten Hinsichten – der „zone of indifference" (Barnard 1938: 167-169) – das Handeln aller anordnet. Kollektive Handlungsfähigkeit wird, eine entsprechende Durchsetzungsfähigkeit der Spitze vorausgesetzt, maximiert.

Zu beachten ist bei diesen drei Arten verstetigter Verhandlungskonstellationen, dass auch – gewissermaßen durch Metaverhandlungen – festgelegt wird, was Verhandlungsgegenstand ist und was nicht. So haben etwa Vorgesetzte in einer Organisationshierarchie, anders als Despoten, eine sachlich klar umschriebene Einflusssphäre, dürfen sich beispielsweise nicht um das Privatleben ihrer Untergebenen kümmern.

4 Relevanz der Ordnungsmechanismen für Governance-Analysen

Die hier vorgelegte Typologie elementarer Mechanismen sozialer Ordnungsbildung auf der Grundlage der Arten von Akteurkonstellationen wird sicher nicht der Weisheit letzter Schluss bleiben. Sie markiert allerdings eine Analyseebene, die bisher in der Governance-Diskussion nur immer wieder gestreift, aber nicht systematisch sondiert worden ist. Man kann nun unterscheiden und dadurch transparent aufeinander beziehen:

- konkrete, also empirisch vorliegende bereichsspezifische Governance-Regime wie etwa das Governance-Regime des deutschen Hochschulsystems oder des amerikanischen Elektrizitätsmarktes,
- die hier behandelten abstrakt-theoretischen elementaren Mechanismen sozialer Ordnungsbildung
- und auf einer dazwischenliegenden Abstraktionsebene die zwar theoretisch konstruierten, also nicht direkt empirisch vorfindbaren, aber aus elementaren Mechanismen in Richtung empirischer Phänomene zusammengesetzten Ordnungsmodelle, wie sie die oben diskutierte „MGO-Semantik" nebst Erweiterungen bietet.

Die Betrachtung der Ordnungsmodelle, also der mittleren Abstraktionsebene, müsste nun durch die hier vorgeschlagenen Mechanismen „mikrofundiert" werden. Erst dadurch gewinnen diese abstrakten Ordnungsmodelle Erklärungskraft für die Analyse konkreter Governance-Regime. Anders gesagt: Die bisher in der theoretischen Governance-Diskussion vorherrschenden Ordnungsmodelle stellen lediglich analytische Vermittlungen zwischen den eigentlichen Erklärungsfaktoren, nämlich den elementaren Mechanismen, und den konkreten Governance-Regimen als empirischen Erklärungsgegenständen dar.

Man kann freilich darauf hinarbeiten, dass die abstrakten Ordnungsmodelle so gut als spezifische Kombinationen elementarer Mechanismen sozialer Ordnungsbildung verstanden werden, dass man fortan in Untersuchungen konkreter Governance-Regime oft die Ordnungsmodelle als analytische Kürzel einsetzen kann, ohne in dieser Hinsicht dann noch auf die Ebene der Mechanismen gehen zu müssen. Dieser Theoriestand muss allerdings erst noch erreicht werden.

Bis dahin lässt sich die hier vorgestellte Sortierung der elementaren Mechanismen sozialer Ordnungsbildung nach den drei Arten von Akteurkonstellationen so nutzen, dass man bei der Analyse einer konkret vorliegenden Governance-Struktur folgendermaßen vorgeht:

- Man fragt zunächst, ob die Akteure miteinander verhandeln bzw. prinzipiell verhandeln könnten. Das kann für alle oder für einen Teil der Akteure der Fall sein. Falls in diesem Sinn eine vollständige oder partielle Verhandlungskonstellation vorliegt, fragt man weiter danach, welcher der auf Verhandlung beruhenden elementaren Mechanismen sozialer Ordnungsbildung am Werk ist.
- Sowohl bei einer Verhandlungskonstellation als auch dann, wenn die Akteure nicht miteinander verhandeln können, fragt man sodann weiter, ob es wechselseitige Beeinflussung gibt. Im Fall einer Verhandlungskonstellation wäre das der Einsatz von Einflusspotenzialen im Rahmen des Verhandelns; andernfalls ginge es um eine Konstellation wechselseitiger Beeinflussung. In beiden Fällen fragt man weiter danach, welche Arten der Beeinflussung – zum Beispiel Geld oder Gewaltandrohung – eingesetzt werden und welche der auf Beeinflussung beruhenden elementaren Mechanismen sozialer Ordnungsbildung vorliegen.
- Sowohl wenn man eine Verhandlungs- oder Beeinflussungskonstellation vor sich hat, als auch dann, wenn beides nicht der Fall ist, fragt man schließlich nach denjenigen elementaren Mechanismen sozialer Ordnungsbildung, die auf wechselseitiger Beobachtung beruhen. Solche Mechanismen können im Rahmen von Beeinflussungs- oder Verhandlungskonstellationen eine signifikante Rolle spielen oder auch nicht. Wenn es sich um keine dieser beiden Konstellationsarten handelt, muss es eine Konstellation wechselseitiger Beobachtung sein, in der die entsprechenden Mechanismen die tragende Rolle spielen.

Auf diese Weise kann man sich Governance-Strukturen schrittweise systematisch erschließen und dabei dem erklärungsökonomischen Prinzip Rechnung tragen, dass man dann nicht weiterfragt, wenn die bis dahin identifizierten und in einem Erklärungsmodell kombinierten Mechanismen das Phänomen der Interdependenzbewältigung, um das es geht, hinreichend abbilden.

Literatur

Axelrod, Robert, 1984: The Evolution of Cooperation. New York: Basic Books.

Barnard, Chester I., 1938: The Functions of the Executive. Cambridge: Harvard University Press.
Benz, Arthur, 1994: Kooperative Verwaltung. Funktionen, Voraussetzungen, Folgen. Baden-Baden: Nomos.
Berger, Peter L./Luckmann, Thomas, 1971 (1966): The Social Construction of Reality. A Treatise in the Sociology of Knowledge. Harmondsworth: Penguin.
Chandler, Alfred D., 1977: The Visible Hand. The Managerial Revolution in American Business. Cambridge, MA: Belknap Press.
Coase, Ronald H., 1937: The Nature of the Firm, in: Economica, 4, 386-405.
Coleman, James S., 1990: Foundations of Social Theory. Cambridge, MA: Belknap Press.
Dahl, Robert A./Lindblom, Charles, 1953: Politics, Economics, and Welfare. Planning and Politic-Economic Systems Resolved into Basic Social Processes. New York: Harper & Row.
Dierkes, Meinolf/Hoffmann, Ute/Marz, Lutz, 1992: Leitbild und Technik. Zur Entstehung und Steuerung technischer Innovationen. Berlin: Sigma.
DiMaggio, Paul J./Powell, Walter W., 1983: The Iron Cage Revisited, in: American Sociological Review, 48, 147-160.
Emerson, Richard M., 1962: Power-Dependence Relations, in: American Sociological Review 27, 31-41.
Gotsch, Wilfried, 1987: „Soziale Steuerung" – Zum fehlenden Konzept einer Debatte, in: Manfred Glagow/Helmut Willke (Hrsg.), Dezentrale Gesellschaftssteuerung – Probleme der Integration polyzentrischer Gesellschaft. Pfaffenweiler: Centaurus, 27-44.
Granovetter, Mark, 1985: Economic Action and Social Structure: The Problem of Embeddedness, in: American Journal of Sociology 91, 481-510.
Hayek, Friedrich A. von, 1944: The Road to Serfdom. London: Routledge.
Hegel, Georg Wilhelm Friedrich, 1989 (1821): Grundlinien der Philosophie des Rechts oder Naturrecht und Staatswissenschaft im Grundrisse. Frankfurt a.M.: Ullstein.
Hirschman, Albert O., 1970: Exit, Voice and Loyalty: Responses to Decline in Firms, Organizations, and States. Cambridge, MA: Harvard University Press.
Holler, Manfred J./Illing, Gerhard, 1991: Einführung in die Spieltheorie. Berlin: Springer.
Kaufmann, Franz-Xaver/Krüsselberg, Hans Gerd (Hrsg.), 1984: Markt, Staat und Solidarität bei Adam Smith. Frankfurt a.M.: Campus.
Lindblom, Charles, 1965: The Intelligence of Democracy. Decision-Making Through Mutual Adjustment. New York: The Free Press.
Lindblom, Charles, 1977: Politics and Markets. New York: Basic Books.
Lindblom, Charles, 2001: The Market System. What It Is, How It Works, and What to Make of It. New Haven: Yale University Press.
Majone, Giandomenico, 1985: Mutual Adjustment by Debate and Persuasion, in: Franz-Xaver Kaufmann/Giandomenico Majone/Vincent Ostrom (Hrsg.), Guidance, Control, and Evaluation in the Public Sector. Berlin: de Gruyter, 445-458.
Mayntz, Renate, 1993: Policy-Netzwerke und die Logik von Verhandlungssystemen, in: Adrienne Héritier (Hrsg.), Policy-Analyse. Kritik und Neubewertung. Opladen: Westdeutscher Verlag, 39-55.
Mayntz, Renate, 1997: Politische Steuerung: Aufstieg, Niedergang und Transformation einer Theorie, in: Renate Mayntz, Soziale Dynamik und politische Steuerung. Frankfurt a.M.: Campus, 263-292.
Mayntz, Renate, 2005: Soziale Mechanismen in der Analyse gesellschaftlicher Makro-Phänomene, in: Uwe Schimank/Rainer Greshoff (Hrsg.), Was erklärt die Soziologie? Berlin: LIT, 204-227.
Mayntz, Renate/Scharpf, Fritz W., 1995: Der Ansatz des akteurzentrierten Institutionalismus, in: Renate Mayntz/Fritz W. Scharpf (Hrsg.), Gesellschaftliche Selbstregelung und politische Steuerung. Frankfurt a.M.: Campus, 39-72.
McGinnis, Michael D., 1986: Issue Linkage and the Evolution of International Cooperation, in: Journal of Conflict Resolution 30, 141-170.

Ouchi, William G., 1980: Markets, Bureaucracies, and Clans, in: Administrative Science Quarterly 25, 129-141.

Parsons, Talcott, u.a., 1951: Some Fundamental Categories of the Theory of Action: A General Statement, in: Talcott Parsons/Edward Shils (Hrsg.), Toward a General Theory of Action. Cambridge, MA: Harvard University Press, 3-29.

Scharpf, Fritz W., 1972: Komplexität als Schranke der politischen Planung, in: Fritz W. Scharpf, Planung als politischer Prozeß. Frankfurt a.M.: Suhrkamp, 73-113.

Scharpf, Fritz W., 1985: Die Politikverflechtungsfalle. Europäische Integration und deutscher Föderalismus im Vergleich, in: Politische Vierteljahresschrift 26, 323-356.

Scharpf, Fritz W., 1997: Games Real Actors Play. Actor-Centered Institutionalism in Policy Research. Boulder, Col.: Westview Press.

Schimank, Uwe, 2000: Handeln und Strukturen. Einführung in die akteurtheoretische Soziologie. München: Juventa.

Schimank, Uwe, 2002: Theoretische Modelle sozialer Strukturdynamiken: Ein Gefüge von Generalisierungsniveaus, in: Renate Mayntz (Hrsg.), Akteure – Mechanismen – Modelle. Zur Theoriefähigkeit makro-sozialer Analysen. Frankfurt a.M.: Campus, 151-178.

Schimank, Uwe, 2005: Die Entscheidungsgesellschaft. Komplexität und Rationalität der Moderne. Wiesbaden: VS.

Streeck, Wolfgang/Schmitter, Philippe, 1985: Community, Market, State – and Associations?, in: European Sociological Review 1, 119-138.

Tönnies, Ferdinand, 1991 (1887): Gemeinschaft und Gesellschaft. Darmstadt: Wissenschaftliche Buchgemeinschaft.

White, Harrison, 1981: Where Do Markets Come From?, in: American Journal of Sociology 87, 517-547.

Wiesenthal, Helmut, 2000: Markt, Organisation und Gemeinschaft als „zweitbeste" Verfahren sozialer Koordination, in: Raymund Werle/Uwe Schimank (Hrsg.), Gesellschaftliche Komplexität und kollektive Handlungsfähigkeit. Frankfurt a.M.: Campus, 44-73.

Williamson, Oliver E., 1975: Markets and Hierarchies. New York: Free Press.

Marian Döhler

1.2 Hierarchie

Das Stichwort Hierarchie in einem Wörterbuch über Governance anzutreffen mag auf den ersten Blick verwundern, da der Governance-Diskurs in eine andere Richtung deutet. Hierarchie wird hier regelmäßig nur als eine von mehreren und dann kaum einmal als dominante Form von Handlungskoordination konzipiert. Auch die allgemeine sozialwissenschaftliche Beschäftigung mit dem Thema ist durch das Bestreben gekennzeichnet, den Geltungsanspruch von Hierarchie normativ wie auch empirisch zu relativieren oder in die Schranken zu verweisen. Es dominiert ein „Diskurs des Hierarchieverzichts" (Baecker 1999: 218). All dies könnte die Vermutung begründen, dass es sich um ein Phänomen handelt, das eher von historischem als von aktuellem Interesse ist. Doch dieser Eindruck trügt. Hierarchische Organisations- und Verfahrensabläufe sind weder aus gesellschaftlichen noch aus ökonomischen und auch nicht aus politischen Regelungszusammenhängen verschwunden, sondern gelangen – wenn auch in modifizierter Form – nach wie vor zur Anwendung.

1 Begriff

Hierarchie bezeichnet ein Organisations- oder Verfahrensprinzip, das auf der Über- bzw. Unterordnung zwischen Funktionen, Personen oder Organisationen bzw. Organisationselementen beruht (Morstein-Marx 1965). Die häufig auftretende Assoziation zu einer pyramidalen Struktur rückt den Begriff in die Nähe von Monokratie bzw. Zentralisierung. Sein Bedeutungsgehalt unterlag im Laufe der Zeit spürbaren Veränderungen. Der aus dem Altgriechischen stammende Begriff bezeichnete zunächst eine „heilige Ordnung", was als Denkfigur in der katholischen Kirche sowohl für die Rangordnung der Elemente des christlichen Glaubens wie auch für die Begründung des päpstlichen Primats in Anspruch genommen wird (Rausch 2004). In der säkularen Begriffsverwendung wird Hierarchie seit Max Weber im Kontext rationaler Herrschaft thematisiert. Sie ist Bestandteil einer legalen Ordnung, die sich insbesondere durch Regelhaftigkeit und Berechenbarkeit auszeichnet. Hierarchie ist bei Weber ein Ordnungsprinzip, das Willkür oder situativ motivierte Herrschaftsausübung zugunsten verbindlicher, das Akteurshandeln anleitender Regeln ausschließt. Das zentrale Anwendungsfeld ist daher die „bürokratische" oder die „Amtshierarchie", die definiert ist durch feste Zuständigkeiten und klar geregelte Kontroll- und Aufsichtskompetenzen vorgesetzter Behörden oder Dienststellen (Weber 1980: 125). Andere Herrschaftsformen wie die charismatische Herrschaft zeichnen sich demgegenüber durch das Fehlen von Hierarchie aus: „Es gibt keine ‚Hierarchie', sondern nur Eingreifen des Führers bei genereller oder im Einzelfall sich ergebender charismatischer Unzulänglichkeit des

Verwaltungsstabes für eine Aufgabe" (Weber 1980: 141). Weber siedelt Hierarchie nicht nur in der öffentlichen Verwaltung an, sondern in allen Arten von Organisationen, die bürokratische Merkmale aufweisen, sodass auch Unternehmen oder andere private Organisationen hierarchische Elemente aufweisen können.

Es gehört zu den Eigenheiten des Begriffes, dass er trotz dieser neutralen analytischen Fundierung häufig mit negativen Konnotationen behaftet ist. Unter dem Einfluss der Organisationsforschung sowie der Betriebswirtschaftslehre werden heute die Funktionsdefizite hierarchischer Organisationen und Verfahrensabläufe stärker betont als ihre Vorzüge. Hierarchien tendieren demnach zur Ineffizienz, da sie – so wird argumentiert – die Verantwortungs- und Leistungsbereitschaft untergeordneter Funktionsträger dämpfen, zu Informationsengpässen innerhalb der Organisation führen und ihnen die Flexibilität fehlt, um auf geänderte Anforderungen reagieren zu können. Kooperation bzw. Konkurrenz gelten demgegenüber als leistungsfähiger. Das populäre Schlagwort von der „flachen Hierarchie", die es anzustreben gelte, ist Ausfluss dieser Diskussion (Kühl 1995). Anders als bei Max Weber tritt der Ordnungscharakter von Hierarchie immer mehr in den Hintergrund, sodass gegenwärtig von einem mehrheitlich hierarchieaversen Verständnis auszugehen ist. Die eher deskriptive Begriffsverwendung, Hierarchie als priorisierte Rangfolge, ist zum Beispiel hingegen weniger verbreitet und findet sich vor allem in mathematisch-naturwissenschaftlichen Zusammenhängen oder in der Informatik.

Ein Schlüssel zum Begriffsverständnis, das zwischen motivloser Akzeptanz und funktional begründeter Ablehnung changiert, liegt in den unterschiedlichen, nur selten explizit gemachten Erscheinungsformen. Zum einen tritt Hierarchie als bereits vorhandener Ordnungsmechanismus auf, der aufgrund stillschweigender Akzeptanz seine Wirkung entfaltet. Zum anderen kann und wird Hierarchie auch absichtsvoll als Steuerungsverfahren genutzt, das dann nicht selten aktiv durchgesetzt werden muss und dadurch Widerstände oder Ausweichverhalten hervorruft. Es ist wichtig, sich diese variierenden Problemperspektiven zu vergegenwärtigen, da sie häufig Anlass zu gegensätzlichen Bewertungen geben.

Das in den Sozialwissenschaften am weitesten verbreitete Begriffsverständnis sieht Hierarchie vor allem als Koordinations- oder Steuerungsmechanismus, der sich als typologisches Element darstellen lässt. Zumeist sind derartige Typologien als Kontinua aufgebaut, die unterscheiden zwischen Markt als Mechanismus, der Transaktionen zwischen Akteuren über den Preis organisiert (→ Markt), und Bürokratien bzw. Organisationen, in denen ein Regime von Verträgen („rules") die wechselseitigen Rechte und Pflichten der Organisationsmitglieder festlegt (→ Organisationstheorien). Diese Einordnung folgt den einflussreichen Arbeiten von Oliver Williamson (1975), der Hierarchie als Technik zur Reduktion von Transaktionskosten beschreibt. Ort der Hierarchieverwendung sind in erster Linie Organisationen, die sowohl als private Unternehmen wie auch als staatliche Verwaltungen verfasst sein können. Dies hat dazu geführt, dass Organisation regelmäßig als Synonym für Hierarchie betrachtet wird. William Ouchi, ein anderer wichtiger Autor dieser Schule, beschreibt die Eigenheiten von Organisationen folgendermaßen: „Each party contributes labor to a corporate body which mediates the relationship by placing a value on each contribution and then compensating it fairly. The perception of equity in this case depends upon a social agreement that the bureaucratic hierarchy has the legitimate authority to provide this mediation" (Ouchi 1980: 130). Hierarchie, das heißt Organisation, ist aber nicht nur eine Antwort auf Marktversagen bzw. zu hohe Transaktionskosten, sondern kann auch selbst zur Quelle von Ineffizienzen werden. Das ist in solchen Situationen möglich, in denen sich die Regeln, die das Verhalten der Organisationsmitglieder untereinander koordinieren, als zu wenig differenziert erweisen, um ausreichende Handlungsanleitungen zur Verfügung zu stellen. Dann, so Ouchi, können Traditionen, die typischerweise innerhalb von clanartig organisierten Gruppen wie Professionen angesiedelt sind, die Regelungslücke füllen.

Die Vorstellung, dass Hierarchien und Märkte zu hybriden Koordinationsformen verschmelzen können, ist insbesondere in der Diskussion über die Funktion von Netzwerken populär geworden (Powell 1990) und hat damit einen wichtigen Anknüpfungspunkt für die Governance-Debatte geliefert. Die Bedeutung des Konzeptes für die Governance-Debatte ist also mehrschichtig und erschließt sich am besten durch eine Betrachtung der verschiedenen Anwendungsfelder, in denen Hierarchie als Ordnungsprinzip in Erscheinung tritt.

2 Hierarchie und Demokratie

Eine deutsche Eigenheit besteht in der starken Bezugnahme der Staats- und Verfassungslehre auf Hierarchie als „zentrale(m) Bauelement staatlicher Exekutive, organisierter Staatlichkeit überhaupt" (Loschelder 1988: 523). In diesem normativen Denkmodell bildet der hierarchische Aufbau der Exekutive eine wesentliche Voraussetzung für die Funktionsfähigkeit des Demokratieprinzips (→ Demokratie und Legitimation). Diese auf den ersten Blick nicht ohne weiteres nachvollziehbare Verbindung zwischen zwei Prinzipien, die mit den widerstreitenden Attributen Freiheit und Zwang belegt sind, wird verständlich, wenn man die verfassungsrechtliche Logik genauer betrachtet. Dreh- und Angelpunkt ist das vom Bundesverfassungsgericht entwickelte Konzept der „ununterbrochenen Legitimationskette", die sicherstellen soll, dass sich der demokratische Mehrheitswille zuverlässig als konkretes staatliches Handeln um- bzw. durchsetzen lässt. Dies erfordert einen Verantwortungs- und Zurechnungszusammenhang zwischen Wähler und Parlament, zwischen Parlament und Regierung sowie zwischen Regierung und Verwaltung. Im Verhältnis zwischen Wähler und Parlament sind es regelmäßig abgehaltene Wahlen, die die Volksvertreter unter Rechtfertigungsdruck setzen. Im Verhältnis zwischen Parlament und Regierung hingegen ist die Durchsetzung des Mehrheitswillens erheblich voraussetzungsvoller. Zwar besteht mit der Ministerverantwortlichkeit ein verfassungsrechtlich (Art. 65 GG) begründetes Instrument, um die Regierungsmitglieder der parlamentarischen Kontrolle unterziehen zu können, aber zur wirkungsvollen Ausübung der Ministerverantwortlichkeit bedarf es einer weit reichenden Durchsetzungskompetenz der Regierung bzw. einzelner Minister gegenüber der Exekutive, das heißt allen nachgeordneten Verwaltungseinheiten. Mag dies innerhalb eines Ministeriums aufgrund der Präsenz des Amtsinhabers noch unproblematisch erscheinen, so droht die auf durchgängigen Befehls- und Weisungsketten basierende Legitimationskette spätestens dann brüchig zu werden, wenn spezialisierte und daher zur Autonomisierung tendierende Behörden mit Vollzugsaufgaben betraut werden. Deshalb stehen alle Formen von Ausdifferenzierung unter dem Verdacht, aus den vorgesehenen Bahnen politischer Willensdurchsetzung „abzudriften". Hier soll nun der hierarchische Verwaltungsaufbau als Hilfsmittel wirken, um dem Minister die unverfälschte Durchsetzung des Mehrheitswillens zu ermöglichen. Die ihm zugesprochene Wirksamkeit bezieht das Hierarchieprinzip in diesem Kontext aus einer „Weisungsbefolgungspflicht" (Loschelder 1988: 558), die vor allem in beamtenrechtlichen Vorschriften verankert ist. Nicht allein die externe Kontrolle der Verwaltung durch Gerichte, Rechnungshöfe oder die Öffentlichkeit, sondern auch ein durchgehender interner Kontroll- und Steuerungsstrang soll die Verwaltung über gesetzliche Vorgaben hinaus an den Mehrheitswillen binden.

Kennzeichnend für den hohen Stellenwert des Hierarchieprinzips innerhalb der Exekutive ist seine „geradezu erdrückende Plausibilität" (Dreier 1991: 143). Denn spätestens seit Max Weber gilt Hierarchie als intra- wie auch als interorganisatorisches Ordnungsprinzip der Verwaltung, das wie „selbstverständlich vorgefunden" (Loschelder 1988: 537) zu sein scheint und deshalb kaum hinterfragt oder gar bezweifelt werden kann. Neben dem wenig reflektierten, impliziten Vertrauen in ein historisch erprobtes Ordnungsprinzip wird Hierarchie auch explizit mit ihrer einheitstiftenden Wirkung für den Staats- und Verwaltungsaufbau begründet. Trotz ausgeprägter föderalstaatlicher Traditionen hat in Deutschland lange Zeit das Postulat von der „Einheitlichkeit der Verwaltung" als Bewertungsmaßstab eine wichtige Rolle gespielt. Dahinter stand das Idealbild vom Staat als einheitlichem Willensverband, der nach außen geschlossen und in sich widerspruchsfrei agieren kann. Dem Hierarchieprinzip wurde hier eine integrative Funktion für eine Verwaltung zugeschrieben, die von den Zentrifugalkräften funktionaler Differenzierung auseinandergetrieben zu werden droht. Als Problem galt die Ausdifferenzierung deshalb, weil sie – häufig unter dem Einfluss fachlicher Spezialisierung – zur Herausbildung von Partialrationalitäten führt und dadurch auch eine erhöhte Anfälligkeit für den Einfluss externer Interessen aufweist. Die einheitliche, hierarchisch von oben gesteuerte Verwaltung soll demgegenüber eine Abschottung gegen externe Einflussnahmen bewirken. Dieses normative Modell richtet sich insbesondere gegen die „ministerialfreien Räume", mit denen Behörden bzw. Behördenteile bezeichnet werden, die der hierarchischen Aufsicht durch eine vorgesetzte Dienststelle entzogen sind. Wichtigstes Beispiel dafür ist die Bundesbank, die qua Gesetz unabhängig agieren kann. Im Legitimationskettenmodell bedarf es stets einer besonderen Rechtfertigung, um die Zulässigkeit derartiger Hierarchieexklaven zu begründen.

Der Umstand, dass ministerialfreie Räume nur sehr selten ernsthafte verfassungsrechtliche Bedenken aufgeworfen haben oder das Bundesverfassungsgericht zur Überprüfung angerufen wurde, deutet darauf hin, dass die demokratietheoretische Begründung für den Primat des Hierarchieprinzips an Bedeutung verloren hat. Die grundsätzliche Forderung nach einer lückenlosen hierarchischen Steuerung ist keineswegs aus der Staats- und Verfassungslehre verschwunden; allerdings schaffen die Kriterien für die Zulässigkeit autonomer Verwaltungseinheiten, zu denen u.a. die schwer greifbaren „Besonderheiten der Aufgabe" gehören, kaum ein Hindernis, dessen Überwindung besondere Anstrengungen notwendig macht. Dies spricht eher dafür, dass der Umfang ministerialfreier Räume zunehmen wird, wenn auch nicht immer in Gestalt gesetzlicher Regelungen. Vor allem das wachsende Feld der staatlichen Markt- und Risikoregulierung begünstigt die Herausbildung von Autonomiezonen, da die Glaubwürdigkeit regulativer Verwaltungen davon abhängt, wieweit sie zu einer neutralen, das heißt von kurzfristigen politischen Einflüssen isolierten Entscheidungspraxis befähigt sind (Döhler 2006).

3 Grenzen des Hierarchieprinzips

Die Bedeutung von Hierarchie ist durch eine zunehmende Relativierung gekennzeichnet. Selbst in der normativen Staatslehre wird seit einiger Zeit akzeptiert, dass der Verwaltungsvollzug „sich nicht in blinder Befolgung und mechanischer Umsetzung" (Loschelder 1988: 539) erschöpfen dürfe, sondern eine situationsangemessene Nutzung administrativer Freiräume beinhalten müsse. Dahinter steht einerseits die Einsicht, dass die Verselbständigung funktional spezialisierter Behörden sich nicht durch eine strikt hierarchische Einbindung rückgängig machen lässt. Andererseits gehört mittlerweile zum Basiswissen moderner Personalführung, dass sich durch Hierarchieverzicht, das heißt durch kooperative und teamförmige Arbeitsstrukturen, Effizienzgewinne erzielen lassen, die sich besonders bei komplexen Tätigkeiten und Inhalten einstellen.

Auch jenseits einer faktisch erzwungenen Durchsetzung hierarchiearmer Organisations- und Verfahrensformen gibt es Grenzen für die Funktionalität hierarchischer Eingriffe in die Entscheidungen einer nachgeordneten Organisation. Sie treten zum Beispiel im Kontext der Wissenschaftsfreiheit auf, wenn etwa Behörden wie die Ressortforschungseinrichtungen auf der Grundlage wissenschaftlicher Bewertungskriterien und Methoden arbeiten. Da solche Wissenschaftsbehörden mehrheitlich beratende und weniger vollziehende Aufgaben wahrnehmen, sind konflikthafte Auseinandersetzungen eher selten. Es wird akzeptiert, dass dort eine an politische Vorgaben „gebundene" Variante von Wissenschaft stattfindet, die geringere Freiräume beanspruchen kann als die universitäre Forschung. Darüber hinaus wird auch in anderen Verwaltungskontexten akzeptiert, dass Wertungs- und Prüfungsentscheidungen frei von hierarchischer Kontrolle erfolgen sollen. Mitunter findet das in gesetzlichen Autonomiezusicherungen seinen Ausdruck wie bei der Bundesprüfstelle für jugendgefährdende Schriften oder den Ausschüssen für Kriegsdienstverweigerung, die jeweils durch Gesetz von der Fachaufsicht durch eine vorgesetzte Stelle ausgenommen sind. Ein Rückzug hierarchischer Steuerung findet generell allerdings weniger in expliziter Form statt als vielmehr durch einen impliziten Verzicht auf die Hierarchieverwendung.

Entscheidend dazu beigetragen hat insbesondere New Public Management (NPM), das die Leitbilder von Verwaltungsorganisation und -arbeitsweise seit den frühen 1990er Jahren stark verändert hat (→ Public Management und Public Governance). In zugespitzter Form handelt es sich dabei um eine betriebswirtschaftlich inspirierte Reformprogrammatik, die auf die Steigerung von Effektivität, Bürgerorientierung und Effizienz bzw. Wirtschaftlichkeit in der öffentlichen Verwaltung abzielt. Der Instrumentenkasten, der auf Wettbewerbssurrogaten, Transparenz und Leistungsmessung beruht, ist darauf gerichtet, die legalistisch-kameralistische Entscheidungskultur der Verwaltung durch betriebswirtschaftlich orientierte Kosten-Nutzen-Kalküle abzulösen. Besonders bedeutsam für die Frage der Hierarchieverwendung ist dabei das Kontraktmanagement, in dem verbindliche Leistungsziele zwischen zwei Hierarchieebenen vereinbart werden. Das Ziel besteht darin, von der input- und prozessorientierten Detailsteuerung zur ergebnisorientierten Steuerung „auf Abstand" zu gelangen, also auch hierarchietypischen Problemen wie der Übersteuerung zu begegnen. Die sich betont autoritätsarm gebende NPM-Rhetorik darf jedoch nicht derart missverstanden werden, als führe zum Beispiel die „dezentrale Ergebnisverantwortung" zu einer herrschaftsfreien Zone. Die Zwänge innerhalb der Verwaltung werden lediglich weniger im

„Befehl-und-Gehorsam"-Duktus kommuniziert, sondern als ökonomische Sachzwänge oder Sanktionen vermittelt.

In diesem Modell erhält die Verwaltung ihre Legitimation nach außen weniger durch eine geschlossene Legitimationskette als vielmehr durch Leistungsvergleiche (Benchmarking) mit anderen Organisationen (→ Politischer Wettbewerb), die umfassende öffentliche Berichterstattung und die Messung des Leistungsoutputs mithilfe von Kennziffern, die an betriebswirtschaftlichen Größen ausgerichtet sind. Nicht der Input in Form gesetzlicher Programmierung, deren Vollzug hierarchisch überwacht wird, sondern die transparente Messung und Beurteilung des Outputs stehen hier im Vordergrund. Der Prozess der Verwaltungsmodernisierung ist längst nicht gleichmäßig und vollständig in alle Bereiche des öffentlichen Sektors vorgedrungen. Und ob der Versuch tatsächlich funktioniert, den Bürger im Verhältnis zur Verwaltung als „Kunden" zu konstruieren und ihn damit aus der hierarchisch unterlegenen Position des „Antragstellers" zu befreien, mag bezweifelt werden. Gleichwohl hat die Verwaltungsmodernisierung die Emanzipation des Bürgers von einem übergeordneten Staatswesen durchaus befördert.

4 Hierarchie im Verhältnis von Staat und Gesellschaft

Die Vorstellung von der hierarchischen Über- und Unterordnung zwischen Staat und Gesellschaft hat in der kontinentaleuropäischen Tradition lange eine wichtige Rolle gespielt. In der deutschen Rechtswissenschaft hielt sich bis weit in die 1970er Jahre die sogenannte Subordinationstheorie, die staatliche Interessen als höherwertig gegenüber gesellschaftlichen Interessen einstufte. Darin spiegelte sich die hegelianische Unterscheidung zwischen den „allgemeinen" Interessen des Staates, denen sich die „besonderen" Interessen der Gesellschaft unterzuordnen hatten. Diese in der Tendenz obrigkeitsstaatliche Perspektive ist seit den 1970er Jahren auf dem Rückzug. Insbesondere der Vormarsch der Umweltpolitik und der Atomenergiekonflikt haben eine Fülle kooperativer Handlungsformen hervorgebracht, die dem von Otto Mayer stammenden Ausspruch „Der Staat paktiert nicht" seinen Geltungsanspruch weitgehend entzogen haben (→ Umwelt). Dass gerade die Umweltpolitik das kooperative Staats- bzw. Verwaltungshandeln förderte, war kein Zufall, da sie als Transmissionsriemen gesellschaftlicher Emanzipationsbestrebungen fungierte und in dieser Eigenschaft erstmals einen breitflächigen gesellschaftlich – und nicht politisch – angetriebenen Prozess des Agendasetting hervorbrachte. Die sich daran anschließenden Debatten über Bürgerinitiativen, Selbsthilfegruppen und andere Formen gesellschaftlicher Selbstorganisation haben – bis hin zum Zivilgesellschaftsdiskurs – die hoheitliche, das heißt hierarchisch der Gesellschaft und ihren Akteuren übergeordnete Position des Staates relativiert, teilweise sogar in Abrede gestellt. Was sich hier allerdings im Verhältnis zwischen Staat und Gesellschaft verändert hat, ist weniger seine Kompetenz, allgemeinverbindliche Entscheidungen zu fällen, sondern vielmehr der legitime Anspruch, dies aus einer unhinterfragbar überlegenen Position tun zu können. Die gestiegenen gesellschaftlichen Partizipationsansprüche haben im Zusammenspiel mit den Problemen eines einseitig hierarchischen Gesetzesvollzuges zu einer insgesamt stärker kooperativen Form staatlicher Entscheidungsfindung beigetragen. Das bedeutet aber keineswegs, dass Hierarchie aus dem Verhältnis zwischen Staat und Gesellschaft getilgt worden ist.

Die zentrale analytische Figur, die hier greift, ist von Fritz Scharpf (1997: 197) als „Schatten der Hierarchie" bezeichnet worden. Im Kern dieser beinahe zum geflügelten Wort aufgestiegenen Formulierung steht die Beobachtung, dass die Drohung bzw. das Bewusstsein der Möglichkeit einer hierarchischen Intervention auf Verhandlungen sowohl zwischen gesellschaftlichen Akteuren als auch mit staatlichen Akteuren eine einigungfördernde Wirkung besitzen kann. Denn die Akteure antizipieren, dass sie im Fall der Nichteinigung mit einer unilateralen staatlichen Entscheidung rechnen müssen, in der ihre Chancen zur Interessendurchsetzung deutlich sinken. Damit ist das Verständnis von Hierarchie um ein wesentliches Element bereichert worden. Scharpf (1997: 204) weist darauf hin, dass vordergründig hierarchiefrei scheinende politische Prozesse und Strukturen wie Pluralismus oder gesellschaftliche Selbstorganisation nur dann funktionieren, wenn die Möglichkeit einer einseitig-autoritativen Entscheidung durch staatliche Akteure besteht. Dass es sich dabei nicht um den expliziten Einsatz von Hierarchie handelt, sondern um eine „Einbettung" in Strukturen, die auf andersartigen Verfahren beruhen, führt zu einem breiterten Hierarchiebegriff, der das ehedem monolithische Konzept nicht nur für eine Mischung öffnet, sondern darüber hinaus auch gern bemühte Dualismen wie etwa Hierarchie versus Markt oder Hierarchie versus Selbstorganisation in die Schranken verweist.

5 Hierarchie und Governance

Ein weiterer konzeptioneller Fortschritt ist von Helmut Wiesenthal (2000) mit seinem Ansatz zu einer Theorie sozialer Koordinationsmechanismen vorgelegt worden. Ausgangspunkt ist die Beobachtung, dass die basalen Koordinationsmechanismen Markt, Gemeinschaft und Organisation (bzw. Hierarchie) nicht nur typische Leistungsstärken, sondern jeweils auch spezifische Leistungsschwächen aufweisen. So bedrohen beim Markt „Moralhazard"-Anreize die Leistungsfähigkeit, während Gemeinschaften von kognitiver Schließung (→ Gemeinschaft) und Organisationen wiederum von „subjektloser Verselbständigung" (Wiesenthal 2000: 61) beeinträchtigt werden können. Die zentrale Schlussfolgerung lautet daher: „Jeder einzelne Mechanismus ist für sich genommen ‚problematisch'. Erst durch Kombination mit Elementen der anderen Koordinationsweisen [...] werden die Leistungsmaxima bzw. das Effizienzmaximum erreicht" (Wiesenthal 2000: 62). Darin könnte ein entwicklungsfähiger Ansatz für die Governance-Debatte liegen, die zwar die Idee der Vermischung verschiedener Koordinationsmechanismen lebhaft diskutiert, dabei aber eine Vorliebe für hierarchiefreie Varianten aufweist.

Der Versuch, dies zu einer abschließenden Bewertung zu verdichten, muss notgedrungen fragmentarisch ausfallen, da die Vielzahl variierender Perspektiven und Wahrnehmungen keine endgültige Aussage erlaubt. Wenn es dennoch eine beobachtbare Tendenz gibt, dann lässt sie sich als Bedeutungswandel zwischen Makro- und Mikrodimension beschreiben. Zunächst könnte man versucht sein, sich auf die Seite derer zu schlagen, die eine breitflächige Enthierarchisierung traditioneller Macht- und Herrschaftsbeziehungen betonen. Die Belege für einen derartigen Befund scheinen überwältigend. Sie reichen von der Familie über das Geschlechterverhältnis, die soziale Schichtung der Gesellschaft, den politisch-administrativen Aufbau des Nationalstaates bis hin zu den internationalen Beziehungen. Aber nicht nur die Idee von Hierarchie als „Schatten", der als „rule of last resort" dann greift, wenn die vorgelagerten Koordinationsmechanismen an ihre Grenzen geraten, sondern auch die Vorstellung von der leistungsteigernden Mischung von Hierarchie, Markt und Gemeinschaft macht deutlich, dass sich von Enthierarchisierung primär in Bezug auf die Makrodimension des Verhältnisses zwischen Staat und Gesellschaft sprechen lässt. In der Mikrodimension hingegen bleiben hierarchische Struktur- und Verfahrenselemente auch zukünftig bedeutsam, selbst wenn sie weniger explizit und seltener in Reinform auftreten.

Literatur

Baecker, Dirk, 1999: Mit der Hierarchie gegen die Hierarchie, in: Dirk Baecker, Organisation als System. Frankfurt a.M.: Suhrkamp, 198-236.

Döhler, Marian, 2006: Regulative Politik und die Transformation der klassischen Verwaltung, in: Jörg Bogumil/Werner Jann/Frank Nullmeier (Hrsg.), Politik und Verwaltung. Auf dem Weg zu einer postmanagerialen Verwaltungsforschung. PVS-Sonderheft. Wiesbaden: VS (i.V.).

Dreier, Horst, 1991: Hierarchische Verwaltung im demokratischen Staat. Tübingen: Mohr.

Kühl, Stefan, 1995: Wenn die Affen den Zoo regieren: die Tücken der flachen Hierarchien. Frankfurt a.M.: Campus (3. Auflage).

Loschelder, Wolfgang, 1988: Weisungshierarchie und persönliche Verantwortung in der Exekutive, in: Josef Isensee/Paul Kirchhof (Hrsg.), Handbuch des Staatsrechts. Bd. III. Heidelberg: Müller, 521-566.

Morstein-Marx, Fritz, 1965: Hierarchie und Entscheidungsweg, in: Fritz Morstein-Marx (Hrsg.), Verwaltung. Eine einführende Darstellung. Berlin: Duncker & Humblot, 109-126.

Ouchi, William G., 1980: Markets, Bureaucracies and Clans, in: Administrative Science Quarterly 25, 129-141.

Powell, Walter W., 1990: Neither Market nor Hierarchy: Network Forms of Organizations, in: Research in Organizational Behavior 12, 295-336.

Rausch, Heinz, 2004: Hierarchie, in: Otto Brunner/Werner Conze/Reinhart Koselleck (Hrsg.), Geschichtliche Grundbegriffe: historisches Lexikon zur politisch-sozialen Sprache in Deutschland. Bd. 3: H-Me. Stuttgart: Klett-Cotta (Studienausgabe), 103-129.

Scharpf, Fritz W., 1997: Games Real Actors Play: Actor-Centered Institutionalism in Policy Research. Boulder, CO: Westview.

Weber, Max, 1980: Wirtschaft und Gesellschaft. Grundriss der verstehenden Soziologie. Tübingen: Mohr.

Wiesenthal, Helmut, 2000: Markt, Organisation und Gemeinschaft als „zweitbeste" Verfahren sozialer Koordination, in: Raymund Werle/Uwe Schimank (Hrsg.), Gesellschaftliche Komplexität und kollektive Handlungsfähigkeit. Frankfurt a.M.: Campus, 44-73.

Williamson, Oliver E., 1975: Markets and Hierarchies. Analysis and Antitrust Implications. New York: The Free Press.

Arthur Benz

1.3 Politischer Wettbewerb

Ein Wettbewerb ist eine soziale Interaktion zwischen Akteuren, die ein Gut oder ein Ziel anstreben, das nicht alle zugleich oder in gleichem Maße erreichen können. Das Gut bzw. Ziel kann in einer körperlichen, geistigen oder künstlerischen Leistung liegen, wie etwa im Sportwettkampf, in der Konkurrenz zwischen Wissenschaftlern oder in Musik- oder Literaturwettbewerben; im Marktwettbewerb geht es um knappe materielle Güter oder Dienstleistungen. Schließlich kann sich Wettbewerb auch auf den Erwerb von Macht oder Ämtern, auf soziale Anerkennung oder die Qualität von Leistungen richten.

Die zuletzt genannten Beispiele finden wir in Staat und Politik. Mit diesen werden zwar oft andere Governance-Mechanismen wie Hierarchie oder Verhandlungen verbunden (→ Nationalstaat), tatsächlich stehen jedoch Akteure in politischen Kontexten vielfach in Wettbewerben. Demokratische politische Systeme bzw. Gesellschaften könnten ohne diese gar nicht funktionieren (Breton 1996). Im Folgenden stehen Formen des „politischen" Wettbewerbs im Mittelpunkt, die öffentliche Aufgaben bzw. Leistungen, Ämter oder Ressourcen betreffen und an denen politische Akteure wie Staaten, Regierungen, Parteien, Regionen, Kommunen oder Organisationen zwischen Markt und Staat (etwa Wohlfahrtsverbände, Universitäten) beteiligt sind. Bevor unterschiedliche Ausprägungen des politischen Wettbewerbs dargestellt werden, ist zunächst zu erklären, wie durch den Konkurrenzmechanismus Handlungen koordiniert werden.

1 Funktionsweise des Wettbewerbs

Wegen unvereinbarer individueller Interessen der Beteiligten an einem knappen Gut oder einem Ziel erscheint ein Wettbewerb auf den ersten Blick als ein durch Konflikte dominierter Prozess, in dem Akteure mit antagonistischen Interaktionsorientierungen aufeinandertreffen. Gleichwohl wirkt er auf die Koordination von Handlungen und kann daher als Governance-Modus begriffen werden. Er stellt eine Form sozialer Interaktion zwischen unabhängigen Akteuren dar, die neben ihren individuellen Interessen bewusst oder unbewusst ein gemeinsames Ziel anstreben (Bartolini 1999: 435). Der soziale Mechanismus, der aus Interessengegensätzen koordiniertes Handeln generiert, beruht auf folgenden Elementen:

1. Alle Akteure konkurrieren um die Verwirklichung des gleichen Ziels oder Gutes. Dieses bildet den Ausgangspunkt des Prozesses. Akteure sind durch kompetitive Orientierungen

an dem Ziel bzw. Gut geleitet, die ihr Handeln trotz divergenter individueller Interessen in die gleiche Richtung lenken.

2. Das Handeln der Akteure wird durch Anreize gesteuert. Sie resultieren aus den Vorteilen, die das Gut oder die Zielerreichung erbringen, die aber immer in Relation zu dem, was andere erreichen konnten, gemessen werden. Akteure handeln also auch nach komparativen Orientierungen im Hinblick auf das, was zur Erreichung des Ziels oder Guts unternommen werden muss. Diese „richten sich auf das Verhältnis des eigenen Nutzens zu dem eines anderen Akteurs oder einem ‚Feld' bestehend aus vielen Akteuren" (Nullmeier 2000: 291). Interaktionen im Wettbewerb haben daher eine soziale Dimension, weil Konkurrenten die Handlungen bzw. Erfolge anderer berücksichtigen und darauf reagieren. Im sportlichen Wettkampf ist das offensichtlich: Hier messen die Beteiligten ihre Kräfte im direkten Vergleich und streben danach, besser zu sein als andere. Im Markt ist dies weniger offensichtlich, da hier der Wettbewerb auf der Nachfrageseite „hinter dem Rücken" der Personen stattfindet und den Einzelnen nicht unmittelbar bewusst ist (→ Markt). Wer eine Ware kauft, zahlt den verlangten Preis, ohne auf Konkurrenten zu achten. Gleichwohl impliziert dieser Tauschvorgang, dass Nutzen-Kosten-Bilanzen beim Gütererwerb in Relation zu den Bilanzen anderer bewertet werden, wobei der Vergleich durch den Preis, den „Tauschwert", ermöglicht wird. Der Kunde kauft (bei gleicher Qualität und vernachlässigbaren Transaktionskosten) die Ware dort, wo sie – verglichen mit anderen Anbietern – am preisgünstigsten ist, und der Produzent oder Verkäufer übereignet sie dem Kunden, der – verglichen mit anderen Nachfragern – den höchsten Preis zahlt. Der Mechanismus des Marktes wird daher erst verständlich, wenn man ihn als eine Verbindung vieler Wettbewerbe auf der Anbieter- und Nachfragerseite betrachtet. Im politischen Wettbewerb schließlich leitet die Aussicht auf Macht, Zustimmung oder Ressourcengewinne die Akteure, und auch hier sind es jeweils komparative Vorteile gegenüber anderen Akteuren, die entscheidend sind.

3. Über die Maßstäbe des Vergleichs und die vergleichende Bewertung urteilen Akteure mit der erforderlichen Definitionsmacht. Die Konkurrenten vergleichen sich also nicht nach selbstgesetzten Maßstäben, sondern nach den Maßstäben von Akteuren oder „Foren", die über Gewinne oder Niederlagen befinden. In Sportwettkämpfen sind dafür Kampfrichter zuständig, in Musik- oder Schönheitswettbewerben kann der Geschmack des Publikums ausschlaggebend sein. Im Markt müssen sich die Produzenten von Gütern, sofern sie nicht über ein Monopol verfügen, an den Bewertungen der Nachfrager orientieren. Regierungen und Verwaltungen der Gebietskörperschaften können durch Experten evaluiert werden; wirksam sind aber letztlich die Bewertungen, die Bürger bei Wahlen und Abstimmungen oder Akteure mit Exit-Optionen (etwa mobile Steuerzahler) treffen.

4. Die Koordination der individuellen Handlungen erfolgt im Wettbewerb durch wechselseitige Anpassung (→ Elementare Mechanismen), ohne dass die Akteure miteinander kommunizieren. Ausreichend ist, dass sie sich wechselseitig beobachten. Allein das auf das gleiche Gut bzw. Ziel gerichtete Interesse sowie die komparativen Orientierungen veranlassen sie, auf erfolgreiche oder erfolgversprechende Handlungen der Konkurrenten mit gesteigerten Anstrengungen zu reagieren, um selbst Vorteile zu erlangen, zumindest solange sie dazu in der Lage sind.

5. Das Ergebnis des Wettbewerbs kann nicht vorhergesagt werden, weil die Verwirklichung der Ziele bzw. Güter von den durch die Konkurrenz stimulierten Anstrengungen der Beteiligten abhängt (Hayek 1969: 250). Der Gegenstand des Wettbewerbs bestimmt also die Richtung, in die das Verhalten der Akteure gelenkt wird; das Ergebnis ist dagegen offen.

6. Wettbewerbe erzeugen einen doppelten Koordinationseffekt: Zum einen bewirken sie, dass Akteure ihr Handeln durch wechselseitige Anpassung auf ein Ziel hin lenken und ihre individuelle Leistung entsprechend steigern. Zum anderen enden Wettbewerbe mit der Entdeckung und Selektion von Ergebnissen, die für die konkrete Interaktionssituation als „optimal" gelten, weil kein Akteur eine bessere Alternative bieten kann („Pareto-Optimum"). Erreicht wird einerseits eine Steigerung der Leistungen oder Werte, andererseits die Zuteilung von individuellen „Gewinnen". Darüber hinaus können Wettbewerbe aber auch negative soziale Folgen zeitigen, wenn die Leistungssteigerung hinsichtlich eines Guts oder Ziels zur Vernachlässigung anderer Belange führt.

7. Damit ein Wettbewerb als Koordinationsmechanismus funktioniert, muss er geregelt verlaufen. Unabhängig von konkreten Ausprägungen erfordert er eine minimale Institutionalisierung in Form von gesetzten oder faktisch anerkannten Regeln. Zum Ersten sind Maßstäbe des Vergleichs und Mess- oder Bewertungsmethoden festzulegen. Sie können von technischen Bedingungen abhängen, beruhen jedoch immer auf sozialen Vereinbarungen oder politischen Entscheidungen. Notwendige Regeln betreffen zum Zweiten die Voraussetzungen, die Akteure erfüllen müssen, um zum Wettbewerb zugelassen zu werden, also ihre Konkurrenzfähigkeit. Sie müssen ein Mindestmaß an Chancengleichheit gewährleisten, da ansonsten das Ergebnis vorgegeben oder stark präformiert ist, also keine besten Lösungen selektiert werden. Drittens müssen die Konkurrenten im Wettbewerb Verhaltensregeln befolgen, die verhindern, dass dessen Wirkung verzerrt und der Mechanismus gestört wird. Diese Regeln schließen meistens die Beeinflussung anderer Wettbewerbspartner explizit aus und verbieten nicht wettbewerbskonforme Mittel zur Erlangung von Vorteilen.

In politischen Wettbewerben geht es um die Koordinierung von Handlungen im Hinblick auf die Erreichung gesellschaftlicher Werte oder kollektiver Güter bzw. Leistungen. Ihre Besonderheit liegt darin, dass vergleichende Bewertungen immer begründungspflichtig sind. Das gilt zum Teil auch für andere Wettbewerbe, die in dem Maße politisch werden, wie die Kompetenzen derer, die vergleichen, und Bewertungsverfahren umstritten sind. In Politikwettbewerben beruhen Bewertungen auf zugewiesener Macht, und diese muss legitimiert werden. Für die Funktionsweise der Konkurrenz ist daher relevant, welche Instanz die vergleichende Evaluierung vornimmt und über Sieger und Verlierer oder eine Rangliste entscheidet.

Politische Wettbewerbe variieren darüber hinaus nach den beteiligten Akteuren und dem Gegenstand der Konkurrenz. In der Demokratie konkurrieren Politiker um Mandate und Parteien um die Regierungsmacht. Darüber hinaus können Staaten, Gebietskörperschaften oder Behörden um die Erlangung von Ressourcen oder um die Zustimmung bei Bürgern bzw. Klienten konkurrieren. Im Wettbewerb kann über die Zuteilung von öffentlichen Aufträgen entschieden werden. Schließlich konkurrieren im nationalen oder internationalen Kontext Staaten oder Körperschaften mit ihren eigenen politischen Institutionen oder

Wirtschafts- und Sozialsystemen um Zustimmung oder wirtschaftlichen Erfolg. Alle diese Wettbewerbe können nach der Zahl der Akteure pluralistische oder oligopolistische Formen annehmen. Je nachdem, ob das zu erlangende Gut als fixe Größe vorgegeben ist, also die Zuteilung im Vordergrund steht, oder Leistungen bzw. Werte gesteigert werden können, haben wir es eher mit Nullsummenspielen oder Positivsummenspielen zu tun. Die Intensität der Konflikte und Auseinandersetzungen ist im zweiten Fall geringer als im ersten.

Übersicht 1: Formen des politischen Wettbewerbs

	Gegenstand	*Konkurrierende Akteure*	*Bewertende Instanz*	*Akteurs-konstellation*	*Interessen-konstellation*
Wettbewerb um Ämter, Parteien-wettbewerb	Wählerstim-men/ Äm-ter/Macht	Politiker Parteien	Wählerschaft	oligopolistisch	Nullsummen-spiel
Steuerwett-bewerb, Regu-lierungs-wettbewerb	Einnahmen Produktnor-men	Gebietskör-perschaften, Staaten	mobile Steuer-zahler	pluralistisch	tendenziell Nullsummen-spiel
Anbieter-wettbewerb	Aufträge	Unternehmen	Auswahl-ausschuss	oligopolistisch oder pluralis-tisch	Nullsummen-spiel
Leistungs-wettbewerb	Zustimmung	Körperschaf-ten, Behörden	Parlamente, Wählerschaft	pluralistisch	Positivsummen-spiel
System-wettbewerb	Zustimmung/ wirtschaftli-cher Erfolg	Staaten, Staa-tensysteme	mobile Unter-nehmen, Bürgerschaft	oligopolistisch	in der Regel Positivsummen-spiel

2 Wettbewerb um Ämter, Parteienwettbewerb

In einer repräsentativen Demokratie werden politische Ämter durch Wahlen vergeben. Dieses Auswahlverfahren beruht auf einem Wettbewerb von Personen oder Parteien, und es wird nicht nur im Staat, sondern auch in Parteien und Verbänden praktiziert. Da die Zahl der Ämter grundsätzlich feststeht, läuft dieser Wettbewerb auf ein Nullsummenspiel hinaus, in dem in der Regel eine begrenzte Zahl an Konkurrenten auftritt. Der Konkurrenzmechanismus wurde zuerst von Joseph A. Schumpeter (1946) und Anthony Downs (1957) als demokratisches Verfahren der Machtzuteilung betrachtet. Man hat beiden Theoretikern vorgeworfen, Demokratie auf eine Methode zu reduzieren. Tatsächlich haben sie einen Mechanismus identifiziert, durch den eine unübersehbare Vielzahl individueller Interessen der Bürger in kollektive Entscheidungen transformiert wird, die demokratische Legitimität beanspruchen können. Der Wettbewerb um Ämter erweist sich als fundamentaler Governance-Mechanismus einer repräsentativen Demokratie, durch den Handlungen der Repräsentanten in einer dem Willen des „Volkes" entsprechenden Weise gesteuert werden (→ Demokratie und Legitimation).

Schumpeter zufolge konkurrieren in modernen Demokratien „politische Unternehmer", also Führer von Parteien, um Wählerstimmen mit dem Ziel, Parlamentssitze und damit Regierungsmacht zu erlangen. Da Wählerinnen und Wähler schlecht informiert seien, würden ihre Präferenzen durch die Programme und Entscheidungsvorschläge der Politiker beeinflusst. Der Wille des Volkes werde also in der Konkurrenz der Politikangebote definiert und zeige sich letztlich in dem Angebot, das in Wahlen die Mehrheit der Stimmen erhalte.

Downs geht dagegen davon aus, dass die Wähler zu autonomer Bestimmung ihrer Präferenzen und zu rationalen Entscheidungen in der Lage sind und sie durch ihre Wahlentscheidung ihren Nutzen maximieren. Anders als Schumpeter, der Demokratie auf einen oligopolistischen Angebotswettbewerb reduziert und die Fähigkeit von Politikern, Wähler zu überzeugen oder zu manipulieren, als Voraussetzung für ihren Erfolg betrachtet, argumentiert Downs, dass das Ergebnis des Politikwettbewerbs auch von der „Nachfrage" nach politischen Programmen bestimmt sei. Sie ergebe sich aus der Verteilung von Präferenzen in der Bürgerschaft. Dementsprechend passten Politiker oder Parteien ihre Programme so an, dass sie möglichst viele Wählerstimmen gewinnen. In einer homogenen Gesellschaft, in der es wenige Gruppen mit außergewöhnlichen Präferenzen gibt, tendierten Parteien dazu, ihre Programme einander anzugleichen. Anders sei dies, wenn Präferenzen nicht „normal verteilt" sind, was etwa auf Klassengesellschaften oder kulturell gespaltene Gesellschaften zutrifft.

Schumpeter und Downs beabsichtigten, das Marktmodell auf die Politik zu übertragen. Die Analogie zum Markt muss allerdings mit Vorsicht betrachtet werden (→ Markt). Zwar kann man das Wählerverhalten mit der Nachfrage nach politischen Entscheidungen gleichsetzen, auf die Politiker oder Parteien mit ihrem Programmangebot reagieren oder die sie, so Schumpeter, zu beeinflussen versuchen, weil ihre Macht letztlich davon abhängt. In der Politik gibt es aber, anders als im Markt, keine direkten Transaktionen zwischen Anbietern und Nachfragern, die jeweils untereinander konkurrieren (es sei denn, man ersetzt als Politiknachfrager die Wähler durch organisierte Interessen; Breton 1996: 57-61). Der Wettbewerb um Ämter, der in Wahlen stattfindet, funktioniert also eher nach dem Modell eines Schönheits- oder Musikwettbewerbs. Anders als im Markt, wo der Preis die entscheidende Bezugsgröße der komparativen Handlungsorientierungen darstellt, bildet sich im demokratischen Wettbewerb keine Maßeinheit für die vergleichende Bewertung der Angebote durch die Nachfrager. Vielmehr ist nicht bekannt, nach welchen Gesichtspunkten die Wähler Kandidaten oder Parteiprogramme vergleichen. Betrachtet man die Zahl der Wählerstimmen als Maßstab für die Ämterzuteilung, dann berücksichtigt man einseitig die Interessen der Politikanbieter. Deren Motive aber lassen sich beim Wettbewerb um Ämter ebenfalls nicht eindeutig bestimmen. Meistens geht es ihnen nicht allein um Stimmenmaximierung oder Ämtererwerb, sondern auch um Macht für die Verwirklichung bestimmter Ziele oder Ideale, die sie nicht einfach aufgeben, nur weil sie keine Mehrheit der Stimmen erreichen können (Müller/Strøm 1999).

Maßstäbe des Vergleichs und ihre Anwendung im Ämter- und Parteienwettbewerb sind daher Resultat politischer Prozesse. In Parteiendemokratien richten sich Politikangebote nicht ausschließlich nach der Nachfrage, sondern resultieren auch aus der Willensbildung in Parteien und den historisch vorgeprägten Strukturen der Parteiensysteme, die sich in der

Regel nur langsam anpassen. Insofern spricht einiges dafür, den politischen Wettbewerb um Ämter in einer Demokratie als „entrepreneurial competition" nach Schumpeter zu betrachten (Breton 1996: 31-34), das heißt als einen Wettbewerb, in dem Personen oder Parteien versuchen, durch Politikangebote Zustimmung bei möglichst großen Teilen der Wählerschaft zu gewinnen, deren Präferenzen unbekannt, unsicher oder beeinflussbar sind. Der Mechanismus des demokratischen Wettbewerbs setzt aber voraus, dass Politiker und Parteien den Willen des Volkes nicht präformieren, sondern antizipieren. Politiker und Parteien sollten also auf vermutete Präferenzen der Wähler reagieren und im Fall der Fehleinschätzung ihre Politik anpassen, wenn sie den Verlust der Macht vermeiden wollen (Bartolini 1999: 449). Wenn dies zutrifft, mag es in einer homogenen Gesellschaft zwar eine Tendenz zur Angleichung von Programmen geben, dennoch zwingen die kompetitiven Orientierungen Politiker oder Parteien, sich von anderen zu unterscheiden, weil sie nur gewinnen können, wenn sie ihre Politik als relativ besser darstellen. Für diese vermeintliche Widersprüchlichkeit im Verhalten von Parteipolitikern gibt es viele Belege. Sie fällt besonders in sogenannten Konsensdemokratien auf, in denen eine historisch oder institutionell bedingte Pluralisierung des Parteienwettbewerbs zu Koalitionsbildungen zwingt und die Parteien zugleich kompetitiv und kooperationsbereit agieren müssen.

Die eigentliche Koordinationsleistung des Parteienwettbewerbs liegt in der Transformation von Wählerentscheidungen in Entscheidungen über die Besetzung der Legislative und über die Regierungsbildung. Darüber hinaus steuert er während der Legislaturperioden die Richtung der Politik, da die periodisch wiederkehrenden Wettbewerbe um Wählerstimmen eine dauerhafte Konkurrenz um die öffentliche Aufmerksamkeit nach sich ziehen. Über die negativen Folgen dieses „Dauerwahlkampfes" ist viel diskutiert worden. Grundsätzlich sorgt er aber dafür, dass Politikentscheidungen der Regierung und der Parlamentsmehrheit dem Willen der Mehrheit der Bürgerschaft entsprechen und somit als legitim gelten können. Sollte dies nicht der Fall sein, bietet die Opposition die bessere Alternative und kann die Macht erlangen.

3 Steuerwettbewerb, Regulierungswettbewerb

Gebietskörperschaften und Staaten sind auf Einnahmen angewiesen, um ihre Aufgaben zu erfüllen. Der moderne Staat (→ Nationalstaat) und vielfach auch seine Gebietskörperschaften verfügen über die Kompetenz, Einnahmen durch Zwangsabgaben, das heißt in Form von Steuern, zu beschaffen. Steuererhebung ist allerdings nur durch oder aufgrund von Gesetzen zulässig, erfordert also die Zustimmung der Vertreter der Bürgerschaft. Die Belastung der Steuerzahler wird somit durch den demokratischen Prozess begrenzt.

Diese Begrenzung der Besteuerung wird aus verschiedenen Gründen als unzureichend betrachtet. Tendenzen zur Steuerexpansion werden teilweise auf Eigeninteressen von Politikern und Bürokratien zurückgeführt, zum Teil werden Mängel im demokratischen Entscheidungsverfahren (etwa Trennung von Entscheidungen über Ausgaben und Einnahmen) dafür verantwortlich gemacht. Aus diesem Grund befürworten Ökonomen seit den 1950er Jahren den Steuerwettbewerb zwischen Gebietskörperschaften oder Staaten (Tiebout 1956; Sinn 1992). Die Konkurrenz soll sich dabei auf aktuelle wie potenzielle Steuerzahler richten.

Von ihnen wird angenommen, sie könnten sich durch Abwanderung zu hohen Belastungen entziehen und durch Zuwanderung Regierungen belohnen, die in Relation zum Angebot an öffentlichen Leistungen geringere Steuern verlangen.

Ein Steuerwettbewerb funktioniert folglich nur unter der Bedingung hoher Mobilität der Steuerzahler. Sie entscheiden über die vergleichende Bewertung der Politik konkurrierender Gebietskörperschaften, sie setzen die Anreize für Regierungen, und auf ihre Interessen richten sich deren kompetitive Handlungsorientierungen. Obgleich ökonomische Theorien diesen Wettbewerb als einen Mechanismus darstellen, der Demokratiedefizite kompensiere, wirft er gravierende Legitimationsprobleme auf. Die Fähigkeit zur Mobilität variiert zwischen Bevölkerungsgruppen nicht unerheblich. Gleichermaßen unterschiedlich ist die Bedeutung der einzelnen Steuerzahler für staatliche Entscheidungen. Große Unternehmen können zum Beispiel Kommunen durch Wegzug in schwerwiegende Finanzkrisen stürzen und verfügen daher über erhebliche Drohpotenziale. Reaktionen von Durchschnittsbürgern werden dagegen erst spürbar, wenn sie sich zu einem Abwanderungsstrom kumulieren. Zudem setzen nicht alle Steuern an mobilen Faktoren an. Wohnungs- oder Grundstückssteuern kann man sich nicht ohne weiteres entziehen, und schwierig ist dies auch bei Verbrauchssteuern. Der Steuerwettbewerb veranlasst Politiker, sich weniger an den Wünschen ihrer Bürgerschaft zu orientieren als vielmehr an den Präferenzen mobiler und leistungsfähiger Steuerzahler, da gerade sie die Leistungsprofile von Staaten oder Gebietskörperschaften vergleichen. Selbst Akteure außerhalb des jeweiligen Staates oder der jeweiligen Gebietskörperschaft beeinflussen auf diese Weise eine entscheidende Determinante von Politik – eine Tatsache, die dem Kongruenzprinzip von Demokratie widerspricht, nach dem nur Betroffene politischer Entscheidungen an diesen beteiligt sein sollen (→ Demokratie und Legitimation), solange dem keine anderen Governance-Mechanismen – etwa der Parteienwettbewerb oder Verhandlungen mit Vetospielern – entgegenwirken.

Die Ergebnisse des Steuerwettbewerbs hängen neben innenpolitischen Machtverhältnissen von weiteren Faktoren ab. In der Tendenz kann er das Niveau der Abgabenbelastung senken (zum Stand der Forschung: Wagschal 2003). Solange dadurch keine signifikanten Impulse für das Wirtschaftswachstum entstehen, stehen Staaten und Gebietskörperschaften aber in einem Nullsummenspiel, das erhebliche Verteilungskonflikte impliziert. Wichtiger als Niveaueffekte sind Auswirkungen auf die Struktur der Besteuerung. In der globalen Konkurrenz zeichnet sich ab, dass Unternehmenssteuern dem Wettbewerb unterliegen und daher tendenziell sinken. Entlastet werden auch Spitzenverdiener und Kapitalbesitzer, weil sie ihre Einkünfte auf den globalen Finanzmärkten leicht der Besteuerung entziehen können. Einkommensteuern und Sozialabgaben betreffen hingegen Personen, die keine hohe Mobilität zeigen, weshalb sie nicht in gleichem Maße im internationalen Wettbewerb angepasst werden.

In gleicher Weise wie der Steuerwettbewerb funktioniert der Regulierungswettbewerb (und oft wird der Steuerwettbewerb unter diesem Begriff subsumiert), wenn die Regulierung zu Belastungen von mobilen Faktoren oder Akteuren führt. Sind Betroffene nicht in der Lage, sich durch Abwanderung einer Regulierung zu entziehen, verfehlt der Mechanismus des Wettbewerbs seine Wirkung oder geht in einen Leistungswettbewerb über, der in der Regel das Regulierungsniveau erhöht. Hierauf verweist die Unterscheidung zwischen Produktionsregulierung und Produktregulierung. Erstere setzt am lokalen Standort an, betrifft also die immobilen Aspekte von Wirtschaft, Letztere erfasst auf Märkten handelbare und damit mobile Güter (Holzinger 2003; Scharpf 1997). Im zweiten Fall setzt die Konkurrenz der Staaten oder Gebietskörperschaften um eine leistungsfähige Wirtschaft der Regulierung Grenzen. Sie schränkt staatliche Eingriffe in die Wirtschaft ein und fördert die Freiheit des Marktes, unterminiert aber die Fähigkeit der Politik, Marktversagen zu korrigieren.

4 Anbieterwettbewerb

Kollektivgüter, die nicht im Markt bereitgestellt werden können, werden traditionell von staatlichen oder kommunalen Gebietskörperschaften produziert und verteilt. Vielfach bedienen sich die zuständigen Verwaltungen dabei privater Unternehmen, die Aufgaben in Teilen oder insgesamt erfüllen. Bei der Vergabe öffentlicher Aufträge sind Ausschreibungsverfahren vorgeschrieben, nach denen Auswahlkomitees, die von demokratischen Institutionen legitimiert werden, unter konkurrierenden Angeboten dasjenige mit dem besten Kosten-Nutzen-Verhältnis auswählen sollen. Denkbar ist die Vergabe öffentlicher Aufträge auch in einer Auktion, bei der Angebote sequenziell, das heißt in Kenntnis der bereits vorliegenden Angebote, abgegeben werden. Der Anbieterwettbewerb kann darüber hinaus eingesetzt werden, um über die „Leistungstiefe" des öffentlichen Sektors oder zwischen öffentlicher und privater Aufgabenerfüllung zu entscheiden. Diese Variante, in der Kommunen und Privatunternehmen als Anbieter konkurrieren, findet sich vor allem in angelsächsischen Ländern (Wegener 2002). Dort werden auch Finanzzuweisungen der Zentralregierung an Kommunen oder andere Einrichtungen (etwa Universitäten) nach Angeboten von Programmen oder Projekten vergeben („competitive bidding"; John u.a. 2005). In Deutschland gibt es vergleichbare Beispiele im Nahverkehr und bei der Abfall- und Abwasserentsorgung (→ Public Management und Public Governance).

Der Wettbewerb privatisierter oder im öffentlichen Sektor rechtlich verselbständigter Anbieter von Kollektivgütern bildet den zentralen Koordinationsmechanismus in dem Modell der „public service industries", das Vincent Ostrom, Charles Tiebout und Robert Warren (1961) für die Organisation von Lokalverwaltungen in den USA entwickelten. Die Grundidee dieses theoretischen Ansatzes hat Bruno Frey in seinem Modell der „Functional Overlapping Competing Jurisdictions" (FOCJ) verfeinert (Frey 1997). Beide Konzepte gehen davon aus, dass bei öffentlichen Gütern Bedarfsbestimmung und Leistungserstellung institutionell getrennt werden sollen. Parlamente oder Regierungen von Gebietskörperschaften sollen als Vertreter ihrer Bürgerschaft Leistungen definieren, die sie bei untereinander konkurrierenden Anbietern nachfragen. Der Theorie zufolge kommt eine effiziente Aufgabenerfüllung dann zustande, wenn nicht nur Anbieterkonkurrenz herrscht, sondern auch Gebietskörperschaften in einem Wettbewerb stehen. Das Modell von Ostrom, Tiebout und Warren sieht hierbei einen Steuerwettbewerb vor; Frey konzipiert die Konkurrenz über den freiwilligen Beitritt zu territorial überlappenden Zweckverbänden, wobei die Mitglieder jederzeit ihre Austrittsoption realisieren können.

Während die Konkurrenz zwischen Gebietskörperschaften keine notwendige Bedingung darstellt, setzen beide Modelle einen funktionsfähigen Wettbewerb auf der Seite der Anbieter voraus (Wegener 2002: 51-62). Dieser ist allerdings oft nur begrenzt realisierbar.

Öffentliche Aufgaben haben, wenn sie mit dem Betrieb von Einrichtungen verbunden sind, längerfristigen Charakter. Wenn Aufträge vergeben worden sind, sind die betroffenen Gebietskörperschaften für die Laufzeit von Verträgen gebunden und konkurrierende Anbieter ausgeschaltet. Später auftretende Effizienzverluste können dann nicht mehr oder nur schwer korrigiert werden. Im Übrigen handelt es sich bei Kollektivgütern meistens um spezifische Güter (Williamson 1990: 60-69), die wenige Unternehmen anbieten und bei denen der Wettbewerb durch erhebliche Informationsprobleme belastet ist.

In der Tendenz sind Anbieterwettbewerbe also oligopolistisch. Deswegen und wegen der Diskontinuität der Interaktion stellen sie in der Tendenz Nullsummenspiele dar, weil die wenigen Konkurrenten keinen kontinuierlichen Anreizen zur Leistungsverbesserung unterliegen. Da es sich um eine zeitlich befristete Konkurrenz handelt, ist auch der Vergleich der Anbieter untereinander ausgeschlossen. Verglichen wird vielmehr von einer politischen Entscheidungsinstanz, die aus Angeboten auswählt. Dabei besteht die Gefahr, dass bei vorgegebenen Leistungsbeschreibungen lediglich die Kosten die Entscheidung bestimmen und Anbieter damit zu einem Unterbietungswettlauf veranlasst werden. Zudem sind Verfahren der öffentlichen Auftragsvergabe anfällig für Korruption. Dieser Wettbewerb belegt daher in besonderer Weise die Bedeutung von Regeln und der Regelbefolgung.

5 Leistungswettbewerb

Der Begriff Leistungswettbewerb scheint auf den ersten Blick alle Arten der hier behandelten Wettbewerbe zusammenzufassen, denn letztlich konkurrieren Politiker, Parteien, Unternehmen, Staaten, dezentrale Gebietskörperschaften oder sonstige Einrichtungen darum, als beste Leistungsanbieter zu gelten. Dennoch wird die Bezeichnung hier für eine speziellere Form des politischen Wettbewerbs verwendet. Mit Blick auf den Gegenstand umfasst dieser Verfahren, in denen Politikergebnisse verglichen werden. Es geht also – im Unterschied zum Wettbewerb um Ämter in der Demokratie oder zum Anbieterwettbewerb – nicht um zugesicherte oder erwartete, sondern um realisierte Leistungen. Anders als im Steuer- und Regulierungswettbewerb geht es nicht primär um wirtschaftliche Ressourcen (also den Input), sondern um die Qualität der Politikergebnisse (also den Output), und die vergleichende Bewertung von Politik erfolgt nicht durch mobile Akteure, sondern in letzter Instanz durch die Bürgerschaft oder ihre gewählten Vertreter. In der Literatur wird dieser Steuerungsmodus als Qualitätswettbewerb, Benchmarking (Bandemer 2001; Kuhlmann 2003) oder Yardstick Competition (Besley/Case 1995) erörtert.

Ziel des Leistungswettbewerbs ist die Verbesserung der Qualität von Politik oder Verwaltungen. Gemessen und verglichen wird die Zielerreichung durch politisch definierte Qualitätsindikatoren. Die für Aufgaben zuständigen Institutionen konkurrieren jedoch nicht wie im Steuer- und Regulierungswettbewerb oder im Standortwettbewerb zwischen Gebietskörperschaften um Zu- oder Abwanderer, sie wollen Anerkennung für ihre Leistungen erreichen. In organisierten Verfahren werden oft Auszeichnungen durch übergeordnete Instanzen, Verbände oder wissenschaftliche Gremien vergeben, aber ihre Anreizwirkungen sind in der Regel nur vordergründiger Natur. Die Konkurrenten werden auch nicht primär durch die Aussicht auf Ressourcengewinne von außen motiviert. In politischen Organisationen gehen Verhaltenswirkungen vielmehr von der Zustimmung aus, die Wettbewerbsteilnehmer innerhalb ihrer eigenen Organisation bei Vorgesetzten, Mitgliedern oder Wählern erreichen können. In demokratisch regierten Staaten oder Gebietskörperschaften funktioniert der Leistungswettbewerb, wenn Bürgerinnen und Bürger die Politik ihrer Regierung oder Verwaltung mit jener anderer Gebietskörperschaften vergleichen. Dies bewirkt, dass

> „[e]ach government has an incentive to do better than governments in other jurisdictions in terms of levels and quantities of services, of levels of taxes or of more general economic and social indicators. The strength of the incentives depends on the possibility and willingness of citizens to make assessments of comparative performance. [...] If these conditions are fulfilled, comparisons will serve as a basis for rewarding politicians in power (re-electing them) or sanctioning them (voting for their competitors)" (Salmon 1987: 32).

Aus dieser Besonderheit des Leistungswettbewerbs ergeben sich drei grundlegende Schwierigkeiten, die diesen Governance-Mechanismus beeinträchtigen können:

- Zum Ersten entstehen Leistungswettbewerbe nicht automatisch, weil sie nicht durch Abwanderungsdrohungen oder durch Vergleiche mobiler Akteure gleichsam von außen induziert werden. Sie müssen organisiert werden, wozu es in der Regel einer externen Instanz bedarf. In der öffentlichen Verwaltung, wo Wettbewerbe neuerdings eingesetzt werden, um Qualitätsstandards durchzusetzen oder Innovationen zu erreichen (Bogumil 2003: 223-226), werden sie von übergeordneten staatlichen Gebietskörperschaften oder unabhängigen Organisationen veranstaltet. Regionenwettbewerbe, die auf die Förderung innovativer Prozesse oder nachhaltiger Entwicklung zielen, werden durch die EU oder Bundesministerien organisiert. Die Konkurrenz der Länder in der Bildungspolitik ist nicht Ergebnis der Kompetenzdezentralisierung in diesem Bereich, sondern Folge der von der OECD initiierten Vergleichsstudie.
- Zum Zweiten liegen Bewertungsmaßstäbe in der Regel nicht auf der Hand, und Bewertungen erfordern oft aufwendige Evaluierungen. Leistungsvergleiche können auch am fehlenden Konsens über Maßstäbe, an der Komplexität von Aufgaben oder an Divergenzen über die Evaluierungsergebnisse scheitern (Kuhlmann u.a. 2004). Besonders schwierig sind Vergleiche für Bürger. Sie müssen sich in aller Regel auf Rankings durch Experten verlassen (Salmon 1987: 32-34).
- Die dritte Schwierigkeit tritt auf, wenn die im Wettbewerb angelegten Bewertungsmaßstäbe und die Erwartungen der Vorgesetzten, Mitglieder oder Wähler divergieren. Die Wirkung des Leistungswettbewerbs zwischen Organisationen oder Körperschaften kann dann durch Interaktionsmechanismen innerhalb der Organisationen unterlaufen oder geschwächt werden. Der Wettbewerb zwischen Universitäten funktioniert nicht, wenn Fachkollegen die Bewertung von wissenschaftlichem Erfolg beanspruchen, dabei das Kollegialitätsprinzip stärker gewichten als objektive Qualitätsindikatoren (Schimank 2003: 160-161) oder nach Fächern variierende Maßstäbe definieren. Ebenso wenig funktioniert der Leistungswettbewerb zwischen Ländern, solange Leistungsbewertungen durch die Parteienkonkurrenz dominiert werden, weil es sowohl für die Regierung und ihre Mehrheitsfraktionen im Parlament als auch für die Opposition riskant ist, sich einem Leistungsvergleich zu unterwerfen, dessen Ergebnis sie nicht kennen.

Die koordinierende Wirkung von Leistungswettbewerben wird dadurch begünstigt, dass sie Positivsummenspiele darstellen, sofern sie nicht auf Ressourcenverteilung, sondern auf Zustimmung zielen und in einen kontinuierlichen Prozess übergeleitet werden. Gewinner nehmen Verlierern weder Chancen noch Ressourcen weg, vielmehr gehen sie als Vorbilder aus dem Vergleich hervor, denen andere Akteure oder Organisationen nacheifern. Daraus resultieren Zyklen der Innovationsgenerierung und der Diffusion von Innovationen, die im Ergebnis alle Beteiligten besserstellen können, jedenfalls die kollektive Performanz steigern. Leistungswettbewerbe motivieren Akteure zum ständigen Experimentieren und Lernen und fördern damit die Suche nach besten Lösungen (Vanberg/Kerber 1994), die im Parteienwettbewerb durch Legislaturperioden, im Anbieterwettbewerb durch Vertragslaufzeiten und im Steuer- und Regulierungswettbewerb durch Mobilitätshemmnisse behindert wird.

6 Systemwettbewerb

Der Systemwettbewerb stellt eine Sonderform des Leistungswettbewerbs dar (Streit/Wohlgemuth 1999). Letztlich geht es auch hier um den Politikerfolg, der mit Qualitätsindikatoren gemessen wird. Während der Leistungswettbewerb jedoch in erster Linie die Ergebnisse von Politik in Organisationen verbessern soll, richtet sich der Systemwettbewerb auch auf den Vergleich und die Transformation von institutionellen Strukturen. Ein solcher Wettbewerb kann auf allen Ebenen der Politik stattfinden; bedeutsam ist er aber vor allem im internationalen Kontext, wo er zwischen Staaten und Staatensystemen stattfindet. Gegenstand sind dabei nicht Programme oder Maßnahmen einer Regierung, sondern das Regierungssystem oder die Wirtschaftsordnung. In der Geschichte politischer Herrschaft haben Staaten aber immer auch um Macht und Ressourcenanteile konkurriert und sind dann in einen Rüstungswettlauf geraten, der mit Sicherheitsinteressen legitimiert wurde, im Ergebnis aber ein gefährliches Nullsummenspiel darstellte und meistens für einzelne Staaten mit einer wirtschaftlichen oder militärischen Niederlage oder sogar dem Zusammenbruch des Systems endete.

Genauso wie im Leistungswettbewerb erweist sich im Systemwettbewerb der Vergleich als problematisch. Regierungen versuchen sich daher in bestimmten Aufgabenbereichen als erfolgreich zu zeigen, in denen sie für ihre eigenen Bürger oder für die gesamte Menschheit besondere Leistungen vorweisen können. Dabei definieren sie einfache Erfolgsindikatoren, die über die Medien öffentlich propagiert werden. Die Konkurrenz zwischen den USA und der Sowjetunion wurde etwa in der Raumfahrt oder bei Olympischen Spielen ausgetragen. Europäische Staaten versuchten sich durch Technologieprojekte zu profilieren. Nobelpreise gelten als Indikatoren für die Qualität von Wissenschaftssystemen. Dass auf diese Weise komplexe Zusammenhänge radikal vereinfacht werden und die Konkurrenz oft auf Nebenschauplätze verlagert wird, macht die eigentliche Problematik des Systemwettbewerbs aus. Als Mechanismus der kurzfristigen Politikkoordination führt er tendenziell zu Fehlsteuerungen. Seine positive Funktion erfüllt er nur in historischen Zeiträumen, weil sich Systeme nur langsam und in schwierigen Transformationsprozessen wandeln.

7 Voraussetzungen und Folgen des Wettbewerbs

Der Überblick zeigt, dass Governance durch politischen Wettbewerb in vielen Aufgabenbereichen, verschiedenen institutionellen Kontexten und auf allen Ebenen von Staat und Gesellschaft vorkommt. In allen Varianten funktioniert er aufgrund einer im Kern identischen Interaktionslogik. Die Handlungskoordinierung erfolgt durch wechselseitige Anpassung unabhängiger Akteure. Sie verfolgen einerseits eigene Interessen, andererseits unterliegen sie Anreizen, die aus dem gemeinsamen Interesse an einem Ziel (oder knappen Ressourcen) resultieren, das die Akteure nur erreichen können, wenn sie sich im Vergleich zu anderen als besser erweisen. Ob und mit welchen Folgen die Koordination tatsächlich gelingt, hängt von den Rahmenbedingungen, den Strukturen des Wettbewerbs und dem institutionellen Kontext ab. Dazu können hier nur einige Hinweise gegeben werden.

Marc Granovetters (1985) Feststellung, dass der Marktwettbewerb in soziale und kulturelle Strukturen eingebettet sein muss, gilt grundsätzlich auch für den politischen Wettbewerb. Auch dieser setzt einen Ordnungsrahmen voraus, und er erfüllt die ihm zugeschriebenen Funktionen nur in dem Maße, wie er als Interaktionsmodus anerkannt ist. So gibt es zum Beispiel in angelsächsischen Ländern im öffentlichen Sektor eine stärker ausgeprägte Wettbewerbskultur als etwa in Deutschland, wo der Parteienwettbewerb durch konkordanzdemokratische Praktiken oder durch Regierungs- und Verwaltungskooperation im Bundesstaat abgeschwächt wird, wo Steuer- und Regulierungswettbewerbe zwischen Ländern und Kommunen durch Rahmenregeln, Vereinbarungen oder Finanzausgleichssysteme unterbunden werden und wo Leistungswettbewerbe sich erst langsam durchsetzen. Zu den kulturellen Bedingungen eines funktionierenden Wettbewerbs gehört auch, dass komparative Orientierungen nicht in antagonistische Verhaltensweisen umschlagen dürfen. Der Vergleich sollte also nicht als Argument gegen Konkurrenten genutzt werden, sondern der Motivation der Akteure dienen. Das Freund-Feind-Schema der Politik, das bekanntlich den Systemwettbewerb in der Phase des Ost-West-Konfliktes prägte, verhindert eine produktive und integrierende Entwicklung. Auch im Parteien- und Verbändewettbewerb der pluralistischen Gesellschaft bedarf es eines „unkontroversen Sektors" (Fraenkel 1991), müssen also Grundregeln und Prinzipien gelten, die das Umschlagen von Konkurrenz in Konfrontation und unfairen Kampf verhindern.

Auch unter diesen Bedingungen kann politischer Wettbewerb verschiedene Wirkungen haben. Er kann an den Strukturen scheitern, wenn in Oligopolen einzelne Akteure dauerhaft überlegen sind und durch Erfolge Vorteile akkumulieren, wodurch die Chancen zunehmend ungleich werden. Solche Entwicklungen sind zwar in der Politik seltener als im Markt (→ Markt), wo Unternehmensfusionen Monopolisierungstendenzen auslösen, ausgeschlossen sind sie aber nicht. Wenn etwa eine Partei die Vorteile der Regierungsmacht nutzt, um auf gesellschaftliche Organisationen und Medien Einfluss zu gewinnen, dann kann sie ihre Erfolgschancen gegenüber der Opposition verbessern, je länger sie im Amt ist.

Die Folgen von Wettbewerb variieren auch je nach institutionellem Kontext. Grundsätzlich wird angenommen, dass er Innovationen fördert und Leistungen steigert. Ferner gilt er als Mechanismus der Komplexitätsbewältigung und der Informationsgewinnung. In Untersuchungen zum Regulierungs- und Steuerwettbewerb hat man aber auch auf die Gefahr eines „race to the bottom" hingewiesen. Davon kann die Rede sein, wenn konkurrierende Einheiten zu Entscheidungen gezwungen werden, die nicht den Zielen eines Wettbewerbs entsprechen. Sieht man von unintendierten Nebeneffekten ab, so kann diese Dynamik in politischen Organisationen auftreten, in denen Akteure sich auf einen Wettbewerb einlassen, dessen Ziele nicht allgemeine Zustimmung finden und in den zuständige Kontrollinstanzen nicht korrigierend eingreifen können. Vom Wettbewerb veranlasste Anpassungen können aber auch durch mächtige Vetospieler innerhalb der konkurrierenden Organisationen verhindert werden (Wagschal 2003: 279).

Eine besondere Art der Nebenwirkung von Wettbewerb tritt in Mehrebenenstrukturen (→ Multilevel Governance) auf, wenn er Verhaltensweisen erzeugt, die in anderen institutionellen Arenen zur Geltung kommen. Regierungen, die im Leistungswettbewerb stehen oder Rücksicht auf den Parteienwettbewerb in der parlamentarischen Arena nehmen müssen, werden dadurch zu kompetitiven Verhaltensweisen veranlasst, die etwa Verhandlungen (→ Verhandlungen) mit anderen Regierungen oder mit Privaten beeinflussen können. Ebenso kann der internationale Steuer- oder Regulierungswettbewerb die Koordination der nationalen Wirtschaftspolitik durch die Regierung beeinträchtigen oder korporatistische Verhandlungssysteme zwischen Regierungen und Verbänden gefährden. Der politische Wettbewerb sollte daher nicht nur hinsichtlich der unmittelbaren Koordinationswirkungen unter den beteiligten Akteuren beurteilt werden, sondern auch hinsichtlich der Effekte auf Strukturen und Prozesse in anderen Entscheidungsarenen.

Generell ist jedoch festzustellen, dass politischer Wettbewerb im Vergleich zu anderen Governance-Formen wie Hierarchie, Verhandlung oder Netzwerk eine besondere Dynamik von Interaktionen bewirkt. Er ist also immer dort von Vorteil, wo Stillstand unerwünscht ist.

Literatur

Bandemer, Stephan von, 2001: Benchmarking, in: Bernhard Blanke u.a. (Hrsg.), Handbuch der Verwaltungsreform. Opladen: Leske + Budrich (2. Aufl.), 406-414.

Bartolini, Stefano, 1999: Collusion, Competition and Democracy, Part I, in: Journal of Theoretical Politics 11, 435-470.

Besley, Timothy/Case, Anne, 1995: Incumbent Behavior. Vote-Seeking, Tax-Setting, and Yardstick Competition, in: American Economic Review 85, 25-45.

Bogumil, Jörg, 2003: Ökonomisierung der Verwaltung, in: Roland Czada/Reinhard Zintl (Hrsg.), Politik und Markt (PVS-Sonderheft 34). Wiesbaden: Westdeutscher Verlag, 209-231.

Breton, Albert, 1996: Competitive Governments. An Economic Theory of Politics and Finance. Cambridge: Cambridge University Press.

Downs, Anthony, 1957: An Economic Theory of Democracy. New York: Harper and Row.

Fraenkel, Ernst, 1991: Deutschland und die westlichen Demokratien. Frankfurt a.M.: Suhrkamp (erw. Ausg., 2. Aufl.).

Frey, Bruno S., 1997: Ein neuer Föderalismus für Europa. Die Idee der FOCJ. Tübingen: Mohr-Siebeck.

Granovetter, Marc, 1985: Economic Action and Social Structure. The Problem of Embeddedness, in: American Journal of Sociology 91, 481-510.

Hayek, Friedrich A., 1969: Der Wettbewerb als Entdeckungsverfahren, in: Friedrich A. Hayek, Freiburger Studien. Tübingen: Mohr-Siebeck, 249-265.

Holzinger, Katharina, 2003: Common Goods, Matrix Games, and Institutional Solutions, in: European Journal of International Relations 9, 173-212.
John, Peter/Ward, Hugh/Dowding, Keith, 2005: The Bidding Game. Competitive Funding Regimes and the Political Targeting of Urban Programme Schemes, in: British Journal of Political Science 34, 405-428.
Kuhlmann, Sabine, 2003: Benchmarking auf dem Prüfstand. Kosten, Nutzen und Wirkungen interkommunaler Leistungsvergleiche in Deutschland, in: Verwaltungsarchiv 94, 99-126.
Kuhlmann, Sabine/Bogumil, Jörg/Wollmann, Hellmut (Hrsg.), 2004: Leistungsmessung und Vergleich in Politik und Verwaltung. Konzepte und Praxis. Wiesbaden: VS.
Müller, Wolfgang C./Strøm, Kaare (Hrsg.), 1999: Policy, Office or Votes? How Political Parties in Western Europe Make Hard Decisions. Cambridge: Cambridge University Press.
Nullmeier, Frank, 2000: Politische Theorie des Sozialstaats. Frankfurt a.M: Campus.
Ostrom, Vincent/Tiebout, Charles M./Warren, Robert, 1961: The Organization of Government in Metropolitan Areas. A Theoretical Inquiry, in: The American Political Science Review, 55, 831-842.
Salmon, Pierre, 1987: Decentralisation as an Incentive Scheme, in: Oxford Review of Economic Policy 3, 24-43.
Scharpf, Fritz W., 1997: Introduction. The Problem-solving Capacity of Multi-level Governance, in: Journal of European Public Policy 4, 520-538.
Schimank, Uwe, 2003: Theoretische Modelle sozialer Strukturdynamiken. Ein Gefüge von Generalisierungsniveaus, in: Renate Mayntz (Hrsg.), Akteure – Mechanismen – Modelle. Frankfurt a.M./New York: Campus, 151-178.
Schumpeter, Joseph A., 1946: Kapitalismus, Sozialismus und Demokratie. Bern: Francke.
Sinn, Stefan, 1992: The Taming of Leviathan. Competition Among Governments, in: Constitutional Political Economy 41, 85-107.
Streit, Manfred/Wohlgemuth, Michael, 1999: Systemwettbewerb als Herausforderung an Politik und Theorie. Baden-Baden: Nomos.
Tiebout, Charles M., 1956: A Pure Theory of Local Expenditures, in: Journal of Political Economy 64, 416-424.
Vanberg, Viktor/Kerber, Wolfgang, 1994: Institutional Competition Among Jurisdictions. An Evolutionary Approach, in: Constitutional Political Economy 5, 193-219.
Wagschal, Uwe, 2003: Die Politische Ökonomie der Besteuerung, in: Herbert Obinger/Uwe Wagschal/Bernhard Kittel (Hrsg.), Politische Ökonomie. Opladen: Leske + Budrich, 259-288.
Wegener, Alexander, 2002: Die Gestaltung kommunalen Wettbewerbs. Strategien in den USA, Großbritannien und Neuseeland. Berlin: Ed sigma.
Williamson, Oliver E., 1990: Die ökonomischen Institutionen des Kapitalismus. Tübingen: Mohr-Siebeck.

Roland Czada

1.4 Markt

Märkte sind Einrichtungen, die Käufer und Verkäufer zum Zweck des freiwilligen Tausches beliebiger Güter zusammenführen. Als Typus institutioneller Koordination (Governance) handelt es sich um eine Transaktionsform, die im Unterschied zum Zwang der Hierarchie (→ Hierarchie) und zur Solidarität in Clans, Netzwerken und Verbänden (→ Netzwerke) die folgenden idealtypischen Eigenschaften aufweist:

- freien Zugang (fehlende beziehungsweise geringe Ein- und Austrittsbarrieren),
- soziale Symmetrie („ebenes Spielfeld" für alle Marktteilnehmer),
- allein auf das Tauschobjekt gerichtetes individuelles Nutzenkalkül (Anonymität und Warencharakter).

Das gewöhnliche Tauschverhalten wird zum Markttausch, wenn Marktteilnehmer *regelmäßig* aus einer Anzahl *beliebiger* Tauschpartner *frei* wählen und darüber hinaus die Tauschkonditionen *frei* aushandeln können. Darüber hinaus unterscheidet die auf Vergleich und Wettbewerb beruhende Herausbildung eines allgemeinen Tauschwertes oder Marktpreises die Institution des Marktes von einzelnen oder aufeinander folgenden bilateralen Tauschakten zwischen Bekannten oder zufällig Zusammentreffenden. Freier Wettbewerb (→ Politischer Wettbewerb) kann insoweit als eine notwendige Voraussetzung des Warentausches und der Preisbildung auf Märkten bezeichnet werden.

1 Der Markttausch als Transaktionstypus

Der anonyme Tausch am Markt ist der am wenigsten von sozialen Bindungen bestimmte Handlungstypus. Die Koordinationseffekte des Marktes sind im Idealfall rein sachlicher Natur und vollziehen sich unintendiert, hinter dem Rücken der Beteiligten. Märkte gelten deshalb in der Tendenz als sozial „entbettet" (Polanyi 1978). Mit dem Aufkommen der Marktwirtschaft werden affektive, soziale und politische Handlungsmotive durch ein von Nutzenerwägungen bestimmtes individuelles Tauschkalkül verdrängt (vgl. Hirschman 1987: 45; 1992). Diese Versachlichung beziehungsweise soziale Entbettung von Marktbeziehungen stößt indes regelmäßig an Grenzen: Märkte brauchen, um nicht von sozialer und politischer Vermachtung, von Gier, Eigennutz und betrügerischer Übervorteilung zerstört zu werden, die Einbettung in rechtliche und sozialmoralische Regelwerke (Slater/Tonkiss 2001; Granovetter 1985).

›nierende Märkte haben offenbar politische und soziale Voraussetzungen, die ıcht erzeugen können. Dazu zählen die formale Verpflichtung und die sozialmo- Bindung der Marktteilnehmer. Polanyi (1958) unterscheidet drei historisch und ›nal aufeinander bezogene Transaktionsformen, deren Grundprinzipien mit denen ıl später eingeführten Governance-Typen Hierarchie, Markt und Netzwerk (Powell , Thompson u.a. 1991) übereinstimmen. Er bezeichnet sie als *Umverteilung* (Redistribu-), *Tausch* (Exchange) und *Reziprozität* (Reciprocity), wobei er für ihre Erklärung eine universalhistorische Reihung bevorzugt. Demnach steht Reziprozität als historisch frühestes Formprinzip sozialer Gemeinschaftsbildung an erster Stelle. Darauf folgen hierarchische Strukturen der Zuteilung und Umverteilung, wie sie bereits in den antiken Großreichen vollständig entwickelt waren. Der utilitaristische anonyme Gütertausch (Market-Exchange) ist im Vergleich dazu ein historisch jüngeres Phänomen, das erst in der Neuzeit mit dem Aufkommen von Marktwirtschaften zu einer maßgeblichen ökonomischen Verkehrsform heranreift.

Bemerkenswert an diesem historisch-institutionalistischen Zugang ist, dass er nicht nur eine der heutigen Governance-Theorie entsprechende Typologie sozialer Koordinationsformen hervorbringt, sondern zugleich auch das 1939 von Gunnar Myrdal eingeführte Konzept der „kumulativen Kausalität" anwendet. Demnach konnten sich hierarchische Kommandostrukturen nur auf der historisch vorgängigen Basis einer durch Reziprozität verbundenen Gemeinschaft herausbilden. Dies geschah vor allem dann, wenn Gemeinschaften in kriegerische Auseinandersetzungen mit anderen Gemeinschaften verwickelt wurden oder interne Konflikte nicht mehr durch Reziprozität (zum Beispiel in Form von Frauentausch, Geschenken oder Blutrache) geregelt werden konnten. Hierarchische Regelungs- und Sanktionsstrukturen sind wiederum die Voraussetzung für einen funktionierenden anonymen Markttausch, der anderenfalls an allfälligem Opportunismus und betrügerischer Übervorteilung scheitern müsste.

Zum tieferen Verständnis des Marktbegriffes erscheint seine negative Bestimmung besonders hilfreich. Hierzu ist der Markttausch vom Gabentausch begrifflich abzugrenzen. Der Gabentausch ist nicht nur vollständig in soziale Beziehungen eingebettet. Er dient sogar primär der Herstellung und dem Erhalt solcher Beziehungen. Er ist ein Vorgang des Gebens und Nehmens zumeist in Form des Teilens und der Konstitution von persönlichen Abhängigkeits- und Schuldverhältnissen. Sein sozialer Zweck ist die Schaffung von wechselseitiger Anerkennung, Reputation und Abhängigkeit (Marcel Mauss, George Caspar Homans). Offenkundig lässt sich die soziale Einbettung des Tausches als einer ursprünglichen Verkehrsform mit der Regelhaftigkeit und Unpersönlichkeit des Marktes nur schwer vereinbaren. Dies gilt umso mehr, je stärker persönliche Eigenschaften von Tauschgütern in den Vordergrund treten, also heutzutage vor allem für Arbeitsmärkte, auf denen Personen und ihre Qualifikation gehandelt werden, und für Dienstleistungsmärkte, auf denen Anbieter und Kunden zwangsläufig eine soziale Beziehung eingehen. Die sozialwissenschaftliche Befassung mit Märkten ist im Kern – ausdrücklich oder uneingestanden – immer von diesem Problem der sozialen Entbettung und Einbettung bestimmt gewesen.

Eine besondere, im Kontext des Neoinstitutionalismus und der Governance-Theorie stehende Problematik betrifft die institutionelle Regulierung von Märkten. Sie soll die Regelmäßigkeit und Berechenbarkeit, Offenheit, Unpersönlichkeit und Freiheit des Marktgeschehens und der Marktteilnehmer gewährleisten und drohender sozialer und politischer Vermachtung entgegenwirken. Im Gegensatz zum einfachen Warentausch alltäglicher oder nicht arbeitsteilig produzierter Güter bieten anonyme Märkte, je weiter sie institutionell entwickelt sind, zahlreiche Möglichkeiten und Anreize zum Betrug und zur Nichterfüllung von Verträgen. Märkte bedürfen der Regulierung durch eine dritte, nicht unmittelbar am Tausch beteiligte Instanz und sind insofern nicht nur ein Gegenstand der Wirtschaftswissenschaft, sondern darüber hinaus der Wirtschaftssoziologie, der Wirtschaftsgeschichte und der Politikwissenschaft (vgl. etwa North 1992).

2 Begriff und Theorie des Marktes

Die Klassiker des marktwirtschaftlichen ökonomischen Denkens (Adam Smith, David Ricardo, John Stuart Mill) betonen den von individueller Interessenbefriedigung durch Markttausch ausgehenden Effekt allgemeiner Wohlfahrtssteigerung. Eine zentrale Denkfigur ist die von Adam Smith so bezeichnete „unsichtbare Hand" des Marktes: Wer auf dem Markt zur eigenen Nutzenmehrung tauscht, nützt zugleich dem Allgemeinwohl und wird dabei „von einer unsichtbaren Hand geleitet, um einen Zweck zu fördern, den zu erfüllen er in keiner Weise beabsichtigt hat" (Smith 1999 [1776]: 370-371).

Lange vor Smith hat bereits Bernard Mandeville gezeigt, wie private Laster zum öffentlichen Vorteil werden. Mit seiner berühmten Bienenfabel befreite er im England des 18. Jahrhunderts den Eigennutz vom moralischen Makel, der ihm im Christentum anhaftet. Im Vorwort argumentiert Mandeville (1980 [1714], 142), dass wir oft fälschlicherweise „menschlichem Genius und scharfsinniger Überlegung zurechnen, was in Wirklichkeit allein der Zeit und den Erfahrungen vieler Generationen geschuldet ist". Das Bild der „unsichtbaren Hand" bezieht sich hier nicht nur auf den Markt, sondern auch auf andere soziale Strukturen und Institutionen wie Recht, Moral, Sprache oder Geld, die, wie Adam Ferguson (1767: 187) formulierte, „zwar das Resultat menschlichen Handelns sind, nicht aber die Ausführung irgendeines menschlichen Entwurfes" – ein Grundgedanke des Liberalismus, den im 20. Jahrhundert vor allem Friedrich A. von Hayek mit seinen Arbeiten zur Entstehung „spontaner Ordnung" wissenschaftlich untermauert hat und politisch gegen Planwirtschaft und Kollektivismus ins Feld führte.

Die marxistische Kritik der politischen Ökonomie kritisiert demgegenüber den Markt als eine Quelle sozialer Ungleichheit. Als zentrale Institution des Kapitalismus diene er nicht der Befriedigung realer Lebensbedürfnisse, sondern allein der Reichtumsmehrung und dem Herrschaftsanspruch einer besitzenden Klasse. Auf dem kapitalistischen Markt würden Gebrauchsgüter ebenso wie der arbeitende Mensch (auf dem Arbeitsmarkt) zur Ware degradiert mit der Folge einer nicht nur sozialen Entfremdung in Form der Klassenspaltung, sondern darüber hinaus auch der psychischen Entfremdung des Menschen von sich selbst. Marx hat indes auch gesehen, dass der Kapitalismus die Produktivkräfte entfesselt, eine ungeahnte Reichtumsmehrung in Gang setzt und dabei die Gesellschaft fortwährend revolutioniert (Marx 2005 [1867-1895]).

Die gegen Ende des 19. Jahrhunderts aufkommende neoklassische Wirtschaftswissenschaft konzipiert den Markt – nun jeglichen sozialen und politischen Bezug vermeidend –

vornehmlich als einen abstrakten Mechanismus ... bei dem Angebot und Nachfrage sich ausgleichen (Wi... Vorzug besteht darin, dass er die Bedürfnisbefriedigung üb... dabei Knappheitssignale aussendet, welche die Wirtschaftstätigk... Neoklassik ebenfalls zeigt, höchst voraussetzungsvoller Prozess. Das ... kommenen Marktes" verlangt eine atomistische Marktstruktur (viele kle... Nachfrager mit jeweils kleinem Marktanteil), Homogenität der Güter (qualita... Konkurrenzprodukte), vollständige Transparenz (Anbieter und Nachfrager verfü... über alle marktrelevanten Informationen), keine Transaktionskosten (unbegrenzte Mobilität aller Produktionsfaktoren und Güter, freier Marktzu- und Marktaustritt, unbegrenzte Teilbarkeit aller Produktionsfaktoren und Güter, unendliche Reaktionsgeschwindigkeit des Handels, keine externen Effekte), konstante Ressourcenausstattung, Produktionsverfahren und Produktpaletten, konstante Präferenzen der Marktteilnehmer.

Die völlig unrealistische Idee des „vollkommenen Marktes" kann die Effizienz des Preismechanismus erklären, nicht aber die Dynamik einer Marktwirtschaft. Hier setzt – in Weiterentwicklung der orthodoxen Neoklassik – die aus der Wiener Schule der Nationalökonomie hervorgegangene liberale Wettbewerbstheorie mit der Erkenntnis an, dass es ein (statisches) Marktgleichgewicht nie geben kann. Das wesentliche Moment des Marktes liege vielmehr in einem fortlaufenden Wettbewerbsprozess, der Innovationen prämiere und nicht anpassungsfähige Marktteilnehmer vom Markt verdränge (von Hayek 1969). Die Österreichische Schule (Eugen von Böhm-Bawerk, Ludwig von Mises, Joseph Alois Schumpeter, August F. von Hayek, Oskar Morgenstern) betont sowohl die individuelle Freiheit als auch das unternehmerische Risiko der Marktteilnehmer. Die Freiheit zum Risiko führe über Wettbewerbsprozesse dazu, dass bessere Produkte und Verfahren die schlechteren vom Markt verdrängten. Hier steht nicht mehr der anonyme Preisbildungsprozess im Mittelpunkt, sondern der kreative und wagemutige Akteur, der – durchaus auch spekulativ – Marktchancen auslotet und damit einen sozialevolutorischen Ausleseprozess in Gang hält.

Die Idee des Marktes als Werkzeug „schöpferischer Zerstörung" (die Schumpeter von Sombart übernommen und popularisiert hat) erinnert an die bereits von Karl Marx beschriebene kapitalistische Dynamik. Sie erzeugt fortlaufend neue Waren und Produktionsverfahren sowie eine beständige Umwälzung der Produktionsorganisation und der gesellschaftlichen Beziehungen. Hier stellt sich die Frage, ob der entfesselte, vom Kampf um das ökonomische Sein oder Nichtsein bestimmte kapitalistische Markt noch dem ursprünglichen Bild einer von Freiheit, Offenheit, Transparenz und Symmetrie bestimmten Tauschinstitution entsprechen kann. Fernand Braudel (1988) kennzeichnet diesen ursprünglichen Markt als eine Sphäre kleiner Gewinne. Soweit es ihn historisch annäherungsweise gegeben hat, setzte er den auf eigener Arbeit beruhenden Einkünften enge Grenzen. Ihm gegenüber stellt Braudel den *„Gegen-Markt"* des entwickelten Kapitalismus: die Sphäre des Fernhandels, der Monopole, des gewaltsam erzwungenen Tausches. Dort gibt es große Gewinne, Konzentration und Akkumulation von Reichtum. Vor allem im „organisierten Kapitalismus" (Sombart, vgl. Winkler 1974) des ausgehenden 19. und 20. Jahrhunderts und mit dem Aufkommen der von Managern geführten Großunternehmen erscheinen Angebot und Nachfrage zunehmend als gestaltbare Größen, deren Beeinflussung mit Monopolstellungen, Kartellstrukturen und dem Einsatz staatlicher und militärischer Macht zur Durchsetzung der eigenen Position einhergeht. In Wallersteins (1989) Analyse des „kapitalistischen Weltsystems" spielt die gewaltsame Durchsetzung des „ungleichen Tauschs" eine zentrale Rolle. Die in den Schriften von Polanyi, Braudel und Wallerstein enthaltene Aufforderung, nicht länger von abstrakten Gleichgewichtsmärkten zu reden, sondern genauer zu untersuchen, um welche konkreten Strukturen es sich handelt, gründet auf der These, dass zu verschiedenen Zeiten und auf verschiedenen Märkten ganz unterschiedliche Gesetze, Machtrelationen, Kultur und politische Einflüsse wirken.

Die aus der historischen Forschung stammende Vorstellung des Marktes als einer über lange Zeiträume gewachsenen Institution konnte in jüngerer Zeit auch theoretisch untermauert werden, und zwar von der Transaktionskostenökonomik (→ Neoinstitutionalismus). Deren in den 1990er Jahren mit Nobelpreisen ausgezeichnete Hauptvertreter (Ronald Coase, Oliver E. Williamson, Douglass North) kamen zu einem grundlegend neuen Verständnis der institutionellen Handlungslogik von Märkten. Sie gaben damit auch den sozialwissenschaftlichen Governance-Theorien den entscheidenden Anstoß (→ Wirtschaft).

Ronald Coase, der Begründer der Transaktionskostenökonomik, stellt die simple Frage, warum es überhaupt Unternehmen gibt – Planungsinseln im Markt, wo doch laut neoklassischer Wirtschaftstheorie der freie Markt den effizientesten Allokationsmechanismus darstellt (Coase 1937). Seine Antwort lautet, dass der Markt nicht die Verlässlichkeit und Stetigkeit garantieren kann, wie sie eine auf Kooperation angewiesene Güterproduktion voraussetzt. Stark spezifizierte, komplexe Güter können nur durch das dauerhafte Zusammenwirken beziehungsweise die organisierte soziale Vernetzung spezialisierter Konstrukteure, Arbeiter, Zulieferer, Verkäufer etc. entstehen. Kooperation, hierarchisch organisierte zumal, ist nun aber ein Transaktionstypus, der dem des Wettbewerbsmarktes diametral entgegensteht. Sie wird in der von Williamson weiterentwickelten Transaktionskostenökonomik durch Verträge (Arbeits-, Zulieferverträge etc.) und Hierarchien sichergestellt (Williamson 1985). Hinzu kommen Glaubenssysteme und Ideologien (North 1992) sowie Clans und soziale Netzwerke (Powell 1990), die ebenfalls das kooperative Zusammenwirken von Akteuren steuern.

3 Realgeschichte des Markttausches

Der ideale Markt ist ein theoretisches Konstrukt, das zur realen historischen Entwicklung der Marktwirtschaft oft in einem merkwürdigen Kontrast stand. Die Ideen- und Theoriegeschichte des Marktes wurde von Anfang an – beginnend mit Smith und Mandeville – von einer selektiven Wahrnehmung der Empirie begleitet. Während Smith (1999 [1776]) den ökonomischen, auf individuelle Reichtumsmehrung ausgerichteten Tauschakt als eine anthropologische Konstante, eine der menschlichen Natur gemäße Art wirtschaftlichen Handelns, in das klassische ökonomische Denken einführt, hat die empirische Wissenschaft bis heute nicht sicher herausgefunden, wann und wo die ersten Märkte entstanden sind. Zwar gab es in Mesopotamien bereits im zweiten Jahrtausend v. Ch. eine ausgedehnte auf Geld beruhende Tauschwirtschaft, die von lokalen landwirtschaftlichen Produkten bis zu Fernhandelsbeziehungen reichte. Auch gab es Orte, an denen solche Transaktionen regelmäßig getätigt wurden. Die Vorstellung eines unpersönlichen Marktteilnehmers, der als Anbieter und Nachfrager, nicht aber als ein bestimmtes Mitglied einer sozialen und politischen Gemeinschaft auftritt, war allerdings den bereits mit Rechengeräten, Geld und Schrift vertrauten Bewohnern des Zweistromlandes fremd. Entsprechend kannten sie nicht die Unterscheidung von privat und öffentlich und damit oft auch keine privaten Eigentums- und Erwerbsformen, wie sie eine Marktwirtschaft voraussetzt.

Seit Jahrtausenden gibt es Tauschsysteme unterschiedlicher Größe und Komplexität, die extern verwaltet und gesteuert wurden. Der Markt ist demgegenüber als ein System der Selbststeuerung zu begreifen, in dem sich die Tauschkonditionen, voran die Preise, aus dem Spiel von Angebot und Nachfrage herausbilden. Nur als eigenständiger (Selbst-) Steuerungsmechanismus kann der Markt als eine Koordinationsinstitution und damit als eigenständiger Governance-Typus gelten. Wird dagegen der Gütertausch vollständig durch politische und soziale Mächte organisiert, unterliegt er der Kontrolle durch andere Governance-Institutionen. Dann sind es entweder Politik- und Verwaltungshierarchien wie überwiegend in den Großreichen des Altertums oder aber Personennetzwerke in Form von Clans, Stämmen oder feudalen Herrschaftsstrukturen. Hierarchien und Netzwerke sind historisch weit ältere Steuerungsformen als Märkte, die durch Zwang, persönliche Abhängigkeit und Zugehörigkeit, nicht aber durch freie, versachlichte Wettbewerbsbeziehungen bestimmt werden. Die Bedingungen eines sozial offenen, anonymen und nur vom subjektiven Eigennutzen gesteuerten, freiwilligen Tausches gelten als erfüllt, wenn es sich um einen Wettbewerbsmarkt handelt. Freier Wettbewerb kann insoweit als unabdingbare Voraussetzung freier Märkte bezeichnet werden, ein Zusammenhang, dessen Bedeutung allerdings erst im 19. Jahrhundert allmählich erkannt wurde.

Die begriffliche Unterscheidung von „Markt" und „Wettbewerb" lässt sich aus den etymologischen Wurzeln beider Begriffe herleiten. Das Deutsche Wörterbuch von Jacob und Wilhelm Grimm (Band 12, Spalten 1644-1657) bezeichnet als Markt

> „das öffentliche feilbieten einer oder mehrerer bestimmter waaren, ursprünglich durch wandernde krämer. dieses feilbieten hat sich schon früh örtlich und zeitlich geregelt, so dasz dergleichen leute sich an einem bestimmten orte und zu einer bestimmten jahrzeit eingefunden und die käufer erwartet haben."

Demnach bezeichnet der Marktbegriff historisch seit jeher eine öffentlich zugängliche, gleichwohl örtlich und zeitlich geregelte Institution der Tauschwirtschaft. Während dieser Gebrauch bis ins 12. Jahrhundert zurückreicht, handelt es sich beim Wettbewerbsbegriff um eine Neubildung des 19. Jahrhunderts. Er ersetzte das bis dahin gebräuchliche französische *Concurrence* und fand als Schlagwort der damals neu aufkommenden liberalen Wirtschafts- und Soziallehre sowie des Sozialdarwinismus rasch Verbreitung. Der Sprachgebrauch griff auf politische und sportliche Anwendungsgebiete über und trat mehr und mehr an die Stelle von Wetteifer, Wettkampf und Wettstreit.

Märkte sind keinesfalls, wie zuweilen unter dem Eindruck der Lektüre der Klassiker des Marktliberalismus angenommen wird, eine Begleiterscheinung der frühneuzeitlichen Industrialisierung in England. Es gab sie als örtliche Institution in jeder mit dem Marktrecht ausgestatteten Stadt des Mittelalters und bald auch in Form eines europäischen und globalen Fernhandelssystems. Historisch alte Begriffe wie Marktfrieden und Marktgerechtigkeit deuten auf frühe – geradezu modern anmutende – Vorstellungen von Wettbewerbsregeln hin. In der um 1220 erschienenen mittelhochdeutschen didaktischen Dichtung „Fridankes Bescheidenheit" ist nachzulesen: „Niemer wirt der market guot wan sô man tôren schaden tuot", womit gemeint ist, dass ein Markt nicht gut sein kann, wenn er dazu führt, die Toren zu übervorteilen. Von frühen Marktregeln zeugt auch die seit dem 15. Jahrhundert geläufige Institution des „Marktamtmannes". Tatsächlich gab es bereits im Mittelalter europaweit verbreitete Grundsätze des Marktrechtes, dazu leistungsfähige örtliche Marktordnungen, „darinne nicht nur wegen gedachten marktpreises verfügung geschiehet, sondern auch alles besorget und angeordnet ist, was zur marktfreiheit und gerechtigkeit diensam" (zit. n. J. u. W. Grimm, Deutsches Wörterbuch Band 12, Spalten 1653-1664).

Marktordnungen und regulative Eingriffe in Märkte sind historisch äußerst vielfältig. Die Schaffung einheitlicher Marktregeln war zudem stets ein Mittel politischer Integration, sei es von Nationalstaaten oder in regionalen oder supranationalen Wirtschaftsgemeinschaften. Die Befugnis, Märkte einzurichten, die Zulassung von Marktteilnehmern und Produkten zu regeln und Märkte zu überwachen, generell Marktrecht zu schaffen, kann – neben dem staatlichen Gewaltmonopol – als ein spezifischer Indikator politischer Souveränität gelten.

Marktregulierung dient nicht nur dem Schutz aller Marktteilnehmer. Sie kann durchaus Märkte abschotten und der Privilegierung bestimmter Gruppen dienen. Die Marktregulierung war seit jeher dem Einfluss politischer Interessenten ausgesetzt, die auf eigene Sondervorteile bedacht sind. Die Vorstellung einer besten Lösung für die Schaffung und den Erhalt freier Märkte oder den Aufbau von Regulierungsinstitutionen muss daher als abwegig betrachtet werden. Es sind vielmehr politische, das heißt machtbasierte Prozesse, die zu je eigentümlichen Arrangements regulativer Politik führen.

4 Theorie der Marktregulierung

Auch wenn die Schaffung von Märkten und Marktordnungen eminent politische Bezüge aufweisen und sowohl Projekte politischer und gesellschaftlicher Integration als auch einen Gegenstand der Interessenpolitik von Marktteilnehmern und ihrer Verbände darstellen, lassen sich die dabei auftretenden Grundprobleme analytisch auf einige grundlegende Zusammenhänge reduzieren. Dazu dienen Theorien, die eine wissenschaftliche Beschreibung der Probleme regulativer Politik und ein abstraktes Zielsystem für deren Lösung versprechen. Analytisch werden hier drei Gründe für die Regulierung von Märkten ins Feld geführt: natürliche Monopole, negative Externalitäten und Informationsasymmetrien (vgl. generell zu Rationalitäten der Regulierung Czada u.a. 2003).

Von *natürlichen Monopolen* sprechen wir, wenn ökonomische Transaktionen an ein stationäres Netz gebunden sind, dessen Betriebskosten mit zunehmender Auslastung nur unwesentlich steigen. Beispiele hierfür sind Industrien, die eine umfangreiche Netzwerkinfrastruktur voraussetzen, wie Eisenbahn, Energieversorgungsunternehmen und Telekommunikation. Wettbewerb zwischen verschiedenen Infrastrukturbetreibern wäre hier unter Gesichtspunkten der Skaleneffizienz und des Ressourcenverbrauchs nicht vertretbar. Wird zudem ein solches Netz mit starken Nachfrageschwankungen konfrontiert und soll seine

Kapazität zur Gewährleistung einer sicheren Versorgung auf die Bewältigung einer Spitzenlast ausgelegt sein, so erfordert auch dies regulative Vorgaben. Dasselbe gilt für die Reichweite der Versorgung. Auf Wettbewerbsmärkten würden leitungsgebundene Güter bevorzugt dort angeboten, wo eine stetig hohe Auslastung gewährleistet ist. Konsumenten außerhalb von Ballungsgebieten oder mit geringen Nachfragemengen hätten mit erheblichen Preisaufschlägen zu rechnen oder wären von der Versorgung ganz abgeschnitten. Überließe man die Bereitstellung von Leistungen in solchen Industrien dem Wettbewerb, bestünde also die Gefahr, dass die Anbieter nur einzelne lukrative Teilmärkte bedienten, während die weniger attraktiven unterversorgt blieben („Rosinenpicken"). Die Regulierung besteht dann zum Beispiel in einem Kontrahierungszwang oder weitergehenden Vorschriften zum Leistungsumfang. Damit ist aber noch nicht sichergestellt, dass ein Monopolist seine Marktmacht nicht missbraucht und potenziell konkurrierende Anbieter daran hindert, die vorhandene Netzinfrastruktur zu nutzen bzw. ihre eigenen Netze an diese anzuschließen. In diesem Fall würden Konsumenten überhöhte Preise aufgebürdet. Dem entgegenzuwirken dient etwa die Marktzugangs-, aber auch Preis- und Tarifregulierung, wie wir sie aus der Elektrizitätswirtschaft und in Deutschland neuerdings auch im Telekommunikationssektor kennen. In Europa verblieben die Netzwerkindustrien lange Zeit in öffentlichem Besitz. Im Zuge wachsender Privatisierung vormals öffentlicher Aufgaben werden diese Dienstleistungen nun privat angeboten. Damit wachsen dem Staat neue, umfangreiche Regulierungsaufgaben zu.

Negative Externalitäten treten dann auf, wenn Marktteilnehmer Lasten auf andere abwälzen und damit soziale Kosten erzeugen. Schädigt zum Beispiel der Schadstoffausstoß einer Chemiefabrik die Produkte eines benachbarten Landwirtes, so kann dieser durch regulative Politik geschützt werden. Negative Externalitäten treten im Übrigen nicht nur in der ökonomischen Sphäre auf. Auch die Übertragung einer ansteckenden Krankheit kann als negative Externalität betrachtet werden, der mit Maßnahmen des Gesundheitsschutzes und der Seuchenregulierung zu begegnen wäre. In all diesen Fällen erscheinen Entscheidungen, die an individueller Rationalität ausgerichtet sind, gemeinwohlschädlich. Weil jedoch rationale Egoisten nicht ohne weiteres bereit sind, sich in ausreichendem Maße an den Kosten der Bereitstellung eines Kollektivgutes – etwa einer gesunden Umwelt – zu beteiligen, ist auch in diesem Fall regulativer Handlungsbedarf gegeben. So wäre eine Besteuerung des Schadstoffausstoßes von Unternehmen naheliegend, aber auch eine Regulierung, welche die Umweltverträglichkeit technischer Anlagen sicherstellt. Im Bereich der Kernenergienutzung, aber auch im Finanzsektor kann das Fehlverhalten Einzelner kumulative Effekte hervorrufen, deren Folgen sich bis hin zu Systemrisiken ausweiten. Regulative Politik zielt darauf, externe Effekte zu internalisieren, also die potenziellen Verursacher von Schäden dazu zu zwingen, Kosten für die Verhinderung externer Effekte aufzuwenden. Im Finanzsektor bestehen diese beispielsweise darin, Banken zur Absicherung von Risiken durch die Bildung von Kapitalrücklagen zu zwingen.

Asymmetrische Informationen bestehen zwischen Anbietern und Konsumenten von Dienstleistungen oder Produkten in Bezug auf Preise und Qualitätsmerkmale. So kann ein Arzneimittelkonsument nur schwer beurteilen, welche Produkteigenschaften und Wirkungen mit einer bestimmten Arznei verbunden sind. Die Marktregulierung besteht hier in Kennzeichnungs- und Aufklärungspflichten. Asymmetrische Information liegt auch dann vor, wenn Konsumenten den Wert von Produkten nicht einschätzen können und daher ohne regulative Eingriffe von Übervorteilung durch überhöhte Preise bedroht sind. Ein schlechter Kenntnisstand über ein Preisniveau in bestimmten Marktsegmenten steigert auf Produzentenseite den Anreiz zur Kartellbildung – vor allem dann, wenn Preissenkungen nicht durch erhöhten Absatz von Produkten belohnt werden. Insbesondere in Dienstleistungssektoren, in denen die professionelle Beratung des Konsumenten durch den Anbieter oder Verkäufer eine erhebliche Rolle spielt, wie etwa in der Anlageberatung, ist die Neigung zur Ausbeutung von Informationsasymmetrien ausgeprägt. Akerlofs (1970) klassischer Beitrag zu diesem Thema befasst sich mit dem Gebrauchtwagenhandel. Der Käufer kann die Qualität des Angebotes meist nur schwer einschätzen. Er orientiert sich stattdessen am durchschnittlichen Preisniveau und verbindet dabei leicht höhere Preise mit einem höheren Wert. Im Finanzsektor zeigen sich Informationsasymmetrien dieser Art im Handel mit Wertpapieren, deren Güte der Anleger oft nicht richtig einschätzen kann. Regulative Maßnahmen des Konsumentenschutzes zielen daher in aller Regel auf die Herstellung oder auch Gewährleistung von Transparenz über die Qualität von Produkten und Produktionsbedingungen, etwa dadurch, dass Produzenten/Anbietern umfangreiche Auskunfts- und Kennzeichnungspflichten auferlegt werden. Wo asymmetrische Information vorliegt, behelfen sich die Produzenten häufig durch die Herausgabe eigener Gütesiegel und Zertifizierungsverfahren.

5 Grenzenlose Markterweiterung?

Die Privatisierung staatlicher und öffentlicher Unternehmen insbesondere der Telekommunikations-, Energie- und Verkehrsinfrastruktur rückte Fragen nach der Leistungsfähigkeit von Märkten, nach dem Bedarf politisch-administrativer Regulierung sowie insgesamt nach dem Verhältnis von Staat und Markt in den Mittelpunkt politischer Debatten und Reformprogramme. Die in den meisten westeuropäischen Ländern praktizierte Privatisierungspolitik der 1980er Jahre fand nach 1989 ihre Fortsetzung in Osteuropa. Der nach dem Zusammenbruch des sozialistischen Staatensystems begonnene rasche Übergang von planwirtschaftlichen in marktwirtschaftliche Systeme war noch stark von dem auch die Privatisierungen im Westen kennzeichnenden neoliberalen Denken bestimmt. Der mit Beginn der 1980er Jahre anwachsende Neoliberalismus in der Wirtschaftstheorie betrachtet jegliche politische Einmischung in das Marktgeschehen als eine Hauptursache von Wohlfahrtsverlusten und ökonomischem Niedergang. Der neoliberale Paradigmenwechsel in der Wirtschaftspolitik war in Auseinandersetzung mit der keynesianischen Theorie einer aktiven politischen Konjunktursteuerung und einem in den 1970er Jahren entstandenen Produktivitätseinbruch zuerst in den USA und Großbritannien aufgekommen. Beide Länder litten damals unter einem besonders starken „productivity slowdown", der einen nachhaltigen politischen und ökonomischen Niedergang befürchten ließ.

Auch wenn die Markteuphorie des neoliberalen Denk- und Politikmodells vielerorts pragmatisch entschärft wurde, kann eine langfristig wirksame zunehmende Vermarktlichung von Politik, Verwaltung und Gesellschaft nicht geleugnet werden. Mit dem Fortschritt von Industrialisierung und Arbeitsteilung sowie der damit einhergehenden gesellschaftlichen Differenzierung werden immer mehr Bedürfnisse über den Markt befriedigt. Diese „innere kapitalistische Landnahme“ (Lutz 1984: 194) ist kein neues Phänomen. Seit Beginn der Industrialisierung prägt sie die Entwicklung von Wirtschaft, Gesellschaft und Kultur. Die Marktlogik hat sich beständig ausgeweitet, und die Vorstellung, den mit ihr erreichten Grad gesellschaftlicher Arbeitsteilung zurückzufahren, erscheint heute mehr als ein romantischer Reflex denn als realistische Alternative zur Marktgesellschaft.

Die Expansion des Marktes hat indes den Bereich politischer Kollektiventscheidungen nicht notwendigerweise eingeschränkt. Im Gegenteil: Auf lange Sicht hat die Staatstätigkeit mit der Expansion des Marktes eher zu- als abgenommen. Zahlreiche Funktionen der Daseinsvorsorge, die nicht länger in Familienverbänden und örtlichen Gemeinschaften erbracht werden, werden heute vom Staat oder parastaatlichen Einrichtungen wahrgenommen. Der bis vor wenigen Jahrzehnten gültige Zusammenhang eines gleichgerichteten Wachstums von Staat und Markt scheint sich aber seit geraumer Zeit umzukehren. Die Koexistenz von öffentlicher und privater Wirtschaft („mixed economy“) gilt schon seit Jahrzehnten nicht mehr als Garant steigenden Wohlstands. Die politische Marktregulierung, ob durch den Staat oder intermediäre Instanzen, sieht sich seit den 1980er Jahren dem Verdacht wachstumsschädlicher Überregulierung ausgesetzt, und der umverteilende Wohlfahrtsstaat gilt heute weithin nur noch als Beschäftigungsbremse. Während staatstheoretische Debatten der 1970er Jahre die Politik als letzten Rettungsanker einer krisenanfälligen Marktökonomie beschrieben und so die seinerzeitige Komplementarität von Markt und Politik zu erklären suchten, verläuft der herrschende Diskurs nun in die andere Richtung: Mehr Markt und weniger Politik gilt als Patentrezept für Wirtschaftswachstum, Beschäftigung und Wohlstand.

Dass es zu dieser Wende kommen konnte, hat historische Ursachen. Meist werden das Ende des Systems fester Wechselkurse und der globalen Kontrolle der Konvertibilität von Währungen, des sogenannten eingebetteten Liberalismus, und ein darauffolgender intensivierter ökonomischer Standortwettbewerb als Gründe angeführt. Es ist nicht ausgeschlossen, dass die Periode des „eingebetteten Liberalismus“ lediglich einen Langfristtrend „kapitalistischer Landnahme“ unterbrochen hat und insofern tatsächlich nur ein „kurzer Traum immerwährender Prosperität“ (Lutz 1984) war. Dann befänden sich Politik und Markt schon immer in einem eher antagonistischen Wechselverhältnis – eine Perspektive, die schon Adam Smith (1976 [1776]: XI) eröffnet, wenn er als Bedingung für den „höchsten Grad des Reichtums“ nicht mehr anführt als „Frieden, eine geringe Steuerlast und ein passables Rechtswesen“, darüber hinausgehende politische Eingriffe aber zurückweist. „Alles weitere“, so heißt es bei Smith, „entsteht durch den natürlichen Gang der Dinge.“ Die Geschichte scheint ihm insoweit recht zu geben, als sich die Marktlogik, wo sie einmal gesät war, in der Langfristperspektive beständig und gegen allfällige Widerstände ausbreitete und tatsächlich, wie es Marx und Engels im „Kommunistischen Manifest“ voraussehen, alle sozialen und politischen Verhältnisse revolutioniert hat.

Anders als Burkhard Lutz (1984) vermutete, ist die innere und äußere Expansion des Marktes bislang nicht auf eine natürliche Grenze gestoßen. Sie wäre erst dann erreicht, wenn die Tausch- und Wettbewerbslogik alle Weltregionen und Lebensbereiche vollständig erobert hätte. Für einige Regionen und Sektoren ist ein Zustand der Marktsättigung sicher zutreffend. So ist der Einzug von Industriewaren in Bereiche, die seit jeher durch familiäre

Eigenversorgung geprägt waren, in den entwickelten Gesellschaften weitgehend abgeschlossen. Jedoch zählen neue Dienstleistungen in Bereichen wie Sport, Freizeit, Gesundheit, Medien und Tourismus bis heute zu den am schnellsten wachsenden Märkten. In der Altenpflege erleben wir die Transformation von vormals im Familienverband erbrachten Leistungen zu einer Pflegeindustrie, die von der Massenproduktion spezieller Hygieneartikel bis zu einem rasch wachsenden professionellen Dienstleistungsangebot führte. Schließlich steht die Medizin vor gesundheitsökonomischen Herausforderungen, bei denen Forderungen ärztlicher Ethik nach der besten Behandlung für alle mit exponentiell steigenden Kosten einer immer leistungsfähigeren lebenserhaltenden Apparatemedizin konfrontiert werden. Dabei verdient der Markt für Organtransplantate, medizinische Patente oder genetische Erbinformationen besondere Beachtung. Knappheit verursacht hier Verteilungsprobleme, deren Lösung offenkundig andere Regelungsmechanismen verlangt als einen Gleichgewichtspreis, den lebensbedrohlich erkrankte „Konsumenten" zu zahlen haben (Baurmann 2003). Die sozialethischen Grenzen des Marktes werden hier in beispielhafter Weise deutlich. Die Transformation von Einrichtungen der öffentlichen Daseinsvorsorge durch Privatisierung, *Outsourcing* und *New Public Management* ist ein weiterer, höchst aktueller Aspekt umfassender Prozesse der Vermarktlichung, die in der Konsequenz tief in den Mikrokosmos der Gesellschaft hineinreichen (→ Public Management und Public Governance). Schließlich versuchen Regierungen allfällige Steuerungsprobleme der Sozial- und Umweltpolitik zunehmend durch neue Formen der Anreizsteuerung zu lösen. Staatlich initiierte Wohlfahrts- und Emissionsmärkte sind dafür ein Beispiel (→ Wohlfahrt; Umwelt).

Der in allen entwickelten Industrieländern beobachtbare Trend zur Privatisierung, Liberalisierung, Deregulierung und Erweiterung von Märkten sollte indes nicht darüber hinwegtäuschen, dass die eigentümlichen Profile institutioneller Steuerung in den einzelnen Ländern fortwirken. Und dies gilt ebenso für aktuelle politische Problemlösungen und Reformpolitiken. Bereits ein flüchtiger Blick auf so unterschiedliche Kapitalismusvarianten wie die der USA, Japans, Schwedens, der Schweiz, Frankreichs oder Deutschlands zeigt, dass Marktsteuerung, politisch-administrative Regelsteuerung und verbandliche Selbststeuerung innerhalb eines bestimmten Aufgabenkorridors funktional äquivalent sein können. Zugleich gibt es offenbar Funktionen, die das eine oder andere Modell besser erfüllen kann. So lässt sich feststellen, dass die angelsächsischen liberalen Marktökonomien aus prinzipiellen Gründen nicht in der Lage sind, eine ähnlich hohe Einkommensgleichheit zu erzeugen wie das japanische oder schwedische Wirtschafts- und Sozialmodell. Im japanischen Fall kommt hinzu, dass dies im Rahmen eines Minimalstaates mit niedriger Steuerquote und allenfalls rudimentären Wohlfahrtsfunktionen erreicht wird. Diese institutionell auf soziale Gleichheit und Stabilität programmierten Kapitalismusvarianten entbehren andererseits der Flexibilität der Produktionsfaktoren, welche die angelsächsischen Ökonomien auszeichnen (zu den Beispielen und Politikfeldern Czada/Zintl 2003).

6 Offene Forschungsfragen

Dem idealtypischen neoklassischen Struktur- und Prozessmodell des Marktes entspricht ein mindestens ebenso voraussetzungsvolles Bild des idealtypischen Marktakteurs. Entgegen der darin enthaltenen theoretisch nützlichen Fiktion ist aber das wirkliche Marktgeschehen von Transaktionshemmnissen, begrenzter Rationalität, Informations- und Machtasymmetrien, sozialer Abhängigkeit, Kultur, Tradition, Leidenschaft und Emotion bestimmt. Die Transaktionskostenökonomik sowie neuere Theorien, die eine Mikrofundierung des Verhaltens auf Märkten anstreben, zielen darauf ab, diese Variablen in bestehende Theorien einzubauen. Gelingt dies, dann ließen sich reale Märkte besser verstehen, ohne in ein induktives, historisierendes Marktverständnis zurückzufallen. Die Wissenschaft schreitet hier auf einem Weg zu einem umfassenden, mit weniger Modellannahmen befrachteten Marktbegriff fort. Dabei rückt die Ebene der Marktakteure und ihres Verhaltens weiter in das Visier der theoretischen und empirischen Forschung.

Die neoklassische Theorie der Preisbildung und des Marktgleichgewichts ist gegenüber der aktuellen Forschung durch „Akteursabstinenz" gekennzeichnet. Ihr Bild des homo oeconomicus repräsentiert ein extrem reduziertes Verhaltensmodell. Die Neoklassik erinnert darin an die später entstandene soziologische Systemtheorie von Niklas Luhmann. Diese reduziert die Beweggründe und das Handeln der Akteure in ähnlicher Weise, sodass sie in der Theorieformulierung nur noch als vernachlässigbare Größen erscheinen müssen. Dafür gibt es gute Gründe, zum Beispiel den, dass das menschliche Verhalten im Einzelfall unergründbar ist und zu viele Intentionen hat, als dass es in seiner Gesamtheit für die ökonomische Theorie in Betracht kommen könnte. Da zudem die Marktakteure aufgrund ihrer Erwartungen, die sie wechselseitig aufeinander beziehen, ein unauflösbares Ganzes bilden, kann das Betrachten einzelner Akteure nicht die tatsächlichen Gesetzmäßigkeiten individuellen Handelns liefern. Mikrofundierung, will sie nicht psychologisierend wirken, kann daher kaum ohne die soziale, kulturelle und religiöse Ebene auskommen. Insofern erscheint jedes Bemühen fruchtlos, das unweigerlich soziale Marktgeschehen nur mikroanalytisch fundieren zu wollen und dabei – implizit – die individuelle Akteursebene gegen die soziale Strukturebene auszuspielen. Markt- und Gesellschaftsstrukturen sowie das Denken und Handeln in Markt- und Wettbewerbskategorien entfalten sich in wechselseitiger Abhängigkeit, und es spricht vieles dafür, dass Politik, Staats- und Verwaltungsstrukturen ebenso wie Religion und Glauben dabei eine besondere Rolle spielen, die letztlich darüber entscheidet, ob und wie sich Märkte entwickeln (Greif 2005; Weber 1904).

Welche Regeln eine Marktwirtschaft im Einzelnen braucht, damit sie zu Reichtum und Wohlstand führt, ist nach wie vor stark umstritten. Für liberale Ökonomen wie Adam Smith oder Friedrich von Hayek sind sie nicht mehr als eine rechtsstaatliche Friedensordnung und eine geringe Steuerlast (Smith 1976 [1776]: XI). Alles andere besorgt die unsichtbare Hand des Marktes. Wenn aber Karl Polanyis Beobachtung richtig ist, dass sich eine Marktwirtschaft umso mehr aus ihrer sozialen Verankerung löst, je stärker sie sich dem Zustand des freien Wettbewerbs auf einem grenzenlosen Markt nähert, wäre ein selbstzerstörerischer Prozess die Folge: das Recht des ökonomisch Stärkeren, die Auflösung sozialmoralischer Bindungen, die ungehemmte Ausbeutung des Menschen und der Natur. Dies riefe unweigerlich politischen Widerstand hervor und gefährdete damit den Bestand der Marktwirtschaft selbst. Bleibt der Markt aber sozial eingebettet, so braucht er zu seinem Funktionieren weit mehr als nur den Rechtsstaat und niedrige Steuern. Dann stellt sich die Frage einer geeigneten Sozialordnung und der politischen Demokratie.

Literatur

Akerlof, George A., 1970: The market for „lemons“: Quality uncertainty and the market mechanism, in: Quarterly Journal of Economics 84, 488-500.

Baurmann, Michael, 2003: Rationierung ohne Politisierung. Plädoyer für einen Rechte-basierten Ansatz bei der Rationierung medizinischer Güter, in: Roland Czada / Reinhard Zintl (Hrsg.), Politik und Markt. Politische Vierteljahresschrift. Sonderheft 34, 66-79.

Braudel, Fernand, 1988: Sozialgeschichte des 15. bis 18. Jahrhunderts. Aufbruch zur Weltwirtschaft. München: Kindler.

Coase, Ronald, 1937: The Nature of the Firm, in: Economica 4, 386-405.

Czada, Roland/Lütz, Susanne/Mette, Stefan, 2003: Regulative Politik. Zähmungen von Markt und Technik. Opladen: Westdeutscher Verlag.

Czada, Roland/Zintl, Reinhard (Hrsg.), 2003: Politik und Markt. Politische Vierteljahresschrift. Sonderheft 34. Wiesbaden: VS.

Ferguson, Adam, 1767: An Essay on the History of Civil Society, Edinburgh (deutsch 1986: Versuch über die Geschichte der bürgerlichen Gesellschaft. Frankfurt a.M.: Suhrkamp).

Granovetter, Mark, 1985: Economic Action and Social Structure: The Problem of Embeddedness, in: American Journal of Sociology 91 (3), 481-510.

Greif, Avner, 2005. Commitment, Coercion, and Markets: The Nature and Dynamics of Institutions Supporting Exchange, in: Claude Ménard/Mary M. Shirley (Hrsg.), Handbook for New Institutional Economics. Norwell, MA: Springer, 727-786.

Grimm, Jakob/Grimm, Wilhelm: Deutsches Wörterbuch.16 Bde. [in 32 Teilbänden]. Leipzig: S. Hirzel 1854-1960. -- Quellenverzeichnis 1971.

Hayek, Friedrich August von, 1969: Wettbewerb als Entdeckungsverfahren. Kiel: Institut für Weltwirtschaft.

Hirschman, Albert O., 1987: Leidenschaften und Interessen. Politische Begründungen des Kapitalismus vor seinem Sieg. Frankfurt a.M.: Suhrkamp.

Hirschman, Albert O., 1992: Rival Views of Market Society, in: Albert O. Hirschman, Rival Views of Market Society and Other Recent Essays. Cambridge, MA: Harvard University Press.

Lutz, Burkhard, 1984: Der kurze Traum immerwährender Prosperität: Eine Neuinterpretation der industriell-kapitalistischen Entwicklung im Europa des 20. Jahrhunderts. Frankfurt a.M.: Campus.

Mandeville, Bernard, 1980 [1714]: Die Bienenfabel oder Private Laster, öffentliche Vorteile. Mit einer Einleitung von Walter Euchner. Frankfurt a.M.: Suhrkamp [zuerst 1714: Fable of the Bees: Private Vices Public Benefits. J. Roberts].

Marx, Karl, 2005 [1867-1895]: Das Kapital. Kurzfassung aller drei Bände. 2. Aufl. 2005. Berlin: Dietz.

Myrdal, Gunnar, 1939: Monetary equilibrium. London: Hodge.

North, Douglass, 1992: Institutionen, institutioneller Wandel und Wirtschaftsleistung. Tübingen: Mohr.

Polanyi, Karl, 1958: The Economy as Instituted Process, in: Karl Polanyi/Conrad M. Arensberg/Harry W. Pearson (Hrsg.), Trade and Markets in the Early Empires. Glencoe: The Free Press, 243-270.

Polanyi, Karl, 1978: The Great Transformation. Frankfurt a.M.: Suhrkamp.

Powell, Walter, 1990: Neither Market Nor Hierarchy – Network Forms of Organization, in: Research in Organizational Behavior 12, 295-336.

Slater, Don/ Tonkiss, Fran, 2001: Market Society. Cambridge: Polity Press.

Smith, Adam, 1999 [1776]: Der Wohlstand der Nationen. Eine Untersuchung seiner Natur und seiner Ursachen. München: dtv [zuerst 1776: An Inquiry into the Nature And Causes of the Wealth of Nations. London: W. Strahan & T. Cadell].

Thompson, Grahame/Frances, Jennifer/ Levačić, Rosalind/ Mitchell, Jeremy (Hrsg.), 1991: Market, Hierarchies and Networks – the Coordination of Social Life. London: Sage.
Wallerstein, Immanuel, 1989: The Modern World-System, Vol. III: The Second Great Expansion of the Capitalist World-Economy, 1730-1840's. San Diego: Academic Press.
Weber, Max, 1904: Die protestantische Ethik und der ‚Geist' des Kapitalismus, in: Archiv für Sozialwissenschaft und Sozialpolitik 21: 1-110.
Williamson, Oliver E., 1985: The economic institutions of capitalism: firms, markets, relational contracting. New York: The Free Press.
Winkler, Heinrich August (Hrsg.), 1974: Organisierter Kapitalismus. Göttingen: Vandenhoeck & Ruprecht.

Jochen Gläser

1.5 Gemeinschaft

Die Position der Gemeinschaft in den Diskussionen über soziale Ordnung ist gesichert, aber auch marginal (→ Elementare Mechanismen). Ihre Präsenz in allen Typologien sozialer Ordnung belegt, dass eine erschöpfende Behandlung sozialer Ordnung ohne Einbeziehung der Gemeinschaft nicht möglich ist. Andererseits erfährt die Gemeinschaft aber in solchen Typologien die geringste Aufmerksamkeit und wird als Modell sozialer Ordnung stets weniger scharf gezeichnet als ihre „Geschwister“ Markt, Netzwerk und Organisation. Auch ist dieser Typ der einzige, der sich keines konsistenten sozialwissenschaftlichen Unterbaus erfreuen kann. Eine Soziologie der Gemeinschaft ist bestenfalls im Entstehen begriffen.

Die marginale Stellung des Gemeinschaftskonzeptes in der Soziologie hat historische, wissenschaftstheoretische und soziologische Gründe. Der modernisierungskritische Kontext, in dem Ferdinand Tönnies den Begriff in die Soziologie eingeführt hat, ist bis heute nicht völlig verschwunden. Gestützt durch die positive Besetzung des Alltagsbegriffes von Gemeinschaft, schwingen in der soziologischen Diskussion bis heute Konnotationen der guten, bewahrenswerten Gemeinschaft mit, die die soziologische Verwendung des Begriffes erschweren. Der Missbrauch des Begriffes durch die Nationalsozialisten hat ihm danach im deutschen Sprachraum eine nur zögerliche soziologische Behandlung eingetragen, und im englischen Sprachraum hat die homonyme Verwendung von „community“ für Gemeinschaft und Gemeinde die Theorieentwicklung behindert. Schließlich haben sich im letzten Jahrhundert die empirischen Phänomene, auf die der Gemeinschaftsbegriff bezogen wurde, rapide verändert und damit die Verwendung und theoretische Einbindung des Begriffes Gemeinschaft durch immer neue empirische Referenzen kompliziert.

Der Stand der Forschung muss daher aus einer Vielzahl heterogener Forschungslinien herauspräpariert werden, die auf teilweise weit voneinander entfernten Abstraktionsebenen verlaufen.

1 Begriffsgeschichte

Tönnies (1887) hat den Begriff Gemeinschaft in die Soziologie eingeführt, um einen Wandel in der Sozialität des Menschen zu charakterisieren. Gemeinschaft und Gesellschaft sind in diesem Kontext zwei Typen der Sozialität des Menschen, der seine Beziehungen zu anderen entweder als vorgängig gegeben oder als ausgehandelt erfährt. Tönnies zeichnet das Bild einer Schicksalsgemeinschaft, das heißt eines durch vorgängig gegebene soziale Beziehungen konstituierten Kollektivs, das das Individuum vollständig, das heißt mit all seinen Beziehungen, einbindet. Diese Gemeinschaft wird durch geteilte Werte, emotionale Bindungen und häufige unmittelbare persönliche Kontakte zusammengehalten. Tönnies sah diesen Typ von Sozialität in der Verdrängung durch die Gesellschaft begriffen, in der die Individuen partielle soziale Beziehungen miteinander aushandeln.

Dies ist die abstrakteste Lesart von Tönnies' Werk. Seine Unterscheidung zweier Typen sozialer Beziehungen korrespondiert mit der Unterscheidung von „mechanischer" und „organischer" Solidarität bei Emile Durkheim (1893) und der Unterscheidung von Vergemeinschaftung und Vergesellschaftung bei Max Weber (1922). Die Tönniessche Unterscheidung und ihr kritischer Impetus sind unlängst in der Kommunitarismusdebatte wieder aufgenommen worden (Honneth 1993), in der die Kommunitaristen bestreiten, dass das Prinzip gleicher Rechte, Freiheiten und Chancen für die Gestaltung einer gerechten Ordnung der Gesellschaft ausreicht. Ihnen zufolge setzt die Gestaltung eines gerechten Gemeinwesens die vorgängige Besinnung auf gemeinschaftlich geteilte Werte voraus.

Anders als Durkheim und Weber ging es aber Tönnies nicht nur um einen Typ sozialer Beziehungen, sondern auch und vor allem um das soziale Kollektiv Gemeinschaft, in dem seiner Ansicht nach ausschließlich die genannten spezifischen sozialen Beziehungen herrschen. Während sich Weber explizit von dieser Verwendung des Begriffes abgesetzt hat, fokussierte die spätere Tönnies-Rezeption auf das Kollektiv, in das man hineingeboren wird, das seine Mitglieder vollständig einbindet, ortsgebunden und durch emotionale Bindungen sowie häufige persönliche Kontakte charakterisiert ist. Diese Verwendung des Gemeinschaftsbegriffes und die von Tönnies herangezogenen Beispiele Familie, vormodernes Dorf und Religionsgemeinschaft haben die europäische Soziologie nachhaltig beeinflusst. In den USA gab es eine ähnliche Entwicklung, die an den Anfang des 20. Jahrhunderts unabhängig von Tönnies eingeführten Begriff der Primärgruppe anschloss (Cooley 1911).

Die Rezeption des Tönniesschen Gemeinschaftskonzeptes als Beschreibung eines spezifischen Typs sozialer Kollektive und seine Bezugnahme auf das vormoderne Dorf ließen eine gemeindesoziologische Forschungstradition entstehen, die Gemeinschaftsbeziehungen in Dorf und Stadt sowie das von Tönnies postulierte Verschwinden der Gemeinschaft untersuchte. Diese Studien fanden soziale Beziehungen, die in einigen Aspekten (geteilte Werte, emotionale Bindungen, Solidarität) mit der Tönniesschen Charakterisierung übereinstimmen, ihre Mitglieder aber nur noch partiell einbinden. Damit begann in den 1950er Jahren eine implizite Aufweichung der ursprünglich aus Tönnies' Werk abgeleiteten Definition. Die Existenz von „gemeinschaftstypischen" Beziehungen wurde als hinreichendes Kriterium für die Existenz einer Gemeinschaft angesehen, die damit nun auch in der Stadt zu finden war. An die netzwerkanalytischen Untersuchungen zu „Gemeinschaftsbeziehungen" in der Stadt (Wellman 1979) knüpft der Vorschlag an, die Unterscheidung von Familien- und Freundschaftsbeziehungen aufzugeben und stattdessen allgemein von „personal communities" zu sprechen. Die Inhalte der Gemeinschaftsbeziehungen zu Freunden bzw. Verwandten seien häufig empirisch nicht unterscheidbar und Beziehungen zu Familienangehörigen nicht notwendigerweise enger als Beziehungen zu Freunden (Pahl/Spencer 2004).

Die Beobachtung von Gemeinschaftsbeziehungen zwischen Individuen, die nur sehr sporadische oder gar keine Face-to-face-Kontakte unterhielten, forderte ein anderes klassisches Merkmal der Gemeinschaft heraus. Die Idee einer „Gemeinschaft ohne Nähe" (Webber 1963) stieß ursprünglich auf Ablehnung. Mittlerweile ist der Begriff Gemeinschaft aber für viele Kollektive verwendet worden, in denen die räumliche Nähe der Mitglieder und Face-to-face-Kontakte eine untergeordnete Rolle spielen oder völlig fehlen.

Der Wandel in der Begriffsverwendung lässt sich am Beispiel der Berufsgemeinschaften („occupational communities") illustrieren. Als Berufsgemeinschaften wurden ursprünglich Gemeinden bezeichnet, die durch eine homogene Beschäftigungssituation charakterisiert sind, zum Beispiel Dörfer, deren Einwohner fast ausschließlich im Bergbau arbeiten (Bulmer 1975). Später verschwand der Bezug auf Gemeinden, und die räumliche Nähe der Mitglieder wurde von einem konstitutiven Merkmal zu einer Variablen. Berufsgemeinschaften werden nun als Gemeinschaften definiert, deren Mitglieder sich als dieselbe Art von Arbeit ausübend wahrnehmen, sich mehr oder weniger positiv mit ihrer Arbeit identifizieren, gemeinsame Werte, Normen und Perspektiven auf ihre Arbeit und darüber hinaus haben und deren soziale Beziehungen sich auf Arbeit und Freizeit erstrecken (van Maanen/Barley 1984).

Die genannten Arbeiten gehören zu einer gemeinsamen Forschungstradition, weil sie zwar wesentliche von Tönnies als konstitutiv für Gemeinschaften eingeführte Merkmale abschwächen, aber eine zentrale Grundidee beibehalten: Gemeinschaften bezeichnen Kollektive, die auf multiplexen, viele Bereiche des alltäglichen Lebens berührenden solidarischen Beziehungen beruhen und in denen geteilte Werte, emotionale Bindungen und Solidarität eine große Rolle spielen. Diese Sozialgebilde können, an Turner (1998) anschließend, als „dichte" Gemeinschaften beschrieben werden. Sie beruhen zwar heutzutage viel stärker auf bewussten Entscheidungen für eine Mitgliedschaft und umfassen nur einen Teil der sozialen Beziehungen ihrer Mitglieder, ähneln aber ansonsten den traditionalen Gemeinschaften. Das Konzept der dichten Gemeinschaften deckt sich mit dem Alltagsbegriff und bleibt vermutlich deshalb häufig implizit. Es scheint den Vergleichen von Typen sozialer Ordnung zugrunde zu liegen, in denen Gemeinschaft regelmäßig auftaucht (z.B. Streeck/Schmitter 1985; Wiesenthal 2000).

Neben dieser Diskussionslinie, die die sozialen Veränderungen des 20. Jahrhunderts durch eine graduelle Abschwächung von Merkmalen des traditionellen Gemeinschaftskonzeptes reflektiert, gibt es Verwendungen des Gemeinschaftsbegriffes, die wenig Rücksicht auf Theorietraditionen nehmen. Der durch Thomas Kuhn (1962) eingeführte Begriff der wissenschaftlichen Gemeinschaft unterscheidet sich grundsätzlich sowohl von dem traditionellen Tönniesschen Begriff als auch vom Alltagsverständnis. Wissenschaftliche Gemeinschaften sind durch den Bezug auf ein Paradigma, das heißt auf Wissen, und durch das Ideal rationaler Beziehungen charakterisiert (→ Wissenschaft). Das gilt in gewissem Maße auch für die epistemischen Gemeinschaften in der Politik, die, bezogen auf ein gemeinsames Politikfeld, durch geteilte normative Überzeugungen, Kausalannahmen und Qualitätskriterien für Wissen charakterisiert werden (Haas 1992). Mit den Berufsgemeinschaften, wissenschaftlichen und epistemischen Gemeinschaften verwandt scheinen die durch Lave und Wenger (1991) beschriebenen Praxisgemeinschaften. Hier handelt es sich um Gemeinschaften, deren Mitglieder die gleiche Tätigkeit ausüben und sich aufgrund der Wahrnehmung dieser Gemeinsamkeit in einer Gemeinschaft mit anderen befinden, in der sich zum Beispiel Lernen und Erfahrungsaustausch vollziehen.

Seit den 90er Jahren des vergangenen Jahrhunderts sind zahllose Fangemeinschaften beschrieben worden. Ihre Mitglieder sind an der Kommunikation über einen Gegenstand

(Fernsehserien, Musik, Handelsmarken wie Macintosh-Computer) und an spezifischen auf den Gegenstand bezogenen Handlungen interessiert, zum Beispiel an der Unterstützung von Sportmannschaften (Bacon-Smith 1992; Jindra 1994; Watson 1997; Muniz/O'Guinn 2001; Crawford 2003). In der gleichen Zeit flammte die Diskussion über virtuelle Gemeinschaften auf, die sich von den bisher genannten Gemeinschaften nicht durch die Inhalte der sozialen Beziehungen, sondern durch die internetbasierte Kommunikation unterscheiden (Rheingold 1993). Trotz der Verbreitung, die dieser Begriff inzwischen erlangt hat, ist er bis heute umstritten.

Zu den „neuen Gemeinschaften" gehören auch die von Hitzler und Pfadenhauer (1998: 88-89) beschriebenen posttraditionalen Gemeinschaften, die auf einer kontingenten Entscheidung des Individuums für eine temporäre Mitgliedschaft in einer Freizeit- und Konsumszene beruhen. Die Begriffsbildung lässt erkennen, dass den Autoren die Differenz zwischen ihrem Begriff, der aus der Analyse von Jugendkulturen (speziell der Technoszene) entstanden ist, und dem traditionellen Gemeinschaftskonzept bewusst ist.

Dieser vor allem in der angloamerikanischen Soziologie zu beobachtenden inflationären Verwendung des Gemeinschaftsbegriffes für „neue" Gemeinschaften liegt ein „dünnes" Gemeinschaftskonzept zugrunde (Turner 1998). Der Begriff Gemeinschaft wird hier überwiegend auf Kollektive angewendet, deren Zusammengehörigkeitsgefühl auf sehr spezifischen Gemeinsamkeiten – meist gemeinsamen Interessen – beruht. Die Verwendung des Gemeinschaftsbegriffes wird dabei nur selten theoretisch reflektiert. Die Diskussionen verharren mit wenigen Ausnahmen bei einer impliziten Vermischung des Tönniesschen Konzeptes mit der Alltagsbedeutung von Gemeinschaft. Bestenfalls finden sich Ad-hoc-Definitionen der jeweils untersuchten Gemeinschaften. Beziehungen zwischen den verschiedenen neuen Gemeinschaften werden nicht diskutiert, obwohl sich das zum Beispiel für Berufsgemeinschaften, Praxisgemeinschaften und epistemische Gemeinschaften anböte. Die Beschreibungen der neuen Gemeinschaften enthalten jeweils nur einige der von Tönnies genannten Merkmale in abgeschwächter Form. Mittlerweile haben sie auch jedes der durch Tönnies eingeführten oder im Alltagsverständnis mit Gemeinschaft assoziierten Merkmale infrage gestellt.

Wir beobachten also einerseits eine Anpassung der klassischen Definition an die für die Moderne charakteristischen Mitgliedschaften des Individuums in zahlreichen spezialisierten sozialen Gebilden und andererseits die Anwendung der Bezeichnung Gemeinschaft auf immer neue Kollektive, die nur noch wenig mit der klassischen Definition zu tun haben. Umgekehrt finden sich heute kaum noch empirische Phänomene, die unter die Tönniessche Definition fallen. Insbesondere die vollständige Einbindung in Schicksalsgemeinschaften ist aus dem Leben in zeitgenössischen Gesellschaften weitgehend verschwunden. Diese beiden Entwicklungen haben zu impliziten analytischen Kompromissen geführt, die das Konzept zunehmend verschwimmen lassen. Die Spezifik der sozialen Ordnung und die Governance in und von Gemeinschaften treten hinter die Kompromissformeln und Beschreibungen zurück.

2 Die soziale Ordnung der Gemeinschaft

Bereits Weber (1922: 21) hat darauf hingewiesen, dass es nicht ausreicht, Gemeinschaft anhand der Existenz eines Zusammengehörigkeitsgefühls zu definieren. Von einem soziologisch relevanten Phänomen können wir nur dann sprechen, wenn die Gemeinschaft das Handeln ihrer Mitglieder beeinflusst. Um darüber hinaus als soziale Ordnung angesehen werden zu können, muss sie durch eine spezifische Kombination von elementaren Mechanismen der Ordnungsbildung und emergenten Strukturen eine Abstimmung dieses Handelns leisten (→ Elementare Mechanismen). Wir können damit die Frage nach der sozialen Ordnung spezifizieren, indem wir erstens die sozialen Phänomene identifizieren, die die Mitgliedschaft in einer Akteurkonstellation Gemeinschaft konstituieren. Zweitens müssen wir die Frage beantworten, welche elementaren Mechanismen und emergenten Strukturen die Handlungsabstimmung in dieser Akteurkonstellation leisten.

Ein Blick auf die in empirischen Studien unter „Gemeinschaft" firmierenden Akteurkonstellationen zeigt eine unüberschaubare Vielfalt von Mitgliedschaft konstituierenden Phänomenen. Das Ausüben desselben Berufes oder der gleichen Tätigkeit, das Handeln auf der Grundlage derselben Kausalmodelle, das Interesse an derselben Seifenoper oder am selben Fußballklub, das Wohnen am selben Ort und viele andere Merkmale scheinen Gemeinschaften konstituieren zu können, wenn sie als Gemeinsamkeiten wahrgenommen werden.

All diese Akteurkonstellationen werden durch Individuen gebildet, die wahrnehmen, etwas miteinander gemeinsam zu haben. Die Wahrnehmung, dass andere Akteure ein beiderseitig als relevant erachtetes gemeinsames Merkmal aufweisen und dass man selbst dieses Merkmal ebenfalls aufweist, scheint der kleinste gemeinsame Nenner, das minimale all diesen Akteurkonstellationen gleichermaßen eigene soziale Charakteristikum zu sein. Dass man also zum Beispiel täglich gemeinsam denselben Bus benutzt, konstituiert keine Gemeinschaft, weil einem dieser Tatbestand normalerweise gar nicht auffällt oder jedenfalls gleichgültig ist – dies kann sich aber dann ändern, wenn man realisiert, dass man gemeinsam von der geplanten Streichung dieser Buslinie betroffen ist und sich zu Protestaktionen zusammenfindet. Es sind die individuellen und kollektiven Selbstbilder, die Mitgliedschaft in den Gemeinschaft genannten Akteurkonstellationen konstituieren. Noch präziser könnte man sagen, dass das auf der Schnittmenge individueller Selbstbilder beruhende kollektive Selbstbild eine Gemeinschaft konstituiert. Mit dieser Beobachtung korrespondiert ein Argument zur Handlungsrelevanz der Mitgliedschaft in Gemeinschaften, dem zufolge Gemeinschaften genau dadurch Handlungen ihrer Mitglieder beeinflussen können, dass diese sich als Mitglieder der betreffenden Gemeinschaft wahrnehmen, dass also eine geteilte Vorstellung von Gemeinschaft existiert. Das wird an denjenigen Gemeinschaften, in denen es prinzipiell unmöglich ist, alle oder auch nur die meisten Mitglieder kennenzulernen, besonders deutlich. Die Vorstellung von der Gemeinschaft – die „imagined community" (Anderson 1991) – ersetzt in diesem Fall die Kontakte zu den unbekannten Mitgliedern. Dies gilt etwa für die Nation als Gemeinschaft aller Bürger eines bestimmten Staates (→ Nationalstaat).

Die Konstitution von Mitgliedschaft durch wahrgenommene Gemeinsamkeiten könnte erklären, warum die Mitgliedschaft in vielen Gemeinschaften so unscharf und fluid ist.

Aufgrund der unterschiedlichen Wahrnehmungen entstehen beliebig schwache Formen der Beteiligung, die zum Beispiel im Fall seltenen, marginalen und individualisierten gemeinschaftsbezogenen Handelns nur schwer identifizierbar sind. Es kommen sogar immer wieder differente Wahrnehmungen der Zugehörigkeit vor. So fühlen sich etwa Immigranten schon als Australier, werden aber von den alteingesessenen Australiern noch lange nicht dazugezählt.

Mit dem Bezug auf wahrgenommene Gemeinsamkeiten haben wir die Beobachtung als den primären Elementarmechanismus der Ordnungsbildung identifiziert. Die emergente Struktur, die die Ordnung verstetigt, weil sie kontinuierlich beobachtet werden kann, ist die kollektive Identität der Gemeinschaft im Sinne eines vereinfachten Selbstbildes, das das allen Mitgliedern gemeinsame Merkmal betont. Das Handeln in der Gemeinschaft ist primär identitätsgeleitetes Handeln. Es wird durch die Wahrnehmung der Gemeinsamkeit und die Beobachtung der darauf beruhenden kollektiven Identität beeinflusst. Man agiert, weil man anderen in einem spezifischen Merkmal gleicht, und man agiert deswegen auf eine spezifische Weise. In vielen Gemeinschaften werden diese Entscheidungen über das gemeinschaftsbezogene Handeln durch die Mitglieder individuell und autonom getroffen.

Neben Beobachtung und kollektive Identität treten andere Mechanismen und Strukturen, die die soziale Ordnung der Gemeinschaft beeinflussen. Schon Tönnies hat auf die Stratifikation in Familie und Dorf hingewiesen. Heute werden Eliten in Gemeinschaften beobachtet, die das Handeln der Mitglieder beeinflussen. Solche Eliten können mit der Gemeinschaft als unmittelbar gegeben erscheinen – in den Tönniesschen traditionalen Gemeinschaften etwa als Vorrang der Alten oder Alteingesessenen – oder sich als Leistungseliten herausbilden. Eine in translokalen Gemeinschaften sehr wichtige „Leistung" ist zum Beispiel die Aufrechterhaltung des Kommunikationsnetzwerkes der Gemeinschaft, in dem die Beziehungen zwischen den Mitgliedern und die kollektive Identität aktualisiert werden (→ Netzwerke). Analysen zur E-Mail-Kommunikation haben die Existenz einer solchen Kommunikationselite demonstriert: Unter den Kommunizierenden gibt es eine kleine Zahl häufig kommunizierender Mitglieder, viele gelegentlich Beitragende und noch mehr „Lurker", die die Kommunikation verfolgen, aber selbst nichts beitragen. Ähnlich wie die Kommunikation sind auch andere Handlungen und materielle Beiträge schief verteilt. „Hartgesottene" Fans besuchen jede Sportveranstaltung und jedes Treffen, kaufen viel Merchandise, leisten zahlreiche ehrenamtliche Beiträge usw. Sie bilden aber in jeder Gemeinschaft eine Minderheit, der eine große Zahl gelegentlich oder kaum aktiver Mitglieder gegenübersteht. Es scheint nicht ausgeschlossen, dass die für wissenschaftliche und einige virtuelle Gemeinschaften beobachtete Verteilung der Aktivitäten, der zufolge etwa achtzig Prozent der Beiträge von etwa zwanzig Prozent der Mitglieder erbracht werden, ein generelles Charakteristikum von Gemeinschaften ist.

Schließlich entstehen in Gemeinschaften auch informelle Institutionen im Sinne von Verhaltensregeln, die beobachtet und befolgt werden (→ Neoinstitutionalismus). Dazu gehören zum Beispiel Regeln über die Inhalte und Formen der Kommunikation. Nicht alle Themen werden als der Kommunikation der Gemeinschaft angemessen betrachtet. Fangemeinschaften versuchen zum Beispiel mitunter politische oder religiöse Themen auszuschließen, weil die unausweichlichen Differenzen das Kommunikationsklima und die kollektive Identität bedrohen können. Die Form der Kommunikation soll der Tatsache Rechnung tragen, dass die Mitglieder wegen einer wahrgenommenen Gemeinsamkeit miteinander interagieren. So ist zum Beispiel die Diffusion einer „Kommunikationsetikette“ von existierenden in neu entstehende virtuelle Gemeinschaften beobachtet worden. Andere Regeln betreffen die Interaktion mit neuen Mitgliedern oder deren Verhalten. Analysen von Praxisgemeinschaften haben eine Form „legitimer peripherer Teilnahme“ entdeckt, das heißt informelle Regeln darüber, welche Formen der Teilnahme für neue Mitglieder der Praxisgemeinschaft zulässig sind und ihnen das Erlernen der Praxis ermöglichen (Lave/Wenger 1991).

Die diesen informellen Institutionen unterliegenden geteilten Werte und Normen und die seit Beginn der Gemeinschaftsdebatte als zentral angesehenen emotionalen Bindungen scheinen aber eher eine in den Interaktionen entstehende Begleiterscheinung von Gemeinschaften als deren konstitutives Element zu sein. Bereits Max Weber (1922: 22) hat angemerkt, dass jede auf Dauer gestellte soziale Beziehung „Gefühlswerte zu stiften vermag“. Auf wahrgenommenen Gemeinsamkeiten beruhende Beziehungen sollten besonders oft emotionale Bindungen entstehen lassen.

Das hier skizzierte allgemeine Konzept von Gemeinschaft, das hinter den disparaten empirischen Studien aufschaut, schließt die verschiedenen in diesen Studien als Gemeinschaften beschriebenen Sozialgebilde ebenso als Spezialfälle ein wie die traditionalen Tönniesschen Gemeinschaften, die auf der Wahrnehmung von Nachbarschaft, Verwandtschaft oder geteiltem Glauben beruhen und in denen Beeinflussung und informelle Institutionen die Autonomie der Mitglieder erheblich einschränken können. Die Variationsbreite der untersuchten Phänomene erklärt sich aus der Unterschiedlichkeit der Merkmale, die als Gemeinsamkeit wahrgenommen und damit zum Gegenstand der Identitätsbildung werden können. Deshalb erscheint die Idee, auf durch das Internet vermittelter Kommunikation beruhende „virtuelle Gemeinschaften“ als distinkten Subtyp einzuführen, als eine etwas unglückliche Überbetonung des Kommunikationsmediums. Virtuelle Gemeinschaften können auf unterschiedlichen Merkmalen beruhen und in ihren Identitäten und sozialen Ordnungen nahezu das gesamte angedeutete Spektrum überstreichen. Da viele der neuen Gemeinschaften ohnehin das Internet als eines von mehreren Kommunikationsmedien nutzen und umgekehrt die Mitglieder virtueller Gemeinschaften unmittelbare persönliche Kontakte anstreben, wird auch die empirische Unterscheidung von virtuellen und anderen Gemeinschaften zunehmend schwieriger.

Eine weitere Gemeinsamkeit der Studien zu neuen Gemeinschaften ist die Beobachtung, dass Gemeinschaften nicht planmäßig geschaffen werden, um eine Handlungsabstimmung zu erreichen, sondern entweder ihren Mitgliedern als vorgängig gegebener sozialer Kontext erscheinen oder auf kontingenten Mitgliedschaftsentscheidungen beruhen. Die Gemeinschaft ist deshalb in der Terminologie von Hayek (1991) eine spontane soziale Ordnung. Das gilt auch dann, wenn die Initiative eines kleinen Netzwerkes von Akteuren eine Gemeinschaft entstehen lässt, wie das bei Fangemeinschaften oder wissenschaftlichen Fachgemeinschaften der Fall sein kann (→ Netzwerke). Sobald Gemeinschaften auf diese Art und Weise ins Leben gerufen worden sind, entzieht sich die weiter entstehende soziale Ordnung weitgehend den Gestaltungsabsichten der Gründer. Die kollektive Identität einer in ständigem Fluss befindlichen Akteurkonstellation kann ebenso wenig kontrolliert werden wie die Handlungen, die die Mitglieder aus dieser Identität ableiten.

Ihre soziale Ordnung unterscheidet die Gemeinschaft klar von den Akteurkonstellationen Markt, Organisation und Netzwerk (→ Markt; → Organisationstheorien; → Netzwerke). Schwieriger ist demgegenüber die Unterscheidung der Gemeinschaft von der Gruppe. Hier scheint es zweckmäßig, den Gruppenbegriff für Kleingruppen zu reservieren, in denen jeder Akteur zu allen anderen persönliche Kontakte unterhält, in denen also die Mitgliedschaft durch das gemeinsame Wissen um die Mitglieder und implizite oder explizite Entscheidungen über die Mitgliedschaft konstituiert wird. Unter diesen Bedingungen können auch die Handlungen der Gruppenmitglieder durch explizite oder implizite Verhandlung miteinander abgestimmt werden (→ Verhandlungen), obwohl an der Gruppenidentität orientiertes Handeln ein zweiter wichtiger Mechanismus sein kann. Die Kleingruppe unterscheidet sich also sowohl durch die Konstitution von Mitgliedschaft als auch durch den dominanten Modus der Ordnungsbildung von der Gemeinschaft. Größere Konstellationen, in denen die ständige Interaktion aller dazugehörenden Akteure nicht mehr möglich ist, sollten dann nicht mehr als Gruppen bezeichnet werden, sondern – je nach ihrer Beschaffenheit – als Gemeinschaften, Netzwerke, Märkte oder Organisationen.

3 Die Governance der Gemeinschaft

Gemeinschaften weisen nur eine geringe kollektive Handlungsfähigkeit auf. Beobachtung und identitätsgeleitetes Handeln reichen meist nicht aus, um kollektive Ziele zu formulieren und über den gemeinsamen Ressourceneinsatz zu entscheiden. Es fehlt eine Instanz, die Entscheidungen für die Gemeinschaft zu treffen vermag. Selbst wenn jedoch eine solche Entscheidung zustande käme, wäre es wegen der auf Wahrnehmung beruhenden Mitgliedschaft und der Autonomie der Mitglieder kaum möglich, die Mitglieder einer Gemeinschaft zur Umsetzung der Entscheidung zu zwingen.

Diese Schwäche endogener Governance ist charakteristisch für spontane soziale Ordnungen, die ja gerade entstehen, ohne dass Handlungen planmäßig aufeinander abgestimmt werden. Die Entwicklung der Gemeinschaft ist ein nicht intendierter Aggregateffekt des identitätsgeleiteten, aber weitgehend autonomen Handelns ihrer Mitglieder. Sie ist verantwortlich für das spezifische „Gemeinschaftsversagen", das sich als Drift beschreiben lässt. Die Identität, die Mitgliedschaft und die Handlungen der Mitglieder unterliegen inkrementellen Veränderungen, die wegen der Autonomie der Mitglieder und deren Mitgliedschaft in anderen Akteurkonstellationen nur schwer vorhergesehen und noch schwerer beeinflusst werden können. Auch die im Zuge der Drift mögliche Spaltung oder Auflösung von Gemeinschaften lässt sich kaum verhindern, weil dazu intentionales Handeln der Mitglieder erforderlich wäre, das über die Ordnungswirkung der Identität hinaus miteinander abgestimmt werden müsste. Die Entscheidungen der Eliten und informelle Regeln vermögen hier nur begrenzt Abhilfe zu schaffen, weil die Mitglieder ihnen nicht folgen müssen. Es steht den Mitgliedern einer Gemeinschaft jederzeit frei, zeitweise nicht zu handeln oder auszuscheiden, also die Exit-Option (Hirschman 1970) zu wählen. Lediglich akute Bedrohungen der kollektiven Identität (zum Beispiel der Abstieg einer Fußballmannschaft, Häresie, die drohende Spaltung einer politischen Bewegung) vermögen überhaupt eine spontane kollektive Willensbildung und intentionale Richtungsänderung auszulösen. Außerdem kann eine Gemeinschaft spontan und ohne weitere Hilfsmittel kollektive Handlungsfähigkeit erreichen, wenn sie implizit auf kollektive Willensbildung verzichtet und sich freiwillig einem charismatischen Führer unterordnet, wie das für Religionsgemeinschaften und für soziale Bewegungen (die unter den hier entwickelten Gemeinschaftsbegriff fallen) beobachtet worden ist.

Um Entscheidungen herbeizuführen und eine Bindungswirkung für wenigstens einen Teil der Mitglieder zu erreichen, bilden viele Gemeinschaften in sich andere soziale Ordnungen aus, und zwar Netzwerke und insbesondere formale Organisationen (→ Organisationstheorien). „Sportgemeinschaften" werden häufig mit den Vereinen identifiziert, das heißt mit den formalen Organisationen. Jeder solche Verein bildet aber nur das Zentrum einer Gemeinschaft mit einer Mitgliedschaft jenseits der Vereinszugehörigkeit, die sich auf den Sportverein bezieht. Ähnlich verhält es sich mit Religionsgemeinschaften und Kirchen als religiösen Organisationen, Fangemeinschaften und Fanklubs oder wissenschaftlichen Gemeinschaften und Forschungsinstituten bzw. Universitäten. Die formalen Organisationen werden meist durch die Mitglieder der Gemeinschaft unterhalten – direkt durch Beiträge oder indirekt durch Bezahlung der von der Organisation erbrachten Leistungen. Die Leistungen der Gemeinschaftsorganisationen umfassen all die Handlungen, die über das identitätsgeleitete Handeln hinausgehende Ordnungsleistungen erfordern. Sportveranstaltungen, Gottesdienste und Prozessionen, Treffen von Fans, wissenschaftliche Konferenzen und ähnliche Aktivitäten müssen organisiert werden, bedürfen also einer geplanten Ordnung, die die Gemeinschaft nicht bietet. Dasselbe gilt für jede kollektive Willensbildung der Gemeinschaft. Diese setzt jeweils die Kommunikation zwischen möglichst vielen Mitgliedern und einen Mechanismus der kollektiven Entscheidung voraus. Beide Prozesse müssen organisiert werden. Darüber hinaus fördern die Organisationen stets die Interaktionen der Mitglieder ihrer Gemeinschaften, da sie einen für alle identifizierbaren Bezugspunkt bilden. Ihr Einfluss reicht deshalb auch weit über die eigentlichen Organisationsgrenzen hinaus. Die formalen Organisationen einer Gemeinschaft werden in der Regel durch Mitglieder der Elite dominiert, die Führungspositionen in der Organisation besetzen.

Die formalen Organisationen, die das endogene Governance-Defizit der Gemeinschaften ausgleichen sollen, sind zugleich eine wichtige Schnittstelle zur Gesellschaft. In einer Organisationsgesellschaft zu leben bedeutet auch, ohne Organisationen nicht mehr leben zu können. Um auf ihre gesellschaftliche Umwelt Einfluss nehmen zu können, zum Beispiel bei der Vertretung spezifischer Interessen ihrer Mitglieder, braucht die Gemeinschaft eine Schnittstelle, die mit der relevanten gesellschaftlichen Umwelt kompatibel ist. Formale Organisationen erfüllen diese Voraussetzung.

Sie sind zugleich auch die Schnittstelle für die exogene Governance der Gemeinschaft. Das Fehlen endogener Governance-Mechanismen beschränkt ja auch externe Akteure, die das Verhalten einer Gemeinschaft beeinflussen wollen. Um ihre Intentionen in Bezug auf eine Gemeinschaft zu verwirklichen, brauchen diese Akteure eine kompatible Schnittstelle zur Gemeinschaft, die zugleich die kollektive Entscheidungs- und Handlungsfähigkeit der Gemeinschaft sichert. Da die Organisationen der Gemeinschaft die einzige mit anderen gesellschaftlichen Akteuren kompatible und intern verpflichtungsfähige soziale Struktur bilden, sind sie auch die Kanäle für externe Governance. Die Polizei kommuniziert mit Fußballfanklubs über das Verhalten der Fans und die Politik mit Forschungsinstituten, wissenschaftlichen Gesellschaften und Förderorganisationen über die Richtung der Forschung.

Wegen ihres partiellen Charakters, der nicht die Mitgliedschaft in anderen Gemeinschaften oder in anderen sozialen Ordnungen ausschließt, ist die Mitgliedschaft in den „neuen", nicht unter den engen Tönniesschen Begriff fallenden Gemeinschaften ein ubiquitäres Phänomen, das Gemeinschaften einander und alle anderen sozialen Ordnungen überlagern lässt. Man kann zugleich Christ, Fußballfan und Wissenschaftler sein. Als Wissenschaftler gehört man einer oder mehreren wissenschaftlichen Gemeinschaften an und ist zugleich in einer Universität, einem Forschungsinstitut oder einem Unternehmen beschäftigt. Unternehmen bieten Merchandise für Fangemeinschaften an, und die Fans treten in diesem Markt als Käufer auf.

Die meisten Gemeinschaften erbringen nur eine schwache Ordnungsleistung. Sie können diese Ordnungsleistung aber für eine beliebig große Zahl von Mitgliedern erbringen, und sie sind ein ubiquitäres Phänomen. Die moderne Gesellschaft wird von unzähligen Gemeinschaften mit potenzieller Handlungsrelevanz durchsetzt, die alle anderen sozialen Ordnungen überlagern und deren Wirkungen modifizieren können. Die soziale Ordnung der Gemeinschaft sowie die Governance in und von Gemeinschaften sind deshalb ein theoretisch wie praktisch wichtiges Phänomen, das in der soziologischen Forschung bislang leider unterschätzt wird.

Literatur

Anderson, Benedict R. O. G., 1991: Imagined Communities: Reflections on the Origin and Spread of Nationalism. London: Verso.

Bacon-Smith, Camille, 1992: Enterprising Women: Television Fandom and the Creation of Popular Myth. Philadelphia, PA: University of Pennsylvania Press.

Bulmer, Martin I. A., 1975: Sociological Models of the Mining Community, in: Sociological Review 23, 61-92.

Cooley, Charles Horton, 1911: Social Organization: A Study of the Larger Mind. New York: Scribner.

Crawford, Garry, 2003: The Career of the Sport Supporter: The Case of the Manchester Storm, in: Sociology 37, 219-237.

Durkheim, Emile, 1977 [1893]: Über die Teilung der sozialen Arbeit. Frankfurt a.M.: Suhrkamp.

Haas, Peter M., 1992: Introduction: Epistemic Communities and International Policy Coordination, in: International Organization 46, 1-35.

Hayek, Frederick, 1991: Spontaneous ('Grown') Order and Organized ('Made') Order, in: Grahame Thompson u.a. (Hrsg.), Markets, Hierarchies and Networks. The Coordination of Social Life. London: Sage, 293-301.

Hirschman, Albert O., 1970: Exit, Voice, and Loyalty: Responses to Decline in Firms, Organizations, and States. Cambridge, MA: Harvard University Press.

Hitzler, Ronald/Pfadenhauer, Michaela, 1998: Eine posttraditionale Gemeinschaft. Integration und Distinktion in der Techno-Szene, in: Frank Hillebrand/Georg Kneer/Klaus Kraemer (Hrsg.), Verlust der Sicherheit? Lebensstile zwischen Multioptionalität und Knappheit. Opladen: Westdeutscher Verlag, 83-102.

Honneth, Axel (Hrsg.), 1993: Kommunitarismus: Eine Debatte über die moralischen Grundlagen moderner Gesellschaften. Frankfurt a.M.: Campus.

Jindra, Michael, 1994: Star-Trek Fandom as a Religious Phenomenon, in: Sociology of Religion 55, 27-51.

Kuhn, Thomas S., 1973 [1962]: Die Struktur wissenschaftlicher Revolutionen. Frankfurt a.M.: Suhrkamp.

Lave, Jean/Wenger, Etienne C., 1991: Situated Learning: Legitimate Peripheral Participation. New York: Cambridge University Press.

Maanen, John van/Barley, Stephen R., 1984: Occupational Communities: Culture and Control in Organizations, in: Barry M. Straw/Jeffrey L. Cummings (Hrsg.), Research in Organizational Behaviour. London: Sage, 287-365.

Muniz, Albert M./O'Guinn, Thomas C., 2001: Brand Community, in: Journal of Consumer Research 27, 412-432.

Pahl, Ray/Spencer, Liz, 2004: Personal Communities: Not Simply Families of "Fate" or "Choice", in: Current Sociology 52, 199-221.

Rheingold, Howard, 1993: The Virtual Community: Homesteading on the Electronic Frontier. Cambridge, MA: MIT Press.

Streeck, Wolfgang/Schmitter, Philippe C., 1985: Community, Market, State – and Associations? The Prospective Contribution of Interest Governance to Social Order, in: Wolfgang Streeck/Philippe C. Schmitter (Hrsg.), Private Interest Government. Beyond Market and State. Beverly Hills: Sage, 1-29.

Tönnies, Ferdinand, 1991 [1887]: Gemeinschaft und Gesellschaft: Grundbegriffe der reinen Soziologie. Darmstadt: Wissenschaftliche Buchgesellschaft.

Turner, Bryan, 1998: The Airport Departure Lounge Metaphor: Towards an Ironic Theory of Communication, in: Australian Journal of Communication 25, 1-18.

Watson, Nessim, 1997: Why We Argue About Virtual Community: A Case Study of the Phish.Net Fan Community, in: Steven G. Jones (Hrsg.), Virtual Culture: Identity and Communication in Cybersociety. London: Sage, 102-132.

Webber, Melvin M., 1963: Order in Diversity; Community without Propinquity, in: Lowdon Wingo (Hrsg.), Cities and Space: The Future Use of Urban Land. Baltimore: Johns Hopkins Press, 23-54.

Weber, Max, 1976 [1922]: Wirtschaft und Gesellschaft: Grundriss der verstehenden Soziologie. Tübingen: Mohr.

Wellman, Barry, 1979: The Community Question: The Intimate Networks of East Yorkers, in: American Journal of Sociology 84, 1201-1231.

Wiesenthal, Helmut, 2000: Markt, Organisation und Gemeinschaft als „zweitbeste" Verfahren sozialer Koordination, in: Raymund Werle/Uwe Schimank (Hrsg.), Gesellschaftliche Komplexität und kollektive Handlungsfähigkeit. Frankfurt a.M.: Campus, 44-73.

Andreas Wald / Dorothea Jansen

1.6 Netzwerke

Allgemein kann unter Governance die Koordination von interdependenten Handlungen verstanden werden. In der Transaktionskostenökonomik wurden idealtypische Koordinationsformen identifiziert (vgl. Williamson 1991). Netzwerke stellen in diesem Zusammenhang eine Governance-Form dar, die bei einer bestimmten Ausprägung von Kontextfaktoren Vorteile gegenüber den übrigen Formen – Märkten und Hierarchien – aufweist. Auch in der Politikwissenschaft werden Netzwerke oft als Idealtyp diskutiert. Policy-Netzwerke werden als Governance-Form beschrieben, die bestimmte Eigenschaften aufweist. So betrachtet Mayntz (1992) Policy-Netzwerke als veränderte politische Entscheidungsstrukturen, die mit einer zunehmenden Bedeutung von Organisationen sowie der Fragmentierung von Macht einhergehen. Relevant sind sowohl öffentliche als auch private Akteure, die klaren Grenzen zwischen Staat und Gesellschaft verwischen sich. Der vorherrschende Governance-Mechanismus ist die Verhandlung. Dieses und weitere abstrakte Konzepte von Policy-Netzwerken sind jedoch schwer operationalisierbar. Die weitreichenden Implikationen werden in der Regel weder empirisch überprüft noch theoretisch konsistent hergeleitet. So trifft beispielsweise die Annahme, dass Policy-Netzwerke notwendig mit einem „schwachen Staat" einhergehen, so nicht zu (vgl. Jansen 1995: 141; Henning/Wald 2000).

Eine weitere Forschungsrichtung, die sich in den Sozialwissenschaften mit Netzwerken befasst, legt eine weniger voraussetzungsvolle Definition zugrunde. Netzwerke werden neutral als eine Menge von Akteuren betrachtet, die über eine Menge von Beziehungen mit einem bestimmbaren Inhalt verbunden sind (vgl. Kenis/Schneider 1991: 25-59; Pappi 1993: 84-94). In Policy-Netzwerken herrschen korporative Akteure wie Verbände, Ministerien und Parteien vor. Die Beziehungen, über die diese Akteure verbunden sind, können zum Beispiel den Austausch von Informationen oder politischen Einfluss zum Inhalt haben (vgl. Jansen 1995: 150-153; Henning/Wald 2000). Aus dieser neutralen Sichtweise von Policy-Netzwerken ist ein empirisch geprägter Forschungsstrang hervorgegangen, der die Beziehungsstrukturen in unterschiedlichen Politikfeldern, zum Beispiel der Sozial- oder Agrarpolitik, mithilfe der Methoden der Netzwerkanalyse erfasst und beschreibt. Die Netzwerkanalyse als methodische Basis ist anwendungsneutral und wird in den unterschiedlichsten sozial- und wirtschaftswissenschaftlichen Teildisziplinen eingesetzt: Hat man die Beziehungen zwischen den relevanten Akteuren innerhalb eines Politikfeldes erhoben, lässt sich die Struktur der Interessenvermittlung mittels netzwerkanalytischer Verfahren identifizieren (Jansen 2003: 12-13, 48-49).

Einige Arbeiten gehen über die Beschreibung der Struktur hinaus und analysieren, wie die Struktur der Policy-Netzwerke politische Entscheidungen beeinflusst (vgl. Jansen 1995; Pappi/Henning 1998; Henning 2000). Der Einfluss von Akteuren hängt neben der Ausstattung mit formaler Entscheidungsmacht von der Position derselben in den Netzwerken ab.

Akteure, die über eine bestimmte Position in Netzwerken verfügen, profitieren davon, da sie dadurch ihren Einfluss auf den Ausgang der Entscheidung erhöhen können. Dieser politikwissenschaftliche Forschungsstrang ist unmittelbar anschlussfähig an die soziologische Forschung über die Wirkung der strukturellen Einbettung in Netzwerke auf das menschliche Handeln. Der maßgeblich von Granovetter (1985) geprägte Begriff „structural embedded action" hebt darauf ab, dass die Einbettung in Netzwerke grundsätzlich und innerhalb beliebiger institutioneller Arrangements das Handeln beeinflusst. Diesen Einfluss, auch als Netzwerkeffekt bezeichnet, gilt es zu untersuchen, um die Governance durch Netzwerke zu verstehen.

Wir gehen dabei wie folgt vor: Zunächst wird der Idealtyp der Governance-Form Netzwerk aus transaktionskostentheoretischer Sicht vorgestellt und mit den Typen Markt und Hierarchie verglichen. Es zeigt sich, dass die Idealtypen für die empirische Analyse nur bedingt hilfreich sind. Sowohl in eher hierarchischen als auch in marktlichen Arrangements werden die Akteure durch ihre strukturelle Einbettung in ihrem Handeln beeinflusst. Ausgehend von der Analyse dieser Formen struktureller Einbettung, wird die Funktionsweise der Netzwerkeffekte erläutert und diskutiert, wie dieser Governance-Mechanismus zur Lösung von Koordinations-, Informations- und Motivationsproblemen beitragen kann.

1 Markt, Hierarchie, Netzwerk – ein transaktionstheoretischer Vergleich

Bei der Diskussion der Governance-Formen Markt, Hierarchie und Netzwerk wird explizit die Governance-*Form* vom Governance-*Mechanismus* unterschieden. Die Governance-Formen sind Institutionen, in denen die interdependenten Handlungen koordiniert werden. Diese werden auch als *diskrete Strukturalternativen* bezeichnet (Williamson 1991: 270). Preis, Weisung und Vertrauen sind die zu den genannten Formen gehörenden Governance-Mechanismen (vgl. Hennart 1993: 158-159). Diese Unterscheidung ist notwendig, da in der Realität innerhalb einer Institution Mischformen mehrerer Governance-Mechanismen (→ Elementare Mechanismen) anzutreffen sind (vgl. Bradach/Eccles 1989).

Die Unterscheidung zwischen Markt und Hierarchie als diskrete Strukturalternative ökonomischen Tausches geht im Wesentlichen auf Ronald Coase zurück und hat die Transaktionskostentheorie geprägt. Die Wahl der Koordinationsform wird als rationale Entscheidung mit der Minimierung der Transaktionskosten als Zielkriterium konzipiert. Diese setzen sich aus Ex-ante- und Ex-post-Kosten zusammen. Ex-ante-Kosten entstehen bei der Anbahnung einer Transaktion (zum Beispiel Informationskosten) sowie der Vereinbarung der Leistungen (z.B. Verhandlungskosten). Ex-post-Kosten (zum Beispiel Kontroll- und Durchsetzungskosten) treten im Verlauf der Leistungserfüllung auf (vgl. Ouchi 1980: 130-131).

Der Governance-Mechanismus auf Märkten (→ Markt) ist der Preis. Zwischen anonymen Akteuren werden exakt spezifizierte Leistungen getauscht. Es gibt eine Vielzahl von alternativen Tauschpartnern, wobei aufgrund der Einheitlichkeit der Güter allein der Preis für das Zustandekommen einer Transaktion ausschlaggebend ist. Das vorherige Verhalten der Partner ist unerheblich, da in den Preisen alle relevanten Informationen enthalten sind (vgl. Macneil 1978: 856-857). Leistung und Gegenleistung sind transparent, die Tilgung der Schuld sowie regelwidriges Verhalten offensichtlich. Das Motivationsproblem, das heißt die Sicherstellung von regelkonformem Verhalten der Marktteilnehmer, wird durch den Wettbewerb unter den Konkurrenten sowie rechtliche Regelungen gelöst. Rechtliche Grundlage sind klassische Verträge, in denen die Bedingungen der Leistungserfüllung eindeutig geregelt sind (vgl. Williamson 1991: 271).

Zwischen den Transaktionspartnern bestehen keine Interdependenzen. Es handelt sich um lose gekoppelte Systeme, bei denen der Ausfall eines Elementes eine sehr geringe Auswirkung auf das Gesamtsystem hat. In Märkten bestimmen ausschließlich die Preise die Produktion und den Austausch von Gütern; daher besteht nicht die Notwendigkeit einer zentralen systemweiten Steuerung. Insofern genügt der Marktpreis als Governance-Mechanismus, da er eine Koordination der Aktivitäten herstellt. Dies bedeutet jedoch auch, dass Märkte schlecht dazu geeignet sind, die einzelnen Aktivitäten der Marktteilnehmer auf ein gemeinsames übergeordnetes Ziel abzustimmen (vgl. Powell 1990: 302-303).

Aus transaktionskostentheoretischer Sicht sind Governance-Formen für Transaktionen mit bestimmten Merkmalen geeignet. Bei Märkten sind dies unspezifische Investitionen, geringer gegenseitiger Abstimmungsbedarf sowie geringe Unsicherheit. In diesem Fall stellen Märkte aufgrund der schnellen Anpassungsfähigkeit und hohen Anreizintensität die kostengünstigste Governance-Form dar (vgl. Williamson 1991). Die Transaktionskosten auf Märkten steigen, wenn spezifische Investitionen vorliegen, ein hoher gegenseitiger Abstimmungsbedarf erforderlich ist und die Unsicherheit zunimmt. Spezifisch sind Investitionen in spezielle Anlagen, Humankapital, Reputation, Standorte etc., die für eine besondere Transaktion getätigt werden und in der nächstbesten Verwendung deutlich weniger Nutzen entfalten können. Abstimmungsbedarf resultiert aus unvollständigen Eigentumsrechten. Die Unsicherheit bezieht sich auf situative Bedingungen und auf das Verhalten der Transaktionspartner. Zudem können auch Informationsasymmetrien, Skaleneffekte sowie externe Effekte zu Marktversagen führen (vgl. Ouchi 1980: 133-134). Die dezentrale Informationsallokation auf Märkten ist ineffizient, wenn es darum geht, Informationen über komplexe Güter und Dienstleistungen zu kommunizieren. In diesem Fall stellen Hierarchien mit einer zentralisierten Informationsallokation die effizientere Lösung dar (vgl. Hennart 1993: 160-163).

Im Gegensatz zu Märkten bestehen in Hierarchien (→ Hierarchie) dauerhafte Beziehungen zwischen den Transaktionspartnern. Es handelt sich um geschaffene Ordnungen, die als korporative Akteure ein übergeordnetes Ziel verfolgen. Leistung und Gegenleistung sind weitgehend unspezifisch. Alchian/Demsetz (1972: 779) sprechen von „team production", bei der die Gesamtleistung der Organisation mehr ist als die Summe der Einzelleistungen. Das bedeutet auch, dass die Anteile der Einzelleistungen nicht eindeutig messbar sind. Damit bestehen geringe Anreize für die Akteure, die Ressourcen effizient einzusetzen (vgl. Williamson 1991: 275-276). Der sogenannte relationale Vertrag als rechtliche Grundlage der Hierarchie ist durch eine große Offenheit hinsichtlich der Spezifikation der Leistungen gekennzeichnet. Konflikte im Zuge der Vertragserfüllung werden in der Regel ohne Einschaltung von Gerichten geregelt (vgl. Williamson 1991: 274).

Die Informationsallokation in Hierarchien ist zentralisiert (vgl. Hennart 1993: 161-162). Die spezialisierten, in hohem Maße arbeitsteiligen Verrichtungen der einzelnen Akteure hängen stark voneinander ab, das heißt, es besteht eine feste Kopplung (vgl. Mayntz 1992: 24). Durch die zentralisierte Information bezüglich der Kombinationsmöglichkeiten der Inputfaktoren kann eine zielgerichtete Abstimmung der Leistungen erfolgen. Da keine unilaterale Koordination möglich ist, sondern vielmehr bi- und multilaterale Abstimmungsprozesse notwendig sind, stellt der Preis keinen geeigneten Governance-Mechanismus dar. Für die Ausrichtung auf ein übergeordnetes Ziel ist die formale Autoritätsstruktur maßgeblich. Der Governance-Mechanismus in Hierarchien ist die Anweisung.

Die formale Hierarchie wird von den Organisationsmitgliedern in Arbeitsverträgen anerkannt, indem sie im Tausch gegen ihr Gehalt ihre Bereitschaft zur Verfügung stellen, eine angebbare Menge von Tätigkeiten auszuführen (vgl. Ouchi 1980: 133-134; Simon 1991). Das Motivationsproblem, das heißt die Sicherstellung der Konformität mit den festgelegten Regeln, wird nicht wie auf Märkten durch den Preismechanismus und die Konkurrenzsituation gelöst, sondern durch Sanktionen, indem regelkonformes Verhalten belohnt und nichtkonformes bestraft wird. Dem entspricht eine hohe Kontrollmöglichkeit des Handelns der Akteure (vgl. Simon 1991: 33-34; Williamson 1991: 274-276).

Hierarchien sind vorzuziehen, wenn es sich um komplexe, langfristige Transaktionen handelt, bei denen im Zuge der Leistungserfüllung großer gegenseitiger Anpassungsbedarf und hohe Unsicherheit bestehen, die Leistungen der Tauschpartner schwer ex ante zu spezifizieren und hohe spezifische Investitionen erforderlich sind (vgl. Williamson 1991: 279). Es lassen sich jedoch auch Transaktionscharakteristika identifizieren, bei denen sowohl Märkte als auch Hierarchien an ihre Grenzen stoßen. Wenn spezifische Investitionen, hohe Unsicherheit und hoher multilateraler Abstimmungsbedarf vorliegen, gleichzeitig jedoch die Organisation eine gewisse Größe und Komplexität übersteigt, kann es zu Hierarchieversagen kommen. Neben dem Problem opportunistischen Verhaltens, welches aufgrund mangelnder Kontrollmöglichkeiten entsteht, liegt wegen der zentralen Informationsallokation ein Informationsproblem vor. Es kommt entweder zur Informationsknappheit oder zur Informationsüberlastung an der Hierarchiespitze mit der Folge suboptimaler oder verzögerter Entscheidungen. Auch die Delegation von Entscheidungsbefugnissen an hierarchisch untergeordnete Einheiten kann dem nur begrenzt und in dem Maße entgegenwirken, wie Entscheidungen in einzelne voneinander unabhängige Teildimensionen zerlegbar sind. Sollen die Leistungen einer großen Zahl von Tauschpartnern im Hinblick auf ein gemeinsames Ziel koordiniert werden und dabei gleichzeitig die negativen Folgen einer hierarchischen Lösung in Form von Informationsüberlastung und opportunistischem Verhalten vermieden werden, sind sogenannte Hybridformen, auch als Netzwerke bezeichnet, die beste Lösung.

Netzwerke können als eine hybride Governance-Form auf einem Kontinuum zwischen Markt und Hierarchie betrachtet werden (Williamson 1991; Abb. 1). Sie kombinieren marktliche mit hierarchischen Elementen und vereinen die Vorteile und die Nachteile der beiden Alternativen. Da sie sowohl hinsichtlich der Anreizintensität als auch der autonomen sowie der multilateralen Anpassungsfähigkeit mittlere Werte aufweisen, sind Netzwerke für Transaktionen geeignet, die durch mittlere Unsicherheit und gegenseitigen Anpassungsbedarf sowie mittlere Spezifität der Investitionen gekennzeichnet sind (vgl. Williamson 1991: 281-284).

Abbildung 1: Idealtypen – Markt, Netzwerk und Hierarchie

Markt	Netzwerk	Hierarchie
Beziehungen ausschließlich transaktionsbezogen	Beziehungen nicht nur transaktionsbezogen	Beziehungen ausschließlich transaktionsbezogen
Inhalt: Geld, Dienstleistungen, Güter	Inhalt: Beliebig, z.B. Geld, Freundschaft	Inhalt: Geld, Arbeit
flüchtig, kurze Dauer	längerfristig	langfristig
Governancemechanismus: Preise	Governancemechanismus: Vertrauen	Governancemechanismus: Weisungen

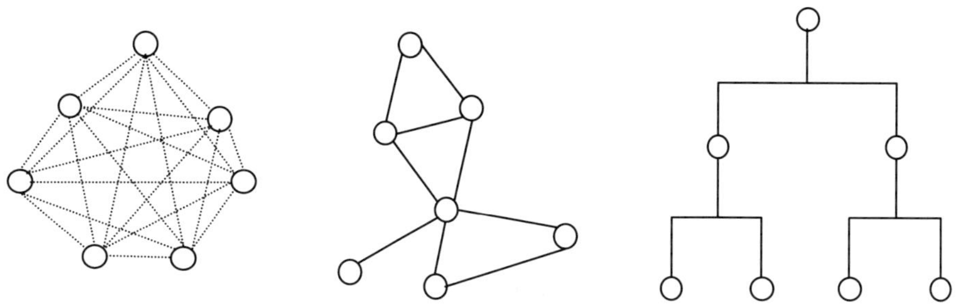

Auch der soziologische Institutionalismus sieht in Netzwerken eine Governance-Form, verortet diese jedoch nicht zwischen Markt und Hierarchie, sondern betrachtet sie als eigenständige Form. In Abgrenzung zur Transaktionskostenökonomik wird betont, dass Netzwerke, wie sämtliche Governance-Formen, nicht notwendig effizient sind (Granovetter 1985; Powell 1990). Ferner wird eine wesentliche Verhaltensannahme der Institutionenökonomie infrage gestellt, nämlich dass Menschen ausschließlich eigennützig und ausbeuterisch handeln, wenn dies ohne eigenen Schaden möglich ist. Entstehen und Funktionieren von Netzwerken hängen dann nicht nur von bestimmten aufgaben- und vertragstypischen Problemen ab, sondern auch von einer spezifischen, oft an Normen ausgerichteten Interaktionsorientierung der Beteiligten. Als typisch gelten eine relative Gleichrangigkeit und Autonomie der Akteure, eher horizontale als vertikale Beziehungen und die vertrauensvolle Kooperation der Akteure (vgl. Jansen 2002: 89).

Jones u.a. (1997: 918-923) arbeiten, basierend auf den Beiträgen Williamsons sowie Powells, differenzierter heraus, wann Netzwerke die geeignete Governance-Form darstellen. Bei der Umweltunsicherheit, insbesondere Unsicherheit bezüglich der Nachfrage, haben Netzwerke aufgrund ihrer höheren Flexibilität bei der autonomen Anpassungsfähigkeit der

Akteure Vorteile gegenüber der Hierarchie, da nur eine schwache Koppelung vorliegt (vgl. Mayntz 1992: 24). Netzwerke ermöglichen eine größere Marktnähe, da sie schneller auf Veränderungen von Käuferpräferenzen reagieren können als Hierarchien. Zudem reduzieren sie die Bürokratiekosten, da auf aufwendige formalisierte Koordinationsmechanismen verzichtet wird. Die gegenüber Märkten niedrigeren Verhandlungs- und Koordinationskosten bei multilateraler Anpassung kommen zum Tragen, wenn spezifische Investitionen bezogen auf die Nachfrageseite und hoher gegenseitiger Abstimmungsbedarf der Tätigkeiten unter Zeitdruck bestehen. Daneben haben Netzwerke bei wiederkehrenden Transaktionen einen Vorteil gegenüber dem Markt, indem sie durch Lernprozesse sowie die Herausbildung von Verhaltenserwartungen eine multilaterale Abstimmung ermöglichen, das heißt das Koordinationsproblem besser lösen (Jones u.a. 1997: 919-922). Zusammenfassend liegen die Vorteile von Netzwerken darin begründet, dass sie sowohl eine relativ hohe autonome als auch eine relativ hohe multilaterale Anpassungsfähigkeit aufweisen.

Unabhängig davon, ob man Netzwerke als Hybridform oder eigenständige Governance-Form betrachtet, lässt sich hinsichtlich des Governance-Mechanismus (→ Elementare Mechanismen) ein weitgehender Konsens feststellen. An die Stelle des kompetitiven Preismechanismus auf Märkten treten in Netzwerken kooperative Formen der Zusammenarbeit. Die mit Weisungen verbundenen Über- und Unterordnungsverhältnisse von Hierarchien werden durch Vertrauen ersetzt. Der Governance-Mechanismus in Netzwerken kann als vertrauensvolle Kooperation bezeichnet werden. Vertrauen wird in Netzwerken wichtig, da wie in Hierarchien Leistung und Gegenleistung nicht exakt quantifizierbar sind, häufig zeitlich auseinanderfallen und keine hierarchischen Weisungsrechte bestehen. Zudem sind die individuellen Leistungsbeiträge schwer zu messen und Regelverletzungen schwer zu beobachten.

Wie Vertrauen entsteht und aufrechterhalten werden kann, wird damit zu einer zentralen Frage. Eine Antwort bietet das von Granovetter (1985) geprägte Konzept der „structural embedded action“. Das Entstehen von Vertrauen wird durch die Einbettung in multiple Beziehungen erklärt. Das bedeutet, dass in Netzwerken nicht nur ökonomische Tauschbeziehungen eine Rolle spielen, sondern auch weitere Beziehungsarten zwischen den Partnern. Zudem sind die Erfahrungen aus vergangenen Transaktionen relevant, das heißt die gemeinsame Tauschhistorie beeinflusst die Koordination künftiger Transaktionen (vgl. Jansen 1996: 414-419; Jones u.a. 1997: 921-922). Die strukturelle Einbettung sowie die Tauschhistorie spielen bei den Idealtypen Markt und Hierarchie keine Rolle.

Dies lässt sich anhand der vertragstheoretischen Grundlagen verdeutlichen. Die klassischen Verträge auf Märkten enthalten eine präzise Leistungsdefinition. Der geregelte Zeitraum ist sehr kurz und erstreckt sich nur auf eine diskrete Transaktion, die völlig unabhängig von vergangenen oder zukünftigen Tauschhandlungen ist (vgl. Macneil 1978: 856-857). Die Beziehungen zwischen den Tauschpartnern sind nur auf diese Transaktion bezogen. Die langfristigen, hinsichtlich der genauen Leistung weitgehend unbestimmten Tauschbeziehungen in Hierarchien werden in relationalen Verträgen geregelt. Die Unbestimmtheit erstreckt sich auf den genaueren Inhalt der Tätigkeiten, die der Mitarbeiter im Tausch gegen sein Gehalt zu tun bereit ist. Simon (1991: 31) spricht von einer „area of acceptance“, deren Größe von der Höhe des Gehalts sowie den verfügbaren Alternativen abhängt.

Wie die Bezeichnung relationaler Vertrag impliziert, stehen Beziehungen zwischen den Transaktionspartnern im Vordergrund. Gleichwohl sind es auch hier ausschließlich direkt an die Transaktionen gebundene Beziehungen, die sich inhaltlich auf Weisungen und Gehorsam beschränken. Auch im Idealtyp Hierarchie wird die Einbettung in weitere Beziehungen mit anderen Inhalten, zum Beispiel Freundschaften, nicht thematisiert. Die Rechtsgrundlage von Netzwerken sind neoklassische Verträge, die ebenso wie die relationalen Verträge in Hierarchien langfristig ausgelegt sind. Nicht alle möglichen Ereignisse werden antizipiert, die Verträge sind unvollständig. Wie bei den relationalen Verträgen spielen die Beziehungen zwischen den Akteuren für die Koordination in Netzwerken eine Rolle. Allerdings, und dies sind die entscheidenden Unterschiede, haben einerseits die Erfahrungen in vorangegangenen Transaktionen einen Einfluss auf das Entstehen von Vertrauen sowie andererseits die strukturelle Einbettung in soziale Beziehungen, das heißt Beziehungen, deren Inhalt nicht unmittelbar mit der Transaktion verbunden ist. Diese entstehen häufig im Zuge langfristiger wirtschaftlicher Beziehungen und können diese überlagern (vgl. Granovetter 1985: 490).

Zusammenfassend unterscheiden sich die Governance-Formen Markt, Hierarchie und Netzwerk durch ihre Governance-Mechanismen Preis, Weisung und Vertrauen. Die einzelnen Governance-Formen sind für bestimmte Ausprägungen der Transaktionscharakteristika mehr oder weniger gut geeignet, da die Governance-Mechanismen unterschiedlich gute Lösungen für das Koordinations- und Informationsproblem sowie für das Motivationsproblem bieten. Eine Besonderheit stellt der Governance-Mechanismus in Netzwerken dar. Für das Entstehen von Vertrauen spielt sowohl die Tauschhistorie als auch die strukturelle Einbettung in Beziehungen eine Rolle, die nicht unmittelbar an die Transaktion gebunden sind.

2 Koordinationseffekte von Netzwerken

In diesem Abschnitt wird argumentiert, dass die Idealtypen für die Analyse empirisch beobachtbarer Governance-Formen wenig hilfreich sind, da sie in der Reinform nicht vorkommen. In der Praxis haben auch in Märkten und Hierarchien die Tauschhistorie sowie die strukturelle Einbettung einen Einfluss auf die Governance.

Netzwerke können allgemein als eine Menge von Knoten definiert werden, die über eine Menge von Beziehungen miteinander verbunden sind. Somit lassen sich formal auch Märkte und Hierarchien als Netzwerke abbilden. Bei allen Governance-Formen existieren eine Menge von Akteuren sowie eine Menge von Beziehungen zwischen denselben. Unterschiede bestehen aus dieser Sichtweise bezüglich des Inhaltes sowie der Dauerhaftigkeit und Stabilität der Beziehungen.

Für die Betrachtung sämtlicher Governance-Formen als Netzwerk lassen sich zwei Gründe anführen. Erstens sind die Idealtypen für die Erfassung realer Phänomene nur eingeschränkt geeignet, da empirisch ausschließlich Mischformen vorliegen. Die weisungsbezogene Koordination in Hierarchien wird häufig durch marktliche Elemente ergänzt, um eine höhere autonome Anpassungsfähigkeit sowie Anreize zu schaffen. Als Beispiel seien Transferpreissysteme in Unternehmen genannt (vgl. Bradach/Eccles 1989: 101-102). Umgekehrt enthalten auch Märkte oft hierarchische Elemente. Der zweite Grund ergibt sich aus der Bedeutung der strukturellen Einbettung der Transaktionspartner in multiple Beziehungen. Diese spielen nicht nur beim Idealtyp Netzwerk eine Rolle, sondern auch in eher marktlichen und in eher hierarchischen Formen. In der Literatur wird die strukturelle Einbettung auch als Netzwerkeinbettung und die Wirkung derselben als Netzwerkeffekt oder soziales Kapital bezeichnet (vgl. Uzzi 1996; Jansen 2002: 92-98; Wald 2003).

Die Erforschung der Wirkung struktureller Einbettung hat eine lange Tradition (vgl. Jansen 2003: 37-49). Richtungweisend ist der Aufsatz von Granovetter (1985), der die mangelnde Berücksichtigung von Netzwerkeffekten in der Institutionenökonomie als untersozialisiertes Konzept menschlichen Handelns bemängelt. Die Kritik richtet sich auch gegen Williamsons Arbeiten zu den idealtypischen Governance-Formen. Dieser hat zwar auf durch Netzwerkeinbettung entstehende Reputationseffekte hingewiesen, gleichzeitig aber davor gewarnt, die Wirkung derselben zu überschätzen (vgl. Williamson 1991: 290-291). Granovetter (1985: 483-485) kritisiert jedoch auch übersozialisierte Konzepte, die menschliches Handeln als ausschließlich durch internalisierte Normen und Regeln geleitet betrachten. Beide Konzepte gehen von atomistischen Akteuren aus, deren Handeln nicht durch Beziehungen zueinander beeinflusst wird. Tatsächlich wird jedoch jegliche Art menschlichen Handelns durch die strukturelle Einbettung beeinflusst (vgl. Jansen 2003: 17-26; Wald 2003: 23-25).

Netzwerkeffekte wurden in einer Vielzahl empirischer Studien in unterschiedlichen institutionellen Kontexten untersucht. Dies gilt auch für Governance-Formen, die den Idealtypen Markt und Hierarchie relativ nahekommen. So konnte die Wirkung der strukturellen Einbettung sogar für den Handel an Wertpapierbörsen nachgewiesen werden. Uzzi (1999) untersuchte Finanzmärkte und zeigte, dass soziale Beziehungen von mittelständischen Unternehmen zu Banken die Höhe der Fremdkapitalkosten beeinflussen. In einer weiteren Studie haben Uzzi/Lancaster (2004) einen Zusammenhang zwischen der Dauer der Beziehungen und den Preisen für die Beratung zwischen Geschäftskunden und Anwaltskanzleien festgestellt. Langjährige Geschäftsbeziehungen führen zu niedrigeren Preisen. In diesen Beispielen zeigt sich, dass selbst in eher marktlichen Governance-Formen die Netzwerkeinbettung den zentralen Governance-Mechanismus auf Märkten, das heißt den Preis, beeinflusst (→ Markt).

Netzwerkeffekte lassen sich auch in Hierarchien beobachten. Beispielsweise hat die Zentralität organisatorischer Einheiten in Netzwerken einen Einfluss auf die Versorgung mit Information und somit auf die Lösung des Informationsproblems. Tsai (2001) hat in einer Studie einen positiven Zusammenhang zwischen der Zentralität organisatorischer Einheiten in Unternehmen und deren Innovationsfähigkeit festgestellt. Neben der Zentralität hat auch die Stärke der Beziehungen Auswirkung auf die Informationsversorgung. Hansen (1999) konnte zeigen, dass die Einbettung in starke Beziehungen (*strong ties*) die Weitergabe von komplexem Wissen erleichtert, während schwache Beziehungen (*weak ties*) das Auffinden von neuem Wissen in der Organisation ermöglichen. In internationalen Unternehmen untersuchte Wald (2003) die Bedeutung der in Netzwerken gehandelten Ressourcen Information und Unterstützung gegenüber der für Hierarchien typischen formalen Weisungsmacht. Es zeigte sich, dass die formale Entscheidungsmacht der Zentrale zwar nach wie vor relevant ist, die weltweit verstreuten organisatorischen Einheiten jedoch aufgrund ihres Wissens und ihrer Unterstützungsleistung über eigene, bedeutende Ressourcen verfügen (→ Hierarchie, → Corporate Governance). Auf der Ebene einzelner Mitarbeiter beeinflusst die Netzwerkeinbettung derselben die Zuschreibung von Führung und damit mittelbar die Effektivität von Führungsbeziehungen (vgl. Wald/Weibler 2005).

Wenig überraschend konnten Netzwerkeffekte auch in Governance-Formen nachgewiesen werden, die dem Idealtyp des Netzwerkes nahekommen. Untersucht wurden interorganisatorische Beziehungen zwischen finanziell und juristisch unabhängigen Unternehmen, die über längerfristige Kooperationsbeziehungen miteinander verbunden sind. Powell u.a. (1996) zeigten für Biotechnologiefirmen, dass eine hohe Zentralität in Kooperationsnetzwerken zu höheren Wachstumsraten der Unternehmen führt. Jansen (2000) fand einen positiven Zusammenhang zwischen der Zentralität von Forschungsgruppen in Informations- und Kooperationsnetzwerken sowie der Forschungsqualität. Netzwerkeffekte wurden auch in den eingangs erwähnten Policy-Netzwerken nachgewiesen, in denen Interessengruppen Einfluss auf politische Entscheider ausüben (vgl. Henning 2000).

Die Beispiele belegen die Wirkung der strukturellen Einbettung unabhängig von der Governance-Form. Um Governance von und durch Netzwerke verstehen zu können, ist die Kenntnis der Ursachen und der Wirkungen von Netzwerkeffekten notwendig. Diese lassen sich analytisch in einen *relationalen* und einen *strukturellen* Effekt zerlegen, die sowohl getrennt als auch kombiniert Auswirkungen auf das Handeln der Akteure haben.

Der relationale Effekt resultiert aus der direkten dyadischen Beziehung zwischen zwei Akteuren (vgl. Granovetter 1992: 34-35). Eine Tauschbeziehung ist eingebettet, sobald die Tauschpartner neben den Preis- und Mengeninformationen, welche die Tauschleistungen im engeren Sinn betreffen, weitere Informationen über den jeweiligen Gegenüber erlangen. Diese verdichten sich im Zuge wiederholter Transaktionen und führen dazu, dass Verhaltenserwartungen und Vertrauen zwischen den Tauschpartnern entstehen (vgl. Granovetter 1992: 42; Uzzi 1996: 676; Buskens 1999: 11-12). Die Herausbildung von Vertrauen kann dabei, wie Axelrod (1981) gezeigt hat, auch zwischen rationalen Egoisten entstehen. So erweist sich im wiederholten Gefangenendilemma-Spiel anders als im einmaligen Spiel die kooperative Strategie als Gleichgewichtslösung, sofern der Wert zukünftiger Transaktionen von beiden Spielern hoch genug eingeschätzt wird, das heißt der Diskontsatz hinreichend niedrig ist. Der relationale Effekt der Einbettung trägt zur Lösung des Motivationsproblems bei, indem opportunistisches Verhalten verhindert wird.

Der strukturelle Effekt der Einbettung ergibt sich aus der Gesamtheit der Beziehungen und hat einen indirekten Einfluss auf das Handeln (vgl. Granovetter 1992: 35). Neben Kontroll- und Überwachungskosten werden auch Informations- und Koordinationskosten gesenkt. Da nicht nur isolierte dyadische Beziehungen eines Egos zu verschiedenen Alteri vorliegen, sondern die Alteri untereinander ebenfalls verbunden sind, weisen Netzwerke eine hohe Informationseffizienz auf. Das bedeutet, dass Informationen schnell im Netzwerk kommuniziert werden, was auch Informationen über nichtkooperatives Verhalten beinhaltet. Die Qualität von Information wird in eingebetteten Tauschbeziehungen erhöht, da eine präzisere Abstimmung im Hinblick auf die Informationserfordernisse der Transaktionspartner ermöglicht wird und von einer höheren Zuverlässigkeit hinsichtlich der Glaubwürdigkeit der Information auszugehen ist (vgl. Uzzi 1996: 678). Die Einbettung in Netzwerke führt zu einer effizienteren Informationsverarbeitung, da qualitativ hochwertige Informationen schnell fließen können. In Verbindung mit der Möglichkeit kollektiver Bestrafung können so auch indirekte Beziehungen Erwartungssicherheit schaffen und somit Transaktionskosten senken (vgl. Granovetter 1992: 44; Jones u.a. 1997: 931-933; Buskens 1999: 18-19). Über Reputationseffekte sinken die Chancen eines defektierenden Akteurs, Tauschpartner zu finden, oder dieser muss erhöhte Transaktionskosten in Form von Sicherungsleistungen aufwenden, um tauschen zu können.

Unter bestimmten Umständen kann sich der Netzwerkeffekt auch negativ auswirken. Auf der Ebene des Gesamtnetzwerkes, aber auch des einzelnen Akteurs können hohe Netzwerkdichten zu einer *overembeddedness* führen. Das bedeutet, dass die Akteure fast ausschließlich über interne *strong ties* verbunden sind. Es wird zwar intern viel Information getauscht und eine multilaterale Anpassung vollzogen, eine autonome Anpassung an externe Umweltanforderungen findet jedoch unvollständig und zögerlich statt, da neue Informationen nur schwer in das Netzwerk aufgenommen werden können (vgl. Hansen 1999: 86).

Die Betonung der positiven Seite der strukturellen Einbettung hat zu der Herausbildung des Begriffes Soziales Kapital geführt. Dieses wird nicht immer positiv bewertet. Während Coleman (1988) die Rolle Sozialen Kapitals für das Entstehen von Vertrauen, kollektiven Normen und Verhaltenserwartungen betont, sieht Bourdieu (1983: 183-198) darin ein Mittel zur Reproduktion sozialer Ungleichheit. Putnam (1993) betrachtet es als Ursache und Quelle von Good Governance sowie ökonomischer Prosperität. Generell aber ist Soziales Kapital für die Governance von und durch Netzwerke relevant, da eine spezifische Ausprägung von Netzwerkstrukturen identifiziert wurde, die für die Herausbildung von Vertrauen besonders förderlich ist.

Auch der Begriff Soziales Kapitals wird vieldeutig verwendet, was auf die Vermischung von drei Ebenen zurückzuführen ist. Zu unterscheiden sind erstens die Besitzer, zweitens die Ursachen sowie drittens die Folgen Sozialen Kapitals (vgl. Portes 1998: 6; Jansen 2003: 26-34).

Soziales Kapital unterscheidet sich vom ökonomischen oder Humankapital dadurch, dass kein einzelner Akteur allein die Verfügungsrechte darüber ausübt, da dieses aus der Einbettung der Akteure in soziale Beziehungen entsteht (vgl. Bourdieu 1983: 183-198; Coleman 1988: 98-100; Putnam 1993: 167). Soziales Kapital können sowohl Individuen als auch kollektive Akteure oder ganze Gesellschaften besitzen. Aus der Governance-Perspektive ist es aber weniger als individuelle Ressource als vielmehr als kollektive Ressource von Interesse.

Die Ursachen Sozialen Kapitals liegen in einer spezifischen Ausprägung der strukturellen Einbettung einzelner Akteure sowie der gesamten Netzwerkstruktur. Hier besteht ein enger Zusammenhang zu dem bereits erwähnten auf Granovetter (1973) zurückgehenden Begriffspaar „strong ties" und „weak ties". Granovetter stieß in seiner Studie zur beruflichen Mobilität auf die sogenannte „Stärke schwacher Beziehungen". Informationen über offene Stellen erhielten Personen seltener von engen Freunden als vielmehr von entfernten Bekannten. „Weak ties" sind eine Ursache für die Entstehung Sozialen Kapitals als individueller Ressource, das im Folgenden jedoch nicht weiter betrachtet wird.

Forscht man nach den Ursachen Sozialen Kapitals als kollektiver Ressource, stehen starke Beziehungen im Mittelpunkt. Dabei handelt es sich um intensive, familiäre oder freundschaftliche Beziehungen (→ Gemeinschaft). Sie schaffen Solidarität und Vertrauen. Die Anzahl solcher Beziehungen, die ein Akteur unterhalten kann, ist begrenzt. Mehrere solcher Beziehungen führen oft zu einer Gruppe untereinander vernetzter Akteure. Das hat zwei Ursachen. Erstens tendieren „strong ties" aufgrund der Mechanismen kognitiver Balance zu sozialer Schließung: Freunde meiner Freunde werde ich über kurz oder lang kennen lernen und vermutlich in meinen eigenen Freundeskreis aufnehmen. Zweitens liegen solchen Beziehungen ökonomische Überlegungen zugrunde. Mit der Teilnahme an einem Ereignis, zum Beispiel einer Familienfeier, lassen sich gleichzeitig mehrere Beziehungen pflegen. Ein Merkmal starker Beziehungen ist, dass untereinander verbundene Akteure einander bereits ähnlich sind (Selektionseffekt) oder einander ähnlich werden (über sozialen Einfluss und Mechanismen kognitiver Balance). Soziales Kapital als kollektive Ressource entsteht also einerseits durch „strong ties" zwischen den Akteuren sowie andererseits durch eine hohe „network closure".

Die Effekte Sozialen Kapitals liegen, wie bereits im Abschnitt über die Netzwerkeffekte ausgeführt, in der Entstehung von Vertrauen, gegenseitigen Verhaltenserwartungen sowie besserer Qualität und besserem Zugang zu Informationen. Zentrale Positionen in Netzwerken können sozialen Einfluss und strukturelle Macht als Broker verleihen. Wenn sich diese Netzwerkstrukturen verfestigen, erlangt die Netzwerkposition Signalcharakter. Dadurch kann ein Selbstverstärkungsprozess in Gang gesetzt werden (→ Netzwerktheorien).

3 Fazit

In diesem Beitrag wurden Netzwerke als Governance-Form untersucht. Es wurde analysiert, wie durch Netzwerke die für die Governance zentralen Koordinations-, Informations- und Motivationsprobleme beeinflusst werden. Dazu wurden die Idealtypen der Governance-Formen Markt, Hierarchie und Netzwerk miteinander verglichen. Hinsichtlich des Governance-Mechanismus Vertrauen in Netzwerken stellte sich die Frage, wie dieses entsteht. Dabei spielt die strukturelle Einbettung in multiple Beziehungen eine zentrale Rolle. Diese Einbettung wird jedoch bei den klassischen Typen Markt und Hierarchie vernachlässigt. Die Idealtypen sind für die Analyse von empirisch beobachtbaren Governance-Formen nur bedingt tauglich, da sie in der Realität so nicht vorkommen und die strukturelle Einbettung auch in markt- und hierarchieähnlichen Formen die Governance beeinflusst.

Im weiteren Verlauf wurden daher die Ursachen und die Wirkung der Netzwerkeffekte näher untersucht. Der Begriff Netzwerkeffekt ist eng mit dem Konzept des Sozialen Kapitals verwandt, welches weitgehend mit positiven Netzwerkeffekten gleichzusetzen ist. Bezogen auf die für die Governance zentralen Probleme, besteht die Wirkung im Entstehen von Vertrauen, Normen, Verhaltenserwartungen sowie dem Zugang zu hochwertigen und zuverlässigen Informationen. Netzwerkeffekte können daher sowohl das Koordinations- und Informationsproblem als auch das Motivationsproblem verringern.

Literatur

Alchian, Armen A./Demsetz, Harold, 1972: Production, Information Costs, and Economic Organization, in: American Economic Review 62 (5), 777-795.

Axelrod, Robert, 1981: The Emergence of Cooperation among Egoists, in: American Political Science Review 75 (2), 306-318.

Bourdieu, Pierre, 1983: Ökonomisches Kapital, kulturelles Kapital, soziales Kapital, in: Reinhard Kreckel (Hrsg.), Soziale Ungleichheiten. Göttingen: Schwartz, 183-198.

Bradach, Jeffrey L./Eccles, Robert G., 1989: Price, Authority, And Trust. From Ideal Types to Plural Forms, in: Annual Review of Sociology 15, 97-118.

Buskens, Vincent Willem, 1999: Social Networks And Trust. Utrecht: Univ., Diss.

Coleman, James S., 1988: Social Capital in the Creation of Human Capital, in: American Journal of Sociology 94 (Supplement), 95-120.

Granovetter, Mark S., 1973: The Strength of Weak Ties, in: American Journal of Sociology 78 (6), 1360-1380.

Granovetter, Mark, 1985: Economic Action and Social Structure. The Problem of Embeddedness, in: American Journal of Sociology 91 (3), 481-510.

Granovetter, Mark, 1992: Problems of Explanation in Economic Sociology, in: Nitin Nohria/Robert C. Eccles (Hrsg.), Networks and Organizations: Structure, Form, And Action. Boston: Havard Business School Press, 25-56.

Hansen, Morten T., 1999: The Search-Transfer Problem. The Role of Weak Ties in Sharing Knowledge across Organization Subunits, in: Administrative Science Quarterly 44 (1), 82-111.

Hennart, Jean-François, 1993: Control in Multinational firms: the Role of Price and Hierarchy, in: Sumantra Ghoshal/Eleanor D. Westney (Hrsg.), Organization Theory and the Multinational Corporation. New York: Macmillan, 157-181.

Henning, Christian H. C. A., 2000: Macht und Tausch in der europäischen Agrarpolitik. Eine positive Theorie kollektiver Entscheidungen. Frankfurt/New York: Campus.

Henning, Christian H. C. A./Wald, Andreas, 2000: Zur Theorie der Interessenvermittlung. Ein Netzwerkansatz dargestellt am Beispiel der Gemeinsamen Europäischen Agrarpolitik, in: Politische Vierteljahresschrift 41 (4), 647-676.

Jansen, Dorothea, 1995: Forschungspolitik nach einem wissenschaftlichen Durchbruch. Die Entstehung des 'National Programme' zur Supraleitungsforschung in Großbritannien, in: Dorothea Jansen/Klaus Schubert (Hrsg.), Netzwerke und Politikproduktion. Konzepte, Methoden, Perspektiven. Marburg: Schüren, 132-159.

Jansen, Dorothea, 1996: Nationale Innovationssysteme, soziales Kapital und Innovationsstrategien von Unternehmen, in: Soziale Welt 45, 411-434.

Jansen, Dorothea, 2000: Netzwerke und soziales Kapital. Methoden zur Analyse struktureller Einbettung, in: Johannes Weyer (Hrsg.), Soziale Netzwerke. Konzepte und Methoden der sozialwissenschaftlichen Netzwerkforschung. München: Oldenbourg, 35-62.

Jansen, Dorothea, 2002: Netzwerkansätze in der Organisationsforschung, in: Kölner Zeitschrift für Soziologie und Sozialpsychologie 54 (Sonderheft 42), 88-118.

Jansen, Dorothea, 2003: Einführung in die Netzwerkanalyse. Opladen: Leske + Budrich.

Jones, Candace/Hesterly, William S./Borgatti, Stephen P., 1997: A General Theory Of Network Governance. Exchange Conditions And Social Mechanisms, in: Academy of Management Review 22 (4), 911-945.

Kenis, Patrick/Schneider, Volker, 1991: Policy Networks and Policy Analysis. Scrutinizing a New Analytical Toolbox, in: Bernd Marin/Renate Mayntz (Hrsg.), Policy Networks. Empirical Evidence and Theoretical Considerations. Frankfurt a.M./Boulder, Colorado: Campus/Westview Press, 25-59.

Macneil, Ian R., 1978: Contracts: Adjustment Of Long-Term Economic Relations Under Classical, Neoclassical, And Relational Contract Law, in: Northwestern Law Review 72 (6), 854-905.

Mayntz, Renate, 1992: Modernisierung und die Logik von interorganisatorischen Netzwerken, in: Journal für Sozialforschung 32 (1), 9-32.

Ouchi, William G., 1980: Markets, Bureaucracies, and Clans, in: Administrative Science Quarterly 25 (1), 129-141.

Pappi, Franz U., 1993: Policy-Netze. Erscheinungsform moderner Politiksteuerung oder methodischer Ansatz, in: Adrienne Héritier (Hrsg.), Policy-Analyse. Kritik und Neuorientierung (Politische Vierteljahresschrift Sonderheft 24). Opladen: Westdeutscher Verlag, 84-94.

Pappi, Franz U./Henning, Christian H. C. A., 1998: Policy networks. More than a metaphor, in: Journal of Theoretical Politics 10 (4), 553-575.

Portes, Alejandro, 1998: Social Capital. Its Origin and Applications in Modern Sociology, in: Annual Review of Sociology 24, 1-24.

Powell, Walter W., 1990: Neither Market Nor Hierarchy: Network Forms Of Organization, in: Research in Organizational Behavior 12, 295-336.

Powell, Walter W./Koput, Kenneth W./Smith-Doerr, Laurel, 1996: Interorganizational Collaboration and the Locus of Innovation: Networks of Learning in Biotechnology, in: Administrative Science Quarterly 41 (1), 116-145.

Putnam, Robert D., 1993: Making Democracy Work. Civic Traditions in Modern Italy. New York: Princeton University Press.

Simon, Herbert A., 1991: Organizations and Markets, in: Journal of Economic Perspectives 5 (2), 25-44.

Tsai, Wenpin, 2001: Knowledge Transfer In Intraorganizational Networks: Effects Of Network Position And Absorptive Capacity On Business Unit Innovation And Performance, in: Academy of Management Journal 44 (5), 996-1004.

Uzzi, Brian, 1996: The Sources And Consequences Of Embeddedness For The Economic Performance Of Organizations: The Network Effect, in: American Sociological Review 61 (4), 674-698.

Uzzi, Brian, 1999: Embeddedness in the making of financial capital: How social relations and networks benefit firms seeking financing, in: American Sociological Review 64, 481-505.

Uzzi, Brian/Lancaster, Ryon, 2004: Embeddedness and Price Formation in the Corporate Law Market, in: American Sociological Review 69, 319-344.

Wald, Andreas, 2003: Netzwerkstrukturen und -effekte in Organisationen. Eine Netzwerkanalyse in internationalen Unternehmen. Wiesbaden: Gabler.

Wald, Andreas/Weibler, Jürgen, 2005: Soziale Einbettung und die Attribution von Führung – Ein Netzwerkansatz, in: Zeitschrift für Betriebswirtschaft 75 (10), 947-969.

Williamson, Oliver E., 1991: Comparative Economic Organization: The Analysis of Discrete Structural Alternatives, in: Administrative Science Quarterly 36 (2), 269-296.

Arthur Benz

1.7 Verhandlungen

Unter Verhandlung wird hier ein Modus von sozialer Interaktion zwischen gleichberechtigten Akteuren verstanden, die im Wege des direkten Austausches von Forderungen, Angeboten und Argumenten eine gemeinsame Entscheidung anstreben. Diese Form der Handlungskoordinierung hat in vielen Bereichen von Gesellschaft, Wirtschaft und Politik eine zentrale Bedeutung. Zum Teil wird Governance mit der Tatsache in Verbindung gebracht, dass Staaten, Regierungen und Verwaltungen Entscheidungen, für die sie formal selbständig zuständig sind, mit Akteuren aus anderen Staaten oder Gebietskörperschaften oder mit Vertretern gesellschaftlicher Gruppen bzw. Organisationen aushandeln oder dass private Akteure kollektive Probleme „am Staat vorbei" in Verhandlungen regeln. Ein solches Verständnis von Governance ist jedoch zu eng, da es andere Koordinationsmechanismen ausschlösse. Richtig ist, dass Verhandlung eine grundlegende Form kollektiven Handelns darstellt, die oft in hierarchischen Organisationen oder in Netzwerken praktiziert wird, die im Markt vorkommt, wenn Akteure komplexere Tauschverträge schließen, und die auch in anderen Wettbewerbsverfahren zur Festlegung von Regeln, Maßstäben des Vergleichs oder Entscheidungen über Bewertungskonflikte erforderlich wird.

Wenn wir „Verhandlungen" als Governance-Form betrachten, dann ist damit eine Struktur der Interaktion gemeint, in der die verhandelnden Akteure bei allen Unterschieden in ihrer institutionellen Stellung oder Ressourcenausstattung insofern gleichberechtigt sind, als alle die gleichen Kommunikations- und Entscheidungsrechte besitzen. Handlungskoordination erreichen sie mittels des Mechanismus des „Verhandelns", indem sie in direktem Gespräch über ihre Interessen kommunizieren und sich auf eine gemeinsame, für alle verbindliche Entscheidung einigen (→ Elementare Mechanismen).

Die Art und Weise, wie Akteure zu einer Einigung gelangen, und die Bedingungen, unter denen dies wahrscheinlich ist oder unter denen mit einem Scheitern gerechnet werden muss, sind Gegenstände der empirischen Verhandlungsforschung und der Verhandlungstheorie. Hierzu tragen verschiedene Disziplinen (Psychologie, Wirtschaftswissenschaft, Politikwissenschaft, Soziologie) bei, und das Forschungsgebiet ist dementsprechend kaum noch zu überblicken. Der folgende Überblick fasst wichtige Ergebnisse zusammen und soll ein Verständnis vermitteln, wie durch Verhandlungen kollektives Handeln möglich ist und wie dieser Governance-Modus funktioniert.

1 Verhandlungstheorien

Um die Funktionsweise von Verhandlungen verstehen zu können, bedarf es der Kenntnisse über die Konfliktgegenstände, über die Akteure und Akteurskonstellationen, über mögliche Prozessverläufe und über Optionen und Strategien einer Einigung. Vorliegende Verhandlungstheorien unterscheiden sich in ihren Aussagen über diese Variablen, je nachdem, worauf sie den Blick des Analytikers fokussieren. Sie liefern damit alternative Begriffe und Hypothesen für die Untersuchung von Verhandlungen (Kremenyuk 1991).

In Verhandlungen geht es um Konfliktsituationen, die die Aufteilung von Nutzen oder Kosten zwischen Akteuren betreffen oder die sich entsprechend interpretieren lassen. Damit stellt sich ein Problem kollektiven Handelns, für das die *axiomatische Verhandlungstheorie* Lösungen sucht. Diese Theorie geht von vereinfachten Prämissen über Akteure und die Verhandlungssituation aus und abstrahiert von externen Bedingungen. Ziel ist es, eine Regel zu definieren, mit der eine stabile Konfliktlösung gefunden werden kann, also eine Lösung, die alle Beteiligten akzeptieren.

Eine weithin anerkannte Regel entwickelte der Mathematiker John Nash (1950). Er ging von der Annahme aus, dass rationale Akteure ihren Nutzen maximieren wollen. Zudem formulierte er vier einfache Anforderungen, die eine Lösung erfüllen sollte: Sie muss paretooptimal sein, sie muss unabhängig von äquivalenten Skalierungen der Nutzenfunktion gelten, sie darf nur vom Nutzen des Status quo und dem Nutzen der Verhandlungslösung abhängen und durch irrelevante Alternativen nicht beeinflusst werden, sie muss symmetrisch sein, das heißt unabhängig von spezifischen Fähigkeiten der Akteure wie etwa ihrem Verhandlungsgeschick. Damit lässt sich ein Verhandlungsergebnis durch zwei Variablen bestimmen, nämlich durch den „Drohpunkt" („default condition"), das heiß das Ergebnis, das beim Abbruch von Verhandlungen zustande kommt (unkoordiniertes Handeln oder Status quo), und den durch Verhandeln erzielbaren individuellen Nutzen. Nash bewies, dass seine Axiome eine Verhandlungslösung fordern, mit der – im Rahmen der möglichen Lösungen („Auszahlungsraum" S) – im Vergleich zum unkoordinierten Handeln (Drohpunkt d) das Produkt aus den individuellen Nutzenzuwächsen eines jeden Verhandlungspartners maximiert wird. Mathematisch ausgedrückt lautet die Lösungsformel:

$$f(S,d) = \max (U_1 - d_1)(U_2 - d_2)$$
$$\text{unter der Bedingung, dass } (d_1\, d_2) \leq (U_1\, U_2) \in S.$$

Diese Verhandlungslösung maximiert den kollektiven Nutzengewinn, was normativ erwünscht ist. Hinsichtlich der Aufteilung des gemeinsam erzielten Gewinns liegt ihr nicht eine Norm der Verteilungsgerechtigkeit zugrunde; es wird vielmehr berücksichtigt, welche Rückfallposition die Akteure beim Scheitern von Verhandlungen aufgeben, wenn sie sich einigen. Diejenigen, für die unkoordiniertes Handeln besser ist als für andere, erhalten auch einen höheren Nutzenanteil durch die Verhandlungslösung. Dies ergibt sich aus der Annahme über Verhaltensrationalität: Nash betrachtet Akteure als egoistische Nutzenmaximierer und nicht als normorientierte Personen, die Gerechtigkeit anstreben.

Die „Nash-Lösung" gilt inzwischen als Kriterium, dem ein stabiles Verhandlungsergebnis genügen muss. In der *Spieltheorie*, die Verhandlungen als strategische Spiele zwischen Akteuren darstellt, wurde seine Gültigkeit vielfach bewiesen. So wurden Prozessmodelle konstruiert, in denen verhandelnde Akteure jeweils mit Konzessionen auf die Verhandlungsangebote der Partner reagieren, bis sich diese decken. Angenommen wird dabei, dass sie bei Konzessionen ihre Verluste, die ihnen durch Aufgabe des „Idealpunktes“ entstehen, mit dem Risiko abwägen, dass ein Partner die Verhandlungen abbricht. Von der Nash-Lösung abweichende Ergebnisse erhält man in diesem Verhandlungsmodell nur, wenn die zeitliche Abfolge von Konzessionen, die Vorteile des „first movers“, die Kosten der Verhandlungsdauer und die Zeitpräferenzen berücksichtigt werden (Rubinstein 1982). Nashs Verhandlungstheorie bewährt sich also im Grundsatz, durch Berücksichtigung zusätzlicher Bedingungen kann sie jedoch verfeinert werden.

Experimentelle Forschungen von Ökonomen und Sozialpsychologen haben weitere Faktoren entdeckt, die Verhandlungen beeinflussen. Die Erträge dieser Forschungsrichtung können hier nicht im Einzelnen dargestellt werden. Für die Governance-Analyse sind ohnehin die Erkenntnisse über den Einfluss von Persönlichkeitsfaktoren weniger bedeutsam. Es genügt der Hinweis auf die besonderen Aspekte sozialer Interaktion, auf die *sozialpsychologische Verhandlungstheorien* aufmerksam machen (Pruitt/Carnevale 1993; Druckman 1994).

Zu nennen sind hier an erster Stelle Interaktionsorientierungen (Kelley/Thibaut 1978). Sozialpsychologen betonen die soziale Dimension des Handelns genauso wie übrigens Vertreter der Rational-Choice-Theorie, die erkannten, dass Akteure neben einer individuellen auch eine soziale Präferenzordnung entwickeln (Sen 1977). Selbst wenn man annimmt, dass Akteure ihren individuellen Nutzen maximieren, ist zu beachten, dass sie in direkter Kommunikation sich anders verhalten als isolierte Individuen, weil sie die jeweils anderen nicht ignorieren können. Für den Verlauf und das Ergebnis von Verhandlungen ist wichtig, ob Akteure an dem Nutzen oder den Kosten der Verhandlungspartner desinteressiert sind, also egozentrisch agieren, ob sie die Ergebnisse der einzelnen Verhandlungspartner mit ihrem eigenen vergleichen und die Differenz maximieren wollen (kompetitive Orientierung) oder ob sie primär den gemeinsamen Vorteil im Auge haben (kooperative Orientierung). Unabhängig von objektiven Interessenkonstellationen ändern sich je nach vorherrschenden Interaktionsorientierungen die Verhandlungssituation, die Wahrscheinlichkeit einer Einigung und das erwartbare Ergebnis (Scharpf 1997: 84-89).

Sozialpsychologische Theorien ignorieren nicht, dass Verhandlungen durch Macht bestimmt sind, insbesondere durch die Möglichkeit der Akteure, mit dem Abbruch zu drohen. In Verhandlungen spielen aber auch Normen der distributiven Gerechtigkeit und der Fairness eine wichtige Rolle. Verhandlungsteilnehmer müssen ihre Forderungen begründen, und Begründungen werden nur anerkannt, wenn sie aus allgemeinen Werten oder Normen ableitbar sind. Für die Lösung von Verteilungskonflikten ist dabei entscheidend, dass für bestimmte Situationen oft gesellschaftlich anerkannte Verteilungsnormen existieren, auf die sich Verhandlungspartner berufen können. Ferner gibt es Fairnessregeln im Kommunikationsprozess (Benz 1994: 276-297).

Schließlich verweisen sozialpsychologische Forschungen auf die Bedeutung von Gruppenbindungen. Akteure, die strengen Kontrollen durch eine Gruppe unterworfen sind, verhandeln härter und sind eher kompetitiv orientiert, weil sie dadurch ihrer Gruppe signalisieren, dass sie deren Interessen wirksam vertreten. Dieser Aspekt wurde in politikwissenschaftlichen Analysen vertiefend behandelt.

Politikwissenschaftliche Verhandlungstheorien bauen auf den ökonomischen und sozialpsychologischen Ansätzen auf. In der Erforschung internationaler Politik wurden Staaten als rationale, nutzenmaximierende Akteure behandelt, die zwar eine Verhandlungslösung anstreben, aber gleichzeitig ihre eigenen Ziele unter Einsatz von Taktiken und Drohungen verfolgen. Bacharach und Lawler (1981) betonten, dass in politischen Verhandlungen zwar Forderungen begründet werden müssen, Akteure aber zu „power arguments" greifen. Walton und McKersie (1965) schlugen dagegen aufgrund ihrer Untersuchung von Tarifverhandlungen vor, zwischen distributiven und integrativen Verhandlungsweisen zu unterscheiden – eine Differenzierung, die später Jon Elster (1986) mit dem Begriffspaar „bargaining" und „arguing" aufgriff. In der internationalen Politik entdeckte man spezifische Strategien der Einigung, etwa Paketlösungen („issue linkage"; Sebenius 1983), während Untersuchungen zu innerstaatlichen Verhandlungen auf Ausgleichszahlungen und an Normen distributiver Gerechtigkeit orientierte Lösungen aufmerksam machten (Benz u.a. 1992). Vertreter des konstruktivistischen Ansatzes zur Analyse internationaler Beziehungen erklären Verhandlungen zwischen Staaten als diskursive Prozesse, in denen „arguing" bei der Definition von Problemen, Grundsätzen und Normen maßgebliche Bedeutung habe (Risse 2000). Komplexere Theorien berücksichtigen, dass in der innerstaatlichen wie internationalen Politik korporative Akteure verhandeln, weshalb Vereinbarungen in intraorganisatorischen Verfahren vorbereitet, kontrolliert und implementiert werden. Verhandlungen werden damit zu einem Spiel auf mehreren Ebenen, die von jeweils unterschiedlichen institutionellen Kontexten beeinflusst werden (Benz 1992; Putnam 1988).

Neben diesen empirisch-analytischen Theorien, die die Funktionsweise von Verhandlungen erklären sollen, gibt es eine Vielzahl normativer Theorien, die zeigen wollen, wie Akteure zu Verhandlungslösungen kommen. Am bekanntesten ist das „Harvard-Konzept", das die Orientierung an Interessen statt an Positionen empfiehlt (Fisher u.a. 1997). Andere postulieren, in den Zielen hart zu bleiben, aber hinsichtlich der Mittel flexibel zu verhandeln (Pruitt 1981: 187). Darüber hinaus werden Prozeduren für die Lösung von Verteilungskonflikten zwischen Verhandlungsparteien entwickelt (Brams/Taylor 1999). Verbreitet ist auch der Vorschlag, Vermittler (Mediation) oder Schiedsrichter (Arbitration) zu beteiligen (Susskind/Cruikshank 1987). Zum Teil beruhen diese Aussagen auf empirischer Forschung, zum Teil aber auch auf Erfahrungen. Unabhängig von den Handlungsempfehlungen liefert diese Literatur oft brauchbare Kategorien, die für die Analyse genutzt werden können. Angesichts der vielen Faktoren, die auf Verhandlungen einwirken, sollte man mit generellen normativen Aussagen vorsichtig sein. Eine erfolgreiche Verhandlungspraxis erfordert jedenfalls immer eine solide Analyse der konkreten Interaktionskonstellation und der Kontextbedingungen. Im Folgenden werden einige wesentliche Aspekte dieser Analyse dargestellt.

2 Verhandlungsbereitschaft

Sosehr Vereinbarungen als sozial erwünscht gelten, ist es alles andere als selbstverständlich, dass Akteure sich auf Verhandlungen einlassen. Sofern sie nicht durch Institutionalisierung oder eine übergeordnete Instanz erzwungen werden, kommen sie grundsätzlich nur zustande, wenn Akteure erwarten, dass sie durch eine Vereinbarung mit anderen ein besseres

Ergebnis erzielen können als bei unkoordiniertem Handeln, oder wenn sie alternative Governance-Modi als weniger geeignet betrachten, Probleme zu lösen oder ihre Interessen zu verwirklichen. Letzteres ist zum Beispiel der Fall, wenn Wettbewerbe wegen zu hoher Kosten der vergleichenden Bewertung nicht möglich sind oder wenn keine Entscheidung durch eine übergeordnete Instanz möglich ist. Wie ökonomische Analysen von Transaktionskosten von Hierarchie und Markt zeigen, sind vielfach Verhandlungen – genauso wie Netzwerke (→ Netzwerke) – besser geeignet, effiziente Lösungen herbeizuführen (Coase 1960).

Objektive Effizienzvorteile von Verhandlungen gewährleisten allerdings nicht, dass Akteure auch verhandlungsbereit sind. Das liegt an der strategischen Bedeutung des Drohpunktes. Rationale Akteure müssen, selbst wenn sie kooperativ eingestellt sind und eine Vereinbarung anstreben, damit rechnen, dass Verhandlungspartner ihre Interessen verfolgen und dabei Verhandlungsmacht einsetzen. Macht beruht in Verhandlungen in erster Linie auf der Fähigkeit, glaubwürdig mit dem Abbruch zu drohen. Ein Akteur kann einer entsprechenden Drohung Glaubwürdigkeit verleihen, wenn er die Verhandlungspartner zu der Einschätzung veranlasst, dass seine Situation beim Abbruch der Verhandlungen gleich oder besser ist als bei der Annahme des aktuellen Einigungsvorschlags. Den Anschein einer starken Verhandlungsmacht können Akteure dadurch erwecken, wenn sie den Eintritt in Verhandlungen möglichst lange verweigern, also schon im „Vorfeld" signalisieren, dass sie nicht um jeden Preis eine Verhandlungslösung suchen. Beziehungen zwischen feindlichen oder zerstrittenen Staaten liefern viele Beispiele für strategische Verhandlungsverweigerung, und auch Tarifauseinandersetzungen belegen, dass Verhandlungen schwierig in Gang zu bringen sind, wenn die Fronten verhärtet sind und es zu Streiks kommt.

Solche Strategien der Akteure erzeugen eine Situation, die in der Spieltheorie als Gefangenendilemma bezeichnet wird (Benz 1994: 82-83). Grundsätzlich könnten sie durch Verhandlungen eine sowohl aus individueller wie auch kollektiver Sicht bessere Lösung erreichen. Wenn aber jeder Akteur davon ausgeht, dass er seine Position in Verhandlungen verbessern kann, indem er nicht als Erster Verhandlungsbereitschaft zeigt, ist schon die Entstehung von Verhandlungsprozessen blockiert. Aus dieser Falle kommen die Beteiligten nur heraus, wenn die Kosten eines anhaltenden Konfliktes für mindestens einen Akteur nicht mehr erträglich sind, wenn Beteiligte durch Krisensituationen zu einer Strategieänderung veranlasst werden, wenn sie Kontakte über Dritte nutzen können oder wenn ein externer Akteur interveniert und Verhandlungen initiiert.

3 Verhandlungsmechanismus und Modi des Verhandelns

Handlungskoordinierung durch Verhandlungen beruht auf verbindlichen Vereinbarungen, die das Ergebnis wechselseitiger Einflussnahme in direkter Kommunikation sind (→ Elementare Mechanismen). Dabei müssen Akteure ihre Forderungen an die Gegenseite begründen und auf Vorschläge für eine Einigung, die sie nicht annehmen, mit anderen Vorschlägen antworten. Wechselseitigen Einfluss üben sie entsprechend diesen Regeln als formal Gleichberechtigte aus, faktisch sind jedoch diejenigen Akteure überlegen, die über bessere Informationen und tauschfähige Ressourcen verfügen. Keiner der Akteure kann ein Verhalten anderer Akteure direkt erzwingen, jeder kann aber eine Einigung verhindern und durch die Drohung mit dem Abbruch von Verhandlungen indirekt auf das Verhalten der Verhandlungspartner Macht ausüben. Formal betrachtet ist Vetomacht, anders als Informationen und Ressourcen, gleich verteilt, die Konsequenzen von Vetos können aber die Akteure in verschiedener Weise betreffen, weshalb die „Drohpunkte" der Verhandlungspartner normalerweise variieren.

Je nach Art der kommunikativen Akte können Verhandlungen unterschiedlich verlaufen. Akteure können Leistungen und Gegenleistungen anbieten, unbedingte oder bedingte Konzessionen machen oder durch verallgemeinerungsfähige Begründungen ihrer Vorschläge zu einem Konsens gelangen. Im ersten Fall interagieren sie im Modus des „bargaining" und einigen sich entweder durch Tauschgeschäfte in Form von Paketlösungen oder Ausgleichszahlungen, wobei jeder Partner seine Position in der ihm besonders wichtigen Angelegenheit durchsetzen kann (positionsorientiertes Verhandeln), oder sie kommen durch schrittweise Annäherung ihrer Positionen zu einem Kompromiss (kompromissorientiertes Verhandeln). Wenn sie sich durch rationale Argumente wechselseitig zu überzeugen versuchen, handeln sie „verständigungsorientiert" und verhandeln im Modus des „arguing" (Elster 1986). Dieser ermöglicht es, Verteilungskonflikte durch Rekurs auf Normen der distributiven Gerechtigkeit zu lösen (Bohnet/Frey 1994). In realen Verhandlungen beobachten wir in der Regel eine Kombination dieser Modi des Verhandelns, die je nach Gegenstand, institutioneller Einbindung der Akteure und nach Phasen des Prozesses variiert (Benz 1994: 118-134; Holzinger 2001).

In allen drei Modi müssen Akteure im Verhandlungsprozess kompetitive oder egozentrische Interaktionsorientierungen aufgeben und die Meinungen und Interessen der anderen Verhandlungsteilnehmer berücksichtigen. Tauschgeschäfte erfordern die Aufnahme zusätzlicher Themen auf die Agenda, Kompromisse verlangen ein Aufgeben ursprünglicher Positionen und Verständigung eine Änderung der Präferenzen. Dabei befinden sich die Akteure aber in der gleichen Dilemmasituation („Verhandlungsdilemma"; Lax/Sebenius 1986: 38-39) wie bei der Entscheidung zwischen unkoordiniertem Handeln und Verhandeln. Wer zuerst kooperationsbereit handelt, der läuft Gefahr, dass dieses Verhalten von anderen ausgebeutet wird, indem diese auf ihren Positionen beharren, um höhere Tauschangebote oder Konzessionen zu erreichen. Da die Akteure diese Gefahr kennen und sie sich andererseits über einen Wechsel in den Interaktionsweisen nicht verständigen können, ist es rational, dass keiner kooperativ handelt. Damit wird eine Einigung aber blockiert. Erst mit dem Aufbrechen dieses Dilemmas können Verhandlungsprozesse einen produktiven Verlauf nehmen.

Persönliche Kommunikation in Verhandlungsprozessen erzeugt eine Eigendynamik, welche den Übergang von kompetitivem oder egozentrischem zu kooperativem Verhalten und damit von positionsbezogenem, kompromissorientiertem zu verständigungsorientiertem Verhandeln fördert. Im direkten Gespräch lernen sich Akteure wechselseitig besser einzuschätzen und entwickeln Vertrauen. Beides verringert das Risiko, dass kooperatives Verhalten ausgebeutet wird. Kommunikation verbessert auch die Informationsbasis für alle Beteiligten über die Anliegen und berechtigten Interessen der Verhandlungspartner sowie über mögliche Lösungsalternativen. Je länger Verhandlungen dauern, desto höher wird der Druck auf die Akteure, neue Gesichtspunkte ins Spiel zu bringen, um Änderungen zu erreichen. Zudem steigen meistens die Kosten einer Nichteinigung. All dies kann Akteure zur

Änderung ihrer Interaktionsorientierungen bewegen. Dies ist Voraussetzung für eine Einigung im jeweiligen Modus des Verhandelns, also auch von Tausch und Kompromiss, aber auch einer Prozessdynamik, die vom positionsorientierten zum kompromissorientierten Verhandeln oder zum Modus des „arguing" führt.

Dieser progressiven Eigendynamik in Richtung einer Verständigung steht entgegen, dass das Verhandlungsdilemma ständig gegenwärtig ist, der Rückfall in Misstrauen und egozentrisches oder gar kompetitives Verhalten also nie ausgeschlossen werden kann. Dafür ist „arguing" besonders anfällig, weil dieses durch Drohungen eines einzelnen Akteurs gestört wird, während der Einsatz von Verhandlungsmacht und Vetodrohungen in den beiden Bargaining-Modi zum Verhaltensrepertoire dazugehört. Verhandlungen können daher auch eine „regressive" Dynamik auslösen, in der sich Positionen wieder verfestigen und eine Einigung nur durch entsprechenden Ressourceneinsatz für Tauschgeschäfte oder durch Kompromisse möglich ist. Das ist oft der Fall, wenn eine Einigung über Grundsätze erzielt worden ist, dann aber Details ausgehandelt werden müssen. Nicht selten sind daher in Verhandlungen zyklische Entwicklungen zwischen Arguing und Bargaining zu beobachten.

Übersicht 1: Eigendynamik des Verhandlungsprozesses

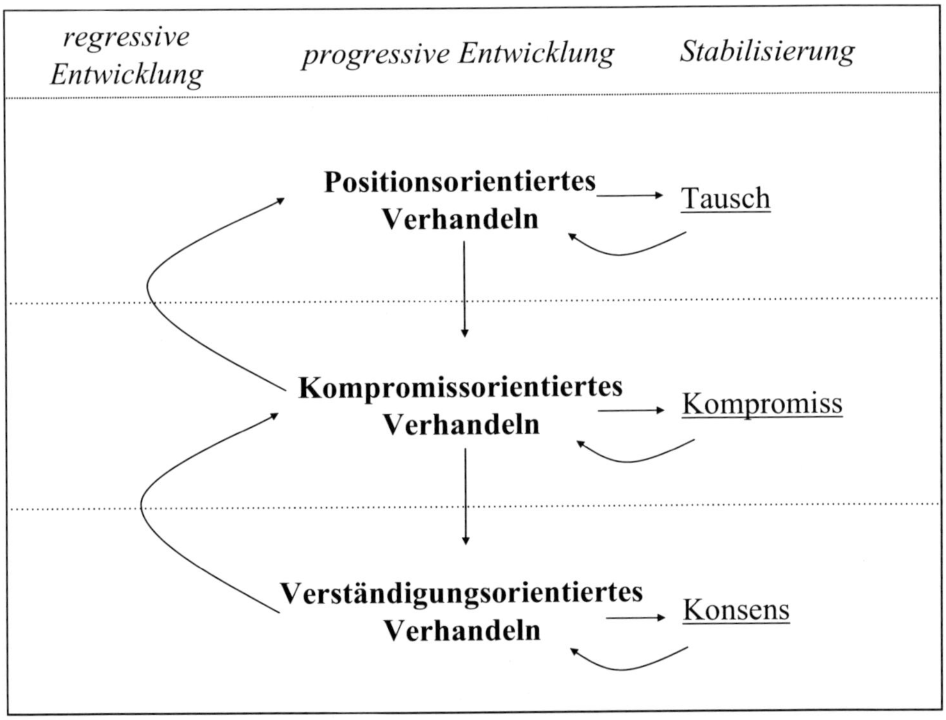

4 Verhandlungsstrukturen

Der Verhandlungsmechanismus beruht auf dem Dialog von Akteuren, die ein „mixed motive game" spielen: Sie können von einer Einigung profitieren, und in der Regel erreichen sie eine bessere Lösung, wenn sie sich auf den Modus der Verständigung einlassen. Aber da sie gleichzeitig ihre individuellen Interessen verfolgen, kann eine Einigung auch scheitern oder nur als Tauschgeschäft oder Kompromiss gelingen. Die Art des Verhandlungsverlaufs und die Chancen einer Einigung hängen nicht nur vom Willen der beteiligten Akteure ab, sondern auch von den Verhandlungsstrukturen, die sich nach (a) der Zahl der Beteiligten, (b) den Regeln über die „default condition", (c) der Entscheidungsregel, (d) dem Grad der Öffentlichkeit und (e) der Arenendifferenzierung unterscheiden lassen.

(a) Grundsätzlich ist eine Einigung umso schwerer, je mehr Akteure an Verhandlungen beteiligt sind, weil damit die Konfliktdimensionen zunehmen und die Kommunikation aufwendiger wird. Bei mehr als zwei Verhandlungsparteien sind Paketlösungen schwierig zu finden, weil mehr Gegenstände gleichzeitig zu verhandeln sind, während Ausgleichszahlungen möglich sind, aber an Konflikten über die Höhe der Zahlungen scheitern können. Ebenso nimmt mit zunehmender Zahl der Beteiligten die Wahrscheinlichkeit von Kompromisslösungen ab, da diese leicht von einzelnen Akteuren verhindert werden können. Zu vermuten ist daher, dass multilaterale Verhandlungslösungen durch Tausch oder Kompromiss nur zustande kommen, wenn sich Gruppen von Akteuren zu Koalitionen zusammenschließen. Diese müssen allerdings wiederum erst ausgehandelt werden; zudem stellen sich Probleme der Vertretung und der Verpflichtungsfähigkeit von verhandelnden Koalitionsvertretern. Multilaterale Verhandlungen können auch zum Erfolg führen, wenn Akteure verständigungsorientiert verhandeln und einen Konsens erreichen; dieser kann aber durch Bargaining-Strategien einzelner Akteure leicht gefährdet werden.

Wegen der hohen Anforderungen, die multilaterale Verhandlungen stellen, werden Entscheidungen, die viele Akteure betreffen, oft in einer Sequenz von bilateralen Verhandlungen getroffen. Fritz W. Scharpf (1972: 85-89) hat dieses Verfahren als „negative Koordination" bezeichnet. Dabei werden nicht alle Belange gleichzeitig verhandelt, sondern ein Entscheidungsvorschlag wird den davon potenziell Betroffenen zur Stellungnahme übermittelt. Der für den Vorschlag verantwortliche Akteur verhandelt dann jeweils bilateral mit jenen, die Einwände erheben, was zu inkrementellen Modifikationen des ursprünglichen Vorschlags oder zur Vereinbarung von Kompensationsleistungen führt. Negative Koordination erhöht die Chance, dass eine Entscheidung möglich wird, aber sie lässt grundsätzlich nur geringe Veränderungen des Status quo zu.

(b) Institutionelle Strukturen von Verhandlungen haben Einfluss auf den Drohpunkt der Akteure bzw. auf die „default condition", das heißt Folgen eines Scheiterns. Sie können Verhandlungen als eine Option von Governance vorsehen, auf die sich Akteure freiwillig einlassen („freiwillige Verhandlungen"; Scharpf 1992: 63-64). Im Fall des Scheiterns können alle Akteure entweder autonome Entscheidungen treffen oder auf andere Koordinationsmechanismen wie Hierarchie oder Konkurrenz zurückgreifen. Die Unsicherheiten über unkoordinierte oder kompetitive Entscheidungen oder die Intervention einer externen Instanz erhöhen in aller Regel die Neigung der Akteure, sich zu einigen. Anders ist dies bei „Zwangsverhandlungen“ (Scharpf 1992), wenn also Akteure nur gemeinsam entscheiden können, ihnen ansonsten einseitiges Handeln verwehrt ist. In diesem Fall ist bei Verhandlungsblockaden eine Änderung des Status quo nicht möglich, was in der Regel bedeutet, dass Probleme nicht gelöst werden. Zwangsverhandlungen erhöhen also die Gefahr von Blockaden kollektiven Handelns; deshalb unterliegen Akteure einem hohen Druck, sich zu einigen, und dies macht Kompromisslösungen auf dem kleinsten gemeinsamen Nenner oder Tauschgeschäfte mit hohen Kosten wahrscheinlich. Da die institutionellen Bedingungen zu unterschiedlichen Rückfalloptionen beim Scheitern von Verhandlungen führen, fallen bei positions- und kompromissorientierten Verhandlungen die Ergebnisse hinsichtlich der Verteilung von Nutzen und Kosten verschieden aus (Scharpf 1992: 68).

(c) Wenn Akteure miteinander verhandeln, streben sie eine Einigung an. Multilaterale Verhandlungen in institutionalisierten Gremien können aber auch mit einer formalen Abstimmung entschieden werden, wobei die Regeln Einstimmigkeit oder eine Mehrheitsentscheidung fordern können. Im Fall der Einstimmigkeitsregel verfügt jeder einzelne Verhandlungspartner über ein Vetorecht. Bei Mehrheitsentscheidungen werden Akteure, die im Verhandlungsverlauf in eine Minderheitsposition geraten, zu Konzessionen gezwungen. In der Praxis wird in Verhandlungsgremien selten abgestimmt. Dennoch wirkt die Möglichkeit von Mehrheitsentscheidungen ähnlich wie der „Schatten der Hierarchie“ (→ Hierarchie) und fördert kooperative Interaktionsorientierungen, die bei kalkulierbaren Ergebnissen der Abstimmung die Minderheit zu Konzessionen zwingen, bei unsicheren Mehrheitsverhältnissen hingegen alle Akteure.

(d) Institutionelle Regeln der Verhandlungen können die Öffentlichkeit zulassen oder ausschließen. Über die Wirkung der Öffentlichkeit gibt es unterschiedliche Auffassungen. Einerseits wird angenommen, dass sie eine „civilizing force of hypocrisy“ (Elster 1998: 111) erzeugt, das heißt Akteure dazu veranlasst, wenigstens zum Schein ihre Forderungen durch Argumente zu begründen, anstatt egozentrisch Forderungen zu stellen. Andererseits können Verhandlungspartner durch die Öffentlichkeit zu einem Beharren auf Positionen motiviert werden, weil sie so die Reputation als durchsetzungsfähige Persönlichkeiten erwerben. Letzteres trifft allerdings nur für den Fall zu, dass sie als Vertreter besonderer Interessen verhandeln.

(e) Komplexe Materien werden in Verhandlungen oft untergliedert und dann in getrennten Verhandlungsarenen behandelt. Entsprechende Differenzierungen sind typisch für Verhandlungen zwischen Staaten oder Gebietskörperschaften. Hier handeln Regierungschefs oft zunächst Rahmenvereinbarungen aus, die dann in Verhandlungen von Fachministern oder Experten der Ministerialverwaltungen weiter ausgefüllt werden. Möglich ist auch die umgekehrte Sequenz, bei der zuerst Vertreter von Fachressorts eine Einigung suchen und im Fall des Scheiterns Verhandlungen auf die Ebene der politischen Führung verlagert werden, auf der Paketlösungen zwischen verschiedenen Sektoren möglich sind. Häufig beobachtet man auch die Arbeitsteilung zwischen öffentlichen und nicht-öffentlichen Verhandlungsgremien, wobei Letztere oft einen kleinen Kreis ausgewählter Beteiligter einschließen. Diese Arenendifferenzierung kann zur Reduktion von Konflikten und Entscheidungskomplexität beitragen; darüber hinaus stellt die Verlagerung von Verhandlungen zwischen Arenen eine strategische Option dar, um drohende Blockaden zu verhindern oder festgefahrene Verhandlungssituationen aufzubrechen.

5 Verhandlungen durch Vertreter

Die Notwendigkeit direkter Kommunikation macht es unumgänglich, dass in Verhandlungen individuelle Akteure interagieren, während in Wettbewerben, Hierarchien oder Netzwerken auch korporative Akteure koordiniert werden können. Gleichwohl betreffen Verhandlungen meistens nicht – oder nicht nur – individuelle Belange, sondern solche von Gruppen oder Organisationen wie Verbänden, Verwaltungsbehörden, Gebietskörperschaften, Staaten oder internationalen Organisationen. In diesem Fall verhandeln Akteure als Vertreter für andere.

Vertreter interagieren in zwei Kontexten, die jeweils ihre eigene Dynamik aufweisen. In Verhandlungen müssen sie sich, um Chancen auf eine Einigung zu wahren, auf den jeweiligen Modus des Verhandelns einlassen. Das bedeutet, dass sie nicht ihre ursprüngliche Position verteidigen können, sondern zu Kompensationen, Konzessionen oder zur Anpassung von Präferenzen bereit sein müssen. Gleichzeitig erwartet aber die eigene Gruppe oder Organisation, dass sie deren Interessen im Rahmen einer Vereinbarung möglichst weitgehend durchsetzen. Sie werden damit zu einer egozentrischen oder sogar kompetitiven Orientierung gedrängt. Vertreter handeln damit in einer Interaktionskonstellation, die widersprüchliche Erwartungen impliziert (Druckman 1977).

Die Intensität des Widerspruchs und die Handlungsspielräume, ihn zu lösen, hängen mit dem Mandat von Vertretern zusammen (Czada 1997). Handeln diese als Delegierte mit gebundenen Mandaten, dann dominiert der Einfluss der vertretenen Gruppe oder Organisation. Solche Vertreter verfügen über geringe Spielräume und können sich kaum anders als positionsorientiert verhalten. Wenn sie Forderungen aufgeben, müssen sie die Interessen ihrer Auftraggeber wenigstens durch Paketlösungen oder Ausgleichszahlungen kompensieren. Eng definierte Mandate und Kontrollen können aber auch dazu führen, dass Delegierte keine Einigung erzielen können und Verhandlungen scheitern, obgleich eine Vereinbarung allen beteiligten Organisationen Vorteile bringen könnte.

Repräsentanten vertreten Gruppen oder Organisationen aufgrund freier Mandate und eines Vertrauensvorschusses in ihre Fähigkeit, im Ausgleich von Interessen für die eigene Organisation das bestmögliche Resultat auszuhandeln. Sie verfügen damit über Verhandlungsspielräume, die sie zu innovativen Vorschlägen nutzen können. Repräsentanten müssen sich für Verhandlungsergebnisse rechtfertigen; es bleibt aber ihnen überlassen, wie sie diese Ergebnisse erreichen. Dies verbessert die Chancen auf eine Einigung und lässt auch verständigungsorientiertes Verhandeln zu.

Vielfach sind die Rollen von Vertretern nicht genau definiert. Diese Tatsache können sie nutzen, indem sie im Spiel zwischen der Verhandlungsarena und der vertretenen Gruppe bzw. Organisation taktische „Selbstverpflichtungen" eingehen (Schelling 1970: 22). Sie können also in Verhandlungen vorgeben, durch ein gebundenes Mandat keine Möglichkeiten für Konzessionen zu haben, was, je nach Lage des Drohpunktes, Verhandlungspartner zum Nachgeben bewegen soll. Genauso können sie auch gegenüber ihrer Gruppe oder Organisation behaupten, dass der Spielraum für eine Einigung gering gewesen sei und alle Alternativen ausgelotet worden seien, um Zustimmung für das Ergebnis von Verhandlungen zu erreichen. Dieses taktische Spiel kann jedenfalls die Chance für eine Verhandlungslösung erhöhen, allerdings um den Preis, dass Vertreter an Macht gewinnen und ihr Verhalten nur schwer kontrolliert werden kann. Damit geht Entscheidungseffektivität auf Kosten demokratischer Legitimation, ein Dilemma, das in der Diskussion um Governance im Nationalstaat und in internationalen Beziehungen vielfach beschrieben wurde (Dahl 1994; Benz 1998) (→ Demokratie und Legitimation).

6 Verhandlungen in Governance-Regimen

In der Praxis verhandeln meistens nicht sozial isolierte Individuen oder korporative Akteure, sondern Akteure, die in weitere strukturelle Kontexte eingebunden sind, sei es in Netzwerke, in hierarchische Organisationen oder in Wettbewerbe. Diese Kontexte, die selbst Koordinationsmechanismen implizieren, beeinflussen Verhandlungen in positiver oder negativer Weise.

Netzwerke bilden die Grundlage relativ dauerhafter Interaktion auf der Basis von Vertrauen (→ Netzwerke). Damit erleichtern sie maßgeblich die Lösung der Dilemmasituationen bei der Entscheidung für Verhandlungen und in Verhandlungen. Sie bilden latente Kommunikationsstrukturen, welche selbst beim Scheitern einer Vereinbarung eine Wiederaufnahme von Verhandlungen möglich machen. Im Verhandlungsprozess selbst können sie eine progressive Entwicklung vom Bargaining zum Arguing fördern, weil Akteure, die sich kennen und einander vertrauen, eher zu kooperativen Orientierungen tendieren. Die positiven Wirkungen von Netzwerken auf Verhandlungen lassen sich etwa am Beispiel des Ausschusses der ständigen Vertreter in der EU oder der Fachbruderschaften in internationalen Beziehungen und in Bundesstaaten beobachten.

Verhandlungen in hierarchischen Organisationen (→ Hierarchie) unterliegen der Bedingung, dass eine übergeordnete Instanz die Entscheidung an sich zieht, wenn sich die Verhandlungspartner nicht einigen können. Fritz W. Scharpf entdeckte dieses Governance-Regime in der Ministerialverwaltung des Bundes (Scharpf 1997: 198-205). Eine ähnliche Konstellation findet sich bei Haushaltsverhandlungen in parlamentarischen Regierungssystemen. Diese verlaufen in einer differenzierten Struktur hierarchisch angeordneter Verhandlungsarenen, wobei die jeweils höherrangige Ebene nur die Konflikte behandelt, die in Verhandlungen der unteren Ebene nicht gelöst werden konnten. In allen diesen Fällen werden Interdependenzen oder Verteilungskonflikte zwischen den dezentralen Einheiten bearbeitet, um die begrenzten Kapazitäten der Leitungsinstanzen zu schonen. Aber die Interventionsdrohung der übergeordneten Instanz motiviert die Verhandlungspartner, sich zu einigen. Hierarchische Koordination ist für sie unattraktiv, weil sie dadurch ihren Einfluss verlieren und Reputation einbüßen. Aus diesem Grund unterliegen sie praktisch einem Einigungszwang, der allerdings nicht notwendigerweise zu einer verständigungsorientierten Verhandlungsweise führen muss.

Schwieriger sind Verhandlungen zwischen Akteuren, die gleichzeitig in Konkurrenz zueinander stehen (→ Politischer Wettbewerb, → Markt). Beispiele finden sich im Markt, wenn Unternehmen Verträge über spezifische Güter oder Leistungen abschließen, in Beziehungen zwischen Staaten, die um Rohstoffe oder Vorteile für ihre Wirtschaft im Weltmarkt konkurrieren, oder in intergouvernementalen Beziehungen in Bundesstaaten, in denen Regierungen verhandeln, die von gegnerischen Parteien gestellt werden. In diesen Fällen ist damit zu rechnen, dass die kompetitiven Interaktionsorientierungen, die den Wettbewerb antreiben, auch das Verhandlungsverhalten bestimmen. Dies hat zur Folge, dass Blockaden sehr wahrscheinlich sind und dass bestenfalls positionsorientierte Verhandlungen zustande kommen.

Verhandlungen sind ein ubiquitärer Governance-Mechanismus. Das bedeutet aber nicht, dass sie kollektives Handeln zu einem einfach zu lösenden Problem machen. Sie erfordern die Lösung von Dilemmasituationen, unterliegen einer Dynamik, die die Möglichkeit des Umschlags von einer progressiven in eine regressive Entwicklung impliziert, weisen in der Regel differenzierte und variable Strukturen auf und sind meistens in andere Strukturen und Koordinationsformen eingebettet. Damit hängt der Erfolg oder Misserfolg von Koordination durch Verhandlungen von einer Vielzahl von Faktoren ab. Ihre Kenntnis ist eine wichtige Voraussetzung für ihr Gelingen in der Praxis.

Literatur

Bacharach, Samuel B./Lawler, Edward J., 1981: Bargaining. Power, Tactics, and Outcomes. San Francisco u.a.: Jossey-Bass.

Benz, Arthur, 1992: Mehrebenen-Verflechtung. Verhandlungsprozesse in verbundenen Entscheidungsarenen, in: Arthur Benz/Fritz W. Scharpf/Reinhard Zintl, Horizontale Politikverflechtung. Frankfurt a.M./New York: Campus, 147-205.

Benz, Arthur, 1994: Kooperative Verwaltung. Funktionen, Voraussetzungen und Folgen. Baden-Baden: Nomos.

Benz, Arthur, 1998: Postparlamentarische Demokratie? Demokratische Legitimation im kooperativen Staat, in: Michael Th. Greven (Hrsg.), Demokratie – Eine Kultur des Westens? Opladen: Leske + Budrich, 201-222.

Benz, Arthur/Scharpf, Fritz W./Zintl, Reinhard, 1992: Horizontale Politikverflechtung. Zur Theorie von Verhandlungssystemen. Frankfurt a.M./New York: Campus.

Bohnet, Iris/Frey, Bruno, 1994: Kooperation, Kommunikation und Kommunitarismus, in: Kölner Zeitschrift für Soziologie und Sozialpsychologie 46, 453-463.

Brams, Steven J./Taylor, Alan D., 1999: The Win-Win Solution: Guaranteeing Fair Shares to Everybody. New York: W.W. Norton.

Coase, Ronald H., 1960: The Problem of Social Cost, in: The Journal of Law and Economics 3, 1-44.

Czada, Roland, 1997: Vertretung und Verhandlung. Aspekte politischer Konfliktregelung in Mehrebenensystemen, in: Arthur Benz/Wolfgang Seibel (Hrsg.), Theorieentwicklung in der Politikwissenschaft. Eine Zwischenbilanz. Baden-Baden: Nomos, 237-259.

Dahl, Robert A., 1994: A Democratic Dilemma. System Effectiveness versus Citizen Participation, in: Political Science Quarterly 109, 23-34.

Druckman, Daniel, 1977: Boundary Role Conflict. Negotiations as Dual Responsiveness, in: Journal of Conflict Resolution 21, 639-662.

Druckman, Daniel, 1994: Determinants of Compromising Behavior in Negotiation, in: Journal of Conflict Resolution 38, 507-556.

Elster, Jon, 1986: The Market and the Forum. Three Varieties of Political Theory, in: Jon Elster/Aanund Hylland (Hrsg.), Foundations of Social Choice Theory. Cambridge: Cambridge University Press, 103-132.

Elster, Jon, 1998: Deliberation and Constitution Making, in: Jon Elster (Hrsg.), Deliberative Democracy. Cambridge: Cambridge University Press, 97-122.

Fisher, Roger/Ury, William/Patton, Bruce, 1997: Getting to Yes. Negotiating Agreement without Giving in. London: Arrow Business Books.

Holzinger, Katharina, 2001: Verhandeln *statt* Argumentieren oder Verhandeln *durch* Argumentieren? Eine empirische Untersuchung auf der Basis der Sprechakttheorie, in: Politische Vierteljahresschrift 42, 414-446.

Kelley, Harold H./Thibaut, John W., 1978: Interpersonal Relations. A Theory of Interdependence. New York u.a.: John Wiley.

Kremenyuk, Victor A. (Hrsg.), 1991: International Negotiation. Analysis, Approaches, Issues. San Francisco u.a.: Jossey-Bass.

Lax, David A./Sebenius, James K., 1986: The Manager as Negotiator. Bargaining for Cooperative and Competitive Gain. New York: Free Press.

Nash, John F., 1950: The Bargaining Problem, in: Econometrica 18, 155-162.

Pruitt, Dean G., 1981: Negotiation Behavior. New York: Academic Press.

Pruitt, Dean G./Carnevale, Peter J., 1993: Negotiation in Social Conflict. Buckingham: Open University Press.

Putnam, Robert, 1988: Diplomacy and Domestic Politics. The Logic of Two-level Games, in: International Organization 42, 427-460.

Risse, Thomas, 2000: "Let's Argue!" Communicative Action in World Politics, in: International Organization 54, 1-39.

Rubinstein, Ariel, 1982: Perfect Bargaining Equilibrium in a Bargaining Model, in: Econometrica 50, 97-111.

Scharpf, Fritz W., 1972: Komplexität als Schranke der politischen Planung, in: Fritz W. Scharpf, Planung als politischer Prozess. Frankfurt a.M.: Suhrkamp, 73-113.

Scharpf, Fritz W., 1992: Koordination durch Verhandlungssysteme. Analytische Konzepte und institutionelle Lösungen, in: Arthur Benz/Fritz W. Scharpf/Reinhard Zintl, Horizontale Politikverflechtung. Frankfurt a.M./New York: Campus, 51-96.

Scharpf, Fritz W., 1997: Games Real Actors Play. Actor-Centzered Institutionalism in Policy-Research. Boulder/Col.: Westview Press.

Schelling, Thomas C., 1970: The Strategy of Conflict. Cambridge/Mass.: Harvard University Press (4. Aufl.).

Sebenius, James K., 1983: Negotiation Arithmethik. Adding and Subtracting Issues and Parties, in: International Organization 37, 281-316.

Sen, Amartya, 1977: Rational Fools. A Critique of the Behavioral Foundations of Economics, in: Philosophy and Public Affairs 6, 317-344.

Susskind, Lawrence/Cruikshank, Jeffrey L., 1987: Breaking the Impasse. Consensual Approaches to Resolving Public Disputes. New York: Basic Books.

Walton, Richard E./McKersie, Robert B., 1965: A Behavioral Theory of Labor Negotiations. New York u.a.: McGraw-Hill.

Raymund Werle

1.8 Pfadabhängigkeit

1 Zur Entstehung des Konzeptes

Das Konzept der Pfadabhängigkeit hat sich zu einem sehr häufig verwendeten, in den letzten Jahren aber auch zunehmend kritisierten Erklärungsansatz in der wirtschaftshistorischen und sozialwissenschaftlichen Forschung entwickelt. Pfadabhängigkeit bezeichnet einen vergangenheitsdeterminierten Prozess relativ kontinuierlicher bzw. inkrementeller Entwicklungen. Die jeweils erreichten Zustände können kollektiv ineffizient oder suboptimal sein, ohne dass der Prozess deshalb notwendigerweise zum Erliegen kommt oder radikal geändert wird.

Der Begriff der Pfadabhängigkeit wurde von dem Wirtschaftshistoriker Paul A. David und dem Wirtschaftsmathematiker W. Brian Arthur geprägt. Das Konzept steht in der Tradition von Arbeiten, die die Effizienzannahmen der neoklassischen Ökonomie kritisieren oder relativieren.

Intuitiv plausibel erscheint Paul Davids exemplarische Analyse der Entstehung und Verfestigung der im englischen Sprachraum verwendeten QWERTY-Tastatur der Schreibmaschine (David 1985). QWERTY (in Deutschland QWERTZ) lautet die Buchstabenfolge der linken Hälfte der oberen Reihe der Schreibmaschinentastatur. In den 70er und 80er Jahren des 19. Jahrhunderts hat sich der QWERTY-Standard, der natürlich auch die Anordnung aller anderen Buchstaben umfasst, entwickelt und ist bis heute praktisch nicht geändert worden. Die genaue Zuordnung der Buchstaben zu den einzelnen Tasten der Schreibmaschine orientierte sich an der Häufigkeit ihres Auftretens in der englischen Sprache. Sehr häufig benutzte Buchstaben sollten nicht unmittelbar oder zu eng nebeneinanderliegen, da sich sonst bei hohen Schreibgeschwindigkeiten die Typenarme gegenseitig blockiert bzw. „verhakt" hätten. Andere hier nicht zu behandelnde technische Eigenschaften der ersten Schreibmaschinen mussten zusätzlich berücksichtigt werden. Sie hatten jedoch keineswegs zwangsläufig zur Folge, dass nur eine ganz bestimmte Anordnung der Buchstaben möglich war. Technisch anders spezifizierte Schreibmaschinen erlaubten eine andere, gleichermaßen effiziente Anordnung der Tasten, und es waren historische Zufälligkeiten, die in einem pfadabhängigen Prozess zu einer Dominanz von QWERTY führten. An dieser Dominanz hat sich bis heute nichts geändert, obwohl die technologische Entwicklung beliebig andere, vor allem ergonomisch optimierte Tastenanordnungen problemlos erlaubt.

Warum gibt es diesen Verriegelungseffekt bzw. dieses Lock-in? Benutzer, die auf der QWERTY-Tastatur zu schreiben gelernt haben, werden nicht so leicht bereit sein, zu einem anderen Standard zu wechseln. Arbeitgeber werden Schreibmaschinen mit dem dominanten Standard anschaffen, da sie auf dem Arbeitsmarkt nur hierauf ausgebildetes Personal finden. Schulen, die Maschinenschreiben unterrichten, werden die QWERTY-Tastatur zugrunde legen, weil sie erwarten müssen, dass die Schüler diese beherrschen wollen, da sie die besten Arbeitsmarktchancen eröffnet. All dies müssen wiederum die Hersteller der Schreibmaschinen berücksichtigen. Für sie wie auch für alle anderen wäre eine Umstellung auf einen anderen Standard mit Kosten und dem Risiko verbunden, auf den neuen Produkten sitzenzubleiben, selbst wenn sie effizienteres Schreiben ermöglichen. Für alle beteiligten Wirtschaftssubjekte bietet daher das Festhalten an QWERTY den größten Nutzen.

Es waren in keiner Phase der Entwicklung der Schreibmaschine in erster Linie technische Restriktionen, die QWERTY erzwungen oder das Festhalten an diesem Standard forciert haben. Umgekehrt konnten anscheinend bessere Tastaturen wie etwa das in den 1930er Jahren propagierte „Dvorak Simplified Keyboard" nie einen nennenswerten Marktanteil gewinnen.

Das Phänomen der pfadabhängigen Ausbreitung einer Technologie wird von Arthur, Ermoliev und Kaniovski (1986) mithilfe eines zunächst einfachen, später weiter differenzierten Polya-Urnen-Modells exemplifiziert. In einer Urne befinden sich eine rote und eine blaue Kugel. Per Zufall wird eine Kugel, etwa eine rote, gezogen, die dann zusammen mit einer weiteren Kugel derselben Farbe in die Urne zurückgelegt wird. Beim nächsten Zug ist die Wahrscheinlichkeit, dass eine rote Kugel gezogen wird, bereits doppelt so hoch wie für eine blaue Kugel. Diese Wahrscheinlichkeit steigt mit jedem Zug weiter an. Bei genügend häufiger Wiederholung des Vorganges bewegt sich die Wahrscheinlichkeit von Rot gegen eins, während die von Blau gegen null tendiert. In diesem Beispiel gibt es ursprünglich zwei Gleichgewichte (rot und blau). Welches Gleichgewicht erreicht wird, ist abhängig von den frühen (ersten) Zügen, also von einer zufallsgesteuerten historischen Ereignisfolge. Stellt man sich anstelle der verschiedenfarbigen Kugeln zwei miteinander konkurrierende Technologien vor, so hängt deren Chance, ihren Marktanteil zu vergrößern und den Markt schließlich vollständig zu dominieren, davon ab, wie erfolgreich sie sich bislang im Markt entwickelt haben. Die Vergangenheit determiniert also zu einem gewissen Grad die Zukunft; sie richtet den Prozess der Evolution aus.

2 Mechanismen

Pfadabhängige Diffusionsprozesse (→ Policy-Transfer und Policy-Diffusion) wurden zunächst in der Regel für Technologien aufgezeigt. Häufig erwähnte Beispiele sind der VHS-Standard für Videorecorder und der IBM-DOS-Standard für Personalcomputer, die sich jeweils gegen anscheinend überlegene Konkurrenten durchsetzten. Aktuellere Fälle sind der Erfolg des Browsers Microsoft Explorer gegenüber dem Netscape Navigator oder des Betriebssystems Windows gegenüber Apple Macintosh, aber es gibt viele weitere Beispiele auch aus der Technikgeschichte insbesondere im Bereich der Netzwerktechnologien. Orientiert an stochastischen Modellen wie dem oben dargestellten, lässt sich der Siegeszug der jeweils dominanten Technologien als ein häufigkeitsabhängiger Prozess erklären, in dem die steigende Zahl der Nutzer die Attraktivität der Technologie erhöht.

Damit sind die kontinuitätsichernden Mechanismen jedoch noch nicht erkannt. Arthur nennt „increasing returns" und hiermit verbundene „positive feedbacks" als die spezifischen notwendigen Bedingungen für Pfadabhängigkeit. Sowohl zunehmende Skalenerträge als auch positive Rückkopplungen erhöhen den Nutzen einer Technologie in selbstverstärkender Weise und verhindern damit ein Abweichen vom einmal eingeschlagenen Entwicklungspfad (Arthur 1989; 1990). Selbstverstärkung entsteht mit Blick auf ökonomisch-technische Phänomene als:

- Lerneffekt: Nutzungserfahrungen verbessern den Umgang mit einer Technik und erhöhen so ihre Leistungsfähigkeit.
- Größendegression: Wenn Techniken, die einen hohen Entwicklungsaufwand verursacht haben, in großer Stückzahl produziert werden, fällt dieser weniger ins Gewicht (Economies of Scale).
- Adaptive Erwartung: Wird erwartet, dass eine Technik sich ausbreitet und, damit verbunden, ihr Nutzen steigt, dann steigt die Nachfrage.
- Netzwerkexternalität: Der Nutzen einer Technik steigt mit dem Grad ihrer Verbreitung. Wie etwa beim Telefon werden hierdurch neue Nutzer gewonnen, und die Technik wird intensiver genutzt.
- Koordinationseffekt: Mit steigender Ausbreitung einer Technologie wird es zunehmend attraktiver, zu ihr komplementäre und kompatible Produkte herzustellen, die wiederum bewirken, dass die Technologie noch attraktiver wird (zum Beispiel ein Betriebssystem und passende Anwendungssoftware).
- Interdependenz: Je stärker technische Komponenten und technische Kompetenzen aufeinander bezogen sind, desto fester etabliert sich eine Technologie.

Ähnliche Mechanismen nennt auch David (1986). Er spricht von:

- „system scale economies" oder „economies of scale" im Sinne von Größendegression,
- „technical interrelatedness" im Sinne von wechselseitigen Interdependenzen und Kompatibilitätserfordernissen, speziell bei Netzwerktechnologien,
- „quasi-irreversibility of investment" im Sinne von hohen Kosten des Wechsels zu einer anderen Technologie.

Solche Mechanismen wirken in sozialen Systemen, in denen atomistische selbstinteressierte Akteure unter Marktbedingungen nutzenorientiert handeln. Bewirkt das freie Spiel der Marktkräfte gemäß der neoklassischen Wirtschaftslehre und ihrer Annahme sinkender Skalenerträge eine effiziente Allokation knapper Ressourcen, so ist das bei zunehmenden Skalenerträgen und positiver Rückkopplung gerade nicht der Fall. Während für den ressourcenbasierten Teil der Wirtschaft die konventionellen Annahmen der ökonomischen Theorie als im Allgemeinen angemessen gelten, wird dies für den wissensbasierten Sektor und für Netzwerktechnologien generell infrage gestellt (Foray 2004: Kapitel 3). Hier verwandelt sich ein kleiner, oft zufällig erworbener Vorteil einer Technologie in einen uneinholbaren Vorsprung gegenüber allen alternativen Technologien. Diese verschwinden vom Markt oder etablieren sich erst gar nicht. Das gilt auch für später entstehende Technologien, die die

Funktionalität der alten Technik bei weitem übertreffen. Unter den Bedingungen von Pfadabhängigkeit setzt sich eben nicht unbedingt die effizienteste Technologie durch. Solange das Handeln der Akteure nur über den Markt koordiniert ist (→ Markt), gelingt der Übergang zu einer leistungsfähigeren Technologie in der Regel nicht. So wäre ein Wechsel von QWERTY zu einem effizienteren Standard offenbar nur möglich, wenn es gelänge, dies zwischen den verschiedenen Gruppen zu koordinieren. Weder einzelne Hersteller noch einzelne Nutzer können eine Umstellung vollziehen, ohne erhebliche wirtschaftliche Nachteile zu riskieren. Die Interdependenz der Nachfrage verstärkt den Verbreitungsgrad desjenigen Standards, der zu Beginn den relativ größten Marktanteil hat. Es bedarf somit externer Anstöße, im Extremfall exogener Schocks, um ein Lock-in zu überwinden und zu einer neuen Technologie zu wechseln.

3 Sozialwissenschaftliche Erweiterung des Konzeptes

Die sozialwissenschaftliche Adoption und Erweiterung des Konzeptes der Pfadabhängigkeit ließ nicht lange auf sich warten, weil für Politikwissenschaft und Soziologie vergangenheitsbedingte Phänomene wie individuelle und organisatorische Handlungsroutinen („standard operating procedures"), bürokratisches Beharrungsvermögen oder institutionelle Trägheit durchaus geläufige und vielfältig analysierte Erscheinungen sind.

Ähnlich wie für Technologien werden auch für soziale Verhaltensmuster lock-ins und Pfadabhängigkeiten postuliert. Augenfälligstes Beispiel sind Konventionen wie das Rechtsfahren im Autoverkehr, der Gebrauch einer Währung oder das Sprechen einer Sprache. Solche Konventionen bearbeiten symmetrische Koordinationsprobleme zwischen einer Vielzahl von Akteuren. Sie senken Transaktionskosten. Eine bestimmte Lösung wird umso attraktiver, je häufiger sie praktiziert wird. Insbesondere bei der Sprache wird deutlich, wie eine pfadabhängige Entwicklung verläuft. Sprache ändert sich nicht radikal, sondern graduell und langsam. Neue Wörter und Regeln kommen hinzu, andere verschwinden allmählich aus der alltäglichen Praxis.

Wegweisend für die Erweiterung des Konzeptes der Pfadabhängigkeit und seine Übertragung von soziotechnischen auf institutionelle Phänomene und damit auch auf Governance-Phänomene sind die Arbeiten von Douglass North, der Pfadabhängigkeit zu einem zentralen Konzept seiner Theorie institutionellen Wandels macht (North 1990) (→ Neoinstitutionalismus). Dabei werden der technologische und der institutionelle Wandel als die treibenden Kräfte der gesellschaftlichen und ökonomischen Entwicklung identifiziert, und es wird ihnen bescheinigt, dass „both exhibit the characteristics of path dependence" (North 1990: 103). North analysiert institutionelle Differenzen zwischen Gesellschaften bzw. Ökonomien und deren relative Stabilität und zeigt, warum auch Wirtschaftssysteme mit chronisch schlechter Leistungsfähigkeit lange Zeiträume überlebten. Im Vergleich ungünstige ökonomische Zustände und niedriges Wirtschaftswachstum sind demnach kein Übergangsphänomen, sondern werden durch langsamen, inkrementellen institutionellen Wandel auf Dauer gestellt. Institutioneller Wandel, angestoßen von Akteuren, die ihren Zustand verbessern wollen, findet also permanent statt. Veränderungsresistenz im Sinne eines vollständigen

Lock-in ist äußerst selten, jedoch weisen die Institutionen eine hohe Stabilität auf, wandeln sich also nur graduell.

Auch für North sind „increasing returns" und positive Rückkopplungen wichtige Mechanismen, die Pfadabhängigkeit verursachen. Anders als Arthur und David, die zeigen, dass auch perfekte Märkte versagen können, betont North die Unvollkommenheit der Märkte, die begrenzte Rationalität der Akteure und die Transaktionskosten von Veränderungen. Sie wirken als stabilisierende und retardierende Momente, die radikalen institutionellen Wandel verhindern.

North nennt mit Blick auf die institutionelle Matrix, innerhalb derer die Akteure handeln, speziell drei Mechanismen bzw. Merkmale, die „increasing returns" und damit Pfadabhängigkeit erzeugen (North 1993: 37-38):

- Komplementaritäten,
- Verbund- bzw. Bündelungsvorteile (Economies of Scope),
- Netzwerkexternalitäten.

Dabei geht es weniger um einzelne Institutionen als um ein System oder eine Matrix von Institutionen, verstanden als formelle und informelle Verhaltensregeln („rules of the game"). Institutionen wirken in der Regel im Verbund zusammen und verstärken sich wechselseitig (Komplementarität). Hierdurch werden positive Netzwerkexternalitäten erzeugt, die bewirken, dass sich ein Regelsystem nicht nur verfestigt, sondern auch weiter ausbreitet. Je mehr Akteure sich gemäß eingespielter Regeln verhalten, desto attraktiver werden diese Regeln auch für weitere Akteure und desto „kostspieliger" wird die Abweichung von den Regeln. Die so bewirkte institutionelle Stabilität erklärt, warum auch Wirtschaftssysteme mit chronisch schlechter Leistungsfähigkeit lange Zeiträume überlebten oder warum nationale Unterschiede trotz gleicher internationaler Herausforderungen und Probleme erhalten bleiben.

Während für Douglass North und für die von ihm inspirierten Arbeiten die Problematik der Effizienz von Institutionen im Vordergrund steht, spielt diese Frage in der neueren Diskussion eine eher untergeordnete Rolle (vgl. Beyer 2005). Zentrale Beiträge haben hier Paul Pierson (2000a; 2000b) und James Mahoney (2000) geleistet. Beide betonen die Bedeutung von Prozessen der Selbstverstärkung – oft, aber nicht nur durch „increasing returns" – für die Pfadabhängigkeit. Dabei können Macht, Normen oder Traditionen ebenso wie relative Nützlichkeit oder Funktionalität die verursachenden Faktoren sein. Pierson verweist insbesondere auf den politischen, machtbasierten Charakter vieler Institutionen. In der „Welt der Politik" seien Institutionen schon deshalb verhältnismäßig veränderungsresistent, weil ihre relative ökonomische Effizienz nicht ausschlaggebend sei und vom Markt ausgehender Veränderungsdruck fehle. Hinzu kämen (Pierson 2000a: 257-263):

- die zentrale Bedeutung kollektiven Handelns bei der Bereitstellung öffentlicher Güter und hiermit verbundene Erfordernisse der Koordination, die zumeist nicht auf Freiwilligkeit beruhe,
- die hohe Dichte der Institutionen, denen man sich nicht entziehen könne und auf deren Basis man Verpflichtungen und Bindungen eingegangen sei,

- die Möglichkeit, politische Autorität zu nutzen, um Machtasymmetrien zu verstärken und einen günstigen gesellschaftlichen Status quo zu stabilisieren,
- und die Komplexität und Ambiguität der Politik, die eine Beurteilung der Leistungsfähigkeit der Institutionen und korrigierende Eingriffe nahezu unmöglich mache.

Mahoney schließt an diese Überlegungen an und benennt vier Erklärungsansätze für pfadabhängige Prozesse institutioneller Reproduktion, bei denen jeweils unterschiedliche Mechanismen wirken. In der Übersicht sind die Ansätze kurz skizziert. Dabei ist bemerkenswert, dass Mahoney, wie die Übersicht zeigt, auch Mechanismen identifiziert, die dazu führen können, dass ein Entwicklungspfad verlassen wird, wenn er kontinuierlich suboptimale Ergebnisse produziert.

Übersicht: Typologie pfadabhängiger Erklärungen institutioneller Reproduktion und Mechanismen des Wandels

	Utilitaristische Erklärung	Funktionale Erklärung	Machtbasierte Erklärung	Legitimationserklärung
Mechanismus der Reproduktion	Rationale Nutzenerwägung der Akteure	Funktionserfüllung für ein System	Unterstützung durch Eliten	Moralische Verpflichtung
Potenzielle Suboptimalität der Institution	Weniger effizient als ursprünglich verfügbare Alternativen	Weniger funktional als ursprünglich verfügbare Alternativen	Stärkung einer ursprünglich untergeordneten Gruppe	Weniger wertkonform als ursprüngliche Alternativen
Mechanismus des Wandels	Zunehmender Wettbewerbsdruck; Lernprozesse	Exogener Schock transformiert Systemerfordernisse	Schwächung der Elite; Stärkung Untergeordneter	Wandel individueller Wertvorstellungen

(nach Mahoney 2000: 517)

Obwohl Pierson und Mahoney nicht nur utilitaristische, sondern auch andere Mechanismen institutioneller Reproduktion berücksichtigen, geben sie das Konzept der Pfadabhängigkeit nicht auf. Konstitutiv für Pfadabhängigkeit als eines besonderen Typs einer durch die Vergangenheit determinierten Entwicklung ist demnach unabhängig vom konkret wirkenden Mechanismus (Mahoney 2000: 510-512.):

1. dass der Kausalprozess hochempfindlich für Ereignisse ist, die in frühen Phasen der historischen Entwicklung stattfinden,
2. dass diese frühen Ereignisse historisch kontingent sind, statistisch zufällig auftreten und nicht etwa durch frühere Ereignisse erklärt werden können,

3. und dass der kausale Mechanismus relativ deterministisch einen einmal in Gang gesetzten Prozess vorantreibt und den Verlaufspfad vorschreibt.

Nach diesem Verständnis können alle historischen Entwicklungssequenzen, wenn sie eine „inhärente Sequenzialität" aufweisen, pfadabhängig sein (Mahoney 2000: 509). Insbesondere im historischen Institutionalismus (→ Neoinstitutionalismus) wird argumentiert, dass institutionelle Entwicklungen, die zu bestimmten kritischen Zeitpunkten („critical junctures") einsetzen, zu denen auch andere Entwicklungen möglich gewesen wären, sich im Zeitablauf verstärken und pfadabhängig voranschreiten können, was dann alternative Entwicklungen unwahrscheinlich macht. Die Akteure orientieren ihr Handeln an dem eingeschlagenen Pfad und erwarten, dass auch die anderen das tun, wodurch „cumulative commitments" entstehen, die die Pfadabweichung erschweren (Pierson 2000b: 76). Entscheidend sind letztlich der Zeitpunkt („timing") des Eintretens eines Ereignisses und die weitere Ereignisfolge („sequencing") für die Entstehung von Pfadabhängigkeit (Thelen 1999: 387ff.).

Während dies einen sich selbst verstärkenden sequenziellen Prozess institutioneller Entwicklung darstellt, können, so argumentiert Mahoney (2000: 527-535), auch „reaktive Sequenzen" Merkmale von Pfadabhängigkeit aufweisen. Hier handelt es sich um Ereignisketten, in denen jedes Ereignis in einer Sequenz eine Reaktion auf ein vorhergehendes und die kausale Ursache für ein nachfolgendes Ereignis bildet. In dieser Reaktionskette werden Entwicklungsprozesse jedoch nicht verstärkt, sondern vorhergehende Zustände jeweils transformiert oder gar umgekehrt („backlash processes"). Bei reaktiven Sequenzen liegt der Rückkopplungsmechanismus darin, dass jeweils eine andere, teils entgegengesetzte Entwicklungsrichtung eingeschlagen wird. Das Stabile an diesem Prozess ist also die Veränderung. Gerade dieser Typus pfadabhängiger Entwicklung, der einen „extremen Sonderfall" darstellt (Beyer 2005: 12), verdeutlicht das aus der Attraktivität der Pfadabhängigkeit resultierende Problem, dass das Konzept durch extensiven Gebrauch verwässert wird.

Eine Erweiterung hat das Konzept der Pfadabhängigkeit nicht nur durch den ökonomischen (North), den soziologischen und politikwissenschaftlichen (Pierson; Mahoney) sowie den historischen Institutionalismus (Thelen) erfahren. Auch der organisationstheoretische Institutionalismus bedient sich zur Erklärung institutioneller Kontinuität in der Struktur ähnlicher Argumente (Scott 1987). Institutionalisierungsprozesse stellen Wertvorstellungen und Leitvorstellungen auf Dauer. Sie erzeugen konformes Verhalten, weil die Akteure diese Vorstellungen in ihre „mental models" oder „scripts" übernehmen. Dabei kommt es nicht darauf an, dass sie für alle gleichermaßen optimal sind. Sie sind nützlich, weil die Leitvorstellungen nicht hinterfragt werden und somit Unsicherheit reduzieren. Dies wiederum legitimiert die Institutionen und das an ihnen orientierte Handeln. Wandel bzw. Pfadabweichung ergibt sich als Folge der Veränderung von Wert- und Legitimitätsvorstellungen, wobei jedoch offen bleibt, welche Ursachen diese Veränderungen haben und ob sie aus endogenen oder exogenen Quellen stammen (vgl. Thelen 2003: 214-222).

4 Kritik der Pfadabhängigkeit

Die bemerkenswert schnelle Ausbreitung des Konzeptes der Pfadabhängigkeit in den Wirtschafts- und Sozialwissenschaften steht in einem engen Zusammenhang mit der Renaissance des Institutionalismus in diesen Disziplinen. Gleichzeitig liefert sie ein gutes Beispiel dafür, wie solche Konzepte oder Leitideen in sich selbst verstärkender Weise expandieren und dominant werden können (Ebbinghaus 2005: 6). Die Feststellung, dass in der Vergangenheit geschaffene Institutionen, eingebürgerte Denkweisen und Entscheidungsroutinen in der Gegenwart weiterwirken, das Handeln strukturieren und kanalisieren und damit auch zukünftige Entwicklungen ausrichten, ist wenig mehr als eine inhaltsleere Allgemeinaussage (Mayntz 2002: 27-30). So unspezifisch ist jedoch, wie in den vorausgegangenen Abschnitten gezeigt wurde, das Konzept der Pfadabhängigkeit nicht. Es ist andererseits aber auch nicht mehr so eindeutig wie in der frühen technologiebezogenen Formulierung.

Während sich die frühe Kritik der Pfadabhängigkeit – überwiegend aus den Reihen der Ökonomen – gegen die aus dem QWERTY-Beispiel abgeleitete These der Ineffizienz und des Marktversagens sowie gegen den Determinismus des Modells richtet, wenden sich neuere Kritiker stärker gegen den impliziten Konservatismus und den inflationären Gebrauch des Konzeptes.

Anknüpfend an die Literatur zu technischen Standards, setzen sich Liebowitz und Margolis (1990) mit dem QWERTY-Beispiel und dem Argument auseinander, dass positive Netzwerkexternalitäten das Lock-in verursachen. Sie konzedieren, dass es in der Tat Fälle gibt, in denen der Wechsel von einem wenig effizienten zu einem effizienteren Standard unterbleibt. Die Autoren unterscheiden hier zwei Varianten. In dem einen Fall wird nicht gewechselt, obwohl der summierte private Nutzen des Wechsels größer wäre als die Summe der Kosten. Ein gemeinsamer koordinierter Übergang zu dem neuen Standard, der jedoch Kommunikation zwischen den Akteuren erfordert, wäre zum Vorteil aller. Der Übergang hängt hier also von der Höhe der Transaktionskosten einerseits und des Effizienzgewinns andererseits ab. In dem anderen Fall unterbleibt der Übergang, weil die individuellen Kosten des Wechsels („switching costs") jeweils zu hoch sind. Dies mag aus der Sicht der Betroffenen bedauerlich sein, das Festhalten an dem alten Standard, so die beiden Autoren, stellt dann allerdings keinen für die Akteure ineffizienten Zustand dar (Liebowitz/Margolis 1990: 3-4). Mit dieser Argumentation grenzen sie die Fälle ein, in denen Netzwerkexternalitäten relevant sind. Gleichzeitig zeigen sie, dass diese Externalitäten kein unüberwindliches Hindernis für einen Wechsel darstellen, speziell wenn strategisch handelnde ressourcenstarke Akteure bereit sind, die notwendigen Vorleistungen für einen Übergang zu erbringen und das hiermit verbundene Risiko zu tragen. Im Ergebnis bedeutet das, dass hinreichend große potenzielle Effizienzgewinne immer einen Wechsel bewirken.

Liebowitz und Margolis argumentieren, dass genau solche Effizienzgewinne durch alternative Tastenanordnungen im QWERTY-Fall aber nicht in Sicht waren. Eine genauere Untersuchung der Karriere des „Dvorak Simplified Keyboard" aus den 1930er Jahren und anderer Alternativen zeige, dass sie QWERTY im Gegensatz zu den Behauptungen Paul Davids weder im Hinblick auf Schreibgeschwindigkeit noch auf Ergonomie signifikant überlegen waren (Liebowitz/Margolis 1990: 6-17).

Gegen die insbesondere vom Konzept des Lock-in suggerierte Vorstellung der Unausweichlichkeit bestimmter Entwicklungsverläufe wenden sich Crouch und Farrell (2004). Damit dieser der realen institutionellen Entwicklung nicht angemessene Determinismus überwunden werden könne, müsse die Interaktion von pfadabhängigen Entwicklungslinien mit der sich wandelnden Umwelt berücksichtigt werden. Gleichzeitig dürfe nicht übersehen werden, dass Pfadabhängigkeit immer verschiedene mögliche Entwicklungen impliziere, von denen genau eine eingetreten sei. Die anderen Möglichkeiten bleiben aber als „hidden alternatives" relevant, und die Akteure können sie unter bestimmten Umweltbedingungen im Rückgriff auf redundante Ressourcen („dormant resources") realisieren (Crouch/Farrell 2004: 20).

Noch einen Schritt weiter in der Kritik an dem „impliziten Konservatismus", der in der Vorstellung des Lock-in von einmal gefundenen technologischen oder institutionellen Lösungen begründet sei, geht Jürgen Beyer (2005), indem er darauf verweist, dass „Pfadabhängigkeit nicht gleich Pfadabhängigkeit" ist. Grundsätzlich seien alle pfadabhängigen Entwicklungen „anfällig für grundlegenden Wandel", wobei der Grad der Anfälligkeit vom zugrunde liegenden Stabilisierungsmechanismus abhänge (Beyer 2005: 13). Einige Optionen der Destabilisierung, die der Autor nennt (Beyer 2005: 18), unterscheiden sich kaum von Mahoneys Mechanismen des Wandels, die im Schaubild oben enthalten sind.

Von besonderem Interesse sind die Destabilisierungsoptionen, die Beyer – und inzwischen auch einige andere Autoren – zusätzlich zu den von Mahoney genannten anführt und an anderer Stelle auch ausführlich empirisch belegt (Beyer 2006). Mit Blick auf den allgemeinen Mechanismus der „increasing returns" argumentiert Beyer, dass sich adaptive Erwartungen gegen Etabliertes wenden können oder dass aufgrund von Änderungen der „Umwelt" Skalenerträge möglicherweise nicht mehr weiter zunehmen, was die Kosten des Wechsels verringert. Für den Mechanismus der Sequenzierung gilt, dass einmal eingetretene Ereignisse nicht reversibel sind. Das bedeutet aber nicht, dass der sich abzeichnende Entwicklungspfad gar nicht verlassen werden kann. Frühe Ereignisse strukturieren zwar mögliche zukünftige Alternativen, sie schließen aber einen weitgehenden Wandel, wenn er in einer graduellen Sequenz erfolgt, nicht aus (Ebbinghaus 2005). Gradueller sequenzieller Wandel ist möglicherweise sogar der einzige Weg, auf dem letztlich relativ weitgehende Änderungen erreicht werden können. Wohlfahrtsstaatliche Reformen wie die deutsche „Riesterrente", deren Realisierung sehr unwahrscheinlich zu sein schien, lassen sich zumindest post festum aus der spezifischen Sequenz des Politikprozesses erklären (Trampusch 2006).

Besonders heftig diskutiert wird die bereits von Douglass North betonte Komplementarität von Institutionen als Mechanismus der Sicherung von Kontinuität. Die politökonomische Forschung zu den Spielarten des Kapitalismus interpretiert die Tatsache, dass trotz Globalisierungsdrucks institutionell verschiedene Wirtschaftsordnungen existieren und aufgrund jeweils spezifischer komparativer Vorteile auch relativ stabil bleiben, als einen Fall von Pfadabhängigkeit (Hall/Soskice 2001) (→ Wirtschaft). Diese wird bewirkt durch jeweils komplementäre Institutionen in „koordinierten" und „liberalen Marktwirtschaften". Die Regeln der Finanzierung und der Leitung von Unternehmen, der Berufsausbildung sowie des Arbeitsrechtes sind in den beiden Varianten des Kapitalismus intern kohärent und wirken jeweils interaktiv zusammen (Hall/Gingerich 2004). Komplementarität schließt demnach Pfadabweichung in der Regel aus, und politische Maßnahmen institutioneller Reformen müssen Kompatibilitätserfordernisse beachten, damit sie nicht leerlaufen oder scheitern (vgl. Höpner 2005: 332-334). Der mit dieser Sichtweise suggerierte Determinismus wird inzwischen zunehmend kritisiert. Im Tenor lautet die Kritik, dass Institutionen durchaus komplementär sein und sich gegenseitig stabilisieren können, dass dies aber Wandel und Pfadabweichung bzw. Transformation über einen längeren Zeitraum nicht ausschließt. Streeck und Thelen unterscheiden fünf Arten von Wandel, der jeweils graduell ist, schließlich aber erhebliche institutionelle Veränderungen herbeiführt (Streeck/Thelen 2005: 31):

- „Displacement" – eher untergeordnete Institutionen gewinnen an Bedeutung;
- „Layering" – einzelne neue Elemente treten hinzu, die die institutionelle Struktur allmählich verändern;
- „Drift" – institutionelle Elemente werden vernachlässigt und verschwinden;
- „Conversion" – alte Institutionen dienen neuen Zwecken;
- „Exhaustion" – Institutionen erschöpfen sich im Zeitablauf.

Wichtig ist, dass der weitreichende Wandel nicht etwa durch einen exogenen Schock verursacht wird, sondern auf kleinere endogene Veränderungen zurückgeht.

5 Pfadkreation

Die mit dem Konzept der Pfadabhängigkeit verbundene Vorstellung, dass historisch zurückliegende oft ungeplante Ereignisse von zunächst geringfügiger Bedeutung in kaum mehr zu steuernder Weise die Gegenwart prägen, wirft zwangsläufig die Frage nach den Möglichkeiten auf, die sozialen Akteuren bleiben, Neues zu schaffen und den Lauf der Ereignisse gezielt zu beeinflussen. Diese Frage ist besonders deshalb wichtig, weil das Konzept der Pfadabhängigkeit akteur- bzw. mikrofundiert ist. Es sind Handlungssequenzen individueller, kollektiver oder korporativer Akteure, die im Effekt Pfadabhängigkeit erzeugen. Dennoch fehlt dem Konzept „an explicated theory of agency" (Garud/Karnøe 2001: 7). Dieser Mangel wird auch dafür verantwortlich gemacht, dass lange Zeit nicht analysiert wurde, ob bzw. wie es möglich ist, von einem Pfad abzuweichen und einen neuen zu kreieren.

Frühe industriepolitisch motivierte Arbeiten sahen es mit Blick auf die sich entwickelnde „New Economy" und den technologischen Wettlauf in der Triade durchaus als eine Aufgabe des Staates, wissensbasierte neue Technologien so zu fördern, dass sie möglichst früh auf den Markt gebracht werden können und durch den First-Mover-Vorteil sowie durch Netzwerkeffekte ein Lock-in erfahren, das ihnen auf Dauer einen Wettbewerbsvorsprung sichert (Seitz 1990: speziell 370-374).

Neuere Überlegungen zielen hingegen, anknüpfend an Schumpeters dynamischen Unternehmer und den Prozess schöpferischer Zerstörung, auf eine Theorie sozial eingebetteten unternehmerischen Handelns und strategischer Handlungsfähigkeit, die ein bewusstes Abweichen („mindful deviation") von einem bestehenden Pfad und die Schaffung eines neuen Pfades umfasst (Garud/Karnøe 2001). Diese Überlegungen, die sich ähnlich wie die frühen Beispiele für Pfadabhängigkeit noch überwiegend auf die Durchsetzung technischer Innovationen beziehen, unterscheiden sich auch dadurch von dem ursprünglichen Konzept, dass sie nicht unerklärbare historische Zufälligkeiten als den Ausgangspunkt pfadabhängiger Entwicklungen betrachten. Unternehmer erkunden vielmehr neue Möglichkeiten und experimentieren mit ihnen. Sie schaffen Nischen oder geschützte Räume, in denen die Anwendung und der Gebrauch einer neuen Technologie ausprobiert und diese weiterentwickelt werden und den Support gewinnen kann, den sie benötigt, wenn sie den Schutzbereich verlässt (Kemp u.a. 2001).

Um stabile neue technologische Pfade zu schaffen, bedarf es in der Regel auch neuer Organisationen und Institutionen, die Unsicherheit abbauen und Legitimation erzeugen (Rao/Singh 2001). Dies verweist auf den politischen Charakter des Prozesses der Pfadkreation, in dem politische Unternehmer bestrebt sind, ein neues oder stark verändertes Institutionensystem auf Dauer zu stellen.

6 Fazit

Das Konzept der Pfadabhängigkeit ist zunächst durch seine fundierte Kritik an den Effizienzannahmen der neoklassischen Ökonomie bekannt geworden. In dem Konzept bilden historische Zufälligkeiten und relativ unbedeutende Ereignisse den Ausgangspunkt von Entwicklungen, die durch Mechanismen der Selbstverstärkung wie positive Rückkopplungen und zunehmende Grenzerträge („increasing returns") stabilisiert und verriegelt werden, auch wenn die sich ergebenden Zustände ineffizient oder suboptimal sind. Das an Beispielen aus der Technikentwicklung plausibel dargelegte Konzept wurde von der Sozialwissenschaft übernommen. Sie erklärt die Stabilität und Veränderungsresistenz von Institutionen unter Rückgriff auf die genannten kontinuitätsichernden Mechanismen, die noch weiter spezifiziert und ergänzt werden. Damit leistet sie einen wichtigen Beitrag zur Institutionenanalyse.

Weitgehende Übereinstimmung besteht darin, dass Pfadabhängigkeit einen Kausalprozess beschreibt, der relativ deterministisch einen Verlaufspfad vorschreibt, dessen frühe Phasen besonders wichtig, jedoch gleichzeitig kontingent sind.

Die sozialwissenschaftliche Erweiterung des Konzeptes der Pfadabhängigkeit hat dazu geführt, dass gesellschaftliche Beharrungstendenzen im Allgemeinen überschätzt werden. Grundlegender Wandel wird nur noch als Ausnahme von der Regel eingestuft. Inzwischen wächst die Kritik an diesem impliziten Konservatismus. So wird argumentiert, dass Pfadabhängigkeit und sogar Lock-in keineswegs Stillstand bedeuten. Die über ein Jahrhundert unveränderte Anordnung der Tasten der Schreibmaschine hat nicht verhindert, dass moderne hochleistungsfähige Textverarbeitungssysteme entstanden sind, also durchgreifender technischer Wandel stattgefunden hat. Auch konnte gezeigt werden, dass viele Mechanismen, die angeblich Stabilität sichern, durchaus anfällig für grundlegende Veränderungen sind. Es sind also nicht ausschließlich exogene Schocks, die pfadabhängige Entwicklungen abbrechen. Schließlich wurde illustriert, dass die im Pfadabhängigkeitskonzept unterschätzte strategische Handlungsfähigkeit von individuellen und kollektiven Akteuren diese in die Lage versetzen kann, gezielt neue Entwicklungspfade zu schaffen.

Literatur

Arthur, W. Brian, 1989: Competing Technologies, Increasing Returns, and Lock-In by Historical Events, in: The Economic Journal 99, 116-131.

Arthur, W. Brian, 1990: Positive Feedbacks in the Economy, in: Scientific American (February), 80-85.

Arthur, W. Brian/Ermoliev, Yuri M./Kaniovski, Yuri, 1986: Strong Laws for a Class of Path-dependent Stochastic Processes with Applications, in: Vadim I. Arkin/Albert N. Shiraev/Roger J. B. Wets (Hrsg.), Stochastic Optimization. Berlin: Springer, 287-300.

Beyer, Jürgen, 2005: Pfadabhängigkeit ist nicht gleich Pfadabhängigkeit! Wider den impliziten Konservatismus eines gängigen Konzepts, in: Zeitschrift für Soziologie 34, 5-21.

Beyer, Jürgen, 2006: Pfadabhängigkeit. Über institutionelle Kontinuität, anfällige Stabilität und fundamentalen Wandel. Frankfurt a.M.: Campus.

Crouch, Colin/Farrell, Henry, 2004: Breaking the Path of Institutional Development? Alternatives to the New Determinism, in: Rationality and Society 16, 5-43.

David, Paul A., 1985: Clio and the Economics of QWERTY, in: American Economic Review 75, 332-337.

David, Paul A., 1986: Understanding the Economics of QWERTY: The Necessity of History, in: William N. Parker (Hrsg.), Economic History and the Modern Economist. London: Basil Blackwell, 30-49.

Ebbinghaus, Bernhard, 2005: Can Path Dependence Explain Institutional Change? MPIfG Discussion Paper 05/2. Köln: Max-Planck-Institut für Gesellschaftsforschung.

Foray, Dominique, 2004: Economics of Knowledge. Cambridge: MIT Press.

Garud, Raghu/Karnøe, Peter, 2001: Path Creation as a Process of Mindful Deviation, in: Raghu Garud/Peter Karnøe (Hrsg.), Path Dependence and Creation. Mahwah, Lawrence Erlbaum Associates, 1-38.

Hall, Peter A./Gingerich, Daniel W., 2004: Spielarten des Kapitalismus und institutionelle Komplementaritäten in der Makroökonomie – Eine empirische Analyse, in: Berliner Journal für Soziologie 14, 5-32.

Hall, Peter A./Soskice, David, 2001: An Introduction to Varieties of Capitalism, in: Peter A. Hall/David Soskice (Hrsg.), Varieties of Capitalism. The Institutional Foundations of Comparative Advantage. Oxford: Oxford University Press, 1-70.

Höpner, Martin, 2005: What connects industrial relations and corporate governance? Explaining institutional complementarity, in: Socio-Economic Review 3, 331-358.

Kemp, René/Rip, Arie/Schot, Johan, 2001: Constructing Transition Paths Through the Management of Niches, in: Raghu Garud/Peter Karnøe (Hrsg.), Path Dependence and Creation. Mahwah, Lawrence Erlbaum Associates, 269-299.

Liebowitz, Stan J./Margolis, Stephen E., 1990: The Fable of the Keys, in: Journal of Law & Economics 23, 1-25.

Mahoney, James, 2000: Path dependence in historical sociology, in: Theory and Society 29, 507-548.

Mayntz, Renate, 2002: Zur Theoriefähigkeit makro-sozialer Analysen, in: Renate Mayntz (Hrsg.), Akteure – Mechanismen – Modelle. Frankfurt a.M.: Campus, 7-43.

North, Douglass C., 1990: Institutions, Institutional Change and Economic Performance. Cambridge: Cambridge University Press.

North, Douglass C., 1993: Institutional Change: A Framework of Analysis, in: Sven-Erik Sjöstrand (Hrsg.), Institutional Change – Theory and Empirical Findings. New York: M. E. Sharpe, 35-46.

Pierson, Paul, 2000a: Increasing Returns, Path Dependence, and the Study of Politics, in: American Political Science Review 94, 251-268.

Pierson, Paul, 2000b: Not Just What, but When: Timing and Sequence in Political Processes, in: Studies in American Political Development 14, 72-92.

Rao, Hayagreeva/Singh, Jitendra V., 2001: The Construction of New Paths: Institution-Building Activity in the Early Automobile and Biotechnology Industries, in: Raghu Garud/Peter Karnøe (Hrsg.), Path Dependence and Creation. Mahwah, Lawrence Erlbaum Associates, 243-267.

Scott, Richard W., 1987: The Adolescence of Institutional Theory, in: Administrative Science Quarterly 32, 493-511.

Seitz, Konrad, 1990: Die japanisch-amerikanische Herausforderung. Stuttgart: Bonn Aktuell.

Streeck, Wolfgang/Thelen, Kathleen, 2005: Introduction: Institutional Change in Advanced Political Economies, in: Wolfgang Streeck/Kathleen Thelen (Hrsg.), Beyond Continuity. Oxford: Oxford University Press, 1-39.

Thelen, Kathleen, 2004: How Institutions Evolve. Insights from Comparative Historical Analysis, in: James Mahoney/Dietrich Rüschmeyer (Hrsg.), Comparative Institutional Analysis in the Social Sciences. Cambridge: Cambridge University Press, 208-240.

Thelen, Kathleen, 1999: Historical Institutionalism in Comparative Politics, in: Annual Review of Political Science 2: 369-404.

Trampusch, Christine, 2006: Sequenzorientierte Policy-Analyse. Warum die Rentenreform von Walter Riester nicht an Reformblockaden scheiterte, in: Berliner Journal für Soziologie 16, 55-76.

Susanne Lütz

1.9 Policy-Transfer und Policy-Diffusion

Der vorliegende Beitrag vermittelt einen Überblick über Mechanismen, Bedingungsfaktoren und Ergebnisse dynamischer Prozesse der Entwicklung und Verbreitung von Politik. Zwischen dem Governance-Konzept und Fragestellungen der Policy-Diffusion und des Policy-Transfers bestehen drei wesentliche Gemeinsamkeiten: Beide Diskussionsstränge befassen sich mit Strukturen der Interdependenzbewältigung zwischen individuellen, korporativen, kollektiven Akteuren, Interorganisationszusammenhängen oder politischen Systemen (→ Elementare Mechanismen). In beiden Diskussionen liegt der analytische Blickwinkel darauf, Muster und Probleme des Zusammenwirkens hierarchischer und nichthierarchischer Koordinationsmechanismen zu identifizieren, welche zur Bewältigung von Interdependenz beitragen. Drittens schließlich handelt es sich um analytische Perspektiven, die an der Schnittstelle unterschiedlicher Disziplinen (etwa Politikwissenschaft, Soziologie oder Kommunikationswissenschaft) liegen und die zudem mit unterschiedlichen Theorieansätzen (beispielsweise Theorien rationalen Handelns, Institutionalismus, Konstruktivismus) verknüpft werden können.

Nachfolgend werden zunächst Gemeinsamkeiten und Unterschiede zwischen den Konzepten der Policy-Diffusion und des Policy-Transfers erörtert (Abschnitt 1). Es folgt eine Typologie möglicher Mechanismen des Policy-Transfers, die auf der Grundlage einer Zusammenschau von Forschungsarbeiten der Vergleichenden Politikwissenschaft und Policy-Forschung, der Europaforschung und der Internationalen Beziehungen entwickelt wird (Abschnitt 2). Anschließend werden begünstigende Faktoren von Transferprozessen erörtert (Abschnitt 3). Der Beitrag schließt mit einem Fazit ab (Abschnitt 4).

1 Policy-Diffusion und Policy-Transfer – Gemeinsamkeiten und Unterschiede

Everett Rogers definiert Diffusion als

> „the process in which an innovation is communicated through certain channels over time among the members of a social system" (Rogers 2003: 5).

Als Policy-Transfer bezeichnen Dolowitz/Marsh demgegenüber

> „a process in which knowledge about policies, administrative arrangements, institutions etc. in one time and /or place is used in the development of policies, administrative arrangements and institutions in another time and/or place" (Dolowitz/Marsh 1996: 344).

Beide Definitionen teilen erstens die Grundannahme, dass die Akteure bzw. sozialen Systeme, zwischen denen Innovationen bzw. Policies weitergetragen werden, insofern zueinander in Beziehung stehen, als mindestens ein Akteur über die Entscheidungen des jeweils anderen informiert ist und sich durch diese für seine eigenen Entscheidungen inspirieren lässt. Damit wird unterstellt, dass sich beide Akteure bzw. Diffusions-/Transfereinheiten mindestens in Konstellationen der *Beobachtung* zueinander befinden müssen, in denen die Interdependenzbewältigung durch einseitige oder wechselseitige Anpassung des je eigenen Handelns an das wahrgenommene oder auch antizipierte Handeln der anderen erfolgt (Mayntz/Scharpf 1995: 61). Im Fall einseitiger Anpassung hat das Gegenüber den ersten Schritt getan, ohne über mögliche Reaktionen anderer nachzudenken, während man selbst darauf reagiert. Denkbar ist beispielsweise, dass ein Akteur Lehren aus der Vergangenheit zieht und sich bei der Suche nach Vorbildern für aktuelle Problemlösungen durch die seiner Vorgänger inspirieren lässt. Eine andere Variante einseitiger Anpassung besteht in Leader-Laggard-Dynamiken, nach denen ein Vorreiterstaat eine regulative Maßnahme ergreift, welcher andere Staaten folgen. Wechselseitige Anpassung bedeutet demgegenüber, dass sich der andere auch einem selbst anpasst, etwa als Sequenz von Aktionen und Reaktionen, bei der die Initiative mal von der einen, mal von der anderen Seite ausgeht, oder als simultanes beidseitiges Handeln, das auf das antizipierte Handeln des je anderen reagiert. Von der Diffusion oder dem Transfer begrifflich ausgeschlossen sind damit Konstellationen, in denen Akteure unabhängig voneinander zu ähnlichen Lösungen auf ähnliche Probleme kommen, etwa auf die Überalterung der Bevölkerung, Luftverschmutzung oder wirtschaftliche Wachstumsschwäche mit ähnlichen politischen Maßnahmen reagieren (Knill 2005: 769-770). Das Ergebnis sozial voneinander unabhängiger Entscheidungen kann zwar dennoch größere Policy-Konvergenz im Sinne größerer Ähnlichkeit zwischen den Charakteristika einer bestimmten Politik sein, auf interdependentes Handeln zwischen Akteuren bzw. Transfereinheiten lässt sich diese dann jedoch nicht zurückführen.

Konstitutiv für die Untersuchung von Diffusions- und Transferproblemen ist zweitens das Interesse beider Diskussionsstränge an den *Prozessmustern* der Weitergabe von Innovationen oder Policies. Diffusion oder Transfer kann *punktuell* erfolgen, also in Episoden, die jeweils als einmalig angesehen werden, oder *verstetigt*, in sich wiederholenden Sequenzen (→ Elementare Mechanismen). Eine Verstetigung im Sinne wiederholter Transfer- oder Diffusionsprozesse ist dann zu erwarten, wenn Akteure normative, kognitive oder kulturelle Orientierungen und damit Deutungsmuster teilen, auf der Basis rationaler Interessenabwägung kollektiv vereinbaren, bestimmte Policies in das eigene Politikrepertoire zu übernehmen, sich in Abhängigkeitsbeziehungen gegenüber ressourcenstärkeren Akteuren oder auch in einem Unterordnungsverhältnis gegenüber vorgesetzten Institutionen befinden. Wiederholte Transfer- und Diffusionsprozesse setzen also engere, auf Dauer gestellte soziale Beziehungen zwischen den Transfereinheiten und damit einen in aller Regel höheren Grad an Institutionalisierung des Diffusions- und Transferkontextes voraus.

Trotz erheblicher Gemeinsamkeiten zwischen der Diffusions- und der Transferdiskussion bestehen doch Unterschiede in Bezug auf den jeweiligen Fokus der Analyse. Diffusionsstudien folgen dem Pfad der Ausbreitung einer Innovation über die Zeit und versuchen Ausbreitungsgrad und -geschwindigkeit zu erklären sowie Unterscheidungen hinsichtlich früherer oder späterer Übernehmer dieser Innovation zu treffen (Tews 2002). Die politologische Diffusionsforschung entstand in den 1960er Jahren in der amerikanischen Politikwissenschaft und untersuchte die Verbreitung politischer Innovationen unter den amerikanischen Bundesstaaten (Walker 1969; Gray 1973). In der Diffusionsforschung richtet sich das Erkenntnisinteresse auf die Rekonstruktion der generellen Strukturmuster, die die Verbreitung von Policy-Innovationen innerhalb oder über politische Systeme hinweg vorantreiben. Dabei fokussiert die Diffusionsliteratur insbesondere auf die räumlichen, sozioökonomischen und strukturellen Gründe für die Übernahme von Innovationen und weniger auf die individuellen Motive der Akteure für die Diffusion. In den traditionellen amerikanischen Diffusionsstudien waren die Interaktionshäufigkeit mit „Vorreitern" (Gray 1973), die geografische Nähe (Walker 1969), aber auch die Einbettung der Interaktion in Netzwerkstrukturen dominante Erklärungsmodelle, in denen die Häufigkeit der Nutzung bzw. die Strukturierung von Kommunikationskanälen zwischen den politischen Einheiten im Zentrum des Interesses stand (→ Netzwerke). Diffusionsstudien jüngeren Datums gehen hingegen räumlichen oder zeitlichen Clusterbildungen zwischen Nationalstaaten nach, um Aufschluss über Diffusionsmuster zu erhalten (Simmons/Elkins 2004).

Diffusionsstudien gehen von robusten Mustern der Übernahme von Innovationen aus, welche kumulativ über die Zeit hinweg erfolgt. Zunächst übernehmen wenige Länder eine Innovation; im Zeitablauf wird die Adoptionsrate höher und sinkt an einem bestimmten Punkt ab. Von besonderer Bedeutung für den Diffusionsverlauf ist das *Konzept der kritischen Masse*. Darunter ist die Anzahl der Einheiten (Akteure, Systeme) zu verstehen, die sich einer Initiative anschließen müssen, damit eine Politikdynamik in Gang gesetzt wird, die die Übernahme in der restlichen Population wahrscheinlicher macht. Oftmals wird die kritische Masse erst bei einer Adoptionsrate von fünfzig Prozent erreicht. Allerdings ist für die Politikdynamik die frühe Phase der Politikdiffusion maßgeblich. Kristine Kern (2000) demonstriert am Beispiel der Politikdiffusion zwischen verschiedenen Einzelstaaten der USA, dass die kritische Masse bereits dann erreicht sein kann, wenn die großen, bevölkerungsreichsten und ökonomisch führenden Einzelstaaten ein neues Programm beschließen. Netzwerkanalytische Studien zeigen, dass die Positionierung der Innovateure im sozialen System ausschlaggebend für die Geschwindigkeit der Verbreitung der Innovation ist. Handelt es sich bei frühen Übernehmern um zentrale Akteure, die sehr viele Kontakte zu anderen Einzelstaaten unterhalten, wird der Diffusionsprozess beschleunigt. Hemmend wirkt es sich hingegen aus, wenn das Netzwerk in viele Teilgruppen zerfällt, die kaum miteinander verbunden sind. Dann sind jene Akteure entscheidend, die das einzige Bindeglied zwischen ansonsten völlig separierten Teilgruppen darstellen (Kern 2000: 262).

Die Policy-Transfer-Debatte entwickelte sich in den 1990er Jahren in der britischen Policy-Forschung und wurde wesentlich durch die Arbeiten von Rose (1991; 1993) und Dolowitz/Marsh (1996; 2000) geprägt. Verglichen mit der Diffusionsliteratur, richtet sich die Policy-Transfer-Debatte stärker darauf, individuelle Prozesse des konkreten Imports oder Exports von Politikinhalten und ihre Mechanismen, Inhalte und Ergebnisse in den Blick zu nehmen. Damit stehen die Wege im Mittelpunkt, durch die politikrelevantes Wissen aus anderen Rechtsräumen für die eigene Politikentwicklung nutzbar gemacht wird. Im Unterschied zur Diffusionsliteratur geht die Transferdiskussion von der Intentionalität von Politikimporten und -exporten aus (Rose 1991) und beleuchtet die Rolle von Akteuren bzw. die der „agents of transfer" (Dolowitz/Marsh 2000; Stone 2004). Die analytische Perspektive der

Policy-Transfer-Diskussion ähnelt damit stärker der Governance-Perspektive als die Diffusionsliteratur, weil das Erkenntnisinteresse letztlich darauf gerichtet ist, die Funktionsweise von Koordinationsmechanismen und ihre Bedeutung für den Import oder Export von Policies auf der Mesoebene zu rekonstruieren.

In den letzten zehn Jahren erlebte die Policy-Transfer-Debatte einen ungeahnten Aufschwung.

Policy-Transfer-Studien, die in der Europaforschung verortet sind, fragen nach den institutionellen Steuerungskapazitäten der Europäischen Union, Transferprozesse anzustoßen (Padgett 2003; Bulmer/Padgett 2004; Radaelli 2000) (→ Europäische Union). Besonderes Augenmerk findet hier die „Offene Methode der Koordinierung", welche als weicher Steuerungsansatz grenzüberschreitende Lern- und Transferprozesse durch Benchmarking und Transparenz über die jeweiligen nationalen „best practices" anregen soll (Hodson/Maher 2001). Eingang fand das Policy-Transfer-Konzept schließlich auch in die Internationalen Beziehungen, wo es vorwiegend von konstruktivistisch ausgerichteten Autoren verwendet wird, um Lern- und Imitationsprozesse im Kontext globaler Politiknetzwerke zu untersuchen. Das besondere Augenmerk richtet sich hier auf die Rolle internationaler Organisationen als „transfer agents" (Stone 2004), auf die Bedeutung nichtstaatlicher Akteure und transnationaler „advocacy networks" (Keck/Sikkink 1998) sowie von Wissens- und Expertengemeinschaften („epistemic communities") (Haas 1992) für policybezogene Lern- und Transferprozesse.

Eine Reihe von Forschungsarbeiten fragt nach den Bedingungen transnationaler Policy-Konvergenz im Kontext von Globalisierungs- und Europäisierungsprozessen (Holzinger/Knill 2005; Drezner 2001; Lenschow u.a. 2005). Policy-Konvergenz, verstanden als im Zeitablauf zunehmende Ähnlichkeit zwischen einem oder mehreren Merkmalen einer bestimmten Politik (Ziele, Instrumente, Niveau von Standards) über verschiedene Rechtsräume hinweg (vgl. Knill 2005: 768), markiert damit das Endergebnis eines Prozesses des Wandels von Politik, unabhängig davon, welche Kausalmechanismen diesen antreiben.

Prozesse des Policy-Transfers müssen jedoch nicht notwendigerweise zur Konvergenz von Politikmodellen führen. Politische Akteure verfügen über eine Vielzahl von Optionen, „Lehren" in das eigene politische System zu integrieren. In Anlehnung an die Arbeiten von Rose (1993), Dolowitz/Marsh (1996) und Bulmer/Padgett (2004) lassen sich entsprechend unterschiedliche Grade von Transfer unterscheiden:

Kopieren (Copying):
ein Programm ohne Änderungen übernehmen, welches bereits in einem anderen Land oder einer anderen Gebietskörperschaft eingesetzt wird,

Angleichen (Adaptation, Emulation):
ein Programm, das anderswo eingesetzt wird, als „best practice" anerkennen und als Leitbild für eigene Regelsetzungsprozesse wählen,

Kombinieren (Hybridization, Synthesis, Combination):
verschiedene Elemente aus Programmen anderer Länder oder Gebietskörperschaften kombinieren,

Inspirieren (Inspiration, Influence):
das Studium der Problemlösungen anderer Länder als intellektuellen Stimulus nutzen, um zu neuen, eigenen Problemlösungen zu kommen

2 Mechanismen

Weder in der Diffusions- noch in der Policy-Transfer-Debatte besteht Konsens über die Mechanismen, die Prozesse des Imports oder Exports von Politik vorantreiben. Während Kern u.a. (2000: 510) Diffusion an sich als „Governance-Mechanismus" bezeichnen und damit einen auf Freiwilligkeit basierenden Transfer von Umweltpolitik von Pionier- zu Nachahmerländern meinen, unterscheiden Dolowitz/Marsh (2000) zwischen „voluntary, mixed and coercive transfer", während Rose (1993) allgemein von „lesson drawing" spricht und damit einen rationalen, freiwilligen Prozess der Suche nach alternativen Politiklösungen meint, den Politiker dann beginnen, wenn sie mit dem politischen Istzustand nicht zufrieden sind. Nachfolgend wird daher eine eigene Typologie von möglichen Mechanismen des Policy-Transfers vorgeschlagen, die durch Arbeiten der Governance-Debatte, der Diskussion um Policy-Konvergenz (Holzinger/Knill 2005; Drezner 2001) sowie der europäischen Integrationsforschung (Scharpf 2002; Bulmer/Padgett 2004) inspiriert ist.

Hierarchie

Policy-Transfer durch Hierarchie tritt dann auf, wenn ein externer politischer Akteur einen anderen dazu zwingt, eine bestimmte Policy zu übernehmen (→ Hierarchie). Der Mechanismus der Hierarchie entspricht in der Policy-Transfer-Diskussion der Form des „coercive isomorphism" (DiMaggio/Powell 1991) oder auch dem „direct coercive transfer" (Dolowitz/Marsh 1996: 347). Die Möglichkeit zur Ausübung von Zwang kann dabei auf asymmetrisch verteilter Macht und der Abhängigkeit des einen Akteurs vom anderen beruhen. Abhängigkeiten können wiederum durch die Kontrolle über Ressourcen begründet sein, die vom dominanten Akteur entweder als Anreiz oder als Sanktionsmittel eingesetzt werden, um die Übernahme einer Politikmaßnahme zu erzwingen. Folgt man dem sehr weiten Begriff der „strukturellen Macht" (Strange 1994), so kann die Überlegenheit eines Akteurs sowohl auf der Größe des eigenen Marktes und der Kontrolle des Marktzugangs beruhen als auch in Wissensbeständen begründet sein, welche von anderen Akteuren unhinterfragt als internationale „best practices" angesehen und übernommen werden. Policy-Transfer wird jedoch auch durch supranationale Institutionen erzwungen. Im europäischen Kontext bezieht Scharpf den Modus der supranationalen Zentralisierung auf die Europäische Kommission, den Europäischen Gerichtshof und die Europäische Zentralbank, die ihre Kompetenzen ohne Beteiligung der Regierungen der Mitgliedstaaten ausüben können und diesen vor allem Auflagen zum Abbau von Marktbarrieren (negative Integration) auferlegen (Scharpf 2002: 75-76). Im internationalen Kontext nutzen vor allem internationale Organisationen wie der Internationale Währungsfonds oder die Weltbank die Kreditvergabe an Dritte-Welt-Länder, um diese mit Forderungen nach der Umsetzung von Stabilitätspolitik zu verknüpfen. Ergebnis eines erzwungenen Policy-Transfers wäre demnach entweder das Kopieren des Politikprogramms der vorgesetzten Institution oder des mächtigeren Akteurs oder zumindest eine Angleichung an das als „best practice" erachtete Politikmodell.

Wettbewerb

Policy-Transfer kann auch durch ökonomischen Wettbewerb um mobile Produktionsfaktoren, Investoren oder Steuerquellen ausgelöst werden. Die im Kontext wachsender Marktintegration zunehmende Mobilität von Gütern, Kapital und Arbeit setzt Staaten unter Druck, regulative Rahmenbedingungen so auszugestalten, dass sie die Wettbewerbsfähigkeit der heimischen Wirtschaft fördern oder diese zumindest nicht benachteiligen. Unternehmen in Staaten mit strengen Umweltstandards sind grundsätzlich mit höheren Produktionskosten konfrontiert und damit gegenüber konkurrierenden Firmen benachteiligt, die in Staaten mit weniger strengen Vorschriften produzieren. Die artikulierte oder antizipierte Drohung mobiler Marktakteure, nationale Produktionsstätten und Arbeitsplätze ins Ausland zu verlagern, kann Regierungen dazu veranlassen, regulative Standards zu senken und damit ein regulatives „race to the bottom" einzuleiten. Denkbar ist aber auch, dass Länder, die im Alleingang schärfere Umweltstandards eingeführt haben und dadurch den Druck auf die Industrie erhöhen, umweltfreundlichere Produkte oder technologische Innovationen wie den Katalysator zu entwickeln, sich „First-mover"-Vorteile in den Märkten für diese Technologien oder umweltfreundliche Produkte sichern. Aus der Vorreiterrolle resultiert dann ein gegenseitiges Hochschaukeln nationaler Standards („race to the top") (Hoberg 2001; Vogel 1995). Ergebnis solcher Prozesse des regulativen Wettbewerbs ist am ehesten das Kopieren eines als dominant perzipierten Politikmodells oder die Angleichung daran.

Verhandlung

Verhandelter Policy-Transfer umfasst den Prozess, durch den gemeinsame Regeln und Normen durch Staaten oder Gebietskörperschaften vereinbart werden, deren Umsetzung den Verhandlungsparteien dann die Übernahme von Politikinhalten auferlegt. Im internationalen Kontext geben Staaten beispielsweise freiwillig Souveränität auf, um Standards zu harmonisieren, die der Integration europäischer oder globaler Märkte dienlich sind. Wenn solche Harmonisierungsbestrebungen nicht nur in „soft law", sondern auch in internationales Recht eingehen, wird Policy-Transfer verbindlich. In Verhandlungssituationen ist die Haltung der Akteure „positionsbezogen", das heißt, sie beharren auf ihren Situationsdeutungen und Verhandlungszielen und sind nur bei entsprechenden Kompensationen zu Zugeständnissen bereit. Einigungsprobleme werden durch Tausch und verschiedene Arten der Kompensation gelöst. Hierzu zählt die Erweiterung des Verhandlungsgegenstandes durch Schnüren größerer Verhandlungspakete (*package deals*), durch die Verknüpfung von sachlich getrennten Problemen in einem Koppelgeschäft (*issue linkage*) oder durch die Kompensation voraussichtlicher Verluste eines Verhandlungspartners durch Geldzahlungen eines anderen (*Ausgleichszahlungen*) (→ Verhandlungen). Erwartbar wäre demnach, dass das

Ergebnis solch ausgehandelter Transferprozesse eine Kombination von Politikmodellen der Verhandlungspartner oder eine Angleichung an ein Leitmodell ist, welches als Orientierungspunkt für die Suche nach Konsens dient.

Deliberation

Im Fall eines durch den Modus der Deliberation initiierten Policy-Transfers verfolgen die Beteiligten eine problem- oder verständigungsorientierte Handlungsorientierung. Von dieser wird erwartet, dass sie größere Einigungsräume und damit für alle Beteiligten bessere Verhandlungsergebnisse ermöglicht. Opponenten sollen durch die Kraft des besseren Arguments davon überzeugt werden, bestimmte empirische oder normative Auffassungen zu verändern. Situationsdeutungen, Präferenzen und Interessen werden nicht als vorgegeben und unverrückbar betrachtet, sondern können sich im Laufe des Verhandlungsprozesses erst herausbilden oder wandeln. Im internationalen Kontext gelten transnationale Gemeinschaften von Fachexperten („epistemic communities") als zentrale Quelle für politisches Lernen, weil sie auf der Basis geteilter wissenschaftlicher Diskurskulturen gemeinsame Problemperzeptionen und Problemlösungen entwickeln können. Welches Ergebnis problemlösungsorientierte Transferprozesse hervorbringen, ist schwer zu prognostizieren. Denkbar wäre, dass man sich darauf verständigt, ein Leitmodell zu kopieren, sich der wahrgenommenen „best practice" anzunähern, Elemente der Modelle aller Beteiligten zu kombinieren oder sich lediglich für eigene Reformprozesse durch ausländische Vorbilder inspirieren zu lassen.

Unilaterales Policy-Shopping

Dieser Transfermechanismus entspricht am ehesten dem „voluntary transfer" (Dolowitz/Marsh 2000) oder dem „lesson drawing" (Rose 1993). In diesem Modell wäre ein Policy-Transfer weder politisch oder ökonomisch erzwungen, verhandelt noch fachlich ausdiskutiert. Vielmehr begeben sich Regierungen, Politiker, Experten auf die Suche nach neuen Problemlösungen, wenn sie mit dem Status quo unzufrieden sind, weil beispielsweise bestehende Routinen keine Lösungen mehr erbringen und in der Wahrnehmung der Öffentlichkeit der Eindruck des Politikversagens entsteht (Dolowitz/Marsh 1996: 346-347). In einer Situation der Unsicherheit über die möglichen Folgen einer alternativen Problemlösung kann es attraktiv sein, Politikmodelle aufzunehmen, die anderswo erfolgreich erprobt worden sind. Auch bei dieser Transferform sind die möglichen Transferergebnisse schwer zu prognostizieren. Vorstellbar wäre, dass das Programm einer anderen Gebietskörperschaft kopiert wird, es lediglich als Leitmodell für eigene Reformen dient, Elemente aus den Programmen unterschiedlicher Länder miteinander kombiniert werden oder diese lediglich als Inspiration für eigene Maßnahmen dienen.

In der Praxis wird davon auszugehen sein, dass die vorgestellten Mechanismen in gemischter Form auftreten, entweder miteinander kombiniert oder sequenziell im Transferprozess hintereinandergeschaltet. Bulmer/Padgett (2004) beispielsweise beschreiben mit dem Typus „facilitated unilateralism" am Beispiel der Methode der Offenen Koordinierung in der EU de facto ein Mischungsverhältnis von Hierarchie und unilateralem Policy-Shopping. Die europäischen Institutionen setzen einen rechtlichen Rahmen, verbunden mit prozeduralen Vorgaben, in dem die Mitgliedstaaten über die jeweiligen nationalen „best practices" durch Benchmarking und Leistungsevaluation informiert werden und auf dieser Basis selbst entscheiden können, welche Policy-Praktiken sie übernehmen.

Kristine Kern (2000: 268) wiederum skizziert am Beispiel der amerikanischen Umweltpolitik, wie Hierarchie und Wettbewerbselemente nacheinandergeschaltet sein können. Der Bund kann hierarchisch entscheiden, auf eine vollständige Harmonisierung zu verzichten, und lediglich Mindeststandards festlegen oder einem Einzelstaat eine Ausnahmegenehmigung (*waiver*) zur Festlegung eines eigenen Emissionsstandards erteilen. Durch die dadurch geschaffenen Doppelstandards kann nun ein regulativer Wettbewerb ausgelöst werden, aus dem am Ende ein Emissionsstandard als neues Leitmodell hervorgeht.

3 Bedingungsfaktoren

Was begünstigt Policy-Transfer? Unterscheiden lassen sich Faktoren, die die Eigenschaften eines Landes oder einer Gebietskörperschaft und damit die Transfereinheiten selbst betreffen, also als endogen zu bezeichnen sind. Zweitens spielen der Kontext der am Transfer beteiligten Akteure und damit exogene Faktoren eine Rolle. Und schließlich kann der Gegenstand des Transfers mehr oder weniger „transfertauglich" sein.

Endogene Bedingungsfaktoren

Als transferfördernd gilt im Allgemeinen kulturelle, institutionelle und sozioökonomische Ähnlichkeit zwischen den beteiligten Transfereinheiten. Kulturelle Faktoren können sich dabei sehr weit gefasst auf eine gemeinsame Wertegemeinschaft beziehen, die sich durch Religionszugehörigkeit, geteilte Einschätzungen hinsichtlich materieller Werte wie Individualismus, Gleichheit oder Risikobereitschaft ausdrücken kann. Simmons/Elkins (2004) argumentieren beispielsweise, dass die nationalen Entscheidungen zur Kapitalmarktliberalisierung nicht nur durch internationalen Wettbewerb, sondern auch durch die Zugehörigkeit zu einer soziokulturellen „peer group" beeinflusst worden sind. Auch Kern (2000: 38) beschreibt, dass die Ausbreitung der Todesstrafe in den USA korrespondiert mit einem ähnlichen kulturellen Erbe und vergleichbaren soziokulturellen bzw. -ökonomischen Rahmenbedingungen. So übernahmen vorzugsweise zunächst Südstaaten der USA die Todesstrafe, während Einzelstaaten besonders im Mittleren Westen diese bis heute nicht eingeführt haben.

Richard Rose wiederum zeigt, dass die Zugehörigkeit zum Commonwealth erklärt, warum Großbritannien sich auf der Suche nach neuen Problemlösungen zunächst an Ländern wie den USA, Kanada oder Australien orientiert und umgekehrt bestrebt ist, über sein

„Commonwealth-Sekretariat" Informationen über eigene Programminnovationen in den unterschiedlichsten Politikfeldern weiterzuverbreiten (Rose 1993: 125).

Lenschow u.a. (2005: 809-810) argumentieren, dass die Wahrscheinlichkeit des Einsatzes marktnaher oder staatsnaher umweltpolitischer Steuerungsinstrumente von der institutionellen Ähnlichkeit der beteiligten Länder abhängt. Staatszentrierte Länder hätten eine Präferenz für Ge- und Verbote, liberal-pluralistische Staaten nutzten marktorientierte Instrumente wie Steuern, Abgaben oder den Emissionshandel, neokorporatistische Länder wiederum Instrumente, die auf Aushandlung und freiwilliger Selbstverpflichtung basierten. Sozioökonomische Parameter könnten demgegenüber das jeweilige nationale Niveau von Standards, Normen und Abgaben erklären. Bislang ist im Umweltbereich zu beobachten, dass reichere Länder (gemessen am Bruttosozialprodukt pro Kopf) striktere Standards der Luftverschmutzung besitzen als ärmere Länder (Lenschow u.a. 2005: 810).

Exogene Faktoren

Als exogen können die Faktoren angesehen werden, die sich im Umfeld der Transfereinheiten befinden oder deren Beziehung untereinander strukturell prägen. In der Diffusionsliteratur wird beispielsweise argumentiert, dass die Häufigkeit von Interaktionen zwischen frühen Einführern und Nachzüglern innerhalb einer potenziellen Übernahmepopulation die Wahrscheinlichkeit der Übernahme einer Innovation erhöht (Gray 1973). Netzwerkanalytische Studien heben die Bedeutung der Einbettung von Transfereinheiten in Kommunikationsnetzwerke als diffusionfördernd hervor (→ Netzwerke).

Kern (2000) unterscheidet in ihrer Studie der Diffusion von Umweltpolitik im amerikanischen Mehrebenensystem zwischen horizontaler und vertikaler Politikdiffusion. Horizontale Diffusion wird entweder durch regulativen Wettbewerb zwischen den amerikanischen Einzelstaaten, durch Institutionalisierung dauerhafter Verhandlungssysteme oder durch Einbindung in ein regionales Kommunikationsnetzwerk begünstigt. Vertikale Politikdiffusion hingegen ist eine Folge der Entstehung nationaler Koordinations- und Diffusionsinstitutionen innerhalb des Mehrebenensystems (→ Multilevel Governance). Neben Gremien, in denen die Einzelstaaten ihre Interessen auf bundesstaatlicher Ebene einbringen, zählen Parteien, national organisierte Interessenverbände, aber auch spezialisierte Berufsorganisationen als Kristallisationspunkt für Expertennetzwerke zu den Institutionen, die den vertikalen Politiktransfer begünstigen können.

Erhebliche Aufmerksamkeit wird in der Diffusions- und Transferliteratur der Bedeutung von „change agents" (Rogers 2003) bzw. „transfer agents" (Stone 2004) gewidmet. Change Agents tragen dazu bei, ein Bewusstsein des Bedarfs an Veränderung zu erzeugen, beispielsweise indem sie die bestehende Problemlage dramatisieren oder Alternativen zu vorhandenen Problemlösungen aufzeigen. Zudem pflegen Change Agents Netzwerke zu ihren Klienten, in denen Informationen über die bereits erfolgte Verbreitung von Innovationen fließen (Rogers 2003: 369). In der internationalen Politik werden internationale Organisationen und private „advocacy networks", bestehend aus nichtstaatlichen Akteuren wie Interessengruppen, NGOs, Think-Tanks, Beratungsfirmen, Rechtsanwaltskanzleien oder Banken, als Schlüsselakteure des transnationalen Policy-Transfers angesehen (Stone 2004:

550). Policy-Transfer-Prozesse erfolgen naturgemäß in enger Interaktion zwischen staatlichen und nichtstaatlichen Akteuren, wobei die nationale Responsivität gegenüber den Forderungen der nichtstaatlichen Akteure dadurch erhöht werden kann, dass internationale Plattformen genutzt werden, um ein Thema oder eine Policy global zu etablieren. Keck/Sikkink (1998: 12) bezeichnen diese Strategie transnationaler „advocacy networks", welche letztlich die Trennung zwischen nationalen/endogenen und internationalen/exogenen Faktoren aufhebt, als „boomerang pattern". Finnemore/Sikkink (1998) konzeptualisieren nichtstaatliche Akteure als „Normunternehmer", welche insbesondere in der ersten Phase des Auftretens einer Norm wichtig sind. Nachfolgend werden Staaten und internationale Organisationen dominant, die das Thema aufgreifen, institutionalisieren und über den Mechanismus der Sozialisation weiterverbreiten („Normkaskade").

Transferobjekt

Gute Voraussetzungen für eine zügige Übernahme bieten einfach strukturierte Politikansätze, die gut sichtbar sind, bei denen der Zusammenhang zwischen Ursache und Wirkung deutlich erkennbar ist und die wenig Konfliktpotenzial beinhalten (Kern 2000: 257). Entsprechend ist die Erwartung, dass redistributive Politiken, die Verteilungskonflikte zwischen nationalen Akteuren hervorrufen, weniger leicht diffundieren als regulative Politiken mit vergleichsweise geringen Verteilungsimplikationen (Knill 2005: 770). Allerdings erscheinen Produktstandards, welche die Beschaffenheit und Qualität von Gütern definieren, leichter transferierbar als Produktionsstandards, die die Bedingungen der Herstellung von Produkten festlegen (z.B. Sozialstandards). Während zum Beispiel Einhaltung und Übernahme von Qualitätsstandards für die beteiligten Unternehmen durchaus einen Wettbewerbsvorteil implizieren und ein regulatives „race to the top" auslösen können, erlegen Produktionsstandards den Produzenten lediglich höhere Produktionskosten auf, ohne dass diese notwendigerweise auf die Kunden übergewälzt werden können.

Für die Übertragbarkeit einer Politik ist zudem von Belang, um welche Policy-Dimensionen es geht. Hall (1993: 278) unterscheidet zwischen „policy paradigms, policy instruments and policy settings". Am Beispiel des Wandels makroökonomischer Politik in Großbritannien argumentiert er, dass sich grundlegende Policy-Paradigmen am wenigsten schnell verändern, während sich Politikinstrumente und ihr Eingriffsniveau (zum Beispiel Höhe einer Besteuerung) vergleichsweise schneller ändern lassen, weshalb ihr Transfer leichter erscheint. Allerdings ist diese These in der Policy-Literatur nicht unumstritten (vgl. Lenschow u.a. 2005).

4 Fazit

Der Beitrag hat die Mechanismen, Bedingungsfaktoren und mögliche Ergebnisse dynamischer Prozesse der Policy-Diffusion und des Policy-Transfers skizziert. Diffusion und Transfer können prinzipiell als unabhängige oder abhängige Variablen konzeptualisiert werden; im vorliegenden Text lag der Akzent darauf, Transfer als ein zu erklärendes Phänomen zu verstehen. Diese Sichtweise erscheint adäquat, weil sich hinter den Begriffen Diffusion und Transfer weder ein einheitliches Theoriekonzept noch analytische Kategorien verbergen, über die in der einschlägigen wissenschaftlichen Debatte Einigkeit bestünde. Kritiker sehen deshalb Konzepte wie „lesson drawing" und „Policy-Transfer" als kaum abgrenzbar von anderen Formen des „policy making" an (James/Lodge 2003: 189). Dieser Kritik ist sicherlich zuzustimmen. Gleichwohl sollte der Überblick dokumentiert haben, dass in der Verknüpfung der Policy-Transfer-und-Diffusions-Debatte mit der Governance-Perspektive erhebliches analytisches Potenzial liegt, das insbesondere in der Spezifikation von Mechanismen dynamischer Politikprozesse besteht. Aufgabe der zukünftigen Policy-Transfer-Forschung müsste es insbesondere sein, die Abfolge und das Zusammenspiel der unterschiedlichen Koordinationsprinzipien in Transferprozessen zu rekonstruieren. Dies setzt einen auf die Mikroebene gerichteten Blickwinkel voraus, der Akteurshandeln im Kontext institutioneller Strukturen und in Sequenzen von Diffusions- und Transferprozessen beleuchtet. Eine theoretische Aufgabe für die weitere Policy-Transfer-Debatte könnte darin liegen, Konsens über eine Typologie von Ergebnissen, Mechanismen und Bedingungsfaktoren des Policy-Transfers herzustellen und herauszuarbeiten, unter welchen Bedingungen welche Mechanismen von Transfer zu welchen Ergebnissen führen. Auch vor dem Hintergrund eines empirischen Erkenntnisinteresses wäre dies eine lohnenswerte Aufgabe. Angesichts zunehmend transnational ablaufender Prozesse der Politikentwicklung wächst der Bedarf an analytischen Kategorien, die einerseits empirisch untermauert sind, andererseits jedoch die Grundlage weiterer Theoriebildung in der Policy Forschung sein können.

Literatur

Bulmer, Simon/Padgett, Stephen, 2004: Policy-Transfer in the European Union: An Institutionalist Perspective, in: British Journal of Political Science 35 (1), 103-126.

DiMaggio, Paul J./Powell, Walter W., 1991: The iron cage revisited. Institutionalized isomorphism and collective rationality in organizational fields, in: Walter W. Powell/Paul J. DiMaggio (Hrsg.), The New Institutionalism in Organizational Analysis. Chicago: Chicago University Press, 63-82.

Dolowitz, David P./Marsh, David, 1996: Who Learns What from Whom: a Review of the Policy-Transfer Literature, in: Political Studies XLIV, 343-357.

Dolowitz, David P./ Marsh, David, 2000: Learning from Abroad: The Role of Policy-Transfer in Contemporary Policy-Making, in: Governance 13 (1), 5-24.

Drezner, Daniel W., 2001: Globalization and Policy Convergence, in: International Studies Review 3 (1), 53-78.

Finnemore, Martha/Sikkink, Kathryn, 1998: International Norm Dynamics and Political Change, in: International Organization 52 (4), 887-917.

Gray, Virginia, 1973: Innovations in the State: A Diffusion Study, in: American Political Science Review 67: 1174-1185.

Haas, Peter M., 1992: Introduction. Epistemic Communities and International Policy Coordination, in: International Organization 46 (1), 1-35.

Hall, Peter A., 1993: Policy Paradigms, Social Learning, and the State. The Case of Economic Policymaking in Britain, in: Comparative Politics 25 (3), 275-296.

Hoberg, George, 2001: Globalization and policy convergence: symposium overview, in: Journal of Comparative Policy Analysis: Research and Practice 3: 127-132.
Hodson, Dermot/Maher, Imelda, 2001: The Open Method as a New Mode of Governance: The Case of Soft Economic Policy Coordination, in: Journal of Common Market Studies 39 (4), 719-746.
Holzinger, Katharina/Knill, Christoph, 2005: Causes and conditions of cross-national policy convergence, in: Journal of European Public Policy 12 (5), 775-796.
James, Oliver/Lodge, Martin, 2003: The Limitations of "Policy-Transfer" and "Lesson Drawing" for Public Policy Research, in: Political Studies Review 1, 179-193.
Keck, Margaret/Sikkink, Kathryn, 1998: Activists beyond borders. Advocacy Networks in International Politics. Ithaca/London: Cornell University Press.
Kern, Kristine, 2000: Die Diffusion von Politikinnovationen. Umweltpolitische Innovationen im Mehrebenensystem der USA. Opladen: Leske + Budrich.
Kern, Kristine/Jörgens, Helge/Jänicke, Martin, 2000: Die Diffusion umweltpolitischer Innovationen, in: Zeitschrift für Umweltpolitik 4, 507-546.
Knill, Christoph, 2005: Introduction: Cross-national policy convergence: concepts, approaches and explanatory factors, in: Journal of European Public Policy 12 (5), 764-774.
Lenschow, Andrea/Liefferink, Duncan/Veenman, Sietske, 2005: When the birds sing. A framework for analysing domestic factors behind policy convergence, in: Journal of European Public Policy 12 (5), 797-816.
Mayntz, Renate/Scharpf, Fritz W., 1995: Der Ansatz des akteurzentrierten Institutionalismus, in: Renate Mayntz/Fritz W. Scharpf (Hrsg.), Gesellschaftliche Selbstregelung und politische Steuerung. Frankfurt a.M.: Campus, 39-72.
Padgett, Stephen, 2003: Between synthesis and emulation: EU Policy-Transfer in the power sector, in: Journal of European Public Policy 10 (2), 227-245.
Radaelli, Claudio M., 2000: Policy-Transfer in the European Union: Institutional Isomorphism as a Source of Legitimacy, in: Governance 13 (1), 25-43.
Rogers, Everett M., 2003: Diffusion of Innovations. Fifth Edition. New York: Free Press.
Rose, Richard, 1991: Ten Steps in learning lessons from abroad. Future Governance Paper I.
Rose, Richard, 1993: Lesson-drawing in Public Policy. Chatham, New Jersey: Chatham House Publishers.
Scharpf, Fritz W., 2002: Regieren im europäischen Mehrebenensystem – Ansätze zu einer Theorie, in: Leviathan 30 (1), 65-92.
Simmons, Beth A./Elkins, Zachary, 2004: The Globalization of Liberalization: Policy-Diffusion in the International Political Economy 98 (1), 171-189.
Stone, Diane, 2004: Transfer agents and global networks in the "transnationalization" of policy, in: Journal of European Public Policy 11 (3), 545-566.
Strange, Susan, 1994: States and Markets. 2. Auflage. London: Pinter.
Tews, Kerstin, 2002: Der Diffusionsansatz für die vergleichende Policy-Analyse. Wurzeln und Potentiale eines Konzeptes. FU Berlin: FFU-report 02-2002.
Vogel, David, 1995: Trading Up. Consumer and Environmental Regulation in the Global Economy. Cambridge, MA: Harvard University Press.
Walker, Jack L., 1969: The Diffusion of Innovations Among American States, in: American Political Science Review 63, 880-899.

Hans-Joachim Lauth

1.10 Transformation

Der Begriff Governance bezieht sich auf die Steuerung und Koordination von verbindlichen Entscheidungen und Regelsetzungen und schließt somit politische Funktionen und/oder politische Akteure ein (Benz 2004: 25). Die Untersuchung von Governance der Transformation ist im Kontext der Transformationsforschung angesiedelt und bezieht sich als Transition im engeren Sinn auf den Prozess des Regimewechsels von autoritären zu demokratischen Regimetypen (Merkel 1999). Konkreter werden damit die Phasen der Liberalisierung des autokratischen Systems, der Institutionalisierung und der Konsolidierung der Demokratie verstanden. In einem weiten Verständnis werden in den Transformationsprozess auch die wirtschaftlichen Strukturen einbezogen. Dabei geht es maßgeblich um die Umstellung von planwirtschaftlichen oder staatszentrierten Wirtschaftssystemen auf marktwirtschaftliche Systeme. Wenn der Begriff Transformation schließlich in einem umfassenden Verständnis gebraucht wird, schließt er auch die Umgestaltung der gesellschaftlichen und kulturellen Sphäre mit ein. In diesem Beitrag wird der Schwerpunkt auf die politischen Transformationsprozesse gelegt. Die Analyse der politischen Transformation wird unter zwei Perspektiven betrachtet.

Erstens geht es bei Governance von Transition um die Untersuchung der Transitionsprozesse, also um Regimewechsel und die damit verbundenen Veränderungen institutioneller Regelungsmuster. Angesprochen sind damit die Auseinandersetzungen um die neu einzurichtenden Bedingungen regulärer Governance-Strukturen. Auch wenn die Analyse von diesen Prozessen somit eher auf eine Metaebene von Governance zielt, bleiben zentrale Fragen bestehen: Gibt es hier gemeinsame Muster, Strukturen und Verlaufsprozesse, die es erlauben, spezifische oder allgemeine Steuerungslogiken zu erkennen und zu verstehen? Obwohl Transitionsprozesse in der Regel nicht von Regierungen gesteuert werden, sondern auf dem (koordinierten) Zusammenwirken von zum Teil höchst unterschiedlichen Akteuren basieren, erlaubt es das gewählte Begriffsverständnis, diese als Governance-Prozesse (→ Elementare Mechanismen) zu identifizieren.

Eine zweite Forschungsperspektive befasst sich mit der Frage der Governance unter Transformationsbedingungen und richtet den Blick auf die Begleitumstände und Bedingungsfaktoren für erfolgreiches „Regieren" in der Folgephase des Regimewechsels. Untersuchungen zur Konsolidierung thematisieren die Möglichkeiten eines selbstregulativen Prozesses zur Verbesserung der politischen Steuerungsfähigkeit und der Optimierung der Demokratie selbst (Stabilität und Qualität). Darüber hinaus wird die Leistungsfähigkeit des politischen Systems beurteilt, wobei vor allem die Wirtschafts- und Finanzpolitik, aber auch die vielschichtigen Sozialsysteme untersucht werden. Stehen bei der Konsolidierung der Demokratie vor allem Polity und Politics im Zentrum, so bei der Frage der Leistungsfähigkeit die Policies. Hinsichtlich der politischen Governance-Fähigkeit lassen sich drei Forschungsetappen unterscheiden: Political Engineering, Good Governance und Veränderungsmanagement.

Während in der ersten Perspektive die Institutionalisierung der Demokratie untersucht wird, rückt nun in der zweiten die Konsolidierung der Demokratie in den Fokus der Forschung. Dabei wird Governance als unabhängige und abhängige Variable betrachtet. Wenn in der Transformationsforschung der Begriff Governance im Sinne einer bewussten Gestaltung politischer Prozesse und Ergebnisse durch staatliche Akteure verwendet wird, dann gilt dies hauptsächlich für diese zweite Phase. Die entsprechenden Konzepte verbinden dabei oftmals deskriptive und normative Elemente. Dagegen geht es in der ersten Phase stärker um die empirische Analyse der vollzogenen Regimewechsel, um hier zu allgemeinen theoretischen Aussagen zu gelangen. Gemeinsam ist beiden Perspektiven der Blick auf Akteure und Akteurskonstellationen, auf die Bedingungsfaktoren und auf die zeitliche Abfolge von Transitionsprozessen, die mit den Konzepten von Pfadabhängigkeit (→ Pfadabhängigkeit) und Sequenzierung spezifiziert werden. Im folgenden Beitrag wird der Forschungsstand zu beiden Phasen referiert. Abschließend werden Forschungsperspektiven angesprochen.

Nicht näher thematisiert wird der ökonomische Umbau, der die politische Transformation begleitet. Es sei lediglich darauf hingewiesen, dass der Zusammenhang beider Transformationsprozesse ein kontinuierliches Forschungsinteresse erfuhr. Dabei wurde die zunächst formulierte wirkungsträchtige These des „Dilemmas der Gleichzeitigkeit" (Elster 1990; Offe 1991), die die Schwierigkeiten des parallelen Umbaus des politischen und wirtschaftlichen Systems betonte, durch empirische Erfolge auf beiden Ebenen inzwischen weitgehend entkräftet. Auch die implizit damit verbundene Empfehlung, die Marktwirtschaft vor der Demokratie einzuführen, erwies sich als nicht überzeugend (→ Markt). Zu stark ist eine solche Reformstrategie in autoritären Kontexten aufgrund fehlender Kontrolle den Anreizen des Rentseeking ausgesetzt. Diskutiert werden daher die geeigneten Strategien der wirtschaftlichen Transformation („Schocktherapie" versus Gradualismus). Generell orientierte sich die Forschung – stärker als im Fall der politischen Transition – an den staatlich induzierten Reformprogrammen und widmete deren informeller Einbettung (Korruption, Klientelismus) weniger Aufmerksamkeit. Erst im Zuge der Good-Governance-Konzepte wurde die Kontextrelevanz umfassender thematisiert und wirtschaftliche Reformen in politische Reformstrategien eingebunden.

1 Governance von Transition

Die Transformationsforschung hat Governance von Transition im Sinne der Steuerung des Regimewechsels aus verschiedenen Perspektiven beleuchtet. Systemtheoretische, strukturalistische und akteurstheoretische Ansätze betonen unterschiedliche Aspekte in ihrer Analyse. Wenn die Akteurskomponente des Governance-Begriffes ernst genommen wird, dann rücken makro- und mikroakteurstheoretische Ansätze in den Fokus (→ Neoinstitutionalismus). Systemtheoretische Konzepte (→ Kybernetik und Systemtheorie) dienen dagegen zur Bestimmung des Handlungskorridors, der den Akteuren zur Verfügung steht.

Makroakteurstheoretische Modellierungen finden sich sowohl in den Modernisierungstheorien als auch in strukturalistischen Ansätzen meist neomarxistischer Provenienz. Als Klassiker der letzten Gruppe gilt die Studie von Barrington Moore (1969), in der er die Pfade, die in Europa zur Demokratie oder zur faschistischen oder kommunistischen Diktatur führten, analysiert. Welche Pfade dabei eingeschlagen wurden, hängt nach Moore maßgeblich von den Akteurskonstellationen, der Stärke der jeweiligen Akteure und ihrer Autonomie vom Staat ab. Spätere Studien in dieser Tradition (Rueschemeyer/Huber Stephens/Stephens 1992) untersuchen die Transformationsprozesse in anderen Regionen und betrachten den Zusammenhang zwischen kapitalistischer Entwicklung und Demokratisierung. Bei allen diesen Studien wird angenommen, dass die Interessen der einzelnen Klassen oder Statusgruppen weitgehend homogen (und über nationale Grenzen hinweg weitgehend ähnlich) sind und dass diese prinzipiell in der Lage sind, sich als gemeinsamer Akteur zu artikulieren und zu handeln. In einer ähnlichen Perspektive begreift das Konzept der strategischen und konfliktfähigen Gruppen (Schubert u.a. 1994) die Aktionsmöglichkeiten gesellschaftlicher Akteure.

In den Modernisierungstheorien werden insbesondere die Mittelschichten zum Träger der Demokratisierung (Johnson 1958; Lipset 1959). Dabei wird angenommen, dass die mit der wirtschaftlichen Modernisierung einhergehenden soziostrukturellen Veränderungen zur Herausbildung neuer Mittelschichten mit spezifischen Akteursqualitäten führen. Um das dabei aufkommende Partizipationsbedürfnis zu kanalisieren, bedarf es der Institutionalisierung der Beteiligungsformen. Diese sieht Huntington (1965/1973) vor allem durch Parteienbildung gewährleistet; er schließt aber auch repressive Maßnahmen nicht gänzlich aus. Letztere Möglichkeit wird von manchen Vertretern der Modernisierungstheorie (Löwenthal 1963) als notwendige Zwischenstufe auf dem Weg zur Demokratisierung begriffen, um revolutionären Umstürzen entgegenzuwirken. Mit den Eliten als einem prinzipiell an stabilen Verhältnissen interessierten Agenten taucht ein weiterer kollektiver Akteur auf, der zur Lenkung der Entwicklung beitragen kann. In dieser Argumentation, die auf homogenen Makroakteuren mit gemeinsamen Interessen basiert, zeigt sich eine zunehmende Analogie mit der strukturalistischen Argumentation. Dies gilt selbst für die kritische Auseinandersetzung mit modernisierungstheoretischen Argumenten, auch wenn zuweilen Fraktionen von Makroakteuren unterschieden werden (O'Donnell 1973).

Jenseits der Gemeinsamkeiten wird jedoch aufseiten der Modernisierungstheorie mit dem Hinweis auf geeignete Formen der Institutionalisierung ein neues Argument sichtbar, das in der folgenden Steuerungsdebatte an Bedeutung gewinnen sollte. Es lässt sich somit eine gewisse Verlagerung von einem soziologischen machtbasierten zu einem politikwissenschaftlichen Governance-Verständnis feststellen. In ihrer methodologischen Anlage sind die Studien oftmals sowohl deskriptiv als auch präskriptiv gelagert. Die aus modernisierungstheoretischer Sicht erfolgreichen Entwicklungen werden analog wie bei den Untersuchungen aus strukturalistischer Feder zu Modellen und Entwicklungspfaden verdichtet, die als Leitbild für andere Fälle dienen sollen. Die methodische Reflexion ist dabei eher zurückhaltend, und ihre generelle theoretische Absicherung erschließen sich viele Modernisierungstheorien durch Bezugnahme auf die Systemtheorie und deren Annahme der Herausbildung universeller Strukturen (im Anschluss an Parsons).

Lediglich eine stärker ethnologisch gewendete Modernisierungstheorie (Eisenstadt 1979) zeigte sich mit ihrem Beharren auf spezifische kulturelle Identitätsmuster skeptisch gegenüber solchen Annahmen mit universellem Charakter, wobei sie in einer sehr strikten Version zu stark relativistischen Positionen tendiert. Zugleich machte sie mit ihrem Hinweis auf die kulturelle Gebundenheit des Handelns auf eine wichtige Rahmung von Governance aufmerksam, die erst in jüngster Zeit in der politikwissenschaftlichen Debatte durch den Einbezug der neoinstitutionalistischen Forschung (→ Neoinstitutionalismus) stärker berücksichtigt wird (Lauth/Liebert 1999; Helmke/Levitsky 2004; Köllner 2005). Governance-Prozesse werden hier bereits in der Phase der Präferenzerzeugung und der Perzeption von Handlungsalternativen entscheidend beeinflusst.

Wenn die Governance-Folie auf diese strukturalistischen und makroakteursspezifischen Ansätze angewendet wird, dann wird schnell deutlich, dass Demokratisierungsprozesse (→ Demokratie und Legitimation) maßgeblich von gesellschaftlichen Akteuren mit spezifischen gemeinsam getragenen Präferenzen und kollektiven Interessen eingeleitet und forciert werden. Der Erfolg von Governance hängt dabei von dem Machtpotenzial der einzelnen Makroakteure und ihrem strategischen Handlungsgeschick ab. Wenngleich damit wichtige Kategorien genannt werden, so ist die Homogenitätsannahme hinsichtlich der Makroakteure zu kritisieren. Ebenso ist es fraglich, von festen Präferenzen bestimmter Gruppen auszugehen. So lassen sich Mittelschichten oder Militärs mit progressiven und konservativ-reaktionären Ansichten identifizieren. Eine wichtige Rahmenbedingung bildet bei allen Transitionsprozessen die soziale und ökonomische Modernisierung. Vor allem die kapitalistische Modernisierung wird in allen Varianten als eine basale Triebkraft begriffen.

Aufgrund der Kritik an den Annahmen der Makroakteurskonzepte zeigen sich die jüngeren akteurstheoretischen Ansätze mikrotheoretisch fundiert (Przeworski 1991), wobei sie mit der Annahme eines nutzenmaximierenden Homo oeconomicus arbeiten. Die Transformationsprozesse werden von den subjektiven Einschätzungen, Strategien und Handlungen der relevanten Akteure geprägt. Idealtypischerweise stehen die alte Herrschaftselite und die zivilgesellschaftliche Opposition einander gegenüber. Dabei lassen sich auf beiden Seiten radikale und moderate Positionen finden. Je nachdem in welchem Kräfteverhältnis diese stehen, beeinflussen sie die Entscheidungen, die wechselnden Bündnisse, Prozesse und Verlaufsmuster der Transition. Auch wenn in der Modulation der Situation mit spieltheoretischen Modellen gearbeitet wird, wird die Handlungsrationalität der Akteure doch durch unzureichende Information und Fehlperzeption beeinträchtigt (Bounded Rationality). So können Akteure einen Demokratisierungsprozess ermöglichen, der zunächst nicht intendiert war, aber aufgrund einer sich entwickelnden Handlungsdynamik in die Wege geleitet wurde, wie das Beispiel Gorbatschow zeigt. Governance der Transition bedeutet in der mikrotheoretischen Perspektive ein komplexes Aushandeln von Reformschritten durch staatliche und zivilgesellschaftliche Akteure, dessen Ende – von Scheitern bis Erfolg – stets ungewiss bleibt.

Die Eigenlogik, die jedem Transitionsprozess innewohnt, kann zu unterschiedlichen Ergebnissen führen, wobei sich bei einer erfolgreichen Demokratisierung *vier Modi des Übergangs* unterscheiden lassen (Merkel 1999), die mit unterschiedlichen Akteurskonstellationen verbunden sind. In einem gelenkten Systemwechsel (z.B. Chile, Brasilien, Taiwan, Rumänien) dominiert die alte Regimeelite den Verhandlungsprozess. Dabei gelingt es ihr, ihre

Interessen auch nach dem Regimewechsel zu sichern. Dies ist bei von unten erzwungenen Systemwechseln (z.B. Portugal, Argentinien) nicht der Fall. Denn hier bestimmt die Opposition die Spielregeln. Die Mehrzahl der Fälle sind ausgehandelte Systemwechsel (z.B. Spanien, Uruguay, Südkorea, Polen oder Ungarn), in denen die Regierungselite und die Opposition einander etwa gleichgewichtig gegenüberstehen. Somit können beide Seiten ihre Interessen partiell wahren. Im Fall des Regimekollapses setzen externe Einflüsse – maßgeblich militärische Niederlagen – wichtige Impulse für die Demokratisierung (z.B. Deutschland, Italien, Japan).

Die Phase Governance der Transition erstreckt sich von der Einleitung des Regimewechsels bis einschließlich zur Institutionalisierung der Demokratie, wobei Länge und Bedeutung dieser Phasen in einem engen Zusammenhang mit dem jeweiligen Transitionsmodus stehen. Zentral geht es in dieser Phase um die Klärung der Machtfrage und um die Festlegung des zukünftigen institutionellen Designs der Demokratie (→ Demokratie und Legitimation). Diese Periode ist speziell in den entscheidenden Momenten des Übergangs von großen Unsicherheiten geprägt, da die alten Institutionen ihre Prägekraft verloren und neue noch keine gefunden haben.

In der folgenden Phase Governance unter Transitionsbedingungen konzentriert sich das Hauptinteresse nun auf die Konsolidierung der Demokratie. Diese Periode kann in manchen Ländern in einer relativ kurzen Zeitspanne verlaufen, in anderen dagegen ist ein Ende kaum abzusehen. Besonders dramatisch zeigt sich die Situation in Nachkriegsgesellschaften („post-conflict societies"; vgl. Debiel/Terlinden 2005), denn dort fehlen nicht nur demokratische und rechtsstaatliche Strukturen, sondern die Staatlichkeit selbst gestaltet sich äußerst prekär. Daher wird eine bestimmte Phasenfolge (Sequencing) des Aufbaus vorgeschlagen (Collier 2003). Vorrangig sind die Etablierung eines Sicherheitsregimes, die provisorische Errichtung von staatlichen Einrichtungen und die Befriedigung grundlegender humanitärer Bedürfnisse. In dieser ersten Phase spielen ausländische Akteure eine große Rolle. In der zweiten Phase werden die Sicherheitsaufgaben zunehmend nationalen Organisationen in ihrer funktionalen Aufteilung (Militär, Polizei, Staatsanwaltschaft und Gerichtswesen) übergeben. Rechtsstaatliche Regeln und Prinzipien werden stärker verankert und die Partizipationsmöglichkeiten für die Bevölkerung langsam erweitert. Im ökonomischen Bereich werden die grundlegenden Rahmenbedingungen institutionalisiert. Erst in der dritten Phase, in der sich Staat und Rechtsstaatlichkeit verfestigt haben, können weitergehende demokratische Rechte verwirklicht und umfassendere Entwicklungspläne gestartet werden. In einem abstrakten Sinn geht es um den stufenweisen Aufbau von staatlichen, rechtsstaatlichen und demokratischen Strukturen als Folie für eine gelungene Entwicklung.

Inwieweit diese unter Einbezug der vorhandenen Bedingungsfaktoren zu realisieren ist, bleibt offen. Zu gering scheint der kulturelle Faktor berücksichtigt zu sein, insbesondere wenn man bedenkt, dass solche Prozesse dann am erfolgreichsten verlaufen, wenn sie in ihren unterschiedlichen Teilsystemen miteinander in ihrer normativen Ausrichtung kompatibel sind. Ethnologisch ausgerichtete Studien haben auf unterschiedliche Reform- und Wandlungsgeschwindigkeiten der verschiedenen Teilsysteme hingewiesen (Müller u.a. 1991: 24), die folgende Reihung mit fallender Wandlungsdynamik erlauben: politische Strukturen, wirtschaftliche Strukturen, Glaubenssysteme, interpersonale Beziehungssysteme. Die unterschiedlichen Geschwindigkeiten des Wandels von politischen, ökonomischen und kulturellen Systemen erlauben den Hinweis, dass die Möglichkeit des Scheiterns von politischen Reformen steigt, wenn diese nicht mit den anderen Ebenen korrespondieren und sich im Spannungsfall nicht der langsameren Dynamik anpassen. So liegt zwar die logisch plausible Vorstellung einer Sequenzabfolge vor, doch fehlt die Verbindung mit empirischen Theorien, die angeben könnten, unter welchen Bedingungen (Struktur und Akteurskonstellation) mit welchen Strategien erfolgreich agiert werden kann.

2 Governance unter Transformationsbedingungen

In der *ersten Phase des Political Engineering* wurden die Wege der klassischen Regierungslehre eingeschlagen und nach dem angemessenen institutionellen Design für eine junge Demokratie gefragt, wobei die Angemessenheit anhand der Widerstandsfähigkeit gegenüber autoritären Tendenzen bestimmt wurde. Die markanteste Debatte drehte sich um die Vorzüge und Nachteile von präsidentiellen und parlamentarischen Regierungssystemen (Nohlen 1992; Linz 1994). In dieser Debatte wurde an eine Einsicht erinnert, die bereits von Rousseau und Montesquieu vertreten wurde und die zu den grundlegenden Annahmen der politischen Kulturforschung (in der Tradition von Almond/Verba 1963) zählt, nämlich die Korrespondenz zwischen den zentralen Mustern der politischen Kultur und den idealtypischen Legitimationsmustern der politischen Regime. Andere zentrale Bausteine im institutionellen Design betreffen die Staatsstruktur, die Kompetenzen eines Verfassungsgerichts, die Unabhängigkeit der Zentralbank, das Parteiensystem und das Wahlrecht. Anknüpfend an die Arbeiten von Arend Lijphart (1999), wurden oftmals die Elemente einer Konsensusdemokratie favorisiert, die speziell in fragmentierten und strukturell heterogenen gesellschaftlichen Kontexten angemessener sei.

Trotz aller unterschiedlichen Varianten wies die theoretische Debatte einen gemeinsamen Überzeugungskern auf: Formal Institutions Matter. Der Glaube an ihre Präge- und Orientierungskraft wurde von allen Autoren geteilt. Demnach war die Konzeption der geeigneten Verfassung der entscheidende Schritt zur Konsolidierung der Demokratie. Übersehen wurde, dass andere Faktoren zur Schwächung der erwarteten Prägekraft der Verfassung führen können. Akteure können aufgrund ihrer Macht staatliche Regelsysteme zumindest partiell ignorieren und parallele Normsysteme bevorzugen. Damit erhalten wir einen Hinweis auf informelle Institutionen, die in jeder Gesellschaft wirkungsträchtig sind (Lauth 2000). Solche Institutionen werden nicht formal durch staatliche Agenturen geregelt und beziehen ihre Autorität aus der faktischen Anerkennung. Sie können mit den staatlichen und rechtsstaatlichen Regeln kompatibel sein, aber auch mit diesen kollidieren. Letzteres lässt sich in vielen jungen Demokratien beobachten. Hier stellen Klientelsysteme, Korruption und autochthone Rechtssysteme die offiziellen Regelsysteme infrage und unterminieren diese, wobei dies auch eine Pfadabhängigkeit zum Ausdruck bringen kann (→ Pfadabhängigkeit). In besonders drastischen Fällen können sich solche informellen Institutionen zum Rang einer zweiten oder eigentlichen Verfassung verdichten, was die Prägekraft der formalen Institutionen deutlich schwächt.

Einen anderen Einwand gegenüber dem Vertrauen in die Bindungskraft formaler Institutionen formuliert Gerard Alexander (2001). Die mit ihrer Veränderung verbundenen Kosten seien längst nicht immer so hoch wie die erwarteten Gewinne für die ausschlaggebenden Gruppen. Seine spieltheoretisch begründeten Annahmen sieht er durch zahlreiche empirische Studien belegt. Auch wenn einige Aspekte seiner Argumentation zu beachten sind, so ist doch sein allgemeines Fazit, dass formale Institutionen keine Pfadabhängigkeit begründen können, überzogen. Für ein überzeugenderes Urteil gilt es diejenigen Bedingungen näher zu skizzieren, in welchen dies der Fall sein kann.

Während es den Autoren des Institutional Engineering (Sartori 1997; Zielonka 2001) maßgeblich um eine praxisnahe Handlungsanleitung zur Steuerung der politischen Transformationsprozesse (auf der Ebene der politischen Entscheidungsträger) geht, werden in der Konsolidierungsforschung generell der Stand der Konsolidierung der Demokratie und deren Entwicklungschancen beurteilt. Dazu werden günstige und ungünstige Konstellationen für die Demokratie herausgearbeitet, wobei institutionelle Bedingungsfaktoren sowie akteurstheoretische und strukturelle Aspekte einbezogen wurden. In diese Forschungsansätze flossen Überlegungen des Institutional Engineering mit ein. Diese wurden allerdings in einen größeren Kontext gestellt, der Machtkonstellationen, Präferenzen und – in komplexen Ansätzen – gleichfalls informelle Institutionen berücksichtigte. Damit liefern solche Ansätze wertvolle Hinweise auf Möglichkeiten der Steuerung von Transitionsprozessen.

Galt in dieser Forschungsperspektive das Interesse zunächst maßgeblich der Frage nach der Stabilität der jungen Demokratie, so wurde bald deutlich – und dies leitete eine erhebliche Umstrukturierung der Forschung ein –, dass der Qualität der Demokratie eine größere Aufmerksamkeit zu schenken ist. Denn viele der jungen Demokratien zeigten erhebliche Defizite in ihrer Funktionsweise. Zu den markantesten Merkmalen solcher defizitärer (oder defekter) Demokratien gehören die Missachtung bürgerlicher und politischer Rechte von sozial schwächeren Gruppen und die mangelnde Kontrolle der wichtigsten politischen Akteure. Generell lässt sich festhalten, dass die formalen Regeln demokratischer Verfassungen nur begrenzt das Verhalten der Akteure bestimmen. Abweichende Präferenzen mächtiger Akteure (und Akteursgruppen) und strukturelle Konstellationen (informelle Institutionen) werden als zentrale Ursachen für solche Entwicklungen identifiziert.

Damit ergeben sich drei zentrale Ebenen zur Steuerung der Qualität demokratischer Entwicklung: Anpassung der formalen Institutionen, Umgestaltung der Machtkonstellationen, Veränderung der Präferenzen der Akteure und Steuerung der informellen Institutionen. Die oben bereits behandelte erste Ebene wurde am umfassendsten in der Politikwissenschaft – speziell in ihrer klassischen Variante – behandelt. Veränderungen von Machtkonstellationen lassen sich nur begrenzt aus einer Governance-Perspektive erreichen; die größten Möglichkeiten scheinen hier durch externe Faktoren (Akteure und Konstellationen) gegeben. Präferenzänderungen werden aus Sicht des Homo oeconomicus und aus Sicht des Homo sociologicus diskutiert. Es sind also Kosten-Nutzen-Kalküle, die Veränderungen bewirken können, oder die Logik der Angemessenheit (soziale Erwartungen). Varianten und Kombinationsmöglichkeiten dieser grundlegenden Sichtweisen werden in der neoinstitutionalistischen Literatur umfassend diskutiert (vgl. Hasse/Krücken 1999; Peters 1999; vgl. den Beitrag von Uwe Schimank in diesem Band) und erschließen das Feld der Steuerung informeller Institutionen.

In der *zweiten Phase* dominieren die *Good-Governance-Konzepte* verschiedener Provenienz (Conzelmann 2004). Auch wenn die Frage nach dem guten Regieren bereits in der griechischen Polis von Aristoteles und Platon diskutiert und nach 1945 maßgeblich in der normativ-ontologisch ausgerichteten Politikwissenschaft erneut bedacht wurde, stammen die aktuellen Beiträge aus politiknahen Organisationen. Good Governance wurde öffentlichkeitswirksam seit den späten 1980er Jahren von den Thinktanks der Weltbank und des IWF, des UNDP und der EU zum Leitbegriff einer gelungenen Entwicklung projiziert, wobei der Begriff sowohl Ausdruck als auch notwendige Bedingung derselben markiert. Je nach organisatorischem Ursprung werden unterschiedliche Komponenten betont (→ Entwicklung).

In den Konzepten von IWF und Weltbank liegt der Schwerpunkt auf der Effizienzsteigerung und Effektivität des Regierungshandelns in den Bereichen Finanzen und Wirtschaft, die mit folgenden Maßnahmen erreicht werden sollen: Liberalisierung, Deregulierung und Privatisierung sowie Ausbau der Rechtsstaatlichkeit und Transparenz (Korruptionsbekämpfung). Flankiert werden diese durch internationale Abkommen, die zuweilen gegen den Widerstand der betroffenen Regierungen getroffen wurden, sowie durch die technisch ausgerichtete Schulung von Funktionseliten. UNDP und EU verfolgen gleichfalls das Ziel der Effizienz- und Effektivitätssteigerung des Regierungshandelns, doch sie greifen zusätzlich Partizipation als genuinen Baustein auf. Ähnlich ausdifferenziert, aber mit einer etwas stärkeren Gewichtung der Menschenrechte zeigt sich das Good-Governance-Konzept des BMZ. Partizipation wird dabei vielschichtig verstanden. Gedacht ist an den Einbezug sowohl privater Unternehmen, Wirtschaftsorganisationen, Verbände und Gewerkschaften als auch gesellschaftlicher Gruppen und Initiativen – oftmals als Zivilgesellschaft bezeichnet –, denen verschiedene Funktionen zugewiesen werden. Neben dem Einbringen von Kompetenzen und der Ausübung von Kontrolle sollen die Akteure an der Implementierung der getroffenen Entscheidungen beteiligt werden. Vor allem die EU hat zur Erreichung dieser Ziele ein vielschichtiges Anreizsystem entwickelt, das sich sowohl in der entwicklungspolitischen Zusammenarbeit (vgl. Abkommen von Cotonou) als auch in der Strategie der EU-Erweiterung wiederfindet.

Good Governance zeigt sich in diesen Ansätzen als Mix aus deskriptiven und präskriptiven Elementen, die zur Bestandsaufnahme bestehender Regierungspraxis und zur Formulierung von Zielen verwendet werden. Die zentrale Basis dieser Vorschläge bildet die Überzeugung, dass die Steuerung von Entwicklung geeigneter Governance-Strukturen bedarf. Diese Position lässt sich als explizite Politisierung der Entwicklungspolitik begreifen (→ Entwicklung). Im Rahmen der externen Förderung solcher Prozesse erfährt Governance zudem eine doppelte Bedeutung, da damit zum einen der Aufbau von Good Governance in den Zielländern anvisiert wird und zum anderen die geeigneten Governance-Strategien in der internationalen Zusammenarbeit zur Erreichung dieses Ziel (also zur Steuerung dieser politischen Transformation) gesucht werden. Dieser zweite Zusammenhang wird aus sozialwissenschaftlicher Sicht unter dem Stichwort „externe Förderung von Demokratie und Rechtsstaat“ behandelt.

Zum Themenkomplex externe Demokratieförderung liegt inzwischen eine umfangreiche Literatur vor (Gillespie/Youngs 2002; Kneuer 2001; Hanisch 1996). Generell wird die externe Begleitung solcher Transformationsprozesse inzwischen deutlich skeptischer gesehen als zu Beginn der Forschung. Wenn sich trotz der Vielfalt der Befunde gemeinsame Argumentationslinien herausgebildet haben, dann sind zwei Aspekte zu nennen: die Relevanz des Kontextes und die Bedeutung der Perzeption. Demokratieförderung erfordert eine präzise Kenntnis der Bedingungen und der Akteure vor Ort und deren normative Verankerung. Die Relevanz normativer Strukturen wird speziell in konstruktivistischen Ansätzen betont, die vor allem in den internationalen Theorien eine Rolle spielen (Wendt 1992). Die damit sich konstituierenden Weltbilder sind entscheidend für die Bewertung und Perzeption der externen Förderungsmaßnahmen durch die einheimischen Akteure. Je nach kulturellen Traditionen und Werteverankerungen können die gleichen Maßnahmen sehr unterschiedlich eingeschätzt werden. Auch die oftmals gerühmte „soft power" (Nye 1990) kann hierbei kontraproduktive Wirkungen entfalten, wenn sie auf nichtkulturelle Korrespondenz stößt.

Inzwischen zeichnet sich eine *dritte Phase* ab, die sowohl auf den Grundbausteinen der Good Governance beruht als auch zentrale Elemente des New Public Management (NPM) und *Change Management* einbezieht (→ Public Management und Public Governance). Letzteres ist eng auf den unternehmerischen Bereich begrenzt und erscheint daher nur begrenzt brauchbar für die Aufgaben der Transformationsplanung und -implementierung. Doch dieser stärker auf die Mikroebene fixierte Ansatz aus dem Bereich der Organisationssoziologie lässt sich in den Ansatz des NPM integrieren. Konzepte des NPM versuchen die Erkenntnisse zur Effizienz- und Effektivitätssteigerung aus dem privatrechtlichen Raum auf den öffentlichen Sektor – speziell die Verwaltung – zu übertragen. In einer eher kommunitaristisch ausgerichteten Perspektive sollen sich die Bürger selbst für das Gemeinwohl engagieren oder sich nun im Sinne des NPM in anspruchsvolle Kunden (nicht mehr Klienten) der wettbewerbsorientierten öffentlichen Verwaltung verwandeln. Marktorientierung und Dezentralisierung bilden die maßgeblichen Leitsätze, ohne jedoch die bleibende Verantwortlichkeit der Politik zu eliminieren. Das Hauptinteresse gilt den Leistungen (Output/Outcome) des Staates, die in der Wirkungsorientierung der Forschung ihren Ausdruck finden.

Der Staat respektive die gewählten Vertretungsorgane bleiben die zentralen Akteure der Entscheidungsfindung. Demokratie und Rechtsstaat sind neben wohlfahrtsstaatlichen Leistungen die beiden anderen nicht zu hinterfragenden Säulen staatlicher Legitimation (Schedler/Proeller 2000: 44). Als Grundprämisse unterliegt dem NPM somit die Annahme, dass der Staat in seiner Grundform vorhanden und funktionsfähig ist. Gerade dieser Sachverhalt ist in vielen Transformationsprozessen nicht gegeben. Weder ist die Staatlichkeit noch die Rechtsstaatlichkeit in vollem Umfang existent, wie zahlreiche Fallstudien betonen und die Governance-Indikatoren „political stability" und „rule of law" der Weltbank illustrieren (O'Donnell 1999; Ahrens/Nolte 1999; Becker u.a. 2001; Lauth 2004). Speziell der Begriff illiberale Demokratie möchte darauf hinweisen, dass mangelnde Rechtsstaatlichkeit oftmals die Achillesferse solcher Regime bildet (Merkel u.a. 2003). Aus anderer Perspektive beleuchtet Transparency International die gleiche Problematik, wenn es in seinem jährlichen Report auf das hohe Ausmaß an Korruption in vielen Entwicklungsländern hinweist.

Die Anwendung der beiden genannten Ansätze in Governance unter Transformationsbedingungen bedingt daher eine doppelte Transformation der Konzepte. Erstens geraten Demokratie und Rechtsstaat selbst in den Fokus der Veränderungen und somit des Veränderungsmanagements. Zweitens erfordert die Übertragung die systematische Verankerung des Kontextes bei der Problemdiagnostik und bei der Formulierung angemessener

Lösungsstrategien. Dies bedeutet, dass die genannten schwierigen Rahmenbedingen explizit in der Konzeption des Veränderungsmanagements aufgegriffen werden müssen.

Ein in dieser Weise verstandenes umfassendes Veränderungsmanagement hat drei Handlungsbereiche zu beachten: die Problemdiagnostik, das Veränderungskonzept selbst (Visionen, Zielsetzungen und Strategien) und den Bereich Evaluierung/ Monitoring. Die Problemdiagnostik betrachtet die Defizite und Leistungsstärken hinsichtlich Planung und Implementierung von Reformstrategien (→ Policy-Transfer und Policy-Diffusion) in den relevanten Politik- und Verwaltungsbereichen unter Einbezug der Selbsteinschätzung der Kompetenzen und Kapazitäten betroffener Gruppen. Ein wichtiger Punkt betrifft hierbei die Verankerung des Reformwillens, der auf der intrinsischen Motivation bei den Beteiligten basiert. Eine Veränderung der Präferenzen ist somit ausdrücklicher Bestandteil des Veränderungsmanagements. Bislang maßgebliche Werte, Paradigmen und Verhaltensweisen können somit infrage gestellt werden. Auf diese Weise geraten auch diejenigen informellen Institutionen in den Blick, welche die Funktionsweise der formalen Institutionen der Demokratie beschädigen und unterminieren.

Im Zentrum der Steuerungsüberlegungen stehen neben individuellen Anreizen, die in verantwortlicher Mitarbeit, Humankapitalbildung und materieller Abfindung ihren Ausdruck finden, zwei Themen: Kommunikation und Kontrolle. Kommunikation kennt dabei eine innere und eine äußere Seite. In der inneren Perspektive geht es um die Verankerung des Reformprozesses (der Transition) bei den Mitarbeitenden der öffentlichen Behörden und Organisationen. In der äußeren Perspektive steht dagegen die Vermittlung der Veränderungen an die Öffentlichkeit, an Unternehmen und Akteure der Zivilgesellschaft im Mittelpunkt. Diese öffentliche Kommunikation zielt darauf ab, die Reformmaßnahmen zu erläutern sowie Verständnis und Unterstützung für sie zu finden. Vor allem die Akteure der Zivilgesellschaft spielen dabei eine wichtige Rolle, sowohl als Sprachrohr (oftmals ansonsten marginaler) gesellschaftlicher Gruppen als auch als „watch dog" der politischen Aktionen. Damit ist das Thema der Kontrolle wieder angesprochen. Obwohl den Akteuren prinzipiell Vertrauen entgegengebracht wird, werden systematisch institutionelle Sicherungen eingebaut, mit denen das Verhalten der Akteure überprüft und angeleitet wird. Mechanismen der Evaluierung, des Controllings und Monitorings finden eine große Bedeutung.

Fazit: Wenn die Überlegungen der drei Phasen gebündelt werden, zeigen sich folgende Schwerpunkte: Eine funktionierende Demokratie und eine umfassende Rechtsstaatlichkeit können in vielen Transitionsfällen nach dem Regimewechsel nicht vorausgesetzt werden. Vielmehr gilt es die entsprechenden defizitären institutionellen Strukturen zu verbessern. Governance unter Transformationsbedingungen zielt somit zunächst einmal auf die Verbesserung der politischen Strukturen und Prozesse. Erst unter Berücksichtigung dieser Voraussetzung kann das andere Ziel der Umwandlung von Governance-Prozessen und -strukturen gelingen, die auf größere Effizienz und Effektivität zielen. Der staatliche Rahmen bleibt dabei auch in den marktwirtschaftlich ausgerichteten Konzepten des NPM und des Veränderungsmanagements notwendigerweise erhalten. Im Unterschied zu den klassischen Instrumenten der Regierungslehre werden die individuelle Verantwortlichkeit, die öffentliche Kommunikation und die verschiedenartigen Mechanismen der Kontrolle dabei stärker betont. Doch nicht nur die Zielvorstellung von Governance hat sich verändert, sondern auch die Beurteilung der Bedingungsfaktoren. So wird in den komplexen Ansätzen die jeweils spezifische Ausprägung des informellen institutionellen Kontextes und der kulturellen Muster explizit für die Beurteilung der Angemessenheit von Governance-Strukturen ebenso einbezogen wie unterschiedliche Geschwindigkeiten und divergierende Lösungsszenarien.

3 Perspektiven

Eine offene Frage in der Steuerung der Transition betrifft die Frage der zeitlichen Abfolge von Demokratie und Rechtsstaat (→ Rechtswissenschaftliche Perspektive). Ging der Rechtsstaat in den etablierten Demokratien dieser überwiegend voraus, so gilt dies nur sehr begrenzt für die jungen Demokratien. Solche Demokratien ohne ausreichende rechtsstaatliche Einbettung (illiberale Demokratie) werden von einigen Forschern als problematischer eingestuft als rechtsstaatliche Autokratien (Zakaria 1997), und es wird die Entwicklungssequenz „Rechtsstaat – Demokratie" vorgeschlagen, wie sie ähnlich im Aufbau von Good-Governance-Strukturen in „post-conflict societies" nach der Phase der Staatsbildung angesprochen wurde. Auch wenn dieser Vorschlag einige modelllogische Plausibilität aufweist, so ist er doch für „reguläre" Transitionsprozesse unrealistisch, da sich der Zeitpunkt der Demokratisierung nicht am wissenschaftlichen Schreibtisch, sondern in den betreffenden Gesellschaften entscheidet. Dies bedeutet, dass wir weiterhin in vielen jungen Demokratien mit der Gleichzeitigkeit der Transition auf allen drei Ebenen zu rechnen haben. Auch wenn so die Governance-Komplexität im Unterschied zu den älteren Transitionsprozessen wächst, sind damit nicht nur Schwierigkeiten verbunden. Vielmehr ergeben sich dadurch auch neue Interaktionsbeziehungen und Reformmöglichkeiten, die die Realität der Gleichzeitigkeit auch als Chance begreifen lassen. Gleichzeitigkeit wäre dann als neues Paradigma zu verstehen, wie das Zusammenspiel von Demokratie und Rechtsstaat verdeutlicht. Auch wenn der Rechtsstaat eine zentrale Funktionsbedingung von Demokratie darstellt, muss er nicht bereits umfassend vor der Demokratisierung etabliert werden. Denn Demokratisierungsprozesse haben auch zur Intensivierung von Rechtsstaatlichkeit beigetragen, indem sie die Verantwortlichkeit der Regierenden sowie Transparenz und Kontrolle des Regierungshandelns einforderten. Die Konzepte von Good Governance und eines umfassend verstandenen Veränderungsmanagements zeigen sich solch einer integralen Perspektive offen.

Es existieren aber auch noch andere Zielkonflikte im Kontext der Transition. So können Effektivität und Effizienz mit gesellschaftlicher Inklusion in Konflikt treten. Entsprechend können Ziele makroökonomischer Stabilität oder sozialer Schutz marginaler Gruppen favorisiert werden. Wenn die bisherige Argumentationslinie beibehalten werden soll, dann wird rasch klar, dass es in der Regelung dieser und anderer Fragen keine universellen Blaupausen geben kann, sondern vielmehr die Kontextangemessenheit zu prüfen ist. Nicht zu vergessen ist allerdings, dass es nicht zuletzt Machtverhältnisse sind, die maßgeblich über Zielkonflikte entscheiden.

Diese kurze Anmerkung verdeutlicht nochmals die grundlegenden Veränderungen, die sich im Verständnis der Steuerung der Transition im Laufe der wissenschaftlichen Auseinandersetzung ergeben haben. Wurden zunächst maßgeblich die Interaktionen von homogenen Makroakteuren betrachtet, die dann in zunehmendem Maße durch institutionelle Faktoren ergänzt respektive ersetzt wurden, so bedeutet heute Governance der Transformation in beiden Phasen ein äußerst komplexes Geschehen. Es berücksichtigt sowohl Akteure, ihre Präferenzen und kulturellen Einbindungen sowie Machtkonstellationen, formale und informelle Institutionen als auch Kommunikationsprozesse auf diversen Ebenen. Betroffen sind junge und etablierte Demokratien und deren Interaktionen in internationalen Organisationen. Zwei Forschungsaufgaben bleiben bestehen: Zum einen geht es um eine angemessene empirische Bestimmung der Qualität von Demokratie und Rechtsstaat, die beide maßgebliche Zielfelder der Governance der Transformation markieren. Wichtige Anhaltspunkte liefern dazu Ansätze der Demokratiemessung (Beetham 2001; Lauth 2004). Zum anderen gilt es die Erkenntnisse der theoretischen Zusammenhänge in ihrem komplexen Zusammenspiel zu vertiefen.

Literatur

Ahrens, Helen/Nolte, Detlef (Hrsg.),1999: Rechtsreformen und Demokratieentwicklung in Lateinamerika. Frankfurt a.M.: Vervuert.

Alexander, Gerard, 2001: Institutions, Path Dependence, and Democratic Consolidation, in: Journal of Theoretical Politics 13 (3), 249-270.

Almond, Gabriel/Verba, Sidney, 1963: The Civic Culture. Political Attitudes and Democracy in Five Nations. Princeton/New Jersey/Boston: Princeton University Press.

Becker, Michael/Lauth, Hans-Joachim/Pickel, Gert (Hrsg.), 2001: Rechtsstaat und Demokratie. Wiesbaden: Westdeutscher Verlag.

Beetham, David, 2001: International IDEA Handbook on Democracy Assessment. The Hague u.a.: Brill.

Benz, Arthur, 2004: Einleitung: Governance – Modebegriff oder nützliches sozialwissenschaftliches Konzept?, in: Arthur Benz (Hrsg.): Governance – Regieren in komplexen Regelsystemen. Eine Einführung. Wiesbaden: VS, 11-28.

Collier, Paul, 2003: Breaking the Conflict Trap. Civil War and Development Policy. Washington D.C.: World Bank Publications.

Conzelmann, Thomas, 2004: „Gutes Regieren" in europäischen Farben? Zur Leitbildsteuerung der Europäischen Union in der Entwicklungszusammenarbeit. Darmstadt/Frankfurt: World Society Research Group (Working Paper No. 12).

Debiel, Tobias/Terlinden, Ulf (2005): Promoting Good Governance in Post-Conflict Societies. Eschborn: GTZ (Division State and Democracy. Project on Democracy and the Rule of Law), Discussion Paper.

Eisenstadt, Shmuel N., 1979: Tradition, Wandel und Modernität. Frankfurt a.M.: Suhrkamp.

Elster, Jon, 1990: The Necessity and Impossibility of Simultaneous Economic and Political Reform, in: Piotr Ploszajski (Hrsg.): Philosophy of Social Choice. Warschau: IFiS Publ., 309-316.

Gillespie, Richard/Youngs, Richard (Hrsg.), 2002: European Union and Democracy Promotion: The Case of North Africa. London: Frank Cass.

Hanisch, Rolf (Hrsg.), 1996: Demokratieexport in die Länder des Südens? Hamburg: Deutsches Übersee-Institut.

Hasse, Raimund/Krücken, Georg, 1999: Neo-Institutionalismus. Bielefeld: Transcript.

Helmke, Gretchen/Levitsky, Steven, 2004: Informal Institutions and Comparative Politics: A Research Agenda, in: Perspectives on Politics 2 (4), 725-740.

Huntington, Samuel, 1973: Politische Entwicklung und politischer Verfall, in: Martin Jänicke (Hrsg.): Politische Systemkrisen. Köln: K&W, 260-294 (orig. 1965).

Johnson, John J., 1958: Political Change in Latin America. The Emergence of the Middle Sectors. Stanford: Stanford University Press.

Kneuer, Marianne, 2001: Die Demokratieförderung der EG bei der Transformation Südeuropas: Lehren für Ostmitteleuropa?, in: WeltTrends 30 (Frühjahr), 111-131.

Köllner, Patrick, 2005: Formale und informelle Politik aus institutioneller Perspektive: Ein Analyseansatz für die vergleichenden Area Studies. Hamburg: DÜI Institut für Asienkunde, GIGA Working Papers, Nr. 6.

Lauth, Hans-Joachim, 2000: Informal Institutions and Democracy, in: Democratization Vol. 7 (4), 21-50.

Lauth, Hans-Joachim, 2004: Demokratie und Demokratiemessung, Eine konzeptionelle Grundlegung für den interkulturellen Vergleich. Wiesbaden: VS.

Lauth, Hans-Joachim/Liebert, Ulrike (Hrsg.), 1999: Im Schatten demokratischer Legitimität. Informelle Institutionen und politische Partizipation im interkulturellen Demokratienvergleich. Opladen: Westdeutscher Verlag.

Lijphart, Arend, 1999: Patterns of Democracy. Government Forms and Performance in Thirty-Six Countries. New Haven and London: Yale University Press.

Linz, Juan J., 1994: Presidential or Parliamentary Democracy: Does it Make a Difference?, in: Juan J. Linz/Arturo Valenzuela (Hrsg.), The Failure of Presidential Democracy, 2 Bd.. Baltimore/London: Johns Hopkins University Press, 3-87.

Lipset, Seymour Martin, 1959: Political Man. The Social Bases of Politics. Garden City, NY: Doubleday.

Löwenthal, Richard, 1963: Staatsfunktion und Staatsform in den Entwicklungsländern, in: Richard Löwenthal (Hrsg.), Die Demokratie im Wandel der Gesellschaft. Berlin: Colloquium Verl., 164-192.

Merkel, Wolfgang, 1999: Systemtransformation. Opladen: UTB.

Merkel, Wolfgang/Puhle, Hans-Jürgen/Croissant, Aurel/*Eicher, Claudia/Thiery, Peter* (2003): Defekte Demokratie. Band 1: Theorie. Wiesbaden: Westdeutscher Verlag.

Moore, Barrington Jr.,1969: Soziale Ursprünge von Diktatur und Demokratie. Frankfurt/Main: Suhrkamp.

Müller, Hans-Peter/Kock, Claudia/Ditfurth, Anna von, 1991: Kulturelles Erbe und Entwicklung: Indikatoren zur Bewertung des sozio-kulturellen Entwicklungsstandes. München u.a: Weltforum-Verlag.

Nohlen, Dieter, 1992: Präsidentialismus versus Parlamentarismus in Lateinamerika, in: Lateinamerika-Jahrbuch 1992. Frankfurt: Vervuert, 86-99.

Nye, Joseph, 1990: Bound to Lead. New York: Basic Books.

O'Donnell, Guillermo, 1973: Modernization and Bureaucratic Authoritarianism. Studies in South American Politics. Berkeley, CA: Inst. of Intern. Studies.

O'Donnell, Guillermo, 1999: Horizontal Accountability in New Polyarchies, in: Andreas Schedler/Larry Diamond/Mark Plattner (Hrsg.), Institutionalizing Accountability. Boulder: Lynne Rienner, 29-51.

Offe, Claus, 1991: Das Dilemma der Gleichzeitigkeit. Demokratisierung und Marktwirtschaft in Osteuropa, in: Merkur 45 (4), 279-292.

Peters, B. Guy, 1999: Institutional Theory in Political Science. The 'New Institutionalism'. London/New York: Continuum.

Przeworski, Adam, 1991: Democracy and the Market: Political and Economic Reforms in Eastern Europe and Latin America. Cambridge: Cambridge University Press.

Rueschemeyer, Dietrich/Huber Stephens, Evelyne/Stephens, John D., 1992: Capitalist Development and Democracy. Cambridge: Polity Press.

Sartori, Giovanni, 1997: Comparative Constitutional Engineering: An Inquiry into Structures, Incentives and Outcomes, 2. ed. Basingstoke u.a.: Macmillan.

Schedler, Kuno/Proeller, Isabella, 2000: New Public Management. Bern/Stuttgart/Wien: Haupt.

Schubert, Gunter/Tetzlaff, Rainer/Vennewald, Werner (Hrsg.), 1994: Demokratisierung und politischer Wandel. Theorie und Anwendung des Konzepts der strategischen und konfliktfähigen Gruppen (SKOG). Münster/Hamburg: LIT.
Wendt, Alexander, 1992: Anarchy is what States make of it: The Social Construction of Power Politics, in: International Organization, 46 (Spring) 2, 391-425.
Zakaria, Fareed, 1997: The Rise of Illiberal Democracy, in: Foreign Affairs, Vol. 76, No. 6, 22-43.
Zielonka, Jan (Hrsg.), 2001: Democratic Consolidation in Eastern Europe, Bd. 1: Institutional Engineering. Oxford: Oxford University Press.

Teil 2: Theorie- und Analyseperspektiven

Uwe Schimank

2.1 Neoinstitutionalismus

Kaum eine sozialwissenschaftliche Betrachtung sozialer Wirklichkeit – ob in der Soziologie, der Politik-, der Geschichts- oder der Wirtschaftswissenschaft – übergeht Institutionen völlig oder lässt sie auch nur weitgehend unbeachtet links liegen. In der Wirtschaftswissenschaft blendet die vorherrschende Neoklassik zwar institutionelle Regelungen in ihren Modellierungen aus, setzt aber zum Beispiel Eigentumsrechte oder das Vertragsrecht voraus. In der Soziologie dekonstruieren manche mikrosoziologischen Perspektiven wie die Ethnomethodologie das Konzept der Institution, und auch aus systemtheoretischer Makroperspektive wird der Institutionenbegriff als analytisch überholt eingestuft. Doch das sind Minderheitspositionen. Insbesondere in den letzten zwanzig Jahren ist vielmehr ein Neoinstitutionalismus in allen vier genannten Disziplinen aufgekommen (Hall/Taylor 1996; Peters 1999).

Im Folgenden werden die wichtigsten Strömungen des Neoinstitutionalismus (Soziologischer Neoinstitutionalismus, Institutionenökonomik, Rational-Choice-Institutionalismus, Historischer Institutionalismus und akteurzentrierter Institutionalismus) zum einen in ihrer jeweiligen Besonderheit, zum anderen hinsichtlich ihrer expliziten oder impliziten Beiträge zur Governance-Perspektive vorgestellt – siehe als ausführlichere Darstellung auch Czada/Schimank (2001). Im vorliegenden Kapitel geht es um die allgemeinen analytischen Konzepte und Modelle und deren Vergleich. Die Nutzung institutionalistischen Denkens bei der systematischen oder bereichsspezifischen Behandlung institutioneller Strukturdynamiken – Dynamiken der Entstehung, Bewahrung, Veränderung oder Zerstörung von Institutionen – findet in vielen anderen Kapiteln dieses Handbuches statt (stellvertretend für Ersteres sei nur auf → Pfadabhängigkeit, für Letzteres auf → Wissenschaft verwiesen).

1 Institutionengestaltung und Institutionendynamiken

Der Betrachtung der fünf neoinstitutionalistischen Perspektiven ist eine generelle Charakterisierung institutionalistischen Denkens vorauszuschicken. In der neuzeitlichen Sozialphilosophie steht der Institutionenbegriff – etwa bei Thomas Hobbes – für soziale Ordnungen, die nicht gottgegeben oder „natürlich", sondern Menschenwerk und als solches „künstlich" und kontingent sind. Dabei wird von Anfang an die Dualität des von Menschen Geschaffenen gesehen. Auf der einen Seite geht es um intentional etablierte Ordnungsmuster wie prototypisch rechtliche Regelungen, über die politische Herrscher und später demokratisch gewählte Parlamente entscheiden. Auf der anderen Seite werden aber auch eingelebte soziale Praxen, die – in der berühmten Formel – „hinter dem Rücken" der Akteure aus deren handelndem Zusammenwirken hervorgegangen sind, als Institutionen bezeichnet, so beispielsweise die in einer Region oder einer bestimmten Bevölkerungsgruppe vorherrschenden Sitten und Gebräuche, die von niemandem bewusst eingerichtet worden sind. Nationale Verfassungen hier, „Volkskulturen" dort: Diese Spanne übergreift der Institutionenbegriff.

Institutionen – ob nun bewusst geschaffen oder naturwüchsig entstanden – sind zentrale Muster sozialer Interdependenzbewältigung und als solche wichtige Gegenstände von Theorien sozialer Ordnung (→ Elementare Mechanismen). Für die Governance-Perspektive werden Institutionen in dem Maße interessant, wie sie zum einen *intentional geschaffene* Muster der Interdependenzbewältigung, zum anderen intentional geschaffene oder naturwüchsig entstandene wichtige *Randbedingungen* der intentionalen Schaffung von Interdependenzbewältigungsmustern darstellen. In ersterem Fall sind Institutionen das Resultat von Gestaltungsbemühungen, in letzterem Fall deren – restringierender oder ermöglichender – Kontext.

Wenn es um Institutionengestaltung geht, rückt zunächst das Wechselspiel von Intentionalität und Transintentionalität – hier verstanden als scheiternde Intentionalität – in den Blick (Schimank 2003). Man konzipiert zum Beispiel als politische Partei ein Gesetz zum Gender-Mainstreaming und erhofft sich von dessen Umsetzung bestimmte Wirkungen; doch bei der Gesetzesformulierung muss man viele verwässernde Kompromisse eingehen, um Mehrheiten zu finden, und die tatsächlichen Effekte des schließlich verabschiedeten Gesetzes sind dann ganz andere, als man erwartet hat. Vielleicht sorgt das Gesetz unter den obwaltenden Umständen – zu denen nicht zuletzt andere institutionelle Regeln gehören – dafür, dass noch weniger Frauen als zuvor in Führungspositionen gelangen. Scheiternde Intentionalität ruft – wenn man nicht rundweg resigniert, was nicht nur politische Akteure selten tun – weitere Gestaltungsbemühungen in Form von Korrekturen und mehr oder weniger weitreichenden Revisionen des zunächst Beschlossenen hervor; doch wiederum stellen sich unweigerlich Hindernisse, Neben- und Fernwirkungen ein usw.: Institutionengestaltung als unendliche Geschichte.

Betrachtet man nun diejenigen institutionellen Ordnungen, die erst einmal ohne Gestaltungsabsichten naturwüchsig entstanden sind, so entdeckt man, dass diese Dynamiken entfalten können, die wiederum Gestaltungsintentionen auf sich ziehen. So mag sich in einer Gemeinschaft auf der Grundlage asymmetrischer Machtverteilung oder zufälliger Pfadabhängigkeiten ein Verteilungsmuster hinsichtlich des Ertrages kollektiven Handelns institutionalisiert haben, das Ungleichheiten immer weiter verschärft und jedenfalls nicht abbaut. Wenn diese beiläufige Transintentionalität Anstoß erregt, also nicht länger als „natürlicher Lauf der Dinge" hingenommen wird, man aber nicht darauf hoffen kann, dass sich die zugrunde liegende Dynamik der Abweichungsverstärkung von selbst korrigiert, kann man nur Institutionengestaltung versuchen, also etwa kompensatorische institutionelle Regelungen installieren. Und schon ist man wieder im geschilderten Wechselspiel von Intentionalität und Transintentionalität.

Von Anbeginn des neuzeitlichen Denkens über Institutionendynamiken und Institutionengestaltung bis heute lassen sich die unterschiedlichen Einschätzungen dessen, was da als Menschenwerk produziert und reproduziert wird, entlang zweier Frontlinien sortieren. Zum einen betonen bestimmte Beobachter eher die „visible hand" (Chandler 1977) intentionaler Institutionengestaltung, andere eher die „invisible hand" naturwüchsiger Institutionendynamiken als faktischer Triebkräfte des Geschehens. Zum anderen stehen quer dazu auf der einen Seite diejenigen, die fortschrittsoptimistisch davon ausgehen, dass die Geschichte der Moderne eine Dynamik der Institutionenverbesserung darstellt, und auf der anderen Seite die fortschrittspessimistischen Kritiker – einmal außer Acht gelassen, welcher Maßstab zugrunde gelegt wird und ob es um große Fortschritte etwa in Richtung Weltfrieden oder kleine wie ein bisschen mehr Gerechtigkeit bei der Pendlerpauschale geht. Um die vier denkmöglichen Positionen zu verdeutlichen:

- Ein fortschrittsoptimistisches Vertrauen in die „visible hand" zeichnete die Blütezeit aufklärerischen Denkens aus: Wenn die Menschen erst die Institutionengestaltung entschlossen selbst in die Hand nehmen, wird letztlich alles gut werden.
- Edmund Burke markierte in seinen „reflections on the revolution in France" den bezüglich Gestaltungsintentionen fortschrittspessimistischen Gegenpol der „rhetoric of reaction" (Hirschman 1991): Gutgemeintes schlägt unweigerlich in Übel um.
- Die schottische Moralphilosophie (Adam Ferguson, Adam Smith) hielt beidem die fortschrittsoptimistische These der wohltätigen „invisible hand" entgegen: Auf die Absichten der Menschen solle man sich in der Tat nicht verlassen; doch auch und gerade jenseits deren Intentionen realisiere sich das für alle Gute.
- Dem diametral entgegengesetzt behauptete Karl Marx in seiner Analyse des Kapitalismus, dass die unsichtbare Hand des Marktes eine „Anarchie" der Einzelkapitale hervorbringe, die gesamtgesellschaftlich auf eine finale Krise zusteuere.

Zwei Koalitionen gegenseitiger argumentativer Unterstützung fallen sogleich auf: Der Visible-hand-Optimismus wird durch den Invisible-hand-Pessimismus bestärkt und umgekehrt, und das Gleiche gilt für den Invisible-hand-Optimismus und den Visible-hand-Pessimismus.

Die gesellschaftliche Realität zeigt freilich, dass intentionale Gestaltung und naturwüchsige Dynamiken von Institutionen in reiner Form praktisch nicht vorkommen. Jedes Gestaltungsbemühen ist erstens in simultan ablaufende naturwüchsige Dynamiken eingebettet und schlägt zweitens längerfristig in solche um; dennoch können die Akteure nicht völlig von Gestaltungsbemühungen absehen, die daher selbst hochgradig naturwüchsige Dynamiken noch durchziehen.

2 Soziologischer Neoinstitutionalismus

Die von Peter Berger und Thomas Luckmann als Verknüpfung von Sozialphänomenologie und deutscher Philosophischer Anthropologie vorgelegte Sozialtheorie war der Ausgangspunkt des soziologischen Neoinstitutionalismus (Berger/Luckmann 1971). Sie legen einen Akteur zugrunde, der vor allem nach Erwartungssicherheit strebt, die ihm von Institutionen bereitgestellt wird. Erwartungssicherheit betrifft in zeitlicher Hinsicht zukünftiges Geschehen, und zwar in der Sach- wie vor allem in der Sozialdimension. Der Akteur vermag durch Institutionen einzuschätzen, was seine Gegenüber in einer bestimmten Situation tun werden und welches Handeln sie von ihm erwarten. Rechtsnormen etwa verhelfen jedem Akteur zu Erwartungen über das Handeln der je anderen und zu Erwartungserwartungen. Dementsprechend können sich alle auf ihre Gegenüber einstellen und so die doppelte Kontingenz der Situation bewältigen. Das Entscheidende, was aus einem Zusammenhang kognitiver, normativer und evaluativer Orientierungen eine Institution macht, ist diese intersubjektiv gewusste intersubjektive Geltung: Ego legt diesen Sinnzusammenhang nicht allein seinem eigenen Handeln zugrunde, und es tun dies auch nicht nur mehrere Egos ohne Wissen darüber, dass die jeweils anderen es ebenso tun, sondern alle tun es in dem Wissen, dass die je anderen es ebenfalls tun.

Berger/Luckmann (1971: 70-79) stellen diesen Sachverhalt in ihrer Unterscheidung von Habitualisierung und Typisierung auf der einen Seite und darauf aufbauender Institutionalisierungsdynamik auf der anderen Seite heraus. Ihr Ausgangspunkt ist: "All human activity is subject to habitualization" (Berger/Luckmann 1971: 70). Diese individuelle Routinisierung von Handlungsweisen geschieht einfach schon deshalb, weil sich der Einzelne so von Reflexions- und Wahlzwängen entlastet. Habitualisierungen ermöglichen dann aber Beobachtern Typisierungen dieses Handelns, was in Institutionalisierung übergehen kann: „Institutionalization occurs whenever there is a reciprocal typification of habitualized actions by types of actors. [...] The 'There he goes again' becomes a 'There we go again'" (Berger/Luckmann 1971: 72, 74, Hervorh. weggel.). Berger/Luckmann weisen explizit darauf hin, dass die Institutionalisierung erst dann gefestigt ist, wenn sie über die ursprüngliche Dyade hinausreicht. Sobald ein dritter, vierter oder fünfter Akteur einbezogen wird, macht das Größenwachstum der Konstellation sehr schnell allseitige situative Handlungsabstimmungen unmöglich: „The objectivity of the institutional world 'thickens' and 'hardens' [...]. The habitualizations and typifications undertaken in the common life of A and B, formations that until this point still had the quality of ad hoc conceptions of two individuals, now become historical institutions." Aus dem "There we go again" wird ein "This is how these things are done" (Berger/Luckmann 1971: 76/77). Berger/Luckmann machen dies insbesondere an der Weitergabe institutioneller Strukturen an nachfolgende Generationen fest; aber es gilt genauso für den Einbezug anderer, zunächst nicht involvierter Akteure in eine Dyade: zum Beispiel weiterer Nachbarn, die eine ursprünglich von zwei Familien gegründete Bürgerinitiative mittragen. Im Extremfall verdinglichen sich Institutionen zu gar nicht mehr anders denkbaren Strukturen handelnden Zusammenwirkens (Berger/Luckmann 1971: 106-109) und bieten dann maximale Erwartungssicherheit.

Für die naturwüchsige Dynamik der Schaffung und Erhaltung von Institutionen haben Berger/Luckmann hiermit ein analytisches Modell skizziert; man findet bei ihnen allerdings weder entsprechende Überlegungen zur Veränderung bereits bestehender Institutionen, noch wird intentionale Institutionengestaltung thematisiert. Die hieran anknüpfenden späteren soziologischen Neoinstitutionalisten (John Meyer, Walter Powell, Paul DiMaggio, Lynne Zucker) sehen demgegenüber – dabei nicht zufällig von Organisationen ausgehend – den Akteur als Entscheidungsträger, der als solcher u.a. auch Institutionengestaltung betreibt und dabei in einer überkomplexen Welt in zwei elementaren Hinsichten Entscheidungshilfen benötigt: Welche Ziele soll er eigentlich anstreben, und wie kann er das möglichst effizient und effektiv tun (Hasse/Krücken 1999; Walgenbach 1999)? Diese Entscheidungshilfen gibt ihm der institutionelle Rahmen, in dem er sich bewegt. Er stellt ihm in evaluativer und kognitiver Hinsicht „Rationalitätsmythen" (Walgenbach 1999) bereit, also intersubjektiv als rational geltende Praktiken, wie bestimmte Probleme bewältigt werden. Die normativen Orientierungen, die Institutionen bieten, bleiben in dieser „kulturalistischen" Lesart weitgehend ausgeblendet; faktisch sprechen die soziologischen Neoinstitutionalisten aber institutionalisierten kognitiven und evaluativen Orientierungen eine quasinormative Prägekraft zu, die ebenfalls weit in Richtung Verdinglichung gehen kann. Ein anschauliches Beispiel liefert etwa die wirtschaftspolitische Doktrin des „Neoliberalismus", die ein Set von vorgeblich rationalen Regeln und Rezepten für die Gestaltung von Wirtschaftssystemen und ihrem Verhältnis zur Politik darstellt. Managementphilosophien sind andere Beispiele (Kieser 1996), oder auch die tatsächlich mittlerweile hochgradig verdinglichte, als unumstößliche Wahrheit geltende Einschätzung, dass effiziente Verwaltung immer und überall auf dem extensiven Einsatz von EDV beruht (Walgenbach 1999: 320).

Die Neoinstitutionalisten unterscheiden drei oft zusammenwirkende Mechanismen, die Institutionalisierungsdynamiken, verstanden als Dynamiken der Ausbreitung und Verfestigung solcher kognitiver und evaluativer Orientierungen, vorantreiben (DiMaggio/Powell 1983). Grundlegend ist ein „mimetic isomorphism", der auf wechselseitige Beobachtung zwischen Akteuren zurückgeht, die von ihnen als besonders effizient und effektiv eingeschätzte Praktiken anderer Akteure kopieren; verstärkt wird dies oft durch einen „normative isomorphism", der auf Empfehlungen durch anerkannte Experten zurückgeht, und nicht selten auch durch einen „coercive isomorphism" auf der Grundlage rechtlicher Vorschriften, die ihrerseits meist Experteneinschätzungen kodifizieren. Die beiden letztgenannten Mechanismen sind eindeutig Fälle von Institutionengestaltung; aber auch der „mimetic isomorphism" beruht in der Regel auf bewussten Wahlakten der Übernahme bestimmter Orientierungen, wobei das Bewusstsein, dass viele andere desgleichen tun, wechselseitige Überzeugungsarbeit leistet. Anders als Berger/Luckmann gehen die ihnen folgenden soziologischen Neoinstitutionalisten also durchweg von intentionalem „institutional design" aus. Sie haben damit auch teilweise Anschluss an die Governance-Perspektive gefunden (z.B. Fligstein 1996), in die sie vor allem den Hinweis auf geteilte Weltsichten als wichtige, meist latent wirkende Handlungskoordinierung einbringen – ein Aspekt, den die anderen institutionalistischen Perspektiven wenig ansprechen.

3 Institutionenökonomik

Die Institutionenökonomik teilt mit der vorherrschenden wirtschaftswissenschaftlichen Neoklassik das Akteurmodell des Homo oeconomicus, betont aber dieser gegenüber die Entscheidungsunsicherheit dieses Akteurs und sieht ihn im Kontext von Institutionen, die dieses Problem lösen oder zumindest mildern können (Furubotn/Richter 2003). Die Institutionenökonomik hat dabei einen breiten Institutionenbegriff, der Routinen, etablierte Praktiken, Regeln, Gesetze und Standards einschließt, soweit sie die Kognition und Interaktion der Akteure beeinflussen. Im Einzelnen beschäftigt sich die Institutionenökonomik insbesondere auf der Organisationsebene mit Transaktionskosten, mit Prinzipal-Agent-Beziehungen sowie mit „property rights" (Ebers/Gotsch 1998).

Ronald Coase (1937) erklärt die Existenz von Unternehmen, also nichtmarktförmigen Institutionen in Märkten, damit, dass bestimmte Transaktionen innerhalb hierarchischer Unternehmensstrukturen kostengünstiger zu bewerkstelligen sind als auf Märkten. Das Argument lässt sich am Beispiel des Arbeitsmarktes verdeutlichen. Wenn Arbeitskräfte nicht durch die Institution des Arbeitsvertrages gebunden wären (→ Organisationstheorien), sondern von Tag zu Tag an einer Art Arbeitsbörse gehandelt würden, wäre der Such- und Vermittlungsaufwand enorm und die Unsicherheit hoch, überhaupt geeignete Kräfte zu finden – besonders bei höheren Qualifikationsanforderungen. Oliver Williamson (1975) führt den Ansatz von Coase fort und entwickelt daraus anwendbare Modelle für die Unternehmensorganisation, die Gestaltung von Vertragsbeziehungen und die Unternehmensführung. Für Williamson hängt die geeignete Governance-Struktur in und zwischen Unternehmen von drei Größen ab: der Höhe transaktionsspezifischer Investitionen, der Häufigkeit der Transaktionen und dem Grad ihrer Unsicherheit. Das bedeutet etwa für eine Zulieferbeziehung: Je mehr beide Seiten in sie investieren müssen, je mehr Einheiten eines Produktes zu liefern sind und je komplexer und abnehmerspezifischer das zu liefernde Produkt ist, desto riskanter wird der Abbruch einer Vertragsbeziehung, weshalb man nichtmarktliche, institutionelle Vorkehrungen treffen sollte.

Bei der Prinzipal-Agent-Perspektive steht das Kontrollproblem im Vordergrund, mit dem sich ein Prinzipal – etwa ein Arbeitgeber, ein Vorgesetzter oder ein Auftraggeber – gegenüber seinem Agenten konfrontiert sieht: Wie kann gewährleistet werden, dass der Mitarbeiter, Untergebene oder Auftragnehmer auch tatsächlich im Sinne des mit dem Prinzipal Vereinbarten tätig wird? Ginge es nur um das Kontrollproblem, wäre an eine hierarchische Lösung zu denken, bei der allerdings ein hoher Überwachungsaufwand anfallen kann. Schwerwiegender als das Überwachungsproblem sind Informationsasymmetrien, die es dem Prinzipal erschweren, die Tätigkeit des Agenten zu beurteilen. In einer arbeitsteiligen Wirtschaft bedeutet die Beauftragung einer Fachkraft gewöhnlich, dass der Auftraggeber selbst gar nicht in der Lage ist, deren Tätigkeit hinsichtlich dessen, was mit welchem Aufwand leistbar ist, einzuschätzen, geschweige denn selbst auszuführen. In dieser Situation kann der Prinzipal etwa Anreizsysteme institutionalisieren, die den Agenten auf dem rechten Weg halten – beispielsweise derart, dass Managern bei einem Unternehmenserfolg Aktienoptionen in Aussicht gestellt werden. Hier setzen die Aktionäre als Prinzipale einen Leistungsanreiz für die Manager. Insgesamt wird also die Frage gestellt, wie die Prinzipal-Agent-Beziehung beschaffen ist, welche Möglichkeiten und Interessen des „shirking" der Agent hat und welche Mechanismen der Prinzipal institutionalisieren kann, um dem zu begegnen.

Die Leitidee des Property-rights-Konzeptes besteht darin, dass die Ausgestaltung von Eigentums- beziehungsweise Verfügungsrechten die Allokation und Nutzung wirtschaftlicher Ressourcen auf spezifische und vorhersehbare Weise beeinflusst (Furubotn/Pejovich 1972). Verfügungsrechte umfassen nicht nur Rechtsansprüche aus Verträgen oder Gesetzen, sondern reichen bis zu den Ansprüchen, die man im Rahmen von Freundschaftsverhältnissen an jemanden richten kann. Der Property-rights-Ansatz bezieht sich allerdings zumeist nur auf die institutionelle Garantie des Eigentumsrechtes und zeigt, wie wichtig möglichst umfassend und sanktionierbar geregelte Eigentumsverhältnisse für wirtschaftliche Entwicklung sind –, weil dadurch eben – in diesem Fall normative – Erwartungssicherheit etabliert wird (North 1988). Wer zum Beispiel weiß, dass er erzielte Gewinne aus Transaktionen behalten darf und die andere Seite nicht am nächsten Tag kommen und – vielleicht gar mit Gewaltdrohungen – „rückverhandeln" kann, wird stärker motiviert sein, unternehmerisch tätig zu werden.

Das Gros institutionenökonomischer Beiträge bezieht sich – nicht überraschend – auf Unternehmen und Wirtschaft. Die analytische Perspektive ist allerdings auch auf andere Arten von Organisationen und auf nichtwirtschaftliche Aktivitäten übertragbar. Man kann zum Beispiel Behörden oder Kirchen als Prinzipal-Agent-Strukturen betrachten oder Verfügungsrechte im Verhältnis zwischen Ehepartnern identifizieren. Damit wird diese Spielart des Neoinstitutionalismus auch über den Kreis von Betriebs- und Volkswirten hinaus interessant und geht dann teilweise in den Rational-Choice-Institutionalismus ein.

4 Rational-Choice-Institutionalismus

Im „rational choice institutionalism" (Hall/Taylor 1996: 10-13; Peters 1999: 43-62) werden Akteure als zielorientiert im Sinne einer rationalen Nutzenverfolgung angesehen. Dabei werden unter dem Gesichtspunkt der Governance Interessenkonflikte zwischen Akteuren in den Blick genommen, wobei drei Abstufungen der Konflikthaltigkeit unterschieden werden können (Scharpf 1997: 73; Esser 2000: 55-108):

- reine „Koordinationsspiele": In ihnen geht es lediglich darum, dass alle Beteiligten sich auf ein Konstellationsgleichgewicht einigen, das dann für alle das beste ist. Ein simples Beispiel ist die Abstimmung zweier einander entgegenkommender Autofahrer auf einer breiten Straße. Es muss nur geklärt werden, wer nach welcher Seite ausweicht, wobei keiner durch seine kleine Richtungsänderung einen Nachteil hat, aber beide gleichermaßen den Vorteil genießen, schnell und unverletzt weiterfahren zu können. Diese Konstellation kommt dem nahe, was Berger/Luckmann als Bedarf an Erwartungssicherheit ihrer Vorstellung über Institutionalisierungsdynamiken zugrunde legen.
- reine „Konfliktspiele": Hier besteht ein Nullsummenverhältnis zwischen den Nutzenbilanzen der Beteiligten. Es gibt nur solche Konstellationsgleichgewichte, bei denen der Vorteil des einen der Nachteil des anderen ist. Wenn die zwei Autofahrer, die es beide eilig haben, einander auf einer längeren engen Wegstrecke entgegenkommen, muss einer zurückfahren und warten, bis der andere ihn passiert hat. Wer darf zuerst fahren und wer wartet?
- „mixed motive games": Sie sind weder so harmonisch wie die „Koordinations-" noch so konfrontativ wie die „Konfliktspiele". Die hier existierenden Konstellationsgleichgewichte unterscheiden sich in ihrer „Pareto-Superiorität". Bei manchen Gleichgewichten steht sich also mindestens ein Beteiligter besser als bei anderen, und es kann durchaus Gleichgewichte geben, bei denen sich alle besserstehen. Wenn die beiden Autofahrer außer der engen Wegstrecke auch eine allerdings deutlich weitere Alternativroute zur Verfügung haben, könnten sie sich ja darauf einigen, dass der eine von ihnen von vornherein dort entlangfährt. Beide hätten den Vorteil, sich nicht erst miteinander um die Vorfahrt streiten und eventuell dann auch noch warten zu müssen. Einer hätte al-

lerdings darüber hinaus auch den kürzeren Weg, sparte also noch mehr Zeit und Benzin als der andere. Dieses Beispiel entspricht der Konstellation des „battle of the sexes". Andere bekannte „mixed motive games" sind „Chicken" und – am prominentesten – das „Prisoner's Dilemma" (Scharpf 1997: 72-79).

Gleich welcher Art eine konkrete Konstellation ist: kommt sie häufiger vor oder ist sogar auf Dauer gestellt, können – so der Rational-Choice-Institutionalismus – geeignete institutionelle Regeln die Bewältigung der zwischen den Akteuren bestehenden Intentionsinterferenzen erleichtern. Spieltheoretisch formuliert, entstehen und überdauern Institutionen „because they embody something like a Nash equilibrium" (Hall/Taylor 1996: 8). Gemeint ist ein stabiler Gleichgewichtszustand, in dem jeder der beteiligten Akteure durch einseitige Änderung seines Handelns einen Verlust erlitte (Shepsle 1989). Im „Koordinationsspiel" könnte eine Verkehrsregel wie das Rechtsfahrgebot als Konvention helfen, die Gefahr eines Kollisionskurses auszuschalten (Tietzel 1990). Das „Konfliktspiel" der Autofahrer könnte durch eine Regelung in Gestalt einer Ampelanlage, die mal dem einen, mal dem anderen Vorfahrt gewährt, entscheidend entschärft werden. Und das „mixed motive game" wäre etwa durch eine Einbahnstraßenregelung, der zufolge man in der einen Richtung nur die eine und in der anderen die andere Route wählen kann, institutionell auf ein bestimmtes Gleichgewicht festlegbar, wodurch auch hier langwierige und aufreibende Ad-hoc-Aushandlungen wegfielen.

Der Rational-Choice-Institutionalismus kennt sowohl Institutionengestaltung als auch naturwüchsige Institutionendynamiken als Wege, wie solche kollektiv-rationalen Institutionen entstehen können.

In „Koordinationsspielen" können sich Gestaltungsintentionen am leichtesten realisieren. Ausgeprägte Interessengegensätze zwischen den Beteiligten gibt es nicht, sodass der wichtigste Faktor fehlt, der ein wechselseitiges Konterkarieren der Intentionen herbeiführen könnte. Wenn dann Kommunikationsmöglichkeiten bestehen und keine wechselseitigen Missverständnisse passieren, spricht wenig dagegen, dass man sich einigt. Letztlich könnte man sogar losen.

Völlig anders stellen sich „Konfliktspiele" dar. Hier ist strukturell nichts anderes möglich, als dass sich bestimmte Akteure auf Kosten anderer durchsetzen. Situativ kann dies so geschehen, dass der zeitliche Vorsprung den Ausschlag gibt – etwa an einem zu knapp bestückten Büfett. Meistens ist allerdings nicht die Zeitdimension, sondern die Sozialdimension entscheidend: wie asymmetrisch die Einflusspotenziale verteilt sind. Der in irgendeinem je relevanten Sinn Stärkere setzt sich durch. Geht es um einen „unteilbaren Konflikt", also ein Entweder-oder, gilt: „Winner takes all!" Wenn der Konfliktgegenstand sich hingegen nach Art eines Kuchens portionieren lässt, es sich also um einen „teilbaren Konflikt" handelt, wird die Aufteilung die Kräfteverhältnisse widerspiegeln. In „Konfliktspielen" können nur unter zwei Bedingungen stabile Institutionen geschaffen werden:

- Entweder besteht eine dauerhafte Einflussdominanz einer Seite, die dann ihre Vorstellungen entsprechend mehr oder weniger durchzusetzen vermag. Dies wird in machtbasierten Modellen politischer Institutionengestaltung betont (Knight 1992).

- Oder ein dauerhaft einflussüberlegener externer Akteur setzt die Institution nach eigenem Gutdünken fest. So geht es etwa den Autofahrern mit der ihnen vom Staat vorgesetzten Ampel. Der externe Akteur kann sich bei seinen Gestaltungsvorstellungen an entsprechenden Intentionen von bestimmten Akteuren des „Konfliktspiels" orientieren, sodass diese dann ihre Intentionen gleichsam per Stellvertretung durchgesetzt bekommen. Es kann auch so sein, dass der externe Akteur auf einflussreiche Akteure des „Konfliktspiels" zumindest in gewissem Maße Rücksicht nehmen muss. Möglich ist aber auch, dass der externe Akteur sich völlig über die Vorstellungen der ins „Konfliktspiel" Involvierten hinwegsetzt.

Wenn schließlich Konstellationen „mixed motive games" darstellen, lassen sich institutionelle Regelungen etablieren, die, verglichen mit einem institutionenfreien Zustand, pareto superiore oder gar pareto-optimale Gleichgewichte ermöglichen. Dies kann, wie Robert Axelrod (1984) es für das „Prisoner's Dilemma" aufgezeigt hat, auch transintentional aus der „evolution of cooperation" hervorgehen. Iteration in zeitlicher Hinsicht, Reputationseffekte in sozialer Hinsicht und „issue linkages" (McGinnis 1986), also multiple Abhängigkeiten zwischen den Akteuren, in sachlicher Hinsicht sind die entscheidenden Mechanismen, die eine Institutionalisierung pareto-superiorer Gleichgewichte in „mixed motive games" befördern. Wenn diese drei Mechanismen nicht nur auf der Basis wechselseitiger Beobachtung des jeweiligen Handelns wirken, sondern auch gezielt in Verhandlungen über die Gestaltung von Institutionen eingesetzt werden (→ Verhandlungen), kann das die Schaffung, Erhaltung oder Veränderung von Institutionen sowohl beschleunigen als auch verstärken (→ Elementare Mechanismen).

Insgesamt wohnt dem Rational-Choice-Institutionalismus – wie übrigens auch der Konzeption von Berger/Luckmann – ein nicht zu übersehender Funktionalismus inne (Hall/Taylor 1996: 13). Institutionen werden, ob intentional oder transintentional, produziert und reproduziert, weil sie wiederkehrende Probleme der Interdependenzbewältigung lösen helfen.

5 Historischer Institutionalismus

Gegen einen solchen Funktionalismus stellt der Historische Institutionalismus ein Korrektiv dar. Er legt sein Hauptaugenmerk auf pfadabhängige Entwicklungen, in denen institutionelle Weichenstellungen über lange Zeiträume fortwirken (Steinmo/Thelen 1992; Hall/Taylor 1996: 5-10; Peters 1999: 63-77; Pierson 2000; → Pfadabhängigkeit). Es geht also um Institutionendynamiken als Nachwirkungen früherer, manchmal sehr lange zurückliegender Ereignisse, Konstellationen und Abläufe, die einem aktuellen Gestaltungszugriff weitgehend entzogen bleiben. So kann das deutsche System der Alterssicherung mit seinen Prinzipien der Beitragsfinanzierung, Selbstverwaltung, Äquivalenz von Lohneinkommen und Rentenleistung und des Generationenvertrages anstelle einer Fondslösung als eine historisch gewachsene institutionelle Konfiguration verstanden werden, die sich nur noch in eng vorgezeichneten Bahnen reformieren lässt (Czada 2003). Weiterhin – und daraus folgend – werden Fragen nach den Bedingungen und Möglichkeiten historischer Weichenstellungen formuliert: Wann und wie oft ereignen sich solche „critical junctures" in Institutionendynamiken, und welche – manchmal sehr kurzfristig zu ergreifenden – „windows of opportunity" der Institutionengestaltung bieten sich dann? Die deutsche Wiedervereinigung ist ein gutes neueres Beispiel für ein Themenfeld, in dem es viele Einsatzmöglichkeiten für den Historischen Institutionalismus gibt – sei es als für sich genommene Perspektive, sei es in Ergänzung zum Beispiel des Rational-Choice-Institutionalismus.

Der Historische Institutionalismus betont also im Rahmen einer Governance-Perspektive den Tatbestand, dass Vorgänge der gezielten Gestaltung von Institutionen sowohl „von hinten" in Pfadabhängigkeiten eingebunden sind als auch „nach vorn" unüberschaubare Langzeitwirkungen, u.a. wieder Pfadabhängigkeiten, entfalten können. Die Realisierbarkeit von Gestaltungsintentionen bestimmter Akteure ist also zum einen so gut wie immer durch vorgefundene soziale Strukturen, u.a. auch Institutionen, limitiert, und zum anderen zeitigen realisierte Gestaltungsintentionen immer wieder weit über den von den Akteuren berücksichtigbaren Zeithorizont hinaus transintentionale Effekte. Dieser Tatbestand, dass gezielte Institutionengestaltung im langen Schatten der Vergangenheit steht und ihrerseits einen langen Schatten in die Zukunft wirft, wird von den „kurzsichtigen" Akteuren oft übersehen. Die Bindungen, auch Selbstbindungen durch die Vergangenheit werden in der Fixierung auf momentane Gestaltungsabsichten und deren kurzfristige Realisierung ebenso bagatellisiert wie die Bindungen, die das entsprechende Handeln übermorgen für einen selbst, erst recht aber für andere Akteure bedeuten kann. Dass ambitionierte Gestaltungsvorstellungen weit jenseits des Erreichbaren liegen, weil man den früher eingeschlagenen Pfad der Institutionendynamik nicht zu verlassen vermag, kann man manchmal nicht absehen – viel öfter will man es aber nicht wahrhaben. Wie dem auch sei – die entsprechenden Intentionen schlagen jedenfalls fehl. Und selbst zunächst erfolgreich realisierte Gestaltungsintentionen können sich wiederum „in the lon run" als Fehlschläge erweisen. Bezeichnenderweise existieren auf beide notorischen Einschätzungsschwächen der Akteure gleichermaßen zugeschnittene Empfehlungen in Gestalt von „piecemeal engineering" und Inkrementalismus: Um böse Überraschungen zu vermeiden, sollte man sich bei der Gestaltung von institutionellen Ordnungen nur in kleinen Schritten vom Status quo entfernen und diese Schritte auch noch möglichst reversibel anlegen, also die Maxime der „Fehlerfreundlichkeit" beherzigen (Schimank 2005: 280-306).

6 Akteurzentrierter Institutionalismus

Der akteurzentrierte Institutionalismus, der am Kölner Max-Planck-Institut für Gesellschaftsforschung von Renate Mayntz und Fritz Scharpf zunächst für die Analyse der Strukturdynamiken „staatsnaher Sektoren" der Gesellschaft wie Wissenschaft, Gesundheitswesen oder Telekommunikation ausgearbeitet worden ist (Mayntz/Scharpf 1995b), greift vieles aus dem Rational-Choice-Institutionalismus und dem Historischen Institutionalismus auf, während zum soziologischen Neoinstitutionalismus Distanz gehalten wird (Mayntz/Scharpf 1995a; Scharpf 1997; Schimank 2004). Mayntz und Scharpf verstehen den akteurzentrierten Institutionalismus explizit als generellen analytischen Bezugsrahmen. Dieser „Ansatz" ist „keine gegenstandsbezogene inhaltliche Theorie", er stellt vielmehr lediglich eine „Forschungsheuristik" dar (Mayntz/Scharpf 1995a: 39), die zum einen darauf hinweist, auf welche Aspekte des betrachteten sozialen Geschehens zu achten ist. Zum anderen gibt der Bezugsrahmen ein lockeres Erklärungsmuster vor: Wie hängen die benannten Variablen generell miteinander zusammen?

Als Handlungstheorie betont der akteurzentrierte Institutionalismus insbesondere korporative Akteure, also im Wesentlichen formale Organisationen. Prinzipiell muss das Handeln solcher „composite actors" (Scharpf 1997: 52-53), die ja Konstellationen individueller Akteure darstellen, ganz auf der Linie der gleich erläuterten Komponenten des Bezugsrahmens auf das handelnde Zusammenwirken seiner individuellen Mitglieder zurückgeführt werden können. Dies ist aber im konkreten Erklärungszusammenhang oft unnötig, da ja gesellschaftliche und nicht organisatorische Dynamiken im Blickpunkt stehen und ein korporativer Akteur für diese Zwecke als „black box" behandelt werden kann. Dies reicht zumindest so lange aus, wie ihm als Handlungseinheit bestimmte Handlungsorientierungen – etwa ein spezifisches Wissen oder Interesse – plausibel unterstellt werden können.

Akteure handeln im Rahmen von sozialen Strukturen, u.a. institutionellen Strukturen, denen der akteurzentrierte Institutionalismus für seine Erklärungsziele und -erfordernisse eine besondere Bedeutung beimisst. Institutionelle Strukturen sind sowohl eine wichtige unabhängige Variable als Kontext des Handelns und handelnden Zusammenwirkens als auch eine wichtige abhängige Variable als Erklärungsgegenstand. So bestimmen zum Beispiel die Governance-Strukturen des deutschen Hochschulsystems zum einen, wie sich die Professoren in der hochschulischen Selbstverwaltung verhalten; zum anderen sind dieselben institutionellen Regelungen – aufgrund ihrer handlungprägenden Kraft – aber auch immer wieder Gegenstand von informellen oder formellen Gestaltungsbemühungen und reproduzieren sich, identisch oder nichtidentisch, insgesamt durch das Zusammenwirken eines derartigen Gestaltungshandelns mit den Aggregationseffekten des keine entsprechenden Gestaltungsabsichten aufweisenden Handelns in der Selbstverwaltung (Schimank 1995; → Wissenschaft).

Der akteurzentrierte Institutionalismus definiert Institutionen als „Normen des angemessenen Verhaltens" (Mayntz/Scharpf 1995a: 45). Dies ist im Vergleich zu anderen Spielarten des Neoinstitutionalismus erstens ein bewusst eng definierter Institutionenbegriff. Dieser wird nicht „kulturalistisch" überdehnt wie im soziologischen Neoinstitutionalismus. Zweitens grenzen Mayntz und Scharpf ihr Institutionenverständnis in der Hinsicht vom Rational-Choice-Institutionalismus ab, dass eine Beachtung institutioneller Normen – wo sie vorkommt – nicht primär als Nutzenverfolgung konzeptualisiert wird. Eine derartige kalkulierende Normbefolgung gibt es zweifellos, insbesondere dann, wenn sich die Interessen eines Akteurs mit den institutionellen Vorgaben decken oder deren Missachtung empfindliche negative Sanktionen nach sich zöge. Doch jenseits solcher Fälle sieht der akteurzentrierte Institutionalismus das Walten einer eigenständigen „logic of appropriateness" (March/Olsen 1989). Institutionelle Normen werden oftmals befolgt, weil es sich im Verständnis des betreffenden Akteurs so gehört – ohne eingehende Reflexion von Kosten und Nutzen im Vergleich zur Devianz. Die latente Funktion dieser „logic of appropriateness" ist die Produktion von Erwartungssicherheit – was den Akteuren aber höchstens in kritischen Situationen dämmert.

Auch wenn der akteurzentrierte Institutionalismus die wichtige handlungprägende Bedeutung von Institutionen hervorhebt, ist er diesbezüglich ganz explizit nicht „krypto-deterministisch" (Mayntz/Scharpf 1995a: 45). Institutionen sind als normative Vorgaben eine, aber keineswegs die einzige oder stets stärkste Determinante des Handelns. Mayntz und Scharpf benutzen ein umfassendes Konzept der Handlungsorientierung, in das motivationale, kognitive und relationale Orientierungen eingehen. Institutionelle Regeln sind in diesem Konzept nur eine Teilmenge der motivationalen Orientierungen.

Bei den motivationalen Orientierungen, also den Handlungsantrieben der Akteure, betrachtet der akteurzentrierte Institutionalismus zunächst Institutionen als normative Vorgaben und sodann Interessen als Nutzengrößen. Hinter diesem Zuschnitt des Bezugsrahmens steht die erklärungsökonomische „Maxime, dass man nicht akteurbezogen erklären muss, was institutionell erklärt werden kann, und dass man auch bei akteurbezogenen Erklärungen zunächst mit vereinfachenden Unterstellungen arbeiten und diese erst dann empirisch überprüfen soll, wenn anders die beobachtbaren Handlungen nicht erklärt werden können" (Mayntz/Scharpf 1995a: 66). Institutionelle Regelungen, die in einem bestimmten Handlungsfeld gelten, sind vergleichsweise leicht empirisch erhebbar, sodass man sie als Erstes identifiziert. Je nachdem, wie instruktiv und verbindlich diese Normen sind, kommt eine auf sie verweisende Handlungserklärung schon recht weit. Was dann in motivationaler Hinsicht noch als – mehr oder weniger großer – Erklärungsrest verbleibt, sollte im nächsten Schritt gemäß dem akteurzentrierten Institutionalismus auf ebenfalls oftmals ohne größeren Erhebungsaufwand plausibel unterstellbare „Standardinteressen" (Mayntz/Scharpf 1995a: 54) wie Autonomiesicherung, Domänenabgrenzung, Wachstum oder Erwartungssicherheit zurückgeführt werden. Nur wenn dann noch unerklärte Handlungsantriebe übrig bleiben sollten, braucht man sich noch an aufwendiger zu erhebende, weil idiosynkratischere und situativere Faktoren wie sehr akteurspezifische Zielsetzungen und Interessen, Emotionen oder Identitätsansprüche zu halten. Oft genug kommt man aber – jedenfalls bei korporativen Akteuren – mit institutionellen Regelungen und „Standardinteressen" als Handlungsantrieben aus.

Kognitive Orientierungen beinhalten das je situativ relevante Tatsachen- und Kausalwissen der Akteure – einschließlich ihrer Wahrnehmungen, Deutungen und Erwartungen des Handelns der Gegenüber. Dieses Wissen ist teilweise akteurspezifisch, teilweise wird es von mehr oder weniger vielen Akteuren geteilt – etwa als professionelle Deutungsmuster. Zu den motivationalen und kognitiven Orientierungen treten relationale hinzu. Sie stellen gewissermaßen die Generaltönung des interaktiven Verhältnisses zu anderen Akteuren der jeweiligen Konstellation dar: Ist dieses Verhältnis – um nur sehr häufige Tönungen zu benennen – generell kooperativ, eigennutzmaximierend, kompetitiv oder feindselig? Je nachdem gewinnen zum Beispiel Nutzenerwägungen eine ganz unterschiedliche Ausprägung. Die relationale Orientierung stellt so neben dem Wissensfundus und den Handlungsantrieben eine eigenständige Art von Bestimmungsgröße des Handelns dar, wenngleich zwischen allen drei Orientierungsdimensionen enge Wechselwirkungen bestehen.

Mittels der Handlungsorientierungen – und dabei immer unter starkem Rückgriff auf den institutionellen Rahmen – wird Einzelhandeln erklärt, wobei bereits darin wahrgenommene bzw. antizipierte Muster des handelnden Zusammenwirkens eingehen. Denn Einschätzungen des zukünftigen Handlungsgeschehens und seiner Effekte sind Bestandteil des Wissensfundus eines Akteurs, formen u.a. dessen Interessenausprägungen im Sinne „realistisch" erreichbarer Ziele und finden sich auch in den relationalen Orientierungen wieder. Dennoch gestaltet sich das tatsächliche handelnde Zusammenwirken in der real gegebenen Konstellation immer noch anders – und immer wieder, so die Erfahrung von Transintentionalität, gänzlich anders.

Akteurkonstellationen können anhand vielerlei Merkmale charakterisiert werden – etwa der Anzahl involvierter Akteure, der Homo- oder Heterogenität der Akteure oder ihrer differenziellen Ressourcenausstattungen. All diese und weitere Variablen können im Einzelfall wichtig sein, um Konstellationsdynamiken und die daraus hervorgehenden Struktureffekte zu erklären. Der akteurzentrierte Institutionalismus hebt allerdings eine andere Konstellationsdimension als für ihn analytisch zentrale hervor: „die verschiedenen Modi sozialer Handlungskoordination" (Mayntz/Scharpf 1995a: 60) – und damit Governance-Muster. Mayntz und Scharpf schlagen „als abstrahierte Grundformen sozialer Handlungskoordination die einseitige oder wechselseitige Anpassung, die Verhandlung, die Abstimmung und die hierarchische Entscheidung" vor, weil diese ein Kontinuum zwischen einem Höchstmaß an Autonomie einzelner Akteure an dem einen und einem Höchstmaß an kollektiver Handlungsfähigkeit an dem anderen Ende bilden (Mayntz/Scharpf 1995a: 61).

Die genannten vier analytischen Komponenten des akteurzentrierten Institutionalismus – Akteure, Institutionen, Handlungsorientierungen, Konstellationen – müssen schließlich, sobald es um empirische Erklärungsprobleme geht, stets im Kontext weiterer situativer Faktoren gesehen werden, die mehr oder weniger stark in die Erklärung eingehen. Dazu gehören etwa je gegebene Ressourcenverteilungen, die von den institutionell geregelten Verteilungen abweichen können. Auch die Betroffenheit bestimmter Akteure von handlungsauslösenden Problemen kann nur situativ bestimmt werden, selbst wenn gewisse Problemanfälligkeiten als Beeinträchtigung von „Standardinteressen" strukturell angelegt sind.

Hinter den situativen Faktoren stehen letztlich historische Prozesse und Ereignisse großen oder kleinen Maßstabs – Ersteres zum Beispiel in Gestalt des Zusammenbruchs des Sozialismus Ende der 1980er Jahre, wodurch sich in allen Sektoren dieser Gesellschaften radikal neue Probleme stellten und Chancen boten. Die empirische Ausrichtung des akteurzentrierten Institutionalismus bedingt somit, dass der Bezugsrahmen sich für vielerlei nicht theoretisch vorsehbare Erklärungsfaktoren offenhält, die nur ad hoc einbezogen werden können. Ihren Niederschlag finden die situativen Faktoren letztlich in durch sie bestimmten oder mitbestimmten Ausprägungen von Variablen im Kern des akteurzentrierten Institutionalismus, beispielsweise in plötzlichen Umschlägen von relationalen Orientierungen oder in der Erstarrung eines bestimmten Koordinationsmodus trotz allseitig erkannter Ineffektivität.

7 Schluss

Aus institutionalistischer Perspektive über Governance zu reflektieren heißt zum einen, Institutionen – gleichgültig, ob im engeren Sinn als Normen verstanden oder weitergehend auch kognitive und evaluative Orientierungen einbeziehend – als zentrale, wenngleich nicht ausschließliche Variablen der Handlungsprägung von Akteuren in den Blick zu nehmen. Interdependenzbewältigung wird damit als institutionell vorgeprägt angesehen. Zum anderen werden Institutionen auch als – teils naturwüchsig sich ergebende, teils gezielt angestrebte – Resultate handelnden Zusammenwirkens betrachtet. Diese – hier als Ausprägungen von Governance-Mechanismen gesehen – stellen fortan die Handlungsprägung dar, die weitere Effekte zeitigt usw. Damit ist die Zirkularität institutionalistischen Denkens offenkundig. Aus der Governance-Perspektive sind Institutionen sowohl Prägungen als auch Resultate der Interdependenzbewältigung zwischen Akteuren – und beides geschieht teils transintentional, teils intentional.

Literatur

Axelrod, Robert, 1984: The Evolution of Cooperation. New York: Basic Books.

Berger, Peter L./Luckmann, Thomas, 1971 [zuerst: 1966]: The Social Construction of Reality. A Treatise in the Sociology of Knowledge. Harmondsworth:Penguin.

Chandler, Alfred, 1977: The Visible Hand. The Managerial Revolution in American Business. Cambridge, MA: Belknap Press.

Coase, Ronald H., 1937: The Nature of the Firm, in: Economica 4, 386-405.

Czada, Roland, 2003: Der selektive Korporatismus als institutionelles Arrangement, in: Sonja Buckel/Regina-Maria Dackweiler/Ronald Noppe (Hrsg.), Formen und Felder politischer Intervention – Zur Relevanz von Staat und Steuerung. Festschrift für Josef Esser. Münster: Westfälisches Dampfboot, 69-87.

Czada, Roland/Schimank, Uwe, 2001: Der „Neue Institutionalismus". Kurseinheit 3. FernUniversität in Hagen: Studienbrief 3704.

DiMaggio, Paul J./Powell, Walter W., 1983: The Iron Cage Revisited, in: American Sociological Review 48, 147-160.

Ebers, Mark/Gotsch, Wilfried, 1998: Institutionenökonomische Theorien der Organisationen, in: Alfred Kieser (Hrsg.), Organisationstheorien. Stuttgart: Kohlhammer (3. Aufl.), 199-251.

Esser, Hartmut, 2000: Soziologie. Spezielle Grundlagen. Band 3: Soziales Handeln. Frankfurt a. M.: Campus.

Fligstein, Neil, 1996: Markets as Politics. A Political and Cultural Approach to Market Institutions, in: American Sociological Review 61, 656-673.

Furubotn, Erik/Pejovich, Svetozar, 1972: Property Rights and Economic Theory, in: Journal of Economic Literature 10, 1137-1162.

Furubotn, Erik/Richter, Rudolf, 2003: Neue Institutionenökonomik: eine Einführung und kritische Würdigung. Tübingen: Mohr-(3. Aufl.).

Hall, Peter/Taylor, Rosemary, 1996: Political Science and the Three New Institutionalisms. Köln: Max-Planck-Institut für Gesellschaftsforschung (MPIFG Discussion Paper 96/6).

Hasse, Raymund/Krücken, Georg, 1999: Neo-Institutionalismus. Bielefeld: Transcript.

Hirschman, Albert, 1991: The Rhetoric of Reaction. Perversity, Futility, Jeopardy. Cambridge, MA: Harvard University Press.

Kieser, Alfred, 1996: Moden & Mythen des Organisierens, in: Die Betriebswirtschaft 56, 21-39.

Knight, Jack, 1992: Institutions and Social Conflict. Cambridge, MA: Cambridge University Press.

March, James G./Olsen, Johan P., 1989: Rediscovering Institutions. The Organizational Basis of Politics. New York: Free Press.

Mayntz, Renate/Scharpf, Fritz W., 1995a: Steuerung und Selbstorganisation in staatsnahen Sektoren, in: Renate Mayntz/Fritz W. Scharpf (Hrsg.), Gesellschaftliche Selbstregelung und politische Steuerung. Frankfurt a. M.: Campus, 9-38.
Mayntz, Renate/Scharpf, Fritz W., 1995b: Der Ansatz des akteurzentrierten Institutionalismus, in: Renate Mayntz/Fritz W. Scharpf (Hrsg.), Gesellschaftliche Selbstregelung und politische Steuerung. Frankfurt a. M.: Campus, 39-72.
McGinnis, Michael D., 1986: Issue Linkage and the Evolution of International Cooperation, in: Journal of Conflict Resolution 30, 141-170.
North, Douglass C., 1988: Theorie des institutionellen Wandels. Eine neue Sicht der Wirtschaftsgeschichte. Tübingen: Mohr.
Peters, Brainard Guy, 1999: Institutional Theory in Political Science: The „New Institutionalism". London: Pinter.
Pierson, Paul, 2000: Increasing Returns, Path Dependence, and the Study of Politics, in: American Political Science Revue 94, 251-268.
Scharpf, Fritz W., 1997: Games Real Actors Play. Actor-Centered Institutionalism in Policy Research. Boulder, Col.: Westview Press.
Schimank, Uwe, 1995: Hochschulforschung im Schatten der Lehre. Frankfurt a. M.: Campus.
Schimank, Uwe, 2003: Das Wechselspiel von Intentionalität und Transintentionalität im Institutionalismus und in der Organisationsforschung, in: Rainer Greshoff/Georg Kneer/Uwe Schimank (Hrsg.), Die Transintentionalität des Sozialen – Eine vergleichende Betrachtung klassischer und moderner Sozialtheorien. Wiesbaden: Westdeutscher Verlag, 246-277.
Schimank, Uwe, 2004: Der akteurzentrierte Institutionalismus, in: Manfred Gabriel (Hrsg.), Paradigmen der akteurszentrierten Soziologie. Wiesbaden: VS, 287-301.
Schimank, Uwe, 2005: Die Entscheidungsgesellschaft. Komplexität und Rationalität der Moderne. Wiesbaden: VS.
Shepsle, Kenneth A., 1989: Studying Institutions, in: Journal of Theoretical Politics 1, 131-147.
Steinmo, Sven/Thelen, Kathleen (Hrsg.), 1992: Structuring Politics – Historical Institutionalism in Comparative Analysis. Cambridge, MA: Cambridge University Press.
Tietzel, Manfred, 1990: Virtue, Vice, and Dr. Pangloss. On the Economics of Conventions, in: Ordo 41, 251-268.
Walgenbach, Peter, 1999: Institutionalistische Ansätze in der Organisationstheorie, in: Alfred Kieser (Hrsg.), Organisationstheorien. Stuttgart: Kohlhammer, 319-353.
Williamson, Oliver E., 1975: Markets and Hierarchies. New York: Free Press.

Stefan Lange

2.2 Kybernetik und Systemtheorie

Kybernetik und Systemtheorie haben ihre Ursprünge in den Naturwissenschaften und waren insbesondere in den sozialwissenschaftlichen Debatten um politische Planung und Steuerung Quellen der Inspiration und der Kritik politischen Gestaltungshandelns. Umgekehrt sind beide Ansätze selbst zu Objekten von stürmischer Umarmung und Instrumentalisierung oder harscher Zurückweisung geworden, je nachdem, wie optimistisch oder skeptisch sie sich zum jeweiligen Mainstream des politischen und sozialwissenschaftlichen Gestaltungsdenkens verhielten. Ob sie für den heutigen Governance-Diskurs und entsprechende empirische Analysen noch von Aktualität sind oder als „gesunkenes Kulturgut" eher in das Spektrum der Ideengeschichte gehören, ist zumindest für die neuere Systemtheorie – die vor allem mit dem Namen Niklas Luhmann verknüpft ist – durchaus strittig. Die klassische politische Kybernetik lässt sich wohl in jedem Fall als „historisch" etikettieren; dennoch bietet auch sie für die heutige Praxis zahlreiche Anregungen und kann darüber hinaus als Anschauungsobjekt dafür dienen, welche Visionen von Gestaltungshandeln heute sowohl aus Komplexitäts- wie auch aus finanziellen Gründen nicht mehr infrage kommen.

Für den wissenschaftlichen Theoriediskurs ergibt sich ein analoges Bild. Selbst wenn man den Beitrag von Kybernetik und Systemtheorie für die heutige Beschäftigung mit Politik und Governance als historisch einstuft, sollte ihr impliziter Einfluss keinesfalls gering geschätzt werden. Czerwick (2001: 287-288) macht diesen Einfluss an vier Punkten fest:

- der Infragestellung und Neudefinition traditioneller politikwissenschaftlicher Begriffe wie Staat, Gesellschaft, Macht und der Einführung neuer Begriffe wie Struktur, Funktion oder Prozess,
- einem funktionalen Verständnis von Politik,
- der Überwindung der analytischen Trennung von Staat und Gesellschaft und
- der Etablierung einer dynamisch-prozessualen Sichtweise der Politik.

Wir werden im Weiteren sehen, ob das analytische Instrumentarium der hier betrachteten Ansätze auch einen innovativen Beitrag zur Governance-Forschung leisten könnte. Generell werden in diesem Beitrag nur solche Ansätze und Theoretiker vorgestellt, die für die politische Praxis handlungsleitend waren oder den sozialwissenschaftlichen Diskurs zu Fragen politischen Gestaltungshandelns maßgeblich vorangebracht haben. Das schließt ein, dass einige theoretische Ansätze pars pro toto behandelt werden, während andere nur am Rande erwähnt werden.

1 Systemtheorie der Politik

In sozialwissenschaftlichen Systemtheorien wird die Politik als Teilbereich der Gesellschaft betrachtet. Dieser Teilbereich hat sich evolutionär aus der Gesellschaft ausdifferenziert und während dieses Prozesses gegenüber der Gesellschaft ein Eigenleben herausgebildet. Diese Autonomie zeigt sich in einem besonderen Zugriff der Politik auf die Gesellschaft (Selektion) und einer eigenen Rationalität, die dazu führt, dass die Aktivitäten der Politik primär ihren eigenen Reproduktions- und Expansionsinteressen gehorchen (Selbstreferentialität) (Czerwick 2001). Politische Systemtheorien betrachten es als eine ihrer wesentlichen Aufgaben, das Politische gegenüber anderen sozialen Verhaltens- und Handlungsweisen abzugrenzen und als eigenständigen Handlungstypus zu etablieren (Parsons 1969: 317/318). Dies wird typischerweise funktionalistisch entfaltet. Den gesellschaftlichen Sinn des Politischen in der Erfüllung einer bestimmten Funktion zu sehen setzt voraus, dass das politische System gegenüber der Gesellschaft und ihren Anforderungen in zumindest begrenztem Maße offen ist (Easton 1965; Almond 1965). Diese Offenheit soll gewährleisten, dass Politik ein wesentliches Instrument des sozialen Lernens in modernen Gesellschaft sein kann (Deutsch 1973: 338).

Das politische System besteht – funktionalistisch betrachtet – aus Kommunikationen und Handlungen, die vorrangig auf die autoritative, das heißt kollektiv verbindliche und bindende Verteilung gesellschaftlicher Güter und Werte gerichtet sind (Easton 1965: 50, 96; Deutsch 1973: 301, 336; Luhmann 2000: 82-87) inklusive aller sozialen Akte, die mit der Vorbereitung, Durchsetzung und Ausführung politischer Entscheidungen zu tun haben. Zur Politik gehören auch alle sozialen Akte, die darauf angelegt sind, dass die Werteverteilung als bindend anerkannt wird, also alle Arten von Legitimation. Letzteres geschieht auf verschiedene Weisen: durch Verfahren wie zum Beispiel in der Gesetzgebung in Gestalt der Mehrheitsregel oder der Möglichkeit gerichtlicher Überprüfung von Gesetzgebungs- und Verwaltungsentscheidungen, durch staatsbürgerliche Erziehung oder durch die materiellen Ergebnisse des politischen Entscheidens selbst. Das politische System setzt zur Organisation seiner Entscheidungsprozesse Macht ein und gewährleistet den bindenden Charakter seiner Entscheidungen durch die Androhung und Ausübung von physischer Gewalt (Luhmann 2000: 38-51). Die Legitimität des politischen Entscheidens ist schon allein deshalb von hoher Bedeutung, weil Gewalt knapp ist und überdies bei stetigem Gewalteinsatz die Offenheit und damit die Lernfähigkeit des politischen Systems auf dem Spiel stünde.

Die Sozialwissenschaften unterscheiden heute gemeinhin zwischen Input- und Outputlegitimität des politischen Handelns (→ Demokratie und Legitimation). Was das bedeutet, lässt sich mit einem kurzen Rekurs auf die politische Systemtheorie David Eastons (1965) verdeutlichen. Easton konzipiert das Politische als ein universelles System der Überlebenssicherung von Gesellschaften. Jedes politische System – von der Stammesgesellschaft bis zum Wohlfahrtsstaat – hat im Zuge seiner Funktion, der autoritativen Verteilung von Werten, die Aufgabe, gesellschaftliche Ansprüche, Wünsche, Interessen und Unterstützungsangebote („inputs" im weitesten Sinn) in bindende Entscheidungen („outputs") zu übersetzen. Dieser Übersetzungsvorgang („conversion process") ist bei Easton zentriert im Entscheidungshandeln der jeweiligen Regierung („authorities"), die als „gatekeeper" Inputs selektiert und modifiziert („withinput"). Sowohl diese politisch modifizierten Inputs als auch die späteren Politikergebnisse – die Entscheidungen und Entscheidungsfolgen – haben ihre eigene Legitimitätssphäre. Sofern Demokratie als normative Messlatte gilt, sollten beide Legitimationsformen in einem Gleichgewichtsverhältnis zueinander stehen.

In diesem Kontext lohnt es sich, vor allem das von Niklas Luhmann herausgearbeitete Konzept der (Input-)Legitimität durch Verfahren kurz anzusprechen, da es die für rechtsstaatliche Gesellschaften konstitutive Legitimitätsquelle anschaulich werden lässt. Im Kern von Luhmanns Legitimitätskonzeption steht die Grundannahme, dass im politischen System nicht innere Überzeugung, sondern eine „motivlose Akzeptanz" staatlicher Entscheidungen durch das Staatsvolk (als Publikum des politischen Systems) den funktional hinreichenden Realtypus der Legitimität bezeichnet. Verfahren werden hier als soziale Systeme betrachtet, die der Erzeugung einer „generalisierten Bereitschaft" dienen, „inhaltlich unbestimmte Entscheidungen innerhalb gewisser Toleranzgrenzen hinzunehmen" (Luhmann 1993: 28). Verfahren haben dabei auch die latente Funktion, zum Beispiel auf dem Weg durch die Gerichtsinstanzen überschießendes Protestpotenzial auszubremsen, in die politisch-rechtlichen Institutionen einzubinden und Entscheidungsopponenten auf diesem Weg in ihrem Protest zu vereinzeln und zu zermürben. Politische und rechtliche Verfahren haben eine stabilisierende Wirkung für die Gesamtgesellschaft und konstituieren ein allgemeines Systemvertrauen bzw. „diffuse support" (Easton 1965; Luhmann 1993).

Von der älteren politischen Systemtheorie erfahren wir relativ wenig über die Binnenstruktur des politischen Systems und über die Beschaffenheit der Gesellschaft, für die es die kollektive Überlebenssicherung betreiben soll. Dies liegt am ahistorischen, universellen Zuschnitt beispielsweise von Eastons Theorie. Mehr als die Aussage, dass der politische Entscheidungsprozess dem Betrachter als „black box" erscheint und die Gesellschaft als „socio-economic environment" ins Spiel kommt, lässt sich in diesem Kontext nicht spezifizieren. Gabriel Almond (1965) hat die Blackbox durch die Identifizierung diverser Selektionsfilter im Input-Output-Conversion-Process zwar ein wenig aufgehellt, aber auch hier bleibt noch vieles im analytischen Dunkel.

2 Kybernetik und politische Planung

Die Begriffe der politischen Steuerung und der kybernetischen Regelung lassen sich etymologisch auf eine der ältesten und beständigsten Metaphern des okzidentalen Denkens zurückführen: die Metapher des Steuerns eines Schiffes auf hoher See. Von Steuerungskunst und -wissen des Steuermannes (*kybernētēs*) einer griechischen Triere hing Wohl oder Untergang des gesamten Schiffes samt Besatzung ab. Der herausgehobenen Funktion des Kybernētēs korrespondierte seine erhöhte, für jedermann sichtbare Sitzposition auf der Brücke der Triere. Platon erkennt hierin das Leitbild für die politische Regierung eines Gemeinwesens. Die Staatskunst (*technē politikē*) orientiert sich an der Kunst der Steuerung eines Schiffes (*technē kybernētikē*) mit dem Staatsmann als Kybernētēs. Dieser muss in der Sphäre des Politischen Kunstfertigkeit und überlegenes Wissen (*episteme*) aufweisen, um das Ziel (*telos*) des Gemeinwesens (*polis*) – vorgestellt als *einheitliches Handeln* der Polis-Gemeinschaft zum Zwecke ihres Überlebens in einer unsicheren Umwelt – zu erreichen. An diese Ursprünge des Begriffes schließt das heutige sozialwissenschaftliche Verständnis der Kybernetik als einer Wissenschaft von der Regelung komplexer Systeme an. Die analytischen Quellen, derer sich die Kybernetik bediente, sind freilich von ganz anderer Art: Sie stammen aus dem Fundus der Steuerungs- und Regelungsmodelle der Biologie (vor allem Ludwig von Bertalanffy) und der Informations- und Ingenieurwissenschaften (vor allem Norbert Wiener). Die kurze Blütezeit, die die Kybernetik vom Ende der 1950er bis zur Mitte der 1970er Jahre auf beiden Seiten des Eisernen Vorhangs erlebte, ist untrennbar verquickt mit dem seinerzeit herrschenden politischen Planungsoptimismus, der von einem Glauben an weiteres Wirtschaftswachstum gespeist wurde, aber gegen Mitte der 1970er Jahre zuerst mit dem Ölpreisschock an die „Grenzen des Wachstums" stieß.

Eine erste Annäherung an kybernetische Konzepte politischer Planung lässt sich unter Rückgriff auf die holistische Planungstheorie Karl Mannheims gewinnen. Nach Mannheim lässt sich wissenschaftlich angeleitete Gesellschaftsplanung als stringente Fortsetzung des okzidentalen Aufklärungspathos begreifen. Von Planung lässt sich in diesem Sinn sprechen, „wenn Mensch und Gesellschaft vom zielbewussten Erfinden eines Einzeldings oder einer Einzelinstitution zur zielbewussten Regelung und einsichtigen Beherrschung der zwischen diesen einzelnen Teilen bestehenden Zusammenhänge fortschreiten" (Mannheim 1935: 98). Die mit den technischen Mitteln wachsende menschliche Einsicht in Zusammenhang und Wechselbeziehungen zwischen den Kausalketten gesellschaftlichen Handelns führt in Mannheims Konzeption zu einer Ablösung des linearen Denkens durch das Denken in Kreisläufen und damit zu einer neuen Qualität politischer Planung. In Mannheims Konzeption weist jeder Handlungskreislauf eine Schlüsselposition auf, von der aus er beherrschbar und lenkbar gestaltet werden kann. Es kommt für den politischen Planer dann darauf an, die Schlüsselposition ausfindig zu machen und hier einen Regler zu platzieren, der von der Schlüsselstellung aus die einzelnen Elemente der Handlungskette kontrollieren, Elemente hinzufügen oder fehlerhafte Elemente auswechseln kann. Angelehnt an das Leitbild eines solchen kybernetischen Reglers, konnte politische Planung im weitesten Sinn als „Gesellschaftspolitik", als „konzeptionelle Innenpolitik" oder als „Politik des geplanten sozialen Wandels" begriffen werden (Lompe 1971: 119).

In die gleiche Richtung weist die politische Kybernetik von Karl W. Deutsch (1973) mit ihrem lerntheoretischen Impetus. Hier bedeutet politische Planung: Zielgerichtetheit der Planungsaktivitäten auch im Sinne möglicher Zielveränderungen des Planungssubjektes, politische Erfolgskontrolle über Rückkopplungen sowohl negativer wie positiver Natur, gleichzeitige Gewährleistung der Identitätserhaltung und Flexibilität des politischen Planungssystems entsprechend den Anforderungen von innen und außen sowie Lernfähigkeit hinsichtlich der Veränderungsbedürftigkeit von Systemstrukturen (Görlitz/Burth 1998: 96/97).

In den kybernetischen Planungskonzepten wird das tradierte Prinzip einer konditionalen Steuerung (wenn a, dann b) durch das der Regelung ersetzt. An die Stelle der hierarchisch strukturierten Steuerungskette tritt der Regelkreis, der aus den Elementen Regler, Stellgröße, Regelstrecke und Regelgröße besteht. Die Regelung läuft so ab,

> „dass die Stellgröße von den jeweiligen Werten der Regelgröße abhängig gemacht wird. Dies wird dadurch erreicht, dass zu dem System, der Regelstrecke, ein zweites System, der Regler, angebaut wird, dessen Eingangsgröße die jeweilige Regelgröße (also die Ausgangsgröße der Regelstrecke) und dessen Ausgangsgröße die jeweilige Stellgröße (also die Eingangsgröße der Regelstrecke) ist.

> [...] Der Regler misst den Ist-Wert der Regelgröße, vergleicht ihn mit dem Sollwert und verändert die Stellgröße an der gemessenen Regelabweichung. Dieser Regelungsprozess läuft über seine positiven oder negativen Rückkopplungen so lange ab, bis die Regelgröße den Sollwert erreicht" (Naschold 1969: 24).

Informationsaufnahme und -verarbeitung finden in einem kybernetischen Planungssystem unter Rückkopplung von Planungssystem und zu regelnder Umwelt statt. Hierbei muss das Planungssystem nach dem von William Ross Ashby (1956) formulierten Prinzip der „requisite variety" über eine dem jeweiligen Umweltausschnitt entsprechende Eigenkomplexität verfügen: Es muss flexibel genug sein, um gegenüber sich ändernden Umweltbedingungen den Bestand des Planungssystems zu sichern. Hierzu werden Planungssysteme als „ultrastabile" bzw. „multistabile" Systeme konzipiert. Ultrastabile Systeme besitzen die Fähigkeit, Krisen im System, die durch den Einfluss störender Umweltparameter entstehen können, zu vermeiden, indem sie auf die Überschreitung bestimmter Grenzwerte mit einer Veränderung der Systemziele und -strukturen reagieren, um sich so selbsttätig dynamisch zu stabilisieren. Multistabile Systeme setzen sich aus gekoppelten und funktional differenzierten ultrastabilen Systemen zusammen (Lau 1975: 102). Dabei trägt die bedingte Autonomie der ultrastabilen Teilsysteme insofern zur Stabilisierung des gesamten Planungssystems bei, als der Einfluss der störenden Umwelteinflüsse zunächst von den einzelnen Teilsystemen verarbeitet wird. Erst bei Überschreitung spezifischer Schwellenwerte treten die autonomen ultrastabilen Teilsysteme miteinander in Kontakt, und die Komplexitätsverarbeitungskapazität des Gesamtsystems wird angehoben. Multistabile Planungssysteme begreifen das Zugleichhandeln anderer Planungssysteme nicht lediglich als Störgröße, sondern ermöglichen es durch strukturelle und prozessuale Integration, „eine Vielzahl von Entscheidungssubjekten mit unterschiedlichen Präferenzen und Interessen mit Bezug auf den Zielfindungs- und Zielkorrekturprozess zu koordinieren" (Lau 1975: 103). In multistabilen Planungssystemen wird der Planungsprozess dann oftmals mehrstufig organisiert sein (→ Multilevel Governance), das heißt in Teilaufgaben gegliedert und den unterschiedlichen Planungsträgern bzw. Planungsteilsystemen zugeordnet (Görlitz/Burth 1998: 99).

Der Grundsatz der „requisite variety", wonach nur Komplexität Komplexität zerstören (respektive abarbeiten) kann, stieß allerdings in der politischen Praxis kybernetischer Planung schnell an seine Grenzen. Der Ausbau einer entsprechenden Planungsbürokratie hätte staatssozialistische Ausmaße annehmen müssen; die Hoffnungen, eine ungehemmte Expansion der Bürokratie durch komplexitätsreduzierende Informations- und Datenverarbeitungssysteme – wie das amerikanische Planning-Programming-Budgeting-System (PPBS) – kompensieren zu können, erfüllten sich nicht (Böhret u.a. 1988: 341-343). Abgesehen von den enormen Transaktionskosten, die mit dem Aufbau kybernetischer Planungssysteme verbunden gewesen wären, beendete ab Mitte der 1970er Jahre auch schlicht die Einsicht in deren prinzipielle Unfähigkeit zu einem hinreichenden Komplexitätsmanagement den Siegeszug der Kybernetik: Die Idee, dass ein Funktionssystem der Gesellschaft in der Lage wäre, die Komplexität aller anderen in sich zu spiegeln und Letztere dann auf der Basis dieses Wissensbestandes durchzuplanen, erwies sich als utopisch. Der Untergang des Staatssozialismus Ende der 1980er Jahre trug sein Übriges dazu bei, holistische Planungskonzepte wie das der politischen Kybernetik als obsolet zu betrachten.

3 Autopoietische Systemtheorie und politische Steuerung

Nach dem Ende der holistischen Planungstheorien kybernetischer Machart kehrte allmählich der traditionelle politische Steuerungsbegriff und mit ihm die Hinwendung zu individualistischen Handlungstheorien und institutionellen Erklärungen politischen Handelns in den Mittelpunkt der sozialwissenschaftlichen Beschäftigung mit politischem Gestaltungshandeln zurück. Gegen Ende der 1980er Jahre waren Renate Mayntz und Fritz W. Scharpf schließlich zu Definitionen gekommen, denen sich in der Folge zumindest das Gros der Politikwissenschaft anschloss (→ Neoinstitutionalismus). Politische Steuerung wurde von Mayntz (1987: 92) an die Akteurperspektive gekoppelt und definiert als „konzeptionell orientierte Gestaltung der gesellschaftlichen Umwelt durch politische Instanzen". Anknüpfend an die alltagssprachliche Verwendung des Steuerungsbegriffes wurde politische Steuerung nicht nur als gezielte Beeinflussung eines beliebigen Steuerungsobjektes durch die Politik gedacht, sondern noch weitgehender als prinzipielle Möglichkeit, „ein System von einem Ort oder Zustand zu einem bestimmten anderen zu bringen" (Mayntz 1987: 93). Ein ex post facto festgestelltes Steuerungsversagen im Sinne einer nicht erreichten oder sogar hinsichtlich der politischen Zielvorgabe kontradiktorischen Zustandsänderung des gesellschaftlichen Steuerungsobjektes lag aus dieser Perspektive weniger in der Struktur, Eigendynamik oder Autonomie der potenziellen Steuerungsadressaten als in einer „Willensschwäche" des jeweiligen politischen Systems begründet (Scharpf 1988: 63/64). Eng mit dieser Konzeption politischer Steuerung verknüpft war darüber hinaus ein in Rechts- und Politikwissenschaft allgemein geteilter Begriff des Staates, der „Souveränität nach außen und die hierarchische Überordnung der Staatsgewalt über alle gesellschaftlichen Kräfte im Inneren" voraussetzte (Scharpf 1992: 621; → Nationalstaat).

Dies waren Vorstellungen, denen Niklas Luhmann mit seiner an die Autopoiesis-Perspektive gekoppelten Systemtheorie gesellschaftlicher Differenzierung konträr gegenüberstand. Luhmann hielt es erstens für wenig sinnvoll, im Hinblick auf die Gesellschaft und ihre Funktionssysteme die Frage der Steuerbarkeit überhaupt zu stellen. Zweitens fand er die Vorstellung „unrealistisch", dass politische Steuerung als Kausalprozess im Sinne von „Intention und Resultat eines ‚Handelnden'" zu denken sei. Und drittens schloss seine Systemtheorie gesellschaftlicher Differenzierung aus, dass die Gesellschaft überhaupt substanzielle Gemeinwohlprojekte hervorbringt, die eine „aufgeklärte" Politik erkennen, programmieren und gegebenenfalls auch unter Beteiligung privater Dritter durch Verhandlungssysteme „gestalten" könne. Die politischen Gemeinwohlideen wurden von Luhmann in das Feld der politischen Utopie und Selbstillusionierung geschoben.

Luhmann ging seit Beginn der Ausarbeitung seiner Systemtheorie davon aus, dass sich die moderne Gesellschaft empirisch als eine in funktionale Teilsysteme differenzierte Gesellschaft beschreiben lässt. Im Kontext seiner seit Beginn der 1980er Jahre entwickelten Theorie autopoietischer Kommunikationssysteme ließ sich funktionale Differenzierung als Pluralität von funktionsabhängigen Beobachtungsstandpunkten denken, zwischen denen keine Arbeitsteilung im Sinne eines durchrationalisierten Zusammenhangs kooperativen Handelns existiert. Die jeweiligen Beobachtungsstandpunkte werden dabei von operationsleitenden Codes determiniert, unter denen die Funktionssysteme sich und ihre Umwelt wahrnehmen. So beobachtet das Wissenschaftssystem anhand des Codes wahr und unwahr;

die Politik unterscheidet in ihren Beobachtungen Ereignisse, die Macht befördern oder zu ihrem Verlust beitragen; das Recht unterscheidet in der Konfliktschlichtung über Recht und Unrecht von Klagen, die Wirtschaft bilanziert die Welt durch einen Schematismus von Haben und Nichthaben etc. Die Hypostasierung dieser Codes durch die Funktionssysteme führt zu einer wachsenden Intransparenz und Abweichungsverstärkung in der Gesamtgesellschaft. Jedes Ereignis in der Gesellschaft wird kontingent, da es von jedem Funktionssystem gemäß dessen Code anders beobachtet wird und jede dieser Beobachtungen Richtigkeit beanspruchen kann. Aus dem Umstand der Polykontextualität der Beobachtungsverhältnisse folgt für Luhmann dann zwingend, dass eine solchermaßen funktional differenzierte Gesellschaft „über keine Zentralorgane verfügt. Sie ist eine Gesellschaft ohne Spitze und ohne Zentrum" (Luhmann 1981: 22). Und wo es weder Spitze noch Zentrum, noch eine gesamtgesellschaftlich verbindliche Sicht der Dinge gibt, kann es auch keine Überordnung des Staates über die gesellschaftlichen Kräfte und damit keine zielsichere politische Gesellschaftssteuerung geben. Die durch die Codefixierung bedingte Intransparenz – der Blackbox-Charakter der einzelnen Funktionssysteme füreinander – lässt die Frage nach externer Steuerbarkeit schlicht nicht zu.

Luhmann hatte bereits früh das politische System der Gesellschaft als einen selbststeuernden, reziproken Kreislauf machtcodierter Kommunikationen zwischen Publikum, (Partei-)Politik und Staatsverwaltung konzipiert (Lange 2003: 97-108). Diese drei Binnensysteme sind über zwei Kreisläufe der Machtkommunikation miteinander gekoppelt: den „offiziellen" Machtkreislauf der rechtsstaatlichen Verfahren und den „inoffiziellen" Machtkreislauf der korporatistischen Einflussnahme im Wohlfahrtsstaat. Beiden Machtkreisläufen ist gemein, dass sie ausschließlich auf die eigenen Strukturen, die eigenen Informationen und die eigenen kommunikativen Differenzen der Politik rekurrieren. Diese Form von „Steuerung" kann sich nur im politischen System selbst abspielen, kann sich also nicht auch noch auf dessen Umwelt erstrecken. Analog zum politischen System können mit Luhmann alle ausdifferenzierten Funktionssysteme der Gesellschaft als selbststeuernde Systeme begriffen werden. Das impliziert, dass das politische System nicht für andere Funktionssysteme der Gesellschaft einspringen kann, wenn in deren Selbststeuerung Störungen auftreten.

Politische Steuerung, verstanden als intentional-kausale Intervention des politischen Systems in seine Umwelt, wird in der Luhmannschen Systemtheorie als eine gesellschaftlich folgenreiche *Fiktion* der Selbstbeschreibung des politischen Systems aufgefasst. De facto weist das politische System lediglich sein selbstreferentielles Prozessieren und seine darauf basierenden Entscheidungen als Steuerungshandeln aus. Jedes Thema, das einmal in den Mahlstrom der politischen Machtkreisläufe geraten und allein dadurch schon Politik geworden ist, wird vom politischen Code überformt und ist dann als genuin politisch erzeugte Information ein Steuerungsanlass. Politische Steuerungsanlässe in diesem Sinne können in Form von Differenzen schematisiert werden, die im Hinblick auf ihren positiv konnotierten Wert verringert werden sollen: so zum Beispiel die Differenzen zwischen Arbeitslosigkeit und Vollbeschäftigung, zwischen Umweltverschmutzung und „sauberer" Umwelt, schlechteren und besseren Bildungschancen etc. zugunsten der jeweils letzten Option. Die Differenzen werden in Zweckprogrammen formuliert, die auf den erstrebten Wirkungen der Steuerung basieren und versuchen, von der Zukunftsprojektion ausgehend, in der Gegenwart Mittel zur Erreichung des Zwecks zu finden (Luhmann 1993: 130). Die zielgenaue

Verwirklichung dieser Zweckprogramme wäre allerdings nur möglich, sofern der Staat seine Steuerungswirkungen in den „gesteuerten" Systemen am Maßstab einer „harten Pädagogik der Kausalität" (Luhmann 1981: 156) kontrollieren könnte. Und eben das ist unter der Prämisse einer durch Polykontextualität gekennzeichneten Gesellschaft im Rahmen dieses Theorieansatzes undenkbar.

4 Das systemtheoretische Konzept der Kontextsteuerung

Innerhalb der Systemtheorie hat es vielfältige Versuche gegeben, den Steuerungspessimismus von Luhmanns Ansatz zu überwinden, ohne gleich wieder dem Steuerungsoptimismus der früheren kybernetischen Planungsansätze anheimzufallen (Lange/Braun 2000):

- bei Richard Münch unter Rekurs auf das Interpenetrationskonzept der älteren Systemtheorie von Talcott Parsons,
- bei Axel Görlitz und Ulrich Druwe unter den Stichworten „strukturelle Kopplung" und „Perturbation" durch eine Reinterpretation und Operationalisierung der Vorstellungen des Autopoiesis-„Erfinders" Humberto Maturana,
- bei Helmut Willke im direkten Anschluss an Luhmanns Systemtheorie, aber über diese hinausweisend.

Von diesen drei Ansätzen hat die Umdeutung der politischen Möglichkeiten der autopoietischen Systemtheorie durch Willke den sozialwissenschaftlichen Diskurs am stärksten befeuert und wird deshalb hier kurz skizziert. Willke betont ähnlich wie handlungstheoretische Kritiker am Steuerungspessimismus der Luhmannschen Theorie (Lange 2003: 210-225) den Umstand, dass die funktional differenzierte Gesellschaft zugleich eine Organisationsgesellschaft sei und Organisationen als korporative Akteure handeln und steuern könnten (→ Organisationstheorien). Willke zufolge sind Organisationen autopoietische soziale Systeme, die sich meist operativ einem Funktionssystem zuordnen lassen. In solchen „korporativen Systemen" können Organisationen und selbst Einzelpersonen auf herausgehobenen Organisationspositionen als Repräsentanten der Funktionssysteme handeln. Darüber hinausgehend wendet Willke (1989: 129) gegen Luhmann ein, dass politisches „Durchwursteln" oder Vertrauen auf eine blinde (Ko-)Evolution von Funktionssystemen nicht zum Überleben der modernen Gesellschaft genüge: „Dafür ist die Bruchquote, das Restrisiko und die Unerbittlichkeit bloßer Evolution zu hoch." Hier wird also wieder ein Leitmotiv der frühen politischen Systemtheorie stark gemacht, wonach das politische System die Verantwortung für das Überleben der Gesamtgesellschaft trägt. Willke gibt deshalb im Gegensatz zu Luhmann den Gedanken nicht auf, dass politische Gesellschaftssteuerung sinnvoll und notwendig ist. Sie muss lediglich den Bedingungen funktional differenzierter Gesellschaften angepasst ablaufen. Die besondere Aufgabe des politischen Systems bezieht sich auf die Steigerung der Reflexionsfähigkeit der gesellschaftlichen Funktionssysteme: Staatliche Politik soll zu deren gemeinwohlverträglicher Selbststeuerung beitragen.

Diese „neue Bescheidenheit" der Steuerungsansprüche des Staates verlangt einen „Supervisionsstaat" (Willke 1997) anstelle des hierarchisch intervenierenden „heroischen" Staates. Dem „postheroischen" Staat unserer Tage stellt sich das Problem, in Verhandlungssystemen mit privaten Akteuren und Organisationen genug „loyalty" zu erzeugen, um die „vaterlandslosen" Funktionssysteme auf gemeinwohlverträgliche Operationen festzulegen (→ Verhandlungen). Das der Sozialtherapie entlehnte Verfahren der Supervision wird von Willke zur einzig verbleibenden Staatsaufgabe erklärt. In der Supervision klären sich die Funktionssysteme wechselseitig über die negativen Externalitäten auf, die sie einander bereiten, mit dem Ziel, in der Zukunft abgestimmtere Operationen zu erreichen. Der supervidierende Staat stellt in diesem Prozess als Primus inter Pares eine eigene Vision der Zukunft zur Diskussion, die die Konsensbildung über gemeinwohlverträgliche Rahmenvereinbarungen anleiten, aber nicht determinieren soll. Am Ende der Supervision stehen an Wohlfahrtskriterien orientierte Selbstbindungen und Selbstverpflichtungen der Funktionssysteme, die zum Beispiel zur Bereitstellung „kollateraler Güter" führen. Unter Letzteren versteht Willke gemischt privat-öffentlich erzeugte Güter, die weder von Privaten noch vom Staat allein finanziert werden können.

Der Gesamtprozess wird von Willke als „Kontextsteuerung" tituliert, weil die organisierten Repräsentanten der Funktionssysteme ohne den vom Staat geschaffenen Verhandlungsrahmen gar nicht erst zusammengekommen wären. Das faktische Gemeinwohl als Ergebnis der Selbstbindungserklärungen der Funktionssysteme steht am Ende des Deliberationsprozesses namens „Kontextsteuerung". Sein implementationstechnisches Desiderat ist das „reflexive Recht" (Teubner/Willke 1984), das die Organisationen der Funktionssysteme dann jenseits bürokratischen Verordnungswirrwarrs und polizeilicher Aufsicht aus eigener Überzeugung anwenden – womit Implementationsdefizite idealiter ausgeschlossen wären. Die Verlagerung der Gemeinwohldefinition in das Interaktionssystem der „Kontextsteuerung" sowie die Abtretung der Implementation und ihrer Kontrolle an die Funktionssysteme selbst bedeuten nichts weniger als die „Transformation der Demokratie". Selbige wird ihres bisherigen Charakters als politisches Herrschaftsprinzip entkleidet und in die Gesellschaft als „Idee der Selbstorganisation komplexer Sozialsysteme" (Willke 1998: 13) freigesetzt.

5 Ausblick: der Beitrag kybernetischer und systemtheoretischer Ansätze zur Governance-Problematik

Nach kybernetischer Planung und Steuerungsdebatte ist man in den Sozialwissenschaften seit Mitte der 1990er Jahre sukzessive zum Konzept der Governance übergegangen. Auch dies ist ein schillernder Begriff, dessen kleinster gemeinsamer Nenner wohl in der folgenden Definition von Arthur Benz (2004: 25) ausgedrückt ist: „Governance bedeutet Steuerung und Koordination (oder auch Regieren) mit dem Ziel des Managements von Interdependenzen zwischen (in der Regel kollektiven) Akteuren." Dabei werden die Grenzen zwischen Staat und Gesellschaft fließend, und die institutionellen Interaktionsmuster reichen vom Handeln in Netzwerken bis zur wechselseitigen Anpassung im Wettbewerb. Das einfache kausale Steuerungskonzept wird damit zugunsten eines viel unbestimmteren Managements von Interdependenzen zwischen dem politischen System und anderen Funktionssystemen aufgegeben. In diesem Konzept ist politische Steuerung nur noch ein normativer „Anspruch" des politischen Systems auf die intentionale Beeinflussung sozialer Prozesse (Mayntz 1996: 157). Der Gedanke einer intentionalen Zustandsveränderung eines Funktionssystems durch politisches Steuerungshandeln scheint damit in der Akteurtheorie aufgegeben worden zu sein. Es kommt nun primär auf eine Art „Auslösekausalität" der politischen Steuerung an: „Nicht der Steuerungserfolg, sondern die Steuerungsabsicht wäre damit konstitutiv für den Tatbestand politische Steuerung" (Voigt 1996: 57). Entsprechend kann politische Steuerung in Governance-Regimen nur noch als präskriptive Theorie politischen Handelns formuliert werden.

Hierzu kann die Kybernetik außer einem Appell an die Lernbereitschaft und Veränderungsfähigkeit des politischen Systems im Rahmen von Governance-Regimen wenig beitragen. Statt des Aufbaus von „requisite variety" im Staatsapparat fährt der Governance-Zug eindeutig in Richtung Delegation ehemaliger staatlicher Regulierungen in den Selbstorganisationsbereich von Unternehmen sowie von Organisationen und individuellen Professionsangehörigen aus dem staatsnahen Sektor (Schulen, Hochschulen, Krankenhäuser, Arztpraxen etc.) (→ Public Management und Public Governance). Hier könnte man sogar spekulieren, ob unter den Vorzeichen heutiger Governance nicht eher die ehemaligen Steuerungsobjekte eine Art „requisite variety" aufbauen müssen, um als Agenten staatlicher Aufgabenerfüllung eine angemessene Resonanzfähigkeit für die (häufig wechselnden) staatlichen „Absichten" ausbilden zu können. Die politische Einführung von Evaluationen, Berichtssystemen und anderen Selbstlegitimationsverfahren im staatsnahen Sektor scheint in eine solche Richtung zu gehen.

Der Steuerungspessimismus der Luhmannschen Systemtheorie kann hilfreich sein, wenn es darum geht, die Möglichkeiten der Zweckprogrammierung, wie sie in Governance-Regimen nach dem New-Public-Management-Muster häufig anzutreffen ist, realistisch einzuschätzen und unintendierte Nebenfolgen abzuwägen. Nimmt man die Hochschulpolitik als Beispiel, kann man beobachten, wie der Staat seine Detailregulierung durch Gesetze und Verordnungen – und damit die konditionale Programmierung – zugunsten einer Zweckprogrammierung der Hochschulen durch Zielvereinbarungen zurückfährt. Unter Rekurs auf Luhmanns Systemtheorie müsste man annehmen, dass diese Form der Steuerung noch kontraproduktiver sein müsste, als es die vorherige war, weil das politische System nicht wissen kann und aufgrund der ihm eigenen politischen Selektivität auch nicht wissen will, welche Ziele in Forschung und Lehre aus der Perspektive des Wissenschafts- und Erziehungssystems die richtigen sind.

Es sieht letztlich so aus, als sei der produktivste systemtheoretische Beitrag zur heutigen Governance-Problematik Willkes Konzept der „Kontextsteuerung". Dieses Konzept ist aber letztlich auch mit Problemen eigener Art belastet. Zunächst hat es einen sozialromantischen Bias, da es suggeriert, dass der Staat ein uneigennütziger korporativer Akteur sei, der es primär auf rationale Problemlösungen abgesehen hat, die es in zwangloser Moderation zu erreichen gilt. Der Staat fußt aber realiter auf der machtvollen Dialektik von Regierungs- und Oppositionspolitik, in der die Machtexpansion, -sicherung oder -ablösung des politischen Personals rationales Problemlösen oft konterkariert und eine über längere Zeiträume konstante Moderatorenrolle des Staates – die Position des ehrlichen Maklers – erschwert. Darüber hinaus wäre es naiv anzunehmen, dass der Staat bei aus seiner Sicht nicht zielführenden Moderationsversuchen nicht doch irgendwann mit seinen Zwangsmitteln droht. Gerade bei Verhandlungen über Zielvereinbarungen mit Organisationen des staatsnahen Sektors zeigt sich, dass der Staat immer mehr als nur ein Primus inter Pares ist.

Des Weiteren krankt das Konzept der Kontextsteuerung an einem Legitimitätsdefizit, dem sich das heutige Tagesgeschäft des politischen Gestaltungshandelns in verflochtenen Verhandlungsarenen und komplexen Governance-Konstellationen generell ausgesetzt sieht. Insbesondere das Publikum der individuell zu bindenden Staatsbürger bleibt in den Überlegungen zur „Kontextsteuerung" und anderen governancetheoretischen Konzeptionen außen vor. Policy-Netzwerke und korporatistische Verhandlungssysteme können zwar, wenn sie funktionieren, ein durchaus hohes Maß an Outputlegitimität im Sinne positiver Problemlösung sichern, erfüllen aber nicht das ebenfalls unverzichtbare Kriterium der Inputlegitimität, auf das schon die politische Systemtheorie Eastons hingewiesen hat (→ Demokratie und Legitimation). Policy-Netzwerken und anderen Governance-Konstellationen fehlt die Fähigkeit zur politikfeldübergreifenden Integration und Aggregation politischer Themen, die den tradierten politischen Institutionen wie Parteien, Parlamentsfraktionen oder Regierungsprogrammen zu eigen war. Selbst der normativ anspruchslose Legitimitätsbegriff der Systemtheorie Luhmanns wird hier nicht mehr eingelöst, denn den Aushandlungs- und Delegationsverfahren der Netzwerke fehlt jene Öffentlichkeit und Sichtbarkeit, ohne die politisches Entscheidungshandeln seine legitimitätstiftende Wirkung nicht entfalten kann. Die Politikformulierung wird in den Verhandlungssystemen der Governance-Netzwerke derartig vom Erlebenshorizont des Publikums der Politik entkoppelt, dass selbst Legitimitätsstiftung durch nachträgliche Akklamation und motivlose Akzeptanz entbehrlich erscheint. Ob Leistungsevaluationen oder Berichtssysteme dieses Legitimitätsdefizit kompensieren können, ist noch unklar.

Literatur

Almond, Gabriel, 1965: A Developmental Approach to Political Systems, in: World Politics 17, 183-214.

Ashby, W. Ross, 1974 [1956]: Einführung in die Kybernetik. Frankfurt a.M.: Suhrkamp.

Benz, Arthur, 2004: Einleitung: Governance – Modebegriff oder nützliches sozialwissenschaftliches Konzept?, in: Arthur Benz (Hrsg.), Governance – Regieren in komplexen Regelsystemen. Eine Einführung, Wiesbaden: VS, 11-28.

Böhret, Carl/Jann, Werner/Kronenwett, Eva, 1988: Innenpolitik und politische Theorie. Ein Studienbuch, Opladen: Westdeutscher Verlag (3. überarb. Aufl.).

Czerwick, Edwin, 2001: Politik als System: Zum Politikverständnis in Systemtheorien, in: Lietzmann, Hans J. (Hrsg.), Moderne Politik. Politikverständnisse im 20. Jahrhundert. Opladen: Leske + Budrich, 287-310.

Deutsch, Karl W., 1973: Politische Kybernetik. Modelle und Perspektiven, Freiburg i.Br.: Rombach (3. Aufl.).

Easton, David, 1965: A Systems Analysis of Political Life. New York: Wiley.

Görlitz, Axel/Burth, Hans-Peter, 1998: Politische Steuerung. Ein Studienbuch. Opladen: Leske + Budrich.

Lange, Stefan, 2003: Niklas Luhmanns Theorie der Politik. Eine Abklärung der Staatsgesellschaft. Wiesbaden: Westdeutscher Verlag.

Lange, Stefan/Braun, Dietmar, 2000: Politische Steuerung zwischen System und Akteur. Opladen: Leske + Budrich.

Lau, Christoph, 1975: Theorien gesellschaftlicher Planung. Eine Einführung. Stuttgart: Kohlhammer.

Lompe, Klaus, 1971: Gesellschaftspolitik und Planung. Probleme politischer Planung in der sozialstaatlichen Demokratie. Freiburg: Rombach.

Luhmann, Niklas, 1981: Politische Theorie im Wohlfahrtsstaat. München: Olzog.

Luhmann, Niklas, 1993 [1969]: Legitimation durch Verfahren, Frankfurt a.M.: Suhrkamp (3. Aufl.).

Luhmann, Niklas, 2000: Die Politik der Gesellschaft. Frankfurt a.M.: Suhrkamp.

Mannheim, Karl, 1935: Die Umgestaltung des menschlichen Denkens und Handelns, in: Bernhard Schäfers, 1973 (Hrsg.), Gesellschaftliche Planung. Materialien zur Planungsdiskussion in der BRD. Stuttgart: Enke, 95-101.

Mayntz, Renate, 1987: Politische Steuerung und gesellschaftliche Steuerungsprobleme – Anmerkungen zu einem theoretischen Paradigma, in: Thomas Ellwein u.a. (Hrsg.), Jahrbuch zur Staats- und Verwaltungswissenschaft Bd. 1. Baden-Baden: Nomos, 89-111.

Mayntz, Renate, 1996: Politische Steuerung: Aufstieg, Niedergang und Transformation einer Theorie, in: Klaus von Beyme/Claus Offe (Hrsg.), Politische Theorien in der Ära der Transformation. PVS-Sonderheft 26. Opladen: Westdeutscher Verlag, 148-168.

Naschold, Frieder, 1969: Systemsteuerung. Einführung in die moderne politische Theorie, Stuttgart: Kohlhammer (3. Aufl.).

Parsons, Talcott, 1969: Politics and Social Structure. New York/London: Free Press.

Scharpf, Fritz W., 1988: Verhandlungssysteme, Verteilungskonflikte und Pathologien der politischen Steuerung, in: Manfred G. Schmidt (Hrsg.), Staatstätigkeit. International und historisch vergleichende Analysen. PVS-Sonderheft 19. Opladen: Westdeutscher Verlag, 61-87.

Scharpf, Fritz W., 1992: Die Handlungsfähigkeit des Staates am Ende des zwanzigsten Jahrhunderts, in: Beate Kohler-Koch (Hrsg.), Staat und Demokratie in Europa. Opladen: Leske + Budrich, 621-634.

Teubner, Gunther/Willke, Helmut, 1984: Kontext und Autonomie. Gesellschaftliche Selbststeuerung durch reflexives Recht, in: Zeitschrift für Rechtssoziologie 6, 4-35.

Voigt, Rüdiger, 1996: Des Staates neue Kleider. Entwicklungslinien moderner Staatlichkeit. Baden-Baden: Nomos.

Willke, Helmut, 1989: Systemtheorie entwickelter Gesellschaften. Dynamik und Riskanz moderner gesellschaftlicher Selbstorganisation. Weinheim/München: Juventa.

Willke, Helmut, 1997: Supervision des Staates. Frankfurt a.M.: Suhrkamp.

Willke, Helmut, 1998: Soziologische Aufklärung der Demokratietheorie, in: Hauke Brunkhorst (Hrsg.), Demokratischer Experimentalismus. Politik in der komplexen Gesellschaft. Frankfurt a.M.: Suhrkamp, 13-34.

Dorothea Jansen / Andreas Wald

2.3 Netzwerktheorien

Unter sozialen Netzwerken verstehen wir ein Geflecht von sozialen Beziehungen, in das Individuen, kollektive oder korporative Akteure eingebettet sind. Netzwerke lassen sich als eine abgrenzbare Menge von Elementen oder Knoten beschreiben, für die eine oder mehrere soziale Beziehungen untersucht werden. Diese Beziehungsnetzwerke können symmetrisch oder asymmetrisch sein. Für die Governance-Forschung sind Beziehungen wie Informations- und Kommunikationsbeziehungen (→ Verhandlungen), Transfer oder Tausch von Ressourcen (→ Markt) sowie Weisungsbeziehungen im Rahmen von Unter- und Überordnungsverhältnissen (→ Hierarchie) von Interesse (ausführlicher: Jansen 2006: Kapitel 3.3). Aussagen von Netzwerktheorien sind somit für das Verständnis und die Erklärung verschiedener Formen von Governance relevant. Dementsprechend enthält die allgemeine Definition von Netzwerken wenige Vorannahmen über die Voraussetzungen und Folgen von Netzwerken und unterscheidet sich von spezifischeren Definitionen, wie sie in der neuen institutionellen Ökonomik oder im soziologischen Neoinstitutionalismus verwendet werden (→ Netzwerke).

Die Analyse sozialer Netzwerke verstand sich in ihren Anfängen eher als eine Forschungsperspektive und als eine Sammlung von Instrumenten denn als theoretischer Ansatz (Barnes 1972). Konstitutiv waren für sie die hohe Bedeutung, die realen Beziehungen für die Erklärung von sozialen Prozessen zugewiesen wurde, sowie die Abgrenzung zu den damals vorherrschenden normativen Handlungs- und Gesellschaftstheorien des Parsonsschen Strukturfunktionalismus (Wellman 1988; White u.a. 1976). Die beiden heute wesentlichen theoretischen Perspektiven in der Netzwerkanalyse weichen vom reinen Strukturalismus ab und haben Anleihen bei anderen Theorien gemacht. Ein instrumenteller Relationalismus verbindet Rational Choice als Handlungstheorie und relational begründete Optionen und Beschränkungen im Sinne einer Situationslogik (z.B. Burt 1982: 9). Der relationale Konstruktivismus (vgl. White 1992; Emirbayer/Goodwin 1994) hebt dagegen die Wechselwirkungen zwischen sozialen Strukturen und der Konstruktion von Identitäten von Akteuren, Situationsdefinitionen und Institutionen hervor. Er betont die Offenheit sozialer Beziehungen und Situationen für wechselseitige Aushandlungen, aber auch die Rolle von Institutionen für die Stabilisierung und den Umgang mit Unsicherheit sowie kognitive und interpretative Faktoren bei der Erklärung kollektiven Handelns.

Für die Governance-Forschung besonders wichtig ist, dass netzwerkbezogene Erklärungs- und Forschungsstrategien sich mit anderen Ansätzen verbinden lassen, zum Beispiel mit dem Strukturationsansatz von Giddens (1984), Rational-Choice-Ansätzen (Burt 1982; 1992) oder mit evolutionstheoretischen Ansätzen (Kappelhoff 2000). In der Organisationsforschung werden neoinstitutionalistische und populationsökologische Theorieansätze zur Diffusion von Innovationen und zur Durchsetzung neuer Organisationsformen mit netzwerkanalytischen Ansätzen verknüpft (→ Organisationstheorien). Insofern kann man sowohl von Netzwerktheorie als auch von Netzwerktheorien sprechen. Während Erstere grundsätzliche Aussagen zum Verhältnis von Beziehungen und daraus ablesbaren Strukturen, zu den Akteuren und ihren Identitäten sowie den wechselseitigen Interpretations- und Konstruktionsprozessen macht, beschreiben Letztere konkrete Ursachen und Wirkungen von Netzwerken.

Nach dieser grundsätzlichen theoretischen Einordnung wird im Weiteren ein Überblick über verschiedene Netzwerktheorien bzw. Erklärungsansätze gegeben, die Netzwerke als erklärende Faktoren oder als zu erklärendes Phänomen zum Gegenstand haben. Hierbei geht es zum einen um die Identifikation und Erklärung von positiven und negativen Netzwerkeffekten, die unter dem Stichwort „social capital" diskutiert werden (Abschnitte 1 und 2). Zum anderen geht es um die Erklärung der Entstehung und Dynamik von Netzwerken (Abschnitte 3 und 4). Im fünften Abschnitt wird kurz die Frage behandelt, ob Netzwerke bewusst gestaltet und gesteuert werden können.

1 Netzwerke und Sozialkapital

Die Wirkung von Netzwerken auf kollektives Handeln beruht maßgeblich auf mehr oder weniger bewussten Effekten sozialer Einbettung, welche unter dem Begriff Sozialkapital oder Beziehungskapital zusammengefasst werden. Darunter versteht man spezifische Formen von Beziehungen und Sozialstrukturen, die individuellen oder korporativen Akteuren Handlungsmöglichkeiten eröffnen, ihnen Gewinne ermöglichen oder die Koordination ihrer Handlungsabsichten zu kollektiver Aktion erleichtern (vgl. Coleman 1988; Lin u.a. 2001). Strukturen und Beziehungen eines Netzwerkes können verschiedene Arten von Erträgen generieren, und je nach den Eigenschaften von Netzwerken können die Leistungsfähigkeit und Einflussmöglichkeiten von Individuen oder korporativen Akteuren positiv oder negativ beeinflusst werden. Die Fähigkeit von „policy communities", neue Herausforderungen aufzugreifen, lässt sich unter Rückgriff auf Netzwerkstrukturen und Netzwerkpositionen von Akteuren betrachten. Ebenso können Reformblockaden durch die strukturelle und kognitive Schließung in Netzwerken erklärt werden.

Es lassen sich im Wesentlichen sechs Ressourcen oder Vorteile unterscheiden, die aufgrund spezifischer Aspekte von Netzwerkstrukturen produziert werden bzw. entstehen können (vgl. Coleman 1988; Portes 1998; Lin u.a. 2001):

- Gruppensolidaritäten,
- Selbstorganisationsfähigkeit von Kollektiven,
- Vertrauen in die Geltung allgemeiner sozialer Normen,
- Information,
- Macht im Sinne struktureller Autonomie bzw. Wettbewerbsposition,
- Macht im Sinne sozialen Einflusses.

Bei den drei ersten Vorteilen steht der Kollektivgutcharakter im Vordergrund, bei den drei letzten der individuelle Nutzen. Sozialkapital im Sinne eines raschen Informationszugangs, einer guten Wettbewerbsposition oder struktureller Macht ist ein Gut mit hoher Rivalität. Je mehr andere Akteure die gleiche Position besetzen, desto geringer wird ihr Wert. Sozialkapital im Sinne von Solidarität, Selbstorganisationsfähigkeit und sozialstrukturell bedingtem Vertrauen in Normen produziert dagegen positive Externalitäten. Sein Wert ist umso größer, je mehr andere Akteure im Netzwerk die gleiche Ressource genießen und entsprechend den Normen gleichgerichtet handeln. Dazwischen liegt Sozialkapital im Sinne von sozialem Einfluss. Es ist zwar individuell erstrebenswert, den höchsten sozialen Einfluss zu erlangen, der eigene Einfluss ist jedoch höher, wenn man von einflussreichen Partnern umgeben ist.

Für die Handlungskoordinierung in Governance-Formen sind die individuellen wie gemeinsamen Vorteile von Sozialkapital relevant, da sie die Grundlage von kollektivem Handeln darstellen. Im Folgenden werden deshalb die strukturellen Grundlagen von Gruppensolidarität, Selbstorganisationsfähigkeit, allgemeinem Normvertrauen sowie von Informationszugang, struktureller Macht und sozialem Einfluss vorgestellt. Die Netzwerktheorie befasst sich insoweit mit der Frage, welche strukturellen Eigenschaften von Netzwerken geeignet sind, die jeweiligen Voraussetzungen von Handlungskoordinierung zu gewährleisten.

2 Beziehungen und Strukturen als Grundlagen von Sozialkapital

Es lässt sich eine Reihe von Netzwerkeigenschaften unterscheiden, die für den Zugang zu wertvollen Ressourcen und Vorteilen maßgeblich sind. Granovetter (1973) machte auf die Differenzierung von starken und schwachen Beziehungen aufmerksam. Burt (1992) fügte dem das Konzept der Maklerposition in Abgrenzung zu einer dicht intern verbundenen Cliquenstruktur hinzu. Damit lassen sich bereits wesentliche Merkmale von Netzwerkstrukturen beschreiben, die Auswirkungen auf soziale Interaktionen haben.

Als stark (*strong ties*) bezeichnet man enge, das heißt häufige oder intensive Beziehungen, etwa familiäre oder freundschaftliche Beziehungen. Sie schaffen Solidarität und Vertrauen. Mehrere solcher Beziehungen führen oft zu einer Gruppe untereinander vernetzter Akteure. Starke, belastbare Beziehungen werden regelmäßig zu Akteuren geknüpft, die sich im Hinblick auf soziale Kontexte und Einstellungen ähnlich sind.

Weak ties sind dagegen weniger intensiv und lockerer. Sie sind weniger redundant als starke Beziehungen. Durch sie können auch große Distanzen in Netzwerken überbrückt werden. Deswegen sind sie für alle Mobilitäts-, Modernisierungs-, Innovations- und Diffusionsprozesse von großer Bedeutung, da über sie verschiedenartige und oft auch neue Informationen und Werte vermittelt werden (→ Policy-Transfer und Policy-Diffusion). Sie bilden die Grundlage für strukturelle Autonomie und eine gute Wettbewerbsposition (Burt 1992).

Engmaschige Netzwerke aus starken Beziehungen bilden die Grundlage für die soziale Schließung, die gruppenbezogene Solidaritätsverpflichtungen unterstützt. Beispiele für die positive Wirkung von solchen Netzwerken finden sich in kleinen homogenen sozialen Gemeinschaften auf lokaler Ebene (→ Gemeinschaft). Die einander überlappenden und engen Beziehungen unter den Gemeindemitgliedern sichern unaufdringlich und ohne aufwendigen Kontrollapparat die Sichtbarkeit und Sanktionierbarkeit von Abweichlern. Sie fördern die Kooperation aller Beteiligten und tragen zur Entstehung von Vertrauen in die Gruppe bei (Coleman 1988; Portes 1998; Sabel 1994). Sozialkapital in Form von starken und dichten Beziehungen unterstützt konsentierte und durchsetzbare Normen, senkt Transaktionskosten, ermöglicht Lernen trotz Unsicherheit und erlaubt den Aufbau kollektiver Identitäten. An die Erfolge solcher solidarischen, über gemeinsame Kulturen und Wissensbestände integrierten Kollektive knüpfen auch die Konzepte regionaler Netzwerke, innovativer Milieus oder von „industrial districts" an (Saxenian 1994) (→ Regional Governance).

Die mit starken Verbindungen gekoppelte soziale Schließung hat aber auch ihre Kehrseiten. Die preiswerte Monitoring- und Solidaritätsfunktion eines solchen Netzwerkes führt zu Abgrenzung und Misstrauen nach außen, und das heißt auch zur Diskriminierung externer Akteure. Ferner erzeugt sie erheblichen sozialen Druck, unter Umständen den Ausschluss von Austrittsoptionen. Im Extrem können eng begrenzte und nach außen geschlossene Netzwerke notwendige Anpassungsprozesse verhindern oder klientelistische, wenn nicht sogar denen der Mafia ähnliche Strukturen bewirken (Jansen 2002: 96).

Eine Alternative zu solchen Cliquenstrukturen, die zur Abgrenzung nach außen und Polarisierung gegenüber gegnerischen Gruppen neigen, stellen Strukturen dar, die Simmel (1958: Kapitel VI) mit dem Begriff der Kreuzung sozialer Kreise beschrieben hat. Sie bilden die Grundlage für die Offenheit moderner, funktional differenzierter Gesellschaften und damit auch für die Entstehung eines allgemeinen, von partikularen Zugehörigkeiten unabhängigen Normvertrauens. Konzentrische dichte Cliquen führen zu hoher Statuskongruenz, hoher Übereinstimmung in Einstellungen und Werthaltungen und hoher lokaler Integration sowie zu seltenen und eher konfliktären Beziehungen zu anderen Gruppen. Dagegen führt die „Kreuzung sozialer Kreise" zu geringer Statuskongruenz, heterogenen Einstellungen und Werthaltungen und zu häufigeren Beziehungen zu anderen sozialen Gruppen, das heißt zu niedriger lokaler, aber hoher globaler Integration. Die toleranzschaffende und universale Normen unterstützende Wirkung von sich kreuzenden, das heißt einander nur teilweise überlappenden Netzwerken bildet den theoretischen Hintergrund für die Thesen von Putnam (1993) über die positiven Konsequenzen einer lebendigen, in Vereinen und Verbänden aktiven Zivilgesellschaft für die Entwicklungsfähigkeit von Gemeinwesen – sei es im Kampf gegen Korruption oder im Aufbau von Demokratien.

Netzwerke mit schwachen Beziehungen, die durch Maklerpositionen verbunden sind, bilden dagegen die sozialstrukturellen Grundlagen von Macht, Wettbewerbsvorteilen, hoher Autonomie gegenüber Gruppenverpflichtungen und gutem Informationszugang. Burt (1992) charakterisierte ein Merkmal dieser Netzwerke mit dem Begriff „structural hole", den er mit dem Konzept der starken bzw. schwachen Beziehungen verband. Sozialkapital erschließt sich hiernach einem Akteur in einer Position, in der er als Einziger mehrere Cluster starker Beziehungen miteinander verbinden kann. Als Makler zwischen den Clustern kann er Vorteile aus einer Position struktureller Autonomie erzielen, die aus einem Vorsprung an Informationen resultieren. Strukturelle Löcher bieten den Akteuren darüber hinaus Handlungsmöglichkeiten aus einer Position des lachenden Dritten (Simmel 1958: 82).

Die strukturelle Macht eines Akteurs hängt dabei nach Burt von drei Eigenschaften seines Netzwerkes ab (vgl. hierzu auch Cook/Emerson 1984): Erstens ist er umso mächtiger, je einzigartiger seine eigene Position im Netzwerk ist bzw. je weniger er der Konkurrenz mit anderen ausgesetzt ist. Zweitens ist er umso autonomer und mächtiger, je verschiedenartiger seine eigenen Netzwerkbeziehungen sind. Je mehr Beziehungen er hat und je weiter das Netzwerk über schwache Beziehungen ausgreift, desto unabhängiger ist er gegenüber einzelnen Bezugsgruppen. Auch seine Chancen, ertragreiche Informationsvorteile zu erhalten, steigen mit der Zahl, Verschiedenartigkeit und Unverbundenheit der Cluster. Dabei kommt es auch darauf an, dass er seine Netzwerkbeziehungen effizient gestaltet, also mit begrenzter Kapazität für direkte Verbindungen möglichst viele und möglichst unterschiedliche andere Akteure indirekt erreicht. Drittens hängt seine strukturelle Macht davon ab, welche Kooperationsmöglichkeiten zwischen ihm und mit ihm vergleichbaren Konkurrenten bestehen: Je größer diese sind, desto besser stellt sich der Akteur. Wenn allerdings auch die mit ihm (ver)handelnden Akteure sich zu Kartellen zusammenschließen (Gegenmachtbildung), verschlechtert sich die Situation des Akteurs wieder.

Die empirische Bilanz der Theorie struktureller Löcher ist eher widersprüchlich. Zwar können „weak ties" Suchprozesse erfolgreich unterstützen, für den Transfer von neuem Wissen und neuer Routine sind aber regelmäßig auch „strong ties" erforderlich. Ferner wirken viele „weak ties" im Netzwerk eher negativ, wenn komplexe Aufgaben bewältigt werden müssen. In dichten, starken Netzwerkbeziehungen lassen sich Kollektivgutprobleme leichter lösen. Der zusätzliche Nutzen von weiteren direkten Beziehungen sinkt allerdings mit der Zahl indirekter Beziehungen und vice versa. Der positive Effekt der Einbettung in „strong ties" nimmt aber jenseits eines Schwellenwertes ab und wird dann negativ (vgl. hierzu insgesamt den Überblick in Jansen 2002: 102-104).

Selbstorganisationsfähigkeit und Stratifizierung in Netzwerken sind die sozialstrukturellen Grundlagen sozialen Einflusses. Neben dichten Netzwerken, die einen hohen Aufwand an Kontaktpflege implizieren, gibt es weniger dichte Netzwerkstrukturen mit hierarchischen Mustern oder Zentrum-Peripherie-Mustern, die im Berufsleben und zwischen Organisationen verbreiteter sind. Hierarchische Netzwerkmuster unterscheiden sich von Zentrum-Peripherie-Mustern durch den höheren Grad an asymmetrischen Beziehungen zwischen Spitze und Basis. Das Zentrum-Peripherie-Muster ist zwar ähnlich wie das Hierarchiemuster durch einen hohen Status des Zentrums gekennzeichnet, aber die Beziehungen zwischen Zentrum und den Peripherien sind öfter gegenseitiger Natur (vgl. Jansen 2006: 230-231). Hierarchische Netzwerkstrukturen, aber auch Zentrum-Peripherie-Strukturen sind in der Lage, kollektives Handeln von Akteuren zu unterstützen. Grundlage des Koordinationspotenzials ist hier nicht die Cliquenstruktur, in der im Extrem jeder Akteur die gleichen Netzwerkzugänge besitzt, sondern die Differenzierung zwischen den Akteuren in den verschiedenen Netzwerkpositionen.

Der Zugang zu wertvollen Ressourcen (zum Beispiel Entscheidungsmacht, Informationen, materielle Ressourcen) führt zu asymmetrischen Beziehungsmustern, die sich auf Akteursebene im unterschiedlichen Status oder Prestige niederschlagen. Geringfügige Unterschiede im Prestige sind die Grundlage für eine bessere Sichtbarkeit und höhere Attraktivität der herausgehobenen Akteure. Netzwerkpositionen mit hohem Prestige und hoher Zentralität werden dabei um ihrer selbst willen zum Ziel von positiven Kooperations- und Tauschangeboten anderer Akteure. Es setzt ein sich selbst verstärkender Prozess ein, der zu einer Stratifizierung der Akteure führt. Die Position in einer Netzwerkstruktur erhält einen Informations- und Signalwert eigener Art, und dies kann Such- und Verhandlungskosten senken. Ferner übernehmen Akteure mit herausgehobener Netzwerkposition häufig Koordinationsaufgaben. Hohes Prestige, Ansehen und Einfluss eines Akteurs wachsen dann aber nicht über die Nutzung der Vorteile struktureller Löcher. Zunehmend wird vielmehr die Verbindung zu anderen Akteuren, möglichst zu solchen, die selbst über hohes Prestige verfügen, zur Grundlage eigenen Einflusses und eigener Attraktivität.

Die Netzwerkeffekte der strukturellen Macht und des sozialen Einflusses unterscheiden sich auch nach der Art der Interdependenz zwischen den Akteuren. Gemeint ist damit, ob eine Transaktion zwischen zwei Akteuren A und B durch eine Beziehung zwischen B und einem dritten Akteur C beeinflusst wird. Indirekte Beziehungen von A zu C über B können positiver Natur sein: Informationen, Ressourcen, Einfluss werden weitergegeben und zusammengefügt. Das ist die Voraussetzung für Kooperation und Kooperationserträge. Oder das Netzwerk ist negativ verbunden: Dann stehen A und C untereinander in Konkurrenz um die Beziehung zu B. B kann nur mit dem einen oder anderen tauschen, ihn informieren bzw. unterstützen oder mit ihm kooperieren. Dies bedeutet aber auch, dass B die Position des „lachenden Dritten" einnehmen kann. Er kann den Wettbewerb von A und C zu seinen Gunsten nutzen. In positiv verbundenen sozialen Netzwerken steigt der Einfluss eines Akteurs mit den Beziehungen zu anderen einflussreichen Akteuren. Daher ist es von Vorteil, viele Beziehungen zu mächtigen Akteuren zu haben. In negativ verbundenen Netzwerken ist es dagegen ein Nachteil, sich mächtigen anderen Akteuren gegenüberzusehen.

3 Entstehung und Evolution von Netzwerken

In einer evolutionären Perspektive sind Netzwerkstrukturen das Ergebnis der Strategien und Handlungen von Akteuren, die sich mit den vorgefundenen Strukturen und davon geprägten Handlungsoptionen auseinandersetzen. Netzwerke entstehen und verändern sich im Wesentlichen durch drei von den Akteuren getriebene Prozesse:

Zum einen bauen Akteure Netzwerkbeziehungen zu anderen Akteuren auf. Über die Frage, ob eine Beziehung zustande kommt, entscheiden dabei auf den ersten Blick die beiden beteiligten Akteure. Auf den zweiten Blick spielen dabei aber auch Gruppenprozesse eine Rolle, da die Akzeptanz von neuen Netzwerkpartnern auch von den Akteuren abhängt, mit denen der zu kooptierende Akteur sonst noch verbunden ist. Dieser Prozess der Veränderung der Zusammensetzung von Netzwerken wird als „selection", als Auswahlprozess, bezeichnet. Dabei geht es nicht nur um die Wahl neuer Beziehungen, sondern auch um die Aufrechterhaltung von Beziehungen sowie um die Beendigung von Beziehungen.

Ein zweiter Prozess findet dadurch statt, dass miteinander verbundene Akteure sich untereinander austauschen und sich hierdurch die Merkmale der Akteure verändern. Zum Beispiel können sich der Wissensstand eines Netzwerkakteurs oder seine Normen und Werte verändern, wenn Akteure mit neuem Wissen und anderen Normen in den Kreis der Netzwerkakteure eintreten. Dieser Prozess wird in der Literatur als sozialer Einflussprozess (Friedkin/Johnsen 1999) oder „Ansteckungsprozess" („contagion"; Leenders 1997) beschrieben. Im Ergebnis führen solche Beeinflussungs- oder Ansteckungsprozesse dazu, dass die Netzwerkmitglieder einander ähnlicher werden. Grad und Schnelligkeit der Verbreitung sind abhängig von der Verbundenheit und der Struktur des Netzwerkes, aber auch von der

Art des Wissens bzw. der verbreiteten Ressource (Buskens/Yamaguchi 1999). Implizites Wissen etwa verbreitet sich langsamer, braucht dauerhaftere und intensivere Beziehungen zum Transfer als explizites Wissen (→ Policy-Transfer und Policy-Diffusion).

Drittens kann sich die Ressourcensituation der Netzwerkmitglieder verändern, indem Tausch- und Verwertungsprozesse zwischen den Netzwerkmitgliedern und anderen Akteuren bzw. Gruppen in der Gesellschaft stattfinden. Innerhalb des betrachteten Netzwerkes laufen dabei Produktions- und Verteilungsprozesse zwischen den Akteuren ab, die von den Netzwerkstrukturen und den Eigenschaften und Ressourcen der Akteure geprägt sind (→ Markt). Erfolge und Misserfolge dieser Produktions- und Verteilungsprozesse machen nun ihrerseits Netzwerke mehr oder weniger erfolgreich und stabil. Rückkopplungen erfolgen über den Markt oder politische Regulierung. Sie setzen Anreize für die Aufrechterhaltung oder Lösung von Beziehungen und die Aufnahme neuer Beziehungen.

4 Mechanismen der Evolution von Netzwerken

Analysen der Evolution von Netzwerken haben zwei zentrale, aber gegenläufige Tendenzen der Entwicklung von Netzwerkstrukturen und von Eigenschaften der Netzwerkakteure und der im Netzwerk verfügbaren Ressourcen ermittelt. Die erste und häufig dominante Tendenz führt zur Homophilie in Netzwerken und zur sozialen Schließung. Die zweite Tendenz beruht auf den Anreizen zur Produktion von Synergiegewinnen durch die Öffnung von Netzwerken und durch die Erhöhung von Heterogenität unter den Akteuren und den im Netzwerk kombinierten Ressourcen.

Netzwerke weisen eine starke Tendenz zur Homophilie, das heißt zur Auswahl ähnlicher oder bereits bekannter Netzwerkpartner, auf. Diese Tendenz dominiert in informalen Gruppen- und Freundschaftsbeziehungen (vgl. Van de Bunt u.a. 1999), ist aber auch für Interorganisationsnetzwerke prägend. Die Wahl bekannter oder ähnlicher Partner reduziert Unsicherheit und führt zu tendenziell cliquenhaften Netzwerkstrukturen. Vertrauen wird aufgebaut, kollektive Normen und gegenseitiges Verständnis wachsen, und damit nehmen die Fähigkeiten zu gemeinsamen Problemlösungen zu, und es steigt der Ertrag aus Kooperationen. Innerhalb von Netzwerken entstehen gemeinsame Problemsichten und Lösungsvorstellungen (Friedkin/Johnsen 1999; McPherson u.a. 2001; Jansen 2002: 107).

Dieser Prozess wird in Analysen zur Evolution von Netzwerken als ein Ineinandergreifen von homophiler „selection", also der Auswahl von neuen Netzwerkmitgliedern/Partnern, und von „contagion", sozialem Einfluss, modelliert (Leenders 1997). Hinter beiden wirken Mechanismen der kognitiven und strukturellen Balance (Heider 1958) sowie des sozialen Vergleichs und der gegenseitigen Zuschreibungen bzw. Stereotypisierungen (Tajfel 1978). So entstehen dichte und transitive, das heißt balancierte und reziproke Netzwerkstrukturen. Allerdings verhindern die Beschränkungen von Akteuren hinsichtlich der Zahl der gleichzeitig unterhaltbaren Beziehungen, dass solche transitiven Netzwerke ins Unendliche wachsen. Darüber hinaus spielen aber auch Produktionsnachteile homogener Netzwerke eine wichtige Rolle bei der Entstehung von Anreizen für die Aufnahme heterogener Partner in Netzwerke bzw. für die Kooperation zwischen heterogenen Partnern.

Netzwerkheterogenität ist von Bedeutung, wenn Netzwerke der Produktion von Gütern und Dienstleistungen dienen oder wenn in der Vorbereitung, Findung und Implementation kollektiver verbindlicher Entscheidungen heterogene Akteure koordiniert werden müssen. Gründe für die Öffnung von Netzwerken bzw. die Wahl heterogener Partner sind die Akkumulation politischer Macht und die Kontrolle von Zonen relevanter Unsicherheit. Weitere Anreize für die Integration neuer Ressourcen, Ideen und Kompetenzen erwachsen für den Auswahlprozess der Netzwerkmitglieder dann, wenn zur Schaffung eines am Markt erzielbaren Mehrwertes eine zeitweise und flexible Kombination von Ressourcen erforderlich ist. Dieser Anreiz wird allerdings oft erst wahrgenommen, wenn die Erträge aus der Kooperation in homogenen Netzwerken sinken. Die Anreize, auszubrechen und neue Netzwerke zu bilden, wachsen dann. Wie Homogenität wirken auch Komplementarität und Heterogenität der Partner nur bis zu einem gewissen Punkt positiv auf den Erfolg von Netzwerken. Gleichzeitig begrenzen sie die Chancen der gegenseitigen Verständigung (vgl. Jansen 2002: 107) und verursachen höhere Transaktionskosten. Insofern kommt es für ein gutes Netzwerkmanagement auf die Balance von Homogenität und Heterogenität, von sozialer Schließung und Offenheit von Netzwerken an (vgl. Abschnitt 5).

Ein weiterer wichtiger Befund ist, dass mit der Etablierung von Kooperationsnetzwerken die Position im Netzwerk selbst ein Auswahlkriterium wird. Zentrale Akteure ziehen viele Kooperationsangebote an, und ihr Einfluss im Netzwerk steigt. Dabei partizipieren die Akteure unterschiedlicher Zentralität in unterschiedlichem Ausmaß an den neu entstehenden Kooperationsbeziehungen. Je höher die gemeinsame Zentralität der potenziellen Partner, desto größer die Chance der Entstehung einer neuen Verbindung. Ferner steigt die Tendenz zur Bildung neuer Allianzen mit dem Grad der Stratifizierung des Netzwerkes. Je ausgeprägter diese ist, desto mehr sinken die Chancen weniger zen-traler Akteure, neue Allianzen einzugehen. Die Homophilietendenz gilt hinsichtlich der Zentralität der Organisationen nur innerhalb der oberen Ränge. Bei den weniger zentralen Organisationen herrscht dagegen die Suche nach Allianzen mit statushöheren Partnern vor. Dieser Mechanismus führt in einem pfadabhängigen Prozess zur Verfestigung der Stratifizierung der Netzwerke (Gulati/Gargiulo 1999). Geringe anfängliche Unterschiede in der Position von Akteuren verstärken sich im Zeitverlauf (→ Pfadabhängigkeit).

Netzwerkgröße und Netzwerkdichte erhöhen die Interdependenzen und damit auch die Volatilität. Je größer die Netzwerke werden, desto mehr Strukturierung und Differenzierung sind aufgrund der begrenzten kognitiven Kapazitäten von Menschen nötig. Diese Strukturierungen stellen sich als dichte Subgruppen und dazwischenliegende strukturelle Löcher dar. Austauschbeziehungen in Cliquen versprechen Sicherheit und Kooperationsgewinne. Die in großen Netzwerken jedoch unvermeidlichen strukturellen Löcher produzieren Volatilität und Innovationsdruck (Talmud/Mesch 1997). Dabei entsteht ein Wechselspiel, das aus der Innovationsforschung bekannt ist: Es kommt zu schöpferischer Zerstörung und einer zunehmenden Turbulenz durch die Aktivitäten von Innovatoren, die etablierte Grenzen überschreiten. Aber die Umsetzung der Innovationen verlangt Diffusion und Legitimation, also erneuten Aufbau von Strukturen und Erwartungssicherheiten (→ Policy-Transfer und Policy-Diffusion).

Netzwerke, die gleichzeitig durch Regionen hoher Verdichtung, eine insgesamt niedrige Netzwerkdichte und wenige kurze Pfade zwischen den weitgehend getrennten Clustern gekennzeichnet sind, werden als „small world"-Netzwerke bezeichnet (Watts 1999). Als zentrales Ergebnis der Forschung kristallisiert sich heraus, dass diesen Strukturen Prozesse eines sich selbst verstärkenden asymmetrischen Wachstums des Netzwerkes zugrunde liegen. Der Zuwachs an Beziehungen innerhalb eines Netzwerkes ist nicht gleichmäßig oder zufällig verteilt, sondern so, dass vor allem Akteure mit vielen Beziehungen weitere Beziehungen hinzugewinnen. Dieser Mechanismus bewirkt einen schon von Merton erkannten Effekt: Wer hat, dem wird gegeben. Merton bezeichnete ihn als „Matthäuseffekt" (Merton 1968). Er kann zu „scale free"-Netzwerken führen, in denen sehr wenige Akteure sehr viele Beziehungen, viele Akteure dagegen keine oder nur sehr wenige Beziehungen haben. Solche Matthäuseffekte werden durch Mechanismen wie Sichtbarkeit und Legitimitätssuche verursacht, die die Akkumulation von Sozialkapital im Sinne sozialen Einflusses und der daraus erwachsenden Vorteile beschleunigen. Allerdings ist für soziale Netzwerke, die – anders als etwa Netzwerke zwischen Internetseiten – von menschlichen Beziehungskapazitäten abhängen, nicht davon auszugehen, dass ein solches Wachstum unbegrenzt möglich ist.

5 Governance von Netzwerken: Kann man Netzwerke steuern?

In einer von Netzwerkansätzen inspirierten Theorieperspektive hängen das Entstehen und die Funktionsfähigkeit von Netzwerken als Form der Handlungskoordination nicht nur von den in der Institutionenökonomik postulierten Eigenschaften der Transaktion (Unsicherheit, Häufigkeit und Ressourcenspezifität) ab (→ Neoinstitutionalismus). Vielmehr nimmt auch die soziale Einbettung der Akteure Einfluss darauf, ob es zu Vertrauen, zu einem an Reziprozität und Reputation ausgerichteten Handeln und stabilen Kooperationen unter den Akteuren kommt und ob dadurch positive Interaktionsorientierungen verfestigt und risikoreichere Kooperationen machbar werden („studied trust"; Sabel 1994). Damit stellt sich die Frage, ob und wie solche Einbettungsstrukturen bewusst gestaltet, moderiert oder gesteuert werden können.

Die Nutzung der Vorteile von sozialem Kapital und eine Institutionalisierung von Netzwerken als Governance-Form setzen jedoch die Lösung zweier Probleme voraus. Ein erstes Problem besteht darin, eine Balance zwischen der Nutzung vorhandenen Wissens und vorhandener Ressourcen und der Suche nach neuen Möglichkeiten und Partnern zu finden. Radikale Suchstrategien sind insbesondere von der Position eines guten Anpassungsniveaus aus hochriskant. Inkrementelle Suchstrategien führen allerdings oft nur zu lokalen Maxima, und zwar um so eher, je größer die Interdependenzen zwischen den Akteuren und je schneller und globaler die Informations- und Austauschbeziehungen sind. Einen Mittelweg zwischen radikaler und inkrementeller Lernstrategie stellt die Kombination von Organisationen, von Disziplinen bzw. von Branchen mit unterschiedlichen, aber erprobten Lösungsmustern dar. Hier werden funktionstüchtige Lösungen in anderen Kontexten erprobt, ein Rezept, das sich als Motor von Innovationen erwiesen hat. Neben der Balance von inkrementeller Weiterentwicklung vorhandener Kompetenzen und der radikalen Suche nach neuem Wissen muss ein zweites strukturelles und motivationales Problem gelöst werden: Netzwerke im Sinne einer Governance-Form haben keine hierarchische Spitze, die den Opportunismus der Akteure kontrollieren könnte (→ Netzwerke). Nun lässt sich durchaus zeigen, dass ein Aufbau von Vertrauen und eines horizontalen Reputations- und Sanktionssystems auch in dauerhaften und dichten Netzwerken möglich ist. Damit ist allerdings oft auch verbunden, dass das Netzwerk immer homogener und ab einem Schwellenwert weniger produktiv wird. Die zentrale Frage ist dann, wie dieses Vertrauen und diese Selbstorganisationsfähigkeit in offenen Netzwerken mit wechselnden und neuen Partnern hergestellt werden können.

Ein Modell für die Entstehung solcher endogenen Netzwerkinstitutionen, die eine horizontale Kontroll- und Sanktionsfähigkeit erlauben, könnte in der Differenzierung zwischen zwei unterschiedlichen Ebenen des Vertrauensaufbaus in Netzwerken liegen. Sie beruhen auf der Stabilität von Netzwerkakteuren und Beziehungen einerseits und der Stabilität von abstrakteren Netzwerkstrukturen bei wechselnden Akteuren und wechselnden Beziehungen andererseits. Indirekte Beziehungen, Rollenstrukturen und Positionen führen zu Differenzierungen in Netzwerken und werden zu eigenen Informationsfaktoren, unabhängig von den konkreten Akteuren, die die Positionen bekleiden und die Beziehungen unterhalten. Die Sanktionsfähigkeit innerhalb eines Netzwerkes wird so zu einer Struktureigenschaft, abhängig vom Grad der Transitivität im Netzwerk. Eine stabile transitive Struktur könnte daher trotz eines Teilaustauschs von Akteuren das Systemvertrauen in die Einhaltung von Regeln fairer Kooperation in einem Netzwerk aufrechterhalten (Jansen 2005).

Insbesondere Akteuren im Zentrum gelingt es häufig, hohe Zentralität und Prestige mit Maklerpositionen und der Pflege von neuen und heterogenen Partnern zu verknüpfen. Zentrumsakteure mit Einfluss und hoher Autorität sind auch in besonderem Maße prädestiniert für die Rolle von „Trustees". Sie können durch informale Kontrolle und informale Sanktionen opportunistisches Verhalten in Netzwerken verhindern. Auch kann von ihnen am ehesten die Übernahme der Kosten für Kontrolle und Sanktionen erwartet werden. Schließlich genießen sie die hohen Erträge, die regelmäßig mit einer zentralen Position in einem Netzwerk verbunden sind.

Damit solche informalen Institutionen entstehen und funktionieren können, müssen allerdings an die Lern- und Strategiefähigkeiten der Akteure hohe Anforderungen gestellt werden. Nur wenn die Netzwerkakteure vorwärtsgerichtet die wahrscheinlichen Handlungen anderer kalkulieren, hängt ihr Vertrauen von der Fähigkeit des Netzwerkes ab, Fehlverhalten anderer zu entdecken und zu sanktionieren. Der einfachere Mechanismus des Vertrauensaufbaus ist dagegen rückwärtsgewandtes Erfahrungslernen. Während Erfahrungslernen nur persönliches Vertrauen unterstützt und daher die Gefahr mangelnder Offenheit von Netzwerken birgt, können Akteure mit einer strategischen Einstellung zum Aufbau von Vertrauen sogenanntes Systemvertrauen entwickeln und ihre „absorptive capacity" für neue Akteure und Ideen in Netzwerken erhalten. Die informalen Kontroll- und Sanktionsfunktionen von Netzwerken, die vorwärtsgerichteten Strategien des Aufbaus von Vertrauen und die Balance von Koordination und Offenheit von Netzwerken können von Netzwerkmanagern bewusst gemacht und unterstützt werden.

Literatur

Barnes, John A., 1972: Social Networks, Module of Anthropology, in: Module 26, 1-29.

Burt, Ronald S., 1982: Toward A Structural Theory of Action. New York: Academic Press.

Burt, Ronald S., 1992: Structural Holes. Cambridge, MA: Harvard University Press.

Buskens, Vincent/Yamaguchi, Kazuo, 1999: A New Model for Information Diffusion in Heterogeneous Social Networks, in: Sociological Methodology 29, 281-325.

Coleman, James S., 1988: Social Capital in the Creation of Human Capital, in: American Journal of Sociology 94, Supplement, 95-120.

Cook, Karen/Emerson, Richard M., 1984: Exchange networks and the analysis of complex organizations, in: Samuel B. Bacharach (Hrsg.), The social psychological Processes, in: Research in the Sociology of Organizations, Vol 3. Greenwich Conn.: JAI Press, 1-30.

Emirbayer, Mustafa/Goodwin, Jeff, 1994: Network Analysis, Culture, and the Problem of Agency, in: American Journal of Sociology 99, 1411-1454.

Friedkin, Noah E./Johnsen Eugene C., 1999: Social influence networks and opinion change, in: Advances in Group Processes 16, 1-29.

Giddens, Anthony, 1984: The Constitution of Society. Outline of the Theory of Structuration. Cambridge: Polity Press (Dt.: Die Konstitution der Gesellschaft. Frankfurt a.M. u.a.: Campus 1988).

Granovetter, Mark, 1973: The Strength of Weak Ties, in: American Journal of Sociology 78, 1360-1380.

Gulati, Ranjay/Gargiulo, Martin, 1999: Where Do Interorganizational Networks Come From?, in: American Journal of Sociology 104, 1439-1493.

Heider, Fritz, 1958: The Psychology of Interpersonal Relations. New York: Wiley and Sons.

Jansen, Dorothea, 2002: Netzwerkansätze in der Organisationsforschung, in: Jutta Allmendinger/Thomas Hinz (Hrsg.), Organisationssoziologie (Sonderheft 42 der Kölner Zeitschrift für Soziologie und Sozialpsychologie). Wiesbaden: Westdeutscher Verlag, 88-118.

Jansen, Dorothea, 2005: Von Organisationen und Märkten zur Wirtschaftssoziologie, in: Michael Faust/Maria Funder/Manfred Moldaschl (Hrsg.), Die „Organisation" der Arbeit. München/Mering: Hampp, S. 227-258.

Jansen, Dorothea, 2006: Einführung in die Netzwerkanalyse. Grundlagen, Methoden, Forschungsbeispiele. Wiesbaden: VS (3., überarb. Aufl.).

Kappelhoff, Peter, 2000: Der Netzwerkansatz als konzeptueller Rahmen für eine Theorie interorganisationaler Netzwerke, in: Jörg Sydow/Arnold Windeler (Hrsg.), Steuerung von Netzwerken. Konzepte und Praktiken. Opladen: Westdeutscher Verlag, 25-57.

Leenders, Roger Th. A., 1997: Longitudinal behavior of network structure and actor attributes: modeling interdependence of contagion and selection, in: Patrick Doreian/Frans N. Stokman (Hrsg.), Evolution of social networks. Amsterdam: Gordon and Breach Publishers, 165-184.

Lin, Nan/Cook, Karen/Burt, Ronald S. (Hrsg.), 2001: Social Capital. Theory and Research. New York: Aldine de Gruyter.

McPherson, J. Miller/Smith-Lovin, Lynn/Cook, James M., 2001: Birds of a feather: Homophily in social networks, in: Annual Review of Sociology 27, 415-444.

Merton, Robert K., 1968: The Matthew Effect in Science, in: Science 57, 68-72.

Portes, Alejandro, 1998: Social Capital: Its Origins and Applications in Modern Sociology, in: Annual Review of Sociology 24, 1-24.

Putnam, Robert D., 1993: Making Democracy Work. Civic Traditions in Modern Italy. Princeton: Princeton University Press.

Sabel, Charles F., 1994: Learning by Monitoring: The Institutions of Economic Development, in: Neil J. Smelser/Richard Swedberg (Hrsg.), The Handbook of Economic Sociology. New York: Princeton University Press, 137-165.

Saxenian, Anna Lee, 1994: Regional Advantage: Culture and Competition in Silicon Valley and Route 128. Cambridge, MA: Harvard University Press.

Simmel, Georg, 1958: Soziologie. Untersuchungen über die Formen der Vergesellschaftung. Berlin: Duncker & Humblot (4. Aufl.).

Tajfel, Henri, 1978: Differentiation between social groups. Studies in the Social Psychology of Intergroup Relations. London: Academic Press.

Talmud, Ian/Mesch, Gustavo, 1997: Market embeddedness and corporate instability: The ecology of inter-industrial networks, in: Social Science Research 26, 419-441.

Van de Bunt, Gerhard G./Van Duijn, Marijtje A.J./Snijders, Tom A.B., 1999: Friendship networks through time: An actor-oriented dynamic statistical network model, in: Computational and Mathematical Organization Theory 5, 167-192.

Watts, Duncan J., 1999: Networks, Dynamics, and the Small-World Phenomenon, in: American Journal of Sociology 105, 493-527.

Wellman, Barry, 1988: Structural Analysis: From Method and Metaphor to Theory and Substance, in: Barry Wellman/Samuel D. Berkowitz (Hrsg.), Social Structures: A Network Approach. Cambridge: Cambridge University Press, 19-61.

White, Harrison C./Boorman, Scott A./Breiger, Ronald L., 1976: Social Structures from Multiple Networks. I: Blockmodels and Roles and Positions, in: American Journal of Sociology 81, 730-780.

White, Harrison C., 1992: Identity and Control. A Structural Theory of Social Action. Princeton: Princeton University Press.

Uwe Schimank

2.4 Organisationstheorien

Ein grundlegendes Charakteristikum der modernen Gesellschaft besteht darin, dass sie eine Organisationsgesellschaft ist (Schimank 2001). Damit ist nicht gemeint, dass die moderne Gesellschaft als Ganzes oder auch nur einer ihrer Teilbereiche – zum Beispiel Politik oder Religion – eine einzige umfassende Organisation darstellt, sondern es wird festgestellt, dass die Durchorganisierung fast aller Gesellschaftsbereiche immer weiter vorangeschritten ist und wohl noch weiter voranschreiten wird.

Hierdurch gerät die Organisationsebene gesellschaftlichen Geschehens auch in den Blick der Governance-Perspektive. Welche Muster der Interdependenzbewältigung finden sich in Organisationen? Und welches Muster der Interdependenzbewältigung stellen formale Organisationen selbst dar? Mit Blick auf Unternehmen fragte bereits Ronald Coase (1937): Warum gibt es im Wirtschaftsgeschehen überhaupt Organisationen und nicht einfach nur den Markt (→ Wirtschaft)? Für die neoklassische Orthodoxie war dies durchaus ein Rätsel. Oliver Williamson (1975) spezifizierte die Frage auf die beiden elementaren Governance-Mechanismen von „markets and hierarchies“: Warum existieren im Ozean der Märkte in Gestalt von Unternehmen jene zahlreichen Inseln der Hierarchie (→ Markt; → Hierarchie)?

Man kann diese Frage zum einen nach innen, zum anderen nach außen wenden. Man kann erstens danach fragen, wie Organisationen die Interdependenzbewältigung auf der Mesoebene leisten, also vor allem eine hinreichende Fügsamkeit ihrer Mitglieder mit den Organisationszielen herstellen. Zweitens kann man fragen, welchen Beitrag Organisationen zur gesellschaftlichen Interdependenzbewältigung leisten, also vor allem zur Abstimmung zwischen den verschiedenen Teilsystemen der modernen Gesellschaft. Damit wird analytisch zunächst die organisationsbezogene, sodann die gesellschaftsbezogene Perspektive auf formale Organisationen eingenommen (Schimank 1994).

1 Intraorganisatorische Governance

Der Governance-Begriff selbst ist in der Organisationsforschung nur zögernd aufgenommen worden – siehe zu „organizational governance“ Scott u.a. (1981), Fombrum (1984), Schneider (2004) und Jäger/Schimank (2005: 221-406). Doch in anderer Terminologie ist die Grundfrage intraorganisatorischer Governance bereits von Amitai Etzioni (1975) ins Zentrum seiner organisationstheoretischen Perspektive gerückt worden: Welche Mechanismen der Sicherung von „compliance“, also Fügsamkeit der Organisationsmitglieder mit den Zielsetzungen und Regeln einer Organisation gibt es? Die institutionenökonomische „Principal-agent“-Perspektive nimmt dasselbe Problem in den Blick: Wie kann es der Prinzipal erreichen, dass seine Agenten, die von ihm irgendeine Art von Gratifikation wie etwa Arbeitslohn für eine vereinbarte Leistung erhalten, diese Leistung auch tatsächlich erbringen, anstatt „shirking" zu betreiben (Ebers/Gotsch 1998: 209-225; → Public Management und Public Governance)? Dies ist insbesondere dann schwierig, wenn der Prinzipal entweder in quantitativer Hinsicht die große Anzahl seiner Agenten nicht zu überblicken und zu kontrollieren vermag oder in qualitativer Hinsicht nicht fähig ist, deren Leistungen sachgerecht zu beurteilen; immer wieder gilt sogar beides zugleich. Schließlich kommt es auch vor, dass der Prinzipal zwar zur Leistungskontrolle und -beurteilung fähig ist, aber über keine wirksamen negativen oder positiven Sanktionen verfügt, um schlechte Leistungen bestrafen und gute Leistungen belohnen zu können.

Schon bevor Coase die Frage nach der „nature of the firm", also verallgemeinert nach den Governance-Vorzügen von Organisationen vor Märkten, aufwarf, hatte Max Webers (1972: 125-130, 561-579) Bürokratietheorie die organisatorische Governance-Logik zu entschlüsseln versucht. Niklas Luhmann (1964a) attestierte Weber – wie den amerikanischen Management-Theoretikern – ein „Befehlsmodell" organisatorischen Geschehens. Fügsamkeit wird demzufolge durch hierarchisch verbürgte formale Autorität, also durch „legale Herrschaft", hergestellt. Dabei wird der organisatorische Herrschaftszusammenhang über ein Tauschgeschäft hergestellt (March/Simon 1958: 35-112) – in Etzionis Typologie also als „remunerative compliance". In der Sprache der generellen soziologischen Akteurmodelle formuliert (Schimank 2000): Organisationen adressieren ihre Mitglieder in einer spezifischen Kombination von Homo sociologicus und Homo oeconomicus. Aufgerufen und dauerhaft angesprochen wird primär der Homo sociologicus, also der Konformist mit „von oben" gesetzten normativen Erwartungen. Dabei geht die Organisation allerdings nicht davon aus, Normkonformität in ausreichendem – oder auch nur nennenswertem – Maße auf der Grundlage subjektiv verinnerlichter Normvorstellungen herstellen zu können. Vielmehr muss sie sich damit begnügen, den Homo sociologicus im Schlepptau des Homo oeconomicus vorzufinden. Für die Befriedigung individueller Nutzenerwartungen durch die Organisation – insbesondere in Gestalt von Entlohnung, Gewinnbeteiligung und Karrierechancen – sichert die Person der Organisation im Gegenzug Normkonformität im Rahmen einer „zone of indifference" (Barnard 1938: 167-169) zu, die u.a. durch relevante Rechtsnormen, Tarifverträge und das Qualifikationsprofil der Person markiert wird. Der Homo sociologicus ist sozusagen Ergebnis eines Tauschgeschäftes zwischen der Organisation und der nutzenorientierten Person. Der Homo oeconomicus erklärt sich bereit, bis auf weiteres im organisatorischen Rahmen so zu agieren, als wäre er ein Homo sociologicus. Luhmanns (1964b: 29-49) Konzept der „Mitgliedsrolle" bleibt ganz auf dieser Linie, die ihre konsequenteste Ausprägung in tayloristischen Leistungslohnsystemen gefunden hat.

Weber (1972: 128, Hervorheb. weggel.) stufte die kollektive Handlungsfähigkeit, die sich so erzeugen lässt, sehr hoch ein:

> „Die rein bureaukratische Verwaltung [...] ist nach allen Erfahrungen die an Präzision, Stetigkeit, Disziplin, Straffheit und Verläßlichkeit, also: Berechenbarkeit für den Herrn wie für die Interessierten, Intensität und Extensität der Leistung, formell universeller Anwendbarkeit auf alle Aufgaben, rein technisch zum Höchstmaß der Leistung vervollkommenbare, in allen diesen Bedeutungen: formal rationalste Form der Herrschaftsausübung." Individuelle Organisationsmitglieder, Gruppen in der Organisation oder andere Organisationseinheiten wie etwa Abteilungen werden

also eingebunden in den über-individuellen Akteur und dessen Zielsetzungen. Das „Befehls-" wird mit dem „Zweckmodell" (Luhmann 1964a) im Sinne einer rationalen kollektiven Zielverfolgung verknüpft, und das Produkt beider ist „Zuverlässigkeit" (Wiesenthal 2000: 61) als hervorstechende Eigenschaft des Governance-Regimes formaler Organisation.

Soweit das klassische Bild! Die weiteren organisationstheoretischen Debatten haben, genährt durch vielfältige Empirie, weitreichende Revisionen und Verkomplizierungen dieses simplen Bildes der Governance in Organisationen mit sich gebracht. Zum einen ist bewusst geworden, dass dem Handeln in Organisationen nicht nur die Nutzenmaximierung des Homo oeconomicus, sondern auch andere Antriebe zugrunde liegen. Zum anderen ist die Dyade von Organisationsmitglied und Organisationsleitung – oder: Agent und Prinzipal – als Teil einer komplexeren Konstellation von Akteuren erkannt worden.

Die Untersuchungen des Human-Relations-Ansatzes entdeckten bald nach den organisationstheoretischen Klassikern die informale Organisation – also die Tatsache, dass viel organisatorisches Geschehen in der Formalstruktur nicht vorgesehen ist und dieser oftmals sogar zuwiderläuft (Luhmann 1964b; Kieser 1998). Zwei Ausprägungen von Informalität lassen sich analytisch unterscheiden. Zum einen gibt es informale Praktiken, die Lücken der Formalstruktur ganz im Sinne der organisatorischen Zielverfolgung ausfüllen oder Ineffizienzen und Ineffektivitäten der Formalstruktur stillschweigend ausgleichen. Der „kleine Dienstweg" und andere Arten „brauchbarer Illegalität" (Luhmann 1964b: 304-314) sind Beispiele dafür, dass Informalität die formale Governance-Struktur unterstützt. Zum anderen dienen viele informale Praktiken den sie ausübenden Organisationsmitgliedern aber auch dazu, eigene Interessen zulasten der organisatorischen Zielverfolgung zu realisieren – etwa stillschweigend Leistungsobergrenzen festlegende und so die Individuen schonende informelle Normen in Arbeitsgruppen. Die zweite Art der Informalität unterläuft klar die formale Governance.

Neben ihrem Verdienst geht es vielen Organisationsmitgliedern, wie die Human-Relations-Forschungen weiterhin zeigten, bei ihrer Arbeit auch noch und manchmal viel stärker um Freude an der Tätigkeit, ein positives Selbstbild oder Geselligkeit. Die Organisationsmitglieder sind also auch Identitätsbehaupter und „emotional men" (Schimank 2000: 107-143). Eine allein auf „remunerative compliance" setzende formale Governance kann angesichts dieser anderen Handlungsantriebe ins Leere laufen, zumindest aber erheblich gebrochen werden. Sie wird deshalb faktisch in vielen Organisationen durch Mechanismen ergänzt, die „normative compliance" (Etzioni 1961) erzeugen: u.a. durch partizipative, vertrauensbasierte und auch affektiv getragene Führungsstile, durch die Förderung informeller Kohäsion in Arbeitsgruppen sowie durch eine auf Identifikation mit den Organisationszielen abzielende Organisationskultur und „corporate identity". Letztlich wird hierbei Gemeinschaft als elementares Ordnungsmuster zu installieren versucht (→ Gemeinschaft).

An einer besonderen Gruppe von Organisationsmitgliedern, den Professionellen, machte sich die Forschung klar, dass sich organisatorische Anforderungen an Fügsamkeit auch daran brechen können, dass arbeitsbezogenes Wissen von Mitarbeitern und organisatorische Regeln miteinander konfligieren können (Hartmann 1964). Ärzte, Sozialarbeiter oder Lehrer orientieren sich an professionellen Standards, die zur Formalstruktur von Organisationen in einem unaufhebbaren Spannungsverhältnis stehen können. Wenn die daraus resultierenden Rollen- oder gar Identitätskonflikte nicht durch eine rigorose Durchsetzung der organisatorischen Regeln unterdrückt werden, was häufig nicht möglich und schon gar nicht opportun ist, ergibt sich eine weitere Begrenzung der formalen Governance. In dem Maße, wie immer mehr Tätigkeiten bei der organisatorischen Leistungsproduktion auf unabhängig von den betreffenden Organisationen – zumeist im Bildungssystem – erworbenes und durch die Fachkollegen hochgehaltenes berufliches Spezialwissen rekurrieren müssen, wird diese Konfliktlinie, für die Professionelle nur das augenfälligste Beispiel darstellen, immer markanter in Organisationen hineingetragen.

Sobald – wie immer motivierte – informale Gegenwehr von Organisationsmitgliedern gegen Formalstruktur und Organisationsleitung nicht nur je individuell, sondern auch kollektiv erfolgt, liegt „Mikropolitik" vor (Crozier/Friedberg 1979; Küpper/Ortmann 1988; Friedberg 1993). Das schließt antizipierten Widerstand und präventive Konsensbildungsmaßnahmen der Organisationsleitung ein. Es geht also, anders gesagt, bei organisatorischer Mikropolitik um die kollektive Bewältigung von Interessendivergenzen. Schon Richard Cyert und James March hatten Organisationen als Handlungsfelder konzipiert, in denen Koalitionen von Mitgliedern um die Durchsetzung ihrer Interessen kämpfen (Cyert/March 1963). Wer sich wofür zusammenfindet, kann sehr unterschiedlich sein: u.a. Abteilungen, regionale Einheiten, Hierarchiestufen, Berufsgruppen, informelle Cliquen, Seilschaften und Netzwerke oder bunt zusammengewürfelte punktuelle Zweckbündnisse. Je zerklüfteter die Machtverhältnisse zwischen den Gruppen sind, desto unkalkulierbarere Resultate ihrer Interdependenzbewältigung stellen sich ein und desto wahrscheinlicher ist es, dass die formelle Governance konterkariert wird. Zeitweise mögen sich äußerst stabile Konstellationsgleichgewichte in Gestalt „lokaler Ordnungen" (Friedberg 1993: 9, 12, 22, 169-186) einstellen; immer wieder aber brechen turbulente Zeiten offener Konflikte aus, die manchmal zu unabsehbaren, völlig veränderten neuen Gleichgewichten führen.

James March und Herbert Simon wiesen schon früh darauf hin, dass die für die Governance in Organisationen – sie nennen es „organizational equilibrium" – relevante Akteurkonstellation über die Organisationsgrenzen hinausreicht (March/Simon 1958: 84-90). Neben den Organisationsmitgliedern und der Leitung gehören erstens auch diejenigen, die als Besitzer – sofern nicht mit der Leitung identisch – oder Shareholder, zweitens diejenigen, die als Zulieferer von Leistungen, und drittens diejenigen, die als Abnehmer der Leistungen der Organisation mit dieser verbunden sind, dazu. Besitzer und Shareholder sowie Abnehmer lassen sich zunächst wieder als Prinzipale fassen, denen gegenüber die Organisation als korporativer Akteur einen Agentenstatus innehat; gegenüber den Zulieferern ist hingegen die Organisation selbst der Prinzipal. Jeweils stellen sich die erwähnten Kontrollprobleme, und es werden jeweils spezifische Regelungen installiert, um diese Interdependenzen auf geordnete Weise zu bewältigen. In den Debatten der letzten Jahre über „corporate governance" (→ Corporate Governance) ist vor allem das Verhältnis von Shareholdern und Organisation, Letztere durch das Management repräsentiert, mit Blick auf unterschiedliche Governance-Mechanismen ausgiebig thematisiert worden.

Insgesamt hat sich jedenfalls herausgestellt: Governance in Organisationen beschränkt sich bei weitem nicht auf die in Webers Bürokratietheorie und vom amerikanischen „scientific management" herausgestellte Fügsamkeit der Mitarbeiter mit hierarchischer Leitung, wie sie sich zum einen in einzelnen Anordnungen, zum anderen in der Setzung von Verhaltensregeln manifestiert. Hierarchie, die zweifellos für Unternehmen wie Verwaltungen konstitutiv ist, ist vielmehr eingewoben in ein Governance-Regime, das oftmals ein kompliziertes Zusammenwirken verschiedenster weiterer Mechanismen sozialer Ordnungsbildung darstellt. Zu ihnen können, wie angedeutet, Gemeinschaften, Tauschbeziehungen (→ Markt), Netzwerke (→ Netzwerke), situative oder hegemoniale Einflussüberlegenheiten sowie auch moment- oder dauerhafte ein- oder wechselseitige Anpassungen – Letztere etwa über organisationskulturell verankerte Leitbilder – gehören (→ Elementare Mechanismen).

Bis hierher ist Organisation stillschweigend mit Arbeitsorganisation – also prototypisch: Unternehmen oder Verwaltungsbehörde – gleichgesetzt worden. Arbeitsorganisationen sind jedoch nur die eine große Gruppe von Organisationen; die andere sind Interessenorganisationen wie politische Parteien oder Sportvereine (Schimank 2000: 306-322). James Colemans (1974) Konzept des „corporate actor", der sich durch „Ressourcenzusammenlegung" bildet, ist hierauf zugeschnitten, während Luhmanns Konzept der „Mitgliedsrolle", das den geschilderten Governance-Mechanismus des Tausches von Fügsamkeit mit formalen Verhaltenserwartungen gegen finanzielle Gratifikationen erfasst, auf Interessenorganisationen nicht anwendbar ist. Deren Mitglieder werden nicht entlohnt, sondern zahlen im Gegenteil typischerweise für ihre Mitgliedschaft; und obwohl natürlich die „compliance" zum Beispiel von Parteimitgliedern mit den Parteitagsbeschlüssen auch ein Problem darstellen kann, steht im Vordergrund etwas ganz anderes: die Fügsamkeit der Organisation, repräsentiert durch die Führung, mit dem Willen der „Basis". Das Prinzipal-Agent-Verhältnis kehrt sich gegenüber Arbeitsorganisationen um: Es gilt das „shirking" der Führung zu verhindern, wie es exemplarisch Robert Michels (1989) in seinem „ehernen Gesetz der Oligarchie" heraufbeschworen hat. Damit ist die Tendenz gemeint, dass solche ursprünglich „von unten" gebildeten korporativen Akteure sich – für Michels zwangsläufig – gegenüber ihren Mitgliedern verselbständigen, also die Organisationsführung sich von ihrer „Basis" entfernt (→ Demokratie und Legitimation).

Während im Governance-Regime von Arbeitsorganisationen Hierarchie konstitutiv ist, ist es im Governance-Regime von Interessenorganisationen Polyarchie, also die Entscheidung nach dem Mehrheitsprinzip. Die Installierung der Führung und grundsätzliche Organisationsentscheidungen bedürfen einer mehrheitlichen Unterstützung durch die „Basis"; doch abgesehen von solchen Grundsatzentscheidungen ist die Führung durch ihre Wahl befugt, im Namen der Organisation nach außen und gegenüber einzelnen Organisationsmitgliedern nach innen autoritativ aufzutreten. Dieser polyarchisch konstituierten Hierarchie wohnen oligarchische Tendenzen inne. Entsprechende Vorwürfe sind aus nahezu allen Interessenorganisationen geläufig. Wenn der Führung schon kein Verstoß gegen den „Buchstaben" der Satzung und der beschlossenen Programme nachgewiesen werden kann, so wird sie zumindest eines Verstoßes gegen deren „Geist" beschuldigt. Dann heißt es, dass die Führung eine Linie der Interessenpolitik verfolgt, die von dem abweicht, was die Mitglieder wollen. Es mag sein, dass die Führung ihre Freiräume dazu nutzt, eigennützige Interessen zu verfolgen, also etwa ihre Privilegien zu sichern und auszubauen. Es kann auch sein, dass das der „Basis" nur so erscheint und womöglich von Personen und Gruppierungen, die selbst die Führung übernehmen wollen, suggeriert wird. Möglich ist weiterhin, dass die „Basis" die Führung durchaus für integer hält, aber deren Interpretation der gemeinsamen Interessen und die daraus abgeleitete Strategie der Interessenverfolgung als verfehlt erachtet. Das mag wiederum zutreffen. Es mag sich aber auch so verhalten, dass die Führung, etwa aufgrund ihrer besseren Informationsbasis, ein situationsangemesseneres Verständnis der gemeinsamen Interessen besitzt. So vermag eine Parteispitze oftmals besser einzuschätzen, was kurzfristig politisch durchsetzbar ist, während die „Basis" einem utopischen Radikalismus anhängt, oder die Führung denkt langfristiger als die „Basis". Oligarchisierung bedeutet also keineswegs immer eine Missachtung der gemeinsamen Interessen durch die Führung. Doch sofern es ihr nicht gelingt, die eigene Interpretation dieser Interessen der „Basis" plausibel zu machen, stellt sich auf deren Seite „Entfremdung" ein.

Die Mitglieder gewinnen dann den Eindruck, mit ihren Interessen von der eigenen Interessenorganisation nicht mehr vertreten, sondern ignoriert zu werden, fühlen sich entsprechend missachtet und reagieren darauf durch „Exit" oder „Voice" (Hirschman 1970; → Elementare Mechanismen). Die Mitglieder können sich also entweder in ihrem Engagement für die Organisation zurückziehen – von der „inneren Emigration" bis hin zum Austritt. Oder die unzufriedenen Mitglieder können innerorganisatorische Opposition betreiben, Änderungen verlangen und durchzusetzen versuchen – bis hin zum Austausch der Führung und zu einer solchen Modifikation der Entscheidungsverfahren, die die Führung zukünftig stärker an den Willen der „Basis" bindet. Diese verschiedenen Reaktionen der „Basis" können auch parallel erfolgen: Ein Teil der enttäuschten Mitglieder tut dieses, ein anderer jenes. Insbesondere ist ein angedrohtes eigenes „Exit" oder ein Verweis auf das „Exit" anderer Mitglieder oft eine wirksame Drohung, um für „Voice" Gehör zu finden. Gleichgültig, ob „Exit" oder „Voice" überwiegt: Beides schwächt die kollektive Handlungsfähigkeit der Interessenorganisation. „Voice" führt zu inneren Konflikten, „Exit" zu einem Mitgliederschwund.

In Arbeits- wie in Interessenorganisationen sorgen also strukturell angelegte Dynamiken dafür, dass die kollektive Handlungsfähigkeit nie völlig ungefährdet ist und daher kontinuierlich Maßnahmen ergriffen werden müssen, um ein auf kollektive Handlungsfähigkeit ausgerichtetes Governance-Regime zu erhalten bzw. wiederherzustellen. Den entscheidenden Part hierbei spielt jeweils die Organisationsspitze. In Arbeitsorganisationen hat sie die untergründige Leistungsverweigerung der Mitarbeiter zu verhindern, und in Interessenorganisationen muss die Führung durch eigenes Verhalten und dessen Inszenierung dafür sorgen, dass die „Basis" bei der Stange bleibt. In Arbeitsorganisationen liegt der Schwerpunkt letztlich auf sozialer Kontrolle, in Interessenorganisationen auf Legitimationsbeschaffung.

2 Organisationen als Mechanismen gesellschaftlicher Governance

Damit ist geklärt, welche Governance-Mechanismen an der Konstitution von Organisationen als kollektiv handlungsfähigen sozialen Gebilden beteiligt sind und welche eingebauten Tendenzen die kollektive Handlungsfähigkeit reduzieren oder gar in Gänze gefährden können. Sofern Organisationen allerdings als Muster der Interdependenzbewältigung zwischen jeweils vielen individuellen Akteuren funktionieren, stellen sie genau deshalb selbst einen wichtigen Governance-Mechanismus auf der höheren Ebene gesellschaftlicher Teilsysteme und der Gesellschaft insgesamt dar.

Dieser Schwenk von einer organisationsbezogenen zu einer gesellschaftsbezogenen Betrachtung von Organisationen lässt sich mit einer differenzierungstheoretischen Perspektive vollziehen, die die moderne Gesellschaft als ein Ensemble von einem Dutzend ausdifferenzierter Teilsysteme wie Politik, Wirtschaft, Recht, Wissenschaft oder Massenmedien ansieht (Schimank/Volkmann 1999). Dass in fast allen Teilsystemen Organisationen existieren, die sich eines austauschbaren und deshalb zur Fügsamkeit dirigierbaren Personals bedienen, eignet sich als institutioneller Unterbau der teilsystemischen Deutungsstrukturen der modernen Gesellschaft (→ Neoinstitutionalismus). Die kognitive Erwartungssicherheit, die der binäre Code des jeweiligen Teilsystems – etwa „zahlen/nicht zahlen" in der Wirtschaft oder „Recht/Unrecht" im Rechtssystem – vermittelt, wird mittels Organisationen durch normative Erwartungen flankiert (Luhmann 1997: 826-847). Die teils zu unbeständige, teils auch zu träge oder zu starrsinnige, immer wieder eigensinnige und launenhafte Subjektivität von Personen wird in formalen Organisationen durch Karrierechancen und Kündigungsdrohungen domestiziert. Erst das trägt die extrem unwahrscheinlichen Programmstrukturen, wie sie jedes Teilsystem der modernen Gesellschaft ausgebildet hat. Formale Organisationen können ihre Mitglieder mit Verhaltenszumutungen konfrontieren, deren inhaltliche Gewagtheit sogleich ins Auge springt, isoliert man sie in einem Gedankenexperiment von ihrem organisatorischen Kontext. Man denke beispielsweise an längerfristig angelegte Forschungsprogramme zu höchst esoterischen Themen und mit großen Anforderungen an Kooperation! Organisationsfrei, lediglich in der lockeren Assoziation disziplinärer Gemeinschaften, ist die beharrliche Realisierung solcher Forschungslinien nicht vorstellbar, wie auch ein Rückblick auf die fragmentierten und viel weniger kumulativen Aktivitäten wissenschaftlicher Forschung vor dem neunzehnten Jahrhundert, also vor der institutionellen Erfindung des Forschungsinstituts, zeigt (→ Wissenschaft).

Die funktional differenzierte Gesellschaft kann so nur mittels Organisationen eine in sozialer Hinsicht verbindliche und in sachlicher Hinsicht instruktive Operationalisierung der verschiedenen teilsystemischen Handlungslogiken in zeitlicher Hinsicht dauerhaft gewährleisten. Vor allem als Organisationsmitglieder realisieren – erkennen und vollziehen – die Gesellschaftsmitglieder zuverlässig die jeweils äußerst esoterischen und völlig auseinanderfallenden Logiken der Wirtschaft (→ Wirtschaft), der Politik (→ Nationalstaat), des Sports, der Massenmedien (→ Massenmedien), der Erziehung usw. Diese organisatorische Herstellung von Fügsamkeit mit der teilsystemischen Handlungslogik erfasst sogar, über die Organisationsgrenzen hinaus, auch diejenigen, die als „freie Mitarbeiter" von Organisationen für diese tätig sind, sowie diejenigen, die als Adressatenschaft von den Leistungen bestimmter Organisationen abhängig sind.

Die verschiedenen Teilsysteme der modernen Gesellschaft unterscheiden sich allerdings in erheblichem Maße hinsichtlich des Ausmaßes und der Art der vorkommenden Organisationen und interorganisatorischen Beziehungen. Mindestens folgende Variablen wären für eine qualitative Charakterisierung der Durchorganisierung eines bestimmten Teilsystems zu berücksichtigen:

- Organisationsgröße: Herrschen in dem Teilsystem – oder bestimmten Sektoren des Teilsystems – große oder kleine Organisationen vor, oder gibt es beide gleichgewichtig?

- Formalisierung: Herrschen eher bürokratisch strukturierte oder eher wenig formalisierte, dezentralisierte bzw. stark professionell geprägte Organisationen vor?
- Verhältnis Organisation/Mitglied: Herrschen Arbeits- oder Interessenorganisationen vor?
- Verhältnis Organisation/individuelle Adressaten: Herrschen marktförmige oder hierarchisch strukturierte Beziehungen vor, und wie homogen oder heterogen ist die Adressatenschaft?
- Interorganisatorische Beziehungen innerhalb des Teilsystems: Haben die Organisationen innerhalb eines Teilsystems starke oder schwache Beziehungen untereinander, und werden diese eher marktförmig (→ Markt), eher über professionelle Gemeinschaften (→ Gemeinschaft) und Verhandlungsnetzwerke (→ Verhandlungen) oder eher in Form hierarchischer Über- und Unterordnungsverhältnisse abgewickelt (→ Hierarchie)?
- Interorganisatorische Beziehungen über die Teilsystemgrenze hinweg: Haben die Organisationen eines Teilsystems starke oder schwache Kontakte in andere Teilsysteme und nur in wenige oder viele andere? Und werden diese Kontakte eher marktförmig, eher über professionelle Gemeinschaften und Verhandlungsnetzwerke oder eher in Form hierarchischer Über- und Unterordnungsverhältnisse abgewickelt?

Schon bei Nutzung dieser wenigen Beschreibungsdimensionen könnte man ein facettenreiches Bild der modernen Organisationsgesellschaft zeichnen. Um nur zwei Beispiele nebeneinanderzustellen: Dominanz stark bürokratisierter großer Arbeitsorganisationen im Verwaltungssektor des politischen Systems mit hierarchisierten Beziehungen untereinander und zu Organisationen anderer gesellschaftlicher Teilsysteme sowie jeweils relativ homogener Adressatenschaft, die teils hierarchisch zugeordnet ist, sich teils klientelistisch assoziiert – demgegenüber im Sportsystem sowohl kleinere als auch größere, eher informell strukturierte Interessenorganisationen, die ihre Adressaten zu Mitgliedern machen, sich innerhalb des Teilsystems in Interessenorganisationen höherer Ordnung eingliedern und relativ sporadische Beziehungen zu wenigen Organisationen außerhalb unterhalten.

Hinsichtlich der quantitativen Dimension der gesellschaftlichen Durchorganisierung sollen hier nur kurz diejenigen Bereiche angesprochen werden, die nicht oder nur schwach organisiert sind. Dies gilt im Gesundheitssystem vieler – nicht aller – Länder für die ambulante Versorgung, die in selbständigen Arztpraxen als Kleinstformen formaler Organisationen erfolgt. Ähnliches gilt im Rechtssystem für viele Anwaltskanzleien. Eine auf Organisation verzichtende, stattdessen professionelle Verankerung findet sich bei vielen Angehörigen des schöpferisch-produzierenden Bereichs des Kunstsystems, wobei die Professionellen – Schriftsteller, Komponisten, Maler u.a. – hier sogar zumeist ganz auf sich allein gestellt tätig sind, aber ihre Leistungen einer öffentlichen Bewertung zuführen. Der distributive, sozialisierende und evaluierende Sektor des Kunstsystems ist dann im Übrigen wieder durch formale Organisationen wie etwa Akademien, Museen, große Galerien, Verlage, Theater, Opernhäuser oder Orchester bestimmt.

Neben diesen wenig oder gar nicht durchorganisierten Teilbereichen einiger gesellschaftlicher Teilsysteme gibt es ein Teilsystem, das durchgängig keinerlei Organisationen aufweist: das durch Ehen, Familien und andere Arten nichtehelicher bzw. nichtfamilialer Lebensgemeinschaften gebildete Teilsystem der Intimbeziehungen. Hier wird Organisation auch nicht durch Profession substituiert. Dennoch widerlegt dieses Teilsystem das generelle Modell einer organisationsgesellschaftlich fundierten, funktional differenzierten Gesellschaft nicht, sondern stellt lediglich eine erklärbare – und durch die Erklärung das Modell weiter bestätigende – Ausnahme dar. Denn Intimbeziehungen werden in der Moderne durch starke emotionale und identitätsbezogen geprägte Bindungen zwischen individualisierten Personen konstituiert. Überall sonst stellt die Individualität der Personen ein Problem dar, für das dann Organisationen einen Bearbeitungsmechanismus darstellen. Im System der Intimbeziehungen wird hingegen der Individualität genau umgekehrt die Chance geboten, sich auszuleben und soziale Bestätigung zu finden; eine übergreifende Vereinheitlichung durch formale Organisationen ist nicht nur nicht nötig, sondern wäre gerade dysfunktional.

Die Sozialintegration der Gesellschaftsmitglieder in die verschiedenen Teilsysteme beruht also in hohem Maße auf dem Governance-Mechanismus Organisation. Allerdings tragen Organisationen durch diese sozialintegrative Ermöglichung funktionaler Differenzierung zunächst einmal zur Schaffung eines tiefgreifenden systemintegrativen Problems der modernen Gesellschaft bei, das aus dem Auseinanderdriften der teilsystemischen Handlungslogiken erwächst. Jedes Teilsystem stellt auf der Grundlage seines binären Codes einen kommunikativ geschlossenen Sinnzusammenhang dar, der – trotz aller intersystemischen Leistungsabhängigkeiten – auf nichts außerhalb seiner selbst verweist und aus sich heraus Rücksicht nimmt. Die funktionale Differenzierung der modernen Gesellschaft ist also nicht auf eine prinzipiell „kooperative" Arbeitsteilung zwischen den Teilsystemen angelegt, sondern auf eine intersystemische Indifferenz. Gerade wenn aber die teilsystemischen Handlungslogiken mit der formalen Organisationen eigenen Effizienz, Effektivität und Konsequenz verfolgt und zu Ende gedacht werden, kommt es immer häufiger zu Spannungen zwischen den Teilsystemen.

Bei genauerem Hinsehen erkennt man indessen, dass dieses von der Organisationsebene ausgehende intersystemische Desintegrationspotenzial wiederum auf der Organisationsebene durch reintegrative Maßnahmen abgefangen wird, wobei verschiedene Governance-Mechanismen zum Einsatz kommen können. Drei einander ergänzende systemintegrative Muster der Interdependenzbewältigung lassen sich auffinden.

Erstens kann gesellschaftliche Systemintegration intraorganisatorisch durch organisatorische Koexistenzen (Braun/Schimank 1992) mehrerer Teilsysteme gefördert werden. So kann die Rechtsabteilung eines Unternehmens darauf achten, dass sich wirtschaftliche Investitionsstrategien im Rahmen der Legalität bewegen, und eine Forschungsabteilung kann dem Unternehmen den Zugang zu wirtschaftlich interessanten wissenschaftlichen Erkenntnissen verschaffen. Die anderen Teilsystemlogiken werden sozusagen organisatorisch internalisiert und finden so institutionell Gehör.

Für die Erhaltung gesellschaftlicher Systemintegration bedeutsamer sind allerdings zweitens teilsystemübergreifende interorganisatorische Netzwerke (→ Netzwerke). Wenn beispielsweise ein Teil der an Hochschulen stattfindenden Forschung als Auftragsforschung für die Industrie, also auch von dieser finanziert, stattfindet, trägt jeder der vielen Forschungsaufträge, die – als einmaliger oder verstetigter Tausch – zwischen einem einzelnen Hochschulinstitut und einem einzelnen Unternehmen ausgehandelt werden, zur gesellschaftlichen Systemintegration in dem Sinne bei, dass das Wissenschaftssystem so Leistungen im Sinne anwendungsrelevanter Forschungen für das Wirtschaftssystem erbringt. Dabei ist die Systemintegration normalerweise nicht im Aufmerksamkeitshorizont der beteiligten Akteure, sondern größtenteils ein „invisible-hand effect" (Ullmann-Margalit 1978) – aber nicht weniger effektvoll. In Direktverhandlungen zwischen Leistungsorganisationen der verschiedenen Teilsysteme erarbeiten beide Seiten eine Handlungsabstimmung, die so aussieht, dass jeder dem anderen klarmacht, dass es in dessen Interesse ist, dem Interesse des Gegenübers zu dienen (Schimank 1992; → Verhandlungen). Prinzipiell unlösbare, weil fundamental zugespitzte Spannungen zwischen verschiedenen teilsystemischen Handlungsorientierungen werden also in zahllosen unverbundenen oder nur locker verknüpften interorganisatorischen Arrangements so klein gearbeitet, dass trotz generellem Orientierungsdissens spezifische Interessenkonsense, also allseits tragbare intersystemische Interdependenzbewältigungen, gefunden werden können.

Drittens schließlich nutzt auch politische Gesellschaftssteuerung oft Organisationen in den betreffenden Teilsystemen als bevorzugte Zugriffspunkte (Schimank 1991; → Kybernetik und Systemtheorie). Insbesondere die teilsystemischen Arbeitsorganisationen stellen institutionelle Ordnungen dar, die politische Steuerung so mitzugestalten versuchen kann, dass gesellschaftlich desintegrative Tendenzen teilsystemischen Handelns abgewendet oder zumindest in Grenzen gehalten werden. Systematisiert man am Beispiel der Forschungspolitik die Arten dieses Steuerungszugriffs, kann man die Etablierung, die Alimentierung, die Programmierung und die Regulierung von Forschungseinrichtungen unterscheiden (→ Wissenschaft). Welche dieser Zugriffsarten welchen staatlichen Steuerungsakteuren in welchem Maße zur Verfügung stehen, variiert erheblich zwischen den verschiedenen gesellschaftlichen Teilsystemen, zwischen verschiedenen Organisationen innerhalb eines Teilsystems und bei derselben Organisation im Zeitverlauf. Teilweise kann sich die staatliche Steuerung von Organisationen in den verschiedenen Teilsystemen hierarchischer Machtbefugnisse bedienen und dann auch über eventuelle Widerstände der Steuerungsobjekte hinwegsetzen (→ Hierarchie), oder aber die Steuerung verfügt über wirksame finanzielle Anreize gegenüber den Steuerungsobjekten (→ Markt). Oftmals ist auch keine ausgeprägt asymmetrische Einflussverteilung zugunsten des staatlichen Steuerungssubjektes gegeben – und sei es deshalb, weil „Dienst nach Vorschrift" eine wirksame Gegenwehr sogar gegen hierarchisch auferlegte Steuerungsmaßnahmen darstellt oder staatliche Gelder nicht verlocken. Immer dann, wenn die Steuerungsobjekte über Möglichkeiten der Verweigerung verfügen, also ihre Fügsamkeit nicht erzwungen werden kann, muss mit ihnen über die Steuerungsziele und -maßnahmen verhandelt werden (→ Verhandlungen). Solche Verhandlungen haben häufiger keinen zeitlich und sachlich bloß punktuellen sowie sozial nur bilateralen Charakter, sondern konstituieren dauerhafte intersystemische Verhandlungsnetzwerke, die eine Bandbreite von Themen bearbeiten und zumindest aufseiten der Steuerungsobjekte, oft aber auch aufseiten der Steuerungssubjekte, eine Mehrzahl von Organisationen einbeziehen (Mayntz 1993; → Netzwerke). Solche Netzwerke finden sich in Form von gemeinsamen Ausschüssen, „konzertierten Aktionen", „runden Tischen", neokorporatistischen Arrangements u.Ä. in der Gesundheits- ebenso wie in der Bildungs-, der Forschungs- oder der Wirtschaftspolitik.

Wenn somit Organisation ein unersetzlicher Governance-Mechanismus zur Herstellung gesellschaftlicher Sozial- und Systemintegration ist, heißt das allerdings nicht, dass eine immer weitere Durchorganisierung der Gesellschaft unter Integrationsaspekten funktional wäre. Ganz abgesehen von den genannten Bereichen, die auch oder gerade ohne Organisationen funktionieren, kann es in der übrigen Gesellschaft auch zu einer Überintegration durch Überorganisation kommen, wie man sie sehr plastisch an den osteuropäischen Gesellschaften des real existiert habenden Sozialismus studieren konnte. In sozialintegrativer Hinsicht kam es dort zu einer „Entfremdung" des Individuums in der Organisationsgesellschaft. Die Gesellschaftsmitglieder zogen sich auf einen „Dienst nach Vorschrift" zurück und fielen damit als Träger der teilsystemischen Ordnungen immer mehr aus. In systemintegrativer Hinsicht war das Pendant eine durch formale Organisationen „blockierte Gesellschaft" (Crozier 1984), in der hochgradig bürokratisierte Großorganisationen und festgefressene interorganisatorische Netzwerke den sozialen Wandel stillstellen.

Literatur

Barnard, Chester I., 1938: The Functions of the Executive. Cambridge, MA: Harvard University Press.

Braun, Dietmar/Schimank, Uwe, 1992: Organisatorische Koexistenzen des Forschungs-systems mit anderen gesellschaftlichen Teilsystemen: Die prekäre Autonomie wissenschaftlicher Forschung, in: Journal für Sozialforschung 32, 319-336.

Coase, Ronald H., 1937: The Nature of the Firm, in: Economica 4, 386-405.

Coleman, James S., 1974: Power and the Structure of Society. New York: Norton.

Crozier, Michel, 1984 [1970]: La Société Bloquée. Paris: Du Seuil.

Crozier, Michel/Friedberg, Erhard, 1979 [1977]: Macht und Organisation. Königstein/Ts.: Athenäum.

Cyert, Richard M./March, James G., 1963: A Behavioral Theory of the Firm. Englewood Cliffs, NJ: Prentice-Hall.

Ebers, Mark/Gotsch, Wilfried, 1998: Institutionenökonomische Theorien der Organisationen, in: Alfred Kieser (Hrsg.), Organisationstheorien. Stuttgart: Kohlhammer (3. Aufl.), 199-251.

Etzioni, Amitai, 1975 [1961]: A Comparative Analysis of Complex Organizations. On Power, Involvement, and Their Correlates. New York: Free Press.

Fombrum, Charles J., 1984: Structures of Organizational Governance, in: Human Relations 37, 207-234.

Friedberg, Erhard, 1993: Ordnung und Macht. Dynamiken organisierten Handelns. Frankfurt a.M., 1995: Campus.

Hartmann, Heinz, 1964: Funktionale Autorität. Stuttgart: Enke.

Hirschman, Albert O., 1970: Exit, Voice and Loyalty: Responses to Decline in Firms, Organizations, and States. Cambridge, MA: Harvard University Press.

Jäger, Wieland/Schimank, Uwe (Hrsg.), 2005: Organisationsgesellschaft – Facetten und Perspektiven. Wiesbaden: VS.

Kieser, Alfred, 1998: Human-Relations-Bewegung und Organisationspsychologie, in: Alfred Kieser (Hrsg.), Organisationstheorien. Stuttgart: Kohlhammer (3. Aufl.), 101-131.

Küpper, Willy/Ortmann, Günter (Hrsg.), 1988: Mikropolitik – Rationalität, Macht und Spiele in Organisationen. Opladen: Westdeutscher Verlag.

Luhmann, Niklas, 1964a: Zweck – Herrschaft – System. Grundbegriffe und Prämissen Max Webers, in: Der Staat 2, 129-158.

Luhmann, Niklas, 1964b: Funktionen und Folgen formaler Organisation. Berlin: Duncker & Humblot.

Luhmann, Niklas, 1997: Die Gesellschaft der Gesellschaft. 2 Bde. Frankfurt a.M.: Suhrkamp.

March, James G./Simon, Herbert A., 1958: Organizations. New York: Wiley.

Mayntz, Renate, 1993: Policy-Netzwerke und die Logik von Verhandlungssystemen, in: Adrienne Héritier (Hrsg.), Policy-Analyse. Kritik und Neubewertung. Opladen: Westdeutscher Verlag, 39-55.

Michels, Robert, 1989 [1911]: Zur Soziologie des Parteiwesens in der modernen Demokratie. Untersuchungen über die oligarchischen Tendenzen des Gruppenlebens. Stuttgart: Kröner.

Schimank, Uwe, 1991: Politische Steuerung in der Organisationsgesellschaft – am Beispiel der Forschungspolitik, in: Wolfgang Zapf (Hrsg.), Die Modernisierung moderner Gesellschaften. Verhandlungen des 25. Deutschen Soziologentages in Frankfurt am Main 1990. Frankfurt a.M.: Campus, 505-516.

Schimank, Uwe, 1992: Spezifische Interessenkonsense trotz generellem Orientierungsdissens. Ein Integrationsmechanismus polyzentrischer Gesellschaften, in: Hans-Joachim Giegel (Hrsg.), Kommunikation und Konsens in modernen Gesellschaften. Frankfurt a.M.: Suhrkamp, 236-275.

Schimank, Uwe, 1994: Organisationssoziologie, in: Harald Kerber/Arnold Schmieder (Hrsg.), Spezielle Soziologien – Problemfelder, Forschungsbereiche, Anwendungsorientierungen. Reinbek: Rowohlt, 240-254.

Schimank, Uwe, 2000: Handeln und Strukturen. Einführung in die akteurtheoretische Soziologie. München: Juventa.

Schimank, Uwe, 2001: Organisationsgesellschaft, in: Georg Kneer/Armin Nassehi/Markus Schroer (Hrsg.), Klassische Gesellschaftsbegriffe der Soziologie. München: Fink, 278-307.

Schimank, Uwe/Volkmann, Ute, 1999: Gesellschaftliche Differenzierung. Bielefeld: transcript.

Schneider, Volker, 2004: Organizational Governance – Governance in Organisationen, in: Arthur Benz (Hrsg.), Governance – Regieren in komplexen Regelsystemen. Wiesbaden: VS, 173-192.

Scott, William G./Mitchell, Terence C./Peery, Newman S., 1981: Organizational Governance, in: Paul C. Nystrom/William H. Starbuck (Hrsg.), Handbook of Organizational Design. Oxford: Oxford University Press, 135-151.

Ullmann-Margalit, Edna, 1978: Invisible-Hand Explanations, in: Synthese 39, 263-291.

Weber, Max, 1972 [1922]: Wirtschaft und Gesellschaft. Tübingen, 1972: Mohr, 5. rev. Aufl.

Wiesenthal, Helmut, 2000: Markt, Organisation und Gemeinschaft als „zweitbeste" Verfahren sozialer Koordination, in: Raymund Werle/Uwe Schimank (Hrsg.), Gesellschaftliche Komplexität und kollektive Handlungsfähigkeit. Frankfurt a.M.: Campus, 44-73.

Williamson, Oliver E., 1975: Markets and Hierarchies. New York: Free Press.

Georg Simonis

2.5 Regulationstheorie

Der nachfolgende Beitrag beschäftigt sich mit dem Verhältnis zwischen den Konzepten Governance und Regulation. Obwohl sich die Inhalte der beiden Konzepte unterscheiden und sie in stark divergierenden theoretischen Zusammenhängen entwickelt wurden und genutzt werden, gibt es zwischen ihnen Überschneidungen und Berührungspunkte, die hier bedacht werden sollen, um einerseits die wichtigsten Differenzen zu klären und andererseits Möglichkeiten der jeweiligen Erkenntniserweiterung auszuloten. Damit ist der Argumentationsgang vorgegeben:

- Die Regulationstheorie beruht auf einer institutionentheoretischen Grundannahme. Auch das Governance-Konzept entstammt einem institutionalistischen Theoriezusammenhang. Im ersten Argumentationsschritt sind daher die Divergenzen und Gemeinsamkeiten zwischen dem materialistischen Institutionalismus des Regulationskonzeptes und dem universalistischen Institutionalismus des Governance-Konzeptes zu klären (Abschnitt 1).
- Anschließend wird zu zeigen sein, welche Überlegungen des Governance-Ansatzes die Regulationstheorie aufgegriffen hat. Dabei geht es vor allem um allgemeine Prinzipien (Formen) und Mechanismen der Koordination kollektiven Handelns, wie Anarchie (Tausch), Heterarchie (Dialog) und Hierarchie (Befehl). Im Kontext des materialistischen Institutionalismus der Regulationstheorie werden die vom Governance-Ansatz abstrakt, also dekontextualisiert, untersuchten Koordinationsformen immer in einen historischen und gesellschaftlichen Zusammenhang gestellt und entsprechend analysiert (Abschnitt 2).
- Zu den Grundannahmen der Regulationstheorie gehört die Behauptung, dass jede über einen längeren Zeitraum institutionell stabile kapitalistische Gesellschaft von einem bestimmten Modus der Regulation geprägt wird, der hinter dem Rücken der Akteure die institutionelle Reproduktion der Gesellschaft bestimmt. In seinem 2002 erschienenen Buch „The Future of the Capitalist State" verwendet Jessop die Konzepte Regulation und Governance teilweise synonym. Daher ist danach zu fragen, ob dieser Konzeptimport die Regulationstheorie bereichert oder aber nur für Verwirrung sorgt (Abschnitt 3).
- Im letzten Abschnitt des Artikels bleibt dann noch die gegenläufige Perspektive zu erörtern. Kann der ahistorisch und universalistisch ausgelegte Governance-Ansatz von der historisch-materialistisch argumentierenden Regulationstheorie in irgendeiner Weise profitieren? Diese Frage soll am Beispiel von Governance-Versagen und damit dem Wandel historisch-konkreter Governance-Formen untersucht werden. Das Ergebnis wird sein, dass der Governance-Ansatz den Wandel von Governance-Formen nicht

endogen erklären kann und daher seinerseits auf den Import von Erklärungsansätzen angewiesen ist. Die Regulationstheorie ist dabei neben vielen anderen ein Angebot, die Lücke zu füllen (Abschnitt 4).

1 Materialistischer Institutionalismus

Die Regulationstheorie, die nicht mit einer Theorie der Regulierung von Märkten verwechselt werden darf, entwickelte sich in den 1970er Jahren in Frankreich in der Auseinandersetzung marxistisch orientierter Sozialwissenschaftler (u.a. Aglietta/Boyer/Coriat/Lipietz) einerseits mit den Gesellschaftsanalysen des dogmatischen Marxismus osteuropäischer (sowjetischer) Prägung und des französischen Strukturalismus sowie andererseits mit den Gleichgewichtstheorien und dem methodischen Individualismus (Nutzentheorie und Rationalitätsannahme) der neoklassischen Schule (vgl. Coriat 1994; Lipietz 1994; Boyer 1995; Waringo 1998). Der gegenwärtige Entwicklungsstand der Theoriebildung wurde von Boyer in dem 2004 erschienenen übersichtlichen Band „Théorie de la régulation" zusammengefasst (vgl. aber auch Aglietta 2000 sowie den umfassenden Überblick von Boyer/Saillard 1995 bzw. 2002 in englischer Übersetzung). Das für den Theorieansatz basale Konzept der Regulation bezeichnet eine komplexe Koordinationsleistung marktwirtschaftlich verfasster Gesellschaften (→ Markt), die kontinuierlich zu erbringen ist, damit von der Ökonomie ein – tendenziell – stabiler Wachstumspfad eingehalten werden kann.

Auf der Basis ländervergleichender empirischer Untersuchungen sind die Vertreter des Regulationsansatzes zu dem Ergebnis gelangt, dass sich bezüglich des sogenannten fordistischen Wachstumsmodells (s.u.), das sich, ausgehend von den Vereinigten Staaten, nach dem Zweiten Weltkrieg in den entwickelten marktwirtschaftlichen Gesellschaften herausbildete, vier sehr unterschiedlich strukturierte Typen der Regulationsweise („mode of regulation", „mode de régulation") erkennen lassen (vgl. Amable u.a. 1997: 179 und 194; Boyer 2005: 22). Die Regulation erfolgt jeweils primär

- über Märkte, unterstützt und kontrolliert durch feinteilige rechtliche Mechanismen (u.a. USA, England, Australien, Kanada),
- über große Unternehmen und von diesen mit dem Staat ausgehandelte Kompromisse (Mesokorporatismus) (Japan),
- interventionistisch über staatliche Wirtschaftspolitik und Wirtschaftssteuerung (u.a. Deutschland, Frankreich, Italien, Niederlande),
- über tripartistische Verhandlungen zwischen den Sozialpartnern und dem Staat (u.a. Finnland, Norwegen, Schweden).

Mit dem Begriff Regulationsweise wird die in einer Gesellschaft vorherrschende Form der Regulation bezeichnet. Sind die Formen der Regulation instabil oder konkurrieren mehrere Formen miteinander, wird das Leistungsniveau der Regulation gemindert. Inwieweit das mit dem Begriff Regulation bezeichnete Koordinierungssystem Wachstum erzeugt und den gesellschaftlichen Zusammenhalt sichert, lässt sich immer erst im Nachhinein, also ex post, feststellen, da selbst die Reproduktion der basalen Institutionen einer kapitalistischen Gesellschaft politisch scheitern und das ökonomische Wachstum in eine dauerhafte Krise geraten kann. Das gesellschaftlich institutionalisierte Koordinierungssystem der Regulation hat den Zweck, das jeweilige Akkumulationsregime zu fördern, es vor negativen Einflüssen zu schützen und insgesamt seine Funktionsbedingungen zu erhalten. Die Instanzen der Regulation wirken wie ein Filter, der dysfunktionales individuelles und kollektives Handeln unterbindet.

Für die Regulationsschule ist die Annahme, dass sich die kapitalistische Gesellschaftsformation seit ihrer Entstehung in Phasen entwickelt hat, grundlegend. Jede Entwicklungsphase wird von einem in diesem Zeitraum relativ stabilen Akkumulationsregime geprägt. Das Akkumulationsregime wird als eine Konfiguration von zwei institutionalisierten Systemen mit je historisch spezifischen Formen begriffen. Das Beziehungsmuster von Lohnarbeit und Kapital ist für einen bestimmten Zeitraum mit den etablierten Formen der Konkurrenz der Unternehmen in einer Weise funktional verkoppelt, dass sich ein relativ stabiler Wachstumspfad einstellt (vgl. Boyer 2004: 34). Wichtige Bestandteile des Akkumulationsregimes sind u.a. die Organisationsform der Produktion (die Beziehung der Arbeitskräfte zu den Produktionsmitteln), die Art der Aufteilung der erzeugten Werte auf die Faktoren Arbeit und Kapital sowie der Umfang der Kapitalisierung/Kommerzialisierung der Verbrauchsgüter. Boyer unterscheidet vier grundlegende Typen (vgl. Schaubild 1) von Akkumulationsregimen, je nachdem ob sich der Akkumulationsprozess extensiv oder intensiv vollzieht und je nachdem ob die Erzeugung der Güter des Massenverbrauchs in den Akkumulationsprozess wenig oder stark integriert ist. Als intensiv wird ein Akkumulationsregime bezeichnet, falls dauerhaft hohe Produktivitätsgewinne infolge technisch-organisatorischer Innovationen erzielt werden. Im Fall extensiver Akkumulation nimmt die Produktivität nur langsam zu.

Schaubild 1: Typen von Akkumulationsregimen

		Dominante Form der Akkumulation	
		extensiv	intensiv
Konsumgüterproduktion	gering integriert	Englische Wirtschaft 18.–19. Jahrhundert	Amerikanische Wirtschaft 19. Jahrhundert
	stark integriert	Amerikanische Wirtschaft spätes 20. Jahrhundert	OECD-Ökonomien nach 1945, „Fordismus"

Nach Boyer (2004: 55)

Akkumulationsregime sind längerfristig stabile institutionelle Konfigurationen, die zur Absicherung ihrer Stabilität wiederum der Einbettung in ein je spezifisch ausgeprägtes Institutionensystem bedürfen. Die Regulationstheorie stellt dabei auf fünf politisch-ökonomische Handlungsarenen ab, in denen jeweils zur Absicherung eines bestimmten Akkumulationsregimes funktional komplementäre Formen der Handlungskoordination existieren müssen. Passförmigkeit wird verlangt (1) von der institutionellen Form des monetären Regimes (Geld- und Kreditsystem), (2) dem zwischen Kapital und Arbeit etablierten

Beziehungsgefüge (insbesondere dem Entlohnungs- und Lohnfindungssystem), (3) den institutionalisierten Marktformen und deren direkter oder indirekter Regulierung, (4) von der Art und Weise der Einbindung des nationalen Wirtschaftsraumes in das internationale System und (5) von den staatlichen Interventions- und Handlungsmustern auf der Einnahmen- wie auch auf der Ausgabenseite.

Die Regulationstheorie kritisiert das Gleichgewichtsdenken der neoklassischen Wirtschaftstheorie sowie den Funktionalismus des orthodoxen Marxismus. Sie insistiert auf der Konflikthaftigkeit (Konflikt zwischen Arbeit und Kapital) sowie der Krisenhaftigkeit (kleinen und größeren Konjunkturkrisen, umfassender Transformation des Akkumulationsregimes) des Kapitalismus und betont die Offenheit und damit die Unvorhersehbarkeit historischer Entwicklungen. Dass sich in den fünf von der Regulationstheorie als funktional erforderlich erkannten Handlungsfeldern miteinander kompatible institutionelle Formen herausbilden können, die einem bestimmten Akkumulationsregime Dauer und Kraft verleihen, ist daher höchst erklärungsbedürftig. Der von der Regulationsschule gewählte Erklärungsansatz hat eine empirische und eine theoretische Komponente. Über empirisch-rekonstruktive Vergleiche der innerhalb einer bestimmten Gesellschaft und zwischen unterschiedlichen Gesellschaften in den fünf Handlungsarenen institutionalisierten Koordinationsformen haben sich bestimmte Typen der Regulationsweise herausfiltern lassen und konnte die Erkenntnis gewonnen werden, dass die erfolgreiche Reproduktion des Akkumulationsregimes mit der Dominanz desselben Koordinationsprinzips in den fünf Handlungsarenen korreliert.

Dieser empirische Befund wurde auf der theoretischen Ebene funktional gedeutet. Durch die Einführung des Regulationskonzeptes und mit der Annahme, dass stabile Akkumulation einer kontinuierlichen Regulation bedarf, um die Kompatibilität der institutionellen Formen und funktionsadäquates Agieren der kollektiven und individuellen Akteure herzustellen, wurde im ersten Schritt eine funktionalistische Ex-post-Erklärung geliefert. Damit dieser Erklärungsansatz auch eine kausal-analytische handlungsbezogene Deutung realer Prozesse erlaubt, mussten zusätzliche Annahmen getroffen werden:

- Die Regulationsweise ist als ein institutionalisierter makrogesellschaftlicher Koordinationsmechanismus zu verstehen, wie der ostasiatische Mesokorporatismus, der sozialdemokratische Tripartismus, die rechtlich eingebettete angloamerikanische Marktsteuerung oder der koordinierende staatliche Interventionismus Kontinentaleuropas (→ Wirtschaft).
- Der in einer bestimmten Gesellschaft dominante Modus der Regulation bildet sich in gesellschaftlichen Auseinandersetzungen und über Lernprozesse einer erfolgreichen Bewältigung ökonomischer Krisen heraus.
- Der makrogesellschaftliche Koordinationsmechanismus, der das in einer Gesellschaft etablierte Akkumulationsregime absichert, ist breit akzeptiert, da er in die Kultur und in das Rechtssystem eingebettet ist.
- Daher wirkt er „hinter dem Rücken" der Akteure und erzeugt emergente Ergebnisse, die im alltäglichen Normalfall den Funktionsbedingungen des Akkumulationsregimes entsprechen.

- Der Modus der Regulation als hegemonialer, da dominanter und akzeptierter Koordinationsmechanismus prägt und bestimmt die Funktionsbedingungen der institutionellen Formen in den fünf makrogesellschaftlichen Handlungsfeldern. Die Kompatibilität von deren Funktionsbedingungen und Handlungsergebnissen ist unsicher und muss über politische Kompromissbildung immer wieder hergestellt werden.

Soweit zunächst einmal die Darstellung von grundlegenden Annahmen der Regulationstheorie. Als Zwischenergebnis ist vor allem der von der Regulationsschule verwendete Institutionenbegriff festzuhalten. Genese und Reproduktion marktwirtschaftlicher (kapitalistischer) Gesellschaftsformationen erfolgen im Rahmen und mittels der Koordinationsleistungen von Institutionen, die selbst Ergebnis politischer Konflikte (Klassenkämpfe) und Kompromissbildungen sind (vgl. Boyer 2004: 28). Die Institutionen kapitalistischer Vergesellschaftung, die das kollektive und individuelle Handeln in diesen Gesellschaften prägen, haben immer einen ökonomisch-materiellen Bezug und sind gleichzeitig Resultat politischer Kompromisse (vgl. auch Hay 2004). Das Handeln der Akteure wird primär von institutionalisierten Regeln gesteuert und normiert, die den Institutionen durch makropolitische Vorgaben zugewiesen und über bereichsspezifische Aushandlungsprozesse internalisiert werden. Institutioneninterne (endogene) Anpassungs- und Lernprozesse sind nicht strukturell ausgeschlossen, haben aber für die Erklärung des kollektiven Handelns der im Rahmen der Institutionen tätigen Akteure keine große Bedeutung (vgl. Faverau 1995; Coriat/Dosi 1995). Das Handeln der Akteure gilt als begrenzt rational und ist stark institutionengeleitet (→ Neoinstitutionalismus).

In Deutschland wurde die Regulationstheorie zunächst von Wissenschaftlern an der Universität Konstanz (Deubner u.a. 1979; Esser u.a. 1980) und an der Universität Frankfurt (Esser/Hirsch 1984) rezipiert. Die Dissertation von Kurt Hübner (1989) gab die erste, allerdings stark auf die ökonomische Regulation abhebende Gesamtdarstellung des Regulationsansatzes und monierte dabei die politikwissenschaftliche und staatstheoretische Orientierung der Frankfurter Kollegen. Die auf den Institutionalismus der Regulationstheorie abstellende neomarxistische Kritik an der Regulationsschule fasst der von Esser u.a. (1994) herausgebrachte Band zusammen. Die Auseinandersetzung mit den Theoremen und Forschungsergebnissen der Regulationstheorie hat auch die Arbeiten von Altvater/Mahnkopf (1997) stark beeinflusst.

2 Integration von Governance-Konzepten

In der institutionellen Ökonomie, die eine der Wurzeln der Governance-Debatte bildet, wird seit längerem über grundlegende Prinzipien der Handlungskoordination geforscht. Eine Durchsicht dieser Literatur regte Hollingsworth und Boyer (1997) zu einer Systematisierung von Koordinationsprinzipien an. Sie unterscheiden zwei Dimensionen: einerseits die horizontale oder vertikale Machtverteilung und damit einen horizontalen bzw. vertikalen (hierarchischen) Modus der Koordination sowie andererseits die Handlungsmotive der interagierenden Akteure, die entweder interessen- oder normenbestimmt sind. Diese Taxonomie ergibt vier Grundtypen/Prinzipien der Koordination und bietet die Möglichkeit, Mischformen, zum Beispiel Netzwerke und Assoziationen, zu definieren und strukturell zu verorten (vgl. Schaubild 2).

Schaubild 2: Taxonomie unterschiedlicher Koordinationsprinzipien

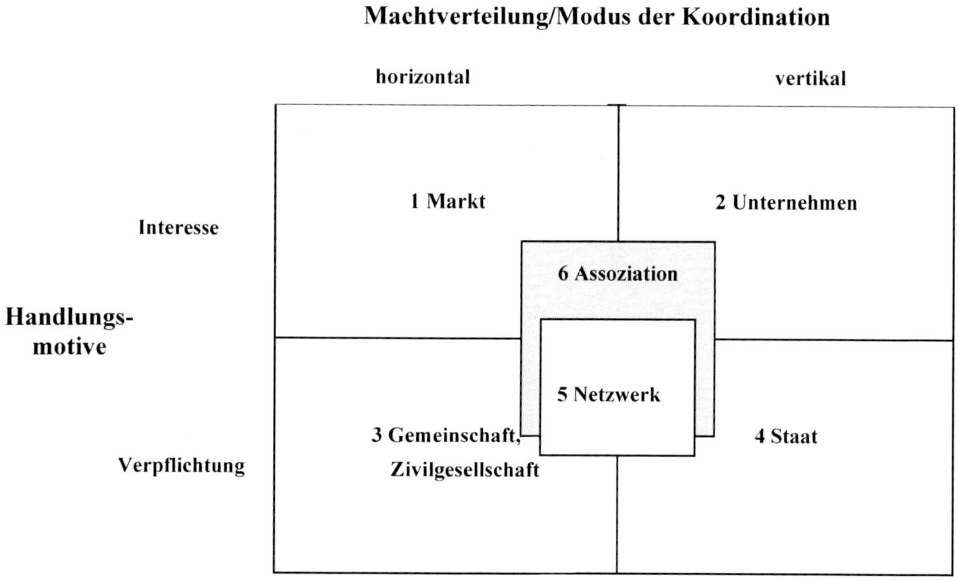

Quelle: Hollingsworth/Boyer (1997), zit. nach Boyer (2005: 23)

Für den Regulationsansatz ist die von Hollingsworth/Boyer entwickelte Typologie von Koordinationsformen aus drei Gründen von Interesse:

- Die polaren Koordinationstypen sind nur von analytisch-abstrakter Bedeutung. In der Realität existieren zahllose Mischformen, die aus Konflikten und Kompromissbildungen hervorgehen. Auch wenn in einer Gesellschaft die Koordination über den Markt dominiert, setzen Märkte die staatliche Absicherung und damit die Einbettung in Formen vertikaler Koordination voraus.
- Die empirischen Befunde der Regulationsforschung deuten darauf hin, dass die analytisch konstruierten polaren Typen der Koordination auch stabile, die Regulation einer Gesellschaft dominierende Realtypen bilden können. Die empirisch nachgewiesenen Regulationsmodi sind jeweils um einen bestimmten Koordinationstyp zentriert. Doch bleibt zu beachten, dass jede kapitalistische Gesellschaftsformation eine institutionelle Struktur aufweist, in der alle Koordinationsmodi präsent sind. Die Mischungsverhältnisse variieren allerdings breit.
- Die von Hall/Soskice (2001) in dem von ihnen herausgegebenen Buch „Varieties of Capitalism" vorgenommene Unterscheidung zwischen unkoordinierten (liberalen) und koordinierten kapitalistischen Gesellschaftssystemen macht nach den Überlegungen von Boyer (2005) keinen Sinn, da die gesellschaftliche Vielfalt viel zu stark reduziert

wird, vor allem aber, weil die Unterscheidung nahelegt, es könne reine Marktgesellschaften geben. Märkte funktionieren aber nur dann, wenn außermarktliche Instanzen über ihre Funktionsbedingungen wachen. „In this respect, the NLME (neo-liberal market economies) are just as coordinated as the CME (coordinated market economies), but in a different manner" (Boyer 2005: 23).

Im Hinblick auf die Beantwortung einer etwas anders gelagerten Fragestellung hat auch der englische Sozialwissenschaftler Bob Jessop, dessen Forschungsarbeiten von der Regulationstheorie stark beeinflusst sind, Kategorien, die im Rahmen des Governance-Institutionalismus breit diskutiert werden, aufgegriffen. In seinem im Jahr 2002 erschienenen Buch „The Future of the Capitalist State" interessiert sich Jessop für das Problem, wie und warum es kapitalistischen Gesellschaftsformationen immer wieder gelingt, die von ihnen selbst erzeugten Instabilitäten, Widersprüche und Konflikte erfolgreich zu bearbeiten. „Governance and metagovernance are useful concepts for addressing such issues and their implications for economic and social intervention. Governance refers here to any form of coordination of interdependent social relations [...]" (Jessop 2002: 51-52). Jessop versteht also – entsprechend den Ausführungen oben – unter Governance die Koordination von kollektivem, interdependentem Handeln. Er formuliert auf der Grundlage dieses Verständnisses als Arbeitshypothese die Vermutung, dass das Governance-Konzept hilfreich sein könne für die Analyse der unterschiedlichen Handlungsstrategien (zum Beispiel strategisches Management, Planung, Durchwursteln, Krisenpolitik) zur Bewältigung der durch die Widersprüche und Dilemmata der Kapitalakkumulation ausgelösten Probleme. Governance wird hier als abstrakte Form der gesellschaftlichen und politischen Problembewältigung verstanden.

Jessop unterscheidet drei basale Koordinationsprinzipien, die von ihm gelegentlich auch als Formen von Governance bezeichnet werden, und zwar die anarchische, die heterarchische und die hierarchische Koordination (Jessop 2002: 52). Als entsprechende Beispiele wird auf den Markt (→ Markt), Netzwerke (→ Netzwerke) und den Staat (→ Hierarchie) verwiesen. In kapitalistischen Gesellschaften besitzen diese Koordinationsprinzipien eine je spezifische materiale (ökonomische) Basis. Außerdem variiert ihre historische Ausprägung mit dem jeweiligen Akkumulationsregime und der dominanten Form der Regulation. Dennoch lassen sich nach Jessop drei Grundformen von Governance unterscheiden, die er an dem jeweils dominanten Interaktionsmodus festmacht: Tausch, Befehl und Dialog (vgl. Schaubild 3).

Die drei Grundformen von Governance besitzen jeweils, wie dem Schaubild 3 entnommen werden kann, ihre eigene interne Logik. Die Akteure handeln unterschiedlichen Rationalitäten gemäß in divergierenden raum-zeitlichen Kontexten. Ihr Handeln richtet sich an gänzlich unterschiedlichen Erfolgs- und Misserfolgskriterien aus. Die Governance-Logik strukturiert das kollektive Handeln. Dem Zwang der Verhältnisse können sich die Akteure – es sei denn, sie wählen eine Exit-Strategie – nicht entziehen.

Auch die von Jessop vertretene Variante der Regulationstheorie insistiert auf der marxistisch inspirierten Annahme, dass die Governance- bzw. Regulationsformen eine materiale gesellschaftliche Basis besitzen. Märkte entstehen nicht spontan und sind auch keine „natürlichen" Erscheinungen. Sie korrespondieren mit grundlegenden Strukturmerkmalen kapitalistischer Vergesellschaftung: der Institution des Privateigentums, der Konsumentenfreiheit, der Trennung zwischen Wirtschaft und Staat sowie Staat und Gesellschaft. Die Dialogform von Governance, die in unterschiedlich strukturierten Netzwerken (zum Beispiel in Form des Korporatismus, von Public Private Partnership, interorganisatorischer Zusammenarbeit, assoziativer Demokratie) zu finden ist, beruht gleichfalls auf allgemeinen Strukturmerkmalen kapitalistischer Gesellschaften, insbesondere ihren spezifischen Formen gesellschaftlicher Arbeitsteilung (zwischen Arbeit und Kapital, Eigentümern und Managern, Industrie und Handel, Spaltung des Lohns in individuellen und sozialen Lohn). Auch die Struktur des Staates, neben dem Unternehmen Inkarnation hierarchischer Koordination, wird als durch die kapitalistische Vergesellschaftung formbestimmt erachtet, vor allem durch seine Institutionalisierung als souveräne und extraökonomische Gewalt.

Schaubild 3: Grundformen (Modalitäten) von Governance

	Form:	Tausch	Befehl	Dialog
	Beispiel:	Markt	Staat	Netzwerk
Merkmale	Rationalitätskonzept	formal und prozedural	substanziell und zielorientiert	reflexiv und prozedural
	Erfolgskriterium	effiziente Allokation	effektive Zielerreichung	ausgehandelter Konsens
	Misserfolgskriterium	ökonomische Ineffizienz	Unwirksamkeit	Zeitverschwendung, „heiße Luft"
	Räumlich-zeitlicher Horizont	Weltmarkt, reversible Zeit	nationales Territorium, Planungszeitraum	Maßstabsveränderung, Gestaltung eines Entwicklungspfades

Zusammengestellt aus Tabelle 6.1 von Jessop (2002: 230)

Die Analyse der Stabilitätsbedingungen der drei Grundformen von Governance führt Jessop zu der Annahme der Existenz eines Governance-Paradoxes in kapitalistischen Gesellschaftsformationen. Regelmäßig lässt sich ein Versagen von Governance beobachten. Markt-, Staats- und Netzwerkversagen sind der kapitalistischen Produktionsweise inhärent. „This provides a general explanation for the possibility of cycles in which the relative weight of different modes of governance rises, falls, and rises again" (Jessop 2002: 224). Fehlleistungen eines Modus der Koordination können von einem anderen Governance-Modus kompensiert werden. Daher ist es auch möglich, dass Aufgaben des Staates durch Märkte und Netzwerke oder dass Leistungsbereiche, bei deren Koordination der Markt versagt, vom Staat oder von Netzwerken übernommen werden. Kapitalistische Gesellschaftsformationen weisen jeweils ein bestimmtes Muster von Governance-Formen auf. Dieses Muster ist über lange Zeiträume stabil, kann sich aber wandeln. Bestimmte Entwicklungsphasen werden vorrangig von hierarchischer Koordination, also durch die staatliche Bürokratie und staatliche Vorgaben, geprägt. Zu anderen Zeiten bestimmen die Märkte das Geschehen.

In der gegenwärtigen Entwicklungsphase scheinen viele Koordinationsprobleme mit heterarchischen Formen von Governance lösbar zu sein. Attraktivität und Funktionalität von Netzwerken mit horizontaler Selbstorganisation interdependenter Akteure gründen sich auf eine Reihe von Faktoren, wie zunehmende funktionale Differenzierung, wachsende Diffusität von Grenzen (Phänomene der Entgrenzung), Maßstabsveränderungen des Raumes, Wandel der Bedeutung der zeitlichen Dimension, Vervielfältigung von Identitätsmustern (Jessop 2002: 229). Die mit diesen Veränderungen verbundene Steigerung von Komplexität ökonomischer, politischer und sozialer Lebenszusammenhänge lässt sich nicht mehr durch „top-down state planning or market-mediated anarchy" bewältigen. „This has promoted a shift in the institutional centre of gravity (or institutional attractor) around which policy-markers choose among possible modes of coordination" (Jessop 2002: 229).

3 Wandel des Regulationsmodus – Wandel der Governance-Formen

Von den Anhängern der Regulationstheorie wird das Governance-Konzept eher zur Analyse neuer Formen der Koordination in den internationalen Beziehungen (vgl. Jacquet u.a. 2002; Graz 2004; Norel 2004) denn zur Bestimmung neuer innergesellschaftlicher und innenpolitischer Koordinations- und Strukturformen verwendet (→ Global Governance). Eine Ausnahme bildet Bob Jessop, der das Konzept als geeignet ansieht, einen Beitrag zur Analyse des Wandels kapitalistischer Staatlichkeit zu leisten. Allerdings wird bei seinem innovativen und insgesamt auch gelungenen Versuch, den Governance-Ansatz zur Analyse des Formwandels des kapitalistischen Staates heranzuziehen, das Governance-Konzept nicht zweifelsfrei geklärt. Unschärfen sind erkennbar. Vor allem wird es nicht hinreichend deutlich vom Regulationsbegriff abgegrenzt. Eine „Übersetzung" der beiden Begrifflichkeiten bleibt ein Desiderat. Ich habe den Eindruck gewonnen, dass sich das Schlüsselkonzept der Regulationstheorie, der Modus der Regulation (Mode de Régulation), als ein in einem bestimmten Zeitraum relativ stabiles Muster von Governance-Formen, das aus den drei Grundformen (Tausch, Dialog, Befehl) besteht, begreifen lässt. Allerdings interessiert sich Jessop vorrangig für die Analyse des kapitalistischen Staates und dessen Formwandel. Während Boyer und die französischen Regulationstheoretiker das Konzept der Regulation zur Untersuchung der Koordinationsformen in allen Handlungsfeldern, die zur Absicherung eines Akkumulationsregimes beitragen, benutzen, verwendet Jessop das Governance-Konzept nur für die Analyse der Koordination kollektiven Handelns durch staatliche Interventionen.

Jessop bezieht sich auf das Governance-Konzept zur Erklärung des Formwandels kapitalistischer Staatlichkeit nach der Krise des fordistischen Akkumulationsregimes und seines Regulationsmodus. Seine Ausgangsthese besagt, dass das Akkumulationsregime des atlantischen Fordismus eine Staatsform besessen habe, die sich idealtypisch als Keynesianischer Wohlfahrtsnationalstaat (KWNS) beschreiben lasse. Der KWNS als integraler Bestandteil des fordistischen Regulationsmodus weise vier distinktive Strukturmuster auf (vgl. Jessop 2002: 59-61):

- Wirtschaftspolitik:
  Vollbeschäftigungspolitik mit Nachfragesteuerung und Infrastrukturverantwortung zur Unterstützung von Massenproduktion und Massenkonsum.
- Sozialpolitik:
  Über kollektive Verhandlungen und staatliche Maßnahmen werden allgemeingültige Normen des Massenkonsums hergestellt, Erweiterung der sozialen Rechte.
- Territorialer Rahmen:
  Primat des nationalen Raumes in der Wirtschafts- und Sozialpolitik, zentrale wie auch lokale Umsetzung.
- Maßnahmen zur Kompensation von Marktversagen:
  Herausbildung einer gemischten Wirtschaft („mixed economy"), in der vom Staat erwartet wird, Marktversagen auszubalancieren.

Dieser Idealtyp eines keynesianischen Staates, von dem es, wie oben (Abschnitt 2) bereits skizziert, unterschiedliche Ausprägungsformen gab, dessen Leistung darin bestand, das intensive (fordistische) Akkumulationsregime, in dem der Massenkonsum im nationalstaatlichen Rahmen die Massenproduktion antreibt, politisch zu regulieren, existiert wegen der Transformation des Wachstumsmodells heute nicht mehr. Die Regulationstheoretiker sind sich einig, dass das Regime des Fordismus durch ein postfordistisches Regime, in dem die internationale Arbeitsteilung und das globalisierte Finanzkapital strukturprägende Funktionen übernommen haben, abgelöst wurde (vgl. Amin 1994; Amable u.a. 1997; Röttger 1997; Petit 1998; Aglietta 2000 u. 2002; Boyer 2004). Jessop teilt diese Forschungsergebnisse und hat sich auf ihrer Grundlage mit der Frage beschäftigt, ob sich hinsichtlich des neuen Akkumulationsregimes wiederum ein staatliches Institutionensystem herausbildet, dessen Strukturen und Funktionen sich idealtypisch beschreiben lassen. Im sogenannten „Schumpeterian Workfare Postnational Regime" (SWPR) meint Jessop (2002: 247-249) das Grundmuster eines dem postfordistischen – neoliberalen – Akkumulationsregime strukturfunktional entsprechenden neuen Idealtypus eines kapitalistischen Staates gefunden zu haben. Das neue Staatsmodell wird von Jessop mit dem Namen Schumpeter wegen dessen Innovationstheorie, in deren Zentrum die durch den kreativen Unternehmer vorangetriebene schöpferische Zerstörung alter Produktionsverhältnisse steht, verbunden. Die Produktion wird hier weniger durch den Konsum als durch Innovationen, deren Erzeugung und Diffusion die Arbeitnehmer funktional subordinieren, vorangetrieben. Als distinktive Funktionselemente des neuen politischen Regulationsmodus gelten (Jessop 2002: 252):

- Wirtschaftspolitik:
  Sie ist auf Innovation und Wettbewerbsfähigkeit fokussiert und stärkt zur Förderung der wissensbasierten Ökonomie die Angebotsseite.
- Sozialpolitik:
  Die Sozialpolitik wird einer erweiterten Konzeption von Wirtschaftspolitik untergeordnet mit steigendem Druck auf den Soziallohn und die sozialen Rechte.
- Territorialer Rahmen:
  Relativierung der Relevanz der räumlichen Dimension von Politik zulasten des Nationalstaates. Wettbewerb zur Herstellung eines neuen Gestaltungsrahmens bei Fortbestand des nationalstaatlich geprägten politischen Raumes.

- Maßnahmen zur Kompensation von Marktversagen:
  Zunehmende Bedeutung heterarchischer Governance, das heißt von Selbstorganisation zur Korrektur von Markt- und Staatsversagen. Der Staat erfährt eine Aufwertung bei der Ausübung von Meta-Governance.

Die Entstehung des neuen schumpeterianischen Staatsmodells wird als ein nicht willentlich geplantes Ergebnis zahlloser Anpassungsmaßnahmen zur Bewältigung der Krise des KWNS begriffen. Dessen Governance-Modus – sprich Modus der Regulation – versagte, den von der fordistischen Akkumulation erzeugten wachsenden Problembestand angemessen zu bewältigen. Die mit den alten Koordinationsformen nicht mehr beherrschbaren Probleme führten zur Formulierung neuer Ziele, der Entstehung neuer institutioneller Formen und zu neuen politischen Praktiken. Die neuen Ziele ökonomischer und sozialer Governance (Jessop 2002: 231) werden, wie Jessop gut begründet darlegt, nicht von den Problemen den Akteuren vorgegeben, sondern von den ökonomischen und sozialen Regimen als „objects of governance" politisch erzeugt. Die Krise der Regulation, also des im KWNS bestehenden Musters von Governance-Formen, setzte ein, als die etablierten Koordinationsmechanismen die neuen Governance-Ziele nicht angemessen verwirklichen konnten.

Es sprengte den Rahmen dieses Handbuchbeitrages, an dieser Stelle die „Krisentendenzen", die zu einer Transformation des KWNS geführt haben, im Einzelnen darzustellen. Wichtig ist hier allein, die Argumentationsfigur des Governance-Wandels hervorzuheben und begreifbar zu machen. Die Governance-Struktur des KWNS war durch hierarchische Koordinationsformen in den vier analytisch herausgestellten Handlungsfeldern des Staates geprägt (→ Hierarchie). Jene waren fest institutionalisiert, wobei Ziele verfolgt wurden, die sich in dem gegebenen Bezugsrahmen des fordistischen Akkumulationsregimes mit hierarchischen Mitteln, basierend auf Befehl und Gehorsam, erreichen ließen und denen institutionalisierte und breit akzeptierte Governance-Praktiken entsprachen.

4 Governance-Versagen

Mit der Transformation des fordistischen Akkumulationsregimes, die viele Ursachen hatte, aber auch deswegen erfolgte, weil im Laufe der Zeit die keynesianische Wirtschafts- und Sozialpolitik immer weniger ihre Ziele erreichte, kam es, Jessop folgend, zu einem zunehmenden Governance-Versagen, das als Strukturkrise des KWNS gedeutet wird. Die Krise, die man sich als Jahre der Stagflation, aufgemischt von ökonomischen Schocks und politischen Kämpfen, vorzustellen hat, löste institutionen- und regimebestimmte Lern- und Anpassungsprozesse („Reformen") aus, die in allen vier Handlungsfeldern zu neuen Zielen, Praktiken und institutionellen Formen von Governance führten. Die hierarchische Steuerung wurde verdrängt oder ergänzt von Formen heterarchischer Netzwerkkoordination (→ Netzwerke). Die im SWPR charakteristische Governance-Form bildet die durch Netzwerke koordinierte Selbstorganisation der kollektiven Akteure. Die neue schumpeterianische Staats- und Governance-Form wird von Jessop wieder als ein Idealtyp analysiert. Im Rahmen dieses Idealtyps sind wie im Fall des Fordismus unterschiedliche Ausprägungsformen im Sinne von Realtypen möglich. Je nach gewählter Strategie der Anpassung an die neuen

Akkumulationsbedingungen bilden sich divergente Typen des SWPR. In vier institutionellen Konfigurationen – dem Neoliberalismus, Neokorporatismus, Neoetatismus und Neokommunitarismus – könnte sich sowohl die für die Stabilität des Wachstumsregimes erforderliche Kompatibilität der institutionellen Formen als auch ein entsprechendes Leistungsniveau von Governance in den einzelnen staatlichen Handlungsfeldern einstellen. Das Stabilitäts- und Leistungsniveau wird nicht funktionalistisch ermittelt – darauf bestehen alle Regulationstheoretiker – sondern durch die Akteure, wie das internationalisierte Finanzkapital, das die Rentabilitätsnorm ermittelt, selbst definiert.

Orientiert an den Konzepten Markt- und Staatsversagen, führt Jessop das Konzept des Governance-Versagens in die politikwissenschaftliche Analyse ein (Jessop: 236-238). Jede Form von Governance kann scheitern, die ausgehandelten, institutionell verfestigten, periodisch aber wieder neu festzulegenden Ziele von Governance zu erreichen. So ist auch die Koordination durch sich selbst organisierende Netzwerke nicht davor gefeit zu scheitern. Zum einen hebt die Netzwerksteuerung die prinzipiellen Asymmetrien, Machtdivergenzen und Konflikte kapitalistischer Vergesellschaftung nicht auf. Sie muss sich zweitens einfügen in ein komplexes Koordinations- und Steuerungssystem mit unterschiedlichen räumlichen, zeitlichen und sachlichen Funktionsbedingungen. Hohe Reibungsverluste im Verhältnis zu anderen Governance-Formen und -mechanismen sind jederzeit möglich. Drittens ist Selbstorganisation ein nicht unproblematischer Koordinationsmechanismus, dessen Gelingen unter anderem Vertrauen und Sinn stiftende Kommunikation zwischen sowie Akzeptanz und Folgebereitschaft innerhalb der kollektiven Akteure erfordert. Und schließlich kann auch die Netzwerk-Governance an dem Gegenstand der Steuerung scheitern. In der Begrifflichkeit von Renate Mayntz formuliert, hieße das, dass die Steuerbarkeit des Gegenstandsbereichs trotz hoher Steuerungsfähigkeit der politischen Akteure nicht gegeben sein muss (vgl. Mayntz 1987).

Klärungsbedürftig scheint nun zu sein, inwieweit das Governance-Konzept dazu beitragen kann, Governance-Versagen zu erklären. Die Antwort dürfte weitgehend negativ ausfallen. Das Governance-Konzept liefert vor allem einen begrifflichen Rahmen. Bereits die Analyse der endogenen Funktionsbedingungen einer bestimmten Governance-Form (zum Beispiel Tausch, Dialog oder Befehl) kommt nicht ohne eine zusätzliche theoretische Fundierung, beispielsweise durch den methodologischen Individualismus der Mikroökonomie (Neoinstitutionalismus) oder konventionalistische Lerntheoreme der Organisationstheorie aus (vgl. Faverau 1995). Exogene Erklärungen schließt das Governance-Konzept ohnehin aus. Die Regulationstheorie könnte wie auch andere institutionalistische Theorien das Governance-Konzept theoretisch aufladen. Als in den historischen Verhältnissen verankerte Theorie kann sie die Analyse des sozialen und politischen Wandels und als Konflikttheorie die Berücksichtigung von Kräfteverhältnissen und Machtbeziehungen einbringen. Dass umgekehrt die mit dem Governance-Konzept intendierte und von ihm erleichterte Analyse von Formen der Koordination kollektiven Handelns von der Regulationstheorie genutzt werden kann, sollte gleichfalls deutlich geworden sein. Vor allem für die Feinanalyse staatlicher Instrumente und Dispositionen kann ein Governance-Ansatz, der sich auf die Aufklärung einzelner Governance-Formen und -mechanismen spezialisiert, wichtige Beiträge zur analytischen Präzisierung der regulationstheoretischen Staatskonzeption leisten (vgl. auch Schuppert 2005).

Literatur

Aglietta, Michel, 2000: Ein neues Akkumulationsregime. Die Regulationstheorie auf dem Prüfstand. Hamburg: VSA-Verlag.

Aglietta, Michel, 2002: Problèmes posés par la régulation monétaire internationale, in: Pierre Jacquet/Jean Pisani-Ferry/Laurence Tubiana (Hrsg.), Gouvernance mondiale. Paris: La Documentation française, 375-392.

Altvater, Elmar/Mahnkopf, Birgit, 1997: Grenzen der Globalisierung. Ökonomie, Ökologie und Politik in der Weltgesellschaft. Münster: Westfälisches Dampfboot.

Amable, Bruno/Barré, Rémi/Boyer, Robert, 1997: Les Systèmes D'Innovation. À L'ère de la Globalisation. Paris: Economica.

Amin, Ash (Hrsg.), 1994: Post-Fordism. A Reader. Oxford/Cambridge: Blackwell.

Boyer, Robert, 1995: Aux Origines de la Théorie de la Régulation, in: Robert Boyer/Yves Saillard (Hrsg.), Théorie de la régulation: l'état des savoirs. Paris: Éditions La Découverte (in engl. Übersetzung: 2002: Regulation Theory: The state of the Art. London: Routledge), 21-30.

Boyer, Robert, 2004: Théorie de la régulation. 1. Les fondamentaux. Paris: La Découverte.

Boyer, Robert, 2005: How and Why Capitalisms Differ. MPifG Discussion Paper 05/4. Max-Planck-Institut für Gesellschaftsforschung Köln, (www.mpifg.de/Publications/DiscussionPapers).

Boyer, Robert/Saillard, Yves (Hrsg.), 1995: Théorie de la régulation: l'état des savoirs, Paris: Éditions La Découverte (in engl. Übersetzung: 2002: Regulation Theory: The state of the Art. London: Routledge).

Coriat, Benjamin, 1994: La théorie de la régulation. Origines, spécifités et perspectives, in: Farida Sebaï und Carlo Vercellone (Hrsg.), École de la Régulation et Critique de la Raison Économique. Futur Antérieur. Paris: Éditions L'Harmattan, 101-152.

Coriat, Benjamin/Dosi, Giovanni, 1995: Évolutionisme et Régulation. Différences et Convergences, in: Robert Boyer/Yves Saillard (Hrsg.), Théorie de la régulation: l'état des savoirs, Paris: Éditions La Découverte (in engl. Übersetzung: 2002: Regulation Theory: The state of the Art. London: Routledge), 500-510.

Deubner, Christian/Rehfeldt, Udo/Schlupp, Frieder/Ziebura, Gilbert, 1979: Die Internationalisierung des Kapitals. Neue Theorien der internationalen Diskussion. Frankfurt/New York: Campus.

Esser, Josef/Fach, Wolfgang/Simonis, Georg, 1980: Grenzprobleme des „Modells Deutschland", in: Prokla, Nr. 40, 40-63.

Esser, Josef/Görg, Christoph/Hirsch, Joachim (Hrsg.), 1994: Politik, Institutionen und Staat. Zur Kritik der Regulationstheorie. Hamburg: VSA-Verlag, 213-228.

Esser, Josef/Hirsch, Joachim, 1984: Der CDU-Staat. Ein politisches Regulationsmodell für den „nachfordistischen" Kapitalismus, in: Prokla, Nr. 56, 51-66.

Faverau, Olivier, 1995: Conventions et Régulation, in: Robert Boyer/Yves Saillard (Hrsg.), Théorie de la régulation: l'état des savoirs, Paris: Éditions La Découverte (in engl. Übersetzung: 2002: Regulation Theory: The state of the Art. London: Routledge), 511-520.

Graz, Jean-Christophe, 2004: La gouvernance de la mondialisation. Paris: La Découverte.

Hall, Peter/Soskice, David (Hrsg.), 2001: Varieties of Capitalism: The Institutional Foundations of Comparative Advantage. Oxford: Oxford University Press.

Hay, Colin, 2004: Ideas, interests and institutions in the comparative political economy of great transformations, in: Review of International Political Economy, Vol. 11/1, 204-226.

Hollingsworth, Rogers J./Boyer, Robert (Hrsg.), 1997: Contemporary Capitalism: The Embeddedness of Institutions. Cambridge: Cambridge University Press.

Hübner, Kurt, 1989: Theorie der Regulation. Eine kritische Rekonstruktion eines neuen Ansatzes der Politischen Ökonomie. Berlin: edition sigma.

Jacquet, Pierre/Pisani-Ferry, Jean/Tubiana, Laurence (Hrsg.), 2002: Gouvernance mondiale. Paris: La Documentation française.

Jessop, Bob, 2002: The Future of the Capitalist State. Cambridge: Polity Press.
Lipietz, Alain, 1994: De l'approche de la régulation à l'écologie politique: Une mise en perspective historique. Interview: G. Cocco, F. Sebaï, C. Vercellone, in: Faria Sebaï und Carlo Vercellone (Hrsg.), École de la Régulation et Critique de la Raison Économique. Futur Antérieur. Paris: Éditions L'Harmattan, 71-99.
Mayntz, Renate, 1987: Politische Steuerung und gesellschaftliche Steuerungsprobleme – Anmerkungen zu einem theoretischen Paradigma, in: Thomas Ellwein/Jens J. Hesse/Fritz W. Scharpf (Hrsg.), Jahrbuch zur Staats- und Verwaltungswissenschaft Bd. 1. Baden-Baden: Nomos, 89-110.
Norel, Philippe, 2004: L'Invention du Marché. Une Histoire Èconomique de la Mondialisation. Paris: Éditions du Seuil.
Petit, Pascal, 1998: Formes Structurelles et Régimes de Croissance de l'Après Fordisme, in: L'Anné de la régulation. Économie, institutions, pouvoirs. Vol. 2/1998. Paris: Éditions La Découverte, 169-196.
Röttger, Bernd, 1997: Neoliberale Globalisierung und eurokapitalistische Regulation. Die politische Konstitution des Marktes. Münster: Westfälisches Dampfboot.
Schuppert, Gunnar Folke, 2005: Governance im Spiegel der Wissenschaftsdisziplinen, in: Gunnar Folke Schuppert (Hrsg.), Governance-Forschung, Baden-Baden, Nomos, 371-469.
Waringo, Karin, 1998: Die Internationalisierung der Produktion in der französischen Regulationstheorie. Frankfurt/New York: Campus.

Martin List

2.6 Regimetheorie

Internationale Regime sind ein wichtiger Baustein zwischenstaatlicher, bei maximaler Reichweite tatsächlich globaler Governance (→ Global Governance). Sie sind dabei weder wie internationale Organisationen eigenständige Körperschaften mit zumindest zuweilen Akteurstatus noch supranationale Gebilde wie die EU. Vielmehr handelt es sich bei Regimen um institutionalisierte Strukturen zwischenstaatlicher Kooperation. Deren Spezifikum ist, dass sie politische Steuerung zwischen formal souveränen Akteuren, also grenzüberschreitend, ermöglichen soll und dabei neben Staats- häufig auch Kulturgrenzen überschreitet.

Für die internationale Politik, die im Wesentlichen immer noch von formaler Herrschaftsfreiheit, Anarchie, gekennzeichnet ist, ist die Herausbildung institutionalisierter Kooperationsstrukturen und damit, wie es genannt worden ist, der Übergang zu regulierter Anarchie ein Novum. Gegenstand der politikwissenschaftlichen Forschung sind internationale Regime seit den 1980er Jahren. Grenzüberschreitende wechselseitige Abhängigkeiten, also Interdependenzen unterschiedlicher Art, sind die Grundlage des Regimebedarfs. Wie, aufgrund welcher Mechanismen und in welchen Formen diesem Bedarf durch Regimebildung entsprochen wird, ist Gegenstand der Regimetheorie. Die Errichtung internationaler Regime läuft oft auf die Internationalisierung vormals rein nationaler Politikfelder hinaus; ihre Steuerungswirkung entfalten Regime dann als Systeme der Multilevel Governance, im Wechselspiel zwischen der heimisch-nationalen (und zuweilen subnationalen) und der internationalen Ebene.

Der vorliegende Beitrag diskutiert zunächst das Konzept „internationales Regime" (Überblick bei Müller 1993 und Sprinz 2003). Er berichtet sodann über die Forschung zu den Entstehungsbedingungen von Regimen, zu ihrer Wirkungsweise im Sinne der Mechanismen ihres Funktionierens und ihrer Institutionalisierung wie auch zu ihren Auswirkungen, insbesondere zur Frage der Effektivität von Regimen. Da Regime nicht als statisch zu betrachten sind, ist ihre Dynamik bzw. ihr Wandel ein weiterer Punkt. Abschließend werden Perspektiven der Regimeforschung im Rahmen einer Forschung über International Governance diskutiert. Konkrete Beispiele für Regime werden in diese Darstellung illustrierend eingebaut.

1 Regimebegriff

Auf der Ebene der Begrifflichkeit ist zwischen einem rein normenbezogenen, juristischen Regimebegriff und einem normgeleiteten, soziale Praxis mit einschließenden sozialwissenschaftlichen Regimebegriff zu unterscheiden. Ersterer bezeichnet – für eine geltende Normen systematisierende Disziplin wie die Rechtswissenschaft sinnvoll – den Bestand an für einen bestimmten Bereich internationaler Beziehungen (völker)rechtlich gültigen Normen. Ein solcher Bestand allerdings nicht nur oder ausdrücklich völkerrechtlich statuierter, sondern möglicherweise auch nur politisch verbindlicher Normen ist auch Teil des sozialwissenschaftlichen Regimebegriffes. In diesen geht darüber hinaus das nur empirisch (und das gar nicht einfach) festzustellende Element des normgeleiteten Verhaltens ein (→ Rechtswissenschaftliche Perspektive). Normen ohne Umsetzungsverhalten wären nur Tinte auf Papier. Ohne eine empirisch beleg- oder zumindest plausibilisierbare handlunganleitende Wirkung der Normen lässt sich nicht von der Institutionalisierung eines Regimes, von seiner Existenz im sozialwissenschaftlichen Sinn sprechen.

Damit ist die enge Verbindung des Regimekonzeptes zum sogenannten (neo)institutionalistischen Forschungsprogramm (→ Neoinstitutionalismus) oder (das sei hier synonym gebraucht) Paradigma der Erforschung internationaler Politik deutlich, eines der heute vier dominanten Forschungsprogramme. Sie liefern gleichsam Anleitungen zum typischen Konstruieren von Erklärungen für Phänomene der internationalen Politik. Das realistische Paradigma (in all seinen Spielarten) entwickelt Erklärungen aus der Handlungslogik einzelstaatlicher, unterschiedlich mächtiger Akteure der internationalen Politik, die unter Bedingungen der formalen Herrschaftsfreiheit (Anarchie) nach Selbstbehauptung streben. Das institutionalistische Paradigma arbeitet erklärungstechnisch mit der Bedeutung von Normen, Institutionen und Organisationen für den Ablauf internationaler Politik. Erkennbar hat die Regimetheorie hier ihre Wurzeln. Gesellschaftskritische Ansätze teilen mit dem Realismus den Fokus auf Macht, verstehen diese aber nicht als internationale Macht(verteilung) zwischen Staaten, sondern als transnationale, Staatsgrenzen überschreitende Macht gesellschaftlicher Gruppen (Klassen, Klassenfraktionen). Als jüngstes Paradigma schließlich verfolgt der Konstruktivismus in der Analyse internationaler Politik die Wirksamkeit von (kollektiven) Selbst- und Fremdwahrnehmungen.

Ungeachtet der engen Beziehung zwischen dem institutionalistischen Forschungsprogramm und der Regimetheorie stammt die über die Zeit prägend gewordene Fassung des Begriffes internationales Regime von einem US-amerikanischen Vertreter des (Neo)Realismus, von Stephen D. Krasner. Nach ihm sind unter internationalen Regimen zu verstehen: "sets of implicit or explicit principles, norms, rules, and decision-making procedures around which actors' expectations converge in a given area of international relations" (Krasner 1983: 2).

Vier Punkte, die für die Regimetheorie von Belang sind, sind bereits in dieser Definition enthalten: der ex- oder auch implizite, lies: formelle oder informelle Charakter der Verhaltensanforderungen, die einem Regime zugrunde liegen können, seine später kanonischen vier beschreibenden Elemente (Prinzipien, Normen, Regeln und Entscheidungsverfahren), der auf konstruktivistische Analyse verweisende Aspekt der Konvergenz der (Verhaltens-) Erwartungen der beteiligten Akteure und schließlich die Bezogenheit von Regimen auf eine jeweilige „issue area", einen Sachbereich oder ein Problemfeld internationaler Beziehungen, welche in Krasners Definition zwar als gegeben apostrophiert werden, jedoch in feinerer analytischer Betrachtung ebenfalls als gesellschaftliche Konstrukte erweisbar sind. Beginnen wir mit den zur begrifflichen wie beschreibenden Identifikation von Regimen so wichtigen vier Elementen.

Die Krasnersche Abfolge der Elemente beginnt mit einer Normenhierarchie von allgemein-abstrakten Prinzipien über konkretere Normen hin zu sehr konkreten Regeln und enthält darüber hinaus (ebenfalls normativ verbindliche oder auch nur faktisch eingespielte) Entscheidungsverfahren. Die Festlegung, dass Normen allgemeiner, weniger konkret als Regeln sind, ist dabei schlicht konventionelle Setzung. Auch dient die Unterscheidung der vier Elemente eher der beschreibenden Identifikation eines Regimes. Sie ist nicht als Ableitungshierarchie mit inhaltlichem Erklärungswert (miss) zu verstehen. Soziale Akteure können sehr wohl im Prinzipiellen übereinstimmen, ohne dass daraus Konsens auch zwangsläufig über konkrete Normen und Regeln folgt. Wie unter Bezug auf jeweils allgemeinere Verhaltensvorschriften konkretere zustande kommen, ist wiederum näher sozialwissenschaftlich zu untersuchen und gehört zur (Steuerungs-)Wirkung von Regimen, ist mithin eine empirische, keine rein begriffliche Frage.

Der (beschreibende) Sinn der Krasnerschen Elemente sei an einem Beispiel der internationalen Umweltpolitik verdeutlicht. Zu deren Grundprinzipien gehört das Vorsorgeprinzip. Seine „Anwendung" (wiederum: kein „mechanischer" Akt, sondern ein politischer Prozess) etwa auf Fragen des Klimaschutzes kann zur Ausbildung der Norm führen, dass die von Menschen verursachte Anreicherung klimaaktiver Gase in der Atmosphäre gemindert werden soll, wie etwa im Rahmen der Klimarahmenkonvention der UNO festgelegt (→ Umwelt). Wie genau dies zu erfolgen hat, wird durch konkrete Zielvorgaben (Basisjahre, Verringerungsprozentsätze) festgelegt, so geschehen im Kioto-Protokoll. Dieses hält zugleich eine ganze Reihe von Verfahrensnormen bereit, die über komplexe weitere supranationale Normsetzung etwa der EU und Umsetzung in nationale Rechtsvorschriften Verfahren des Handels mit Verschmutzungsrechten festlegen. Im Rahmen des Aushandelns solcher Verhaltensvorschriften bilden sich Verfahren zur Entscheidungsfindung heraus, auch über die Weiterentwicklung des Klimaregimes (Folgekonferenzen und ihr Rhythmus, Berichtspflichten der beteiligten Parteien, Kontroll- und Sanktionsmechanismen; Details des Klimaregimes bei Yamin/Depledge 2004).

2 Entstehung von Regimen

Regimebedarf ist nicht einfach objektiv gegeben; er muss wahrgenommen und politisch artikuliert werden. Man kann die Aufgabe, welche an Regimebildung interessierte Akteure, die gleichsam als politische Unternehmer auf inter- bzw. transnationaler Ebene fungieren, zu bewältigen haben, mit dem der Policy-Analyse entlehnten Begriff Agendasetting belegen. Es umfasst das Arbeiten an einer zunehmend geteilten Definition der Situation. In diesem „zunehmend geteilt" steckt, was in Krasners Definition als Konvergenz (der Erwartungen) auftaucht und sich eben nicht einfach einstellt, sondern durch – auch politische – Aktivität herbeigeführt werden muss. Dies betrifft sowohl die Definition, die Herausarbeitung eines (als sinnvoll begrenzbar konstruierten) Politikfeldes („issue area") als auch die Existenz von Problemen.

Das GATT-/WTO-basierte Handelsregime kann dies illustrieren: Da Freihandel sich (gegenüber protektionistischen Interessen) nicht automatisch durchsetzt, ist die Regulierung grenzüberschreitenden Handels institutionell zu vereinbaren. Doch gilt dies weder für alle

Waren (Waffen, Drogen) noch nur für Waren (sondern neuerdings, weil es von mächtigen Akteuren durchgesetzt wurde, auch für Dienstleistungshandel). Schließlich vertrat zumindest das klassische GATT-Regime nicht radikalen Freihandel, sondern Freihandel mit sozialer Abfederung („embedded liberalism"; Ruggie 1983).

Kognitive Theorien der Regimeentstehung haben den Beitrag sogenannter „epistemic communities", transnationaler Wissensgemeinschaften einschlägig fachlich Arbeitender (Forscher, nationale Administratoren, auch Fachjournalisten) zur Entstehung (und Weiterentwicklung) von Regimen betont, etwa die Rolle von Klimawissenschaftlern bei der Entstehung des Regimes zum Schutz der Ozonschicht. Jedoch spielen neben dieser Kognitionsbedingung bei der Regimeentstehung auch zwei weitere Faktoren eine zentrale Rolle: Interessen und Macht.

Während realistische Ansätze als zentrales Konzept das des nationalen Interesses verwenden, sind stärker gesellschaftstheoretische Ansätze geneigt, die jeweiligen heimischen Prozesse der Interessensdefinition zu berücksichtigen. Die realistische Modellierung der jeweiligen Interessen als national aggregierte hat den Vorzug, sparsam mit erforderlicher empirischer Information umzugehen. In günstigen Fällen lässt sich das Verhalten von Staaten in Regimebildungsprozessen tatsächlich mit sparsamer Information über ihre je nationale Situation vorhersagen und in diesem eher schwachen Sinn auch erklären. Beim Versuch, ein internationales Regime zur individuellen Verfolgung politischer Makrokriminalität zu etablieren, mit dem Römischen Statut über die Einrichtung des Internationalen Strafgerichtshofes als normativem Kern, kam es zu erwartbarem (und insofern erklärbarem) Widerstand der USA. Als „globaler Sheriff" mit und ohne UNO-Mandat sehen sie sich potenziell am ehesten der Gefahr der Anklage ausgesetzt, insbesondere der politisch motivierten. Ein genauerer Blick jedoch enthüllt, dass diese auf sparsame Empirie gestützte realistische Erklärung weder zwangsläufig zutrifft (immerhin hatte Clinton das Römische Statut noch gezeichnet), noch erfasst sie die (innergesellschaftliche) Feinmechanik der ablehnenden US-Haltung.

Diese Feststellung lässt sich verallgemeinern. Versuche, das Entstehen von Regimen mittels einer „objektiv" oder, vorsichtiger formuliert, mittels sparsamer Aggregatdaten (zur Machtstellung, zur ökologischen Betroffenheit u.a.) konstruierten Situationsstruktur zu erklären, erweisen sich allenfalls in erster Näherung als tragfähig und vor allem aufgrund ihrer Sparsamkeit (an Daten-, also Erhebungsaufwand) als attraktiv. Solche spieltheoretischen Erklärungen von Regimeentstehung benutzen abstrakte Klassifikationen von Situationen, wobei dann konkrete Fälle als einem bestimmten Situationstyp entsprechend interpretiert werden und damit das jeweilige Ergebnis der Regimeentstehung (oder ihr Ausbleiben) „vorhergesagt" („erklärt") wird. In der Tat liefert die Spieltheorie sehr nützliche allgemeine Überlegungen zur abstrakten Klassifikation von Situationen mit jeweils typischer Struktur. Eine besonders schwierig der Verregelung und damit Regimebildung zuführbare Situation ist die des spieltheoretisch sogenannten Gefangenendilemmas. In solchen Situationen haben rational Eigennutz maximierende Akteure einen Anreiz zum Abweichen vom vereinbarten gemeinsamen Vorgehen, und aufgrund des geteilten Wissens darum bleibt eine echte Konvergenz der Verhaltenserwartungen, also Regimebildung, aus.

Während somit der Erklärungswert sowohl der mit aggregiertem Nationalinteresse argumentierenden als auch der mit spieltheoretisch modellierter Situationsstruktur operierenden Interessenserklärungen selbst im Fall in erster Näherung korrekter „Vorhersage" beschränkt bleibt (weil die innenpolitische wie die transnationale Feinmechanik der Regimeentstehung ausgeblendet wird: Preis und Kehrseite der Sparsamkeit der Herangehensweise), haben die dem Institutionalismus verwandten sogenannten liberalen Erklärungsansätze (→ Neoinstitutionalismus) wie auch gesellschaftskritische (→ Regulationstheorie) den Vorzug, die jeweiligen heimischen und die transnationalen Interessenskonstellationen einzubeziehen, freilich um den Preis erheblichen zusätzlichen Informationsbedarfs. Der Unterschied beider Herangehensweisen entspringt dann eher gesellschaftstheoretischen Grundeinstellungen. Liberale Positionen teilen eher die Grundannahmen der pluralistischen Analyse westlicher Gesellschaften über ein relativ freies und gleiches Ringen der Interessensgruppen. Dem steht die gesellschaftskritische Sicht der nationalen Definitionsprozesse der von Regierungen vertretenen Interessen gegenüber, die unter dem Bias, dem gesellschaftlichen Kräftekonstellationen entsprechenden Einfluss der Interessen tendenziell der gesellschaftlich Mächtigen stehen.

Damit sind wir bei machtbasierten Erklärungen der Regimeentstehung. Auch hier ist (in diesem Fall sogar wissenschaftsgeschichtlich chronologisch korrekt) der Anfang mit einer realistischen Position markiert, der der sogenannten Theorie der hegemonialen Stabilität. Ihr zufolge bedarf es zur Begründung internationaler Regime der Vorleistungen eines Hegemons, eines dominanten staatlichen Akteurs der internationalen Politik. Die These ist inspiriert durch die unbestritten tragende Rolle der USA bei der Entstehung des Welthandelsregimes. Zwei Fragen stellen sich: Ist Hegemonie eine notwendige Vorbedingung für Regimeentstehung? Und: Hält regimekonformes Verhalten auch nach Ende der Vorherrschaft an?

Die erste Frage ist leicht zu beantworten: Da zahlreiche Regime ohne erkennbaren Beitrag eines Hegemons entstanden sind, ist Hegemonie keine notwendige Bedingung. Sie kann freilich durch motivierende Vorleistungen die Entstehung von Regimen fördern. Die zweite Frage wurde von Robert O. Keohane (1984) dahingehend formuliert, was „After Hegemony" passiere. Damals schienen die USA an (Vor-)Macht zu verlieren, und dennoch, so der theoretische Ertrag der Studie, hatte das Handelsregime Bestand, stiftete es doch für die beteiligten Staaten auch weiterhin Nutzen (gesenkte Transaktionskosten zum Beispiel). Auch der Fortbestand von Regimen hängt mithin nicht notwendig an der Vormachtstellung eines der Beteiligten.

Aus gesellschaftskritischer Perspektive lässt sich in einem breiten Sinn ein (transnationaler) Machtaspekt von Regimeentstehung immer dort behaupten, wo kulturelle Muster propagiert werden: „sustainable development" in Umweltregimen, was einigen Akteuren im Süden als ungerechtfertigter Maßhalteappell des Nordens erscheint; Menschenrechte (denen ein westlicher Bias nachgesagt wird); Verzicht auf Nuklearwaffenerwerb (im Rahmen des Nichtverbreitungsregimes, um den Preis der auch formalen Privilegierung der fünf offiziellen Nuklearmächte) und andere Beispiele mehr zeigen zweierlei: den potenziell kulturelle Zumutungen implizierenden Charakter von Regimen, deren Bindungswirkung gleichwohl, so die Theorie, auf der Basis von Freiwilligkeit zustande kommen soll. Hier kann ein Problem der Regimeentstehung oder zumindest -effektivität liegen, nicht nur zwischen Kulturen, sondern – das Beispiel Internationaler Strafgerichtshof zeigt es – durchaus auch innerhalb von Kulturräumen wie dem transatlantischen. Schließlich verweist dies auch bereits auf ein Problem, das bei Betrachtung der Steuerungswirkung von Regimen noch stärker deutlich werden wird: das der Legitimität transnationalen Regierens in und mit Regimen.

3 Steuerungsformen

Anfangs war die Regimeanalyse stark von zweierlei geprägt: der Wahrnehmung von Regimen als zwischenstaatlichen Veranstaltungen zum einen und von dem, was man das Kommandomodell der Umsetzung nennen könnte, zum anderen. Was Ersteres anbelangt, so zeigte sich rasch, dass in allen Phasen des „Lebens" eines Regimes, bei seiner Entstehung, Institutionalisierung und Umsetzung wie seiner Weiterentwicklung, nichtstaatliche Akteure, auf nationaler Ebene wie transnational vernetzt, oft eine wesentliche Rolle spielen. Darüber hinaus wurden später, vor allem im technisch-ökonomischen Bereich, auch rein private, von nichtstaatlichen Akteuren getragene transnationale Regime (zum Beispiel im internationalen Versicherungswesen, bei Ratingagenturen, bei der Regulierung des Internets) ausgemacht, unter dem Stichwort „private authority in international relations". Da die „Mechanik" zwischenstaatlicher Regime aufgrund der Einbindung der – zumindest im Fall funktionierender Staatlichkeit – wirkmächtigen staatlichen Autoritäten jedoch eine spezifische ist und bleibt, werden sich die weiteren Ausführungen auf sie beschränken. Die langsame Lösung vom Kommandomodell, der Vorstellung, dass die Institutionalisierung von Regimen eher mechanisch verstandene Regelanwendung und -befolgung bedeutet und darin auch die wesentliche Wirksamkeit von Regimen besteht, wird uns in diesem und den beiden folgenden Absätzen beschäftigen.

Wessen Verhalten soll durch Regeln angeleitet werden? Und wie hat man sich diese Anleitung durch Regeln vorzustellen? Die erste Frage betrifft die in den meisten Fällen indirekte Implementationsstruktur internationaler Regime, die typischerweise Strukturen der Multilevel Governance (Bache/Flinders 2004) darstellen (→ Multilevel Governance). Sie werden (evtl. unter Beteiligung nichtstaatlicher Akteure) zwischen Staaten ausgehandelt und zunächst auch zwischen diesen verbindlich (formal durch völkerrechtliche Form, etwa den Vertrag, oder informell, etwa durch Gentlemen's Agreement). In sehr vielen Fällen ist jedoch zur Bearbeitung oder gar Lösung der zugrundeliegenden Probleme ein Verhalten (bzw. eine Änderung des Verhaltens) staatlicher Akteure nicht ausreichend. Die Umsetzung der Ziele der Klimarahmenkonvention erfordert ja nicht nur staatliches Rechtshandeln zur Umsetzung in nationales Recht und staatlich-administratives Handeln. Sie erfordert letztlich ein (eventuell wiederum durch staatliche Maßnahmen wie Informationsarbeit und steuerliche Anreize förderbares) Verhalten privater Akteure, die zum Beispiel als Firmen Produktionsprozesse umstellen und als Verbraucher Konsumgewohnheiten ändern müssen. Der Anteil staatlichen Agierens an der – effektiven – Umsetzung ist mithin variierend, oft hoch, jedoch ebenso oft nicht allein ausschlaggebend, um ins Auge gefasste Ziele zu erreichen. Von daher ist in der Regel von einer indirekten Implementationsstruktur auszugehen, was aus nationaler Sicht eine Internationalisierung vormals rein heimischer Politikfelder, also den Übergang zu internationalisierter Governance, darstellt. Fälle, in denen Regeln eines Regimes primär an staatliche Akteure adressiert sind, sind von solchen zu unterscheiden, bei denen staatliche Akte die Umsetzung in (effektive) Taten durch Private allenfalls fördern können. Zur ersteren Klasse könnte man etwa die gemeinsame Außen- und Sicherheitspolitik der EU rechnen. Sie lässt sich als intergouvernementales Außenpolitikkoordinationsregime begreifen (Krahmann 2003). Deutlich wird an diesem Beispiel auch, dass die EU als Ganzes nicht als ein (einziges) Regime betrachtet werden kann, sondern dass sie, in den Worten von William Wallace (1983), noch immer als „mehr als ein Regime, aber weniger als eine Föderation“ gesehen werden kann oder, genauer, dass unter der Dachkonstruktion EU auch noch internationale Regime begründet werden, zum Teil jedoch mit deutlich supranationalen Elementen (Außenkommissar und Kommissionsrolle in der GASP; EZB im Stabilitätspakt, vgl. Savage 2004), was die EU insgesamt und vor allem ihre supranationalen Gemeinschaften doch deutlich von den Verhältnissen der internationalen Politik im Allgemeinen und mithin auch von den Funktionsmechanismen internationaler Regime im Allgemeinen unterscheidet. Es handelt sich gleichsam um Regimebildung „im Schatten supranationaler Autorität“, einem Zustand, der nur in wenigen Fällen für andere internationale Regime behauptet werden kann.

Kommen wir zur zweiten Frage: Wie hat man sich die handlunganleitende Wirkung von Regimen vorzustellen? Klar ist, dass die Modellierung der Motivationswirkung im Fall von Kollektivakteuren wie Staaten (oder auch gesellschaftlichen Interessensgruppen und -verbänden) nicht nach einem individualpsychologischen Muster allein (etwa über „schlechtes Gewissen“ bei Regelmissachtung) erfolgen kann. Vielmehr bedarf es einer differenzierten Analyse der zentralen Steuerungs- und Wirkungsweise von Regimen und dabei auch der Abkehr vom simplen Kommandomodell der Regelanwendung.

In ihm erfolgt Regimegründung durch konsensuale Übernahme der Verpflichtung zur Einhaltung möglichst spezifischer Regeln durch Regierungen, die daraufhin entweder selbst das Umsetzungsverhalten an den Tag legen (oder seine Umsetzung durch Private buchstabengetreu erwirken) oder aber durch Sanktionen (der übrigen Regimeteilnehmer) dazu gebracht werden. Offenbar ist dieses Kommandomodell eine unrealistische Karikatur. Die Frage nach den staatlichen Motiven (→ Nationalstaat) für Umsetzungsverhalten wird mit dem Stichwort Verpflichtung eher übergangen als beantwortet, die Steuerungsfähigkeit des Staates nach innen als unlimitiert unterstellt und die Problematik der Sanktion zwischen und durch Staaten unterschätzt (unter anderem, wer denn Sanktionierungskosten zu tragen bereit ist). Auch gilt als generelle Lehre der Rechtssoziologie, dass eine rein zwangsbasierte Umsetzung kaum tragfähig ist, unter den formal anarchischen Bedingungen des internationalen Systems wohl noch weniger als in hierarchischen Staaten (→ Hierarchie). Was also motiviert die Staaten zu mit Regimenormen und -regeln konformem Verhalten? Die Antwort lässt sich, das Spektrum der Steuerungsressourcen von Regimen spiegelnd, von „hart nach weich“ geben (→ Elementare Mechanismen).

Harte Steuerungsmechanismen – im Grenzfall physischer Zwang (ein Grenzfall, da er das Prinzip der bei Regimebildung meist unterstellten Freiwilligkeit verletzt) – stehen im internationalen System nur im Ausnahmefall zur Verfügung. Die gegen S. Hussein vom UN-Sicherheitsrat verhängten Sanktionen dürfen wohl als bisher härtestes Rüstungskontroll- und Sanktionsregime gelten.

Der nächst „weichere“ Härtegrad zur Erzwingung von Regimekonformität besteht aus ökonomischen Sanktionen. Neben den hier im Einzelnen nicht darzulegenden Problemen dabei, diese effektiv und zielgerichtet („smart sanctions") zum Einsatz zu bringen, sei nur auf zweierlei verwiesen. Der Aufwand für Sanktionen, die wirklich ausgeführt werden müssen, ist international sehr hoch. Sofern sie also nicht antizipativ, gleichsam durch Abschreckung (glaubhaft) möglicher Sanktionen, normkonformes Verhalten erwirken, ist die Effektivität oder auch die tatsächliche Existenz eines Regimes bedroht; kein Regime kann allein auf der Grundlage umgesetzter Sanktionen funktionieren.

Mithin bleibt als weichste Form der Sanktionierung oft nur, was angelsächsische Regimeforscher knapp und hübsch als Strategie des „blaming and shaming" bezeichnen, also des öffentlichen An-den-Pranger-Stellens und der Beschämung. Auch hierzu nur drei knappe Bemerkungen. Gerade die Funktionsweise menschenrechtlicher Regime macht deutlich, dass der Verlass nur auf zwischenstaatliche Sanktionierung durch öffentliche Anklage wenig sinnvoll wäre. Sie bleibt oft aus. Nichtstaatliche Akteure haben hier die wichtige Funktion, mit weniger diplomatischen Rücksichten die Stimme erheben zu können. Zweitens finden Blaming-and-shaming-Strategien ihre Grenze an der Beeindruckbarkeit menschenrechtverletzender Regime; sie ist gerade in Diktaturen begrenzt. Schließlich gibt es auch die Möglichkeit rein taktischen Anklagens. Im Rahmen des Nordseeschutzregimes etwa wurde gern von deutscher Seite auf Großbritannien mit dem Finger gezeigt, zumindest aus britischer Sicht auch aus taktischen (u.a. innenpolitischen) Gründen.

Wenn negative Anreize problematisch bis kontraproduktiv sind, wäre an die motivierende Kraft positiver Anreize als Erklärung für regimekonformes Verhalten zu denken. Als Erstes kommt dabei aufgeklärtes Eigeninteresse in Betracht. Bei echter Interdependenz gibt es ein symmetrisches, allseits gleich stark ausgeprägtes Interesse an einer Problemlösung, die dann im Wesentlichen ein Koordinationsspiel mit den Regeln des Regimes als „Einigungspunkt" ist (analog zur Wahl von Links- oder Rechtsverkehr auf Straßen). Das Regelbefolgungsinteresse kann darüber hinaus durch Aufbau einzelstaatlicher Umsetzungsverwaltungen gestärkt werden, die ein organisatorisches Eigeninteresse am Ernstnehmen „ihres" Problemfeldes haben (freilich, wie Kritiker einwenden, nicht unbedingt an der vollständigen Lösung des Problems). Innergesellschaftlicher (Meinungs-)Druck kann dieses staatliche Regelbefolgungsmotiv weiter stärken. In komplexer heimischer Wechselwirkung zwischen staatlichen und nichtstaatlichen Akteuren kann somit eine relativ stabile Motivation zur Regeleinhaltung und damit zur Institutionalisierung des Regimes im eigentlichen Sinn erreicht werden. Staaten haben dann die Regimenormen „internalisiert"; sie sind zu regimekonformem Verhalten sozialisiert worden. Der strikte Neorealismus wendet hier jedoch ein, dass in Gefangenendilemma-Situationen für harte Egoisten ein Anreiz besteht, vom Pfad der kooperativen Tugend abzuweichen; sie könnten den kollektiv erarbeiteten Regimeertrag mit ernten, ohne sich an den Kosten regelkonformen Verhaltens zu beteiligen. Auch könnte angesichts der latent immer vorhandenen Sorge um die Verteilung dieser Gewinne Kooperation scheitern, da die Akteure sich nicht an absoluten Gewinnen, sondern an relativ (im Vergleich zu Konkurrenten) einzuschätzenden Gewinnen orientierten. Offenbar ist Vertrauen in regelkonformes Verhalten zwar gut, aber auch hier Kontrolle (und Entscheidungsverfahren) besser (→ Rechtswissenschaftliche Perspektive).

Solche sehen Regime denn auch typischerweise vor. Dabei sind zweierlei Arten der Kontrolle zu unterscheiden: Kontrolle erwünschter (etwa umweltentlastender) Effekte wird als Monitoring bezeichnet. Hierbei geht es darum, den Erfolg in der Sache einzuschätzen.

Dagegen geht es bei der Verifikation (so vor allem im Rüstungskontrollbereich genannt) darum zu überprüfen, ob die existierenden Vorschriften denn auch eingehalten werden. Schließlich ist zu bedenken, dass die Auslegung der Regeln streitig sein kann, und dann sind Verfahren der Streitentscheidung sinnvoll. Letztere sind sehr weit entwickelt (bis hin zur Sanktionsbewehrung) im quasisupranationalen Streitentscheidungsverfahren der sogenannten GATT-Panels. Hier entscheiden im Prinzip neutrale Experten über die zutreffende Auslegung streitiger Regeln, und zwar für die beteiligten Staaten verbindlich. Man spricht von „third party adjudication", der Beurteilung durch Dritte. Sie kann sehr effektiv sein, vor allem wenn wirklich sachkundige und neutrale Entscheider zur Verfügung stehen, und ihre Entscheidungen prägen dann im Wege von fall(entscheidungs)basiertem Recht („case law") das, was man neuerdings fachlich unter dem Stichwort internationale Verrechtlichung erfasst (dazu List/Zangl 2003). Freilich geht in den meisten Regimen die Einhaltungskontrolle bzw. die Auslegung streitiger Normverständnisse nicht so weit, also in Richtung quasigerichtliche Entscheidung. Oft wird vielmehr darüber im Rahmen der regelmäßigen Staatenversammlungen verhandelt. Gerade hierdurch wird jedoch der Weg zur Weiterentwicklung von Regimen (s.u.) eröffnet, worin eine Wirksamkeit von Regimen besteht, die durch das simple Kommando- und Umsetzungsmodell bereits nicht mehr zu erfassen ist. Ähnliches gilt, um auf die abstraktere Ebene zurückzukehren, für die in solchen Prozessen mögliche (Selbst-)Aufklärung über langfristig inklusiv verstandene Eigeninteressen. Denn, darauf haben vor allem Vertreter des konstruktivistischen Paradigmas in Ergänzung zur realistisch-institutionalistischen Regimetheorie verwiesen, die zunächst als fix angenommenen Interessen der beteiligten Akteure müssen nicht unwandelbar sein. Vielmehr kann eine der wichtigsten Wirkungen von Regimen, die freilich erst bei ihrer prozessualen, dynamischen Betrachtung deutlich wird, darin bestehen, dass sie einen Wandel von Interessenwahrnehmung auslöst.

4 Effektivität

Effektivität der Regimenormen im Sinne ihrer verhaltenanleitenden Wirkung wurde soeben behandelt. Dies ergibt zugleich Ansatzpunkte dafür, wie diese Normbefolgung verbessert werden kann. Innergesellschaftlich jeweils durch Stärkung der Kräfte, die sich für Befolgung der Regimenormen, die sogenannte Compliance, und Effektivität einsetzen. Auf internationaler Ebene fördert die Legitimität der Normsetzungsverfahren wie der Norminhalte sowie deren Klarheit, aber auch angemessene Flexibilität, die Normbefolgung der Regimeteilnehmer. Freilich interessiert letztlich nicht normkonformes Verhalten um seiner selbst willen. Ja Kritiker, gerade von Umweltregimen, hegen genau diesen Verdacht, dass internationale Regime zwar viel bewegen – an Diplomaten rund um den Globus und Papier hin und her – jedoch wenig bis nichts „in der Sache". Darum jedoch sollte es der Regimeanalyse unter dem Stichwort Effektivität gehen, ob und wieweit nämlich durch Regime die meist in den zentralen Dokumenten festgelegten Ziele erreicht werden. Es stellt sich mithin die Frage erstens der Erfolgskontrolle und zweitens der aus insofern anfallendem Feedback zu ziehenden Konsequenzen. Klar ist, dass Feedback eben nicht einfach „anfällt", sondern zum einen durch im Rahmen des Regimes selbst zu koordinierende Aktivität hervorgebracht werden muss, zum anderen aus politischen Prozessen resultiert, die auf das jeweilige Regime und seine deklarierten Ziele Bezug nehmen.

Die Erfolgskontrolle in der Sache weist aus der Policy-Implementationsforschung vertraute Probleme auf. Da ist zunächst die Vagheit übergeordneter Ziele. Fördern Rüstungskontrollregime wirklich die Sicherheit? Oder setzen sie nicht etwa Anreize, von quantitativer auf qualitative Aufrüstung umzuschalten? Bei Regimen zur Handelsförderung ist quantitativer Erfolg eher, auf der Basis routinemäßig erhobener Handelsstatistiken, nachweisbar. Allenfalls umstritten ist, ob regionale Wirtschaftsintegration Handel wirklich schafft oder nicht nur regional umlenkt („trade creation" versus „trade diversion"). Als besonders aufwendig und langwierig erweist sich Effektivitäts-, also sachliche Erfolgskontrolle oft bei Umweltregimen (→ Umwelt) (Gehring/Oberthür 1997). Nicht nur sind Effekte eher langfristig zu erwarten. Ihr Nachweis ist aufwendig (kaum sinnvoll durch Laborexperimente nachweisbar, Entnahme und Analyse von Wasserstichproben auf See sind teuer etc.). Damit einschlägige Daten einheitlich nach wissenschaftlich sinnvoller Methode erhoben werden können, ist die enge grenzüberschreitende Wissenschaftskooperation im Rahmen der Regime zu organisieren, was denn auch erfolgt. Das über tausend internationale Wissenschaftler versammelnde Klimaforscherpanel (IPCC), das im Rahmen des Klimaregimes operiert, ist wohl das aufwendigste Beispiel. Monitoring- und auch Verifikationsberichte fachlicher Untereinrichtungen werden dann wieder in die stärker politisch besetzten Entscheidungsgremien wie die Conference of Parties des Klimaregimes eingespeist und dienen der internen Kritik und Weiterentwicklung des Regimes (s.u.).

Neben der internen Effektivitätskontrolle und Kritik stehen die meisten Regime inzwischen jedoch unter der kritischen Beobachtung nichtstaatlicher Organisationen, die oft transnational vernetzt agieren. Durch sie erfolgt eine zweifache externe Kritik und damit auch Effektivitätskontrolle: Immanente Kritik misst den Regimeerfolg an den offiziell deklarierten Zielen. Ihre heilsam undiplomatische Offenheit in Bezug auf die Kritik an der Nichteinhaltung von Menschenrechtsregimen wurde bereits erwähnt. Ähnliches lässt sich im Bereich der transnationalen Korruptionsbekämpfung sagen, wo tatsächlich von einem transnationalen Regime (neben zwischenstaatlichen Absprachen zu diesem Zweck; vgl. Moroff 2005) gesprochen werden kann.

Der anderen, radikalen Form externer Kritik geht es nicht um die Erreichung der deklarierten Ziele, sondern genau um diese Ziele selbst. Aus (neo)liberaler Sicht mag jeder weitere Schritt der Deregulierung des Welthandels ein Fortschritt sein. Aus Sicht von Globalisierungskritikern stellt sich dies oft anders dar, eine – fällige – Erinnerung daran, dass internationale Governance durch Regime, so „technisch" sie im Einzelnen sein mag, immer noch Politik, also per definitionem umstritten ist. Unter dem Eindruck aller drei Arten der Kritik kommt es schließlich auch zu einem Wandel von Regimen. Dass darin eine ihrer wichtigsten Wirkungsweisen besteht, wurde erst allmählich herausgearbeitet und stellt eine letzte Überwindung des simplen Kommandomodells der Regimeumsetzung dar, oder, da auf Effektivität natürlich nicht ganz verzichtet werden kann und soll, die Aufhebung dieses Aspektes in einem komplexeren, dynamischen Verständnis von Regimewirkung (Gehring 1994).

5 Wandel von Regimen

Diesen Wandel von Regimen kann man mit einer Prise Humor unter den Rubriken Rückschritte, Fortschritte und „Dribbel"-Schritte erfassen.

Gezielte Rückschritte, die denn auch gern als solche kritisiert werden, sind in der Erteilung von Ausnahmegenehmigungen und Übergangsfristen zu sehen. Sie sind vielfach zur Anwendung gekommen und ein probates Mittel, um Nachzügler, die volle Effektivität der Umsetzung strikter Verhaltensvorschriften nicht zusagen können oder wollen, dennoch in Regimen, vor allem in ihren Kontrollprozessen, mit an Bord zu nehmen. Freilich liegt die an diesen Verfahrenstechniken mögliche Kritik auf der Hand: Wo tatsächlich der Wille der Umsetzung fehlt, verschleiern Ausnahmefristen und Sonderkonditionen nur den eigentlichen Missstand. Und wo es um das Können, um (Umsetzungs-)Kapazitäten geht, sind bloßes Gewährenlassen und Abwarten der übrigen Regimeteilnehmer ebenfalls eine schwache Reaktion.

Die aktive Förderung von Kapazitäten, die Institutionalisierung von Ressourcentransfer (Geld, Technik, Wissen) bietet sich als mögliche Lösung an und ist inzwischen, wiederum im Umweltbereich, auch in mehreren Regimen vorgesehen (etwa im Rahmen des Montrealer Protokolls zum Schutz der Ozonschicht oder auch im Rahmen des Ostseeschutzregimes). Hauptaufgabe klugen Institutionendesigns dabei ist, falsche Anreize („gespielte Hilflosigkeit") und Missbrauch zu vermeiden (vgl. Keohane/Levy 1996). Klar ist auch, dass antizipierter Missbrauch die Gebebereitschaft mindert.

Die zweite, weit häufigere Art von Fortschritt beim Regimewandel resultiert aus der „täglichen Kleinarbeit" der Anpassung der Verhaltensvorschriften von Regimen an die Ergebnisse des durch Monitoring gewonnenen Erkenntnisstandes und daraus folgender Kritik, aber auch an (unabhängig vom Regime entstandenen) technischen Fortschritt. Regime stellen dafür in regelmäßigen Zusammenkünften fachlicher Arbeitsgruppen Foren bereit. In der Reformdiskussion geraten Gegner einer optimierenden Anpassung unter Argumentationsdruck („Beweislastumkehr"). Regelungstechnisch hat sich hierbei die Konstruktion von Rahmenkonventionen und (leichter änderbaren) Protokollen oder technischen Empfehlungen der jeweiligen Regimeorganisation bewährt.

Freilich gibt es auch „Dribbel"-Schritte, taktisches Agieren in Regimen. Gerade das GATT-/WTO-basierte globale Handelsregime bietet den Beteiligten zahlreiche Möglichkeiten der taktischen Nutzung. Transatlantisch, im Verhältnis USA/EU, ist der kalkulierte Gang bis an die Grenze einer (drohenden) WTO-Entscheidung inzwischen etablierte Taktik. Auch gehört die freilich nur an „issue area" oder „overall power" Mächtigen mögliche Drohung mit der Abwanderung aus dem Regime zum Repertoire. Schließlich kann es zur Unterminierung von Regimen durch systematische Scheinkooperation kommen. Dem Nichtverbreitungsregime für Nuklearwaffen droht dieses Schicksal. Dies motiviert auch immer die realistische Restskepsis, vor allem gegenüber Regimebildung mit Nichtdemokratien unterschiedlicher Art. Da oben die Wechselwirkung zwischen formale Regimebindung eingehender Regierung und darauf – auch öffentlich und kritisch – Bezug nehmenden innergesellschaftlichen Gruppen als ein wichtiger Mechanismus des Wirksamwerdens von Regimen dargelegt wurde, lässt sich solche Skepsis sogar über rein realistische Annahmen hinaus politikwissenschaftlich gut begründen. Andererseits kann daraus auch gerade folgen, dass die Einbindung nichtdemokratischer Systeme in internationale Regime ein Mittel ist, um solche Systeme langsam, schrittweise und manchmal gegen den Willen zumindest der Herrschenden zu transformieren. Genau eine solche Wirkung wird vielfach den humanitären, menschenrechtlichen Regimekomponenten der KSZE im Hinblick auf den einstigen Ostblock zugeschrieben. Zumindest aus Sicht der von Reformen negativ Betroffenen wird dies als – meist westlicher – (Kultur-)Imperialismus angeprangert. Dies führt zu einigen abschließenden Gedanken, welche das Phänomen internationale Regime in größere Kontexte der Forschung über International Governance stellen.

6 Weitere Perspektiven

Drei weiterführende Gedanken sollen abschließend die Regimeforschung einordnen in den Zusammenhang einer erweiterten Forschung über International bis hin zu Global Governance, also von politischer Steuerung jenseits von Staatsgrenzen bzw. über diese hinaus, nicht unbedingt jenseits von Staaten oder Staatlichkeit, denn Staaten, das sollte deutlich geworden sein, werden auch weiterhin gebraucht, selbst wenn sich Staatlichkeit durch Einbindung in internationale Governance-Strukturen im Wandel befindet (→ Global Governance).

Staaten sind bisher, dort, wo (Real-)Demokratie erreicht werden konnte, noch immer der bestinstitutionalisierte Kontext für demokratische Rückbindung politischer Steuerung. Auch wurde die Wechselwirkung zwischen staatlichen und nichtstaatlichen Akteuren als wichtiger Mechanismus der Institutionalisierung und Wirkungsverbesserung von Regimen hervorgehoben. Dies macht Regimebildung mit Nichtdemokratien problematisch. Aber auch und gerade zwischen Demokratien ist die demokratische Rückbindung von Governance in international kooperativ eingebundenen politischen Systemen ein Problem. Dies markiert Schnittstellen der Regimeforschung und der erweiterten Forschung über International Governance zum politikwissenschaftlichen Systemvergleich einerseits, zur politischen Philosophie andererseits.

Ein zweiter Punkt betrifft die große kulturelle Heterogenität des globalen internationalen Systems bzw. der Weltgesellschaft. Sie erschwert nicht nur die gemeinsame Situations- und Zieldefinition. Aus konstruktivistischer Perspektive sind auch kulturelle Unterschiede in der Feinmechanik internationaler Kooperation zu erwarten. Die analytische Berücksichtigung wie der pragmatische Umgang mit kultureller Differenz auf globaler Ebene sind verstärkt auszubauen bzw. einzuüben.

Schließlich sei auch im Hinblick auf internationale Regime betont: Politik hat, selbst wenn es in ihr nicht immer nur um Macht geht, so doch immer mit Macht zu tun (vgl. Barnett/Duvall 2005). Das gilt in der inneren Mechanik von Regimen. Das gilt aber auch für ihre Einbettung in ein internationales System, das gegenwärtig einen als quasiimperial oder hegemonial bezeichenbaren Machtpol aufweist: die USA. Ihre Handlungsmacht über viele Politikfelder hinweg bleibt nicht ohne Auswirkung auf Regime in einzelnen Politikfeldern, was einer rein desaggregierten Betrachtung dieser Felder jedoch tendenziell entgeht. Dass auch andere (staatliche) Akteure durchaus (Macht-)Taktik, auch innerhalb von Regimen und in Bezug auf sie, an den Tag legen, wurde betont und entspricht insgesamt der Krasnerschen Sicht von Regimen als intervenierenden Variablen, die zwischen die Machtstruktur und die politischen Ergebnisse treten, Letztere also zwar immerhin, aber auch allenfalls mitbestimmen. Schließlich ist auf die eher gesellschaftskritische Machtperspektive zurückzukommen. Sie tritt analytisch einen Schritt zurück von der entscheidungsträgernahen Problemsolving-Attitüde realistischer und institutionalistischer Regime- und International-Governance-Forschung und macht damit den Blick frei für die transnational unterschiedliche, ungleiche Betroffenheit gerade durch internationale Kooperation, die „funktioniert". Es ist dies die Perspektive der von über Regime vermittelter Wirtschaftsglobalisierung negativ Betroffenen und die Perspektive derjenigen, die noch immer westlich dominiert vorangetriebene International Governance als kulturelle Entfremdung erfahren. Vielleicht werden wir im Westen dies besser verstehen, wenn Governance auch auf der Inputseite global wird.

Literatur

Bache, Ian/Flinders, Matthew (Hrsg.), 2004: Multi-level Governance. Oxford: Oxford UP.

Barnett, Michael N./Duvall, Raymond (Hrsg.), 2005: Power in Global Governance. Cambridge: Cambridge UP.

Gehring, Thomas, 1994: Dynamic International Regimes. Institutions for International Environmental Governance. Frankfurt a.M.: Peter Lang.

Gehring, Thomas/Oberthür, Sebastian (Hrsg.), 1997: Internationale Umweltregime. Umweltschutz durch Verhandlungen und Verträge. Opladen: Leske + Budrich.

Hasenclever, Andreas/Mayer, Peter/Rittberger, Volker, 1997: Theories of International Regimes. Cambridge: Cambridge UP.

Keohane, Robert O., 1984: After Hegemony. Cooperation and Discord in the World Political Economy. Princeton: Princeton UP.

Keohane, Robert O./Levy, Marc (Hrsg.), 1996: Institutions for Environmental Aid. Pitfalls and Promises. Cambridge, Mass.: MIT Press.

Kohler-Koch, Beate (Hrsg.), 1989: Regime in den internationalen Beziehungen. Baden-Baden: Nomos.

Krahmann, Elke, 2003: Multilevel Networks in European Foreign Policy. Aldershot: Ashgate.

Krasner, Stephen D. (Hrsg.), 1983: International Regimes. Ithaca/London: Cornell UP.

List, Martin/Zangl, Bernhard, 2003: Verrechtlichung internationaler Politik, in: Gunter Hellmann/Klaus Dieter Wolf/Michael Zürn (Hrsg.), Die neuen Internationalen Beziehungen. Forschungsstand und Perspektiven in Deutschland. Baden-Baden: Nomos, 361-399.

Moroff, Holger, 2005: Internationalisierung von Anti-Korruptionsregimen, in: Ulrich v. Alemann (Hrsg.): Dimensionen politischer Korruption. Beiträge zum Stand der internationalen Forschung. Politische Vierteljahresschrift, Sonderheft 35. Wiesbaden: VS, 444-477.

Müller, Harald, 1993: Die Chance der Kooperation. Regime in den internationalen Beziehungen. Darmstadt: Wissenschaftliche Buchgesellschaft.

Ruggie, John Gerard, 1983: International regimes, transactions, and change: embedded liberalism in the postwar economic order, in: Stephen D. Krasner (Hrsg.), International Regimes. Ithaca/London: Cornell UP, 195-232.

Savage, James D., 2004: Making the EMU. The Politics of Budgetary Surveillance and the Enforcement of Maastricht. Oxford: Oxford UP.

Sprinz, Detlef, 2003: Internationale Regime und Institutionen, in: Gunter Hellmann/Klaus Dieter Wolf/Michael Zürn (Hrsg.): Die neuen Internationalen Beziehungen. Forschungsstand und Perspektiven in Deutschland. Baden-Baden: Nomos, 251-273.

Yamin, Farhana/Depledge, Joanna, 2004: The International Climate Change Regime. A Guide to Rules, Institutions and Procedures. Cambridge: Cambridge UP.

Wallace, William, 1983: Less than a Federation, More than a Regime: the Community as a Political System, in: Helen Wallace/William Wallace/Carole Webb (Hrsg.): Policy-Making in the European Community. 2. Aufl. Chichester: Wiley, 403-436.

Hans-Heinrich Trute / Doris Kühlers / Arne Pilniok

2.7 Rechtswissenschaftliche Perspektiven

Es gehört zu den seit geraumer Zeit akzeptierten Befunden in der Rechtswissenschaft, dass die Redeweise von dem Staat angesichts der Fragmentierungen und Differenzierungen des politisch-administrativen Systems unterkomplex ist (→ Nationalstaat). Die vielen Recht produzierenden Akteure, seien es Parlamente im Bundesstaat und Kommunalverwaltungen, der Gemeinschaftsgesetzgeber, internationale Organisationen, die Vielzahl der nationalen und supranationalen Verwaltungseinrichtungen, soweit sie Rechtsentscheidungen produzieren, werden aufgabenspezifisch miteinander verbunden und lassen sich kaum unter eine Einheit vortäuschende Begrifflichkeit bringen. Verstärkt wird dies noch durch vielfältige Formen der gemeinsamen Aufgabenerfüllung von staatlichen und privaten Akteuren.

Diese Entgrenzungen durch Europäisierung und Internationalisierung wie auch durch Verantwortungsteilung zwischen staatlichen und privaten Akteuren bei der Erledigung öffentlicher Aufgaben stellen die traditionelle Identität von Staat und Regieren, von Staat und Gemeinwohlorientierung infrage. Solange der Staat gleichsam als distinkte, von der Gesellschaft abgrenzbare Einrichtung aufgefasst werden konnte, die die territoriale, geschichtliche und kulturelle Einheit einer Gesellschaft repräsentierte, konnte das öffentliche Recht an die Beschreibungsformel „Staat" anknüpfen, und die Dogmen konnten sich wesentlich am staatlichen Steuerungsanspruch ausrichten. Die Governance-Perspektive bringt insoweit auf den Begriff, was auch aus anderen Theorieperspektiven an Veränderungen dessen, was man „Staatlichkeit" nennen könnte, thematisierbar ist.

Governance ist daher Konsequenz der Einsicht, dass politische Steuerung in Reaktion auf die gesellschaftliche Pluralität, Dynamik und Komplexität durch unterschiedliche staatliche und nichtstaatliche Akteure auf unterschiedlichen Ebenen und mit je nach Feldern unterschiedlichen Formen und Instrumenten stattfindet und damit nicht oder nicht notwendig mehr einem zentralen Steuerungssubjekt zugeschrieben werden kann (Mayntz 2005: 13/14). Der Grund für einen Perspektivenwechsel von Steuerung zu Governance ist in den Sozialwissenschaften von Mayntz (1996) früh vorgezeichnet und jüngst noch einmal aus der inneren Entwicklung des steuerungstheoretischen Paradigmas resümiert worden (Mayntz 2005). Darauf kann hier verwiesen werden (für eine rechtswissenschaftliche Rekonstruktion vgl. Trute u.a. 2004).

1 Zur Entwicklung einer rechtswissenschaftlichen Governance-Perspektive

Für eine rechtswissenschaftliche Analyse liegt es nahe, nicht auf einen Governance-Ansatz abzuheben, der auf Formen kooperativer Aufgabenerfüllung von staatlichen und privaten Akteuren verengt wird, sondern von einem weiteren Begriff auszugehen, der gerade auch klassische Formen staatlichen Handelns ebenso wie die Europäisierung und Internationalisierung einbezieht. Beschränkt bleiben die Ausführungen hier auf einen analytischen Begriff von Governance, der am Beispiel der Verwaltungsrechtswissenschaft erörtert werden soll.

Als Ausgangspunkt mag das klassische Modell des Verwaltungsrechtes dienen, das natürlich eine Simplifikation darstellt, aber die Veränderungen profilieren kann. Das klassische Modell des liberalen Rechtsstaates konzipiert Verwaltung von einem Gewaltenteilungskonzept her als Tätigkeit, die nicht Justiz und nicht Gesetzgebung ist. Verwaltungsrecht ist dann das Recht, das sich an die Träger öffentlicher Verwaltung wendet, ihnen Sonderrechte zuweist, die Private nicht haben. Im Ausgleich für die Möglichkeit einseitigen hoheitlichen Handelns müssen dann dem Bürger auch Rechte zustehen, die man ganz allgemein als besondere Schutzrechte bezeichnen kann, wie etwa das rechtliche Gehör und die Möglichkeit, sich gegen als rechtswidrig angesehene Akte zu wenden, sei es in Verwaltungsverfahren oder in gerichtlichen Verfahren.

Die Verwaltung ist – weiter im klassischen Modell gedacht – mit diesen Sonderrechten unterschieden von dem Bereich der Gesellschaft, also den Privaten, und durch Verfassungs- und Gesetzesbindung determiniert, die ihr Auftrag und Grenzen des Handelns vermitteln (Art. 1 Abs. 3, Art. 20 Abs. 3 GG). Sie wird gesteuert über abstrakt-generelle Gesetze, die ihr – möglichst genau – Aufgaben und Mittel zur Erreichung der Aufgaben an die Hand geben. Über die Verantwortlichkeit des Ministers gegenüber dem Parlament wird die Verwaltung an das unmittelbar demokratisch legitimierte Parlament gebunden (→ Demokratie und Legitimation). Aufgrund des Legitimationsvorranges durch demokratische Wahlen ist das Parlament der Ort, an dem Grundentscheidungen des Gemeinwesens in Gesetzesform gegossen und als Vollzugsauftrag an die Exekutive weitergegeben werden. Die Verwaltung, so differenziert sie auch organisatorisch sein mag, erscheint als Einheit, im Inneren hierarchisch strukturiert, schon um der parlamentarischen Verantwortung Rechnung zu tragen (→ Hierarchie). Die Verwaltung hat die Aufgabe, das rechtsstaatlich möglichst exakt formulierte materielle Gesetzesprogramm in förmlichen Entscheidungen zu vollziehen. Der Verwaltungsakt als einseitige hoheitliche Entscheidung in einem Einzelfall ist dann auch die Handlungsform, an der sich das Verwaltungsrecht wesentlich ausrichtet.

Dieses klassische Modell vermittelt das Bild einer hierarchisch integrierten, gesetzanwendenden Verwaltung, die nach außen klar abgrenzbar ist und deren Innenbereich auf dem Bildschirm des Verwaltungsrechtes schon deshalb nicht erscheint, weil dieser für das individualisierte Rechtsverhältnis im Wesentlichen ohne Bedeutung ist, wenn dieses am Ende ohnehin am Maßstab des materiellen Rechtes von den Gerichten kontrollierbar ist. In seinem programmatischen Vortrag vor der deutschen Staatsrechtslehrervereinigung bescheinigte Brohm (1972: 254-258) dem Verwaltungsrecht und seiner Dogmatik einen „eigenartigen individualistischen und punktuellen Charakter", der die Gestaltungsfunktion der

Verwaltung, die Organisations- und Verfahrensdimension vernachlässige. Spätestens in der Debatte um die rechtliche Verfassung der Planung in den 1960er und 1970er Jahren wurden denn auch die Leistungsgrenzen dieses Modells deutlich. Wenn die materiellen Maßstäbe durch die Verwaltung über mehrere Ebenen hinweg zielbezogen konkretisiert werden, öffentliche Akteure über Ressortgrenzen hinweg integriert werden müssen, Private auf verschiedenen Ebenen an der Programmformulierung und -implementation mitwirken, dann wird deutlich, dass die rechtliche Verarbeitung nicht mehr an den einzelnen, individualisierten Rechtsverhältnissen ansetzen kann, sondern den Gesamtzusammenhang der Planung in den Blick nehmen muss (Wahl 1978).

Ein zweiter Strang der Diskussion betraf die Frage nach der Fähigkeit des Rechtes zur Gestaltung sozialer Verhältnisse, die vor allem auch das Objekt staatlicher Steuerung in den Mittelpunkt der Debatte rückte. Damit verbunden war eine gewisse Desillusionierung über die Steuerungsfähigkeit des politisch-administrativen Systems aufgrund seiner internen Handlungsrestriktionen angesichts der Fragmentierung und Differenzierung und entsprechender Interessenstrukturen, die das Recht nicht unbeeinflusst lassen konnte. Stichworte waren hier die Krise des regulativen Rechtes, Implementationsdefizite, kooperative Formen der Implementation des Rechtes und informales Verwaltungshandeln. Die Betonung der Eigenlogik der Steuerungsadressaten und die daraus folgenden Grenzen zentraler Steuerung öffneten die rechtswissenschaftliche Debatte für Konzepte wie das des reflexiven Rechtes, der regulierten Selbstregulierung oder der Prozeduralisierung. Die Verschiebung der Erkenntnisinteressen zeigte nicht nur mögliche Vorteile marktkonformer Regulierung oder indirekter Formen der Handlungskoordinierung auf, sondern rückte auch die institutionelle Struktur von Feldern der Regulierung in den Blickpunkt. Schon insoweit wurde deutlich, dass der Erfolg rechtlicher Regulierung von der Eigenlogik bestimmter Bereiche und damit auch von nichtrechtlichen Formen der Handlungskoordinierung abhängig ist, die mit rechtlichen Instrumenten verknüpft werden oder aber doch Bedingung rechtlicher Regulierung sein können (Trute 1999: 16-18).

Spätestens in dem Moment, in dem die Verwaltungsaufgaben verstärkt im Zusammenwirken mit Privaten erledigt werden sollten, mussten zudem die institutionellen Voraussetzungen der staatlichen Akteure ebenso wie die Bedingungen, unter denen Private handeln, stärker in den Fokus der Aufmerksamkeit rücken. Denn es ist ja nicht zu übersehen, dass Organisation und Verfahren ebenso wie Anforderungen an das Personal bestimmte strukturelle Gemeinwohlorientierungen der Verwaltung vermitteln (sollten), gleichsam in die institutionellen Voraussetzungen eingeschweißte historische Erfahrungen, die für private Akteure, die einer anderen Handlungslogik unterliegen, nicht in gleicher Weise Geltung hatten. Von daher verwundert es nicht, dass insbesondere Organisation und Verfahren staatlicher Akteure und zunehmend auch solche des Zusammenspiels von staatlichen und privaten Akteuren in den Mittelpunkt der Aufmerksamkeit traten, für die dann geeignete dogmatische Grundlagen entwickelt werden mussten. Verwaltungsrechtswissenschaftlich wurde daher versucht, die staatliche Funktion über Konzepte der Stufung staatlicher Verantwortung zu differenzieren (Erfüllungsverantwortung, Gewährleistungsverantwortung, Auffangverantwortung, Rahmenverantwortung) und die Reichweite staatlicher Einflussnahme neu zu bestimmen (Schmidt-Aßmann 1993). Dabei ist freilich der analytische Ertrag einstweilen noch offen; jedenfalls hat das Denken in Verantwortungsstufen einen Perspektivenwechsel befördert.

Eng mit dieser Problemkonstellation hängt die Debatte um den Gewährleistungsstaat und das Konzept regulierter Selbstregulierung zusammen. Der Gewährleistungsstaat lässt sich als die Chiffre für eine fortbestehende staatliche Gemeinwohlverantwortung lesen (Eifert 1998: 139; Schuppert 2000: 934), thematisiert also die staatliche Funktion im Hinblick auf die Aufgabenerledigung Privater wie überhaupt gegenüber Formen gesellschaftlicher Selbstregulierung. Insoweit bestehen enge Verbindungen zum Konzept regulierter Selbstregulierung, das stärker die Eigenlogik der Privaten in den Blick rückt.

Verhaftet blieb es freilich dem steuerungsorientierten Ansatz, der den Staat als Gewährleister der Gemeinwohlfähigkeit der Selbstregulierung ansieht. Die Voraussetzungen der Selbst- und Fremdregulierung wurden nicht hinreichend problematisiert (kritisch: Ladeur 2001), und damit wurde dem „Staat" ein Potenzial zur Regulierung zugetraut, das angesichts evidenter Schwierigkeiten zumindest als eine empirisch offene Frage behandelt werden muss. Zudem ist auch mit dieser Konzeption des Gewährleistungsstaates implizit ein Vertrauen in die Leistungsfähigkeit von Gesetzgebung verbunden, das im Licht der vorgenannten Entwicklungen ambivalent erscheint. In wichtigen Bereichen der Gesetzgebung (etwa Umwelt- und Risikorecht, Regulierungsverwaltungs- und Gesundheitsrecht) fehlt dem Gesetzgeber ebenso wie der Verwaltungsspitze das nötige Wissen, um die Verwaltung über allgemeine Normen vorab materiell zu steuern (Ladeur 2001: 62-64). Insoweit geht es schon im Verhältnis von Gesetzgebung und Exekutive eher um ein Zusammenspiel von legislativer Fremd- und administrativer Selbststeuerung, das noch einmal komplexer wird, wenn andere Adressaten zu Koproduzenten normativer Strukturen werden. Insofern wird leicht die Komplexität der Normenproduktion und -implementation unterschätzt (so schon Brohm 1972: 260).

Dies gilt verschärft noch für eine Verwaltung im europäischen Mehrebenensystem (→ Multilevel Governance). Nimmt man vor dem Hintergrund der Entgrenzung des Nationalstaates die Europäisierung als Beispiel, dann fällt normativ auf, dass die Perspektive lange Zeit durch den Blick auf das Verhältnis von nationaler und europäischer Politik und die rechtliche Verfassung der jeweiligen Ebene bestimmt worden ist. Dem entspricht das sogenannte Trennungsprinzip, nach dem die Verwaltungsräume in Europa im Grundsatz ungeachtet aller politischen Verflechtungen getrennt sind (Schmidt-Aßmann 2004: 377-407). Das Trennungsprinzip geht davon aus, dass das EG-Recht entweder durch die Gemeinschaftsorgane im Wege des direkten Vollzugs oder durch die mitgliedstaatlichen Verwaltungen im Wege des indirekten Vollzugs „ausgeführt" wird. Bei genauerer Betrachtung muss als Kern des europäischen Verwaltungsraumes allerdings das Zusammenspiel von EG-Administration und mitgliedstaatlichen Verwaltungen in je unterschiedlich dichter vertikaler wie horizontaler Verknüpfung unter dem Dach der Europäischen Union angesehen werden (Schmidt-Aßmann/Schöndorf-Haubold 2005). Das mitgliedstaatliche Verwaltungsrecht, das Eigenverwaltungsrecht der EG-Administration sowie das Gemeinschaftsverwaltungsrecht werden in diesem Verwaltungsraum aufgabenspezifisch zu Regelungsstrukturen verknüpft, in denen die Verwaltungsträger untereinander und gegenüber dem Bürger handeln.

Resümiert man die Entwicklungen, dann zeigen sich mehrere Linien, die Anschlüsse an einen Governance-Ansatz nahelegen. Dies gilt zum einen für die Veränderungen staatlicher Aufgaben und die Modalitäten ihrer Wahrnehmung, zum anderen für die durch die Europäisierung und Internationalisierung entstehenden Herausforderungen. Der bisherige Ordnungsrahmen war darauf nicht eingestellt.

Ambivalent wirkt insoweit die rechtswissenschaftliche Rezeption des sozialwissenschaftlichen Steuerungsparadigmas (Hoffmann-Riem 1993; Schuppert 1993). Während die sozialwissenschaftliche Diskussion unter dem Eindruck der theoretischen wie empirischen Probleme des Steuerungsparadigmas gleichsam über dieses hinaus geführt wird (Mayntz 2005), wird Steuerung in den Rechtswissenschaften zu einer semantischen Klammer ganz unterschiedlicher Ansätze, gelegentlich vielleicht auch zu einer bloßen Referenz auf eine laufende Diskussion, ohne dass bis heute ein ausgeformter Steuerungsbegriff vorliegt (siehe aber Bumke 2004: 127; Hoffmann-Riem 2005: 209-210). Damit hat der Steuerungsbegriff zumindest den Blick auf die Folgen rechtlicher Regelung gelenkt und somit das Konzept einer wirkungsorientierten Rechtswissenschaft deutlich befördert. Allerdings neigt der Steuerungsbegriff gerade in Bezug auf die öffentliche Verwaltung zu einer zu starken Betonung der rechtlichen Determination des Verwaltungshandelns und lässt die Vielfalt der Bedingungen, unter denen Verwaltung handelt, außer Betracht (Wahl 1993: 209).

Insoweit sind Zweifel an der analytischen Fruchtbarkeit des Steuerungsbegriffes angebracht, das Zusammenwirken einer Vielzahl von Regelungsinstanzen und Teilrechtsordnungen (Schmidt-Aßmann 2004: 26-27), zumal in Mehrebenensystemen, angemessen mit der Frage, wer denn wen steuert, auf den Begriff zu bringen (→ Multilevel Governance). Eine horizontal wie vertikal pluralisierte Architektur kann sinnvoll auch unter methodischen Gesichtspunkten nicht mehr auf ein Zentrum ausgerichtet werden, etwa auf den Willen des Gesetzgebers oder einer anderen Rechtsetzungsinstanz. Vielmehr verlangt die Pluralität des anzuwendenden Rechtes nach Metaregeln der Verknüpfung. Vertrags- und Gesetzesrecht, Europa-, Völker- und Verfassungsrecht sowie gesellschaftliche Konventionen und Standards, seien sie spontan gebildet oder durch Recht induziert, sowie administratives Recht unterschiedlicher Formen und Richterrecht müssen gegebenenfalls im Rahmen einer Regelungsstruktur aufeinander bezogen werden (Ladeur 2004). Darin liegt zugleich die Anerkennung der Rechtsproduktionsfunktion unterschiedlicher Akteure bei ihrer Anwendung von Normen, die die Zäsur von allgemeinem Gesetz und besonderen Bedingungen des Einzelfalls verschleift und so methodische Vorstellungen einer Einheit der Rechtsordnung als unterkomplex aufweist. Gilt dies schon innerhalb des Nationalstaates, so erst recht mit Blick auf die Europäisierung, die ihrerseits nicht einfach als Addition einer neuen Rechtsressource oder gar als ein neues Zentrum gedacht werden kann, sondern ein multipolares Netzwerk von Akteuren darstellt, das durch Recht aufgespannt ist und Recht produziert, aber seinerseits auf ganz unterschiedlichen Traditionen, Wissens- und Problemlösungsbeständen aufruht (Ladeur 2004; → Netzwerke). Es spricht einiges dafür, dass die rechtswissenschaftliche Steuerungsperspektive bestimmte Vorstellungen einer Gesetzeszentriertheit tradiert und so angemessene Konzeptionen der Gesetzesbindung, unterschiedlicher Kontroll- und Einflussmöglichkeiten des Parlaments jenseits der Gesetzgebung, der demokratischen Legitimation der Verwaltung, der Funktion der Verwaltung zwischen

Fremd- und Selbststeuerung, der Rechtsproduktionsseite der Rechtsanwendung, der Fortentwicklung des Gesetzesvorbehalts und der Wesentlichkeitslehre eher blockiert.

2 Das Konzept der Regelungsstruktur als rechtswissenschaftliche Ausprägung von Governance

Der Begriff Regelungsstruktur wurde im Anschluss an sozialwissenschaftliche Überlegungen zu Regelungs- und Leistungsstrukturen in staatsnahen Sektoren (Mayntz/Scharpf 1995: 16-19) in die rechtswissenschaftliche Diskussion eingeführt (Trute 1996). Das Konzept der Regelungsstruktur, das als rechtswissenschaftliche Ausprägung des Governance-Ansatzes angesehen werden kann (Trute u.a. 2004; Schuppert 2005; Franzius 2006), dient als analytischer Rahmen, innerhalb dessen die Wirkungszusammenhänge, Substitutions- und Ergänzungsverhältnisse zwischen Handlungsmaßstäben, Akteuren und Instrumenten thematisierbar werden. Er umfasst also die für die Regelung eines bestimmten Sachbereichs wichtigen Regelungsinstanzen, Maßstäbe, Formen und Instrumente. So verstanden lässt sich das Konzept der Regelungsstruktur nicht nur in den Feldern der Aufgabenteilung von staatlichen und privaten Akteuren, sondern auch darüber hinaus fruchtbar machen. Dies gilt letztlich in allen Feldern, in denen Akteure mit einer unterschiedlichen Handlungslogik zusammenwirken. Beispiele dafür sind etwa die Regelungsstrukturen des Forschungssystems (→ Wissenschaft), der Netzwirtschaften, aber auch des europäischen Verwaltungsraumes.

Im Zusammenhang mit dem heuristischen Zwecken dienenden Begriff der Verantwortungsteilung (Trute 1999) hatte der Begriff Regelungsstruktur ursprünglich die Funktion, auf die staatliche und private Akteure übergreifenden Aufgabenerledigungszusammenhänge zu reagieren und diese als eine Struktur beschreib- und analysierbar zu machen, um so die normativen Anforderungen zu bestimmen, die für das Zusammenwirken gelten. Staatliche und private Akteure unterliegen jeweils einem unterschiedlichen Rechtsregime, hinter dem unterschiedliche – auch verfassungsrechtliche – Prinzipien stehen. Die gemeinsame Aufgabenerledigung verzahnt beide Rechtsregime miteinander – mit der sich schnell zeigenden Gefahr, durch die Anwendung des einen zulasten des anderen entweder private Freiheit zu konstitutionalisieren oder staatliche Kompetenzausübung zu privatisieren (Trute 1996). Zugleich aber wird deutlich, dass die staatlichen Akteure in einem institutionellen Arrangement handeln, das spezifische Schutz- und Bewirkungszwecke als historische Erfahrung gleichsam mittransportiert, etwa eine bestimmte Gemeinwohlorientierung von Amtswaltern und darauf ausgerichtete Sicherungen, und das in der auf einzelne Verwaltungshandlungen ausgerichteten Rechtsdogmatik explizit nicht mehr mitthematisiert wird, aber gleichsam den institutionellen Kontext der Verwaltungshandlungen bildet. Dieser muss dort fraglich werden, wo Akteure zusammenwirken, die jeweils in einem unterschiedlichen institutionellen Kontext handeln. Die auf die Handlungsmaßstäbe ausgerichtete, stark einzelaktbezogene Dogmatik nimmt diese Strukturdimension, auf der die Maßstäbe für einzelne Verwaltungshandlungen gleichsam selbstverständlich aufsetzen, schon generell nicht zureichend auf, wird aber besonders dann fraglich, wenn eben diese Strukturdimension nicht mehr selbstverständlich unterstellt werden kann. Insoweit liegt dem zugleich die Erkenntnis zugrunde, dass öffentliche und private Akteure in unterschiedlichen institutionellen Arrangements mit je unterschiedlicher Eigenlogik handeln und handeln sollen. Private Akteure werden etwa in staatliche Aufgabenerledigungszusammenhänge einbezogen, wenn man sich von der Marktlogik, der sie unterliegen, ein höheres Maß an Effizienz verspricht. Damit müssen – auch für die Maßstabsbildung bei einzelnen Verwaltungshandlungen wichtige – andere institutionelle Rahmenbedingungen mit einbezogen werden. In diesem Sinne muss dann nur sichergestellt werden, dass das institutionelle Arrangement, welches das Zusammenwirken regelt, aus sich heraus die Gemeinwohlbezogenheit des Handelns unterschiedlicher Akteure gewährleistet.

Daran werden zugleich weitere Aspekte deutlich, die nicht nur im Rahmen der Aufgabenteilung zwischen staatlichen und privaten Akteuren, sondern immer dann Bedeutung erlangen, wenn Akteure unterschiedlicher Handlungslogik zusammenwirken. Es kommt erstens auf den übergreifenden Zusammenhang der Regelungen an, nicht nur auf die Maßstäbe und Formen, die die einzelnen Handlungen für den Einzelfall regeln. Insoweit verlagert sich das Interesse von der Frage, wer wen mit welchen Instrumenten steuert, auf die Frage, innerhalb welcher institutionellen Struktur die Akteure handeln, wie diese also die Handlungen prägt und ob damit das gewollte Ziel zu den gegebenen verfassungsrechtlichen Rahmenbedingungen auch erreicht werden kann. Zweitens stehen die Wirkungen des institutionellen Arrangements mit im Fokus der Analyse, wenn die Frage normativ relevant wird, ob denn die Ziele auch erreicht werden. Drittens kommt es nicht nur auf die rechtlichen Rahmenbedingungen an, sondern auch auf die nichtrechtlichen Mechanismen der Handlungskoordination. Zusammengenommen entscheiden sie darüber, ob die Ziele erreicht werden können oder nicht. Rechtliche wie nichtrechtliche Mittel der Handlungskoordination bilden gemeinsam die institutionelle Struktur, innerhalb derer die Akteure handeln. Dies gilt nicht nur für die privaten Akteure, sondern auch für die öffentliche Verwaltung; denn es ist ja nicht zu übersehen, dass die Verwaltung aufgrund einer ganzen Reihe von Rahmenbedingungen handelt, die nicht rechtlich geprägt sind. Viertens thematisiert dieser Ansatz das Verhältnis von mehr oder weniger autonomen Akteuren und der institutionellen Struktur, innerhalb derer sie handeln. Dies gilt wiederum gleichermaßen für alle Akteure.

Dahinter verbirgt sich eine Reihe von Problemen, die in der derzeitigen verwaltungsrechtswissenschaftlichen Diskussion oftmals unter anderen Stichworten abgehandelt werden, hier aber einen gemeinsamen theoretischen Rahmen finden können. Dies gilt zunächst für das Verhältnis von Regelungsstruktur und Handlung. Dieses Problem taucht in der Verwaltungsrechtswissenschaft etwa als ein Problem angemessener Konzeption von Gesetzesbindung auf, in der Verwaltungswissenschaft zudem als Problem formeller Strukturen und informeller Formen der Handlungskoordination. Einerseits kann die Regelungsstruktur absichtsvoll gestaltet werden, wobei freilich zu berücksichtigen ist, dass es um das Zusammenwirken des demokratisch legitimierten Gesetzgebers, der Verwaltung, auf europäischer Ebene des Gemeinschaftsgesetzgebers und der Kommission sowie internationaler Organisationen geht. Schon insoweit wird eine komplexe Wirkungskonstellation sichtbar. Zum anderen aber wird die Regelungsstruktur ihrerseits durch das Handeln der Akteure mitgestaltet und damit durch eine institutionelle Praxis verändert (Bumke 2004: 130). Mit deterministischen Hintergrundannahmen, die von steuerungsorientierten Ansätzen eher befördert werden, wird die Autonomie der Akteure, ihre Fähigkeit zur Regeländerung durch Regelanwendung unterschätzt, zugleich aber die Fähigkeit derjenigen, die eine Regel setzen, zur intentionalen Erreichung bestimmter Ziele überschätzt (Schimank 2003: 248-260).

3 Der Gewährleistungsstaat als Instanz der Meta-Governance

Als Beschreibungsformel der veränderten Architektur der Wahrnehmung von öffentlichen Aufgaben dient der Begriff Gewährleistungsstaat. Die Leistung des gewährleistenden Staates soll in der Bereitstellung von gemeinwohlsichernden oder -fördernden Regelungsstrukturen liegen. Im Licht der obigen Überlegungen müssen allerdings gewisse Revisionen an dem Konzept vorgenommen werden, die gleichsam beide Seiten des Verhältnisses von Struktur und Handlung betreffen. Die intentionale Gestaltung der Regelungsstruktur zur Erreichung von Gemeinwohlzielen umfasst häufig und zunehmend eine Pluralität von rechtsetzenden Akteuren. Im europäischen Mehrebenensystem ist dies sogar eher der Regel- als der Ausnahmefall. Dann aber fällt es schwer, die Gemeinwohlsicherung an einen der Akteure zu adressieren, und dies lässt sich auch nicht ohne weiteres durch die Konzeption eines europäischen Gewährleistungsauftrags kompensieren, der schon an Kompetenzgrenzen stößt und daher immer wieder in ein Konzept der Kooperation unterschiedlicher Akteure eingebunden bleibt. Zudem treffen diese Regelungsstrukturen, von wem immer sie absichtsvoll gestaltet sein mögen, auf eine Vielzahl mehr oder weniger autonomer Rechtssubjekte. Angesichts der oben beschriebenen Rahmenbedingungen ist die Fixierung auf die Leistungsfähigkeit von Recht deutlich, die in der Tendenz dazu führt, dem „Staat" zu viele der Rahmenbedingungen als gestaltbare zuzurechnen.

Im Licht der Governance-Perspektive lässt sich der Gewährleistungsstaat daher als eine Instanz von Meta-Governance verstehen, deren Aufgabe die rechtliche Organisation der Bedingungen für Governance in einem weiten Sinn ist (Trute u.a. 2004). Auch insoweit mag man fragen, ob dies nicht noch zu staatsbezogen gedacht ist. Benz (2004: 19) fragt zu Recht danach, ob denn der Staat dies durch Recht leisten könne – und wenn ja, in welchen Formen und mittels welcher Verfahren. Dies macht auf einen Widerspruch in der Beschreibungsformel vom Gewährleistungsstaat aufmerksam, der darin liegt, dass dieser auf der Metaebene gerade diejenigen Steuerungskapazitäten haben soll, die ihm auf der Governance-Ebene offensichtlich nicht mehr zugeschrieben werden. Diesem Dilemma kann man nicht prinzipiell entgehen, wohl aber kann es dadurch entspannt werden, dass man auf Reflexivität und Lernfähigkeit setzt, zunächst auf der Ebene der Governance-Mechanismen selbst, sodann konsequenterweise auch bei den Formen von Meta-Governance. Die Besonderheit besteht denn auch eher darin, dass stabile Konventionen in Gestalt von Erfahrungswissen oder der Abstimmung konfligierender Interessen in dynamischen und komplexen Regelungsfeldern gerade nicht mehr vorausgesetzt werden können, sondern im Zusammenwirken unterschiedlicher Akteure generiert und als stets revidierbar gedacht und konzipiert werden müssen (Ladeur 2000: 240). Nur dann, wenn man in diesem Sinn auch den Gewährleistungsstaat aus der Rolle des „idealen Beobachters" herausnimmt, lassen sich die angemessenen Folgerungen etwa für ein Verständnis der Funktion von Recht im Gewährleistungsstaat ziehen und von daher die Bedingungen und Möglichkeiten rechtlicher Regulierung entschlüsseln.

Ein Beispiel für das Gemeinte lässt sich der jüngsten Rechtsprechung des Bundesverfassungsgerichts zur Reform der Hochschulen entnehmen (BVerfGE 111, 333). Das Bundesverfassungsgerichtes hat zwar an der Formulierung einer Gewährleistungsverantwortung des Gesetzgebers festgehalten, wonach der Staat verpflichtet sei, funktionsfähige Einrichtungen für eine freie Wissenschaft zur Verfügung zu stellen (BVerfGE 111, 333 [353]) – als Maßstab einer Beeinträchtigung sieht das Gericht die strukturelle Gefährdung freier Wissenschaft durch Regelungsstrukturen der Hochschulen an. Die entscheidende Frage ist dann allerdings, wie eine solche Gewährleistungsverantwortung angesichts des begrenzten Wissens über die Wirkungen des gewählten institutionellen Arrangements eingelöst werden kann. Das Bundesverfassungsgericht beantwortet diese Frage durch zwei miteinander zusammenhängende Figuren, nämlich eine Einschätzungs- und Prognoseprärogative des Gesetzgebers, verbunden mit einer Nachbesserungspflicht, und die Pflicht zur Institutionalisierung von Verfahren, die der Generierung von Wissen und Konventionen dienen und bei denen ein hinreichender Einfluss der Wissenschaft gesichert sein muss. Auch wenn dies in der Entscheidung naturgemäß nur angedeutet wird, so lässt sich das doch auf die Überlegungen zur Rolle des Gewährleistungsstaates beziehen. Die Ungewissheit über die Wirkung von Regelungsstrukturen bezieht sich dabei auf mehrere Aspekte: die Wirkungen eines komplexen institutionellen Arrangements auf den jeweiligen Sachbereich und die dadurch ermöglichte oder restringierte Selbständerungsfähigkeit mehr oder weniger autonomer Akteure, die mit verfassungsrechtlich geschützten Autonomieansprüchen der Wissenschaft eine Dynamik eigener Art entwickeln, und letztlich auch auf die Entwicklung der Wissenschaft selbst (→ Wissenschaft). Von daher muss das Recht daraufhin untersucht und beurteilt werden, ob es in geeigneter Weise auf eben diese Lernfähigkeit und Reflexivität eingestellt ist. Es geht also gerade darum, dass die Gewährleistungsverantwortung im Grunde in das Design der Regelungsstrukturen selbst verlagert, in diese also Reflexivität eingebaut wird, nicht aber geht es darum, den Gesetzgeber mit der Fiktion zu belasten, er könne die Ergebnisse des Zusammenspiels von Struktur und Handlungspraxis ex ante zureichend entschlüsseln und daran mögliche Strukturgestaltungen ausrichten.

4 Governance-Regime als Mix von Governance-Modi

Als analytischer Rahmen, um Veränderungen von Staatlichkeit zu thematisieren, bedarf das Konzept der Regelungsstrukturen freilich weiterer Operationalisierungen, um seine Reichweite und Fruchtbarkeit zu erproben. Insoweit ist es eher ein Perspektivenwechsel und ein Arbeitsprogramm entlang der oben aufgeworfenen Problemstellungen. Daher liegt es nahe, in spezifischen Feldern den Anschluss an sozialwissenschaftliche Governance-Konzepte zu nehmen und konkrete Regelungsstrukturen zu untersuchen. Sozialwissenschaftliche Governance-Konzepte setzen insoweit auf die Wirkungsanalyse von ganz unterschiedlichen Modi der Handlungskoordinierung, die in ihren Verkoppelungen und den Mischungsverhältnissen die Regelungsstruktur ausmachen, also das konkrete Governance- Regime bilden (Lange/Schimank 2004; → Elementare Mechanismen). Damit sind freilich mindestens zwei klärungsbedürftige Aspekte verbunden: das Verhältnis von rechtlichen und nichtrechtlichen Modi der Handlungskoordinierung und die Operationalisierung der entsprechenden Modi.

Die Rechtswissenschaft ist durch ihren Gegenstand auf den ersten Blick eingegrenzt auf rechtliche Formen der Handlungskoordinierung (Trute u.a. 2006). Insoweit macht rechtswissenschaftliche Analyse nicht beliebige Formen gesellschaftlicher Handlungskoordination zu ihrem *unmittelbaren* Gegenstand. Die in der Governance-Diskussion als analytische Subkategorien benutzten Modi der Handlungskoordinierung wie Hierarchie, Wettbewerb, Netzwerke und Gemeinschaften sind daher nicht schon als solche für die rechtswissenschaftliche Analyse bedeutsam. Prozesse der Machtbildung, Handlungsstrategien zur Entscheidungsbildung innerhalb von Institutionen, Prozesse der wechselseitigen Anpassung im Markt oder Handlungskoordination über gemeinsame professionelle Standards und Konventionen sind zunächst einmal für die rechtswissenschaftliche Analyse unmittelbar nicht relevant. Sie ist fokussiert auf die normativen Zusammenhänge.

Allerdings sind rechtliche wie nichtrechtliche Formen der Handlungskoordinierung gleichermaßen Teil der Institutionen, innerhalb derer sich dann bestimmte Kommunikations- und Handlungszusammenhänge und Entscheidungen ausbilden. Insoweit wird die jeweilige Handlungspraxis durch rechtliche wie nichtrechtliche Modi der Handlungskoordinierung geprägt. Schon dies macht deutlich, dass eine Trennung zumal dann, wenn es auch normativ auf die Wirkung eines institutionellen Arrangements ankommt, unzureichend ist. Die Beschränkung auf normative Zusammenhänge kann also nicht heißen, dass die nichtrechtlichen Koordinationsformen für die rechtswissenschaftliche Analyse außer Betracht bleiben können. Das Recht ist seinerseits mit Wirkungsurteilen und nichtrechtlichen Koordinationsmodi vielfach verzahnt. Dies betrifft zum einen rechtsdogmatische Begriffe wie das hinreichende Legitimationsniveau, das hinreichende Schutzniveau bei grundrechtlichen Schutzpflichten oder die Wissenschaftsadäquanz der Organisation. Zum anderen aber verkoppelt das Recht seinerseits unterschiedliche Modi der Handlungskoordination. So lässt sich die Angemessenheit von Verfahrensregeln zur Versteigerung knapper Ressourcen ohne eine genaue Analyse der prospektiven Wirkung von Wettbewerbsmechanismen nicht sinnvoll erfassen (→ Politischer Wettbewerb). Rechtliche Regelung und nichtrechtliche Formen der Handlungskoordination sind also in unterschiedlicher Form aufeinander bezogen. Wenn man Markt als Institution oder Wettbewerb als Modus der Handlungskoordinierung betrachtet, dann ist er je unterschiedlich normativ eingebettet, eine für die Institutionenökonomie nicht eben neue Erkenntnis (Denkhaus 2004). Ein Markt kann überhaupt erst durch Recht eröffnet und damit zugleich konditioniert und strukturiert werden, und zwar durch Verhaltensregulierung (Wettbewerbsrecht, Regulierung in ehemals staatsnahen Sektoren zur Herstellung eines funktionsfähigen Wettbewerbs) und Handlungsformen auch hierarchischer Provenienz.

Die in der Governance-Debatte diskutierten Modi von Markt, Hierarchie, Netzwerken und Gemeinschaften sind im Grundsatz zwar anschlussfähig, aber für die rechtswissenschaftliche Analyse im Ansatz gleichwohl zu grobkörnig (Trute u.a. 2006). Dies erhellt zum einen, dass in sozialwissenschaftlichen Analysen Recht oftmals mit Hierarchie identifiziert wird, womit die Differenziertheit rechtlicher Regelungsformen ausgeblendet wird. Zudem aber ist die Generalisierungsebene oftmals so hoch, dass sich Aussagen zum Zusammenspiel von verschiedenen Wirkungsmechanismen kaum in rechtswissenschaftlich bedeutsame Beschreibungen oder dogmatische Begriffsbildungen transformieren lassen. Insoweit dürfte die auf Regelungsfelder bezogene Ausdifferenzierung von Subkategorien ein wichtiger Schritt hin zu einer größeren wechselseitigen Anschlussfähigkeit sein, bei der die normative Beschreibung bis hinunter zur Instrumentenebene Hinweise für die sachgerechte Konstruktion abgeben kann. Ein Beispiel dafür wären die für eine Analyse der Hochschulreform vorgeschlagenen Governance-Mechanismen: die administrative Regulierung der Hochschulen (Trute u.a. 2006), deren auf Ziele bezogene Außensteuerung durch staatliche, hybride und private Akteure und Leistungsabnehmer, die akademische Selbstverwaltung der Universitäten, die Einrichtung von Konkurrenzmechanismen innerhalb und zwischen den Hochschulen und die hierarchische Selbststeuerung der Universitäten (de Boer u.a. 2006). Diese sind durchgängig rechtlich (mit)strukturiert, und insoweit können rechtswissenschaftliche Analysen unter Einbeziehung der Instrumentenebene zu detailgenaueren Subkategorien beitragen, mithilfe derer die Wirkungen veränderter Regelungsstrukturen erfasst werden können.

5 Offene Fragen

Damit ist schon angedeutet, welche weiteren Schritte gemacht werden müssen, um den Governance-Ansatz auch für rechtswissenschaftliche Analysen fortzuschreiben und auf seine Leistungsfähigkeit hin zu testen. Die naheliegende Befürchtung in den Reihen der Rechtswissenschaftler, damit solle die einzelaktbezogene Dogmatik ersetzt werden, ist ebenso unbegründet wie der Optimismus, damit ein umgreifendes Konzept rechtswissenschaftlicher Analyse zu haben. Die Governance-Analyse kann insoweit die bisherige Dogmatik nicht ersetzen, sich wohl aber angesichts der dargestellten Defizite als eine notwendige Ergänzung erweisen. Eine wichtige Leistung des Governance-Ansatzes dürfte darin liegen, einen perspektivischen Rahmen für die Veränderung von Staatlichkeit zur Verfügung zu stellen und zugleich interdisziplinär wechselseitige Anschlussfähigkeit zu vermitteln.

Aus rechtswissenschaftlicher Sicht liegt die Bedeutung der Governance-Perspektive vor allem darin, die Strukturen jenseits der Einzelaktorientierung thematisierbar zu machen und es im Rahmen des Begriffskonzeptes zu ermöglichen, die Pluralisierung Recht produzierender Akteure und ihre Verknüpfung durch Regelungsstrukturen zu untersuchen. Damit wird der Blick auch auf das Verhältnis von Regelungsstruktur und Handlung gelenkt, das rechtswissenschaftlich als Problem der Gesetzesbindung und ihres angemessenen Verständnisses thematisiert wird.

Eine weitere wichtige Leistung der Perspektive liegt in dem Bezug auf die Akteure, die im Rahmen einer institutionellen Struktur handeln und diese damit zugleich verändern. Insoweit gibt es immer schon eine Verschiebung auch der normativen Struktur durch die Praxis handelnder Akteure, was noch einmal auf das Problem der angemessenen Konzeption von Regelbindung zurückweist. Aber es ermöglicht damit auch, einzelne Konzepte wie die regulierte Selbstregulierung in ein Gesamtkonzept zu integrieren, das weitere Forschungsfragen generiert. Das Verhältnis von rechtlichen und nichtrechtlichen Formen der Handlungskoordinierung verlangt interdisziplinäre Anschlüsse und die Beantwortung der Frage, wie sich Normativität in diesem Konzept darstellen lässt und wie Wissensbestände anderer Disziplinen sinnvoll in ein rechtswissenschaftliches Konzept eingefügt werden können.

Literatur

Benz, Arthur, 2004: Governance – Modebegriff oder nützliches sozialwissenschaftliches Konzept?, in: Arthur Benz (Hrsg.), Governance – Regieren in komplexen Regelsystemen. Wiesbaden: VS, 9-28.

Boer, Harry de/Enders, Jürgen/Schimank, Uwe, 2006: On the Way to New Public Management? The Governance of University Systems in England, the Netherlands, Austria, and Germany, in: Dorothea Jansen (Hrsg.), New Forms of Governance in Research Organisations – Disciplinary Approaches, Interfaces and Integration. Berlin: Springer (i.E.).

Brohm, Winfried, 1972: Die Dogmatik des Verwaltungsrechts vor den Gegenwartsaufgaben der Verwaltung, in: Veröffentlichungen der Vereinigung der Deutschen Staatsrechtlehrer, Bd. 30. Berlin/New York: De Gruyter, 245-306.

Bumke, Christian, 2004: Die Entwicklung der verwaltungsrechtswissenschaftlichen Methodik in der Bundesrepublik Deutschland, in: Eberhard Schmidt-Aßmann/Wolfgang Hoffmann-Riem (Hrsg.), Methoden der Verwaltungsrechtswissenschaft. Baden-Baden: Nomos, 73-130.

Denkhaus, Wolfgang, 2004: Die neue Institutionenökonomik und das Governancekonzept – Zum Wandel der ökonomischen Theorie und ihren Implikationen für die Verwaltungsrechtswissenschaft, in: Marc Bungenberg (Hrsg.), Recht und Ökonomik. 44. Assistententagung Öffentliches Recht Jena 2004. München: Beck, 33-60.

Eifert, Martin, 1998: Grundversorgung mit Telekommunikationsleistungen im Gewährleistungsstaat. Baden-Baden: Nomos.

Franzius, Claudio, 2006: Governance und Regelungsstrukturen, in: Verwaltungsarchiv 97, 186-219.

Hoffmann-Riem, Wolfgang, 1993: Verwaltungsrechtsreform – Ansätze am Beispiel des Umweltschutzes, in: Wolfgang Hoffmann-Riem/Eberhard Schmidt-Aßmann/Gunnar Folke Schuppert (Hrsg.), Reform des Allgemeinen Verwaltungsrechts: Grundfragen. Baden-Baden: Nomos, 115-175.

Hoffmann-Riem, Wolfgang, 2005: Governance im Gewährleistungsstaat – Vom Nutzen der Governance-Perspektive für die Rechtswissenschaft, in: Gunnar Folke Schuppert (Hrsg.), Governance-Forschung. Baden-Baden: Nomos, 195-219.

Ladeur, Karl-Heinz, 2000: Privatisierung öffentlicher Aufgaben und die Notwendigkeit der Entwicklung eines neuen Informationsverwaltungsrechts, in: Wolfgang Hoffmann-Riem/ Eberhard Schmidt-Aßmann (Hrsg.), Verwaltungsrecht in der Informationsgesellschaft. Baden-Baden: Nomos, 225-256.

Ladeur, Karl-Heinz, 2001: Die Regulierung von Selbstregulierung und die Herausbildung einer „Logik der Netzwerke", in: Regulierte Selbstregulierung als Steuerungskonzept des Gewährleistungsstaates. Die Verwaltung, Beiheft 4, 59-77.

Ladeur, Karl-Heinz, 2004: Methodology and European Law – Can Methodology Change So As to Cope with the Multiplicity of the Law?, in: Mark van Hoecke (Hrsg.), Epistemology and Methodology of Comparative Law. Oxford/Portland: Hart, 91-121.

Lange, Stefan/Schimank, Uwe, 2004: Governance und gesellschaftliche Integration, in: Stefan Lange/Uwe Schimank (Hrsg.), Governance und gesellschaftliche Integration. Wiesbaden: VS, 9-44.

Mayntz, Renate/Scharpf, Fritz W., 1995: Steuerung und Selbstorganisation in staatsnahen Sektoren, in: Renate Mayntz/Fritz W. Scharpf (Hrsg.), Gesellschaftliche Selbstregelung und politische Steuerung, Frankfurt a. M.: Campus, 9-38.

Mayntz, Renate, 1996: Politische Steuerung: Aufstieg, Niedergang und Transformation einer Theorie, in: Klaus v. Beyme/Claus Offe (Hrsg.), Politische Theorien in der Ära der Transformation. Opladen: Westdeutscher Verlag, 148-168.

Mayntz, Renate, 2005: Governance Theory als fortentwickelte Steuerungstheorie, in: Gunnar Folke Schuppert (Hrsg.), Governance-Forschung. Vergewisserung über Stand und Entwicklungslinien. Baden-Baden: Nomos, 11-20.

Schimank, Uwe, 2003: Das Wechselspiel von Intentionalität und Transintentionalität im Institutionalismus und in der Organisationsforschung, in: Rainer Greshoff/Georg Kneer/Uwe Schimank (Hrsg.), Die Transintentionalität des Sozialen. Eine vergleichende Betrachtung klassischer und moderner Sozialtheorien. Wiesbaden: Westdeutscher Verlag, 246-277.

Schmidt-Aßmann, Eberhard, 1993: Zur Reform des Allgemeinen Verwaltungsrechts – Reformbedarf und Reformansätze, in: Wolfgang Hoffmann-Riem/Eberhard Schmidt-Aßmann/Gunnar Folke Schuppert (Hrsg.), Reform des Allgemeinen Verwaltungsrechts: Grundfragen. Baden-Baden: Nomos, 11-63.

Schmidt-Aßmann, Eberhard, 2004: Das Allgemeine Verwaltungsrecht als Ordnungsidee. Grundlagen und Aufgaben der verwaltungsrechtlichen Systembildung, Berlin u.a.: Springer, 2. Auflage..

Schmidt-Aßmann, Eberhard/Schöndorf-Haubold, Bettina (Hrsg.), 2005: Der europäische Verwaltungsverbund: Formen und Verfahren der Verwaltungszusammenarbeit in der EU. Tübingen: Mohr.

Schuppert, Gunnar Folke, 1993: Verwaltungsrechtswissenschaft als Steuerungswissenschaft. Zur Steuerung des Verwaltungshandelns durch Verwaltungsrecht, in: Wolfgang Hoffmann-Riem/Eberhard Schmidt-Aßmann/Gunnar Folke Schuppert (Hrsg.), Reform des Allgemeinen Verwaltungsrechts: Grundfragen. Baden-Baden: Nomos, 65-114.

Schuppert, Gunnar Folke, 2000: Verwaltungswissenschaft. Verwaltung, Verwaltungsrecht, Verwaltungslehre. Baden-Baden: Nomos.

Schuppert, Gunnar Folke, 2005: Governance im Spiegel der Wissenschaftsdisziplinen, in: Gunnar Folke Schuppert (Hrsg.), Governance-Forschung. Vergewisserung über Stand und Entwicklungslinien. Baden-Baden: Nomos, 371-469.

Trute, Hans-Heinrich, 1996: Die Verwaltung und das Verwaltungsrecht zwischen gesellschaftlicher Selbstregulierung und staatlicher Steuerung, in: Deutsches Verwaltungsblatt 111, 950-964.

Trute, Hans-Heinrich, 1999: Verantwortungsteilung als Schlüsselbegriff eines sich verändernden Verhältnisses von öffentlichem und privatem Sektor, in: Gunnar Folke Schuppert (Hrsg.), Jenseits von Privatisierung und „schlankem" Staat: Verantwortungsteilung als Schlüsselbegriff eines sich verändernden Verhältnisses von öffentlichem und privatem Sektor. Baden-Baden: Nomos, 13-45.

Trute, Hans-Heinrich/Denkhaus, Wolfgang/Kühlers, Doris, 2004: Governance in der Verwaltungsrechtswissenschaft, in: Die Verwaltung 37, 451-474.

Trute, Hans-Heinrich/Denkhaus, Wolfgang/Bastian, Bärbel/Hoffmann, Kendra, 2006: Governance Modes in University Reform in Germany – From the Perspective of Law, in: Dorothea Jansen (Hrsg.), New Forms of Governance in Research Organisations – Disciplinary Approaches, Interfaces and Integration. Berlin: Springer (i.E.).

Wahl, Rainer, 1978: Rechtsfragen der Landesplanung und Landesentwicklung: Das Planungssystem der Landesplanung: Grundlagen und Grundlinien, Bd. 1. Berlin: Duncker & Humblot.

Wahl, Rainer, 1993: Die Aufgabenabhängigkeit von Verwaltung und Verwaltungsrecht, in: Wolfgang Hoffmann-Riem/Eberhard Schmidt-Aßmann/Gunnar Folke Schuppert: Reform des Allgemeinen Verwaltungsrechts. Baden-Baden: Nomos, 177-218.

Kuno Schedler

2.8 Public Management und Public Governance

Public Governance ist ein schillernder Begriff, der in der Literatur sehr unterschiedlich verwendet wird. Es bedarf daher einer Klärung, wie ich ihn im Folgenden einsetzen werde. Ich grenze ihn dabei von zwei verwandten Begriffen ab: vom Government sowie vom Public Management. *Government* wird hier verstanden als die politisch-hierarchische Führung öffentlicher Institutionen. *Public Management* wird verstanden als die Gestaltung, Lenkung und Entwicklung öffentlicher Institutionen und deren Leistungserbringungsprozesse. *Public Governance* schließlich wird verstanden als die Organisation der Willensbildung zu, Entscheidungsfindung über und Erfüllung von öffentlichen Aufgaben. Der Begriff der Organisation ist dabei in zweifacher Hinsicht zu verstehen: als Strukturen und Institutionen (eine statische Perspektive) sowie als (Zusammen)arbeitsformen und -prozesse (eine dynamische Perspektive), die beide zu einer bestimmten Ausgestaltung der Ressourcenverfügbarkeit führen (→ Organisationstheorien). Öffentliche Aufgaben sind gesellschaftliche Bereiche, in denen der Staat durch eigene oder ausgelöste Aktionen eine bestimmte Versorgung gewährleisten muss. Sie werden in politischen Prozessen definiert.

Diese Begriffe und die dahinterstehenden Konzepte können in verschiedener Weise verwendet werden:

a. *analytisch-deskriptiv:* Es wird untersucht, welche Ausprägungen innerhalb der Konzepte in der Praxis vorliegen;
b. *normativ:* Es wird versucht, optimale Bedingungen in den Konzepten zu definieren, um bestimmte ideale Zustände zu erreichen (Beispiel: Good Governance);
c. *prozessual:* Es wird untersucht, auf welche Weise (in welchen Prozessen) die aktuellen Ausprägungen in den Konzepten entstehen und aufrechterhalten werden;
d. *institutionell*: Es wird untersucht, welche Institutionen an der Steuerung des Öffentlichen beteiligt sind.

Im vorliegenden Beitrag möchte ich mich auf die analytisch-deskriptive Verwendung des Begriffes beschränken.

1 Die Governance-Perspektive der Ökonomie

Wer öffentliche Verwaltung und andere staatliche Organisationen studiert, kann dies mit unterschiedlichen Perspektiven tun. In der langen Geschichte der so genannten „Verwaltungwissenschaft" können grob drei Schulen unterschieden werden:

Zunächst dominieren in der deutschsprachigen Verwaltungswissenschaft Ansätze, die primär den *öffentlichen Charakter* des Staates in den Vordergrund stellen, also das Politische, Gemeinschaftliche, Gesellschaftliche. Vertreterinnen und Vertreter dieser Richtung gehen quasi natürlicherweise davon aus, dass zwischen dem öffentlichen Sektor und der Privatwirtschaft ein generischer Unterschied besteht, der in der Regel im öffentlichen Interesse kulminiert. Woodrow Wilson bezeichnete die Verwaltungswissenschaften als eine „Frucht der Politikwissenschaften" (Wilson 1887), was dann Sinn macht, wenn die öffentliche Verwaltung als (abhängiger) Teil des politisch-administrativen Systems verstanden wird. Verwaltung wird primär im Zusammenhang mit der Vorbereitung und Umsetzung von Politiken gesehen, wobei über das Ausmaß der Autonomie der Verwaltung große Meinungsunterschiede bestehen. Während etwa Wilson die Verwaltung noch als rein ausführenden Arm der Politik sah, stellen andere (z.B. Grauhan 1969) den großen Einfluss der Verwaltung auf die konkrete Politik in den Vordergrund. Damit wird Verwaltung Teil des Politischen und integriert sich in ein umfassenderes Verständnis von Governance (Lynn u.a. 2001). In den USA wird diese Perspektive der Verwaltungswissenschaft in der Regel mit der *Public-Administration-Schule* verbunden.

Daneben gibt es Staaten mit politisch-administrativen Systemen, die sehr stark die Bindung der staatlichen Aktivität an eine politisch definierte Legitimation betonen. Formell ist dies das Rechtsstaatsprinzip oder die sogenannte Legitimationsklausel des öffentlichen Handelns. Im internationalen Vergleich ist diese strenge Bindung an öffentliches Recht in unterschiedlichem Maß vorhanden. Pollitt und Bouckaert (2000) unterscheiden entsprechend in ihrer vergleichenden Studie zu Public-Management-Reformen die eher am öffentlichen Nutzen orientierten von den rechtsstaatsorientierten politischen Systemen. Das öffentliche Recht ist dabei nicht nur beschränkend (als Schutz der Bürger vor Übergriffen der Verwaltung), sondern auch steuernd und ermöglichend zu verstehen. In der deutschen Verwaltungswissenschaft nimmt diese *Public-Law-Schule* eine bedeutende Rolle ein, während sie in anglo-amerikanischen Systemen eher weniger Einfluss genießt.

Eine dritte Sichtweise unterstellt, dass es auch im öffentlichen Sektor möglich und notwendig ist, mikroökonomische Regelmäßigkeiten anzuerkennen bzw. moderne Management- und Kooperationsansätze anzuwenden. Sie argumentiert, dass es generische Elemente in der Ökonomie und im Management gibt, die sich sowohl auf privatwirtschaftliche als auch auf öffentliche Institutionen anwenden lassen. Demzufolge fließen Erkenntnisse der Neuen Institutionenökonomie (Coase 1998; → Neoinstitutionalismus) ebenso in die Modellbildung einer modernen Verwaltungswissenschaft ein wie mitarbeiter- und kundenorientierte Managementansätze (Barzelay 1992). Erfolgreiche Beispiele von Führungs- und Organisationsansätzen der Privatwirtschaft werden auf den öffentlichen Sektor übertragen, wenn auch mit Anpassungen. Auch dies ist nicht neu: Schon dem im Jahr 1817 publizierenden Jeremy Bentham wird nachgesagt, eine kohärente Theorie eines Managements im öffentlichen Sektor entwickelt zu haben – fast ein Jahrhundert vor der Gründung der modernen Managementwissenschaft (Hume 1981). Luther Gulick (1937) entwarf Ende der dreißiger Jahre ein Akronym der Aufgaben einer Führungskraft in der Verwaltung, das analog zu jenen eines privatwirtschaftlichen Managers zu sehen ist: **P**lanning, **O**rganizing, **S**taffing, **D**irecting, **C**oordinating, **R**eporting, **B**udgeting, kurz: POSDCORB. Dwight Waldo (1948) forderte Ende der 1940er Jahre in den USA die Übernahme des Scientific Management der

Taylor-Schule in die Verwaltungswissenschaften. Die Weiterentwicklung solcher Überlegungen und deren Einbindung in eigene Lehrangebote führender Institutionen wie der Kennedy School of Government (Harvard University) in den 1960er Jahren führten zur Bildung der modernen *Public-Management-Schule* in den USA. Es scheint, dass vor allem mit der Diskussion um das New Public Management diese Sichtweise der staatlichen Institutionen im deutschsprachigen Raum an Bedeutung gewonnen hat.

Diesen Ansätzen der Ökonomie und des Managements ist der vorliegende Beitrag gewidmet, auch wenn er die anderen Sichtweisen nicht völlig auszublenden vermag.

2 Neue Institutionenökonomie

Die Neue Institutionenökonomie gilt als eine der hauptsächlichen theoretischen Wurzeln für neuere Ansätze des Verwaltungsmanagements (Hood 1991). Innerhalb dieser Schule sind es vor allem die Principal-Agent-Theorie (oder: Agency Theory) und die Public-Choice-Theorie, die in den achtziger Jahren einen massiven Einfluss auf die Gestaltung der Reformen in politisch-administrativen Systemen ausübten. Die Agency Theory untersucht die Beziehung zweier typischer Rollen in einer Austauschbeziehung: jener des Auftraggebers (Principal) und jener des Auftragnehmers (Agent). Vom Auftragnehmer wird typischerweise vermutet, dass er gegenüber dem Auftraggeber im Vorteil sei, da er über mehr Informationen zur Auftragserfüllung verfüge als der Auftraggeber (Informationsasymmetrie). Dies führt insbesondere dann zu einer moralischen Herausforderung („moral hazard"), wenn die Interessen des Agents jenen des Principals zuwidersprechen. Dann nämlich ist der Agent versucht, seinen Informationsvorsprung zu seinen eigenen Gunsten zu nutzen (→ Neoinstitutionalismus).

Der Principal hat – stark vereinfacht – zwei Möglichkeiten, auf diese Situation zu reagieren, die sich jeweils direkt auf die Modellierung der Public Governance auswirken:

1. Er kann seinen Informationsnachteil verringern, indem er sich mit besseren Informationen versorgen lässt. Dies kann durch den Aufbau eines Berichtswesens erfolgen (zum Beispiel mit Leistungs- und Wirkungsindikatoren), es kann aber auch durch den Einsatz von Intermediären (zum Beispiel Überwachungsgesellschaften) oder anderen Informationsmodellen (zum Beispiel Ratings) geschehen. Ökonomisch motivierte Governance-Modelle streben aus diesem Grund immer wieder Lösungen an, die eine hohe Transparenz mit möglichst ausgeglichener Informationsversorgung versprechen.

2. Er kann versuchen, die an sich unterschiedlichen Interessen des Agents auf seine eigenen auszurichten, um den „moral hazard" zu verringern. Typischerweise erfolgt dies über den Aufbau von Anreizsystemen: In der Arbeitgeber-Arbeitnehmer-Beziehung ist es beispielsweise eine leistungsabhängige Honorierung, in der Beziehung zwischen Staat und Straßenbauunternehmung eine Verrechnung von Miete für die Dauer des Baus (um die Fristen möglichst kurz zu halten), bei der Steuerung über Leistungsauftrag eine Bonusregelung für Effizienzgewinne. Ökonomisch motivierte Governance-Modelle schaffen daher bewusst Anreizsysteme, die die verschiedenen Akteure zu einem bestimmten Verhalten anregen

sollen. Dies ermöglicht nicht zuletzt den gezielten Einsatz von Marktmechanismen in der Public Governance, wie sie von der OECD empfohlen werden.

Trotz all dieser Gegenmaßnahmen gibt es Situationen, in denen aus der hier beschriebenen Zusammenarbeit eine hohe Unsicherheit entsteht. Williamson (1973; 1993) kommt in seiner Transaktionskostentheorie zu dem Schluss, dass Organisationen dann eine hierarchische Steuerung (also: Eigenerstellung anstatt den marktlichen Einkauf) vorziehen, wenn

- ein hoher Grad an Unsicherheit besteht,
- Transaktionen nicht häufig vorkommen,
- kein gut ausgebauter Markt mit Anbietern und Nachfragern besteht,
- eine hohe Spezifität der Produktionstechnologie vorliegt.

Auch diese Erkenntnis wird für die nachfolgenden Überlegungen zu berücksichtigen sein, wenn nämlich über die „Leistungstiefe" (Naschold u.a. 1996) der Erstellung öffentlicher Leistungen diskutiert werden wird – mit anderen Worten: wenn darüber nachgedacht wird, wann der Staat öffentliche Leistungen durch Dritte erstellen lassen kann.

Die Public-Choice-Theorie (der frühen Generationen) unterstellt, dass jedermann – auch Beamte – in seinen Entscheidungen seinen persönlichen Nutzen maximiert. In der spezifischen Situation der Beamten geschieht dies nicht über die Maximierung des Einkommens, da dieses durch bürokratische Regeln definiert ist. Stattdessen wird der persönliche Einfluss maximiert, was vorwiegend über die Maximierung des eigenen Budgets erfolgt (Niskanen 1971). Mit anderen Worten: Wer mehr Mittel verfügbar hat, wer mehr Angestellte führt, wird als einflussreicher betrachtet. Sämtliche Zieltypen der Bürokraten können dadurch verfolgt werden: Prestige, Macht, Bequemlichkeit, Erreichung der Organisationsziele, Schlichtung interner Konflikte. Also besteht kein Anreiz für Beamte, ihre eigene Organisation effizienter zu machen, Stellen abzubauen, da damit ein Verlust an Prestige und tatsächlichem Einfluss verbunden wäre. Die Ausweitung von Budgets und damit die immer größere Ineffizienz der Mittelallokation ist daher eine systembedingte Erscheinung, die sich kaum kontrollieren lässt.

Downs (1957) ergänzt diese Argumentation durch die Aussage, dass sich eine bürokratische Organisation durch demokratische Institutionen (zum Beispiel ein Parlament) nicht wirksam kontrollieren lässt. Jede Anstrengung des Souveräns oder der Exekutive führe nämlich zu einer umso größeren Anstrengung der untergebenen Beamten, der Kontrolle zu entgehen oder sie zu unterlaufen. Das Ergebnis sei noch mehr Bürokratie mit größeren Ineffizienzen und Kosten (→ Organisationstheorien).

Der einfachste Ausweg aus diesen für eine Steuerung ungünstigen Voraussetzungen ist eine (Teil-)Privatisierung, die neue, marktähnliche Anreize auf die Organisation wirken lässt (→ Markt). Viele modernere Formen der Public Governance streben aus diesem Grund eine marktwirtschaftliche Liberalisierung der öffentlichen Leistungserbringung an, was sich beispielsweise auch in der gegenwärtigen Politik der EU-Kommission erkennen lässt.

3 Kooperatives Management

Die moderne Managementlehre hat unzweifelhaft einen großen Einfluss auf die Public Governance, schafft sie doch überhaupt erst das Potenzial in den Institutionen, dass kooperative Formen des Zusammenwirkens entstehen können. Innerhalb der Managementlehre gibt es eine Reihe von Teildisziplinen, die an dieser Stelle nicht umfassend besprochen werden können. Ich werde mich daher auf jene Elemente konzentrieren, die aus meiner Sicht den größten Einfluss auf die Entwicklung in öffentlichen Institutionen hatten.

An erster Stelle steht die – durch die Motivationstheorie inspirierte – Idee eines Führungsstils, der Ziele als Ergebnis formuliert und die Mitarbeitenden in der Ausführung selbstverantwortlich agieren lässt. Die Formel des *Management by Objectives* oder des *Management by Results* bringt diese Idee auf den Punkt. Zweitens erwartet die moderne Managementtheorie von den Führungskräften, dass sie Entscheidungen unter Unsicherheit fällen und dass sie diese Entscheidungen auch gegenüber ihren Mitarbeitern verantworten. Drittens ist es die Aufgabe des Managements, den Mitarbeitenden die Sinnhaftigkeit ihres Tuns zu vermitteln. Viertens – und keineswegs als vierte Priorität zu verstehen – hat das Management die Gestaltung und Entwicklung der betreffenden Institution zu übernehmen.

Diese Aufgaben können längst nicht mehr durch heroische Einzelkämpfer erfüllt werden, jedenfalls nicht im Kontext eines politisch-administrativen Systems. Stattdessen ist die Führungskraft gefordert, in unterschiedlichen Konstellationen mit anderen zu kooperieren, seien dies Externe oder Interne. Aus diesem Grund fasse ich die relevanten Führungsansätze mit dem Begriff kooperatives Management zusammen.

4 Governance-Modelle mit ökonomischem Hintergrund

Aus diesen grundsätzlichen Überlegungen können nun für die ökonomisch-managementorientierte Perspektive einer Steuerung des öffentlichen Raumes verschiedene Schlussfolgerungen gezogen werden. Zum einen wird deutlich, dass es aus einer ökonomischen Perspektive nicht immer Sinn macht, wenn der Staat öffentliche Leistungen selbst, das heißt durch die eigene öffentliche Verwaltung, erbringt. Andererseits ist aber ebenso abzuleiten, dass eine unbesehene Privatisierung der öffentlichen Leistungserbringung keinen fruchtbaren Weg darstellt. Es gilt also, im Spannungsfeld zwischen Staatsversagen (was eher für eine Privatisierung spräche) und Marktversagen (was für eine staatliche Leistungserbringung spricht) situativ jene Lösung zu finden, die den größten Erfolg verspricht (→ Markt). Nachdem die Ökonomie wie auch die Managementlehre eine eher utilitaristische Werthaltung einnehmen, ist der Begriff Erfolg in der Regel ein Nutzen für die Einzelnen und die Gesellschaft. In der Terminologie der modernen Verwaltungswissenschaft ist es die Wirkungsorientierung, die bei solchen Entscheidungen im Vordergrund stehen sollte (Schedler 1995).

Die neuere Verwaltungswissenschaft spricht von einer Gewährleistungsverantwortung des Staates oder auch vom „Gewährleistungsstaat“ (Mastronardi/Schedler 1998). Daraus ergibt sich die Konzeption des *Gewährleistungsstaates*, die wir andernorts wie folgt beschrieben haben (Schedler/Proeller 2000; → Nationalstaat):

1. Über die *Aufgabenbreite* des Staates entscheiden die politischen Instanzen in den üblichen, demokratisch legitimierten Verfahren.
2. Die *Leistungstiefe* des Staates ist gegenüber dem Wohlfahrtsstaat eingeschränkt; der Public Service erfüllt nur noch die Aufgaben im Kernbereich der staatlichen Verantwortung *selbst*. Diese Einschränkung ist nicht mit der neoliberalen „Mini-Staat"-Konzeption gleichzusetzen, da die Verantwortung des Staates für bestimmte wohlfahrtgewährende Aufgabenbereiche nicht aufgehoben wird. Seine Rolle im Entwicklungsprozess wird hingegen eine völlig andere sein: Der Staat soll die Gesellschaft vermehrt aktivieren, indem auch eine direktere Partizipation der BürgerInnen/KundInnen an der Leistungserstellung ermöglicht und gefördert wird.
3. Auch die daraus entstehende Gewährleistungs*verwaltung* handelt zielgerichtet, aber autonomer und mit Verhandlungsspielraum. Über die konkrete Definition der Staatsaufgaben entscheidet nicht der Markt, sondern sie ist nach wie vor das Resultat eines demokratischen Verfahrens. Diese Mechanismen übernimmt die neue Konzeption von jener des Wohlfahrtsstaates.
4. Die Grenzen zwischen Staat und Wirtschaft sind im Bereich der Politikimplementation nicht klar gezogen, sondern durch Überschneidungen charakterisiert. Außerdem sollen durch „empowerment" der Einwohnerinnen und Einwohner diese zur Eigenerstellung öffentlicher Güter angeregt werden; in Public Private Partnerships werden öffentliche und private Verantwortung miteinander verbunden. Der traditionelle Obrigkeitsstaat mutiert zum Partner, zum Moderator und Katalysator (→ Nationalstaat).
5. In diese Implementationsfelder bringt der Staat bewusst Mechanismen ein, die höchste Bedürfnisbefriedigung bei effizienter Erstellung erwirken, ohne sie durch Regulierung erzwingen zu wollen. Diese Mechanismen werden der Markttheorie entnommen und auf die konkrete Situation adaptiert.

Abbildung 1: Modelle der staatlichen Gewährleistung

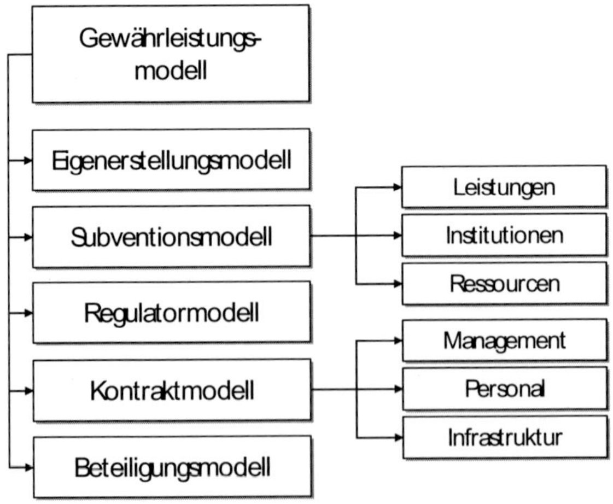

Das Gewährleistungsmodell des Staates öffnet also das Spektrum über die hierarchisch gesteuerte Eigenerstellung hinaus hin zu einer breiten Fülle möglicher Arrangements von Prozessen und Akteuren, die an der öffentlichen Leistungserbringung beteiligt sind. Hierzu gibt es sehr unterschiedliche Klassierungen. An dieser Stelle soll eine vereinfachte Darstellung erfolgen, um die verschiedenen Intensitätsstufen des staatlichen Engagements aufzuzeigen (vgl. Abb. 1).

Alle diese Formen bewegen sich auf einer Art Kontinuum zwischen rein marktlicher und vollständig in die Hierarchie der öffentlichen Verwaltung eingebundener Leistungserbringung.

Eigenerstellungsmodell

Im traditionellen Modell der Eigenerstellung wird die öffentliche Verwaltung als „produzierende" Einheit gesehen. Typischerweise wird sie hierarchisch gesteuert, und zwar durch sogenannte Inputvorgaben (→ Hierarchie). Dies sind beispielsweise die detaillierte Budgetierung nach Ausgaben- oder Aufwandsarten (Personal, Sachmittel, Informatik etc.) oder auch Stellenpläne. Es wird also nicht vorgegeben, welche Leistungen für eine bestimmte Summe zu erbringen sind, sondern welche Arten von Ressourcen zu beschaffen sind.

Eine Public Governance, die mit solchen Inputsteuerungsmodellen arbeiten muss, kann nicht anders, als sich auf die Inputs zu fokussieren. Im Zentrum der jährlichen Steuerung stehen daher die (Detail-)Budgets, die von mittelfristigen Entwicklungsplänen überlagert werden. Aber auch Letztere enthalten oft keine konkreten Vorgaben zu den Leistungen, sondern sie extrapolieren den Ressourcenverbrauch in eine vier- bis sechsjährige Zukunft.

Aus Sicht der Public Governance ist die Eigenerstellung die unkomplizierteste (da bewährte) Form der Steuerung. Die Verantwortlichkeiten sind – theoretisch – klar geregelt. Die bürokratischen Unterstellungsverhältnisse legen zumindest für die beauftragten Institutionen fest, wer welche Entscheidungen zu fällen und zu verantworten hat. Gegenüber einer verstärkt marktlichen Erfüllung hat die Eigenerstellung den Vorteil, dass ökonomische Anreize eine weniger große Rolle spielen. Durch die hierarchische Führung können Anliegen der politischen oder administrativen Führung direkt in die Organisation eingespeist und durchgesetzt werden.

Subventionsmodell

Ist der Staat nicht in der Lage oder willens, bestimmte Aufgaben wahrzunehmen, die aber als wichtig für das öffentliche Interesse empfunden werden, so kann er Dritte finanziell unterstützen, die genau diese Aufgaben wahrnehmen. Die Spannbreite solcherweise unterstützter Institutionen reicht von Turnvereinen über Kinderkrippen bis zu sozialen Institutionen. Das Subventionsmodell ist ein Relikt aus der „alten" staatlichen Steuerung, in der finanzielle Zuwendungen primär an vorbestimmte Institutionen ausgeschüttet wurden. Die Auswahl dieser Institutionen war ein politischer Prozess, deren spätere Überwachung ein bürokratischer Akt.

Subventionen können nach diesem Modell an drei unterschiedliche Tatbestände geknüpft werden: Typisch ist erstens die Bindung an eine bestimmte Institution, der man zutraut, dass sie über genügend Kompetenz verfügt, eine Aufgabe zu erfüllen. Zweitens besteht meistens eine Kontrolle über die Art der Ausgaben bzw. der Aufwendungen, das heißt, eine subventionierte Institution ist in der Regel gefordert, über die eingesetzten Ressourcen detailliert Rechnung abzulegen. Drittens – und weniger häufig – können Subventionen an die Bedingung geknüpft werden, bestimmte Leistungen zu erbringen.

Das Modell ist für die moderne verwaltungswissenschaftliche Debatte wenig spannend. Allerdings darf nicht unterschätzt werden, wie viele staatliche Mittel nach wie vor nach diesem Modell ausgeschüttet werden, sodass die Kenntnis dieses Modells für jeden Public-Manager von größtem Interesse sein müsste.

Regulatormodell

Viele Bereiche der Versorgung mit öffentlichen Grundleistungen können nicht dem freien Wettbewerb ausgesetzt werden, weil sie an so genannte „natürliche Monopole" geknüpft sind. Ein natürliches Monopol liegt dann vor, wenn die Leistungserbringung an so spezifische Voraussetzungen geknüpft ist, dass es Konkurrenten faktisch unmöglich ist, neu in einen Markt einzutreten (→ Markt). In der Praxis wurden solche Versorgungsaufgaben von vertikal integrierten Monopolunternehmen übernommen, die dem Staat gehörten. Typische Beispiele sind Netzwerkindustrien wie etwa die Stromversorgung, die Wasserversorgung, die Telekommunikation (sofern an Festnetze gebunden) oder der Eisenbahnverkehr (Finger 1999). Demnach ist sowohl institutionell wie auch faktisch ein Wettbewerb ausgeschlossen. Die deutsche oder österreichische Bundesbahn zu konkurrenzieren bedeutete, ein eigenes Schienennetz aufzubauen, was in der Praxis zu so hohen Vorinvestitionen führt, dass kein Konkurrent sich diese leisten kann. Wer also bereits über ein Schienennetz verfügt, ist faktisch der Monopolist in seinem Bereich – daher der Begriff natürliches Monopol.

Die EU hat es sich zur Aufgabe gemacht, ein ökonomisches Governance-Modell einzuführen, das einem liberalisierten europäischen Markt entspricht (Lippert 2005).Wenn nun bei einem natürlichen Monopol der Markt geöffnet werden soll, so müssen Regeln für den Zugang zu den beschränkenden Infrastrukturen formuliert werden. Es muss also versucht werden, das Eigentum an der Infrastruktur von den Durchleitungsrechten zu trennen, damit (wenigstens) im Bereich der Durchleitung eine marktähnliche Situation geschaffen werden kann. Man nennt diese Aufspaltung auch „unbundling" (Littlechild 1983). Weil aber die Anreize für eine Öffnung der Durchleitung nicht immer vorhanden sind, muss der Staat mit geeigneten Maßnahmen dafür sorgen, dass ein fairer Wettbewerb entstehen kann (→ Markt). Denn nur mit einem fairen und transparenten Wettbewerb können die Vorteile einer Marktsituation genutzt werden. Mit anderen Worten: Der Wettbewerb, der sich möglichst frei entwickeln soll, muss durch staatliche Akteure institutionalisiert und überwacht werden. Die Paradoxie dieses Gedankens bringt es mit sich, dass er entsprechend schwer zu kommunizieren ist. Wer aber sind die typischen Akteure in einem Regulatormodell?

Abbildung 2: Akteure im Regulatormodell

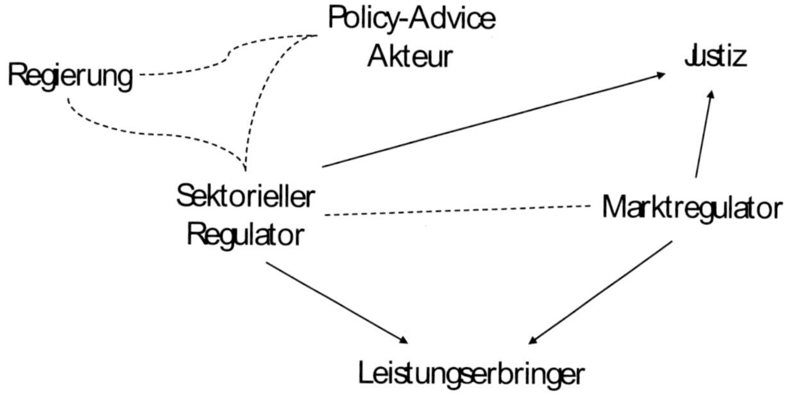

- Die *Regierung* entscheidet sich für dieses Modell und setzt die Regulatoren ein. Ihr zur Seite stehen Akteure, die sie in ihrer Politikgestaltung beraten (*Policy-Advice-Akteure*) und die über genügend Fachwissen verfügen, um einen dynamischen Markt wie etwa die Telekommunikation zu verstehen. In der Regel verfügen diese Politikberater über Erfahrungen und Netzwerke im entsprechenden Policy-Bereich, was sie wiederum anfällig für Einflussnahmen der Branche macht.
- Ein *Marktregulator* ist in der Regel damit beauftragt, generell die Einhaltung von Marktregeln zu überprüfen. In der Schweiz ist dies beispielsweise die Wettbewerbskommission. Das Hauptaugenmerk des Marktregulators liegt auf Preisabsprachen und anderen kartellistischen Elementen, die den Wettbewerb zwischen den Anbietern einschränken.
- Der *sektorielle Regulator* stellt die Regeln für das Funktionieren des Marktes in einem spezifischen Policy-Bereich auf und überwacht deren Einhaltung. Er berät die Regierung in der Formulierung neuer Gesetze (zum Beispiel Telekommunikationsgesetz) und der Zulassungsbedingungen zum Markt. Nicht selten kann er Lizenzen für Anbieter von Leistungen in seinem Zuständigkeitsbereich vergeben, um eine Sanktionsmöglichkeit bei Fehlverhalten in der Hand zu haben.
- Die *Leistungserbringer* stehen zueinander in einem Wettbewerbsverhältnis. Sind die Ressourcen für Durchleitungen beschränkt, wie dies im öffentlichen Verkehr der Fall ist, so werden Durchleitungsrechte idealerweise versteigert, sodass eine Wettbewerbssituation geschaffen werden kann. Immer wieder Konkurrenzangebote einzuholen ermöglicht es dem Principal, das Angebot des Agents mit jenen von Dritten zu vergleichen und damit die Informationsasymmetrie zu seinen Gunsten zu verringern.
- In einem *Rechtsstaat* muss stets die unabhängige Beurteilung einer möglichen Konfliktsituation aufgrund klarer Kriterien möglich sein; daher spielt auch im Regulatormodell Kontinentaleuropas die Justiz eine zunehmend bedeutendere Rolle. Für die ökonomische Perspektive ist sie hingegen weniger wichtig, sodass sie an dieser Stelle nicht weiter vertieft wird.

Das Regulatormodell wird in der Europäischen Union stark gefördert. Ein herausragendes Beispiel – mit allerdings vorläufig wenig erfolgreichem Ausgang – sind die britischen Eisenbahnen. Hier wurde die Infrastrukturleistung (als Monopol) vom Betrieb der Eisenbahnen (als Wettbewerbsfeld) getrennt, und der Bahnregulator vergab eine Art Lizenz für bestimmte Strecken an diejenigen Anbieter, die das beste Preis-Leistungs-Verhältnis versprachen. Dem Modell war indessen nur wenig Erfolg beschieden, was aber weniger am Modell selbst lag als an den suboptimalen Rahmenbedingungen für die Durchführung. Als erfolgentscheidend gilt in der Regel die Unabhängigkeit des Regulators. Weder Leistungsanbieter noch Politik dürfen in seine Steuerungsaktivitäten eingreifen können. Lippert (2005) betont in einer neuen Studie, dass seit Mitte der 1990er Jahre in allen Sektoren Konvergenztendenzen festzustellen sind, sodass sich ein Regulierungsmodell für Europa abzuzeichnen beginnt (→ Europäische Union).

Kontraktmodell

Im Kontraktmodell (vgl. Abb. 3) tritt der Staat in einer aktiveren Rolle auf als im Regulatormodell. Hier lässt er den Wettbewerb nicht nur in einem vorgegebenen Rahmen laufen, sondern er ist selbst aktiver Partner in der Leistungsaustauschbeziehung, und er legt die Leistungen fest, die zu erbringen sind. Das Kontraktmodell ordnet die Beziehung zwischen Staat und Dritten (oder auch eigenen Einheiten) typischerweise nach dem Muster einer Principal-Agent-Beziehung (→ Netzwerke): Der Auftraggeber (hier die Legislative) bestellt Leistungen und legt die verfügbaren Mittel als Gesamtsumme fest, die Exekutive beschafft diese Leistungen am Markt, und die Leistungserbringer konkurrenzieren sich gegenseitig – seien sie private oder staatliche Organisationen.

Abbildung 3: Akteure und deren Rollen im Kontraktmodell

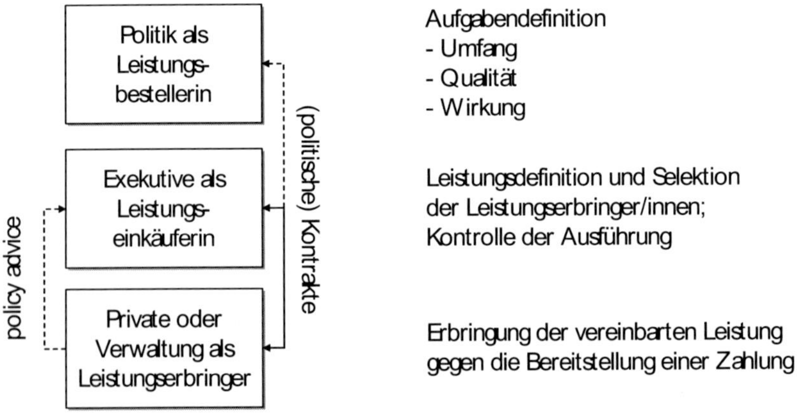

Im Gegensatz zum Subventionsmodell zielt das Kontraktmodell auf die Vordefinition und die Erfüllung von Leistungen statt Ressourcenvorgaben, und zudem ist die Suche des Kontraktpartners in der Regel wettbewerblich. Obwohl die Kontraktvergabe seit den 1970er Jahren bewusst vermehrt wettbewerblich gestaltet wird, erlebte das Modell vor allem in den 1980er und 1990er Jahren seine eigentliche Hochblüte. Im Idealfall werden nebst den Leistungen auch anzustrebende Wirkungen vereinbart, die allerdings erst auf mittlere Frist beurteilt werden können. Wesentlich ist für dieses Modell die Trennung der Rollen des Leistungsbestellers, des Leistungseinkäufers sowie des Leistungserbringers. In der englischsprachigen Literatur wird in diesem Zusammenhang von einem „funder-purchaser-provider split" gesprochen.

Leistungsaufträge (oder eben Kontrakte) sind von einer modernen Verwaltungsführung nicht mehr wegzudenken. Sie lösen nach und nach die klassischen, inputorientierten Subventionen in der Public Governance ab. Auch Verwaltungen, die explizit nicht New Public Management machen, setzen Leistungsaufträge als Steuerungsinstrumente ein. Sie bewegen sich damit automatisch im Kern der „Wirkungsorientierten Verwaltungsführung", oft ohne sich dessen bewusst zu sein.

Ein wichtiges Defizit des Kontraktmodells sind die Koordination und die Politikgestaltung. Wenn nämlich alles Know-how zu einem bestimmten Bereich von Dritten eingekauft wird, wer ist dann noch in der öffentlichen Verwaltung in der Lage, unterschiedliche Angebote zu analysieren und einen Entscheidungsvorschlag zu erarbeiten? Und wer kann so detaillierte Kontrakte mit privaten Firmen aufsetzen und anschließend mit gutem Gewissen unterzeichnen? Oder in ökonomischer Terminologie: Wer ist in der Lage, den ohnehin vorhandenen Informationsvorsprung des Agents durch eigene Expertise so gering wie möglich zu halten?

Aus dem Kontraktmodell ergibt sich daher die Anforderung an den Staat, sich Kompetenzen als „smart buyer" zu verschaffen und zudem einmal abgeschlossene Kontrakte geschickt weiter zu überwachen. Der Kontext, in dem die Kontrakte existieren, ist dabei eine entscheidende Erfolgsgröße, insbesondere die politische Unterstützung für konsequente Handhabung. Wenn vereinbarte Sanktionen bei Schlechterfüllung eines Kontraktes aus politischen Gründen nicht durchgesetzt werden können, so ist die Glaubwürdigkeit des gesamten Kontraktmanagements in Gefahr, und darunter leidet die Effektivität dieser Governance-Form (Romzek/Johnston 2005).

Beteiligungsmodell

Eine andere Form der Einflussnahme ist die finanzielle Beteiligung an öffentlichen Unternehmen. Auch dies ist keine neue Erscheinung in den Verwaltungswissenschaften, wurde aber bislang aus Sicht der Managementtheorie und der Ökonomie eher stiefmütterlich behandelt. Traditionellerweise nimmt der Staat Einfluss auf seine Beteiligungen, indem er Delegierte in die jeweiligen Aufsichtsräte (in der Schweiz: Verwaltungsräte) entsendet. Durch die Beteiligung kann der Staat mehrere Ziele verfolgen: Er kann sich als Risikokapitalgeber engagieren und damit die Bereitstellung bestimmter Leistungen überhaupt ermöglichen. Er kann zudem über den Weg der Delegierten direkten Einfluss auf die Leistungserbringung der jeweiligen Unternehmen nehmen, was gerade in politisch sensiblen Bereichen wie der Grundversorgung wichtig sein kann. Gleichzeitig kann er, wenn er neben sich private Eigentümer zulässt, das privatwirtschaftliche Know-how in die Unternehmensführung einbinden.

Die Steuerung über Eigentum birgt jedoch auch nicht zu unterschätzende Risiken. Der Staat ist gefordert, die unternehmerischen Risiken der Unternehmen richtig einzuschätzen, um politischen Schaden zu vermeiden. Aufgrund der immer stärkeren Dynamik in den Versorgungsmärkten („service public") müssen staatliche Beteiligungen heute professioneller gemanagt werden als früher. Aus diesem Grund bilden sich moderne Formen eines Beteiligungsmanagements oder Beteiligungscontrollings für Gemeinwesen, in denen zur Public Governance auch eine Art *öffentliche Corporate Governance* (Ruter u.a. 2005) dazukommt.

Beteiligt sich der Staat an privatrechtlich operierenden Unternehmen, so müssen beispielsweise folgende steuerungsrelevante Fragen geklärt werden:

- Nach welchen Kriterien werden personelle Entscheidungen getroffen? Dies betrifft sowohl die Besetzung des Aufsichtsrates wie auch die der Führungspositionen in der Unternehmung. Die verbreitete Praxis der Patronage müsste aus einer ökonomischen Sichtweise abgelöst werden von einer Besetzung nach rein sachlichen Kriterien.
- Wie werden die Steuerungsgremien organisiert? Im Aufsichtsrat müsste beispielsweise sichergestellt werden, dass politische Überlegungen nicht die marktorientierte Strategie dominieren, dennoch aber eine Art Vetorecht bekommen, um politische Skandale zu verhindern.
- Wie stellt der Staat als Eigentümer (und damit politisch Verantwortlicher) seinen Einfluss auf die Politik einer Unternehmung sicher?

5 New Public Management als praktische Anwendung

In diesem Abschnitt werden die bisher vorgestellten Teilkonzepte zusammengeführt. Ich möchte dies anhand der neueren Reformdiskussion tun, die mit Schlagworten wie New Public Management oder Wirkungsorientierte Verwaltungsführung angereichert ist. Es wird zu zeigen sein, dass in diesen Reformkonzepten viele der angesprochenen grundsätzlichen Überlegungen wiederzufinden sind.

In den 1980er Jahren begann international eine Entwicklung in den politisch-administrativen Systemen verschiedener Länder, die sich zu einem weltweit diskutierten Phänomen ausweiten sollte. Allen voran in anglo-amerikanischen Ländern wie Neuseeland, Australien, England – und später auch in den USA – wurden Formen der Dezentralisierung, Verselbständigung („corporatization") und (Teil-)Privatisierung im öffentlichen Sektor eingeführt, begleitet von einer beispiellosen Modernisierung der öffentlichen Verwaltung. Erst zu Beginn der 1990er Jahre griffen Verwaltungswissenschaftler diese Entwicklung auf und diskutierten sie unter dem Label New Public Management (Rhodes 1991). Bis heute hat sich die Diskussion über den ganzen Erdball ausgebreitet, und die Fülle an Literatur ist nicht mehr zu überblicken. Es machte den Anschein, als ob mit dem New Public Management ein Steuerungsmodell für den öffentlichen Sektor gefunden wurde, das global erfolgreich sein kann – sofern es richtig umgesetzt wird (→ Nationalstaat).

Neuere Untersuchungen machen jedoch deutlich, dass die praktische Anwendung des Konzeptes in den verschiedenen Ländern und Regionen sehr große Unterschiede aufweist. Pollitt/Bouckaert (2000) unterscheiden vier Ebenen einer Konvergenz, die im Zusammenhang mit dem New Public Management von Bedeutung sind:

1. Auf der diskursiven Ebene ist festzustellen, dass in den unterschiedlichen Ländern mit immer denselben Begriffen gearbeitet wird, dass also die geschriebenen Konzepte eine erstaunlich große Konvergenz aufweisen – nicht zuletzt dank der starken internationalen Vernetzung der Forscher und des starken Engagements internationaler Organisationen in der Verbreitung von Reformkonzepten.
2. Auf der Entscheidungsebene ist ebenfalls eine recht ansehnliche Konvergenz festzustellen, das heißt, viele Regierungen haben entschieden, das Konzept des NPM im eigenen Verantwortungsbereich einzuführen.
3. Auf der Umsetzungsebene sind schon große Diskrepanzen feststellbar: Zum Teil wurden die Beschlüsse der Regierungen nicht oder nur unvollständig umgesetzt, zum Teil entwickelten sich NPM-Varianten, die kaum mehr Ähnlichkeiten zueinander aufweisen. Hier ist entscheidend, dass das Konzept des NPM nie auf der grünen Wiese, sondern stets in einem bestehenden Kontext eingeführt wird, was zu Anpassungsprozessen führen muss.
4. Auf der Ergebnisebene divergieren die verschiedenen Reformen zum Teil beträchtlich. Teilweise wurden kaum sichtbare Erfolge erzielt, teilweise sehr widersprüchliche (von Effizienzsteigerung bis Effizienzverlusten), teilweise aber auch sehr vielversprechende.

Insgesamt ist die Umsetzung des New Public Management international sehr heterogen. Dennoch können die wichtigsten Elemente der Governance im New Public Management wie folgt zusammengefasst werden (vgl. auch Hood 1991; Kettl 2000):

- *Aufteilung der Rollen nach Interessen*: Bewusst werden die bisherigen Vermischungen von Interessen aufgelöst, indem unterschiedliche Rollen definiert und organisatorisch auseinandergehalten werden. Dies soll die Interessenkonflikte (Interrollenkonflikte) verringern, die Transparenz erhöhen und die Verantwortlichkeiten klären. Ein Beispiel ist der oben erläuterte Funder-Purchaser-Provider-Split. Damit einher gehen zwei widersprüchliche Tendenzen. Einerseits werden die einzelnen Akteure in ihren Entscheidungen autonomer, was vor allem die Leistungserbringer schätzen. Andererseits aber werden gleichzeitig neue Steuerungs- und Kontrollinstrumente aufgebaut, um die Kohärenz des Staates insgesamt zu erhalten.
- *Verschiebung des Steuerungsfokus*: Die traditionelle Steuerung über detaillierte Inputs wird abgelöst von einer Steuerung der Leistungen öffentlicher oder beauftragter Institutionen unter starker Ausrichtung an den angestrebten Wirkungen. Aus dieser Linie stammt der Begriff Wirkungsorientierte Verwaltungsführung, der vor allem in Österreich und der Schweiz verbreitet ist. Damit sollen nicht mehr die größten Budgets, sondern die effizienteste Leistungserbringung zu einem Ziel der Public-Manager werden.

- *Öffnung der Verwaltung gegenüber Anliegen der Stakeholder*: Die Forderung, die Verwaltung müsse ebenso kundenorientiert sein wie die Privatwirtschaft, zielt auf eine systematische Öffnung des bislang selbstreferenziellen Systems Verwaltung. Diese soll sich nicht mehr allein an ihren (selbstdefinierten) bürokratischen Vorgaben messen, sondern sie soll responsiver werden. Das Bewusstsein, dass es „da draußen" Gruppen gibt, die legitime Ansprüche an die Qualität der Verwaltungsleistung stellen, soll damit geschaffen werden.
- *Verstärkung des Effizienzdrucks auf die öffentliche Leistungserstellung*: Wenn demokratisch gewählte Politik die Verwaltung nicht wirklich kontrollieren kann, so ist der Ausweg über die „invisible hand" des Marktes zu suchen. Da aber in den meisten Fällen der öffentlichen Leistungserbringung ein reiner Wettbewerb nicht möglich ist, werden Wettbewerbsmechanismen eingeführt, wie etwa die Pflicht zur Ausschreibung öffentlicher Leistungen in England (Compulsory Competitive Tendering) oder die Schaffung eines verwaltungsinternen Anbieter-Abnehmer-Verhältnisses mit mehr oder weniger intensiven Wettbewerbselementen, zum Beispiel für die Versorgung mit Informatikleistungen, für Büroräumlichkeiten etc. (→ Politischer Wettbewerb). Nicht zuletzt sind auch die oben beschriebenen Gewährleistungsmodelle, die im NPM erhebliche Verbreitung gefunden haben, durch diesen Wettbewerbsgedanken motiviert.

6 Einordnung in die allgemeine Governance-Debatte

Schon die ersten praktischen Fälle von Reformen, die die Bezeichnung New Public Management bekamen, gehen weit über das reine Management hinaus. Gerade in Neuseeland wurde von Beginn an ein völliger Umbau der Steuerung im gesamten politisch-administrativen System vollzogen (Boston u.a. 1996), also eine Änderung der Public Governance, wie man das heute bezeichnete. Es ist also völlig verfehlt zu meinen, die Public Governance löse das New Public Management ab (womöglich, weil NPM gescheitert sei). Vielmehr gehen die beiden Konzepte ineinander über. Gerade wo Gewährleistungsmodelle in der Praxis eingeführt werden, lassen sich NPM und Public Governance kaum unterscheiden. Nur wer im NPM eine naive (rein betriebswirtschaftliche) Übernahme privatwirtschaftlicher Führungskonzepte in die öffentliche Verwaltung sieht, erkennt in der Public Governance etwas völlig Neues für die Reformdebatte. Wer aber die Verwaltungsreform kontextbezogen analysiert, der musste schon früh auch Governance-Fragen mit beantworten. In der Schweiz wurde dies typischerweise früh angegangen (Lienhard u.a. 2005), wie etwa in folgenden Fragen deutlich wird:

- der Frage des Aufbaus mittelfristig wirkender Steuerungsprozesse und -instrumente wie des Integrierten Aufgaben- und Finanzplans (Brühlmeier u.a. 2001);
- der Frage des Zusammenspiels von politischer und strategischer Führung (Reichard 1998);
- der Frage der Auswirkungen der Rollenteilung auf die jeweiligen Institutionen, inklusive der Kooperation mit Privaten und anderen Verwaltungseinheiten (Klimecki/ Müller 1999);

- der Frage der Partizipation von Bürgerinnen und Bürgern sowie Kundinnen und Kunden (Naschold 1996; Hardmeier/Schloeth 1998).

Dennoch muss gesagt werden, dass im Verlauf der NPM-Debatte eine disziplinäre Verschiebung stattgefunden hat, jedenfalls im deutschsprachigen Raum. Die Faszination des NPM ging für viele Praktiker zu Beginn vor allem von seinem ökonomischen Ansatz aus, indem es endlich ein ordentliches Management in öffentlichen Institutionen propagierte und mit Instrumenten unterstützte. Die ökonomischen Elemente im NPM schienen vielen geeignet, den gordischen Knoten der sklerotisierten Bürokratie zu durchschlagen. Die Erfahrungen mit ersten Reformprojekten waren allerdings umso ernüchternder, je weniger der konkrete politische Kontext in der Umsetzung beachtet wurde.

Literatur

Barzelay, Michael, 1992: Breaking Through Bureaucracy. A New Vision For Managing in Government. Berkeley u.a.: University of California Press.

Boston, Jonathan/Martin, John/Pallot, June/Walsh, Pat, 1996: Public Management – The New Zealand Model. Auckland: Oxford University Press.

Brühlmeier, Daniel/Mastronardi, Philippe/Schedler, Kuno/Haldemann, Theo, 2001: Politische Planung. Mittelfristige Steuerung in der wirkungsorientierten Verwaltungsführung. Bern u.a.: Paul Haupt.

Coase, Ronald, 1998: The New Institutional Economics, in: The American Economic Review 88 (2), 72-74.

Downs, Anthony, 1957: An Economic Theory of Democracy. New York: Harper and Row.

Finger, Matthias, 1999: Managing globalisation in public utilities. Public service transnational corporations and the case of the global water industry. Chavannes-près-Renens: IDHEAP.

Grauhan, Rolf-Richard, 1969: Modelle politischer Verwaltungsführung. Konstanz: Universitätsverlag Konstanz.

Gulick, Luther, 1937: Notes on the Theory of Organization, in: Luther Gulick/Lyndall Urwick (Hrsg.), Papers on the Science of Administration. New York: Institute of Public Administration, 1-45.

Hardmeier, Sibylle/Schloeth, Daniel, 1998: Befragungen im Rahmen der Wirkungsorientierten Verwaltungsführung – Ein praxisorientiertes Handbuch. Zürich: Institut für Politikwissenschaft, Universität Zürich IPS.

Hood, Christopher, 1991: A Public Management For All Seasons?, in: Public Administration 69, 3-19.

Hume, Leslie J., 1981: Bentham on Bureaucracy. Cambridge: Cambridge University Press.

Kettl, Donald F., 2000: The Global Public Management Revolution. A Report on the Transformation of Governance. Washington, DC: Brookings Institution Press.

Klimecki, Rüdiger/Müller, Werner R., 1999: Verwaltung im Aufbruch. Modernisierung als Lernprozess. Zürich: NZZ.

Lienhard, Andreas/Ritz, Adrian/Steiner, Reto/Ladner, Andreas (Hrsg.), 2005: 10 Jahre New Public Management in der Schweiz. Bilanz, Irrtümer und Erfolgsfaktoren. Bern u.a.: Paul Haupt.

Lippert, Inge, 2005: Öffentliche Dienstleistungen unter EU-Einfluss. Liberalisierung – Privatisierung – Restrukturierung – Regulierung. Berlin: Edition Sigma.

Littlechild, Stephen, 1983: Regulation of British Telecommunications' Profitability. London: Department of Industry.

Lynn, Laurence E./Heinrich, Carolyn J./Hill, Carolyn J., 2001: Improving Governance. A new Logic for Empirical Research. Washington, DC: Georgetown University Press.
Mastronardi, Philippe/Schedler, Kuno, 1998: New Public Management in Staat und Recht. Ein Diskurs. Bern u.a.: Paul Haupt.
Naschold, Frieder, 1996: Partizipative Demokratie – Erfahrungen mit der Modernisierung kommunaler Verwaltungen, in: Werner Weidenfeld (Hrsg.), Demokratie am Wendepunkt. Die demokratische Frage als Projekt des 21. Jahrhunderts. Berlin: Siedler, 294-307.
Naschold, Frieder, u.a., 1996: Leistungstiefe im öffentlichen Sektor. Erfahrungen, Konzepte, Methoden. Modernisierung des öffentlichen Sektors. Berlin: Sigma.
Niskanen, William A., 1971: Bureaucracy and representative government. Chicago: Aldine-Atherton.
Pollitt, Christopher/Bouckaert, Geert, 2000: Public Management Reform. A Comparative Analysis. Oxford: Oxford University Press.
Reichard, Christoph, 1998: Zur Naivität aktueller Konzepttransfers im deutschen Public Management, in: Thomas Edeling/Werner Jann/Dieter Wagner (Hrsg.), Öffentliches und privates Management. Opladen: Leske + Budrich, 53-70.
Rhodes, Rod A.W., 1991: The New Public Management, in: Public Administration 69 (1), 3-23.
Romzek, Barbara S./Johnston, Jocelyn M., 2005: State social services contracting. Exploring the determinants of effective contract accountability, in: Public Administration Review 65 (4), 436-449.
Ruter, Rudolf X./Sahr, Karin/Waldersee, Georg Graf (Hrsg.), 2005: Public Corporate Governance. Ein Kodex für öffentliche Unternehmen. Wiesbaden: Gabler.
Schedler, Kuno, 1995: Ansätze einer wirkungsorientierten Verwaltungsführung. Bern u.a.: Paul Haupt.
Schedler, Kuno/Proeller, Isabella, 2000: New Public Management. Bern u.a.: Paul Haupt.
Waldo, Dwight, 1948: The Administrative State. A study of the political theory of American public administration. New York: Holmes and Meier.
Williamson, Oliver E., 1973: Market and Hierarchies. Some elementary considerations, in: The American Economic Review 2 (63), 316-325.
Williamson, Oliver E., 1993: Transaktionskostenökonomik. Münster u.a.: Lit.
Wilson, Woodrow, 1887: The study of administration, in: Political Science Quarterly 2 (2), 481-506.

Teil 3: Ebenen, Funktionsbereiche, Querschnittsfragen

Joachim Blatter

3.1 Demokratie und Legitimation

Die Legitimität politischer Herrschaft stellt einen klassischen Topos der politischen Philosophie dar. Der Begriff Legitimität kann in einem normativen und in einem positiven Sinn interpretiert und benutzt werden. Im Hinblick auf die erste Verwendung wurde der Begriff Legitimität im deutschen Sprachraum lange Zeit mit „Rechtmäßigkeit" übersetzt (z.B. Westle 1991: 258), in jüngerer Zeit findet sich der international anschlussfähigere Begriff „Anerkennungswürdigkeit" (Cheneval 2005: 1). In der normativen Diskussion geht es um die theoretisch-konzeptionellen Grundlagen für ein anerkennungswürdiges Regime oder System politischer Herrschaft. Positive Analysen untersuchen dagegen die empirisch feststellbare Anerkennung bzw. Akzeptanz politischer Herrschaft und Herrschaftsordnungen durch die Mitglieder der entsprechenden politischen Einheiten.

Im Kontext der gegenwärtigen Transformationen politischer Steuerungs-, Integrations- und Herrschaftsordnungen tritt die Problematik der politischen Legitimation ins Zentrum vieler Analysen. Die klassischen Formen und Prozesse der politischen Legitimierung, die sich in den letzten rund 200 Jahren in den westlichen Demokratien entwickelt hatten, erscheinen angesichts vielfältiger Differenzierungen und Grenzverwischungen innerhalb des politisch-administrativen und zwischen dem politischen und dem gesellschaftlichen System als nicht mehr adäquat oder ausreichend, um bei der Bevölkerung Akzeptanz sowie Folge- und Mitwirkungsbereitschaft zu garantieren. Die neuen Formen der politischen Steuerung, Integration und Herrschaft, die meist unter dem Begriff Governance subsumiert werden, erfordern eine Weiterentwicklung der Demokratie- und Legitimationstheorie. Die entsprechenden Überlegungen werden nachfolgend skizziert. Zuerst sollen allerdings die wichtigsten Schritte der Transformation politischer Legitimation auf dem Weg zur klassischen Moderne und die verschiedenen Ausprägungen politischer Legitimierungsformen innerhalb der westlichen Demokratien dargestellt werden.

1 Demokratische Legitimation in der klassischen Moderne

Die Notwendigkeit der Legitimierung politischer Herrschaft beschränkt sich nicht auf moderne Formen der westlich-liberalen Demokratien. Jedes Regime oder System politischer Herrschaft benötigt ein Mindestmaß an Anerkennung, um zu funktionieren. Im Laufe der Geschichte lassen sich unterschiedliche Formen der Legitimierung feststellen. Auf dem Weg zu den demokratischen Legitimationsformen, wie sie in den westlichen Staaten im 20. Jahrhundert vorherrschten, lassen sich drei wichtige Veränderungen unterscheiden. Die erste, grundlegende Veränderung stellt der Wandel von nichtdemokratischen zu demokratischen

Formen der Herrschaft und Legitimation dar. Dieser Wandel erfolgte zum ersten Mal im 5. Jahrhundert v.Chr. in den griechischen Stadtstaaten, konnte sich aber nicht dauerhaft etablieren (Dahl 1994: 25). Erst die Aufklärung verdrängte innerhalb des Westens dauerhaft die religiöse Legitimierung monarchischer und kirchlicher Herrschaftsformen und erklärte „endgültig" den Willen des Volkes zur Basis politischer Legitimation. Für Max Weber war dies mit der Ablösung einer traditionalen durch eine legal-rationale Herrschaft verbunden, wobei er in seiner bekannten Typologie noch die charismatische Herrschaft als ein Übergangsphänomen aufnahm (Weber [1922] 1985: 122-176). Für Dahl hingegen war die Durchsetzung des demokratischen Nationalstaates im Laufe der Modernisierung bereits die „zweite große Transformation" der Demokratie. Im Vergleich zur direkten Demokratie der griechischen Stadtstaaten entwickelten die westlichen Nationalstaaten (→ Nationalstaat) eine repräsentative Form der Demokratie (Dahl 1994).

Diese unterschiedlichen Interpretationen zum grundlegenden Merkmal moderner demokratischer Legitimation spiegeln sich auch in den verschiedenen Institutionen und Demokratieverständnissen in den westlichen Ländern. Bevor darauf näher eingegangen wird, soll allerdings noch ein drittes Element des Wandels auf dem Weg zur modernen Demokratie erwähnt werden. Es ist dies der Wandel von einer stratifikatorischen bzw. ständischen Abgrenzung des Demos hin zu einer segmentär-territorialen Abgrenzung. Parallel zur territorialen Verankerung des Westfälischen Systems der politischen Herrschaft erfolgte eine schrittweise Ausdehnung der demokratischen Bürger- und Beteiligungsrechte auf alle Menschen innerhalb geographisch demarkierter Grenzen.

2 Unterschiedliche Schwerpunktsetzungen moderner Verständnisse von demokratischer Legitimation

Max Webers Beschreibung einer modernen Legitimationsgrundlage repräsentiert eine typisch deutsche legalistische und konstitutionalistische Konzeption demokratischer Legitimation. Ein solches Verständnis betont in erster Linie die formalen Regeln zur Formulierung des Willens des Volkes. Die Verfassung enthält aber nicht nur prozedurale Regeln, sondern auch starke substanzielle Normen, die über richterliche Kontrollverfahren der Willkür demokratischer Mehrheiten Grenzen setzen, um Freiheit und Gleichbehandlung der Einzelnen sicherzustellen. In den angelsächsischen Ländern basiert politische Legitimierung weniger auf der Verfassung, sondern wird durch starke Partizipations- und Kontrollmöglichkeiten der Bevölkerung vor allem im Rahmen von Abstimmungen und Wahlen sowie durch ein System der institutionellen *Checks and Balances* sichergestellt. Eine weitere Linie demokratischer Legitimitätsvorstellungen mit insbesondere französischen Wurzeln betont die Bedeutung des Zugehörigkeitsgefühls zu einer politischen Gemeinschaft als Basis für die Folge- und Beteiligungsbereitschaft der Mitglieder und als Basis für die Loyalität gegenüber den Repräsentanten dieser Gemeinschaft. Kollektivistische Ansätze mit einer stärker materialistischen Ausrichtung betrachten die Sicherung von ökonomischem Wohlstand und sozialer Gleichheit als Basis der Legitimität eines politischen Systems. Solche Überlegungen führten in den kommunistischen Staaten zu einer Überordnung des politischen Systems über die anderen sozialen Subsysteme, insbesondere über das ökonomische System, da nur dadurch die Umsetzung des politischen Willens der Gemeinschaft garantiert werden konnte.

Zwei Diskussionslinien prägten die moderne Debatte über politische Legitimität. Eine besonders in Deutschland ausgeprägte Debatte konzentrierte sich auf das Verhältnis von Legalität und Legitimität bzw. auf das Verhältnis von prozeduraler Form und moralischer Substanz für die Anerkennungswürdigkeit von politischer Herrschaft. Die Differenzierung von Form/Prozess und Norm/Substanz legitimer Herrschaft stellt die Basis für einen säkularen und liberalen Staat und für die Befreiung einer „positiven" Gesetzgebung aus holistischen Wertesystemen wie Religion und Tradition dar. Rein auf formalen Regeln und Verfahren basierende Demokratie- und Legitimierungsvorstellungen sind in Deutschland aber stets auf Widerspruch gestoßen (vgl. z.B. Westle 1991).

Eine zweite und in der angelsächsischen Politikwissenschaft dominierende Debatte konzentriert sich auf das Verhältnis von Legitimität und Leistungsfähigkeit politischer Herrschaft. Ausgangspunkt dieser Debatte ist üblicherweise das systemtheoretische Modell von David Easton (1965; 1975). In diesem Modell politischer Prozesse unterscheidet Easton zwischen den Anforderungen an das politische System (dem „Input") und den Leistungen des politischen Systems (dem „Output"). Je besser die Ergebnisse des politischen Systems den Erwartungen der Gesellschaft entsprechen, desto besser ist dessen Fortbestand gesichert. Außerdem unterscheidet Easton zwei Arten der Unterstützung: die spezifische und die diffuse. Die spezifische Unterstützung resultiert aus der kurzfristig erbrachten Leistung des politischen Systems (Output). Die diffuse Unterstützung bezieht sich dagegen auf eine generelle Unterstützung des politischen Systems. Easton unterscheidet zusätzlich zwei verschiedene Quellen der diffusen Unterstützung: erstens „Vertrauen" in die längerfristige Leistungsfähigkeit des politischen Systems und zweitens „Legitimität" als grundsätzliche Überzeugung, dem System Gehorsam zu schulden.

Eastons Konzepte wurden in der Folgezeit immer wieder aufgegriffen und reinterpretiert. So bezeichnet zum Beispiel Schmidberger (1997) die drei Quellen politischer Unterstützung als instrumentelle, reflexive und affektive Unterstützung und passt damit Eastons Konzept aktuellen handlungstheoretischen Vorstellungen in den Sozialwissenschaften an. Die eindeutig wirkmächtigste Reinterpretation von Eastons Modell hat Fritz Scharpf vorgenommen. Bereits 1970 hat er in seiner Konstanzer Antrittsvorlesung ein Modell „komplexer Demokratie" entwickelt und dabei die Differenzierung zwischen Inputs und Outputs als Kriterium für die Zuordnung von verschiedenen Demokratie- und Legitimationskonzepten eingesetzt (Scharpf 1970). Ende der 1990er Jahre hat er die Unterscheidung zwischen einer inputorientierten Legitimierung und einer outputorientierten Legitimierung im Kontext der Europäischen Integration wieder eingeführt, und diese Unterscheidung wurde in der Folgezeit weit über diesen Kontext hinaus aufgegriffen.

Scharpf (1998: 85) definiert die beiden Formen demokratischer Legitimierung unter Bezugnahme auf Abraham Lincolns berühmte Trias *government of the people, by the people and for the people*. Inputorientierte Legitimierung wird mit *government by the people* gleichgesetzt. Politische Entscheidungen sind dann legitim, wenn sie von den authentischen Präferenzen der Mitglieder einer politischen Gemeinschaft abgeleitet werden können. Wenn eine ausgeprägte kollektive Identität existiert, dann sind aus einer inputorientierten Perspektive

Mehrheitsentscheidungen legitim. Outputorientierte Legitimierung entspricht dagegen der Vorstellung *government for the people*. Die Legitimität des politischen Systems erwächst hier aus der Leistungsfähigkeit des Systems und erfordert keine gemeinsame Identität, sondern nur eine Reihe von gemeinsamen Interessen. Mechanismen zur Steigerung der Leistungsfähigkeit sind Kontrollen durch regelmäßige Wahlen, aber auch unabhängige Expertisen sowie korporatistische und intergouvernementale Verhandlungssysteme. Im Gegensatz zu Easton begreift Scharpf damit die Anerkennungs- und Folgebereitschaft zu einem politischen System, die aus dessen Leistungen resultiert, als Form der demokratischen Legitimierung. Bemerkenswert ist weiterhin, dass Scharpf die dritte Dimension der Lincolnschen Trias – *government of the people* – und damit die Frage nach der Abgrenzung des Staatsvolkes bzw. der Mitgliedschaft einer politischen Gemeinschaft weitgehend ignoriert (Scharpf 1998: 85-92; 1999: 6-20).

3 Erosion politischer Legitimität in den westlichen Demokratien?

Vor dem Hintergrund dieser klassischen Ausprägungen und Konzeptionen demokratischer Legitimität wenden wir uns in den folgenden Abschnitten den gegenwärtigen Herausforderungen für die Legitimität des politischen Systems in der westlichen Moderne zu.

Bereits in den 1970er Jahren wurde eine Legitimationskrise der westlich-liberalen Demokratien postuliert (Habermas 1973), wobei diese Krise eher dem normativen Maßstab progressiver Intellektueller denn dem Legitimitätsempfinden der Bevölkerung geschuldet war (Kaase 1979). In jüngerer Zeit basiert dagegen die Diagnose einer Legitimitätskrise der westlichen Demokratien sowohl auf theoretisch-intellektuellen Überlegungen wie auch auf umfangreichen empirischen Untersuchungen. Bevor wir uns in den nachfolgenden Abschnitten detailliert mit den theoriebasierten Diagnosen eines Demokratie- und Legitimitätsdefizits und den möglichen Auswegen beschäftigen, wenden wir uns zuerst den empirischen Erhebungen und Befunden zu.

In den westlichen Staaten wird für die letzten Jahrzehnte ein durchgehender Trend zu einem geringeren Vertrauen in die klassischen demokratischen Institutionen diagnostiziert. Insbesondere Parteien und politischen Führungspersönlichkeiten wird immer weniger Vertrauen entgegengebracht, und die Wahlbeteiligung sinkt in den meisten Ländern. Auch klassische Institutionen wie das Parlament und die staatliche Bürokratie, aber auch Verbände und Medien genießen immer weniger Anerkennung. Es scheint aber falsch zu sein, daraus eine umfassende Legitimationskrise der Demokratie abzuleiten, denn die überwiegende Mehrheit der „kritischen Bürger" äußert trotz allem ein grundlegendes Vertrauen in demokratische Werte und Verfahren. Ihre Unzufriedenheit mit klassischen Institutionen demokratischer Willensbildung und Kontrolle äußert sich primär in einer Hinwendung zu neuen Formen der politischen Partizipation wie Demonstrationen und Internetkampagnen (Dalton 2004; Norris 2002).

Insgesamt scheint es so zu sein, dass sich viele Bürger auf die gesellschaftlichen und politischen Transformationen mit veränderten Erwartungshaltungen und Beteiligungsformen eingestellt haben, ohne dabei den Anspruch an und das Vertrauen in demokratische Legitimationsformen aufzugeben. In der (politik-)wissenschaftlichen Debatte dominierte aber bis vor kurzem ein Krisendiskurs, da sich zwischen den jüngeren Governance-Formen und den klassischen Legitimierungsstrategien eine Lücke zeigt. Im Folgenden werden drei Dimensionen skizziert, in denen die Transformation politischer Steuerung und Integration zu Herausforderungen klassischer Legitimierungsformen und zu innovativen Formen demokratischer Legitimierung führte. Alle diese Transformationen haben dazu geführt, dass die klassische Vorstellung eines einzigen Zentrums politischer Entscheidung und Verantwortlichkeit zugunsten von Konzeptionen polyzentraler politischer Systeme aufgegeben werden muss. Sie haben weiterhin dazu geführt, dass die Grenzen der politischen Gemeinschaften offener, fragwürdiger und damit selbst zum Thema demokratischer Selbstbestimmung geworden sind. Schließlich wird immer deutlicher, dass die klassischlineare Vorstellung eines eindeutigen Pfades der politischen Meinungsbildung und Verantwortung, der von der Bevölkerung über Wahlen und Parteien zum Parlament und von dort zu Regierung und Verwaltung führt, den realen Prozessen der Interessenformierung und -aggregation sowie den realen Strukturen der Delegation, Entscheidungsfindung und Kontrolle nur noch sehr eingeschränkt entspricht.

4 Die Verschiebung und Verwischung der Grenzen zwischen Politik und Gesellschaft

Eine erste Dimension, in der die politische Realität in den westlichen Demokratien seit langem von den gerade skizzierten Schulbuchvorstellungen demokratischer Meinungsbildung, Entscheidungsfindung und Legitimation abweicht, stellt das Verhältnis von Politik und Gesellschaft dar. In der repräsentativen Demokratie erfolgt die Koppelung zwischen dem gesellschaftlichen und dem politischen System über allgemeine Wahlen und über das Parlament. Das Verhältnis von Gesellschaft, Politik und Verwaltung wird idealtypischerweise als Principal-Agent-Verhältnis aufgefasst, indem die Gesellschaft Aufträge an die Politik und diese wiederum an die Verwaltung erteilt. Seit langem wird diesem Idealbild aber sowohl in positiven Analysen wie auch in normativen Konzepten widersprochen – kurioserweise lebte es aber in den 1990er Jahren in Form der ökonomischen New-Public-Management-Konzepte wieder auf (→ Public Management und Public Governance). Die positive Forschung zur Interessenvermittlung hat darauf hingewiesen, dass die organisierten Interessen neben den Parteien einen weiteren wichtigen Mechanismus der Koppelung zwischen gesellschaftlichem und politisch-administrativem System darstellen (→ Politische Interessenvermittlung). Während pluralistische Vorstellungen zur Interessenvermittlung die Einwirkungsrichtung von der Gesellschaft auf das staatliche System beibehalten, wird beim Neo-Korporatismus die einseitig gerichtete Principal-Agent-Vorstellung aufgegeben und das Zusammenwirken von staatlichen und privaten Organisationen als mehr oder minder symmetrisches Verhandlungssystem konzipiert.

Aber nicht nur in der positiven Analyse, sondern auch in der normativen Demokratietheorie wurde die repräsentative Demokratie als ungenügende Legitimationsbasis für politische Herrschaft in modernen Gesellschaften empfunden. Bereits seit Ende der 1960er Jahre häuften sich die Forderungen nach weiteren Partizipationsmöglichkeiten der Bürger jenseits allgemeiner Wahlen. Während in der politischen Realität Forderungen nach dem Ausbau direktdemokratischer Mitbestimmungsmöglichkeiten im Vordergrund standen, konzentrierte sich der wissenschaftliche Diskurs stärker auf die Möglichkeiten der „assoziativen Demokratie" (Cohen/Rogers 1992; Warren 2001). Verbände, Vereinigungen und Bewegungen eröffnen nicht nur weitere Möglichkeiten gesellschaftlicher Beteiligung an politischen Prozessen (neben den Parteien), sondern auch Chancen für eine erleichterte und verbesserte Implementation politischer Entscheidungen und Optionen für eine gesellschaftliche Selbststeuerung.

Das letzte Argument deutet bereits in eine Richtung, die in jüngerer Zeit verstärkte Bedeutung erhalten hat. Während die positiven Theorien zur Interessenvermittlung und die ersten Argumente für eine assoziative Demokratie immer noch von einem einheitlichen Steuerungs- und Entscheidungszentrum ausgehen, wurde in jüngerer Zeit immer deutlicher, dass diese monozentristische Vorstellung nicht mehr adäquat ist. Die Delegation bestimmter Entscheidungskompetenzen an gesellschaftliche Arenen und Organisationen (zum Beispiel im Gesundheitsbereich), aber auch die „Entbündelung" der Staatsorganisation durch Phänomene wie „Quangos", „Agencification" und „Outsourcing" (Pollitt/Talbot 2004) und die Sektoralisierung der Politik, die insbesondere durch eine Mehrebenenpolitik vorangetrieben wird, führen zu einem polyzentralen Entscheidungssystem, in dem die verschiedenen Entscheidungssysteme nur noch eine lose Koppelung untereinander aufweisen (→ Multilevel Governance).

Diese interne Differenzierung des politisch-administrativen Systems wird ergänzt und verstärkt durch vielfältige Grenzverschiebungen und Grenzverwischungen zwischen dem öffentlichen, privaten und zivilgesellschaftlichen Sektor. Während die Privatisierung von ehemals öffentlichen Infrastruktur- und Dienstleistungsunternehmen als Grenzverschiebung gewertet werden muss, stellen Policy-Netzwerke und Privat-Public-Partnerships Grenzverwischungen dar. Liberale Theoretiker sehen in der Grenzverschiebung, die mit Privatisierungen und Deregulierungen einhergeht, die Stärkung individueller Freiheit. Die entsprechende „Konsumentendemokratie" funktioniert allerdings nur, wenn das öffentliche Monopol der Leistungserbringung nicht durch private Monopole und Kartelle ersetzt wird. Die Grenzverwischungen gehen dagegen einher mit dem Konzept der „kooperativen Demokratie", bei der individuelle, kollektive und korporative Akteure aus der Zivilgesellschaft in die politische Willensbildung und Leistungserbringung eingebunden werden.

Alle diese Entwicklungen verstärken eine Polyzentralisierung sozio-politischer Entscheidungsfindung. Aus einer inputorientierten Perspektive kann ein polyzentrales System zu einer erhöhten Legitimität beitragen, da die Zugangsmöglichkeiten zu politischen Entscheidungen und die Auswahlmöglichkeiten der Bürger vervielfältigt werden. Aus einer outputorientierten Perspektive wird dadurch die Leistungsfähigkeit gesteigert, da die Vorteile der Spezialisierung auftreten und es zu einer produktiven Verknüpfung von unterschiedlichen Akteuren und Ressourcen kommen kann. Kritiker verweisen auf die Tatsache, dass nicht alle gesellschaftlichen Interessen in ähnlicher Weise organisations- und artikulationsfähig sind, was zu einer Beeinträchtigung der Legitimationsfähigkeit der assoziativen oder kooperativen Demokratie führt. Die Legitimität der Konsumentendemokratie wird durch die zunehmende ökonomische Ungleichheit unterminiert. Diese inputorientierten Überlegungen werden durch das outputorientierte Argument ergänzt, das auf die reduzierte Steuerungs- und Integrationsfähigkeit eines polyzentralen Systems verweist (weil zum Beispiel Umverteilungsmöglichkeiten reduziert werden). Eine der zentralen Hoffnungen, die Beschränkungen eines solchen polyzentralen Systems zu überwinden, das vor allem durch Verhandlung (*bargaining*) und Verträge (*contracting*) innerhalb der spezialisierten Politikfelder und durch die „negative Koordination" zwischen Politikbereichen gekennzeichnet ist (→ Verhandlungen), beruht auf den Möglichkeiten der Kommunikation und Deliberation.

5 Die Verschiebung und Verwischung der Grenzen zwischen politischer Repräsentation und politischer Präsentation gesellschaftlicher Interessen und Ideen

Mit dem Wandel von der Industrie- zur Informations- und Kommunikationsgesellschaft rückte das Mediensystem als weiteres „intermediäres" Feld zwischen Gesellschaft und Politik immer deutlicher in den Vordergrund (→ Massenmedien). Dabei ist die entscheidende Erkenntnis, dass die Medien gerade nicht auf ihre Funktion als (neutraler) Informationsvermittler zwischen Gesellschaft und Politik reduziert werden können, sondern dass die öffentlichen Diskurse, für die sie die Plattform darstellen, gesellschaftliche Interessen und Ideen in starkem Maße produzieren und prägen. Wie bereits beim Konzept der assoziativen Demokratie gehen die Überlegungen zu einer deliberativen bzw. diskursiven Demokratie nicht mehr von einem linear gerichteten Meinungsbildungs- und Entscheidungsprozess von der Gesellschaft (bzw. ihren Mitgliedern) zur Politik aus. Kritisiert werden nicht nur die kollektivistischen Ideen von einem konsistenten Volkswillen, sondern auch die aggregativen Vorstellungen zur Demokratie, wie sie in individualistisch-rationalen Theorien der Demokratie vorherrschen. Insbesondere wird die Vorstellung infrage gestellt, dass in Wahlen und Abstimmungen die authentischen bzw. exogen determinierten Präferenzen der Bürger aggregiert werden und durch diese Verfahren ein legitimer Mehrheitswille identifiziert werden kann. Damit wird die einfache Vorstellung aufgegeben, dass die politischen Akteure und Programme gesellschaftliche Interessen, Identitäten und Ideologien nur abbilden bzw. repräsentieren. Stattdessen rückt die kommunikative Konstruktion dieser Interessen, Identitäten und Ideologien in den Vordergrund, wobei deren Bedeutung (im Sinne von Gewichtung wie auch von Richtung) vor allem durch deren Präsenz in den Medien bestimmt wird.

In Anlehnung und als Weiterentwicklung früherer „republikanischer" Demokratietheorien wird dem kommunikativen Prozess, der politischen Entscheidungen vorausgeht, zentrale Bedeutung zugemessen. Diese kommunikativen Prozesse prägen nicht nur die Wahrnehmungen und Einstellungen der politischen Entscheider, sondern auch die Wahrnehmungen und Präferenzen der Bürger. Entscheidend für die demokratische Qualität und Legitimationsfähigkeit dieser öffentlichen Kommunikationsprozesse ist deswegen ihre Offenheit gegenüber allen relevanten Informationen und Werten. Mit Dryzek (2000) können zwei Ausprägungen entsprechender Legitimationsformen unterschieden werden. Das Konzept einer „deliberativen Demokratie" besitzt eine Outputorientierung, da hier der Austausch von Informationen und Argumenten vor allem dazu dient, optimale bzw. konsensfähige Problemlösungen zu finden und damit die Leistungsfähigkeit des sozio-politischen Systems zu steigern. Das Konzept einer „diskursiven Demokratie" besitzt dagegen eine stärkere Inputorientierung. In diesen Vorstellungen dient der politische Kommunikationsprozess in erster Linie der Mobilisierung gesellschaftlicher Akteure sowie dem gesellschaftlichen Lernen und der individuellen Reflexion. Ziel ist weniger ein optimaler bzw. konsensfähiger Output, sondern ein stärkerer und aufgeklärter Input in das politische System.

Nun ist die reale öffentliche Massenkommunikation aber weniger durch eine habermasianische ideale Sprechsituation und durch verständigungsorientierte Argumentation geprägt, sondern durch Rhetorik, Framing, Inszenierungen, Infotainment und den Kampf um Aufmerksamkeit. In einem solchen kommunikativen Umfeld ist es für die Legitimität politischer Entscheidungen, Akteure und Systeme von entscheidender Bedeutung, ob eine und welche Wahrnehmung im öffentlichen Diskurs existiert. Vor dem Hintergrund der Polyzentralität des sozio-politischen Systems zeigt sich, dass der Kampf um Aufmerksamkeit nicht mehr nur den Parteienwettbewerb, sondern auch das gesamte gesellschaftliche und politisch-administrative System prägt. So muss das politische System nicht nur gegen die zunehmende Wahrnehmung eines Bedeutungsverlustes (zum Beispiel im Vergleich zum ökonomischen System) kämpfen, sondern innerhalb des politisch-administrativen Systems rivalisieren verschiedene Ebenen um die Wahrnehmung und Relevanzzuschreibung der Öffentlichkeit. In einer massenmedialen Kultur, in der Kritik an der Politik längst zur dominanten Form des journalistischen Opportunismus geworden ist, wird die kommunikative Strategie der positiven Profilierung immer mehr von der Notwendigkeit zur *blame-avoidance* ergänzt.

Aber nicht nur im Wettbewerb gegeneinander, sondern auch bei den Versuchen zur Koordinierung verschiedener Governance-Einheiten gewinnen kommunikative Instrumente deutlich an Gewicht (→ Politischer Wettbewerb). Bei der vertikalen Steuerung wird die Distribution von finanziellem Kapital durch die Vergabe von symbolischem Kapital ergänzt und/oder ersetzt (zum Beispiel durch Auszeichnungen wie „Regionen der Zukunft" oder durch Benchmarking-Studien). Auch bei der horizontalen Kooperation wird verstärkt auf kommunikative Prozesse des *blaming and shaming* gesetzt – prominentestes Beispiel ist die *Method of Open Coordination* innerhalb der Europäischen Union.

Insgesamt lässt sich feststellen, dass in einem sozio-politischen System, in dem die Politik insgesamt, aber auch eine Vielzahl von spezifischen politischen Akteuren, Ebenen und Entscheidungszentren um die Aufmerksamkeit der Medien werben muss und die Medien ebenfalls den Imperativen der Aufmerksamkeitsökonomie folgen, Akzeptanz und Legitimität nicht mehr so sehr über den tatsächlichen Input und Output von Akteuren und Systemen hergestellt wird. Stattdessen prägen die von den Medien vermittelten – und nur dadurch für die Menschen „präsenten" bzw. existenten – Bilder über die politischen Inputs und Outputs die gesellschaftliche Wahrnehmung, Relevanzzuschreibung und Bewertung. Außerdem rücken Personen gegenüber den Inhalten in den Vordergrund massenmedialer Kommunikation. Zugespitzt bedeutet das, dass das „In-" oder „Out-Sein" von Themen und Akteuren im massenmedialen Diskurs und weniger die faktischen Inputs und Outputs die gesellschaftliche Wahrnehmung und damit auch die Legitimität politischer Akteure, Regime, Ebenen und Systeme bestimmen.

6 Die Verschiebung und Verwischung der territorialen Grenzen

Als dritte grundlegende Transformation des sozio-ökonomischen und -politischen Systems kann man die Verschiebung und Verwischung der territorialen Grenzen betrachten. Gleichzeitige Dezentralisierungs- und Zentralisierungstendenzen lösen das segmentäre westfälische System souveräner Nationalstaaten (→ Nationalstaat) mit klaren und kongruenten territorialen Grenzen auf und führen zu einer zunehmenden „Entbündelung" von vielfältigen Funktions- und Kompetenzräumen mit überlappenden Grenzen und einer sogenannten variablen Geometrie.

Mit den damit verbundenen Dezentralisierungstendenzen gewinnt eine wirtschaftswissenschaftliche Theorie an Gewicht, die im Wettbewerb (→ Politischer Wettbewerb) zwischen verschiedenen Governance-Einheiten und in der individuellen Möglichkeit zum Austritt (Exit) und Wechsel zwischen diesen Einheiten die konzeptionelle Grundlage nicht nur für die effiziente Bereitstellung kollektiver Güter, sondern auch für demokratische Kontrolle und Legitimation verortet (Tiebout 1956; Frey/Eichenberger 1996). Die Möglichkeiten des „voting with the feet" werden aber nicht nur durch Dezentralisierungen vergrößert; noch wichtiger ist die Tatsache, dass die Grenzen zwischen politischen Einheiten durchlässiger und Individuen und Investoren mobiler geworden sind (zumindest im Vergleich zur Nachkriegszeit; es sollte nicht vergessen werden, dass es eine ähnliche Situation bereits zu Beginn des 20. Jahrhunderts gab). Ein dezentrales und offenes System territorialer Governance-Einheiten ist aus polit-ökonomischer Perspektive legitim, weil den Bürgern mehr Wahlfreiheit eröffnet wird. Neben dieser inputorientierten Argumentation wird aber vor allem auch auf die verbesserte Leistungsfähigkeit dezentraler und kompetitiver Systeme verwiesen. Diese Ansicht dominierte in jüngerer Zeit in Theorie und Praxis – inzwischen zeigen sich allerdings bereits wieder Zweifel, die mit umfangreichen empirischen Belegen fundiert werden (vgl. z.B. Gerring u.a. 2005).

Die politische Kooperation zwischen den Nationalstaaten hat zu dieser Entwicklung der Öffnung der Grenzen und der binnenstaatlichen Dezentralisierung wesentlich beigetragen. In vielen Feldern ist damit aber nicht nur eine Deregulierung, sondern auch eine Reregulierung auf höherer Ebene verbunden. Insbesondere in Europa, wo diese Reregulierung auf kontinentaler Ebene weit fortgeschritten ist, ohne dass sich ein politisches System nach dem Muster der Nationalstaaten auf dieser Ebene etabliert hat, ist die Frage der demokratischen Legitimation eines solchen Regimes virulent (→ Europäische Union). Für die Europäische Union wurde insbesondere deswegen ein „Demokratiedefizit" diagnostiziert, weil sie inzwischen in fast allen Politikbereichen einen deutlichen Einfluss ausübt und weil trotz dieser faktischen Bedeutung nach wie vor die nationalstaatlichen Exekutiven im Rahmen des Europäischen Rates die wichtigsten Entscheidungskompetenzen besitzen und nicht das Europäische Parlament. Dies ist insbesondere deswegen problematisch, weil die nationalstaatlichen Exekutiven durch ihre *Gate-keeper*-Position im europäischen Mehrebenensystem informatorische und strategische Vorteile besitzen, durch die sie sich den binnenstaatlichen Bindungen und Kontrollen weitgehend entziehen können. Dies bedeutet, dass das wichtigste Entscheidungsgremium der Europäischen Union zum einen nur indirekt legitimiert ist und zum anderen diese indirekte Legitimation auch noch ausgehöhlt wird, weil die Einfluss- und Kontrollmöglichkeiten der nationalen Parlamente, Parteien, Verbände und Medien systematisch reduziert werden.

Vor diesem Hintergrund hat sich in den letzten zehn Jahren eine intensive Diskussion zu der Frage entwickelt, wie die Legitimation der Europäischen Union gestärkt werden kann. In der öffentlichen Diskussion gibt es durchaus viele Anhänger einer Stärkung des Europäischen Parlaments, die damit die Entwicklung zu einem föderalen System der vereinigten Staaten von Europa vorantreiben möchten. Die damit verbundene Kompetenzverlagerung vom Europäischen Rat zum Europäischen Parlament bzw. die verstärkte Durchsetzung von Mehrheitsentscheidungen in allen Organen der Europäischen Union stößt aber in anderen Ländern und in der Wissenschaft auf große Bedenken. So verweist zum Beispiel Fritz Scharpf (1999) darauf, dass in Europa kein einheitlicher Demos mit einer starken kollektiven Identität existiert und damit ein System mit Mehrheitsentscheidungen nicht legitim ist. Scharpf beurteilt die Entwicklung einer starken europäischen Identität vor allem deswegen skeptisch, weil er die Basis für eine starke kollektive Identität im „Gemeinsamkeitsglauben" (Max Weber) verortet und dieser wiederum auf primordialen Elementen wie gemeinsamer Geschichte, Sprache, Kultur und Ethnie basiert (Scharpf 1999: 8).

Autoren mit einem weniger existenzialistischen Ansatz betonen dagegen die Abhängigkeit eines europäischen Demos von starken Institutionen, von der Existenz intermediärer Organisationen auf europäischer Ebene und/oder von einem transnationalen öffentlichen Diskurs. Die Institutionalisten verweisen darauf, dass auch bei der Entwicklung der Nationalstaaten – insbesondere in Frankreich – zuerst ein einheitlicher Staat geschaffen wurde und dieser dann die Bildung einer einheitlichen Nation und eines starken Kollektivbewusstseins vorantrieb. Aus dieser Perspektive trüge die Verlagerung von Entscheidungskompetenzen in das Parlament dazu bei, dass sich Identitäten und Interessen nicht mehr entlang nationalstaatlicher Linien, sondern entlang ideologischer Ausrichtungen formten und dass damit transnationale bzw. europäische Identitäten gestärkt werden. Aus sozial-konstruktivistischer Perspektive sind die Entwicklung eines stärker integrierten Bildungssystems, europäischer Vereinigungen und Verbände und die Entwicklung eines Mediensystems, das die Entwicklungen auf der europäischen Ebene nicht mehr ausschließlich aus nationaler Perspektive wahrnimmt und vermittelt, von zentraler Bedeutung (Cederman 2001).

Obwohl institutionalistische und sozial-konstruktivistische Ansätze die Möglichkeit der Entwicklung einer starken kollektiven Identität nicht grundsätzlich ausschließen, erscheint es sehr zweifelhaft, dass die entsprechenden inputorientierten Legitimierungsformen in absehbarer Zeit zu einer Stärkung der Legitimation der Europäischen Union beitragen können. Dies zeigt sich insbesondere in der jüngsten Ablehnung des Verfassungsentwurfes in den Volksabstimmungen in Frankreich und den Niederlanden. Aus institutionalistischer Sicht wäre eine Europäische Verfassung ein wichtiger Schritt zur regulativen und symbolischen Konstitutionalisierung einer verfassungsdemokratischen Bürgergesellschaft auf europäischer Ebene (Kleger 2005). Aus sozial-konstruktivistischer Sicht war es bereits ein legitimatorischer Fortschritt, dass der Verfassungsentwurf nicht auf einer Regierungskonferenz, sondern durch einen breit zusammengesetzten Europäischen Konvent erarbeitet wurde. Aber bereits der zweite kommunikativ und symbolisch wichtige Schritt, alle Bürger in den Mitgliedstaaten der Europäischen Union gleichzeitig über die Verfassung abstimmen zu lassen, um dadurch einen „konstitutionellen Moment" zu ermöglichen, konnte nicht mehr umgesetzt werden.

Angesichts der Schwierigkeiten zur Stärkung der Inputlegitimierung fordern liberale Autoren eine Zurückdrängung der Regulierungsaktivitäten der Europäischen Union. Sozialdemokratische Autoren wie Fritz Scharpf setzen dagegen auf eine größere Akzeptanz outputorientierter Legitimationsformen. Für Scharpf sind – wie bereits dargestellt – die durch unabhängiges Fachexpertentum, intergouvernementale und korporatistische Verhandlungssysteme sowie Policy-Netzwerke geprägten Strukturen deswegen kein Problem für die demokratische Legitimation, da sie die Leistungsfähigkeit der Europäischen Union erhöhen. Aus dieser Perspektive ist das Hauptproblem für die europäische Legitimation die Asymmetrie zwischen den Zielsetzungen der „negativen Integration" (Deregulierung) und der „positiven Integration" (Reregulierung und Harmonisierung). Aber auch bei Scharpf spielt die Wiedergewinnung von Gestaltungsmöglichkeiten (vor allem im Bereich der Sozialpolitik) auf dezentraler Ebene eine besondere Rolle zur Stärkung der demokratischen Legitimation. Insgesamt scheint es eine immer größere Unterstützung für die Idee einer subsidiären Aufgabenverteilung zu geben, wobei die Erfahrungen aus den Föderalstaaten zeigen, dass eine klare Aufgabenzuordnung auf die verschiedenen Ebenen eine Illusion darstellt. Vielversprechender erscheint es, den verschiedenen Ebenen einen jeweils eigenen Gestaltungsspielraum einzuräumen.

In jüngerer Zeit wird auch immer deutlicher, dass die Legitimität der Europäischen Union nicht nur dadurch gefährdet ist, dass diese Ebene immer mehr Aufgaben an sich gezogen hat. Viel existenzieller scheint die Problematik der massiven Erweiterung um neue Mitglieder. Auch diese Erkenntnis kann man so zuspitzen, dass nicht mehr so sehr Input oder Output, sondern Fragen von „In" und/oder „Out" in den Mittelpunkt rücken. Bereits die Aufnahme der mitteleuropäischen und baltischen Staaten hat in der westeuropäischen Bevölkerung für Unruhe gesorgt – insbesondere, da sie mit einer weiteren Runde der „negativen Integration" (Stichwort: Dienstleistungsrichtlinie) koinzidierte. Die Beitrittsverhandlungen mit der Türkei werden in den nächsten Jahren die Frage nach der Grenze der Europäischen Union immer mehr in den Vordergrund rücken. Damit wird auch deutlich, dass die Diskussion um eine europäische Identität und Legitimität in den letzten dreißig Jahren fast ausschließlich binnenzentriert ausgerichtet war. Die Tatsache, dass Identität in erster Linie über die Wahrnehmung von Differenz produziert wird, sollte stärker in die Überlegungen zur Legitimierung der Europäischen Union einfließen. Ob die Wahrnehmung einer sicherheitspolitischen Bedrohung durch den islamischen Terror, einer ökonomischen Gefahr durch China oder einer hegemonialen Ignoranz der USA die externe Kontrastfolie liefert, die der Idee einer europäischen Sicherheits- und Wettbewerbsgemeinschaft Auftrieb verleiht, ist gegenwärtig offen. Insgesamt scheint aber klar zu sein, dass die Grenzen des Demos wieder aus dem Schatten der Natürlichkeit heraustreten und sich für die Demokratietheorie die Frage stellt, wie Entscheidungen über politische Grenzen demokratisch legitimiert werden können (Zielonka 2002; Whelan 1983; Barnett/Low 2004).

Da die territorialen Grenzverwischungen nicht auf europäischer Ebene haltmachen, stellt sich die Frage der demokratischen Legitimation von Regierung und Herrschaft auch auf globaler Ebene (→ Global Governance). Angesichts der geringeren Regelungsdichte und Verbindlichkeit konzentriert sich die Debatte hier bisher nicht auf legitime Entscheidungsmechanismen, sondern auf die Legitimität von Akteuren und deren Rechenschafts- bzw. Rechtfertigungsverpflichtungen (*accountability*). Im modernen Westfälischen System internationaler Beziehungen waren die souveränen Staaten die einzig legitimen Akteure, und die Prinzipien der Souveränität und Nichteinmischung stellten die klar dominierenden Regeln dar. Beides ist heute nicht mehr so selbstverständlich, da sich aktuelle Herausforderungen durch neue Akteure wie auch durch neue Prinzipien ergeben. Internationale Organisationen wie die UNO beziehen ihre Legitimität durch die Delegation staatlicher Macht; sie sind auf deren Unterstützung angewiesen und den Staaten gegenüber rechenschaftspflichtig. Legitimitätsprobleme entstehen primär durch mangelnde Effektivität und Effizienz der internationalen Organisationen. Die Legitimität von internationalen Nichtregierungsorganisationen beruht dagegen ausschließlich auf ihrer öffentlichen Reputation und damit auf einer externen Anerkennung.

Beim global eindeutig wichtigsten Akteur, den Vereinigten Staaten von Amerika, zeigt sich das Ungenügen klassischer Legitimierungsformen in einer entgrenzten Welt besonders deutlich. Spätestens seit der Intervention dieses Hegemons im Irak wird deutlich, dass das institutionalisierte System der internen Rechenschaft durch regelmäßige Wahlen in den USA nicht im Einklang mit der externen Anerkennung der amerikanischen Politik steht. Die ganz offensichtlich falsche Rechtfertigung dieses Krieges durch die US-amerikanische Regierung wurde vom amerikanischen Volk nicht sanktioniert. Damit wurde aber nicht nur die externe Anerkennung der USA, sondern auch die Legitimität neuer Prinzipien des Völkerrechtes – vor allem humanitäre Interventionen und vorbeugende Verteidigung – unterminiert.

7 Komplexe Demokratie: Komplementarität und Konkurrenz von verschiedenen Formen der politischen Legitimierung

Insgesamt lassen sich gegenwärtig zwei verschiedene Richtungen feststellen, in denen die Theorie der demokratischen Legitimation vorangetrieben wird, um damit den Transformationen von politischer Herrschaft, Steuerung und Integration gerecht zu werden. Zum einen wird die Basis für demokratische Legitimierungsformen immer mehr verbreitert. Fritz Scharpf betrachtet im Gegensatz zu Easton den Output bzw. die Leistungen eines politischen Systems als Ausdruck der demokratischen Selbstbestimmung eines Volkes und damit als Form der demokratischen Legitimierung. Angesichts der Binnendifferenzierung des politisch-administrativen Systems wird darauf hingewiesen, dass die Legitimität politischer Entscheidungen immer mehr auf der Anerkennungswürdigkeit der Prozesse innerhalb des politisch-administrativen Systems beruht (*throughput-* oder *withinput*-orientierte Legitimierung). Grundlegender sind aber die Hinweise darauf, dass die heutigen politischen Systeme dadurch gekennzeichnet sind, dass sich sowohl für die Entscheidungszentren wie auch für die Mitglieder existenzielle Fragen von Anerkennung oder Ignoranz sowie von In- oder Exklusion stellen, weil sowohl die Entscheidungszentren bzw. -arenen wie auch die Grenzen der politischen Einheiten aus dem Schatten der Natürlichkeit heraustreten und entscheidungs- und damit legitimationsbedürftig werden. Notwendig wird eine Ergänzung der input- und outputorientierten Legitimierungsformen durch Legitimierungsmechanismen, die demokratische Antworten auf die Fragen von „In/Out" liefern.

Die zweite Innovationsrichtung in der Demokratietheorie beschäftigt sich mit dem Zusammenspiel verschiedener Legitimierungsformen. Da sich bei allen Formen der demokratischen Legitimierung Unzulänglichkeiten ergeben, erscheint es naheliegend, die Legitimation politischer Systeme durch eine Kombination verschiedener Formen anzustreben (vgl. z.B. Lord/Magnette 2004). Dabei stellt sich aber die Frage nach der Verträglichkeit der verschiedenen Formen politischer Legitimation, denn es ist keineswegs klar, ob sich die verschiedenen Formen harmonisch ergänzen oder in Konkurrenz zueinander stehen. Theoretisch kann man zwar eine „Kultur der fairen Legitimationskonkurrenz" beschwören (Cheneval 2005: 11), aus dem Vergleich nationalstaatlicher Systeme ergibt sich aber eher, dass bestimmte Konfigurationen aus mehreren Legitimationsverfahren stabil sind, während andere Kombinationen keine dauerhafte Stabilität aufweisen. So erscheint insbesondere die parlamentarische Konkurrenzdemokratie nicht sehr verträglich mit Formen der assoziativen, kooperativen, deliberativen oder direkten Demokratie. Insofern lohnt es sich, weiter darüber zu streiten, wie man die demokratische Legitimität von Governance im nationalen, europäischen und internationalen Kontext stärken möchte (Benz/Papadopoulos 2006).

Literatur

Barnett, Clive/Low, Murray (Hrsg.), 2004: Spaces of Democracy. Geographical perspectives on citizenship, participation and representation. London u.a.: Sage.

Benz, Arthur/Papadopoulos, Yannis (Hrsg.), 2006: Governance and Democracy. Comparing national, European and international experiences. London/New York: Routledge.

Cederman, Lars-Erik, 2001: Nationalism and bounded integration. What it would take to construct a European demos, in: European Journal of International Relations 7 (2), 139-174.

Cheneval, Francis, 2005: Die EU und der Prozess ihrer Legitimation, in: Francis Cheneval (Hrsg.), Legitimationsgrundlagen der Europäischen Union. Münster u.a.: Lit, 1-28.

Cohen, Joshua/Rogers, Joel, 1992: Secondary associations and democratic governance, in: Politics and Society 20, 393-472.

Dahl, Robert A., 1994: A democratic dilemma: System effectiveness versus citizen participation, in: Political Science Quarterly, 109 (1), 23-34.

Dalton, Russell J., 2004: Democratic challenges, democratic choices. The erosion of political support in advanced industrial democracies. Oxford u.a.: Oxford University Press.

Dryzek, John S., 2000: Discursive democracy. Politics, policy and political science. Cambridge u.a.: Cambridge University Press.

Easton, David, 1965: A system analysis of political life. New York: John Wiley & Sons.

Easton, David, 1975: A Re-assessment of the concept of political support, in: British Journal of Political Science 5 (1), 435-457.

Frey, Bruno/Eichenberger, Reiner, 1996: FOCJ. Competitive governments for Europe, in: International Review of Law and Economics 16, 315-327.

Gerring, John/Thacker, Strom C./Moreno, Carola, 2005: Centripetal democratic governance. A theory and global inquiry, in: American Political Science Review 99 (4), 567-581.

Habermas, Jürgen, 1973: Legitimationsprobleme im Spätkapitalismus. Frankfurt a.M.: Suhrkamp.

Kaase, Max, 1979: Legitimitätskrise in westlichen Industriegesellschaften. Mythos oder Realität?, in: Helmut Klages/Peter Kmieciak (Hrsg.), Wertwandel und gesellschaftlicher Wandel. Frankfurt a.M.: Campus, 328-350.

Kleger, Heinz, 2005: Was kann und soll eine Europäische Verfassung? Überlegungen zum Verfassungsentwurf des Konvents, in: Francis Cheneval (Hrsg.), Legitimationsgrundlagen der Europäischen Union. Münster u.a.: Lit, 153-178.

Lord, Christopher/Magnette, Paul, 2004: E Pluribus Unum? Creative disagreement about legitimacy in the EU, in: Journal of Common Market Studies 42 (1), 183-202.

Norris, Pippa, 2002: Democratic Phoenix. Reinventing political activism. Cambridge u.a.: Cambridge University Press.

Pollitt, Christopher/Talbot, Colin (Hrsg.), 2004: Unbundled government. A critical analysis of the global trend to agencies, quangos and contractualisation. London: Routledge.

Scharpf, Fritz W., 1970: Demokratietheorie zwischen Utopie und Anpassung. Konstanz: Universitätsverlag.

Scharpf, Fritz W., 1998: Demokratische Politik in der internationalisierten Ökonomie, in: Michael Th. Greven (Hrsg.), Demokratie – eine Kultur des Westens? Opladen: Leske + Budrich, 81-104.

Scharpf, Fritz W., 1999: Governing in Europe: effective and democratic? Oxford u.a.: Oxford University Press.

Schmidberger, Martin, 1997: Regionen und europäische Legitimität. Der Einfluss des regionalen Umfeldes auf Bevölkerungseinstellungen zur EU. Frankfurt: Peter Lang.

Tiebout, Charles, 1956: A Pure Theory of Local Expenditure, in: Journal of Political Economy 64 (5), 416-424.

Warren, Mark E., 2001: Democracy and associations. Princeton/Oxford: Princeton University Press.

Weber, Max, [1922] 1985: Wirtschaft und Gesellschaft. Grundriss der verstehenden Soziologie. Tübingen: Mohr.

Westle, Bettina, 1991: Legitimität, in: Everhard Holtmann (Hrsg.), Politik-Lexikon. München/Wien: Oldenbourg, 324-327.

Whelan, Frederick G., 1983: Prologue. Democracy theory and the boundary problem, in: J. Roland Pennock/John W. Chapman (Hrsg.), Liberal Democracy. New York/London: New York University Press, 13-47.

Zielonka, Jan (Hrsg.), 2002: Europe Unbound. Enlarging and reshaping the boundaries of the European Union. London/New York: Routledge.

Rainer Eising

3.2 Politische Interessenvermittlung

Governance unterstreicht die Dimension der Regelung und Steuerung in komplexen politischen Strukturen und Prozessen. Die Analyse der politischen Interessenvermittlung hat dieser Forschungsagenda bedeutende Impulse gegeben. Diese Anstöße kamen vor allem aus der international vergleichenden Forschung, selbst wenn in jüngeren Jahren auch die Rolle nichtstaatlicher Akteure in den internationalen Beziehungen stärker thematisiert wird. In der vergleichenden Analyse von Interessengruppen ist Governance einerseits eine Antwort auf die Binnendifferenzierung von Gesellschaft und Staat und die vielfältigen Strukturen und Prozesse der Interessenvermittlung zwischen beiden Sphären. Andererseits ist das Konzept eine Reaktion auf die Nutzung verschiedenartiger Formen der Handlungskoordination wie Markt, Hierarchie, Netzwerke und Verbände zur Lösung kollektiver Probleme und Bewältigung von Interdependenzen in und zwischen modernen Staaten (Mayntz 2004: 66).

Im Folgenden stelle ich zunächst grundlegende Formen der Interessenvermittlung und ihre Bezüge zur Governance-Diskussion vor, vor allem pluralistische und korporatistische Formen. Daraufhin analysiere ich Weiterentwicklungen dieser Ansätze zur Erfassung politischer Interessenvermittlung: Politiknetzwerke, Verhandlungssysteme und die Governance der Wirtschaft. Schließlich skizziere ich kurz aktuelle Entwicklungstrends: die Europäisierung und die Globalisierung der Interessenvermittlung. Dieser Überblick belegt, dass sich die Forschung zur politischen Interessenvermittlung entwickelt hat von Ansätzen, die jeweils einen dominanten Koordinationsmechanismus betonten – den Wettbewerb der Gruppen im Pluralismus und einvernehmliche Verhandlungen im Korporatismus –, zu Vorgehensweisen, die stärker die Abhängigkeit der Interessenvermittlung von institutionellen Kontexten betonen und die Bedeutung der Konfiguration dieser Koordinationsmechanismen unterstreichen.

1 Pluralismus, Korporatismus und die Governance von Gesellschaften

Ein bedeutender Teil der Forschung über Interessengruppen ist damit befasst, grundlegende Formen der Interessenvermittlung zu identifizieren. Die identifizierten empirischen Regelmäßigkeiten geben Anlass zu weiterführenden Überlegungen über die demokratische Qualität und die Performanz dieser Formen der Interessenvermittlung. Im Mittelpunkt dieser Vorgehensweise stehen zwei Polartypen der Interessenvermittlung: der Pluralismus und der Korporatismus, die auf eine jeweils unterschiedliche Governance von Gesellschaften verweisen.

Der pluralistische Ansatz dominierte die Forschung über Interessengruppen zumindest bis in die 1960er Jahre hinein. Als eine Strömung des Behaviorismus bildete er eine Reaktion auf den älteren Institutionalismus in der Politikwissenschaft, der formale Regeln als die zentralen erklärenden Variablen für den Ablauf und die Ergebnisse politischer Prozesse betrachtete. Das politische Leben war nahezu mit dem Staat gleichgesetzt worden, verstanden als Institution, die allgemein verbindliche Regeln erließ und anderen Teilen des politischen Gemeinwesens hierarchisch übergeordnet war (Krasner 1984: 229) (→ Nationalstaat). Als Kontrapunkt zu dieser starken Betonung des Mechanismus der Hierarchie und der Geltungskraft formaler Regeln rückten nun informale und prozessuale Aspekte der Politik in den Mittelpunkt. Dies war auch der Wahrnehmung geschuldet, dass Wahlen und parlamentarische Aktivitäten die Verteilung politischer Macht nicht adäquat wiedergaben und staatliches Handeln nur unzureichend erklärten. In der pluralistischen Variante dominierte eine gesellschaftszentrierte Sichtweise die Forschung über Interessengruppen. In der Folge wurde der Einfluss gesellschaftlicher Gruppen auf staatliches Handeln im legislativen Prozess zum Gegenstand einer Reihe von Studien. Earl Latham bringt die wesentlichen Elemente des amerikanischen Gruppenansatzes gut zum Ausdruck:

> „The legislature referees the group struggle, ratifies the victories of the successful coalitions, and records the terms of the surrenders, compromises, and conquests in the form of statutes. Every statute tends to represent compromise because the very process of accommodating conflicts of group interest is one of deliberation and consent. [...] In this process, it is clear that blocks of groups can be defeated. In fact, they can be routed. Defeated groups do not possess a veto on the proposals and acts that affect them. But what they do possess is the right to make new combinations of strength if they are able to do so – combinations that will support a new effort to rewrite the rules in their favour. [...] The entire process is dynamic, not static; fluid, not fixed. Today's losers may be tomorrow's winners" (Latham 1952: 390-391).

Der (Gruppen-)Wettbewerb und das mit ihm korrespondierende Mehrheitsprinzip bildeten demnach die zentralen Koordinationsmechanismen politischer Gemeinwesen (→ Politischer Wettbewerb). Politische Prozesse waren Konflikte um die Durchsetzung von Gruppeninteressen, und staatliche Politik war eine Resultante der gesellschaftlichen Interessen- und Machtvektoren. Diese Macht galt zunächst als dezentralisiert, was analytisch die Identifikation potenziell einflussreicher Gruppen erforderte. In normativer Hinsicht wurde die Verteilung von Macht häufig durchaus als wünschenswertes Phänomen von demokratischen Gesellschaften betrachtet. Latente Gruppen, Gegengruppen, überlappende Mitgliedschaften und ein breiter ideologischer Konsens innerhalb von Gesellschaften galten als Schranken des Gruppenwettbewerbs (Truman 1951: 159-64, 510-514). Die wechselseitige Anpassung der Gruppen und inkrementelle Prozesse der Entscheidungsfindung wurden als bedeutende innovative Faktoren des politischen Lebens angesehen (vgl. Lindblom 1977); Gruppen bildeten nicht nur Blockadefaktoren, sie waren auch die Triebkräfte politischen Wandels. Aus pluralistischer Sicht formierten sich Gruppen relativ spontan ohne staatliches Eingreifen, wenn gemeinsame Interessen vorlagen, etwa in Reaktion auf technischen Wandel oder als Antwort auf die Aktivitäten anderer Gruppen, bis sich das Gleichgewicht der Gruppen wieder eingependelt hatte. Staatliche Institutionen nahmen eine Rolle als Schiedsrichter ein und wurden vornehmlich als Adressaten von Gruppenforderungen betrachtet, wenn sie nicht selbst als Gruppen angesehen wurden.

Der pluralistische Ansatz ist von verschiedenen Seiten attackiert worden. So wurde vielfach angezweifelt, dass Gruppen sich spontan bilden und dass verschiedenartige Interessen eine gleich hohe Organisations- und Durchsetzungsfähigkeit besitzen (→ Organisationstheorien). Mancur Olson (1965) hat in Analogie zur Theorie öffentlicher Güter argumentiert, dass die pluralistischen Annahmen über die Bildung von Gruppen und niedrige Eintrittsbarrieren in den Gruppenwettbewerb nicht zuträfen. Seiner Analyse nach reichten parallele Interessen nicht aus für die Bildung von Gruppen. Rationalen Kalkülen folgend, hätten die Träger diffuser Interessen weit größere Organisationsprobleme als jene konzentrierter Interessen, sei es auf linker oder rechter Seite und auf Konsumenten- oder Produzentenseite. Neopluralistische Formulierungen betonten die unterschiedliche Durchsetzungsfähigkeit verschiedener Interessen: In seiner Diskussion des Verhältnisses zwischen Staat und Markt hat Charles Lindblom (1977) eine privilegierte Position von Wirtschaftsinteressen im Vergleich zu den Interessen anderer Gruppen in liberalen Demokratien moniert. Staatliche Akteure berücksichtigten und förderten vorrangig wirtschaftliche Interessen, weil diese eine zentrale Funktion für die ökonomische Prosperität und die politische Stabilität eines Gemeinwesens hätten. Natürlich müssen hier bedeutende Variationen über die Zeit, in verschiedenen Ländern und unterschiedlichen Sektoren in Rechnung gestellt werden. Kritische Analysen haben noch dazu darauf verwiesen, dass auch die Konfliktfähigkeit unterschiedlicher Arten von Interessen variiert (Offe/Wiesenthal 1985). Kurzum: Laut all diesen Analysen hat die Governance von Gesellschaften eine strukturelle Schlagseite zugunsten spezifischer Arten von Interessen, an deren Spitze tendenziell konzentrierte und konfliktfähige Arbeitgeber- und Produzenteninteressen stehen.

Für die Entwicklung des Governance-Konzeptes waren allerdings zunächst jene komparativen Analysen zur politischen Interessenvermittlung bedeutsamer, die auf regelhafte und stabile, nichtwettbewerbliche Beziehungen zwischen Staat und Interessengruppen verwiesen, insbesondere im Rahmen der Korporatismusforschung wie auch in der Analyse eines organisierten Pluralismus. Diese Studien deuteten auf eine Überdehnung der Reichweite des pluralistischen Ansatzes hin. Samuel Beer (1965) und Stein Rokkan (1966) fanden die weitgehend aus der Analyse amerikanischer politischer Prozesse gewonnenen Aussagen über instabile und wettbewerbliche Formen der Interessenvermittlung unangemessen, um die strukturierte und geregelte Partizipation von organisierten Interessen am politischen Prozess in einer Reihe westeuropäischer Länder zu erfassen. Sie betonten demgegenüber die integrierte organisatorische Teilhabe von Interessengruppen an der Staatstätigkeit im Rahmen eines Quasikorporatismus oder eines organisierten Pluralismus.

Insbesondere das neokorporatistische Forschungsprogramm beleuchtete in der Folge die Rolle von Verbänden in den Strukturen und Prozessen der politischen Interessenvermittlung. Damit verschob sich der Fokus der Forschung von den Interessengruppen hin zur Governance von Staat, Gesellschaft und Ökonomie und zu Problemen der innerverbandlichen Entscheidungsfindung. In eine evolutionäre Betrachtung gekleidet, wurde die Überlebensfähigkeit von demokratischen Gesellschaften im fortgeschrittenen Kapitalismus sogar als abhängig gesehen von starken Systemen der Repräsentation sozialer und ökonomischer

Interessen, welche die gesellschaftliche Ordnung durch eine verantwortliche Selbstregelung und Kollektivverhandlungen aufrechterhielten (Schmitter/Streeck 1981: 30) (→ Wirtschaft).

Philippe C. Schmitter hat bekanntlich zunächst den Korporatismus als Polartyp der nationalen Interessenvermittlung gegenüber dem Pluralismus fixiert und durch diese Gegenüberstellung eine neue Perspektive auf die Gemeinsamkeiten und Unterschiede nationaler Systeme der Interessenvermittlung eröffnet:

> „Corporatism can be defined as a system of interest representation in which the constituent units are organized into a limited number of singular, compulsory, noncompetitive, hierarchically ordered and functionally differentiated categories, recognized or licensed (if not created) by the state and granted a deliberate representational monopoly within their respective categories in exchange for observing certain controls on their selection of leaders and articulation of demands" (Schmitter 1979: 13).

> „Pluralism can be defined as a system of interest representation in which the constituent units are organized into an unspecified number of multiple, voluntary, competitive nonhierarchically ordered and self-determined (as to type of scope of interest) categories which are not specially licensed, recognized, subsidized, created or otherwise controlled in leadership selection or interest articulation by the state and which do not exercise a monopoly of representational activity within their respective categories" (Schmitter 1979: 15).

Diese Definitionen betonen jeweils die organisatorische Struktur der Interessenvermittlung sowie das Ausmaß der Anerkennung und Kontrolle der Gruppen durch den Staat. Wie in jeder Typologie wird unterstellt, dass die Ausprägungen der einzelnen Merkmale in bestimmter Art und Weise kovariieren, selbst wenn diese Merkmale empirisch durchaus unabhängig voneinander sein mögen, wie später auch bemängelt wurde.

Die empirische Basis vieler neokorporatistischer Studien in den 1970er Jahren war die keynesianische Globalsteuerung durch Staat, Kapital und Arbeit vor allem in Ländern mit sozialdemokratischen Regierungsparteien. Der korporatistische Modus der Interessenvermittlung wurde anfänglich eng assoziiert mit einem bestimmten Modus der staatlichen Intervention in die Wirtschaft und mit bestimmten Verknüpfungen zum Parteiensystem (→ Wirtschaft). Gerhard Lehmbruch hat den Korporatismus daher ausdrücklich in eine steuerungstheoretische Perspektive gerückt. Er kennzeichnete ihn als institutionalisiertes Muster der Politikgestaltung, in dem große Interessenorganisationen miteinander und mit staatlichen Institutionen kooperieren. Dabei artikulieren sie nicht lediglich ihre Interessen, sondern tragen auch zur verbindlichen Allokation von Werten und zur Implementation dieser Politiken bei (Lehmbruch 1977: 94). Damit verwischte der Unterschied zwischen Staat und Gesellschaft sowohl in organisatorischer als auch in funktionaler Hinsicht (→ Nationalstaat). Hatte der pluralistische Gruppenansatz tendenziell eine Bottom-up-Perspektive auf den politischen Prozess mit der Trennung von Staat und Gesellschaft gepflegt, so identifizierten die korporatistischen Studien nun nichthierarchische Beziehungen zwischen Staat und Wirtschaft ebenso wie einen Funktionswandel von Interessengruppen als Agenturen zur Gestaltung und Umsetzung öffentlicher Politik. Beide Aspekte nehmen in den heutigen Governance-Analysen eine bedeutende Rolle ein.

Die politikwissenschaftliche Relevanz dieser Praktiken resultierte nicht nur aus der Identifikation geregelter Muster der Interessenvermittlung und Konfliktaustragung, sondern insbesondere auch aus dem Vorschlag, dass korporatistische Interessenvermittlung und verbandliche Selbstregelung zu einer größeren Effizienz, Stabilität und Problemlösungskapazität politisch-ökonomischer Systeme beitrügen als pluralistische Praktiken. In diesem Sinn stand Korporatismus für eine auf der Logik des einvernehmlichen Verhandelns basierende, effiziente und gemeinwohlverträgliche Interessenvermittlung (→ Verhandlungen). Die Korporatismusforschung formulierte damit ein funktionales Argument gegen die prozeduralen Forderungen der liberalen Demokratietheorie nach Chancengleichheit bei der politischen Partizipation und Interessenberücksichtigung aller Bürger sowie klaren Verantwortlichkeiten staatlicher Entscheidungsträger. Bereits zuvor hatten Analysen der Proporz- und Konkordanzdemokratie (Lehmbruch 1967; Lijphart 1969) auf eine sozialintegrative Wirkung des Verzichts auf Mehrheitsentscheidungen durch und einvernehmlicher Verhandlungen von Eliten aus unterschiedlichen politischen, konfessionellen, sprachlichen oder ethnischen Lagern verwiesen. Später wurde die Untersuchung dieser Governance-Mechanismen von Staaten dann verallgemeinert, um Verhandlungs- von Mehrheitsdemokratien zu unterscheiden (Lijphart 1999) und um das Mischungsverhältnis von Verhandlungs- und Wettbewerbsprinzip in etablierten Demokratien zu bestimmen (Holtmann/Voelzkow 2000).

Aus pluralistischer Sicht wurden solche korporatistischen Praktiken kritisiert wegen ihres Mangels an Offenheit, Transparenz und Verantwortlichkeit. Diese Kritik ist vor allem dann relevant, wenn Korporatismus einen umfassenden Modus der Interessenvermittlung in einer Gesellschaft bildet, weil jene Interessen, die nicht durch umfassende Verbände mit staatlicher Anerkennung vertreten werden, nur äußerst geringe Repräsentationschancen besitzen. Demgegenüber lässt sich, wenn man eine geringere und auf die Arbeitsbeziehungen beschränkte empirische Reichweite des Konzeptes feststellt, dagegenhalten, dass die friedliche Lösung von Klassenkonflikten in Kollektivverhandlungen zwischen Staat, Arbeitgebern und Gewerkschaften tendenziell als ein die Gesellschaft integrierender und die kollektive Wohlfahrt erhöhender Faktor betrachtet werden kann. Ferner wurden, ebenso wie diese zuvor die überdehnte Reichweite des Pluralismus moniert hatten, die Korporatismusforscher dafür kritisiert, diesen Modus als nationale Form der Interessenvermittlung konzipiert zu haben, während korporatistische Praktiken im sektoralen, zeitlichen und internationalen Vergleich doch sehr begrenzt zu sein schienen. In der Tat schien der Makrokorporatismus als Form der politischen Interessenvermittlung am ehesten zuzutreffen auf eine begrenzte Zahl kleiner westeuropäischer Länder wie Österreich, Schweden, Dänemark, Norwegen, Schweiz, Belgien, Niederlande. Paradoxerweise wurde der Begriff Korporatismus aber erst zum Ende der 1970er Jahre stark rezipiert, als in den angelsächsischen OECD-Ländern schon ein Übergang von keynesianischen Politikrezepten zu neoliberalen Policy-Konzepten zu verzeichnen war, der auch die korporatistischen Staaten erfassen sollte, und einige Jahre nachdem Ronald Inglehart auf neue postmaterialistische Werte und einen nachlassenden Stellenwert der Konfliktlinie Arbeit/Kapital aufmerksam gemacht machte.

Die Korporatismusdiskussion hat allerdings nicht nur den Beitrag von Verbänden zur Governance von Gesellschaften thematisiert, sie hat durch ihre organisationstheoretische Mikrofundierung auch die Analyse der Governance von Organisationen befruchtet (→ Organisationstheorien). Ebenso wie die Pluralismusdiskussion hat die Korporatismusforschung die organisatorischen Bedingungen für eine gemeinwohlorientierte Interessenverfolgung diskutiert. Anders als jene hob sie aber nicht die Fluidität von Koalitionsbildungen und geringe Eintrittshürden in den Gruppenwettbewerb hervor. Korporatismusforscher betonten vielmehr, dass umfassende Organisationen mit einem hohen Organisationsgrad, die staatlich anerkannt sind, eher in der Lage sind, gemeinwohlorientiert zu agieren, als kleine Gruppen, die fragmentierte Interessen vertreten und deren Domänen teils überlappen. Erstere müssten nicht nur die Forderungen ihrer umfassenden Mitgliedschaft bereits zu einem internen Konsens führen, sondern sähen sich infolge ihrer staatlichen Anerkennung auch keinem Forderungswettbewerb durch andere Gruppen ausgesetzt. Daher seien sie eher fähig, zwischen den Interessen ihrer Mitglieder und den Interessen der staatlichen Institutionen zu vermitteln.

Die Aufgabe, einen solchen für Mitglieder und staatliche Akteure akzeptablen Konsens zu entwickeln, obläge der Verbandsführung, die die verbandliche Rationalität den Mitgliedern vermitteln müsse (→ Verhandlungen). Im Idealfall würden die der Einflusslogik des staatlichen Systems und der Logik ihrer Mitgliedschaft ausgesetzten intermediären Organisationen die Interessen ihrer Mitglieder also nicht lediglich aggregieren, sondern derart transformieren, dass sie mit den Interessen anderer Gruppen und der staatlichen Institutionen kompatibel würden (Schmitter/Streeck 1981: 30). Insofern trat im Korporatismus die verbandliche Interessen*vermittlung* zwischen Mitgliedern und Staat an die Stelle einer möglichst vollständigen Interessen*vertretung* der Gruppen im Pluralismus. Als Voraussetzungen dafür wurden ein gewisses Maß an Autonomie und *Verhandlungs*mandate der Verbandsführungen im Gegensatz zu den ohne Autonomie und mit *Durchsetzungs*mandaten ausgestatteten Führungen der pluralistischen Verbände angesehen (vgl. Czada 1997: 252). Die Verhandlungslogik in Verbänden, die sich spezifischen organisatorischen Restriktionen und Anforderungen seitens ihrer zentralen Umwelten ausgesetzt sehen, war damit ein bedeutender Untersuchungsgegenstand korporatistischer Studien. Allerdings hat sich gezeigt, dass eine verantwortliche Interessenvermittlung und Selbstregelung durch Verbände voraussetzungsvoll ist. Hier ist u.a. auf die Bedeutung des Schattens der staatlichen Hierarchie und weiterer institutioneller Rahmenbedingungen zu verweisen.

Fritz W. Scharpf (1997: 56-57) hat einige dieser Elemente dazu genutzt, aggregierte, korporative und kollektive Akteure allgemein zu charakterisieren und voneinander abzugrenzen. Bei den kollektiven Akteuren unterschied er die Verbände von Bewegungen, Clubs und Koalitionen. Jene zeichneten sich zwar auch durch gemeinsames Handeln aus, ihre Absichten und Ressourcen würden aber anders als in den Verbänden nicht unbedingt kollektiv festgelegt und kontrolliert. Im Gegensatz zu den korporatistischen Studien hebt Scharpf hervor, dass Entscheidungen in Verbänden letztlich auf der Legitimierung ihrer Führung und Aktivitäten durch Abstimmungen ihrer Mitglieder und nicht auf dem Konsensprinzip basierten, selbst wenn er eingesteht, dass die wesentlichen Handlungsressourcen kollektiv gehalten würden und die verbandliche Führung diese Ressourcen de facto kontrolliere. Einige empirische Analysen (z.B. Knoke 1990) sind ebenfalls zu dem Schluss gekommen, dass das Bottom-up-Prinzip in Verbänden stärker ausgeprägt und gemeinwohlverträglicher, sei als im Konzept des Korporatismus zum Ausdruck komme, sodass das

Verhältnis zwischen verbandlicher Autonomie und gemeinwohlverträglicher Interessenvermittlung als kontingent gelten müsse.

2 Politiknetzwerke, Verhandlungssysteme und die Governance der Ökonomie

Die bipolare Typologie nationaler Formen der Interessenvermittlung hat in der Folge einer Diskussion Raum gegeben, die stärker in die Debatte um allgemeine Governance-Mechanismen eingebettet war und zur Entwicklung komplexerer Konzepte der Interessenvermittlung jenseits von Pluralismus und Korporatismus führte. Zum einen wurde die Bedeutung von Politiknetzwerken und Verhandlungssystemen unterstrichen, zum anderen wurden die vielfältigen Mechanismen der Koordination der Wirtschaft jenseits von Verbänden analysiert (→ Wirtschaft). Diese Entwicklungen waren teils der Auffassung geschuldet, dass Pluralismus und Korporatismus die in empirischen Studien festgestellten zahlreichen Variationen der Interessenvermittlung nicht angemessen abbilden konnten, teils sind sie auf die Aufnahme neuer theoretischer Entwicklungen in den Sozialwissenschaften zurückzuführen, insbesondere auf die Rezeption institutioneller Erklärungsansätze.

Im Zuge der neoinstitutionellen Wende der Politikwissenschaft in den 1980er und 1990er Jahren gewann die Einbettung der Interessenvermittlung in breitere gesellschaftliche, staatliche und ökonomische Institutionen an Relevanz. Die jeweilige Konfiguration und Interaktion von staatlichen Institutionen und gesellschaftlichen Kräften zogen verstärkt die Aufmerksamkeit auf sich. Institutionelle Ansätze der Interessenvermittlung machten die Eigendynamik und die Pfadabhängigkeit gesellschaftlicher und staatlicher Institutionen zu einem wichtigen Gegenstand der Forschung (→ Pfadabhängigkeit). Damit stärkten sie gleichzeitig die vergleichende Betrachtung der politischen Interessenvermittlung.

Ob politische Interessenvermittlung ein offener oder geschlossener Prozess ist, ob sie formalisiert ist oder eher auf informellen Beziehungen basiert, ob sie fluid oder stabil ist, geriet dabei immer mehr zur empirischen Frage. In methodischer Hinsicht war dies Anlass zur Indexbildung, um das jeweilige Ausmaß von Korporatismus und Pluralismus in einem politischen System genauer zu bestimmen (z.B. Siaroff 1999), wobei durchaus andere Indikatoren als die organisatorischen Strukturen der Interessenvermittlung in diese Indizes eingingen und so die originären Konzepte modifizierten. Ferner sollten nun stärker ausdifferenzierte Typologien der Interessenvermittlung die verschiedenartigen Beziehungen zwischen privaten und öffentlichen Akteuren erfassen. Diese typologische Analyse von Netzwerken oder Verhandlungssystemen vermittelt den Eindruck variationsreicher und komplexer, aber gleichwohl systematischer Muster von mehr oder minder dauerhaften interorganisatorischen Beziehungen mit einer gewissen Dichte und Abschottung gegenüber ihren Umwelten (→ Netzwerke; → Verhandlungen).

In der US-Literatur schlug sich dies in Studien über „sub-governments", „iron triangles" und „issue networks" nieder (vgl. Baumgartner/Leech 1998), in der britischen Debatte gab es Studien zu „policy communities" und „policy networks" (z.B. Marsh/Rhodes 1992). In der deutschen Forschung wurde der Ansatz der Verhandlungssysteme (z.B. Benz u.a. 1991) entwickelt, und die korporatistischen Arbeiten nahmen nun Formen des Mesokorporatismus auf sektoraler Ebene sowie des Mikrokorporatismus auf Unternehmensebene ebenso ins Blickfeld (Cawson 1985) wie internationale Variationen der makrokorporatistischen Praktiken (Katzenstein 1985). In jüngeren Jahren wurden vornehmlich abgeschwächte Formen des Makrokorporatismus bei der Reform der öffentlichen Haushalte und der Wohlfahrtsstaaten in einer Reihe von europäischen Ländern identifiziert (z.B. Traxler 2001). Einige Untersuchungen haben sich auch darum bemüht, die verschiedenen Denktraditionen zusammenzuführen.

Für viele Forscher warfen diese Konzepte nicht nur einen neuen Blick auf die Realität, sondern sie reflektierten auch veränderte Strukturen von Staat und Gesellschaft im modernen Staat (vgl. Mayntz 2004). In dieser Sichtweise sind Netzwerke und Verhandlungssysteme eine neue Form von Governance (vgl. Börzel 1998). Sie bringen zum einen eine wachsende Sektoralisierung und funktionale Differenzierung von Organisationsgesellschaften im Spätkapitalismus zum Ausdruck, zum anderen spiegeln sie die zunehmende Segmentierung des Staates wie auch seine Strukturierung des sozialen, wirtschaftlichen und politischen Lebens wider (→ Nationalstaat). Die Verteilung von Handlungsressourcen auf eine Vielzahl relativ autonomer Akteure und die Koordination zwischen diesen privaten und öffentlichen Organisationen stehen im Fokus. Die Forschung konzentriert sich auf die Erklärung der Genese und Entwicklung dieser Netzwerke und Verhandlungssysteme, ihre Stabilität und ihren Wandel, ihre Rolle in Politikformulierung und -umsetzung sowie ihre Funktionen des Zugangs, der Information oder der Einflussnahme. Die Interaktion innerhalb dieser Netzwerke wird in der Regel charakterisiert als ein Tauschprozess, der jeweils in unterschiedlichem Maße durch formale oder informale Regelsysteme und Prozesse der Vertrauensbildung stabilisiert wird.

Es ist umstritten, ob dieses Zusammenspiel die Kapazitäten für die Koordination und Problemlösung in komplexen Gesellschaften erhöht. Aus wohlfahrtsökonomischer Sicht können sich Verhandlungssysteme zwar als so leistungsfähig erweisen wie marktliche oder hierarchische Mechanismen (Scharpf 1997), aber die Eigeninteressen gesellschaftlicher Organisationen in solchen Netzwerken und die Eigenlogik gesellschaftlicher Subsysteme können genauso gut die Fähigkeiten zur Änderung des Status quo einschränken (Marsh/Rhodes 1992), sodass die Handlungsorientierungen der beteiligten Akteure, insbesondere ihre Orientierung an genuinen Eigeninteressen oder an gemeinschaftlichen Problemlösungen, als bedeutende Einflussfaktoren auf die Problemlösungsfähigkeit solcher Netzwerke gelten. Insofern ist die Analyse der endogenen und exogenen Einflussfaktoren auf die Präferenzen und Handlungsorientierungen der Akteure von besonderem Interesse. In normativer Hinsicht werden für die Beurteilung dieser Netzwerke die aus der Korporatismus- und Pluralismusdiskussion bekannten Maßstäbe herangezogen; in jüngeren Jahren werden auch Verbindungslinien zu neueren Konzepten der deliberativen, reflexiven und assoziativen Demokratie aufgebaut (→ Demokratie und Legitimation).

3 Die Governance der Wirtschaft und die Internationalisierung der Interessenvermittlung

Im Anschluss an neoinstitutionelle Analysen in den Wirtschaftswissenschaften, die die Wahl bestimmter Governance-Mechanismen für die Organisation ökonomischer Transaktionen untersuchten, und an die korporatistischen Studien über Wirtschaftsverbände begann eine Reihe von Autoren, das Zusammenspiel und die relative Bedeutung verschiedener Governance-Mechanismen für die Koordination von Volkswirtschaften und Wirtschaftssektoren zu analysieren (→ Wirtschaft). Die verbandszentrierte Betrachtungsweise korporatistischer Studien gab damit einer Charakterisierung von Verbänden als einem potenziell bedeutsamen Governance-Mechanismus neben Markt, Staat, Gemeinschaften, Clans oder Netzwerken Raum (vgl. Streeck/Schmitter 1985; Hollingsworth u.a. 1994). Die Analysen nationaler Varianten des Kapitalismus (Hall/Soskice 2001) und die Studien sektoraler Governance-Regime (Hollingsworth u.a. 1994) weiteten sowohl die Forschungsagenda in den Wirtschaftswissenschaften als auch die korporatistische Analyse der Verbände in den Beziehungen zwischen Staat und Wirtschaft aus.

Diese Studien betrachten solche Governance-Regime in konfigurativer Perspektive, weil sich die Wirkung eines Governance-Mechanismus erst aus dem Zusammenspiel mit anderen Faktoren ergebe. Sie beschreiben daher Kombinationen von Governance-Mechanismen in den von ihnen betrachteten Bereichen und analysieren deren Wirkung auf die Evolution und Performanz der Ökonomie. Mit der Governance-Perspektive werden also institutionelle Faktoren stärker betont als in früheren Analysen, und es erfolgt eine stärker integrierte Betrachtung von Regelsystemen und Regeln setzenden Akteuren. Ländervergleiche konnten nachweisen, dass Governance-Mechanismen auch innerhalb eines Sektors international variieren und dass dieselben Mechanismen in unterschiedlichen Kontexten unterschiedlich funktionieren können. Sie belegen damit, dass die Governance der Wirtschaft weit komplexer ist, als im Kontinuum von Markt bis Hierarchie zum Ausdruck kommt. Diese Regime wiederum seien jeweils in breitere Institutionengefüge eingebettet, wie es beispielsweise in einer Studie zur Entwicklung von sektoriellen Governance-Regimen zum Ausdruck kommt:

> „National-sectoral regimes of economic governance *evolve over time* and constitute *historically grown social facts* for each new generation of traders. At any given point, economic actors are confronted with a legacy of local social institutions that are not of their making; not subject to their choosing; not in principle amenable to contractual reordering; and whose functional and evolutionary logic is different from that of a market or a formal-organizational hierarchy. At the center of this logic is the ability of governance regimes to impose *socially constructed obligations on individuals,* if necessary against their resistance" (Hollingsworth/Streeck 1994: 278-79).

4 Internationalisierung und Europäisierung

Eine der zentralen Forschungsfragen ist mittlerweile, wie sich die Internationalisierung von Wirtschaft und Politik auf die politische Interessenvermittlung und solche Governance-

Muster auswirkt. In einer Reihe von Politikfeldern verteilt sich staatliche Autorität mittlerweile auf die internationale und die nationale Ebene und teilweise auch auf die regionale und lokale Ebene. Zusammenfassend bringt dies oft der Begriff Mehrebenensystems zum Ausdruck (→ Multilevel Governance; → Europäische Union).

Zum einen ist hier relevant, inwieweit nationale Akteure nun auch auf internationaler Ebene ihre Interessen vertreten (→ Global Governance). Es gibt eine Reihe von Studien, die die Anpassung von Interessenorganisationen an veränderte internationale Regelsysteme analysieren und bedeutende internationale Aktivitäten von Interessengruppen festhalten. Oberhalb der nationalen Verbandssysteme haben sich europäische und internationale Verbandsebenen etabliert, die die Interessenvertretung gegenüber den internationalen Institutionen kanalisieren. In der Regel sind diese Entwicklungen stärker in solchen Bereichen ausgeprägt, in denen Institutionen wie die Welthandelsorganisation oder auch die Europäische Union über bedeutende Regulierungsbefugnisse verfügen. In den einschlägigen Analysen werden daher die Herausbildung und die Wirkung transnationaler Politiknetzwerke und Verhandlungssysteme thematisiert (z.B. Keck/Sikkink 1998) oder die Bedingungen untersucht, unter denen nationale Interessenorganisationen in der Lage sind, Zugang zu diesen Institutionen zu erlangen und staatliches Handeln zu beeinflussen, oder auch die Selbstregelung durch Interessenorganisationen in der internationalen Politik analysiert (→ Regimetheorie).

Zum anderen stellt sich die Frage, welche Rückwirkungen solche Internationalisierungsprozesse auf die nationale Interessenvermittlung haben. Denkbar sind hier die Erosion, die Modifikation oder die Verfestigung etablierter Muster sowie die Genese grundlegend neuer Muster der Interessenvermittlung. Erste systematische Untersuchungen liegen vor allem für die Wirkung der Europäischen Union vor (z.B. Eising/Kohler-Koch 2005), weil diese im Gegensatz zu internationalen Organisationen supranationale Regelungsbefugnisse in einer Vielzahl von Politikfeldern besitzt, Europarecht also nationalem Recht vorgeht. In vergleichender Perspektive wird danach gefragt, ob sich nationale Muster annähern oder sie eigenständige Entwicklungspfade gehen, ob es zur Herausbildung eines europäischen Regimes der Interessenvermittlung kommt, wie sich die Machtverhältnisse zwischen staatlichen Institutionen und gesellschaftlichen Akteuren verschieben und die Muster der sektoriellen Interessenvermittlung verändern. Institutionelle Analysen betonen in diesem Zusammenhang deutliche Variationen in Abhängigkeit von den jeweils bestehenden Ausgangsbedingungen und der Pfadabhängigkeit nationaler institutioneller Entwicklungen.

5 Fazit

Die Analyse der politischen Interessenvermittlung hat sich entwickelt von Ansätzen, die jeweils einen dominanten Governance-Mechanismus betonten, hin zu Ansätzen, welche auf die Komplexität der Koordination in modernen Staaten verweisen. Die anfängliche Hervorhebung des Gruppenwettbewerbs und spätere Dominanz einvernehmlicher Verhandlungen und verbandlicher Selbstregelung sind Betrachtungen gewichen, die stärker die Konfiguration und Interaktion verschiedener Governance-Mechanismen betonen. Diese Entwicklung ist teils auf die Einschätzung zurückzuführen, dass pluralistische und korporatistische Studien die politische Interessenvermittlung nur noch unzureichend abbildeten. Dennoch haben diese Analysen der politischen Interessenvermittlung der Governance-Diskussion bedeutende Impulse gegeben; insbesondere die Korporatismusforschung hat auf die Bedeutung des Modus der Verhandlung und der gesellschaftlichen Selbstregelung in modernen Staaten verwiesen. Später hat die Forschung zur politischen Interessenvermittlung bedeutende Elemente aus der Governance-Diskussion aufgenommen, insbesondere was die Vielschichtigkeit und die institutionelle Einbettung von Koordinationsprozessen in modernen Gesellschaften angeht. Bereits mit dem Schritt vom Pluralismus zum Korporatismus hatte sich der Fokus eines bedeutenden Teils der Forschung von einfluss- zu steuerungstheoretischen Fragestellungen verschoben. Mit der Stärkung der Governance-Perspektive vor allem in den Untersuchungen zur Koordination von Wirtschaftssektoren hat sich auch der im Korporatismus und Pluralismus gleichermaßen hohe Stellenwert von Interessengruppen relativiert. In den neueren Konzepten zur Erfassung der politischen Interessenvermittlung wie in den Begriffen der Politiknetzwerke und Verhandlungssysteme, die auch dazu genutzt werden, die internationale Dimension der Interessenvermittlung zu erfassen, sind die Machtbeziehungen der Akteure allerdings von höherer Bedeutung.

Literatur

Baumgartner, Frank/Leech, Beth, 1998: Basic Interests. The Importance of Groups in Politics and in Political Science. Princeton: Princeton University Press.

Beer, Samuel, 1965: British Politics in the Collectivist Age. New York: Knopf.

Benz, Arthur/Scharpf, Fritz W./Zintl, Reinhard, 1991: Horizontale Politikverflechtung. Zur Theorie von Verhandlungssystemen. Frankfurt a.M.: Campus.

Börzel, Tanja, 1998: Organizing Babylon – on the Conceptions of Policy Networks, in: Public Administration 76 (2), 253-273.

Cawson, Alan (Hrsg.), 1985: Organised Interests and the State. Studies in Meso-Corporatism. London: Sage.

Czada, Roland, 1997: Vertretung und Verhandlung. Aspekte politischer Konfliktregelung in Mehrebenensystemen, in: Arthur Benz/Wolfgang Seibel (Hrsg.), Theorieentwicklung in der Politikwissenschaft – eine Zwischenbilanz. Baden-Baden: Nomos, 237-259.

Eising, Rainer/Kohler-Koch, Beate (Hrsg.), 2005: Interessenpolitik in Europa. Baden-Baden: Nomos.

Hall, Peter A./Soskice, David (Hrsg.), 2001: Varieties of Capitalism. The Institutional Foundations of Comparative Advantage. Oxford: Oxford University Press.

Hollingsworth, J. Rogers /Schmitter, Philippe C./Streeck, Wolfgang (Hrsg.), 1994: Governing Capitalist Economies. Performance and Control of Economic Sectors. Oxford: Oxford University Press.

Hollingsworth, J. Rogers/Streeck, Wolfgang, 1994: Countries and Sectors. Concluding Remarks on Performance, Convergence, and Competitiveness, in: J. Rogers Hollingsworth/Philippe C. Schmitter/Wolfgang Streeck (Hrsg.), Governing Capitalist Economies. Performance and Control of Economic Sectors. Oxford: Oxford University Press, 270-300.

Holtmann, Everhard/Voelzkow, Helmut (Hrsg.), 2000: Zwischen Wettbewerbs- und Verhandlungsdemokratie. Analysen zum Regierungssystem der Bundesrepublik Deutschland. Wiesbaden: Westdeutscher Verlag.

Katzenstein, Peter J., 1985: Small States in World Markets. Industrial Policy in Europe. Ithaca: Cornell University Press.

Keck, Margaret E./Sikkink, Kathryn, 1998: Activists beyond borders. Advocacy networks in international politics. Ithaca, NJ: Cornell University Press.

Knoke, David, 1990: Organizing for Collective Action. The Political Economies of Associations. Hawthorne, NY: Aldine de Gruyter.

Krasner, Stephen D., 1984: Approaches to the State. Alternative Conceptions and Historical Dynamics, in: Comparative Politics 16 (2), 223-246

Latham, Earl, 1952: The Group Basis of Politics. Notes for a Theory, in: American Political Science Review 46 (2), 376-397.

Lehmbruch, Gerhard, 1967: Proporzdemokratie. Politisches System und politische Kultur in der Schweiz und in Österreich. Tübingen: JCB Mohr.

Lehmbruch, Gerhard, 1977: Liberal Corporatism and Party Government, in: Comparative Political Studies 10 (1), 91-126.

Lijphart, Arend, 1969: Consociational Democracy, in: World Politics 21 (2), 207-25.

Lijphart, Arend, 1999: Patterns of Democracy. Government Forms and Performance in Thirty-Six Countries. New Haven: Yale University Press.

Lindblom, Charles E., 1977: Politics and Markets. New York: Basic Books.

Marsh, David/Rhodes, Roderick A. W. (Hrsg.), 1992: Policy Networks in British Government. Oxford: Clarendon Press.

Mayntz, Renate, 2004: Governance im modernen Staat, in: Arthur Benz (Hrsg.), Governance – Regieren in komplexen Regelsystemen. Eine Einführung. Wiesbaden: VS, 65-76.

Offe, Claus/Wiesenthal, Helmut, 1985: Two Logics of Collective Action, in: Claus Offe, Disorganized Capitalism. Contemporary Transformations of Work and Politics. London: Polity Press, 170-220.

Olson, Mancur, 1965: The Logic of Collective Action. Cambridge: Harvard University Press.

Rokkan, Stein, 1966: Norway. Numerical Democracy and Corporate Pluralism, in: Robert A. Dahl (Hrsg.), Political Oppositions in Western Democracies. New Haven: Yale University Press, 70-115.

Scharpf, Fritz W., 1997: Games Real Actors Play. Actor-Centered Institutionalism in Policy Research. Boulder: Westview.

Schmitter, Philippe C., 1979 [1974]: Still the Century of Corporatism?, in: Philippe C. Schmitter/Gerhard Lehmbruch (Hrsg.): Trends Toward Corporatist Intermediation. Beverly Hills: Sage, 7-52.

Schmitter, Philippe C./Streeck, Wolfgang, 1981: The Organization of Business Interests. A Research Design to Study the Associative Action of Business in the Advanced Industrial Societies of Western Europe. Discussion Paper IIM/LMP 81/13. Berlin: Wissenschaftszentrum Berlin.

Siaroff, Alan, 1999: Corporatism in 24 industrial democracies. Meaning and measurement, in: European Journal of Political Research 36 (2), 175-205.

Streeck, Wolfgang/Schmitter, Philippe C., 1985: Gemeinschaft, Markt und Staat – und die Verbände?, in: Journal für Sozialforschung 25 (2), 133-157.

Traxler, Franz, 2001: Die Metamorphosen des Korporatismus. Vom klassischen zum schlanken Muster, in: Politische Vierteljahresschrift 42 (4), 590-623.

Truman, David B., 1951: The Governmental Process. Political Interests and Public Opinion. Berkeley: University of California, Institute of Governmental Studies (Reprint 1993).

Arthur Benz

3.3 Multilevel Governance

Der Begriff Multilevel Governance wurde in der Europaforschung und in der Forschung über internationale Politik geprägt. Das damit beschriebene Phänomen ist allerdings schon seit langem Gegenstand von sozialwissenschaftlichen Analysen. Formen der Mehrebenenpolitik finden sich nicht nur im Verhältnis von Innen- und Außenpolitik, sondern auch in vertikal gegliederten Staaten, seien dies Bundesstaaten, regionalisierte Staaten oder dezentralisierte Einheitsstaaten, und sie werden in der Föderalismusforschung, in der Policy-Forschung und in der Verwaltungsforschung untersucht.

Die Verbreitung des Begriffes Multilevel Governance hat zu einer Erweiterung der vergleichenden Perspektive und zur wechselseitigen Befruchtung bislang getrennter Forschungsbereiche und Theorien beigetragen. Allerdings hat das Konzept dadurch auch an Konturen verloren, weil notwendige analytische Differenzierungen nicht hinreichend beachtet worden sind. Im Kern erfasst es die Tatsache, dass in einem institutionell differenzierten politischen System Akteure unterschiedlicher Ebenen aufeinander angewiesen sind und ihre Entscheidungen koordinieren müssen. Die institutionellen Strukturen eines Mehrebenensystems können allerdings ebenso variieren wie die Modi der Politikkoordination, die durch wechselseitige Anpassung, Verhandlungen, Netzwerke, Wettbewerb oder hierarchische Steuerung erfolgen kann (Scharpf 2000).

Im Folgenden soll zunächst der Begriff Multilevel Governance präzisiert und gegen verwandte Begriffe abgegrenzt werden. Danach werden bereichsspezifische Theorien dargestellt, die unterschiedliche Ausprägungen von Multilevel Governance beschreiben und deren Funktionsweisen erklären.

1 Begriffsbestimmung

Der Begriff Multilevel Governance verweist zunächst auf die Differenzierung von organisierten Systemen in Ebenen, was auch mit anderen Konzepten der Föderalismus- und der Organisationsforschung erfasst wird. Der Mehrwert des neuen Begriffes liegt darin, dass er nicht nur die Struktur einer Mehrebenenorganisation beschreibt, sondern auch die aus dieser Differenzierung resultierenden Interaktionsmuster und Koordinationsmechanismen.

Eine Mehrebenenstruktur wird auch mit den Begriffen Föderalismus, Bundesstaat und Staatenbund beschrieben. Als Föderalismus bezeichnet man ein Organisationsprinzip für ein politisches System, in dem die Herrschaftsgewalt nicht bei einer Zentralinstanz konzentriert, sondern zwischen Ebenen aufgeteilt ist. Die Begriffe Bundesstaat und Staatenbund stehen für die Verfassung eines politischen Systems, das nach föderalistischen Grundsätzen gestaltet ist. Alle diese Begriffe implizieren, dass mit Ebenen territoriale Einheiten gemeint sind. Das trifft auch für den funktionalen Föderalismus zu (Frey 1997), in dem die Gebietsgrenzen je nach Aufgabe variieren und überlappende Kompetenzbereiche bilden.

Die Organisationsforschung (→ Organisationstheorien) nimmt primär die funktionale Differenzierung von Organisationen oder interorganisatorische Strukturen in den Blick. Nach Ebenen gegliedert, gelten hier hierarchische Organisationen (→ Hierarchie), in denen Aufgaben nach ihrer Reichweite und ihrem Konkretisierungsgrad zerlegt werden (Simon 1978). Die Zerlegung nach diesen Kriterien hat in der Regel zur Folge, dass Einheiten einer niedrigeren Ebene entweder speziellere Aufgaben erledigen oder sich ihre Kompetenzen auf ein Teilgebiet des gesamten Zuständigkeitsbereichs der Organisation erstrecken. Näher am Konzept der Multilevel Governance ist das Konzept der interorganisatorischen Beziehungen, das den Blick auf das Zusammenwirken inter- und intraorganisatorischer Strukturen und Prozesse lenkt.

Wie die bisher genannten Begriffe bezieht sich auch der Begriff Multilevel Governance auf politische Systeme oder Organisationen, in denen Kompetenzen und Ressourcen auf „Ebenen", das heißt territoriale Einheiten, aufgeteilt sind. Ebenen können durch staatliche oder staatsähnliche Institutionen gebildet werden (wie in Bundesstaaten oder internationalen Organisationen), oder sie entstehen als mehr oder weniger lose Zusammenschlüsse von in einem Gebiet interagierenden korporativen Akteuren, deren Zusammenwirken durch ein Mindestmaß an Institutionen und Regeln geordnet und stabilisiert ist (Staatenkooperation, Staatenbund, interregionale oder interkommunale Zusammenarbeit). Mehrebenenstrukturen liegen also vor, wenn Befugnisse und Mittel zur Verwirklichung verbindlicher Entscheidungen auf territorial abgegrenzte, zentrale und dezentrale Organisationen aufgeteilt sind.

Mit dem Begriff Multilevel Governance werden allerdings nicht nur Strukturmerkmale, sondern auch politische Prozesse und Koordinationsmechanismen zwischen Ebenen betrachtet. Während die Begriffe Föderalismus und Bundesstaat vielfach mit der Teilung oder Trennung von Kompetenzen gleichgesetzt werden, bezieht sich der Begriff Multilevel Governance auf die Tatsache der „Politikverflechtung" und die Bewältigung von Interdependenz.

Der Begriff Multilevel Governance verweist auch darauf, dass in Ebenen eine bestimmte Struktur von Politik – sei es einer Gebietskörperschaft, eines Verbandes, eines Netzwerkes von Akteuren oder einer Staatenzusammenarbeit oder Staatenverbindung – und damit zusammenhängende Interaktionsmodi vorhanden sind. Diese beeinflussen die Interaktionen zwischen den Ebenen. Mehrebenenkoordination findet also mit einer komplexen Konfiguration statt, die aus der Verbindung von Governance-Modi innerhalb von Ebenen („intragouvernemental") und zwischen Ebenen („intergouvernemental") gebildet wird. Die konkrete Form eines Mehrebenensystems resultiert aus der Kombination von „Regelsystemen" (Lehmbruch 2000: 15-30) der jeweiligen Ebenen und der Beziehungen zwischen ihnen. Die einzelnen Regelsysteme erzeugen bestimmte Interaktions- und Koordinationsmechanismen, die mehr oder weniger miteinander kompatibel sind.

Ausgehend von dieser Begriffsbestimmung, sollen im Folgenden verschiedene Ausprägungen von Multilevel Governance sowie die entsprechenden Analysekategorien und Theorien dargestellt werden. Die Theorieentwicklung spiegelt noch immer die Segmentierung der Forschung in die Bereiche internationale Beziehungen, Europa und innerstaatliche

Mehrebenenpolitik wider. Dagegen bietet Governance ein „Brückenkonzept", das sich für vergleichende Untersuchungen über die Grenzen der traditionellen Forschungsfelder hinweg eignet.

2 Intergouvernementale Beziehungen zwischen Staaten

In der Mehrebenenperspektive stellt internationale Politik ein dynamisches Zusammenwirken von Innen- und Außenpolitik dar. Während in realistischen Theorien Staaten noch als Akteure betrachtet werden, kommt im Ansatz des Intergouvernementalismus der Mehrebenencharakter der internationalen Politik in den Blick. Die Verbindung nationaler und internationaler Politik (der „linkage approach") ist inzwischen ein wichtiges Feld der Theoriebildung, die damit implizit das Konzept der Multilevel Governance aufgreift.

Einen wichtigen Impuls zur Theorieentwicklung gab Robert Putnam (1988), der internationale Politik als „Zweiebenenspiel" („two-level games") betrachtete. Dieser Begriff verweist darauf, dass zwischenstaatliche Zusammenarbeit in miteinander verschränkten Verhandlungsprozessen auf der nationalen und internationalen Ebene entsteht und praktiziert wird:

> „International negotiation must be seen as a double-edged process in which every actor tries to take into account expected reactions on both the domestic and the international levels. Deals at the international level change the character of domestic constraints while the movement of domestic politics opens up new possibilities for international accords. Domestic goals are pursued via international moves, and domestic politicking is central to international negotiation. The role of international and domestic factors in the determination of outcomes is simultaneous and mutual" (Evans 1993: 397).

Putnam griff auf Ansätze der Verhandlungsforschung zurück, mit denen das Zusammenspiel intra- und interorganisatorischer Verhandlungen analysiert wurde (Walton/McKersie 1965) (→ Verhandlungen). Diese zeigten, dass in solchen Prozessen die Spielräume für eine Einigung geringer sind als bei Verhandlungen auf einer Ebene. Realisierbar sind nur solche Entscheidungsalternativen, die sowohl in der internationalen bzw. interorganisatorischen Verhandlungsarena wie auch in allen betroffenen Staaten bzw. Organisationen durchgesetzt werden können. Die Menge möglicher Verhandlungslösungen („win set") ergibt sich aus der Schnittmenge der auf den einzelnen Ebenen realisierbaren Lösungen. Akteure in internationalen oder interorganisatorischen Verhandlungen können daher nur Vorschläge vorbringen, von denen sie glaubhaft behaupten können, dass sie auch im eigenen Zuständigkeitsbereich durchsetzbar sind.

Ähnlich wie Analysen zur Politikverflechtung in Bundesstaaten (vgl. Abschnitt 4) verdeutlicht die Theorie des Zweiebenenspiels die Gefahr von Politikblockaden. Hiervon ausgehend konzentriert sich die Forschung auf Bedingungen für den Erfolg von Verhandlungen. Putnam nannte drei wichtige Einflussfaktoren: 1. die Präferenzen und Koalitionsbildungen in der nationalen Politik, 2. die Institutionen der Staaten und 3. die Strategien der auf der internationalen Ebene verhandelnden Akteure.

Präferenzen der Akteure im Staat und innenpolitische Koalitionen, die über Vetomacht verfügen, schränken die internationalen Verhandlungsspielräume ein, wenn für sie die Kosten eines Scheiterns von Verhandlungen und damit des Fortbestehens des Status quo gering sind. Tendenziell wirken sich auch homogene Interessenkonstellationen, Verteilungskonflikte und der Grad der Politisierung, das heißt die Intensität öffentlicher Auseinandersetzungen über einen Verhandlungsgegenstand, negativ auf die Wahrscheinlichkeit einer Verhandlungslösung aus (Putnam 1988: 442-448). Generell wird die Koordination zwischen nationalen und internationalen Verhandlungen durch Informationsasymmetrien zwischen Regierung und Parlament behindert (Evans 1993: 408-412). Wenn jedoch eine Interessengruppe (→ Politische Interessenvermittlung), ein Parlamentsausschuss oder eine unabhängige Verwaltungsinstanz Informationen über die internationalen Verhandlungen vermitteln, dann sind innenpolitische Akteure in der Lage, die unintendierten Effekte von innenpolitischen Vetostrategien zu erkennen, und verzichten daher oft auf den Einsatz ihrer Blockademacht.

Hinsichtlich der Institutionen verwies Putnam auf die Regeln der Ratifikation von internationalen Vereinbarungen und auf die Strukturen des nationalen Regierungssystems, die einer Regierung mehr oder weniger Autonomie von Parlamenten oder Interessengruppen verleihen (Putnam 1988: 448-449). Milner und Rosendorff (1997) stellten fest, dass Regierungen in präsidentiellen Regierungssystemen oder in parlamentarischen Systemen mit Mehrparteiensystemen über geringere Verhandlungsspielräume als autokratische Regierungen verfügen, und deuteten damit die schwierige Verbindung von Demokratie und Governance an, die inzwischen breit diskutiert wird (→ Demokratie und Legitimation).

Diese innenpolitischen oder institutionellen Restriktionen können kompensiert werden durch Strategien der Regierungen, die Verhandlungsspielräume zu erweitern und Chancen auf eine Einigung in der internationalen Politik zu erhöhen. Dies gilt etwa, wenn verschiedene Entscheidungsthemen zu Verhandlungspaketen verbunden werden („issue linkage") oder benachteiligte nationale Gruppen durch Ausgleichsleistungen entschädigt werden (Mayer 1992). Regierungen oder Verhandlungsführer können Unsicherheiten und Informationsasymmetrien nutzen, sei es indem sie auf der internationalen Ebene mit taktischen „Selbstbindungen" („tying hands") operieren oder indem sie auf der nationalen Ebene Verhandlungsergebnisse als politische Sachzwänge darstellen. Sie können innerstaatliche Zustimmung mobilisieren, etwa indem sie Informationen über internationale Politik und ihre Wirkungen manipulieren oder transnationale Allianzen mit international agierenden Interessengruppen oder Nichtregierungsorganisationen nutzen, um die Position, die sie auf internationaler Ebene vertreten, in innerstaatlichen Prozessen zu unterstützen (Evans 1993: 418-423).

Putnams Artikel hat inzwischen eine Fülle von theoretischen Beiträgen stimuliert, die unterschiedliche Varianten dieses Zweiebenenspiels genauer analysierten und die Theorieentwicklung verfeinerten, sei es durch empirische Überprüfung einzelner Hypothesen oder durch ihre Formalisierung in spieltheoretischen Konzepten. Das Konzept des Zweiebenenspiels erweist sich also als ein fruchtbarer Ausgangspunkt der empirischen Forschung über Multilevel Governance durch Verhandlungen, da es deren Komplexität auf einen relativ einfachen Begriff bringt. Dabei erklärt es nicht nur die strukturell angelegten Schwierigkeiten dieser Governance-Kombination, sondern auch die strategischen Optionen, die Akteure in solchen Strukturen produktiv nutzen können, um Blockaden zu überwinden.

3 Multilevel Governance in der europäischen Politik

Andrew Moravcsik (1998) hat das Konzept des Intergouvernementalismus für eine Erklärung des europäischen Integrationsprozesses genutzt. Seiner Analyse des Mehrebenenspiels bei den „grand bargains" der europäischen Staats- und Regierungschefs zufolge hängt Erfolg oder Misserfolg der Verhandlungen von Interessenkonstellationen der Staaten und Verhandlungskoalitionen unter den Regierungen ab, darüber hinaus aber auch vom Ausmaß der Unterstützung durch innerstaatliche Interessengruppen für die Regierungspolitik. In der Tat entsprechen Vertragsverhandlungen im Prozess der Europäischen Integration dem Modell des Zweiebenenspiels der internationalen Politik, das mit den Verträgen entstandene politische System der Europäischen Union hat sich inzwischen aber zu einem eigentümlichen Mehrebenensystem entwickelt. Dieses unterscheidet sich von der internationalen Staatenzusammenarbeit durch eine weitentwickelte und differenzierte Institutionalisierung. Anders als Zentralebenen in Bundesstaaten verfügt die Union nur in begrenzten Politikfeldern über eigenständige Kompetenzen. Europäische Politik ist überwiegend das Ergebnis von Verhandlungen zwischen europäischen, nationalen und regionalen Akteuren.

Nachdem sich gängige Begriffe der vergleichenden Regierungslehre als ungeeignet erwiesen, die Besonderheiten des politischen Systems der EU zu erfassen, rückte das Konzept der Multilevel Governance in den Vordergrund der Europaforschung (→ Europäische Union). Protagonisten waren Gary Marks und Liesbet Hooghe (Hooghe/Marks 2001), die in ihren empirischen Untersuchungen der europäischen Strukturpolitik und der Beteiligung der Regionen zeigten, dass Staaten oder nationale Regierungen nicht mehr die alleinigen Akteure der europäischen Politik sind, wie dies im Ansatz des Intergouvernementalismus dargestellt wird. In wichtigen Politikfeldern der EU wirken neben Regierungen der Mitgliedstaaten auch Vertreter von Regionen und Kommunen sowie Experten aus Verwaltungen und Interessengruppen an Entscheidungen mit und kooperieren vielfach in Netzwerken mit europäischen Akteuren (→ Netzwerke). Marks definierte, hiervon ausgehend, das Konzept von Multilevel Governance wie folgt:

> „Anstatt den Staat als einheitlichen Akteur aufzufassen, disaggregiert der Mehrebenenansatz ihn und fragt nach der Entscheidungsmacht einzelner staatlicher Instanzen – wobei die mitgliedstaatlichen Regierungen und Verwaltungen selbstverständlich mit einbezogen werden. Anstatt anzunehmen, dass die Staaten vor allem auf die Wahrung ihrer Souveränität bedacht seien, postuliert dieser Ansatz, dass staatliche Akteure vielschichtige und möglicherweise widersprüchliche Ziele verfolgen. Anstatt sich auf die großen politischen Weichenstellungen, insbesondere Gemeinschaftsverträge und ihre Änderungen, zu konzentrieren, verfolgt dieser Ansatz die politischen Prozesse unterhalb dieser Ebene. Auch die These, dass die Mitgliedstaaten durchgängig in der Lage seien, Politikergebnisse zu kontrollieren, wird durch die Behauptung ersetzt, dass sich der Einfluss von Akteuren auf den verschiedenen Regierungsebenen zwischen einzelnen Politikfeldern und sogar innerhalb derselben erheblich unterscheidet" (Marks 1996: 339).

Multilevel Governance weist demnach eine Komplexität auf, die mit dem Konzept des Zweiebenenspiels nicht angemessen erfasst werden kann. Diese komplexe Struktur sei vor allem mit der Mobilisierung subnationaler Akteure entstanden. Mit dem Konzept eines regionalisierten Europas seien Regionen als institutionelle Ebene anerkannt worden; die EU habe ihren Vertretern Zugang zu Entscheidungsprozessen jenseits des Nationalstaates eröffnet und ihnen im Rahmen der Strukturpolitik Ressourcenquellen verschafft (Hooghe 1995).

Ob dieses Konzept der europäischen Multilevel Governance bereits eine Theorie darstellt, ist umstritten (vgl. Bache/Flinders 2004). Aussagen zu Funktionsmechanismen (→ Elementare Mechanismen) von Mehrebenenpolitik sind bisher vage geblieben. Marks und Hooghe kennzeichnen Multilevel Governance durch Interdependenzen und Komplexität, durch Unsicherheit sowie durch Konkurrenzen und Konflikte zwischen den Akteuren. Supranationale Akteure wie die Kommission, aber auch der Europäische Gerichtshof gewönnen deshalb als „politische Unternehmer" an Gewicht, um Koalitionen zusammenzuführen oder Konflikte zu schlichten bzw. verbindlich zu entscheiden. Im Zusammenspiel vieler Akteure seien Politikergebnisse vielfach nicht intendiert oder Resultat von Lernprozessen. Das europäische Mehrebenensystem zeichne sich daher durch eine hohe Eigendynamik aus (Hooghe/Marks 2001). Ein solches Konzept von Multilevel Governance kann zwar die Komplexität der europäischen Politik gut beschreiben, es kann aber nicht die Kausalzusammenhänge zwischen Strukturen, Prozessen und Politikergebnissen erklären.

Die neuere Forschung zur europäischen Politik weist zudem auf die Notwendigkeit hin, Formen von Multilevel Governance zu differenzieren. Zum einen hängt die Rolle von subnationalen Akteuren in der EU von den innerstaatlichen Verfassungsstrukturen, ihren Kompetenzen und Ressourcen sowie ihrer Beteiligung an intergouvernementalen Entscheidungsprozessen ab (Jeffery 2000), weshalb die Kombination von Governance-Mechanismen je nach Mitgliedstaaten, Regionen und Politikfeldern variiert. Zum anderen trifft es zwar zu, dass in einzelnen Politikfeldern Regionen oder private Organisationen eine wichtige Rolle spielen, die mit der Kommission in Netzwerken zusammenarbeiten. Es gibt aber auch Politikbereiche, in denen nach wie vor der traditionelle Modus der intergouvernementalen Verhandlungen praktiziert wird und Regierungen die Entscheidungen dominieren. Mit der Offenen Methode der Koordinierung hat die EU eine neue Variante von Multilevel Governance eingeführt, die Elemente des Politikwettbewerbs enthält, in der Praxis aber Koordination durch Erfahrungsaustausch und Diskurse über beste Praktiken leistet. Die Komplexität von Multilevel Governance in der EU liegt also nicht nur an der Zahl der Akteure und der Dynamik der Interaktionsmuster, sondern auch an der Variabilität der verbundenen Governance-Modi (Benz 2003b).

4 Politikverflechtung im Bundesstaat

Im nationalen Kontext finden wir Mehrebenenstrukturen vor allem in Bundesstaaten. Die hierfür entwickelten Ansätze zur Analyse von Governance wurden auch auf regionalisierte Staaten oder Einheitsstaaten übertragen, um Prozesse der Implementation von Programmen und Gesetzen in dezentralen Verwaltungen oder lokalen Gebietskörperschaften zu untersuchen. Auf die Vielfalt der Konzepte, mit denen intergouvernementale Beziehungen beschrieben wurden, kann hier nicht näher eingegangen werden (dazu Braun 2003). Stattdessen soll die für den deutschen Bundesstaat entwickelte Theorie der Politikverflechtung von Fritz W. Scharpf dargestellt werden. Trotz ihrer begrenzten Reichweite, auf die Scharpf ausdrücklich hingewiesen hat, lassen sich aus dieser Theorie wichtige Erkenntnisse über die Funktionsweise von Multilevel Governance auch außerhalb des Kontextes des deutschen Bundesstaates gewinnen.

Scharpfs Ausgangspunkt bildete die empirische Untersuchung der Bund-Länder-Zusammenarbeit in den Gemeinschaftsaufgaben und bei der Vergabe von Finanzhilfen, also typische Muster von „intergovernmental relations", die auch in anderen Staaten existieren. In Anlehnung an den damaligen Sprachgebrauch in der deutschen Föderalismusdiskussion bezeichnete er sie als „Politikverflechtung", als ein Politikmuster, „bei dem zwar einerseits die Entscheidungsautonomie der dezentralen Entscheidungseinheiten eingeschränkt wird, bei dem jedoch andererseits die umfassenden Entscheidungseinheiten [...] nicht gesamte Aufgabenkomplexe an sich zogen, sondern statt dessen direkte und indirekte Einfluss- und Steuerungsinstrumente gegenüber den nach wie vor entscheidungszuständigen lokalen und regionalen Entscheidungseinheiten ausgebildet haben" (Scharpf u.a. 1976: 29). Solche Strukturen entstehen entweder, weil sowohl eine Zentralisierung als auch eine Dezentralisierung mit Nachteilen verbunden sind oder weil Akteure, die über die Verfassungsstrukturen entscheiden, davon profitieren. Letzteres trifft im deutschen Bundesstaat vor allem für die Regierungen des Bundes und der Länder zu, welche sich durch intergouvernementale Zusammenarbeit dem Einfluss der Parlamente entziehen können.

Die typische Form der Politikverflechtung im deutschen Bundesstaat stellt ein Verhandlungssystem (→ Verhandlungen) dar, das Vertreter des Bundes und aller Länder in einer multilateralen Interaktionsstruktur zusammenführt. In den Gemeinschaftsaufgaben und bei der Entscheidung über zustimmungspflichtige Gesetze besteht ein Zwang zur Einigung; das heißt, weder der Bund noch die Länder können einseitig den Status quo verändern, wenn sie keine Verhandlungslösung finden wollen („Zwangsverhandlungen"; Scharpf 1992: 63). Dabei sind wegen der Vielzahl der Akteure und ihrer Interessen Informationsprobleme zu bewältigen. Wichtiger ist aber, dass in diesen Strukturen, welche die Möglichkeit einer einseitigen Regelung durch den Bund ausschließen, die typischen Probleme dezentraler Aufgabenerfüllung gelöst werden müssen. Es handelt sich dabei um Niveauprobleme bzw. Niveaufixierungsprobleme (Steigerung oder Aufrechterhaltung der Leistungen oder Aktivitäten dezentraler Einheiten), Verteilungsprobleme oder Interaktionsprobleme (wechselseitige Störungen dezentraler Politik). Scharpf argumentierte, dass die ersten beiden Probleme gelöst werden können, die anderen beiden aber nicht.

Im Fall von Verteilungs- und Interaktionsproblemen sind gegensätzliche Interessen auszugleichen. Wenn sich Akteure in Verhandlungen einigen müssen, ist das schwierig, sofern unterstellt wird, dass sie die Interessen ihrer Gebietskörperschaft verfolgen. Dazu werden Regierungen des Bundes und der Länder veranlasst, weil sie durch ihre Parlamente kontrolliert werden. Damit drohen in Politikfeldern, welche zwischen Ländern oder Regionen diskriminierende Ressourcenverteilungen oder Regulierungen erfordern, Entscheidungsblockaden (Scharpf u.a. 1976: 55).

Zu wirklichen Blockaden kommt es in bundesstaatlichen Verhandlungen nach den Erkenntnissen von Scharpf allerdings selten, sie stellen vielmehr eine institutionell angelegte Gefahr dar. Die Praxis der Politikverflechtung zwischen Bund, Ländern und Gemeinden sei „einigermaßen funktionierend". Die Funktionsfähigkeit werde erreicht durch Anpassung von realen Entscheidungsstrukturen (Verminderung der Zahl der notwendig zu beteiligenden Akteure), durch spezifische Verfahrensweisen (Verminderung der Zahl der gleichzeitig zu berücksichtigenden Entscheidungsalternativen, z.B. sequenzielle Konfliktbearbeitung) sowie durch Umdefinition der Probleme und entsprechende konfliktvermeidende Lösungen (z.B. Verzicht auf Umverteilung und auf weitreichende Änderungen des Status quo). In den untersuchten Bereichen einer multilateralen Verflechtung (Gemeinschaftsaufgaben und Finanzhilfen des Bundes an Länder und Gemeinden) würden diese Strategien der Akteure allerdings den Anforderungen, die sich aus den Problemlagen ergeben, nicht gerecht. Scharpf stellt daher fest, dass insoweit der deutsche Bundesstaat an einer Überverflechtung leide, die seine Handlungsfähigkeit beeinträchtige.

Aus der These der Überverflechtung lässt sich zwar die Forderung nach institutionellen Reformen ableiten, aber gerade diese drohen an Blockaden zu scheitern, weil sie zwingend mit einer Umverteilung von Kompetenzen und Macht verbunden sind. Der kooperative Bundesstaat befindet sich daher, so Scharpf, in der „Politikverflechtungsfalle". Er bilde „eine zwei oder mehr Ebenen verbindende Entscheidungsstruktur, die aus ihrer institutionellen Logik heraus systematisch [...] ineffiziente und problem-unangemessene Entscheidungen erzeugt, und die zugleich unfähig ist, die institutionellen Bedingungen ihrer Entscheidungslogik zu verändern – weder in Richtung auf mehr Integration noch in Richtung auf mehr Desintegration" (Scharpf 1985: 350). Diese These wird durch das Scheitern von Reformbemühungen immer wieder bestätigt. Gleichwohl sind inkrementelle Veränderungen der institutionellen Strukturen des Bundesstaates wie der praktischen Verfahren von Governance zwischen Bund und Ländern sehr wohl möglich.

Die Politikverflechtungstheorie beeindruckt durch ihre analytische Stringenz, aber sie erfasst nur einen Ausschnitt möglicher Formen von Multilevel Governance. Schon bilaterale Formen der Mehrebenenkoordination zwischen Bund und Ländern sind weniger durch Blockaden gefährdet. Ferner kooperieren Regierungen und Verwaltungen des Bundes und der Länder vielfach informell und freiwillig, sie sind dann nicht zur Einigung gezwungen und können partielle Verhandlungslösungen erreichen. Im Mehrebenensystem der EU (Héritier 2000; Scharpf 2000) (→ Europäische Union) wie zwischen Ländern und Gemeinden (Fürst u.a. 1984) dominieren andere Verhandlungsformen, die dementsprechend auch andere Funktionsweisen erkennen lassen. Für eine Erweiterung der Theorie der Politikverflechtung bleibt allerdings eine Überlegung bedeutsam: Scharpf hat gezeigt, dass strukturell angelegte Blockaden, die in vielen Mehrebenenstrukturen schon wegen ihrer Komplexität und der Zahl der Vetospieler drohen, strategische Handlungen der Akteure und Anpassungen von Interaktionsweisen hervorrufen (Benz 2003a; Painter 1991). Für das Verständnis von Multilevel Governance ist deshalb das Zusammenwirken von Institutionen und Akteurshandeln essenziell. Jenseits der Reformblockade wird damit die Eigendynamik von Mehrebenenpolitik erkennbar.

5 Verbundene Regelsysteme: Parteienwettbewerb im kooperativen Bundesstaat

Die ursprüngliche Theorie der Politikverflechtung konzentrierte sich auf die Analyse und Erklärung der Interaktionen von Regierungen bzw. Vertretern von Exekutiven des Bundes und der Länder; sie berücksichtigte dabei weder die Beteiligung von Parteien oder Verbänden noch den Einfluss spezifischer institutioneller Strukturen der einzelnen Ebenen. Multilevel Governance bedeutet jedoch Koordination in verschiedenen institutionellen Regelsystemen, die Akteure vor unterschiedliche, zum Teil konträre Anforderungen stellt. Hierauf aufmerksam gemacht zu haben ist ein wesentliches Verdienst von Gerhard Lehmbruchs Studie zum Parteienwettbewerb im deutschen Bundesstaat (Lehmbruch 2000).

Lehmbruch ging davon aus, dass im deutschen Bundesstaat zwei Governance-Formen institutionalisiert sind, die miteinander inkompatibel sind: der Parteienwettbewerb im parlamentarischen System (→ Politischer Wettbewerb) und das intergouvernementale Verhandlungssystem des kooperativen Föderalismus. Gesetzgebung und Programmentwicklung erfordern in vielen Politikbereichen Verhandlungen zwischen Regierungen des Bundes und der Länder, die zugleich im Parteienwettbewerb in Konfrontation zueinander stehen. Im Ergebnis führt dies zu einer „antagonistischen Kooperation", welche anfällig ist für Politikblockaden oder konfliktminimierende Entscheidungen, wie sie Scharpf in seiner Politikverflechtungstheorie beschrieben hat.

Während Lehmbruch in den 1970er Jahren der Blockadethese zuneigte und von einem „Strukturbruch" zwischen dem Parteienwettbewerb und dem kooperativen Bundesstaat sprach, greift er in seiner gut zwanzig Jahre später erschienenen Überarbeitung seines Buches die Idee der Arenenkopplung auf (vgl. Benz 1998). Dabei stellt er zunächst fest, dass institutionell von einer engen Kopplung zwischen Parteiensystem und föderativem Verhandlungssystem auszugehen ist. Beide prägen das Handeln der Akteure sehr stark, der Parteienwettbewerb wegen der Dominanz der Polarisierung in der Mehrheitsdemokratie, das Verhandlungssystem wegen der institutionell bedingten Zwänge einer Zusammenarbeit zwischen Bund und Ländern. Diese strukturelle Kopplung schließt gleichwohl nicht aus, dass Akteure Blockaden vermeiden können.

> „Ob sich aus der Verbindung von Konkurrenzdemokratie und Verhandlungsdemokratie produktive Kopplungseffekte oder Entscheidungsblockaden ergeben, hängt [...] davon ab, wie die politischen Akteure mit den Zwängen umgehen, die aus den institutionellen Vorgaben resultieren, ob es also beispielsweise gelingt, die Orientierung an Selektions- und Erfolgskriterien des Parteienwettbewerbs den Funktionserfordernissen eines bundesstaatlichen Verhandlungssystems anzupassen" (Lehmbruch 2000: 28).

Lehmbruch hat mit dem Hinweis auf Inkompatibilitäten zwischen verbundenen Regelsystemen einen wichtigen Impuls für die Analyse von Multilevel Governance in demokratischen Regierungssystemen gegeben. Dass die enge Kopplung zwischen Parteienwettbewerb und intergouvernementalem Verhandlungssystem eine Besonderheit des deutschen Regierungssystems ist, hat er erkannt. Die Übertragung seiner analytischen Kategorien auf andere institutionelle Kontexte kann, wie entsprechende Arbeiten zur Europäischen Union (→

Europäische Union) zeigten (Benz 2003b), zum besseren Verständnis von Multilevel Governance beitragen.

6 Multilevel Governance durch Wettbewerb

Die bisher vorgestellten Analysen und Theorien betrafen Formen von Multilevel Governance, in denen die Koordination durch formalisierte oder informelle Verhandlungen oder durch Netzwerke hergestellt wird. Als weitere Variante sei der Wettbewerb zwischen Gebietskörperschaften (→ Politischer Wettbewerb) genannt, der in der ökonomischen Theorie des Föderalismus als wichtigste Form von Mehrebenenkoordination gilt (Oates 1999). Praktische Beispiele dafür finden wir etwa in der nationalen wie internationalen Hochschul- und Forschungspolitik oder in der Wirtschaftspolitik, im Steuer- oder Regulierungswettbewerb zwischen Staaten eines gemeinsamen Wirtschaftsraumes, in zunehmendem Maße aber auch bei der Förderung nachhaltiger Regionalentwicklung oder in der Verwaltungspolitik.

In den genannten Politikfeldern sind verschiedene Mechanismen eines politischen Wettbewerbs verwirklicht worden. Staaten oder Regionen agieren im Standortwettbewerb, wenn sie um zu- oder abwanderungsbereite Steuerzahler konkurrieren, die nach optimalen Standorten suchen (Tiebout 1956). Davon zu unterscheiden ist der Leistungswettbewerb, der über den Mechanismus des Benchmarking erzeugt wird. Er soll Politiker oder Verwaltungsbeamte der Gebietskörperschaften dazu bringen, um beste Politikergebnisse zu wetteifern, und sie dafür mit Anerkennung bzw. Zustimmung belohnen (Breton 1996: 229-235; Salmon 1987). Beide Formen von Multilevel Governance durch Wettbewerb unterscheiden sich hinsichtlich der Ziele, um die es geht, der Vergleichsmaßstäbe, des Anreizmechanismus und der Akteure bzw. „Foren", die über Erfolg oder Misserfolg entscheiden.

Im Standortwettbewerb streben Gebietskörperschaften nach wirtschaftlichem Erfolg durch Zuwachs an öffentlichen Einnahmen. Dazu müssen sie die Abwanderung zahlungskräftiger Steuerzahler (das heißt in erster Linie Unternehmen) aus dem eigenen Territorium verhindern oder von außerhalb der Gebietskörperschaft zur Zuwanderung bewegen. Um diese für den öffentlichen Haushalt bedeutsamen und mobilen Steuerzahler geht es in der Konkurrenz, und sie definieren daher auch die Maßstäbe des Vergleichs und stimmen über Entscheidungen von Gebietskörperschaften „mit den Füßen" ab („voting by one's feet"). In der Regel orientieren sie sich am Niveau der Besteuerung und der für sie relevanten Regulierungen, die sie zum Teil in Relation zu öffentlichen Leistungen setzen.

Ziel des Leistungswettbewerbs (→ Public Management und Public Governance) ist die Verbesserung der Performanz einer Regierung oder Verwaltung in einem Aufgabenbereich. Verglichen werden die Leistungen von Gebietskörperschaften durch zentrale Institutionen, die Standards definieren, oder durch Experten. Verhaltenlenkende Anreize gehen allerdings nicht von diesen Evaluierungen aus, die für die Politik innerhalb einer Gebietskörperschaft keine unmittelbaren Folgen haben. Erst wenn die daraus resultierenden Bewertungen und Leistungsvergleiche von den kontrollierenden Akteuren wahrgenommen werden, löst der Leistungswettbewerb Wirkungen aus. Voraussetzung ist also, dass Parlamente oder Bürger die Leistungen von Politik oder Verwaltung ihrer eigenen mit denen anderer Gebietskörperschaften vergleichen, wenn sie diese in parlamentarischen Verfahren oder durch Entscheidungen über ihre Wiederwahl kontrollieren (Salmon 1987: 32).

Beide Varianten des Wettbewerbs haben für die Funktionsweise von Multilevel Governance unterschiedliche Folgen. Ihre Wirkungen werden jedoch nicht nur durch den Koordinationsmodus selbst, sondern auch durch institutionelle Bedingungen und Politikinhalte beeinflusst. Generelle Aussagen verbieten sich daher.

Der Standortwettbewerb fördert der ökonomischen Theorie des Föderalismus zufolge die Effizienz des öffentlichen Sektors. Dem stehen jedoch negative Effekte gegenüber. Zum einen dominieren in diesem Wettbewerb die Interessen von Unternehmen an niedrigen Belastungen durch Steuern, Regulierung und Verwaltungsaufwand. Zum anderen sind wirtschaftsschwache Staaten oder Regionen mit ohnehin ungünstigen Standortbedingungen im Nachteil und deshalb stärker von den Interessen mobiler Steuerzahler abhängig. Beides leistet einem einseitigen, auf Kostenreduzierung ausgerichteten Effizienzkonzept Vorschub, und die Länder können sich wechselseitig zu einem Unterbieten von Regulierungsstandards antreiben („race to the bottom"). Allerdings zeigen Untersuchungen zum internationalen Regulierungswettbewerb, dass die Gefahr eines Unterbietungswettlaufs oft überschätzt wird.

Leistungswettbewerbe werden – anders als der Standortwettbewerb – überwiegend positiv beurteilt. Dabei handelt es sich nicht um Nullsummenspiele, in denen die Verlierer ihrer Chancen beraubt werden. Sie haben vielmehr die Chance, Vorbildern, die im Vergleich identifiziert werden, nachzueifern und von den „Gewinnern" zu lernen. Daraus resultieren Zyklen der Generierung und der Diffusion von Innovationen (→ Policy-Transfer und Policy-Diffusion), die das Qualitätsniveau von Politik und Verwaltung steigern (Vanberg/Kerber 1994). Dabei stellen sich allerdings zwei Schwierigkeiten: Zum einen ist die Bereitschaft von Politikern, sich im Leistungswettbewerb einer vergleichenden Bewertung auszusetzen, nach aller Erfahrung gering. Zum anderen sind Parlamente und vor allem die Wählerschaft nicht in der Lage oder bereit, Politik und Verwaltung ihres eigenen Landes mit jenen in anderen Ländern zu vergleichen. In den Parlamenten sind jedenfalls Mehrheitsfraktionen normalerweise nicht an Leistungsvergleichen interessiert, in denen Regierungen, die im Ländervergleich relativ schlecht abschneiden, sich der Kritik der Opposition aussetzen und dieser die Chance bieten, sich als bessere Alternative zu präsentieren. Für die Wähler stellt sich die Schwierigkeit, Informationen zu beschaffen und zu verarbeiten. Sie müssen sich daher auf Rankings durch Experten verlassen (Salmon 1987: 32-34). Zwar scheint sich in Zeiten nachlassender Parteibindungen und angesichts des gesunkenen Vertrauens in die Politik die Neigung von Bürgern zu erhöhen, dem Urteil von Experten zu folgen, dass dadurch aber die Chance von Politik, Zustimmung zu sichern, gewährleistet wird, ist zu bezweifeln. Wenn Leistungswettbewerbe in einer Mediengesellschaft zur Dauerkritik an Politik umfunktioniert werden, wäre ihr Effekt sogar negativ.

Ob und, wenn ja, welche Auswirkungen des Standort- oder des Leistungswettbewerbs eintreten, hängt maßgeblich von den institutionellen Strukturen der Mehrebenenpolitik ab, und zwar sowohl von den Regeln der Koordination zwischen Ebenen wie auch den Regelsystemen innerhalb der Ebenen. Dabei scheinen die auch in anderen Kontexten als wichtig erkannten Formen der demokratischen Regierungssysteme und der Parteiensysteme entscheidende Variablen für die Erklärung der Funktionsmechanismen darzustellen. Leistungswettbewerbe entstehen eher unter den Bedingungen eines dezentralisierten Parteiensystems, während das vertikal integrierte Parteiensystem der Bundesrepublik die Konkurrenz zwischen Ländern verhindert oder in die Konfrontation zwischen den großen Parteien transformiert. Insofern könnte die beobachtbare Regionalisierung des bundesdeutschen Parteiensystems wichtige Konsequenzen für die Form von Multilevel Governance haben, weil sie mehr Leistungswettbewerb der Gebietskörperschaften ermöglicht, während der Standortwettbewerb durch den Steuerverbund praktisch ausgeschaltet ist. Auch eine Theorie der Governance im Wettbewerbsföderalismus muss daher die Kopplung zwischen intra- und intergouvernementalen Regelsystemen, auf die Lehmbruch aufmerksam machte, berücksichtigen.

7 Dynamik von Multilevel Governance

Mehrebenenstrukturen gelten wegen der Komplexität der politischen Prozesse und wegen der großen Zahl der an ihnen beteiligten Vetospieler im Allgemeinen als nicht sehr flexibel und kaum reformierbar. Veränderungen von bestehenden institutionellen Strukturen sind schwierig und Governance-Prozesse anfällig für Blockaden. Analysen von Multilevel Governance in der EU, aber auch Untersuchungen von Politikkoordination in Bundesstaaten zeigen allerdings, dass Regelsysteme und Interaktionsstrukturen ständigen Veränderungen unterworfen sind, die zum Teil aus strategischen Interaktionen der Akteure resultieren, sich zum Teil aber auch hinter dem Rücken der Akteure, also ohne bewusste Steuerung, ergeben.

Eine Erklärung für diese Dynamik aus blockierten Reformen und laufender Anpassung liefert die Theorie des dynamischen Föderalismus (Benz 1984). Mehrebenenstrukturen befinden sich demnach in einem ständigen Spannungsverhältnis, das einerseits aus den wechselseitigen Machtansprüchen der Akteure, andererseits aus den institutionell angelegten Tendenzen zur Politikblockade resultiert. Diese Spannungen erfordern zum einen, dass Machtgleichgewichte immer neu austariert werden. Zum anderen zwingen Blockadegefahren Akteure zu strategischem Verhalten, womit sie Governance-Versagen durch Nichtentscheidungen vermeiden (Benz 2003a).

Die meisten Veränderungen der so ausgelösten Dynamiken erfassen nur einzelne Elemente von Multilevel Governance. Besonders angesichts der Interdependenzen zwischen intragouvernementalen und intergouvernementalen Regelsystemen ist zu vermuten, dass der in der Theorie des dynamischen Föderalismus beschriebene Zentralisierungs-/ Dezentralisierungszyklus durch Beharrungskräfte im Parteiensystem gestört werden kann. Wegen der Komplexität der Zusammenhänge bewegt sich die Dynamik von Multilevel Governance nur „pfadabhängig" (→ Pfadabhängigkeit).

Literatur

Bache, Ian/Flinders, Matthew (Hrsg.), 2004: Multi-level Governance. Oxford: Oxford University Press.

Benz, Arthur, 1984: Zur Dynamik der föderativen Staatsorganisation, in: Politische Vierteljahresschrift 25, 53-73.

Benz, Arthur, 1998: Politikverflechtung ohne Politikverflechtungsfalle. Koordination und Strukturdynamik im europäischen Mehrebenensystem, in: Politische Vierteljahresschrift 39, 558-589.

Benz, Arthur, 2003a: Konstruktive Vetospieler in Mehrebenensystemen, in: Renate Mayntz/Wolfgang Streeck (Hrsg.), Die Reformierbarkeit der Demokratie. Innovationen und Blockaden. Frankfurt a.M./New York: Campus, 205-236.

Benz, Arthur, 2003b: Mehrebenenverflechtung in der Europäischen Union, in: Markus Jachtenfuchs/Beate Kohler-Koch (Hrsg.), Europäische Integration. 2. Aufl., Opladen: Leske + Budrich, 327-361.

Braun, Dietmar, 2003: Föderalismus, in: Uwe Jun/Ludger Helms (Hrsg.), Politische Theorie und vergleichende Regierungslehre. Frankfurt a.M./New York: Campus, 130-161.

Breton, Albert, 1996: Competitive Governments. An Economic Theory of Politics and Finance. Cambridge: Cambridge University Press.

Evans, Peter B., 1993: Building an Integrative Approach to International and Domestic Politics. Reflections and Projections, in: Peter B. Evans/Harold K. Jacobson/Robert D. Putnam (Hrsg.), Double-Edged Diplomacy. International Bargaining and Domestic Politics. Berkeley: University of California Press, 397-430.

Frey, Bruno S., 1997: Ein neuer Föderalismus für Europa. Die Idee der FOJC. Tübingen: Mohr-Siebeck.

Fürst, Dietrich/Hesse, Joachim Jens/Richter, Hartmut, 1984: Stadt und Staat. Verdichtungsräume im Prozess der föderalstaatlichen Problemverarbeitung. Baden-Baden: Nomos.

Héritier, Adrienne, 2000: Policy-Making and Diversity in Europe. Escaping Deadlock. Cambridge: Cambridge University Press.

Hooghe, Liesbet, 1995: Subnational Mobilisation in the European Union, in: West European Politics 18 (3), 175-198.

Hooghe, Liesbet/Marks, Gary, 2001: Multi-level Governance and European Integration. Lanham: Rowman & Littlefield.

Jeffery, Charlie, 2000: Sub-National Mobilisation and European Integration: Does it make any difference?, in: Journal of Common Market Studies 38 (1), 1-23.

Lehmbruch, Gerhard, 2000: Parteienwettbewerb im Bundesstaat. Regelsysteme und Spannungslagen im Institutionengefüge der Bundesrepublik Deutschland. 3. Aufl., Wiesbaden: Westdeutscher Verlag.

Marks, Gary, 1996: Politikmuster und Einflusslogik in der Strukturpolitik, in: Markus Jachtenfuchs/Beate Kohler-Koch (Hrsg.), Europäische Integration. Opladen: Leske + Budrich, 313-344.

Mayer, Frederick W., 1992: Managing Domestic Differences in International Negotiations. The Strategic Use of Internal Side Payments, in: International Organization 46, 793-818.

Milner, Helen V./Rosendorff, Peter, 1997: Democratic Politics and International Trade Negotiations. Elections and Divided Government as Constraints on Trade Liberalization, in: Journal of Conflict Resolution 41, 117-146.

Moravcsik, Andrew, 1998: The Choice for Europe. Social Purpose and State Power from Messina to Maastricht. London: UCL Press.

Oates, Wallace E., 1999: An Essay on Fiscal Federalism, in: Journal of Economic Literature 39, 1120-1149.

Painter, Martin, 1991: Intergovernmental Relations in Canada. An Institutional Analysis, in: Canadian Journal of Political Science 24, 269-288.

Putnam, Robert, 1988: Diplomacy and Domestic Politics. The Logic of Two-level Games, in: International Organization 42, 427-460.

Salmon, Pierre, 1987: Decentralisation as an Incentive Scheme, in: Oxford Review of Economic Policy 3, 24-43.

Scharpf, Fritz W., 1985: Die Politikverflechtungsfalle. Europäische Integration und deutscher Föderalismus im Vergleich, in: Politische Vierteljahresschrift 26, 323-356.

Scharpf, Fritz W., 1992: Koordination durch Verhandlungssysteme. Analytische Konzepte und institutionelle Lösungen, in: Arthur Benz/Fritz W. Scharpf/Reinhard Zintl, Horizontale Politikverflechtung. Zur Theorie von Verhandlungssystemen. Frankfurt a.M./New York: Campus, 51-96.

Scharpf, Fritz W., 2000: Notes Towards a Theory of Multilevel Governance (MPIfG Discussion Paper 00/5). Köln: Max-Planck-Institut für Gesellschaftsforschung.

Scharpf, Fritz W./Reissert, Bernd/Schnabel, Fritz, 1976: Politikverflechtung. Theorie und Empirie des kooperativen Föderalismus in der Bundesrepublik. Kronberg/Ts: Scriptor.

Simon, Herbert A., 1978: Die Architektur der Komplexität, in: Türk, Klaus (Hrsg.), Handlungssysteme. Opladen: Westdeutscher Verlag, 94-120.

Tiebout, Charles M., 1956: A Pure Theory of Local Expenditures, in: Journal of Political Economy 64, 416-424.

Vanberg, Viktor/Kerber, Wolfgang, 1994: Institutional Competition Among Jurisdictions: An Evolutionary Approach, in: Constitutional Political Economy 5 (2), 193-219.

Walton, Richard E./McKersie, Robert B., 1965: A Behavioral Theory of Labor Negotiations. New York: McGraw-Hill.

Maria Behrens / Alexander Reichwein

3.4 Global Governance

Global Governance ist ein komplexes, wenig spezifiziertes Konzept, das sowohl in politikwissenschaftlichen als auch in politischen Diskursen, eng verknüpft mit Prozessen der Globalisierung, seit Mitte der 1990er Jahre geradezu inflationär verwendet wird. Dabei handelt es sich weder um eine neue Theorie noch um eine einfache analytische Kategorie. Vielmehr erweitert das Global-Governance-Konzept den bisherigen Begriff Internationale Politik. Es ermöglicht als kategorialer Rahmen, den Fokus auf die internationalen Beziehungen neu auszurichten und bisherige empirische Grauzonen auszuleuchten. Als „home domain" kann das Konzept Global Governance zwar der liberal-institutionalistischen Theorierichtung zugeordnet werden, im Sinne einer Perspektivenerweiterung wurde es aber in unterschiedlicher Ausrichtung und Intensität von allen Theorievarianten der Internationalen Politik aufgegriffen.

Im Folgenden wird zunächst der Versuch unternommen, in Abgrenzung zum Begriff Internationale Politik das Konzept Global Governance durch die Unterscheidung verschiedener Dimensionen zu konkretisieren. Im Anschluss wird auf die Genese des Konzeptes eingegangen und die neorealistische wie neogramscianische Kritik daran vorgestellt. Anhand der Welthandelspolitik wird abschließend empirisch eine besonders gut ausgeprägte Global-Governance-Struktur beschrieben, problematisiert und theoretisch reflektiert.

1 Begründung

Im Wesentlichen lassen sich im Kontext der Analyse internationaler Beziehungen zwei Richtungen in der Diskussion über das Global-Governance-Konzept unterscheiden: die analytische Richtung, die Global Governance als kategorialen Rahmen verwendet, um Formen politischer Steuerung und Koordination im internationalen System zu untersuchen, sowie die normative Interpretation von Global Governance (Messner 1998), die ein Ordnungskonzept zur effektiveren Lösung globaler Probleme beinhaltet. Gemeinsam mit dem engen Begriff Internationale Politik, der zwischenstaatliche Koordinationsformen wie internationale Organisationen und Regime umfasst, stößt das Konzept Global Governance auf die strukturelle Besonderheit, dass es im internationalen System keinen (Welt-)Staat mit einem Monopol legitimer physischer Gewaltsamkeit und der Befugnis gibt, autoritativ allgemeinverbindliche Wertzuweisungen für eine benennbare Gesellschaft (Weber) vorzunehmen. Da somit die Möglichkeit hierarchischer Steuerung wie im Nationalstaat entfällt, kennzeichnet die internationale Politik Formen der nichthierarchischen Koordination in den Sachbereichen Sicherheit, Wohlfahrt und Herrschaft, die auf das Instrument des Intergouvernementalismus als Verhandlungsmodus verwiesen ist (Rosenau/Czempiel 1992).

Damit ist aber für die Teildisziplin Internationale Beziehungen noch immer nicht die Frage geklärt, was Global Governance vom Begriff Internationale Politik unterscheidet. Es lassen sich vier Gründe benennen, warum Global Governance sich in den letzten Jahren als neues Konzept in den Internationalen Beziehungen durchsetzen konnte.

Es gab erstens eine zunehmende Unzufriedenheit mit dem klassischen staatenzentrierten Begriff Internationale Politik, womit die Veränderungen im Verhältnis zwischen öffentlichem und privatem Sektor im Allgemeinen und zwischen staatlicher Autorität und Macht des Marktes im globalen System im Besonderen nicht hinreichend erfasst werden können (Strange 1982). Staatliche Souveränität wurde infolge zunehmender zwischenstaatlicher Interdependenz zweitens nicht mehr länger an territoriale Grenzen gekoppelt, sondern im funktionalen Sinn rückten die Handlungsfähigkeit von Staaten in der internationalen Politik und die Rolle von Normen in den Mittelpunkt der Untersuchungen (Biersteckeer 2002). Durch die Europaforschung inspiriert, wurde drittens in den 1990er Jahren die Mehrebenenstruktur politischer Entscheidungsprozesse auch zur Erklärung des Verhaltens von Staaten im internationalen System herangezogen (Kohler-Koch 1998). Die Zunahme an Nichtregierungsorganisationen (NGOs) führte schließlich viertens dazu, dass nicht nur staatliche, sondern nun auch private Akteure, die sich mit Fragen von Normen, Standards und Verregelungsformen zur Bearbeitung globaler Probleme befassen und Koordinationsfunktionen übernehmen (Keck/Sikkink 1998), einbezogen wurden.

2 Struktur, Akteure und Prozesse

Für die beschriebenen teils realen, teils theoretischen Veränderungen beansprucht der Begriff Global Governance, ein passender analytischer Rahmen zu sein, der sich anhand der Kategorien Struktur, Akteure und Prozesse näher bestimmen lässt:

Die *Strukturkategorie* von Global Governance umfasst nicht nur die internationale Ebene, sondern schließt auch die lokale, nationale und regionale Ebene, soweit ein Bezug zu den internationalen Beziehungen besteht, in ein Mehrebenensystem (→ Multilevel Governance) politischer Entscheidungsprozesse ein. Neben dieser vertikalen Differenzierung (→ Hierarchie) ermöglicht das Konzept Global Governance, anders als die Regimetheorie (→ Regimetheorie) auf der horizontalen Ebene die Analyse struktureller Zusammenhänge (zum Beispiel zwischen Umwelt und Handel) sowie Koordinationsprobleme internationaler Regime (Regulierungslücken, Regulierungskonkurrenzen) zu erfassen.

Staaten gelten nicht mehr allein als die zentralen *Akteure* internationaler Politik, sondern auch NGOs und Unternehmen werden als neue Akteure in das Konzept Global Governance einbezogen. Zwar sind transnationale Akteure keine neue Erscheinungsform, aber deren Zahl hat im Prozess der Globalisierung in den letzten Jahren stark zugenommen. Eine Folge ist, dass transnationale Akteure mit ihrem Anspruch der Partizipation an politischen Entscheidungsprozessen internationale Institutionen zunehmend unter Legitimationsdruck setzen: Während der alte Multilateralismus als Club-Modell bezeichnet werden kann, das hohe Exklusivität bei relativ homogener Interessenlage seiner Mitglieder und geringer Öffentlichkeit prägte, fordern nichtstaatliche Akteure eine höhere Transparenz politischer Entscheidungsprozesse internationaler Institutionen sowie die Berücksichtigung ihrer Interessen. Der sich dadurch entwickelnde neue Multilateralismus kennzeichnet eine größere Öffentlichkeit und eine heterogene Interessenlage, verbunden mit nicht selten konkurrierenden Zielvorstellungen. Mit Global Governance lassen sich somit komplexe Formen des Multilateralismus beschreiben (O'Brien u.a. 2000).

Auf der *Prozessebene* hat sich durch die Einbeziehung der Koordinationsleistung privater Akteure eine Vielfalt politischer Koordinationsformen herausgebildet, die sich in Hegemonie Governance, International Governance und Transnational Governance unterteilen lassen. Regional Governance (zum Beispiel EU, MERCOSUR oder ASEAN) wird trotz der Zunahme seit den 1990er Jahren (neuer Regionalismus) in die folgende Unterteilung nicht aufgenommen. Bei Regional Governance handelt es sich nicht um eine eigenständige Koordinationsform. Vielmehr bezeichnet Regional Governance eine räumliche Governance-Konfiguration, innerhalb deren Grenzen die im Folgenden beschriebenen verschiedenen Koordinationsformen in unterschiedlicher Ausprägung vorgefunden werden.

Hegemonic Governance ist durch eine Weltmacht konstituiert, die als Hegemon andere Staaten militärisch, wirtschaftlich sowie kulturell dominiert und auf der Basis dieser Ressourcen in der Lage ist, Rahmenbedingungen zwischenstaatlichen Handelns vorzugeben. Die Pax Britannica und auch die Pax Americana können aus historischer Perspektive der Weltsystemtheorie (Wallerstein) als hegemoniale Ordnungssysteme von Global Governance interpretiert werden. Auch aus neogramscianischer Sicht (Cox) wird der Begriff Weltordnungen verwendet, um zu verdeutlichen, dass es historisch verschiedene Ordnungssysteme mit spezifischen Machtkonstellationen, Realitätsdeutungen und Normensets gegeben hat. Während aus realistischer Perspektive die Kategorie Macht das zentrale Steuerungsinstrument der Hegemonic Governance darstellt, betont die neogramscianische Theorie die Kategorie Konsens. Für eine Hegemonic Governance reicht die Macht eines Staates allein nicht aus, sondern Hegemonie beruht auf der Fähigkeit eines Staates bzw. einer Staatengemeinschaft (zum Beispiel OECD-Staatenwelt), für ihre Ordnungsvorstellungen Konsens bei anderen Staaten und transnationalen Eliten herzustellen.

International Governance, die vom Bilateralismus zu unterscheiden ist, betont den intergouvernementalen, kooperativen Modus politischer Entscheidungsprozesse, an denen mindestens drei Staaten beteiligt sind. Auf der Prozessebene sind zwei Arten von Koordinationsformen hervorzuheben:

- Die Gipfeltreffen, auf denen die Regierungschefs internationale Probleme in einem nicht bürokratisch formalisierten Rahmen *informell* zu lösen versuchen (G 7, G 20). Dieser informellen Koordinationsform kommt in Krisensituationen internationaler Regime/Organisationen eine besondere Bedeutung zu, da hier durch eine kleinere Teilnehmerzahl, die nur die für das Politikfeld zentralen Staaten umfasst, sowie ohne Berücksichtigung formaler Regeln größere Verhandlungsspielräume bestehen, die es den beteiligten Staaten ermöglichen, einen neuen Konsens über die zukünftige Ausrichtung multilateraler Politik herzustellen.
- Der Multilateralismus, wonach ministerielle Vertreter der höchsten Ebene (Außenminister, Wirtschaftsminister) *formal* auf der Grundlage verallgemeinerter, zumeist völ-

kerrechtlich verbindlicher Verhaltensregeln internationale Probleme behandeln (das UN-System, das Bretton-Woods-System).

Transnational Governance bezieht sich auf institutionalisierte Koordinationsformen, in denen private Akteure systematisch in Prozesse der Normsetzung und Normdurchsetzung eingebunden sind bzw. die von ihnen initiiert (→ Neoinstitutionalismus) werden. Davon zu unterscheiden sind das Lobbying und der Versuch der Einflussnahme von Unternehmen und NGOs auf politische Entscheidungsprozesse internationaler Organisationen und Staaten. Es lassen sich grob zwei verschiedene Formen der Transnational Governance voneinander trennen:

- In Public Private Partnerships (PPPs) bzw. Public Private Networks arbeiten Vertreter von Staaten oder von internationalen Organisationen mit Vertretern aus der Industrie oder aus NGOs in einem institutionalisierten Modus nichthierarchischer Steuerung als weitgehend gleichberechtigte Partner zusammen, um Probleme in einem konkreten Politikfeld zu bearbeiten (→ Netzwerke). Ein Beispiel ist der Global Compact, eine trisektorale Koordinationsform unter dem Dach der UN, in dem Unternehmen und NGOs die Implementation bestehender Normen aus den Regimen zu Menschen- und Arbeitnehmerrechten sowie Umweltschutz befördern sollen.
- Private Governance bzw. Private Private Partnerships bezeichnen institutionalisierte Koordinationsformen im Modus nichthierarchischer Steuerung ausschließlich privater Akteure. Als Typen privater Akteure gelten profitorientierte Organisationen (Unternehmen), Interessenverbände (Unternehmensverbände, Gewerkschaften) und nichtprofitorientierte Organisationen (NGOs). Die Koordination innerhalb eines Typs von Akteuren wird mit dem Begriff Private Governance erfasst. In einer Private Private Partnership können Akteure verschiedener Typen wie Unternehmen mit NGOs kooperieren. Die Motivation zur Kooperation privater Akteure kann unterschiedlich gelagert sein: Staaten oder internationale Organisationen haben die Funktion der Normsetzung und -implementation an private Organisationen delegiert, oder aber private Akteure versuchen durch Normsetzung und -implementation intergouvernementalen Bestrebungen einer Verregelung zuvorzukommen oder aber eigene Normen durchzusetzen.

Während hegemoniale und multilaterale Koordinationsformen mit dem klassischen Begriff Internationale Politik erfasst werden können, bezieht der Begriff Global Governance transnationale Formen mit ein (vgl. Messner/Nuscheler 2006). Einerseits bieten diese neuen Koordinationsformen innerhalb des Konzeptes Global Governance die Möglichkeit, vorhandene Ressourcen (Wissen, finanzielle, institutionelle Macht) zur Bearbeitung grenzüberschreitender Probleme auf der Basis völkerrechtlich nicht verbindlicher weicher Regeln („soft law") zu bündeln. In diesem Zusammenhang werden Informationsaustausch und Lerneffekte positiv hervorgehoben. Andererseits werden die Probleme unzureichender Transparenz, unklarer Beteiligungsmöglichkeiten, ungleicher Machtbeziehungen, der unverbindliche Charakter der Normen und, damit verbunden, die beschränkten Möglichkeiten der Überwachung normkonformen Verhaltens kritisiert, die zusammengefasst sowohl die demokratische Legitimation als auch die Problemlösungseffizienz dieser neuen Koordinationsformen infrage stellen (Brühl 2006, i.E.).

Kritiker des Global-Governance-Konzeptes stellen schließlich dessen Übertragbarkeit auf den Sachbereich Sicherheit infrage, da es im Wesentlichen nur auf den Sachbereich Wohlfahrt (einschließlich Umweltschutz) anwendbar sei. Weiterhin wird kritisiert, dass dem Konzept ein OECD-, wenn nicht sogar ein EU-Bias zu eigen sei (vgl. Behrens 2005). Wie die folgende Darstellung seiner Genese zeigen wird, kann es dem liberalen Institutionalismus zugeordnet werden, der die wirtschaftliche Interdependenz vor allem zwischen Industriestaaten und ihren Gesellschaften herausstellt.

3 Genese

Während die analytische Richtung von Global Governance ihre theoretischen Wurzeln im liberalen Institutionalismus hat, basiert die normative Richtung des Konzeptes Global Governance auf den programmatischen Ergebnissen der „Commission on Global Governance" (CGG), die 1991 auf Initiative Willy Brandts unter dem Dach der UN ins Leben gerufen wurde. Aufgabe der CGG war es, Visionen für eine zukünftige internationale Politik zu erarbeiten. Die Vorschläge der Kommission, die in dem Bericht „Our Global Neighbourhood" veröffentlicht wurden, griffen in Deutschland die Stiftung Entwicklung und Frieden (SEF) sowie das Institut für Entwicklung und Frieden (INEF) auf und entwickelten sie weiter (vgl. Messner 1998). Aus einer idealistisch-institutionellen Perspektive wurde ein Ordnungsmodell von Global Governance mit dem Ziel erarbeitet, Effektivitäts-, Koordinations- sowie Legitimationsprobleme internationaler Politik zu lösen. Vor dem Hintergrund einer verstärkt unilateralen Ausrichtung US-amerikanischer Außenpolitik Anfang dieses Jahrhunderts und spätestens mit dem Irakkrieg im Jahr 2003 erhielt die normative Variante des Konzeptes Global Governance einen realistischen Dämpfer, und es hat an Popularität in den Debatten über die Gestaltung der internationalen Beziehungen im Prozess der Globalisierung verloren. Als analytisches Konzept hingegen konnte sich Global Governance in den Theorien Internationaler Beziehungen etablieren und dabei an den Interdependenzansatz sowie die Transnationalismusforschung der 1970er Jahre anknüpfen.

Der Zusammenbruch des Bretton-Woods-Systems und die erste Ölkrise 1973 verdeutlichten in den 1970er Jahren im Politikfeld Ökonomie die wechselseitige Abhängigkeit und Verflechtung der OECD-Staaten und deren Gesellschaften. Die Staaten waren an die Grenzen ihrer autonomen Steuerungs-, Kontroll-, Gestaltungs- und damit Handlungsfähigkeit geraten. Die betroffenen Regierungen reagierten in Form diverser multilateral ausgerichteter Kooperationsformen, u.a. mit der Gründung der sogenannten G 7 im Jahr 1975. Die Gewährleistung stabiler, effektiver und effizienter Steuerungs- und Problemlösungsfähigkeit auf internationaler Ebene wurde zu einem politischen Projekt. Keohane/Nye (1977) formulierten vor diesem realpolitischen Hintergrund ihr analytisches Konzept der *komplexen Interdependenz*. In Abgrenzung zum in den 1970er Jahren in der US-amerikanischen Disziplin hegemonialen Status beanspruchenden Neorealismus wurden dessen Kernannahmen neu formuliert. Danach sind erstens Staaten keine in sich geschlossenen Einheiten, zweitens wirtschaftliche und militärische Macht in ihrer Bedeutung als gleichrangig zu betrachten und gibt es drittens keine durch das System vorgegebene Hierarchie von Zielen und Interessen. Interdependenz liegt in dieser Lesart dort vor, wo Interaktion Kosten im Sinne der Beschränkung einzelstaatlicher Autonomie und von Anpassungsleistungen der betroffenen Akteure verursacht. Mit Blick auf die Genese des Begriffes Global Governance ist hier ein weiteres Charakteristikum hervorzuheben, nämlich das der Akteurskonstellation. Neben den Staaten werden hier auch transnationale (private) Akteure berücksichtigt. Der Interdependenzansatz sowie die Transnationalismusforschung lieferten somit zwei Bausteine, auf denen das Global-Governance-Konzept aufbauen konnte: die Annahme eines Verlustes an funktionaler Handlungsfähigkeit der Nationalstaaten durch zunehmende Interdependenz sowie die Beobachtung des zunehmenden Einflusses transnationaler Akteure auf zwischenstaatliche Koordinationsleistungen.

Disziplingeschichtlich folgte dem Interdependenzkonzept die zunächst in den 1970er Jahren in der US-amerikanischen Disziplin (Keohane, Krasner) etablierte *Regimetheorie* (→ Regimetheorie). In Abgrenzung zum Neorealismus geht dieser Ansatz davon aus, dass Anarchie und Sicherheitsdilemma durch die Kooperation in politikfeldspezifischen Regimen (in erster Linie der Ökonomie) überwunden bzw. reguliert werden können. Denn, so die Ausgangsannahme, die Interdependenz veranlasst die eigennützigen und rationalen Akteure zur Kooperation und lässt bei allen betroffenen Akteuren das Interesse an ihr entstehen. Interdependenz zwingt selbst den größten Egoisten zur Kooperation und wird in diesem Verständnis zur Bedingung der Möglichkeit sowie zur Ursache der Kooperation. Regime stellen Foren und Ressourcen für Kooperationen zur Verfügung. Die Regimefunktion ermöglicht allen Beteiligten, absolute Gewinne zu erzielen. Den Regimen selbst wird kein Eigenleben zugestanden, das heißt, sie wirken nicht auf das Akteursverhalten und die Interessenkonstellationen ein und verändern diese, sondern sind lediglich Instrumente der Staaten. Die deutschsprachige IB-Forschung setzte sich ab Mitte der 1980er Jahre mit der Regimetheorie auseinander und entwickelte diese für die Sicherheitspolitik weiter (Tübinger Regimeschule, u.a. Rittberger). Dies wirkte insofern profilbildend, als sich, anders als in der US-Forschung, die Annahme durchsetzte, dass Regime als eigenständige Institutionen betrachtet werden müssten, die staatliches Verhalten zu beeinflussen bzw. zu verändern vermöchten und somit zur Sicherung von Kooperation beitrügen. Die transnationalen Akteure hingegen gerieten, realpolitisch bedingt durch die angespannte Lage zwischen Ost und West und die scheinbare Dominanz der Staaten als Akteure, aus dem analytischen Blickfeld.

Im Ende der 1980er Jahre einsetzenden *Globalisierungsdiskurs* (Held u.a. 1999) wird die These vertreten, dass sich die politische und wirtschaftliche Interdependenz zwischen den Staaten nicht nur verdichtet habe. Durch die Globalisierung hätten zudem die bereits von Keohane/Nye beobachteten und analytisch erfassten transnational vernetzten gesellschaftlichen Akteure in den internationalen Beziehungen noch an Bedeutung gewonnen (Reinicke 1998). Damit wird die seitens der Regimetheorie angenommene Exklusivität der Nationalstaaten erneut infrage gestellt. Der Globalisierungsprozess schwäche die Souveränität und Handlungsfähigkeit der Staaten nach außen wie nach innen, weil mit ihm wie mit dem ebenfalls neue Möglichkeitsräume schaffenden Ende des Kalten Krieges neue Herausforderungen (beispielsweise das zunehmende Nord-Süd-Gefälle oder verstärkte Umweltprobleme) und Steuerungsaufgaben entstanden seien, die diese allein oder in schwachen und unkoordinierten Regimen nicht mehr angemessen lösen könnten. Diese Entwicklungen haben in den 1990er Jahren neue Konzepte, Thesen und Denkfiguren in der deutschsprachigen IB-Forschung befördert. Es wurden Thesen über Entgrenzungsprozesse (Brock/Albert 1995) und die Weltgesellschaft (Forschungsgruppe Weltgesellschaft 1996), die Privatisierung internationaler Politik durch die neuen nichtstaatlichen Akteure (Brühl u.a. 2001), über einen zunehmenden Antagonismus zwischen territorialem Staat und entgrenztem globalen Markt sowie über die Verrechtlichung internationaler Politik (Neyer 1999) formuliert. Für die deutsche Debatte hat Zürn (1998) die Denkfigur „Regieren jenseits des Nationalstaates" beigesteuert.

Die deutsche Debatte der Vertreter des Global-Governance-Konzeptes über Rolle und Gewicht des Staates im Blick auf globales Regieren spricht für die Persistenz des nach dem Westfälischen Frieden von 1648 entstandenen Staatensystems. So deuteten bereits die Forschungsergebnisse von Grande/Risse (2000) darauf hin, dass die Globalisierung keinesfalls zu einer Auflösung des Nationalstaates geführt hat, sondern dieser in internationale Institutionen und transnationale Governance-Netzwerke eingebunden ist, da nur er autoritative Entscheidungen treffen kann. Mit dieser Beobachtung wird der neorealistischen Kritik wiederum ein Einfallstor geöffnet.

4 Neorealistische Kritik

Der Neorealismus steht Governance-Formen jenseits des Nationalstaates ebenso wie institutionalisierten und dauerhaften Formen zwischenstaatlicher Kooperation kritisch bis ablehnend gegenüber. Die Kritik am Global-Governance-Konzept besteht aus drei Kernannahmen. Erstens: Maßgebende Akteure in der internationalen Politik sind die souveränen Nationalstaaten in ihren territorialen Grenzen. Diese werden als rationale, also Kosten und Nutzen kalkulierende, nur dem Eigennutz verpflichtete und auf relative Gewinne abzielende Akteure begriffen. Zweitens: Aus der für das internationale System konstitutiven Anarchie und dem damit einhergehenden Sicherheitsdilemma ergibt sich für alle Staaten eine Präferenz für Selbsthilfestrategien. Gemäß diesen gibt es eine klare Hierarchie von Interessen und Zielen: Existenz- und Ressourcensicherung, Sicherheit und Wohlfahrtsmaximierung. Drittens: Auf das Wagnis der Kooperation in internationalen Regimen lassen sich mächtige Staaten immer nur unter dem Vorbehalt ein, dass die Kooperation ihren Interessen entspricht und sie relative Gewinne verbuchen können.

Für die Neorealisten, die sich besonders in der *US-amerikanischen Debatte* u.a. auf Waltz (1979) berufen, sind Kooperationsformen zwischen den Staaten in einer anarchischen und durch asymmetrisch verteilte Machtpotenziale charakterisierten Welt eher die Ausnahme von der Regel. Insbesondere stärkere Staaten haben in dieser Lesart wenig Interesse, sich auf eine Kooperation in internationalen Regimen einzulassen. Diese Annahme wird im Wesentlichen mittels zweier Argumente begründet. Erstens: Mächtige Staaten sind aufgrund ihrer verfügbaren Machtressourcen und Potenziale in der Lage, für ihre Sicherheit und Wohlfahrt selbst zu sorgen. Zweitens: Staaten sind an absoluten Gewinnen aller Beteiligten, welche die Regime aufgrund ihrer Funktionen verheißen, nicht interessiert bzw. gilt es diese aus neorealistischer Perspektive, nach der nur relative Gewinne einen Anreiz zur Kooperation liefern, zu verhindern (Mearsheimer 1995). Bestehenden internationalen Regimen wird somit eine nur marginale Rolle als allenfalls funktionales Instrument kooperationsinteressierter Staaten zugeschrieben: Sie dienen den mächtigen Staaten zur Legitimierung oder Durchsetzung ihrer Führungsansprüche. Internationale Regime können demnach nur die Managementleistung erbringen, die ihnen der hegemoniale Staat zugesteht.

Die seit den 1990er Jahren erschienenen Beiträge neorealistischer Vertreter im deutschsprachigen Raum setzen sich im Vergleich zu den Beiträgen ihrer US-amerikanischen Kollegen stärker mit dem Konzept Global Governance auseinander (Siedschlag 2005). Die Globalisierung wird als temporärer Prozess eingestuft, der die anarchische Systemstruktur modifiziert. Da in neorealistischer Lesart die Systemstruktur das Verhalten der Staaten konditioniert, sind Governance-Formen plausibel als Anpassung der Staaten auf den durch das System erzeugten Druck zu erklären. Die Anpassung erfolgt mit dem Ziel, staatliche Steuerungsfunktionen zu erhalten. Zum normativen Global-Governance-Konzept werden aus neorealistischer Perspektive hier drei Kritikpunkte formuliert (Siedschlag 2005). Erstens: Die Staaten seien nach wie vor die zentralen Akteure in der internationalen Politik. Die von den Global-Governance-Vertretern postulierte Rolle nichtstaatlicher Akteure wird relativiert. Diese sorgten weder für Sicherheit und Stabilität einer internationalen Ordnung, noch entschieden sie über Fragen zu Krieg und Frieden. Nur handlungsfähige und nach außen wie innen voll souveräne Staaten verfügten über die entsprechenden Ressourcen und Kapazitäten. Ihnen allein obliege es, verantwortungsbewusste Politik unter den Bedingungen der Globalisierung zu gestalten. Zweitens: Staaten verfolgten immer noch ihre nationalen Interessen. Dem diene nach wie vor das etablierte Mittel der Machtpolitik. Die Logik von Macht- und Interessenpolitik verhindere die Genese einer leistungsfähigen Global-Governance-Architektur. Maximal sei, das habe die deutsche Regimedebatte deutlich genug herausgearbeitet, International Governance verstanden als intergouvernementale Politik möglich. Dass Regime relevante Handlungskontexte darstellten, brauche somit nicht infrage gestellt zu werden. Drittens: Existente regionale Governance-Formen wie jene der EU dürften keinesfalls zu normativ verstanden und damit missverstanden werden. Denn auch in der EU seien die einschlägigen Spielregeln internationaler Politik weiterhin gültig.

Im Sinne dieser Kritik werden letztlich drei denk- und realisierbare Formen von Global Governance vorgestellt. Erstens: *Hegemonic Governance*: Der Hegemon und seine Herausforderer sorgen in einem System von Macht und Gegenmachtbildung (Balancing) für Stabilität und Sicherheit und erbringen jene Managementleistungen, zu denen internationale Regime nicht in der Lage sind. Zweitens: *Multilateral Governance*: Staaten kooperieren in internationalen Organisationen und Regimen, um sich durch diese Institutionen individuelles Handlungskapital zu erschließen. Dabei sind die Staaten nicht an absoluten, sondern nur an relativen Gewinnen interessiert. Drittens: *Regional Governance*: Staaten sind zur regionalen Zusammenarbeit bereit, um ihre Position in den internationalen Beziehungen durch Kooperation relativ gegenüber anderen Staaten zu verbessern. Diese Zusammenarbeit ist also als ein antihegemoniales Projekt zu verstehen. Der Integrationsprozess der EU stellt demnach den Versuch der Mitgliedstaaten dar, Chancen der Globalisierung ebenso oder sogar noch besser zu nutzen als die USA (→ Europäische Union).

5 Neogramscianische Kritik

Während wirtschaftliche Veränderungsprozesse im internationalen System aus neorealistischer Perspektive auf das machtpolitische Verhalten von Staaten zurückgeführt werden, beziehen die Vertreter der neogramscianischen Theorierichtung, die sich der „Kritischen Theorie der Weltordnungen" von Robert W. Cox (1987) zuordnen lassen, nationale wie transnationale Akteure in ihre Erklärung ein. Aus einer historischen Perspektive hat es danach verschiedene Weltordnungen gegeben, die auf einem jeweils spezifischen innerstaatlichen wie internationalen Konsens zwischen den wirtschaftlichen, politischen und gesellschaftlichen Eliten beruhen. Dieser Konsens wird von den Staaten als dessen Trägern auf internationaler Ebene verhandelt und in Institutionen auf Dauer gestellt. So beruhte das nach der Weltwirtschaftskrise vereinbarte Bretton-Woods-System auf einem keynesianischen Konsens, der es den Staaten erlaubte, nach außen den Welthandel zu liberalisieren, zugleich aber auf nationaler Ebene den Wohlfahrtsstaat auszubauen und zu erhalten.

Auf die Arbeiten von Gill (1990) verweisend, wird festgestellt, dass in den 1970er Jahren mit dem Washingtoner Konsens das keynesianische Wirtschaftsmodell durch eine neoliberale Wirtschaftsausrichtung abgelöst worden ist (→ Regulationstheorie). Der Washingtoner Konsens basiert auf den Verhandlungsergebnissen der Trilateralen Kommission, die in Washington tagte und sich aus wirtschaftlichen und politischen Eliten der USA, Japans und Europas zusammensetzte. Empirisch konnte weiterhin nachgewiesen werden, dass zu dem Zeitpunkt auch die US-amerikanischen Gewerkschaften den wirtschaftspolitischen Richtungswechsel unterstützten. In den Bretton-Woods-Organisationen (IWF, Weltbank und WTO) wurde der Neoliberalismus in den 1980er und 1990er Jahren durch deren neue programmatische Ausrichtung institutionell abgesichert. Das analytische Konzept von Global Governance bildet nach den Vertretern der neogramscianischen Theorie genau diesen neoliberalen Konsens und seine Institutionen, die Ausdruck eines Richtungswechsels in der Weltwirtschaftspolitik sind. Im Neoliberalismus werden die nationalstaatlichen Grenzen überschritten und nun auch vormals durch den Staat organisierte Leistungen (Wasserversorgung, Bildungssystem) privatisiert und somit der Marktlogik unterworfen. Die Einbindung transnationaler Akteure in eine Global-Governance-Struktur dient in diesem Prozess der Legitimierung und damit Absicherung neoliberaler Wirtschaftspolitik (Brand 2005).

Nach den Vertretern der neogramscianischen Theorie überdeckt der neoliberale Konsens die ihm inhärenten grundlegenden Gegensätze zivilgesellschaftlicher Interessen und ist somit prekär. Verändern sich die wirtschaftlichen, gesellschaftlichen und politischen Kräfteverhältnisse, treten die Interessengegensätze wieder offen zutage, und der bestehende Konsens wird infrage gestellt. In Folge droht eine Destabilisierung bestehender Institutionen. Die heute diskutierte Krise des Multilateralismus kann aus neogramscianischer Perspektive als eine Erosion des neoliberalen Konsenses und damit als eine Gefährdung bestehender Global Governance in der Weltwirtschaftspolitik interpretiert werden.

6 Die Global-Governance-Struktur der Welthandelspolitik

Im Folgenden wird anhand der Governance-Struktur der Welthandelspolitik das Verhältnis zwischen staatlichen und nichtstaatlichen Akteuren beschrieben und auf neuere Entwicklungen in der Welthandelspolitik eingegangen, die auf die nach wie vor bestehende hohe Handlungsfähigkeit der Nationalstaaten in diesem Sachbereich internationaler Politik verweisen. Aus der Perspektive des liberalen Institutionalismus kann die Governance-Struktur der WTO als Beispiel einer erfolgreichen Koordinationsleistung von staatlichen wie nichtstaatlichen Akteuren gesehen werden. Aus neogramscianischer Perspektive ist sie Ausdruck eines bestehenden neoliberalen Konsenses transnationaler Eliten aus Wirtschaft, Politik und Gesellschaft.

Das heutige Welthandelsregime stellt zwar eine zwischenstaatliche Koordinationsform handelspolitischer Belange dar, ist aber eng mit transnationalen Akteuren verflochten und weist somit Merkmale von Global Governance auf. Während bis in die 1990er Jahre die WTO nach dem Club-Modell relativ ungestört ihre Arbeit verrichten konnte, geriet sie spätestens seit den Protesten von NGOs, die das Scheitern der Handelsrunde in Seattle von 1999 begleiteten, in das öffentliche Bewusstsein. Seitdem wird sie mit umwelt- sowie sozialpolitischen Forderungen gesellschaftlicher Gruppen konfrontiert und steht zunehmend unter Legitimationsdruck. Dieser Druck bewirkte, dass die WTO sich gegenüber NGOs geöffnet und ihre Tätigkeiten transparenter gestaltet hat.

Neben diesem eher konfrontativen Beziehungsmuster zwischen WTO und transnationalen Akteuren hat sich eine kooperative Form der Zusammenarbeit entwickelt, die als Global-Governance-Struktur des Welthandelssystems bezeichnet werden kann. Im Rahmen von Streitschlichtungsverfahren beruft sich die WTO auf Standards von Private Governance oder aber auch von Public Private Partnerships, die in ein Mehrebenensystem von Normbildungsprozessen eingebunden sind. Anhand der Beispiele der Nahrungsmittelsicherheit und technischer Standards sollen das Mehrebenensystem sowie das kooperative Beziehungsmuster zwischen öffentlichen und privaten Institutionen verdeutlicht werden (vgl. Abbildung 1).

In Fragen der Nahrungsmittelsicherheit berät auf internationaler Ebene die Codex-Alimentarius-Commission (CAC), die von der WHO und der FAO 1963 gegründet worden ist. Mitglieder der Kommission sind entweder nationale CAC (NCAC), wie im Fall Italiens, oder aber die zuständigen Ministerien, wie im Fall Deutschlands das Bundesministerium für Ernährung, Landwirtschaft und Verbraucherschutz. Die staatlichen Mitglieder haben die Möglichkeit, eine begrenzte Zahl an Vertretern aus Industrie und Verbraucherorganisationen in ihre Delegation aufzunehmen, die als Beobachter an den Beratungen teilnehmen können. Die ausgehandelten Standards für die Nahrungsmittelsicherheit werden dann der WHO und der FAO als Vorschläge unterbreitet. Im Fall zwischenstaatlicher Streitigkeiten im Nahrungsmittelbereich orientiert sich auch das Streitschlichtungsgremium der WTO in seinen Beschlüssen an den Empfehlungen der CAC, wodurch diese einen für die Mitgliedstaaten der WTO verbindlichen Charakter erhalten.

In den von der Industrie gegründeten nationalen Instituten für Normung (NIN), wie dem Deutschen Institut für Normung (DIN), werden zwischen Vertretern der Industrie sowie wissenschaftlicher Einrichtungen technische Standards vereinbart. Auf internationaler Ebene sind die nationalen Normungsinstitute Mitglieder der „International Standardization Organization" (ISO). Die verschiedenen nationalen Standards, die bereits mit Blick auf die internationalen Verhandlungen formuliert werden, werden in der ISO aufeinander abgestimmt. Die Einhaltung dieser Standards ist nicht verbindlich; sie entfalten aber dennoch Wirksamkeit in den internationalen Wirtschaftsaktivitäten, da deren Gewährleistung von Unternehmen in Geschäftsbeziehungen erwartet wird. Auch hier beruft sich die WTO in Streitschlichtungsverfahren gegebenenfalls auf die Standards der ISO, da diese bereits einen weitgehenden Konsens von Private Governance repräsentieren. Werden die Standards im Rahmen von Streitschlichtungsverfahren der WTO herangezogen, erhalten sie durch deren Beschlüsse international verbindlichen Charakter.

Global-Governance-Struktur der WTO

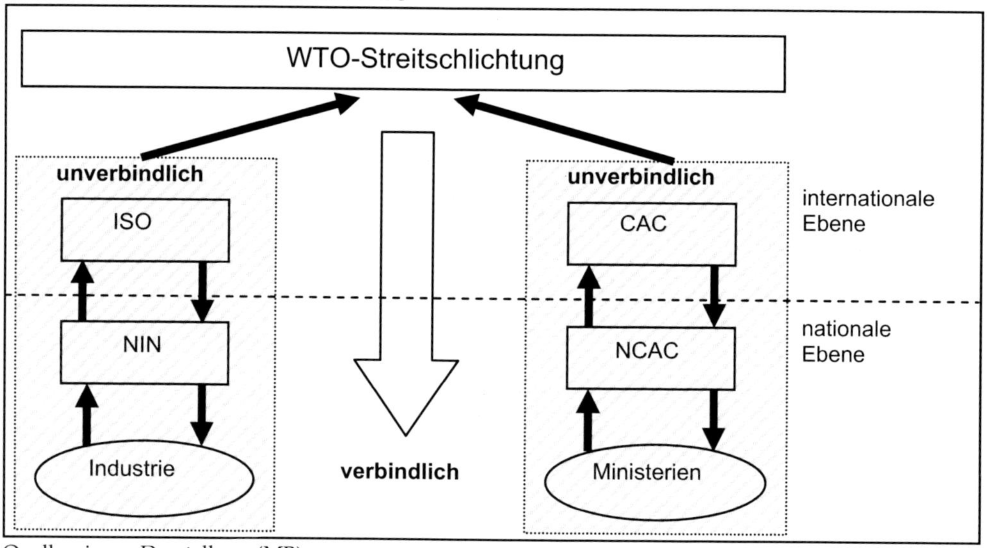

Quelle: eigene Darstellung (MB)

Die Entwicklung des Welthandelsregimes gilt aus institutionalistischer Perspektive als Erfolgsgeschichte zwischenstaatlicher Kooperation, die zu einer Supranationalisierung, wenn nicht gar Konstitutionalisierung der Welthandelsordnung geführt hat und den Staaten kaum noch Handlungsspielräume lässt. Der konfliktreiche Verlauf und das im Jahr 2006 von den Mitgliedstaaten der WTO beschlossene Aussetzen der Verhandlungen im Rahmen der Welthandelsrunde Doha/Katar wirft jedoch die Frage nach den Problemen der Welthandelsordnung auf. Diese lassen sich auf Veränderungen innerhalb wie außerhalb des Regimes zurückführen. Auf der Akteursebene hat die Zunahme der Mitgliedstaaten der WTO von den 23 überwiegend Industriestaaten in ihrer Gründungsphase auf heute 150 Staaten (Stand: November 2006) zu einer Verschiebung des Kräfteverhältnisses zugunsten der Entwicklungsländer geführt, die eine stärkere Berücksichtigung ihrer Interessen in den Verhandlungen fordern. Ebenfalls auf der Akteursebene befördern die Forderungen der NGOs nach Einbeziehung von Sozial- und Umweltstandards in das Normensystem des

Welthandelsregimes eine stärkere Heterogenisierung der Interessen der Mitgliedstaaten. So formulierte die EU mit ihrem „comprehensive approach" einen Forderungenkatalog für die Welthandelsrunde, der soziale Standards und Arbeitnehmerrechte sowie Umweltschutzmaßnahmen enthält. Dieser erweiterte Ansatz der von der EU vorgeschlagenen Welthandelspolitik kann als ein Bestandteil eines umfassenden Konzeptes von Global Governance interpretiert werden, das zu einer höheren Legitimation des Welthandelsregimes beitragen soll, von den USA sowie der Mehrzahl der Entwicklungsländer aus unterschiedlichen Gründen jedoch nicht mitgetragen wird. Der Gestaltungsanspruch der EU ist vor dem Hintergrund struktureller Veränderungen in den Weltwirtschaftsbeziehungen zu sehen: Mit der Osterweiterung hat sich die EU zu einer Wirtschaftsmacht entwickelt, die mit der der USA vergleichbar ist. Der Konkurrenzdruck im Weltwirtschaftssystem wird schließlich durch die „emerging markets" China und Indien zusätzlich verstärkt.

Das durch die Veränderungen in der Akteurskonstellation sowie im wirtschaftlichen Kräfteverhältnis zu erklärende Scheitern der Welthandelskonferenz in Seattle/USA im Jahr 1999 sowie die Blockade in den Verhandlungen der Welthandelsrunde Doha/Katar haben zu einem Verlust an Vertrauen in das multilaterale Verhandlungssystem der WTO geführt und einen Strategiewechsel der großen Wirtschaftsmächte bewirkt. In einem Wettrennen um regionale wie bilaterale Freihandelsabkommen versuchen die USA und die EU, aber auch Japan und China ihre handelspolitischen Interessen wirksamer durchzusetzen. Regionale wie bilaterale Verhandlungen über Freihandelsabkommen haben den Vorteil, dass durch die geringere Anzahl der Verhandlungspartner die unterschiedlichen Interessen besser vermittelt und somit schneller Ergebnisse erzielt werden können als im multilateralen Verhandlungssystem. Die Kehrseite höherer Effizienz ist eine geringere Transparenz der Verhandlungen. Im Unterschied zu den Verhandlungen im Rahmen des Welthandelsregimes liefern regionale/bilaterale Verhandlungen kaum ein Forum für Proteste oder Partizipationsansprüche von NGOs. Damit wird die Global-Governance-Struktur der WTO unterlaufen. Ein weiteres Merkmal ist, dass Machtungleichgewichte zwischen den Verhandlungspartnern in regionalen/bilateralen Freihandelsabkommen stärker als in der WTO zur Geltung kommen und sich in den Verhandlungsergebnissen niederschlagen.

Diese Entwicklung zeigt aus realistischer Perspektive, dass eine Tendenz zu einer verstärkten Machtpolitik der Staaten besteht, die als neuer Realismus bezeichnet werden kann und das Global-Governance-System der WTO schwächt. Aus neogramscianischer Perspektive scheint die These bestätigt zu werden, wonach der neoliberale Konsens aufgebrochen ist, was zu einer Destabilisierung seiner Institutionen führt. Demnach befinden sich die internationalen Beziehungen in der Welthandelspolitik in einer Umbruchsituation mit noch offenem Ausgang.

7 Fazit

Das Konzept Global Governance erweitert die bisherige Perspektive der Internationalen Politik um transnationale Akteure und ermöglicht die Einbeziehung der Mehrebenenstruktur politischer Entscheidungsprozesse. Als kategorialer Rahmen lassen sich mit dem Konzept Global Governance auf der Akteurs-, Struktur- und Prozessebene Formen politischer

Koordination jenseits intergouvernementaler Beziehungen erfassen. Während nach dem liberalen Institutionalismus als „home domain" des Konzeptes Global Governance der Staat seinen exklusiven Status in Prozessen der Normbildung und -implementation verliert, bleiben gemäß neorealistischer Vorstellungen die Staaten nach wie vor die zentralen Akteure internationaler Politik, da nur sie über die notwendigen Machtressourcen verfügen, die internationalen Beziehungen zu gestalten. Für die neogramscianische Theorie sind die bestehenden Koordinationsformen von Global Governance Ausdruck eines neoliberalen Konsenses, der sich bereits in den 1970er Jahren zwischen staatlichen und wirtschaftlichen Akteuren der entwickelten kapitalistischen Industriestaaten unter Einbeziehung gesellschaftlicher Gruppen formierte und mittels Institutionen wie des IWF, der Weltbank und der WTO in den 1980er Jahren stabilisiert wurde.

Das Beispiel einer Global-Governance-Struktur in der Welthandelspolitik zeigt, dass das Global-Governance-Konzept ermöglicht, die komplexen Beziehungsmuster zwischen öffentlichen und privaten Akteuren sowohl auf der nationalen wie auf der internationalen Ebene zu erfassen. Staaten verfolgen jedoch nicht nur multilaterale, sondern zur Durchsetzung ihrer nationalen wirtschaftlichen Interessen auch uni- wie bilaterale Strategien, die von dem Global-Governance-Konzept nicht hinreichend eingefangen werden. Somit bleibt es eine Herausforderung, das Spannungsverhältnis zwischen nationalstaatlicher Macht- und Interessenpolitik einerseits und Global Governance als komplexem Koordinationsmodus andererseits theoretisch zu erfassen.

Literatur

Behrens, Maria (Hrsg.), 2005: Globalisierung als politische Herausforderung. Global Governance zwischen Utopie und Realität. Wiesbaden: VS.

Bierstecker, Thomas J., 2002: Forms of State, States of Sovereignty: The Changing Meanings of State, Sovereignty and Territory in the Theory and Practice of International Relations, in: Walter Carlsnaes/Thomas Risse/Beth Simmons (Hrsg.): Handbook of International Relations. London: Sage, 157-176.

Brand, Ulrich, 2005: Order and regulation: Global Governance as a hegemonic discourse of international politics?, in: Review of International Political Economy, 12 (1), 155-176.

Brock, Lothar/Albert, Mathias, 1995: Entgrenzung der Staatenwelt. Zur Analyse weltgesellschaftlicher Entwicklungstendenzen, in: Zeitschrift für Internationale Beziehungen 2 (2), 259-285.

Brühl, Tanja, 2006: Ungleiche Partner? Neue Regulierungsformen auf dem Prüfstand, in: Stefan A. Schirm (Hrsg.): Globalisierung. Forschungsstand und Perspektiven. Baden-Baden: Nomos (i.E.).

Brühl, Tanja/Debiel, Tobias/Hamm, Brigitte/Hummel, Hartwig/Martens, Jens (Hrsg.), 2001: Die Privatisierung der Weltpolitik. Entstaatlichung und Kommerzialisierung im Globalisierungsprozess. Bonn: Dietz.

Cox, Robert W., 1987: Production, Power and World Order. Social Forces in the Making of History. New York: Columbia University Press.

Forschungsgruppe Weltgesellschaft, 1996: Weltgesellschaft – Identifizierung eines Phantoms, in: Politische Vierteljahresschrift 37: 1, 5-26.

Gill, Stephen, 1990: American Hegemony and the Trilateral Commission. Cambridge: Cambridge University Press.

Grande, Edgar/Risse, Thomas, 2000: Bridging the Gap. Konzeptionelle Anforderungen an die Politikwissenschaftliche Analyse von Globalisierungsprozessen, in: Zeitschrift für Internationale Beziehungen 7 (2), 235-267.

Held, David/McGrew, Anthony/Goldblatt, David/Perraton, Jonathan, 1999: Global Transformations. Politics, Economics and Culture. Cambridge: Polity Press.

Keck, Margaret/Sikkink, Kathryn, 1998: Activist Beyond Borders: Advocacy Networks in International Politics. Ithaca: Cornell University Press.

Keohane, Robert O./Nye, Joseph S. Jr., 1977: Power and Interdependence World Politics in Transition. Boston: Little Brown.

Kohler-Koch, Beate (Hrsg.), 1998: Regieren in entgrenzten Räumen, PVS-Sonderheft 29. Opladen: Westdeutscher Verlag.

Mearsheimer, John J., 1995: The False Promise of International Institutions, in: International Security 19 (3), 5-49.

Messner, Dirk (Hrsg.), 1998: Die Zukunft des Staates und der Politik. Möglichkeiten und Grenzen politischer Steuerung in der Weltgesellschaft. Bonn: Dietz.

Messner, Dirk/Nuscheler, Franz, 2006: Das Konzept Global Governance – Stand und Perspektiven, in: Stiftung Entwicklung und Frieden (Hrsg.): Global Governance für Entwicklung und Frieden. Perspektiven nach einem Jahrzehnt. Bonn: J.H.W. Dietz Nachfolger, 18-79.

Neyer, Jürgen, 1999: Legitimes Recht oberhalb des demokratischen Rechtsstaates? Supranationalität als Herausforderung für die Politikwissenschaft, in: Politische Vierteljahresschrift, 40 (3), 390-414.

O'Brien, Robert/Goetz, Anne Marie/Scholte Jan Aart/Williams, Marc, 2000: Contesting Global Governance. Multilateral Economic Institutions and Global Social Movements. Cambridge: Cambridge University Press.

Reinicke, Wolfgang H., 1998: Global Public Policy. Governing without Government. Washington: Brookings Institute.

Rosenau, James N./Czempiel, Ernst-Otto, 1992: Governance Without Government: Order and Change in World Politics. Cambridge: Cambridge University Press.

Siedschlag, Alexander, 2005: Realisierung von Global Governance. Chancen und Grenzen aus neorealistischer Perspektive, in: Maria Behrens (Hrsg.): Globalisierung als politische Herausforderung. Global Governance zwischen Utopie und Realität. Wiesbaden: VS, 99-114.

Strange, Susan, 1982: Cave! Hic Dragones. A Critique of Regime Analysis, in: International Organization 36 (2), 479-497.

Waltz, Kenneth N., 1979: Theory of International Politics. New York: McGraw Hill.

Zürn, Michael, 1998: Regieren jenseits des Nationalstaates. Globalisierung und Denationalisierung als Chance. Frankfurt am Main: Suhrkamp.

Rainer Eising / Andrea Lenschow

3.5 Europäische Union

Das Governance-Konzept hat in der Analyse der Europäischen Union (EU) hohe Wellen geschlagen (vgl. Jachtenfuchs/Kohler-Koch 2004) und wird sowohl auf die Systemeigenschaften (polity) der EU, die Merkmale der europäischen Entscheidungsprozesse (politics) als auch auf die Policy-Ebene bezogen. So wird die EU häufig als Verhandlungssystem (z.B. Grande 1994) oder als „networked polity" (Ansell 2000) betrachtet, deren staatliche Institutionen – oft im Zusammenspiel mit privaten Akteuren – in hohem Maße auf weiche Instrumente der politischen Steuerung zurückgreifen (vgl. Eberlein/Kerwer 2002). Sie scheint damit prädestiniert zu sein für die Analyse von Regelsystemen und Koordinationsprozessen ohne einen Souverän. Gleichzeitig haben die EU-Institutionen selbst das Thema „European Governance" in der Debatte um das Demokratiedefizit und die Verfassungsentwicklung der EU auf die politische Tagesordnung gesetzt.

Die Beiträge zum Thema Governance in der EU sind folglich mittlerweile so vielfältig, dass wir hier nicht anstreben, einen vollständigen Überblick über die Literatur zu geben. Stattdessen konzentrieren wir uns auf zwei Schwerpunkte. Ein bedeutender Teil der Literatur verfolgt das Ziel, die Europäische Union als Governance-System zu charakterisieren, das sich durch besondere institutionelle und Akteursstrukturen auszeichnet. Daneben arbeiten viele Policy-Analysen die wesentlichen Steuerungsinstrumente heraus, die die Europäische Union nutzt. Die Zusammenschau dieser beiden Dimensionen offenbart ein Kuriosum, das im allgemeinen Governance-Diskurs oft verschwimmt: Obwohl die Europäische Union als Governance-System in vielen Bereichen durchaus zutreffend als nichthierarchisch vernetztes Verhandlungssystem charakterisiert werden kann, stützt sie sich im Rahmen der politischen Steuerung trotz wichtiger Innovationen in jüngeren Jahren primär auf hierarchische Instrumente.

1 Das Governance-Konzept

Als neues Konzept der Politikwissenschaft hebt Governance generell Aspekte der Regelung, Steuerung und Koordination hervor. Auf den obersten Sprossen von Giovanni Sartoris (1984) Leiter der Abstraktion sozialwissenschaftlicher Konzepte angesiedelt, findet es vielfältige Anwendung. Verschiedene Zusätze wie Economic Governance, Multilevel Governance, Network Governance, Good Governance, Corporate Governance, Regional Governance oder Global Governance machen seine Eignung, eine veränderte Realität zu erfassen oder aber eine veränderte Sichtweise auf diese Realität zum Ausdruck zu bringen, in unterschiedlichen wissenschaftlichen Disziplinen deutlich.

In diesem Zusammenhang begegnen wir einer weiten und einer engen Lesart des Governance-Begriffes. Die weite Lesart versteht Governance als die Gesamtheit „aller nebeneinander bestehenden Formen der kollektiven Regelung gesellschaftlicher Sachverhalte" (Mayntz 2004: 66) wie zum Beispiel Hierarchie, Markt, Netzwerk oder Gemeinschaft. In ihrer Charakterisierung des modernen Staates betont Renate Mayntz zudem eine handlungstheoretische Dimension des Konzeptes, indem neben dem Staat zunehmend private Akteure als Steuerungssubjekte in Erscheinung treten (→ Nationalstaat): Governance bezieht sich hier auf das absichtsvolle Handeln privater oder staatlicher Akteure, das sich auf „alle im öffentlichen Interesse regelungsbedürftigen Sachverhalte" richtet und auch „rein staatliche, also hierarchische Regelungsformen" einschließen kann (Mayntz 2004: 67). In einer engeren Lesart fallen die rein staatlichen, hierarchischen Regelungsformen weg, und Governance bezieht sich nur auf das nichthierarchische Zusammenwirken staatlicher und privater Akteure (→ Netzwerke; → Verhandlungen).

Bezogen auf die Policy-Dimension, wird Governance in der deutschsprachigen Diskussion auch mit dem Begriff „politische Steuerung" umschrieben. Auch hier spielt die Unterscheidung zwischen hierarchischen, staatlich dominierten und nichthierarchischen, durch staatlich-private Partnerschaft ausgezeichneten – oft auch mit alt und neu bezeichneten – Formen der Governance (bzw. Steuerung) eine große Rolle, wobei der Bezugspunkt von der System- oder Prozessebene auf die Politikinstrumente-Ebene wandert. Hier geht es also um „spezifische Formen der politischen Steuerung zwischen Staat und Gesellschaft" (Benz 2004: 18) neben den traditionellen Formen des Regierens durch verbindliche Rechtsinstrumente. In der EU kommt daneben noch die Interventionsdichte der Politikinstrumente als wichtige Dimension der Typologisierung von Steuerungsformen im Mehrebenensystem hinzu (vgl. Knill/Lenschow 2005; Treib u.a. 2005). Daran lässt sich die enge Verknüpfung zwischen Systemeigenschaften und Formen politischer Steuerung in der EU-Governance erkennen.

Im folgenden Teil werden wir zunächst der Systemperspektive nachgehen und die Verknüpfung mit der Steuerungsperspektive im daran anschließenden Teil näher untersuchen.

2 Die EU als Governance-System

Zwei Regimebeschreibungen haben besonders maßgeblichen Einfluss auf die Charakterisierung der EU als Governance-System gehabt: Multilevel und Network Governance (→ Multilevel Governance). Gary Marks und Liesbet Hooghe (2001) analysieren Multilevel Governance in der Europäischen Union, indem sie hervorheben, dass politische Prozesse in der EU regelmäßig territorial definierte Ebenen überschreiten. Sie betonen, dass sich die Regierungen der EU-Mitgliedstaaten mittlerweile bedeutende politische Kompetenzen mit europäischen Institutionen teilen und auch subnationale Akteure nicht mehr ausschließlich in die nationalen Kontexte eingebettet sind (Marks/Hooghe 2001: 3-4). In seinem Buch „Governing in Europe" betrachtet Fritz W. Scharpf (1999) ebenfalls das dynamische Verhältnis zwischen europäischer und nationaler Politik. Im Mittelpunkt seiner Betrachtungen stehen Problemlösungskapazität und Legitimität europäischer Politik unter den Bedingungen einer globalisierten Wirtschaft. Verschiedene Autoren (Kohler-Koch/Eising 1999; Ansell 2000) betonen eine weitere Systemeigenschaft der EU: das Regieren in Netzwerken aus privaten und öffentlichen Akteuren.

Die zentralen Merkmale der beiden Konzepte sind in Tabelle 1 zusammengefasst. Diese Merkmale und die gegenseitigen Bezüge von Multilevel Governance und Network Governance sollen nun genauer herausgearbeitet werden.

Tabelle 1: Multilevel Governance und Network Governance in der EU

	Multilevel Governance	**Network Governance**
Akteure	EU-Institutionen, Mitgliedstaaten und/oder private Akteure	EU-Institutionen, Mitgliedstaaten und private Akteure
Fokus	Politische Strukturen und Prozesse: horizontale und vertikale Verknüpfungen und Interaktionen	Politische Prozesse: horizontale und vertikale Interaktion
Koordination	Intergouvernementale Verhandlungen, Verhandlungssysteme, Hierarchie, Wettbewerb, gegenseitige Anpassung	Verhandlungssysteme
EU-Steuerungsinstrumente	Verordnungen, Richtlinien, Entscheidungen, Benchmarks, Ko-(Selbst-)Regelung	Verordnungen, Richtlinien, Komitologiebeschlüsse, Ko-(Selbst-) Regelung

Die Frage, wie die europäischen Institutionen charakterisiert werden können, hat lange Tradition in der europäischen Integrationsforschung. Bereits Ernst Haas (1958: Kap. 2) hat die supranationale Europäische Gemeinschaft für Kohle und Stahl zwischen internationaler Organisation und europäischer Föderation verortet. Das Thema Governance in der EU hat allerdings erst in den 1990er Jahren an Aufmerksamkeit gewonnen, als die EU nach den Vertragsrevisionen zur Einheitlichen Europäischen Akte (EEA) und zum Maastrichter Vertrag einen erheblichen Zugewinn an Befugnissen verzeichnen konnte. Es ist zunächst in der Auseinandersetzung mit dem intergouvernementalen Ansatz zur Analyse europäischer Politik entwickelt worden, dessen Kennzeichnung der EU als durch die Mitgliedstaaten dominiert zunehmend auf Kritik stieß. In seiner ursprünglichen, in der Mitte der 1990er Jahre entwickelten Formulierung, die sich stark auf die Analyse der EU-Regionalpolitik stützte, erfasste das Multilevel-Governance-Konzept denn auch vorwiegend das Verhältnis zwischen den Mitgliedstaaten und den EU-Institutionen (vgl. Marks/Hooghe 2001). Nichtstaatliche Akteure wie europäische Interessengruppen sowie subnationale Gebietseinheiten fanden zusätzlich Berücksichtigung. Im Mittelpunkt stand aber eindeutig die Frage, wo politische Autorität in der EU verortet ist. In Abgrenzung zum intergouvernementalen Ansatz (vgl. Moravcsik 1998) rückte die autonome Rolle der supranationalen Institutionen – die Europäische Kommission, das Europäische Parlament und der Europäische Gerichtshof – in den Mittelpunkt der Betrachtung. Diese Frage wurde in einer Reihe von Studien vertieft, die die institutionellen Bedingungen supranationaler Governance näher untersucht haben (z.B. Sandholtz/Stone Sweet 1998; Stone Sweet u.a. 2001).

Multilevel Governance (→ Multilevel Governance) hat einen staatlichen und institutionellen Kern: Im europäischen Mehrebenensystem ist der Staat sowohl vertikal als auch horizontal stark segmentiert. Öffentliche Akteure auf wenigstens zwei staatlichen Ebenen teilen sich politische Autorität in institutionellen Arrangements. Die Akteure auf der höheren Ebene sind in einem gewissen Maße autonom, aber die Einheiten auf der niedrigeren Ebene sind ihnen nicht untergeordnet und partizipieren an Entscheidungsprozessen auf der höheren Ebene. Dies unterscheidet Multilevel Governance zwar nicht von internationalen Organisationen oder Föderalstaaten, grenzt es aber von einer intraorganisatorischen Arbeitsteilung und von privaten Governance-Arrangements wie zum Beispiel mehrstufigen Verbandssystemen ab. Bekanntlich haben die Mitgliedstaaten als Einheiten auf der unteren Ebene ausgeprägte Teilhabe- und Entscheidungsrechte in den EU-Entscheidungsverfahren. Sie sind sowohl im Europäischen Rat als auch im Rat der EU repräsentiert. Dieser teilt sich exekutive Befugnisse mit der Europäischen Kommission und legislative Kompetenzen mit dem EP. Die Vertreter der nationalen Regierungen und der supranationalen Institutionen haben also „intermeshing competencies" (Marks/Hooghe 2001: 24). Insbesondere im EG-Pfeiler sind die individuelle und die kollektive Kontrolle der Mitgliedstaaten über europäische Entscheidungen beschränkt. Subnationale territoriale Einheiten und auch gesellschaftliche Interessen haben in der Regel nur einen beratenden Status in EU-Entscheidungsprozessen, wie etwa im Ausschuss der Regionen, im Ausschusswesen der EU oder im Wirtschafts- und Sozialausschuss, wenngleich sie bei operativen Entscheidungen in der EU-Strukturpolitik sowie in der Implementation von EU-Politik wichtige Mitbestimmungskompetenzen haben. Einzig der soziale Dialog erlaubt es den Spitzenverbänden von Arbeit und Kapital, politische Entscheidungen in Brüssel selbst zu treffen und umzusetzen (siehe z.B. Falkner 1998).

Im europäischen Mehrebenensystem fallen die funktionalen Aufgaben der staatlichen Institutionen nicht mit den territorialen Grenzen der Ebenen zusammen (Bartolini 1998) (→ Nationalstaat). Erstere liegen quer zu Letzteren. Im Allgemeinen kann die Allokation von Zuständigkeiten auf die verschiedenen Ebenen des Staates kurz- oder langfristig sein, sie kann wenige oder viele Policies und Policy-Instrumente umfassen, und sie kann zur Trennung oder zur Teilung von Zuständigkeiten zwischen den staatlichen Institutionen führen. Während es in den meisten föderalen Systemen eine längerfristig stabile Allokation von Befugnissen gibt, hat Multilevel Governance in der Europäischen Union binnen fünfzig Jahren zur Verflechtung von Befugnissen zwischen europäischen und nationalen Institutionen in einer Vielzahl von Politikfeldern geführt (vgl. Hix 2005: 20-21), was die Möglichkeit einer – vielfach geforderten – verbindlichen Verteilung von Befugnissen nach dem Subsidiaritätsprinzip oder mittels fester Kompetenzkataloge als begrenzt erscheinen lässt. In der Folge besteht ein erheblicher Koordinations- und Kooperationsbedarf zwischen den Ebenen, und der Zwang zu Verhandlungen ist stark ausgeprägt. Dabei variieren die Autorität nationaler und europäischer Institutionen sowie die Verflechtungen zwischen den Ebenen entlang der Phasen des europäischen Policy-Prozesses.

Während die ersten Multilevel-Governance-Analysen das Konzept direkt auf die EU gemünzt haben, wird es nun zunehmend auch für eine vergleichende Betrachtung der EU genutzt (→ Multilevel Governance). So haben Hooghe und Marks (2003) in späteren Analysen zwei grundlegende Typen von Multilevel Governance unterschieden. Im ersten Typ ist im Rahmen einer systemweiten Architektur jeweils eine Vielzahl von Zuständigkeiten ähnlich wie in Föderationen recht allgemein einer begrenzten Zahl von Ebenen/Jurisdiktionen zugewiesen, deren Mitgliedschaften sich nicht überschneiden. Im zweiten Typ, der im Wesentlichen der Public-Choice-Literatur entlehnt ist, gibt es dagegen eine Vielzahl von hochspezialisierten Jurisdiktionen, die sich ohne eine systemweite Architektur teils überschneiden. Die Autoren ordnen die EU vor allem dem ersten Typ zu, während andere Föderalismusforscher in der EU „flexibler[e], nach Politikfeldern unterschiedlich[e] und mit geringeren Kooperationszwängen versehen[e] Verflechtungen" erwarten als etwa nach dem deutschen Typ der Gemeinschaftsaufgaben (Benz 2002: 394). Auch unter Föderalismusforschern hat die Mehrebenenarchitektur der EU zunehmend Aufmerksamkeit auf sich gezogen und zu systematischen Vergleichen Anlass gegeben, zum Beispiel mit der föderalen Architektur der Vereinigten Staaten, Deutschlands oder der Schweiz (vgl. Burgess 2000; Nicolaidis/Howse 2001).

Parallel zu dieser vor allem die strukturellen Aspekte des europäischen Mehrebenensystems betonenden Diskussion haben einige einflussreiche Analysen des EU-Systems eher die Prozessperspektive betont und Netzwerke bzw. Verhandlungssysteme als zentrale Elemente europäischer Governance identifiziert (z.B. Grande 1994; Kohler-Koch/Eising 1999; Ansell 2000). Network Governance hebt stärker als Multilevel Governance die Beziehungen zwischen staatlichen Institutionen und nichtstaatlichen Organisationen hervor (zum Folgenden vgl. Kohler-Koch/Eising 1999) (→ Netzwerke). Das Konzept bezieht sich vor allem auf den EG-Pfeiler und unterstreicht, dass die staatlichen Akteure bei der Formulierung europäischer Politik die Existenz stark autonomer sozialer Subsysteme in Rechnung stellen müssen. Wichtige Hintergrundbedingungen sind die funktionale Autonomie gesellschaftlicher Teilsysteme und die Binnendifferenzierung der staatlichen Institutionen in mehrere Ebenen, 25 Mitgliedstaaten und eine Vielzahl von Organisationen und Organisationseinheiten mit sektoralen Zuständigkeiten unterschiedlichen Zuschnitts. Ersteres führt dazu, dass staatliche Steuerungsbemühungen in hohem Maße kontingent sind, und Letzteres bedingt, dass die EU neben diesen Eigenlogiken auch organisatorische Eigeninteressen und fundamentale Unterschiede ihrer Mitgliedstaaten bei der Formulierung politischer Maßnahmen in Rechnung stellen muss. Die Einbindung einer Vielzahl betroffener Akteure in die Gestaltung europäischer Politik und das Anstreben von einvernehmlichen Lösungen zur Bewältigung tiefsitzender Konflikte sollen europäische Problemlösungen ermöglichen und die Akzeptanz und die Einhaltung des EU-Rechtes sicherstellen (Hayes-Renshaw/Wallace 1997). Verhandlungen mit dem Ziel der Annäherung von Positionen bilden damit den zentralen Interaktionsmodus innerhalb der Network Governance und der Verhandlungssysteme (→ Verhandlungen).

Die Konzepte der Multilevel Governance und der Network Governance erfassen zwar wichtige Elemente des EU-Governance-Systems, beleuchten aber nur Ausschnitte desselben. So bildet das europäische Mehrebenensystem lediglich einen Rahmen für verschiedene Koordinationsmodi, unter denen das Regieren in Verhandlungsnetzwerken aus privaten und öffentlichen Akteuren insbesondere im EG-Pfeiler zwar weit verbreitet, nicht aber allgegenwärtig ist (zum Folgenden vgl. Scharpf 2000). Im Modus der *wechselseitigen Anpassung* infolge von durch die EU induzierten Wettbewerbszwängen reagieren die Nationalstaaten direkt aufeinander: Diese wechselseitige Anpassung (→ Elementare Mechanismen) wird durch die europäischen Maßnahmen zur Marktintegration und durch das Prinzip der gegenseitigen Anerkennung vorangetrieben. Die beiden Pfeiler der EU, die sich mit der gemeinsamen Außen- und Sicherheitspolitik und mit der polizeilichen und justiziellen Zusammenarbeit befassen, sind weit stärker durch *intergouvernementale Verhandlungen* geprägt als die Europäische Gemeinschaft. In diesem Modus koordinieren die nationalen Regierungen ihre Politiken, wobei sie ein Vetorecht besitzen (→ Verhandlungen). Auch die Implementation in nationales Recht bleibt unter ihrer Kontrolle. Die supranationalen Institutionen haben hier weit geringere Beteiligungsrechte als im EG-Pfeiler. Im Modus der *supranationalen Hierarchie* werden bestimmte staatliche Befugnisse vollständig auf die europäische Ebene verlagert und von supranationalen Akteuren ohne die Beteiligung der mitgliedstaatlichen Regierungen ausgeübt, etwa von der Europäischen Zentralbank in der EU-Geldpolitik oder der Europäischen Kommission in der EU-Wettbewerbspolitik (→ Hierarchie).

Die Analyse europäischer Governance hat sich also im letzten Jahrzehnt ausdifferenziert von einer grundlegenden Strukturbeschreibung (Multilevel Governance) mit einem für die EU spezifisch erscheinenden Interaktionstypus (Network Governance) hin zur Erfassung verschiedenartiger Formen der Handlungskoordination, die auch für die vergleichende Betrachtung der EU fruchtbar gemacht werden können.

3 EU-Governance-Formen und Steuerungsinstrumente

In der Diskussion der EU als Governance-System sahen wir einerseits sektorielle Unterschiede in der Wahl von Formen der Handlungskoordination zwischen Hierarchie, Verhandlungssystemen und Wettbewerb und andererseits eine ständige Dynamik zwischen zentralisierter und dezentral verteilter politischer Autorität im europäischen Mehrebenensystem. Bei aller Varianz basiert die EU als Governance-System in ihrem Kern allerdings auf kooperativen, nichthierarchischen Mustern. Der intergouvernementale Verhandlungsmodus zeichnet sich dabei durch eine generelle Konsensorientierung und das Prinzip der Reziprozität aus. Netzwerke funktionieren auf der Basis genuiner Tauschprozesse und durch substanzielle Argumentationszusammenhänge (→ Verhandlungen). Hierarchie als Strukturelement ist formal zwar in einigen Politikbereichen präsent, de facto aber nur schwach ausgeprägt, weil die supranationalen Organe der EU – insbesondere die Kommission – mangels Sanktionsgewalt auf die Kooperation der Mitgliedstaaten angewiesen sind (→ Hierarchie).

Ein weiteres Strukturmerkmal der EU soll hier hinzugefügt werden, weil es einen wichtigen Kontext für die Entwicklung der EU-Steuerungsinstrumente und Experimente mit „neuen Modi" der Steuerung bildet: das Ungleichgewicht zwischen weitreichenden Regulierungskompetenzen der EU (vgl. Majone 1996 zum EU-Regulierungsstaat) auf der einen und schmalen Finanzierungskompetenzen auf der anderen Seite. Damit sind die Möglichkeiten für die Schaffung einer über den Binnenmarkt hinausgehenden politischen und sozialen Union stark eingeschränkt. Wenn weder die Mitgliedstaaten der EU noch die europäische Bevölkerung prädisponiert sind, der europäischen Regulierungstätigkeit *per se* Legitimität zuzusprechen, diese sich also bislang in erster Linie auf den Output stützt, dann liegt in diesem Kompetenzungleichgewicht eine Ursache für das vieldiskutierte Demokratiedefizit (→ Demokratie und Legitimation).

Der policyzentrierte Governance-Diskurs und in diesem Zusammenhang besonders die Hinwendung zu sogenannten „neuen Modi" der Steuerung stehen in zweierlei Hinsicht in direkter Verbindung mit der Systemstruktur der EU. Erstens mehren sich mit der Kompetenzexpansion der EU die Stimmen, die eine in der Struktur angelegte Performanzkrise konstatieren. So tendiere das sowohl vertikal als auch horizontal verflochtene System zu Entscheidungsblockaden und Implementationsdefiziten. Die Bestrebungen, im Rahmen regulativer Politik universal gültige und von allen akzeptierte Lösungen zu produzieren, führten insbesondere jenseits der Binnenmarktpolitik zu unbefriedigenden Resultaten, da das Prinzip „one size fits all" nicht mehr problemadäquat ist. Außerhalb der regulativen Domäne der EU behinderten die erwähnten Kompetenzlücken ihre Problemlösungsfähigkeit. „New modes of governance" werden als ein Ausweg aus der Misere diskutiert und kennzeichnen neue *Instrumente* der Steuerung, insbesondere „weiche", das heißt rechtlich unverbindliche, auf Freiwilligkeit beruhende und flexibel zu handhabende Formen der Koordinierung. Die klassische Trennung zwischen Steuerungssubjekt (Staat) und -objekt (Gliedstaat oder private Akteure) wird in zweierlei Hinsicht gelockert oder sogar aufgelöst: Vertikal gilt das Subsidiaritätsprinzip, das heißt, es wird von EU-Seite gesteuert, ohne in die Kompetenzbereiche der Mitgliedstaaten einzugreifen. Horizontal werden die eigenständigen Steuerungsmöglichkeiten der betroffenen privaten und öffentlichen Akteure (der Stakeholder) bei der Formulierung gemeinsamer Ziele und Maßnahmen ausgeweitet (Héritier 2002). Strukturell führen neue Instrumente zur Etablierung neuer bzw. Veränderung schon bestehender Netzwerke, in denen verhandelt bzw. argumentiert wird (→ Rechtswissenschaftliche Perspektive).

Zweitens: Obwohl diese neuen Instrumente der Steuerung auf den ersten Blick einem nichthierarchischen Koordinationsmechanismus folgen und auch mit einer nichthierarchischen Governance-Struktur, dem Netzwerk, assoziiert werden, darf dies nicht darüber hinwegtäuschen, dass die weiterhin dominanten Steuerungsinstrumente der EU – Richtlinien, Verordnungen und Entscheidungen – auf einer hierarchischen Logik fußen (→ Hierarchie). Die breite Verwendung des Begriffes Governance hat zu einer analytischen Unschärfe geführt, was das Wirken von Governance- bzw. Steuerungslogiken angeht. Obwohl die Governance-Struktur der EU nur schwach hierarchisch ausgeprägt ist, kommen in ihr doch Governance- (bzw. Steuerungs-) Instrumente zur Anwendung, die hierarchisch funktionieren, also die einseitige Anpassung der mitgliedstaatlichen oder privaten Adressaten an das EU-Recht erwarten bzw. bei entsprechender Sanktionsgewalt erzwingen.

In der folgenden Tabelle sind die wesentlichen Steuerungsinstrumente der EU zusammengefasst. Diese unterscheiden sich in den Mechanismen, auf die sie sich stützen bzw. die sie auslösen, um einen Steuerungseffekt zu erzielen.

Tabelle 2: Steuerungsinstrumente, -modi und zugrunde liegende Anpassungsmechanismen

Steuerungsinstrument	**Steuerungsmodus (Anpassungsmechanismus)**
Regulative Standards (Richtlinien, Verordnungen, Entscheidungen)	Hierarchie (Zwang)
Rahmenregulierung	Hierarchie (Zwang) und Wettbewerb (ökonomische Anreize)
Prozessregulierung (auf Information oder Kommunikation abzielend)	Hierarchie (Zwang) und Lernen (Information)
Ökonomische Instrumente (Subventionen, Förderungen, Steuern, Gebühren)	Wettbewerb (ökonomische Anreize) oder Lernen (Information)
Ko- und Selbstregulierung	Lernen (Argumentation) und Hierarchie (Chance)
Offene Methode der Koordinierung	Lernen (Information, Argumentation) oder Wettbewerb (Leistungsvergleich)

Regulative Standards sind spätestens nach der Revitalisierung des Binnenmarktprojektes Mitte der 1980er Jahre die vorherrschenden Policy-Outputs der EU. Majone (1996) hat diesen Sachverhalt in seiner Charakterisierung der EU als Regulierungsstaat auf den Punkt gebracht. Der Binnenmarkt und seine Umsetzung standen denn auch im Mittelpunkt von Governance-Studien, die sich mit den Policies der EU befassten (Egan 2001). Regulative Standards werden sowohl im Modus der Network Governance als auch durch supranationale Hierarchie produziert. Diese Instrumente folgen einer hierarchischen Steuerungslogik, denn die Mitgliedstaaten werden verpflichtet, nationale Regulierungsmuster an oft sehr detaillierte Vorgaben rechtlich verbindlicher europäischer Richtlinien oder Verordnungen anzupassen. Ähnlich sind nichtöffentliche Adressaten zum Beispiel an die wettbewerbspolitischen Entscheidungen der Kommission gebunden. Es gibt verschiedene Faktoren, die diesen Transfer von hierarchischer Sanktionsgewalt auf die europäische Ebene erklären: Die oft wahrgenommene funktionale Notwendigkeit einheitlicher Standards, das Vertrauen in technokratische Expertisen oder schlicht die Flucht aus einer innenpolitisch unbequemen Arena können hier genannt werden (→ Hierarchie).

Insbesondere in der Implementationsliteratur werden *Rahmen- und Prozessregulierung* häufig mit dem Label „neu" versehen (vgl. Knill/Lenschow 2000), da sie trotz ihrer verbindlichen Geltung auf eine Bottom-up-Dynamik innerhalb des europäischen Mehrebenensystems setzen, um so die Effektivität europäischer Regulierungsbemühungen zu steigern. Die Genese dieser Instrumente ist vertraut; es handelt sich um Outputs der Network Governance in der EU.

Die Rahmengesetzgebung definiert dabei in der Regel allgemeine, rechtlich verbindliche Ziele und Spielregeln – zum Beispiel in Form von allgemeinen Antidiskriminierungsregeln – und vertraut auf im nationalen Kontext flexibel zu gestaltende Anpassungsprozesse. Sie ist also eine Reaktion auf die Kritik am Regulierungsmodus „one size fits all". In wirtschaftlich relevanten Bereichen kann dies zu wechselseitiger Anpassung Anlass geben und den hierarchischen Modus durch eine Wettbewerbsdynamik verstärken (→ Politischer Wettbewerb).

Prozessregulierungen sind insofern klassisch hierarchische Instrumente, als sie ihren Adressaten verbindliche Vorgaben setzen für die Gestaltung politischer, administrativer oder auch ökonomischer Prozesse. Im Hinblick auf das Regulierungsziel funktionieren sie indirekt, da sie keine substanziellen Standards festlegen, also nicht direkt in das Produktions- oder Marktgeschehen eingreifen, sondern die Interaktion betroffener oder interessierter Akteure strukturieren, ihnen zum Beispiel Partizipationsrechte einräumen oder Informationsressourcen verschaffen. Neue Kommunikations- und Informationskanäle sowie neu bereitzustellende Ressourcen können die Verhandlungskonstellationen auf nationaler Ebene verändern. Sie ermöglichen zudem Lernprozesse, indem sie den Kontext der gesellschaftlichen Meinungsbildung verändern. Beides geschieht mit dem Ziel, auch substanzielle Fortschritte bei der Problemlösung auf nationaler Ebene zu machen.

Die Verbreitung *ökonomischer Instrumente* ist aufgrund der oben erwähnten Kompetenzlücken der EU deutlich begrenzt: So finden wir keine hinreichenden gemeinschaftlichen Ressourcen, die eine Ausgabenpolitik mit Breitenwirkung ermöglichen könnten, und der blockadeanfällige institutionelle Rahmen der EU (insbesondere die Einstimmigkeitsregel im Rat) scheint in diesem Bereich vor allen Reformbemühungen gefeit. Trotz des relativ begrenzten Umfangs, den ökonomische Instrumente daher einnehmen, haben sie eine lange Tradition in der EU. So gehören die Agrarsubventionen der EU zu den ältesten Instrumenten der Gemeinschaft. Die regionale Strukturpolitik ist später als redistributive Politik hinzugekommen. Förderungspolitik hat einen hohen Stellenwert in der Technologie- und Forschungspolitik der EU. In jüngster Zeit wird auch in klassischen regulativen Politikfeldern mit ökonomischen Anreizinstrumenten experimentiert.

Der Governance-Modus, in dem diese Maßnahmen verabschiedet werden, besteht mit Ausnahme der Agrarpolitik aus einer Kombination von intergouvernementalen Verhandlungen – zur Absteckung des Finanzrahmens und der Verteilungskriterien – und verschiedenen Formen der Network Governance zur operativen Ausgestaltung (→ Regional Governance). Wie Benz in seinen Arbeiten betont, ist es die Trennung bzw. lose Kopplung dieser beiden Verhandlungsarenen, die Entscheidungsblockaden überwinden hilft (vgl. Benz 2003).

Die eigentliche Problemlösungskapazität dieser Instrumente hängt aber von der Wirkung der Steuerungsmechanismen ab, wobei man hier zwei unterscheiden kann: Wettbewerb und Lernen. Zum Teil setzen ökonomische Instrumente auf Anreize, die einen Wettbewerb unter potenziellen Nutznießern induzieren: Besondere Leistung, Qualität, Produktivität werden belohnt (→ Politischer Wettbewerb). Außerhalb der Landwirtschaftspolitik geschieht dies in der Regel indirekt, indem nationale Regierungen in die Lage versetzt werden, finanzielle Anreizsysteme zu installieren (zum Beispiel Steuern, Emissionshandelssysteme u.Ä.) oder indem es potenziellen Nachfragern durch eine koordinierte Informationspolitik (zum Beispiel Öko-Labels) ermöglicht wird, besondere Leistungen zu würdigen. Zum anderen zielen diese Instrumente auf Multiplikationseffekte und Lernprozesse ab, die von selektiver Förderung sowie der Verknüpfung mit Verfahrensregeln ausgehen. So haben die Gemeinschaftsinitiativen innerhalb der EU-Strukturpolitik eine Experimentier- und Modellfunktion und basieren auf dem Gedanken, dass sich Nachahmer finden. Gerade die Strukturfonds zeichnen sich durch die Verbindung finanzieller Anreize mit prozeduraler Steuerung aus, die die Aktivierung einer Vielzahl dezentraler Steuerungsakteure bezweckt (vgl. Tömmel 2003). Ökonomische Instrumente in der EU weisen also häufig kreative Formen auf, um die Limitationen eines Mehrebenensystems mit knappen finanziellen Ressourcen auf zentraler Ebene zu überwinden.

Freiwillige kooperative Governance-Formen zwischen privaten sowie zwischen privaten und öffentlichen Akteuren sind altbekannt im nationalen Kontext und auch nicht ganz neu auf EU-Ebene; dennoch rangieren sie unter der Überschrift „new modes of governance" im EU-Diskurs. Der oben angeführten Definition von neuen Steuerungsinstrumenten entsprechen diese Formen in zweierlei Hinsicht. Zum einen basieren sie stets auf freiwilligen Entscheidungen der von der Regulierung Betroffenen (in der Regel Industrie bzw. Arbeitgeber), und das Ergebnis ist rechtlich unverbindlich. Bezüglich der konkreten Ausgestaltung der Vereinbarungen gibt es allerdings erhebliche Unterschiede, je nachdem ob eine einheitliche Normierung im Detail oder – meist technischer – Fortschritt nur auf Aggregatebene angestrebt wird. Zum anderen beobachten wir hier durch die eigenständige Steuerung privater Akteure bzw. ihre enge Kooperation mit öffentlichen Steuerungsorganen (wie der Kommission) das Verschwimmen von Subjekt und Objekt der Regulierung, also eine neue Governance-Situation auf der Politics-Ebene (vgl. Treib u.a. 2005: 8). *Selbst- und Koregulierung* weisen dabei ein vergleichsweise hohes Maß der Formalisierung auf und sind ein Indikator für die Privatisierung zuvor bestehender Netzwerkstrukturen, besitzen also auch hier eine besondere Qualität.

Der Grundgedanke dieser Form der Steuerung besteht in einer stärkeren Berücksichtigung von Machbarkeitsgesichtspunkten im Regulierungsprozess durch die Übertragung von Verantwortlichkeit an die letztlich „Machenden". Die Herstellung von Deliberationszusammenhängen zwischen Unternehmens- oder Branchenvertretern bzw. zwischen Arbeitnehmern und Arbeitgebern kann Lernprozesse durch Informations- und Expertiseaustausch auslösen wie auch gegenseitiges Verstehen und Vertrauen begünstigen, was nicht nur zu machbaren, sondern auch zu innovativen Lösungen führen mag. Bei näherer Betrachtung erfolgt die Koregulierung durch private Akteure in der EU allerdings immer im Schatten hierarchischer Strukturen (vgl. Eising 2004). Privater Eigenverantwortung wird hier eine Chance innerhalb eines limitierenden, aber auch gewährleistenden, öffentlich bestimmten rechtlichen Rahmens eingeräumt (→ Hierarchie).

So ist im Bereich der Binnenmarktpolitik der sogenannte „neue Ansatz" der Standardisierung, nach dem die Stakeholder technische Normen für die EU harmonisieren, eingebettet in einen „normalen" legislativen Prozess. An dessen Ende steht eine Richtlinie, die für den betroffenen Sachverhalt die Verantwortung für die technische Normierung delegiert. Im Bereich der Umweltpolitik (→ Umwelt) existieren auf EU-Ebene sogar mehrere Formate „freiwilliger Vereinbarungen": Sogenannte Selbstverpflichtungen der Industrie werden außerhalb eines rechtlichen Rahmens eingegangen. Die Kommission erkennt diese Selbstverpflichtungen formal an, mag sich in Form eines regelmäßigen Monitorings als Kontrollinstanz einschalten und behält das Recht, jederzeit die Initiative für eine EU-Richtlinie zu ergreifen. Koregulierung wird dagegen von vornherein in einem rechtlichen Rahmen – zum Beispiel einer Rahmenrichtlinie – vereinbart, worin die Verantwortung, substanziell zu regulieren, an private Akteure delegiert wird. Es handelt sich also um eine Form der regulierten Selbstregulierung (vgl. Knill 2003: 66). Sowohl der „neue Ansatz" der Binnenmarktregulierung als auch die Übertragung regulativer Kompetenzen an private Akteure in der Umweltpolitik wurden mit dem Ziel der besseren, einfacheren und damit effektiveren Regulierung in Europa verfolgt.

In der Sozialpolitik (→ Wohlfahrt) fällt der Soziale Dialog zwischen Industrie- und Arbeitnehmervertretungen in diese Kategorie der Steuerung, wobei hier weniger die Ineffektivität traditioneller Methoden als vielmehr die Souveränitätsvorbehalte der Mitgliedstaaten Anlass zu diesem Experiment lieferten. Auch hier lassen sich allerdings hierarchische Muster sowohl im Prozess als auch im Ergebnis beobachten. Der Soziale Dialog ist eng verbunden mit der moderierenden Rolle der Kommission und mündet letztlich in ein verbindliches Rechtsinstrument. Er gilt zudem als Substitut für traditionelle regulative Prozesse, auf die im Fall des Scheiterns zurückgegriffen werden kann. Diese Alternative übt also einen gewissen Einigungsdruck auf die Sozialpartner aus, wenngleich dieser durch die prinzipiell eher abwehrende Haltung der Mitgliedstaaten etwas geschmälert ist.

Ähnlich wie die Formen der Koregulierung in der Sozialpolitik handelt es sich bei der *Offenen Methode der Koordinierung* (OMK) um eine besondere Form von Multilevel Governance. Die OMK kann als Antwort auf das Subsidiaritätsprinzip interpretiert werden (vgl. Eberlein/Kerwer 2002). Diese Antwort wird allerdings weniger in der „Privatisierung" von Netzwerkstrukturen gesucht als in der Legitimation europäischer Politik durch intergouvernementale Vereinbarungen, in denen sich die Mitgliedstaaten auf gemeinsame Richtlinien und Ziele verständigen. Viele dieser Vereinbarungen treffen die Mitgliedstaaten informell, zum Teil sogar ohne eine vertragliche Basis in der EU, und sind unverbindlich. Die OMK unterscheidet sich von anderen intergouvernementalen Strukturen in der EU allerdings durch die systematische Verknüpfung institutioneller Arenen. In vertikaler Hinsicht sind nationale Reformprogramme im Lichte europäischer Richtungsvorgaben und Benchmarks zu formulieren. In horizontaler Hinsicht wurden die auf den ersten Blick sozial-, bildungs- oder integrationspolitischen OMKs allesamt mit der wirtschaftlichen Wettbewerbsfähigkeit der EU in Verbindung gesetzt, wobei „Jobs" das funktionale Bindeglied darstellen.

Wenn man ihr zum Teil elaboriertes prozedurales Instrumentarium betrachtet, gewinnt die Perspektive an Plausibilität (Haahr 2004), nach der die OMK kognitive Mechanismen in Gang setzt, die bestehende nationale Praktiken infrage stellen. Interessanterweise bildet die OMK die Grundlage sowohl für Lern- als auch für Wettbewerbsprozesse (→ Politischer Wettbewerb). So stellen „Best-practice"-Modelle zum einen Leitbilder dar, an denen sich nationale Entscheidungsträger bei ihrer Suche nach Lösungen für konkrete politische Herausforderungen orientieren können. Zum anderen wird durch die Identifikation von „best practice", das Publizieren von Ranglisten und die Einleitung von Peer-Reviews ein Leistungswettbewerb induziert (Knill/Lenschow 2005). Insbesondere die Kommission bedient sich hier des Druckmittels des Leistungsvergleichs, der die Wirkung rein diskursiver Instrumente übersteigt. Ein solcher Leistungswettbewerb ist insbesondere dann effektiv, wenn man von der grundsätzlichen Übereinstimmung aller Beteiligten mit den Zielen der OMK ausgehen kann. Empirisch noch zu überprüfen wäre, inwiefern dieser Benchmarking-Prozess noch tiefer in die Konstruktion politischer Werte und Normen einzudringen vermag. Zusammenfassend ist in dieser Diskussion erkennbar, dass weder die in der OMK implizierte Governance-Struktur noch ihr präziser Steuerungsmodus übereinstimmend bewertet werden, beide aber in der EU-Politik neue Dynamiken aufweisen.

4 Zusammenfassung

Die Analyse europäischer Governance ist mittlerweile in die allgemeinere Analyse von Governance-Modi eingegliedert, nachdem sie eingangs stark auf EU-spezifische Konzepte zurückgegriffen hat. Während das Governance-Konzept vielfach dazu genutzt wird, um die Polity-, Politics- und Policy-Ebenen integriert zu betrachten, schien es uns hier sinnvoll, diese Ebenen zunächst getrennt zu betrachten, um die Wechselwirkungen insbesondere zwischen Struktur- und Prozessmerkmalen der EU (Polity und Politics) und Steuerungsformen (Policy) zu verstehen. Diese Analyse hat ergeben, dass grundlegende strukturelle und prozessuale Merkmale der EU mit den Begriffen Multilevel Governance und Network Governance nicht vollständig erfasst werden. Beide Konzepte sind deswegen in jüngeren Jahren ausdifferenziert und um generelle Koordinationsmechanismen erweitert worden, was auch die komparative Analyse europäischer Governance intensiviert und stärkere Bezüge zur Föderalismusforschung hergestellt hat. Als besonderes Merkmal des politischen Systems der EU fallen aber weiterhin ihre vertikal und horizontal verflochtenen und wenig hierarchisch ausgebauten Strukturen und Koordinationsprozesse auf.

Aus der Policy-Perspektive wird die Governance-Struktur der EU mit erheblichen Defiziten assoziiert, die eine effektive Politikgestaltung erschweren. Performanzkrisen bedeuten für die EU eine besondere Herausforderung, nachdem Effektivität die primäre Legitimationsgrundlage des Systems ist, das ohne die identifikatorischen und distributiven Ressourcen auskommen muss, die üblicherweise in politischen Systemen die Inputlegitimität sichern. Angesichts dieses Dilemmas ist es einerseits nachvollziehbar, dass die Schwächen einer losen Systemstruktur durch eine traditionelle hierarchische Steuerungslogik kompensiert werden. Andererseits sind die kreativen Adaptionsprozesse der EU bemerkenswert, die zumindest in ihrer Vielschichtigkeit regelmäßig neue Modi hervorbringen, um Probleme rein hierarchischer Steuerung zu beheben.

Literatur

Ansell, Chris, 2000: The networked polity. Regional development in Western Europe, in: Governance 13 (3), 303-333.

Bartolini, Stefano, 1998: Exit options, boundary building, political structuring. Sketches of a theory of large-scale territorial and membership 'retrenchment/differentiation' versus 'expansion/integration' (with references to the European Union). European University Institute Working Paper (98).

Benz, Arthur, 2002: Lehren aus entwicklungsgeschichtlichen und vergleichenden Analysen – Thesen zur aktuellen Föderalismusdiskussion, in: Arthur Benz/Gerhard Lehmbruch (Hrsg.), Föderalismus. Analysen in entwicklungsgeschichtlicher und vergleichender Perspektive. Wiesbaden: Westdeutscher Verlag, 391-403.

Benz, Arthur, 2003: Mehrebenenverflechtung in der Europäischen Union, in: Markus Jachtenfuchs/Beate Kohler-Koch (Hrsg.), Europäische Integration. Opladen: Leske + Budrich, 327-361.

Benz, Arthur, 2004: Governance – Modebegriff oder nützliches sozialwissenschaftliches Konzept?, in: Arthur Benz (Hrsg.), Governance – Regieren in komplexen Regelsystemen – Eine Einführung. Wiesbaden: VS, 11-28.

Burgess, Michael, 2000: Federalism and European Union. The Building of Europe 1950-2000. London: Routledge.

Eberlein, Burkard/Kerwer, Dieter, 2002: Theorizing the New Modes of European Union Governance, in: European Integration online Papers (EIoP), 6:5, http://eiop.or.at/eiop/texte/2002-005a.htm.

Egan, Michelle, 2001: Constructing a European Market. Standards, Regulation, and Governance. Oxford: Oxford University Press.

Eising, Rainer, 2004: Multi-level governance and business interests in the European Union, in: Governance 17 (2), 211-246.

Falkner, Gerda, 1998: EU Social Policy in the 1990s. Towards a Corporatist Policy Community. London: Routledge.

Grande, Edgar, 1994: Vom Nationalstaat zur europäischen Politikverflechtung. Expansion und Transformation moderner Staatlichkeit – untersucht am Beispiel der Forschungs- und Technologiepolitik. Universität Konstanz, Habilitationsschrift zur Erlangung einer venia legendi in Politischer Wissenschaft und Verwaltungswissenschaft.

Haahr, Jens Henrik, 2004: Open method of coordination as advanced liberal government, in: Journal of European Public Policy 11 (2), 209-230.

Haas, Ernst B., 1958: The uniting of Europe. Political, social and economic forces 1950-1957. Notre Dame: University of Notre Dame Press. Reprint of the second edition with a new introduction by Ernst Haas and a foreword by Desmond Dinan.

Hayes-Renshaw, Fiona/Wallace, Helen, 1997: The Council of Ministers. Houndmills: Macmillan.

Héritier, Adrienne, 2002: New Modes of Governance in Europe. Policy-Making without Legislating?, in: Adrienne Héritier (Hrsg.), Common Goods. Reinventing European and International Governance. Lanham: Rowman & Littlefield Publishers, 185-206.

Hix, Simon, 2005: The Political System of the European Union. London: Palgrave Macmillan.

Hooghe, Liesbet/Marks, Gary, 2003: Unraveling the central state, but how? Types of multi-level governance, in: American Political Science Review 97 (2), 233-243.

Jachtenfuchs, Markus/Kohler-Koch, Beate, 2004: Governance and Institutional Development, in: Antje Wiener/Thomas Diez (Hrsg.), European Integration Theory. Oxford: Oxford University Press, 97-115.

Knill, Christoph, 2003: Europäische Umweltpolitik. Steuerungsprobleme und Regulierungsmuster im Mehrebenensystem. Opladen: Leske + Budrich.

Knill, Christoph/Lenschow, Andrea (Hrsg.), 2000: Implementing EU Environmental Policy. New Directions and Old Problems. Manchester: Manchester University Press.

Knill, Christoph/Lenschow, Andrea, 2005: Compliance, competition and communication. Different Approaches of European Governance and their Impact on National Institutions, in: Journal of Common Market Studies 43 (3), 583-606.

Kohler-Koch, Beate/Eising, Rainer (Hrsg.), 1999: The Transformation of Governance in the European Union. London: Routledge.

Majone, Giandomenico, 1996: Regulating Europe. Problems and Prospects. London: Routledge.

Marks, Gary/Hooghe, Liesbet, 2001: Multi-level Governance and European Integration. Lanham, Md.: Rowman & Littlefield.

Mayntz, Renate, 2004: Governance im modernen Staat, in: Arthur Benz (Hrsg.), Governance – Regieren in komplexen Regelsystemen – Eine Einführung. Wiesbaden: VS, 65-76.

Moravcsik, Andrew, 1998: The choice for Europe. Social purpose and state power from Messina to Maastricht. Ithaca, NJ: Cornell University Press.
Nicolaidis, Kalypso/Howse, Robert (Hrsg.), 2001: The Federal Vision. Legitimacy and Levels of Governance in the United States and the European Union. Oxford: Oxford University Press.
Sandholtz, Wayne/Stone Sweet, Alec (Hrsg.), 1998: European Integration and Supranational Governance. Oxford: Oxford University Press.
Sartori, Giovanni, 1984: Guidelines for Concept Analysis, in: Giovanni Sartori (Hrsg.), Social Science Concepts. A Systematic Analysis. Beverley Hills: Sage, 15-85.
Scharpf, Fritz W., 1999: Governing in Europe. Effective and Democratic? Oxford: Oxford University Press.
Scharpf, Fritz W., 2000: Notes toward a theory of multi-level governing in Europe. Max-Planck-Institut für Gesellschaftsforschung, Discussion Paper 00/5.
Stone Sweet, Alec/Sandholtz, Wayne/Fligstein, Neil (Hrsg.), 2001: The institutionalization of Europe. Oxford: Oxford University Press.
Tömmel, Ingeborg, 2003: Transformation politischer Steuerung im Rahmen distributiver Politiken der Europäischen Union, in: Katharina Holzinger/Christoph Knill/Dirk Lehmkuhl (Hrsg.), Politische Steuerung im Wandel: Der Einfluss von Ideen und Problemstrukturen. Opladen: Leske + Budrich, 133-149.
Treib, Oliver/Bähr, Holger/Falkner, Gerda, 2005: Modes of Governance. A Note Towards Conceptual Clarification, in: European Governance Papers (EUROGOV), No. N-05-02, http://www.connex-network.org/eurogov/pdf/egp-newgov-N-05-02.pdf.

Arthur Benz

3.6 Nationalstaat

Der Begriff Governance steht nicht selten in Verbindung mit Debatten über den angeblichen Niedergang oder die Transformation des Nationalstaates. Damit wird der Eindruck erweckt, als stellten Staat und Governance zwei verschiedene Realphänomene dar, wobei die Herrschaftsform des Nationalstaates zunehmend durch Governance ersetzt oder überlagert würde. Dass damit die Wirklichkeit zu stark vereinfacht wird, braucht hier nicht näher erläutert zu werden. Der Titel des Beitrags weist schon darauf hin, dass die Begriffe Staat und Governance keine verschiedenen historischen Phasen charakterisieren; Governance steht vielmehr für eine Perspektive auf den Nationalstaat und den Prozess seiner Transformation. Die interessante Frage lautet daher, was die Perspektive der Governance-Forschung für das Verständnis des modernen Staates und seiner Veränderung leistet und in welcher Weise sich Governance im Staat verwirklicht.

Sinnvoll wird die Rede von Governance im Nationalstaat, wenn sich der erste Begriff auf die Interaktionsstrukturen und -prozesse richtet, während mit dem Staatsbegriff eine institutionelle Struktur der Herrschaft beschrieben wird (Benz 2001). Damit ist nicht gesagt, dass der Staat nur als Institution und Governance nur als Interaktionsform zu verstehen ist. Das Verständnis von Governance im Staat und damit der Wirklichkeit des Staates setzt eine Verbindung beider Aspekte voraus. Im Folgenden konzentriere ich mich auf die Ausprägungen von Governance in der Transformation des Staates. Mit dem Begriff Transformation sind grundlegende Veränderungen von institutionellen Strukturen gemeint, die über Veränderungen von Aufgaben oder Arten der Aufgabenerfüllung hinausgehen. Zunächst ist daher zu klären, welches die institutionellen Merkmale des Nationalstaates sind. In den weiteren Abschnitten werden die Prozesse der Transformation des Staates zu Beginn des 21. Jahrhunderts und wichtige Ausprägungen von Governance im sich transformierenden Nationalstaat skizziert.

Vorab sind zwei Anmerkungen zur Verwendung des Wortes und Begriffes Staat erforderlich. Zum einen geht es im Folgenden um den modernen Staat, der in Europa entstanden ist und in entwickelten Industrienationen existiert. Die Besonderheiten der „modernisierenden" Staaten (Sørensen 2004: 142-160) sowie die – oft gescheiterten – Staaten in Entwicklungsländern berücksichtige ich nicht. Zum anderen meine ich den Nationalstaat, auch wenn ich von Staat spreche. Der Bezug auf eine Nation stellt ein Merkmal des modernen Staates dar. Der Ausdruck Nationalstaat verweist aber auch darauf, dass Governance-Formen jenseits dieses Staates, also auf internationaler, regionaler oder lokaler Ebene hier nur am Rande behandelt werden.

1 Nationalstaat als institutionalisierte Herrschaftsordnung

Als institutionalisierte Herrschaftsordnung kann der moderne Staat mit folgenden Merkmalen beschrieben werden (Benz 2001: 77-141):

1. Staatsgebiet: Die Herrschaft des Staates erstreckt sich auf ein Gebiet, das durch eindeutige Grenzen definiert ist (Territorialstaat). Innerhalb des Gebietes ist der Staat allein dafür zuständig, Gesetze zu erlassen und zu vollziehen. Interventionen externer Mächte kann er als grundsätzlich illegitim abwehren. Jenseits der Grenzen endet die legitime Herrschaftsgewalt des Staates, sowohl die Geltung seiner Gesetze wie auch die Entscheidungen seiner Verwaltungen und Gerichte.
2. Staatsbürgernation: Der moderne Staat stellt einen Zusammenschluss von Menschen zu einem Staatsvolk dar. Angehörige des Staates unterscheiden sich von anderen Menschen, die sich auf dem Gebiet des Staates aufhalten, durch ihre Mitgliedschaft, die Staatsbürgerschaft. Sie verleiht den Individuen grundlegende Rechte und definiert ihre Bürgerpflichten. Die Staatsbürger bilden die politische Nation im Sinne einer Kommunikationsgemeinschaft der Bürgerinnen und Bürger, die sich wechselseitig als berechtigt anerkennen, an den kollektiven Angelegenheiten mitzuwirken, die sich der Nation zugehörig fühlen (Identität) und die untereinander ein Mindestmaß an Solidarität und Vertrauen empfinden. Das Merkmal der Nation ist somit eng verbunden mit der Form des demokratischen Rechtsstaates und der staatlichen Gewährung von Leistungen.
3. Leistungsstaat/Interventionsstaat: Der Staat zeichnet sich durch besondere Funktionen aus. Unbestritten ist, dass dazu die Herstellung der Sicherheit für die Bürger nach innen und außen sowie die Rechtsordnung und die Infrastruktur für eine funktionierende Marktwirtschaft zählen. Der moderne Staat hat darüber hinaus Leistungsfunktionen übernommen und soll durch Interventionen in die private Verfügung von Eigentum für eine gerechte Verteilung von Grundgütern und ein angemessenes Bildungs- und Wohlfahrtsniveau für alle Bürger sorgen.
4. Rechtsstaatlich gemäßigte Staatsgewalt: Der Staat verfügt über die Macht, gegenüber seinen Bürgern und Personen, die sich auf seinem Gebiet aufhalten, Zwang auszuüben. Ihm kommt das Monopol der physischen Gewalt zu (Weber 1976: 822). Er ist in der Ausübung dieser Gewalt aber an Gesetze gebunden, die limitieren und legitimieren, das heißt seine Macht beschränken und vom Willen der vereinigten Bürgerschaft abhängig machen.
5. Demokratie: Moderne Staaten üben ihre Herrschaft in demokratischen Verfahren und Strukturen aus. Gesetze, die die Herrschaftsgewalt regeln, sind durch die Mehrheit des Volkes oder ihre gewählten Vertreter zu verabschieden, die dabei auf die Interessenbekundungen reagieren, die in Verfahren der öffentlichen Diskussion und Interessenvermittlung ermöglicht werden, und die in der Öffentlichkeit Rechenschaft über ihre Entscheidungen ablegen müssen. Die Macht aller Träger von Staatsgewalt wird durch Gewaltenteilung begrenzt.
6. Bürokratie: Der Vollzug von Gesetzen ist einer Verwaltung aufgetragen, die nach Regeln und formalen Verfahren ihre Aufgabe in einer berechenbaren und kontrollierbaren Weise erfüllt.

7. Verfassung: Die institutionelle Ordnung des Staates ist nicht vorgegeben, sondern beruht auf politischen Entscheidungen. Sichtbarer Ausdruck dieser Entscheidungen und ihrer grundsätzlichen Revidierbarkeit ist die Verfassung, die sich aus der verfassunggebenden Gewalt des Volkes ableitet.

Übersicht 1: Staat als institutionalisierte Herrschaftsordnung

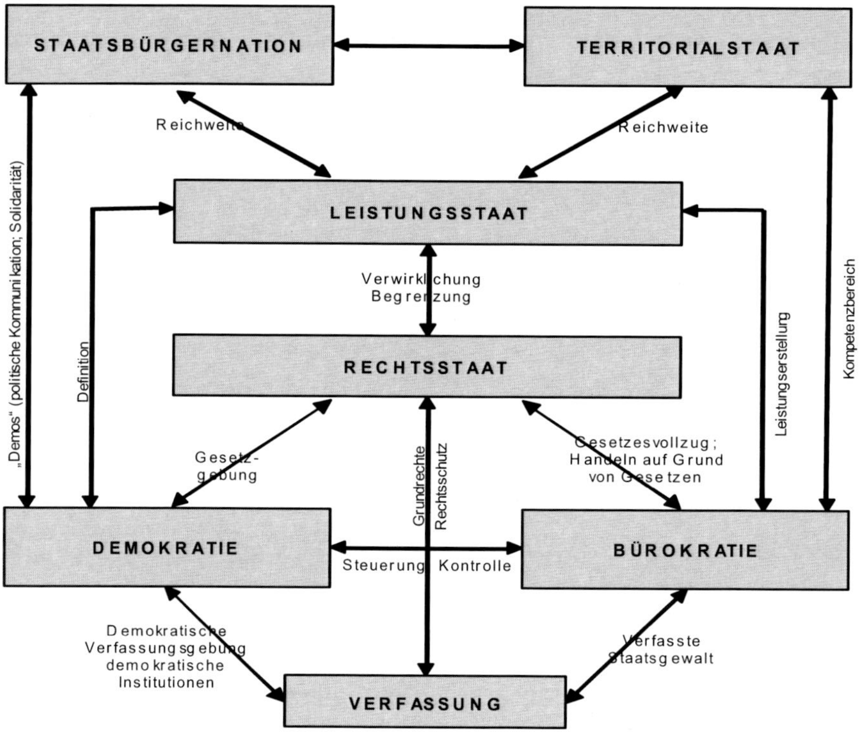

Quelle: Benz 2001: 137

Konkrete Staaten zeichnen sich durch Besonderheiten ihrer institutionellen Strukturen aus, die durch die Verfassung geregelt oder aus politischen Entwicklungspfaden (→ Pfadabhängigkeit) hervorgegangen sind. Das gilt insbesondere für die Staatsfunktionen, das heißt die Art und den Umfang, in dem Staaten Wohlfahrtsleistungen erbringen und in wirtschaftliche Prozesse intervenieren, für die Ausgestaltung der Demokratie und Gewaltenteilung sowie für die Bürokratie. Je nach den besonderen Ausprägungen der Institutionen bilden sich in der praktischen Politik im Staat unterschiedliche Formen der Interaktion und Koordination zwischen den Akteuren, die Herrschaftskompetenzen ausüben, und den gesellschaftlichen

Akteuren, die an Entscheidungen mitwirken oder von ihnen betroffen sind. Allgemein gesprochen finden wir in allen Staaten ganz verschiedene Modi von Governance wie Verhandlungen, Netzwerke, Hierarchie und Wettbewerb und verschiedene Kombinationen dieser Governance-Modi.

Bei einer Betrachtung des Staates als Institution erscheint dieser als „organisierte Willens- und Wirkungseinheit" (Heller 1983). Zudem wird damit die Unterscheidung zwischen Staat und Gesellschaft bzw. anderen Staaten betont, die notwendig ist, um die Kompetenzen, Grenzen und Legitimität der Herrschaft zu begründen. In der Governance-Perspektive kommt hingegen die Vielfalt der kollektiven Akteure und ihrer Interaktionen in den Blick. Der Staat zeigt sich dann als differenziertes interorganisatorisches Gefüge des „arbeitenden Staats" (Stein 1887: 22-32). Ferner werden die engen Verflechtungen zwischen Staat und Gesellschaft erkennbar, die über die institutionell definierten Kompetenzgrenzen hinweg existieren. Schließlich zeigt sich der Wandel des modernen Staates, der inzwischen Gegenstand intensiver Diskussionen ist, in erster Linie in der Governance-Perspektive, da sich Veränderungen zunächst in den Interaktions- und Koordinationsformen auswirken, während seine institutionelle Form als demokratischer Rechts- und Interventionsstaat weiterhin bestehen bleibt, mag auch sein „goldenes Zeitalter" vorüber sein (Zürn/Leibfried 2005).

2 Grenzprobleme des Staates

Das Governance-Konzept wird im Zusammenhang mit dem Nationalstaat vor allem wegen dessen vielfältiger Grenzprobleme aufgegriffen. Überwiegend betrachtet man dabei die territorialen Grenzen. Die „äußere Form" des Staates grenzt diesen aber in dreifacher Hinsicht von anderen Staaten und von der Gesellschaft ab. Erstens reichen dessen Kompetenzen nicht weiter als das Staatsgebiet; zweitens setzt die Kompetenzausübung die Zustimmung der Staatsbürger voraus; drittens wird die Staatsgewalt durch anerkannte Staatsfunktionen sowie durch die Verfassung und Gesetze begrenzt. Hinsichtlich aller drei institutionellen Merkmale des Staates entstehen zunehmend Grenzprobleme und Grenzüberschreitungen, welche durch neue Interaktions- und Koordinationsformen zu bewältigen sind.

1. Angesichts der zunehmenden grenzüberschreitenden Transaktionen durch die Mobilität von Personen, Gütern und Kapital, durch die Diffusion von Gewalt und ökologischen Risiken sowie durch die Kommunikation von Werten und Kulturen (Zürn 1998) werden die Staatsgrenzen zum Problem. Einerseits behindern sie die Freiheit der Individuen und die Effizienz der transnationalen Wirtschaft und erscheinen in der Weltgesellschaft als anachronistisch, weshalb sie durchlässiger werden müssen. Andererseits werden sie wichtiger, um die Dysfunktionen globaler Ströme von Personen, Waren und Kapital sowie transnational ausgetragener Gesellschaftskonflikte einzudämmen (Schimank 2005). Der Territorialstaat setzt deswegen Grenzkontrollen selektiv ein und entwickelt vielfältige Formen der Governance grenzüberschreitender Prozesse. Während Zollschranken fallen, regionale Zusammenarbeit über Staatsgrenzen intensiviert wird und kontinentale Märkte geschaffen werden, greifen Staaten auf traditionelle Formen der autoritativen Kontrolle und des Zwanges zurück, um Sicherheit und Wohlstand für die eigene Nation zu gewährleisten. Auf die

Verbreitung von Konflikten und Risiken reagieren Staaten durch verstärkte internationale Zusammenarbeit (→ Global Governance).

Grenzüberschreitende Transaktionen nehmen auch innerhalb des Staatsgebietes zu und betreffen hier die Territorien der Gebietskörperschaften. Einerseits hat die Globalisierung die Bedeutung dezentraler Einheiten nicht geschwächt, sondern eher verstärkt, da diese im globalen Wettbewerb Standortbedingungen beeinflussen und mit sozialen und kulturellen Leistungen die negativen Folgen der Globalisierung kompensieren. Andererseits steigt in gleichem Maße die Interdependenz zwischen den Entscheidungen auf nationaler, regionaler und lokaler Ebene des Staates. Beides führt zu Verflechtungen zwischen den Gebietskörperschaften, die in intergouvernementalen Beziehungen bearbeitet werden müssen (→ Multilevel Governance)

2. Angesichts der steigenden Zahl von Menschen, die in einem Staat leben, ohne die entsprechende Staatsangehörigkeit zu besitzen, sinkt die Inklusion der Staatsbürgernation. Die für eine Demokratie erforderliche Kongruenz der einer Staatsgewalt unterworfenen und der die Staatsgewalt legitimierenden und kontrollierenden Personen ist damit nicht mehr gewährleistet. Staaten reagieren auf diese Herausforderung unterschiedlich, zum Teil mit Integrationsprogrammen und der Erleichterung der Einbürgerung, zum Teil aber auch mit repressiven Maßnahmen, welche den Anteil der Ausländer begrenzen sollen. Um eine mangelnde Beteiligung der Ausländer an staatlichen Entscheidungen zu kompensieren, werden vielfach lokale Netzwerke und Beiräte eingerichtet, welche die Interessen der Ausländer vertreten.

3. Die Probleme der Funktionsgrenzen der Staatstätigkeit zeigen sich einerseits durch die Ausdehnung von Kontrollen in die private Sphäre bei gleichzeitiger Überforderung der Sozialleistungssysteme, zum anderen durch eine zunehmende Verflechtung staatlicher und privater Organisationen bei der Erfüllung öffentlicher Aufgaben. Die Theoriediskussion reflektiert eine Verschiebung in der Praxis der staatlichen Steuerung und Leistungserbringung von einem versorgenden und vorsorgenden zu einem aktivierenden bzw. gewährleistenden Staat („enabling state"; Schuppert 1997; Hoffmann-Riem 2005). Dieser konzentriert Leistungen auf die Förderung privater Selbsthilfe und nutzt regulative Instrumente zur Schaffung von Märkten und zur Korrektur von Marktversagen. Dadurch entstehen neue Formen der Arbeitsteilung zwischen Staat und privaten Anbietern von Leistungen, die durch vielfältige Governance-Modi koordiniert wird (→ Rechtswissenschaftliche Perspektive; → Public Management und Public Governance). Wegen der Gefährdung der öffentlichen Sicherheit, der Risiken neuer Technologien und der Verwundbarkeit der individuellen Selbstbestimmung in der Informationsgesellschaft werden auch die Grenzen des Rechtsstaates prekär. Hier ist der Staat auf Expertenwissen angewiesen, das er sich durch Sachverständigengremien oder wissenschaftliche Beiräte besorgt.

Governance im Nationalstaat hängt also in zunehmendem Maße mit der Notwendigkeit zusammen, die an den territorialen, sozialen und funktionalen Grenzen der Institution Staat entstehenden „Interdependenzprobleme" zu bewältigen (Mayntz 1997: 73). Grenzen trennen nicht mehr, sondern markieren Differenzierungen, welche Koordinationsbedarf nach sich ziehen. Und da der Staat im Verhältnis zu anderen Staaten, zu Angehörigen anderer

Nationen oder zur Gesellschaft und zu privaten Akteuren nicht übergeordnet ist, können diese Koordinationsaufgaben nicht mit den klassischen Modi der autonomen Staatsgewalt erfüllt werden, sondern erfordern interaktive Politik zwischen Staaten, zwischen Gebietskörperschaften und zwischen privaten und staatlichen Akteuren. Grenzen werden meistens durch Verhandlungen oder durch Netzwerke überbrückt, teilweise aber auch durch wechselseitige Anpassung in Konkurrenzbeziehungen. Das alles schließt nicht aus, dass sie weiterhin durch eine hierarchische Ordnung gesichert werden, das heißt durch Gesetze und ihren bürokratischen Vollzug. Aber in den institutionellen Strukturen des demokratischen Verfassungs- und Verwaltungsstaates entwickeln sich komplexere Governance-Formen im Schatten oder jenseits der Hierarchie.

3 Governance der Demokratie

Die grenzüberschreitenden Governance-Formen haben Konsequenzen für die Demokratie, deren institutionelle Struktur spezifische Modi kollektiven Handelns generiert. Unabhängig von Varianten in ihrer Ausgestaltung funktioniert Demokratie im modernen Staat, indem die Mitglieder einer Staatsbürgernation nach dem Mehrheitsprinzip Abgeordnete des Parlaments wählen, die Gesetze beschließen, welche Regierung und Verwaltung binden. Die Kompetenzen der Gesetzgebung, der Gesetzesausführung und der Gerichtsbarkeit sind auf getrennte Institutionen aufgeteilt, die einander wechselseitig kontrollieren. Zwischen den Bürgern und den Repräsentanten vermitteln konkurrierende Parteien und Verbände Interessen und Politikangebote. In der Praxis der demokratischen Politik im Staat wirken also verschiedene Akteure zusammen, die teilweise miteinander konkurrieren, teilweise in einem Verhältnis der Über- und Unterordnung stehen und teilweise miteinander kooperieren.

In einer institutionalistischen Perspektive wird zwischen parlamentarischen und präsidentiellen Regierungssystemen unterschieden. Im präsidentiellen Regierungssystem verfügen das Parlament und der Präsident als Leiter der Exekutive über eine eigenständige Legitimationsbasis durch Direktwahl. Im parlamentarischen System wird die Regierung vom Parlament gewählt und ist auf das Vertrauen der Parlamentsmehrheit angewiesen. In der Governance-Perspektive sind demokratische Regierungssysteme nach den Formen der Interaktion und den Mechanismen kollektiven Handelns zu qualifizieren. Das Zusammenwirken zwischen Regierung und Parlament in der Gesetzgebung variiert nach der Kombination aus Hierarchie, Verhandlungen und Wettbewerb.

Demokratien etablieren eine hierarchische (Principal-Agent-)Beziehung zwischen den Wählern sowie den Abgeordneten in ihren Parlamenten und der Regierung, in parlamentarischen Systemen zudem zwischen Parlamentsmehrheit und Regierung (→ Hierarchie). In dieser Beziehung erteilen Wähler bzw. Parlamente Aufträge und üben die Kontrolle über die Auftragserfüllung aus. Die hierarchische Beziehung funktioniert im Verhältnis zwischen Wählern und Parlamenten bzw. Präsidenten durch wechselseitige Anpassung: Die Wähler erteilen das Mandat aufgrund von Erwartungen an die künftige Politik ihrer Repräsentanten, diese wiederum handeln in Antizipation der Reaktionen von Wählern auf ihre Politik, da sie an der Wiederwahl interessiert sind. Durch eine die formale Hierarchie kontrastierende Verteilung von Informationen und Macht wird diese Anpassung durch die Regierenden dominiert. Die Dominanz wird allerdings ausgeglichen durch die Konkurrenz (→ Politischer Wettbewerb) mit Gegenkandidaten oder Oppositionsparteien. Durch sie werden die gewählten Repräsentanten und Regierenden einer vergleichenden Bewertung und der Sanktionsmacht der Wähler unterworfen und veranlasst, ihre Entscheidungen öffentlich zu begründen, wodurch Informationsasymmetrien verringert werden.

Dieses Grundmuster von Governance in der Demokratie wird überlagert von Verhandlungssystemen, welche die Konkurrenz abschwächen oder außer Funktion setzen (→ Verhandlungen). So verhandeln etwa konkurrierende Parteien bei der Bildung von Koalitionsregierungen. In präsidentiellen Regierungssystemen, in denen der Präsident Gesetze durch Veto verhindern kann, und in Zwei-Kammer-Legislativen müssen oft Blockaden des Gesetzgebungsprozesses durch Verhandlungen aufgelöst werden. In heterogenen, „multinationalen" Gesellschaften, in denen Parteien Bevölkerungsgruppen mit eigenen Identitäten vertreten, resultieren Verhandlungszwänge aus Minderheitsrechten oder informalen Regeln des Verzichts auf Mehrheitsentscheidungen. Die Verdrängung der Parteienkonkurrenz durch Verhandlungen erzeugt den Typus der Konkordanzdemokratie, in der die Wähler nicht aus konkurrierenden Politikangeboten von Kandidaten oder Parteien auswählen, sondern durch ihre Wahl das Kräfteverhältnis in Verhandlungssystemen bestimmen (Lehmbruch 1967; Lijphart 1999). Eine besondere Form der Governance ist in Deutschland zu beobachten, wenn im Bundestag und im Bundesrat unterschiedliche Parteien die Mehrheit bilden und Gesetze der Zustimmung beider Institutionen bedürfen. In diesem Fall besteht ein Zwang zur Aushandlung einer Entscheidung unter der Bedingung, dass die Verhandlungspartner zugleich in der Parteienkonkurrenz um Wählerstimmen stehen. Dieses Muster „antagonistischer Kooperation" (Scharpf 1989) ist anfällig für Blockaden und endet oft in der Kompromissfindung im nichtöffentlichen Vermittlungsausschuss.

Gesetze werden allerdings nicht ausschließlich im Parlament gemacht, und oft werden Gesetze durch Verhandlungslösungen ersetzt. Diese Praxis nimmt zu, weil der Staat umso mehr auf mächtige gesellschaftliche Interessen Rücksicht nehmen muss, je mehr er seine Funktionen ausdehnt, und weil seine Aufgaben über Grenzen dezentraler Gebietskörperschaften und des staatlichen Territoriums hinaus wirken (Scharpf 1991). Dadurch entstehen korporatistische Verhandlungssysteme mit Verbänden und Formen der Politikverflechtung als weitere Varianten der Verhandlungsdemokratie (Czada 2003). Anders als in der Konkordanzdemokratie, in der Parlamentsfraktionen oder -mitglieder verhandeln und das Parlament zum Teil die Arena der Verhandlungen konstituiert, werden sie in diesen Formen zu externen Akteuren. Weder das ganze Parlament noch einzelne Fraktionen können zu solchen Verhandlungen hinzugezogen werden, weil diese sonst völlig ineffektiv würden, und in der Praxis werden sie von der Exekutive geführt. Die Entstehung von Korporatismus und Politikverflechtung im Bereich der Gesetzgebung hat deswegen die zwingende Konsequenz, dass das Parlament gegenüber der Exekutive an Macht verliert.

Korporatistische Verhandlungssysteme entstehen, weil es für Regierungen oft leichter ist, ihre Ziele in Absprachen mit Verbänden oder privaten Organisationen zu verwirklichen, als sie aufgrund eines Gesetzes durchzusetzen. Dabei droht das Parlament auf eine Zuschauerbühne reduziert zu werden, was die Parteienkonkurrenz als Mechanismus, welcher den Einfluss der Wählerschaft sichert, schwächt. Allerdings kann das Parlament durch Absprachen zwischen Regierung und Privaten, welche die formale Gesetzgebung umgehen, nicht vollständig ausgeschaltet werden. Wesentliche Regelungen unterliegen seiner Zuständigkeit als Gesetzgebungsorgan, und wenn es eine Verhandlungslösung nicht akzeptiert, so kann es sie durch ein Gesetz außer Kraft setzen. Eine Regierung muss dies berücksichtigen, und sie wird daher nur solche Vereinbarungen eingehen, welche die implizite oder explizite Zustimmung der Parlamentsmehrheit finden. Dies schränkt ihren Verhandlungsspielraum beträchtlich ein, wenngleich sie aus der Kooperation mit Verbänden Informationen gewinnt, die sie in der Argumentation gegenüber dem Parlament nutzen kann. Die Möglichkeit, Konflikte durch ein Gesetz zu regeln, wirkt als „Schatten der Hierarchie" (Scharpf 1997: 197-205), welcher Regierungen und Verbände motiviert, sich auf eine von der Parlamentsmehrheit gebilligte Verhandlungslösung zu einigen. Die Ministerialverwaltung richtet dementsprechend häufig die Entscheidungsvorbereitung auf beide Arenen aus: Sie bemüht sich in der Regel gleichzeitig um eine Vereinbarung mit Verbänden und um einen Gesetzentwurf.

In der nationalen und transnationalen Politikverflechtung (→ Multilevel Governance) wirkt der Schatten der Hierarchie zwischen Parlament und Regierung in anderer Weise. Gegenstand der Koordination sind hier Aufgaben, die die Kompetenzgrenzen eines Parlaments überschreiten. Vereinbarungen werden also zwischen Regierungen geschlossen, die, wenn es sich um für die Gesetzgebung relevante, wesentliche Materien handelt, von Parlamenten zu ratifizieren sind. Die Drohung, die Zustimmung zu verweigern, gibt diesen einen wirksamen Einfluss auf Verhandlungen. Allerdings geraten sie im Zwei-Ebenen-Spiel (Putnam 1988) der Politikverflechtung in ein Dilemma: Sie können ihren Einfluss geltend machen und die Regierung durch eine Entschließung dazu zwingen, eine bestimmte Verhandlungsposition zu vertreten. In diesem Fall kann aber eine Vereinbarung an der mangelnden Flexibilität der Verhandlungspartner leicht scheitern. Lassen Parlamente dagegen ihrer Regierung einen weiten Verhandlungsspielraum, so laufen sie Gefahr, am Ende eine Vereinbarung billigen zu müssen, selbst wenn sie formal ein Vetorecht besitzen, weil es bei der Entscheidung in diesem letzten Verfahrensstadium außer dem problematischen Status quo, der bei einer Verweigerung der Ratifikation im Parlament bestehen bleibt, keine Alternative mehr gibt. Hinzu kommt, dass Parlamentsfraktionen, die eine Regierung stützen, ihr in internationalen Verhandlungen kaum öffentlich die Gefolgschaft verweigern können (Benz 2004).

Manche Politikwissenschaftler diagnostizieren angesichts der Tendenzen zum verhandelnden Staat (Scharpf 1991) einen Wandel hin zu einer „postparlamentarischen Demokratie" (Andersen/Burns 1992). Andere sprechen davon, dass die Verdichtung von Korporatismus und intergouvernementalen Verhandlungen zu einer „network governance" demokratische Verantwortlichkeit und Kontrollen gefährde (Papadopoulos 2005). Bei solchen Tendenzbeschreibungen darf allerdings nicht übersehen werden, dass in diesem Wandel der Demokratie tatsächlich eine komplexe Vielfalt von Governance-Formen entsteht. Was sich ändert, sind Interaktionsmodi zwischen den wichtigen Akteuren eines demokratischen Systems, zwischen Parlamenten, Regierungen, Parteien, Verbänden und Wählern. Die Kombination aus wechselseitiger Anpassung und Konkurrenz, welche die Funktionsweise der repräsentativen Demokratie gewährleistet, wird überlagert von verschiedenen Formen von Verhandlungen (die sich teilweise zu Netzwerken verdichten), deren Auswirkungen von Fall zu Fall variieren.

4 Governance in der Bürokratie

Die Verwaltung des modernen Staates steht in der hierarchischen Ordnung von Gesetzgebung und Gesetzesvollzug der Staatsorganisation; sie ist als Vollzugsinstanz selbst hierarchisch organisiert und verfügt über die Kompetenz, Entscheidungen gegen den Willen der Adressaten durchzusetzen (→ Hierarchie). In der bürokratischen Verwaltung scheint damit die Gleichsetzung von Staat und Hierarchie gerechtfertigt zu sein. Die bürokratische Verwaltung beruht auf diesem Prinzip, und Interaktionsbeziehungen zwischen der Legislative und der ausführenden Verwaltung, zwischen zentralen und dezentralen Behörden, zwischen Verwaltungsführung und operativen Einheiten sowie schließlich zwischen Verwaltung und Bürgern sind durch einseitige Anordnung und Befolgung geprägt.

Die Bürokratie- und Verwaltungsforschung hat schon frühzeitig dieses einfache Bild als realitätsfern kritisiert. In der hierarchischen Ordnung der Verwaltung werden formale Machtasymmetrien konterkariert durch gegenläufige asymmetrische Informationsverteilungen, welche den nachgeordneten Akteuren Einfluss verleihen. Gesetze determinieren das Verwaltungshandeln nicht völlig, verlangen oft Abwägungen von Belangen und eröffnen so Verhandlungsspielraum. Dezentrale Behörden und operative Einheiten in Behörden verfügen in der Regel über „lokale" Informationen, welche für den Vollzug wichtig sind, und Adressaten können oft auf besondere Umstände verweisen, die eine Verwaltung bei ihrer Entscheidung zu berücksichtigen hat. Die Forschung hat auch auf Netzwerke (→ Netzwerke) zwischen Angehörigen von Fachverwaltungen unterschiedlicher Ebenen, zwischen dezentralen und operativen Einheiten oder zwischen Verwaltung und Adressanten aufmerksam gemacht, welche hierarchische Beziehungen überlagern und zum Teil erheblich schwächen. Die bürokratische Verwaltung muss daher als durchaus komplexe Kombination aus Governance-Modi verstanden werden. Dies gilt besonders für die „kooperative Verwaltung", die nicht Zwangsverfügungen erlässt und durchsetzt, sondern mit Adressaten Entscheidungen aushandelt und Verträge schließt. Ferner führt die „Modernisierung" der Verwaltung in Richtung New Public Management zu einer Veränderung der hierarchischen Governance-Formen.

Mit dem Begriff kooperative Verwaltung wird eine Praxis des Gesetzesvollzugs und der Leistungserbringung durch Behörden bezeichnet, die auf die funktionsbezogenen Grenzprobleme zwischen Staat und Gesellschaft reagiert und im Kern auf Verhandlungen beruht (zum Folgenden: Benz 1994). Während in der Leistungsverwaltung eine Behörde Bürgerinnen und Bürgern gegenübertritt, die einen an bestimmte Bedingungen gebundenen Anspruch auf Leistungen haben, was die Leistungsgewährung schon immer zu einer Art Tauschgeschäft in einem Kooperationsverhältnis macht, scheinen Verhandlungen in der Ordnungsverwaltung mit der Kompetenz des Staates auf „hoheitliche" Rechtsdurchsetzung zu konfligieren. Tatsächlich liegt hier eine eigentümliche Kombination von Hierarchie und Verhandlung vor. Die an der Verhandlung beteiligte Verwaltung verfügt selbst über die Kompetenz zur autoritativen Entscheidung über Rechtsanwendung oder Leistungsvergabe. Sie geht also Verhandlungen freiwillig ein und kann sie jederzeit abbrechen, um einseitige Anordnungen auszusprechen und durchzusetzen. Den Adressaten eines Verwaltungsaktes steht dann die riskante Möglichkeit der Klage offen, mit der sie Entscheidungen wenigstens erheblich verzögern oder blockieren können. Einflussstrukturen in Verhandlungen sind somit zwar durch ungleiche Machtverteilung geprägt, sie fallen aber nicht so eindeutig asymmetrisch aus wie in einer Hierarchie. Die verhandelnde Verwaltung operiert daher in einem bestenfalls schwachen Schatten der Hierarchie.

Zudem interagieren die Akteure im kooperativen Gesetzesvollzug in verbundenen Arenen, die ihr Verhalten durch jeweils verschiedene institutionelle Regeln und Interaktionsmechanismen beeinflussen. An den Verhandlungen der kooperativen Verwaltung sind Verwaltungsbeamte beteiligt, die der Behördenhierarchie unterworfen sind, des Weiteren Vertreter von Verbänden, die entweder als Agenten Anweisungen befolgen müssen oder Interessen vertreten, die im politischen Wettbewerb unterschiedlicher Gruppierungen bestimmt werden, schließlich auch Akteure, die in Netzwerke (etwa zwischen Verwaltungen, Kommunen oder Unternehmen) eingebunden sind. In solchen Interaktionsstrukturen können Verhandlungen durch Verpflichtungen der Akteure auf bestimmte Positionen erheblich erschwert werden, aber die verbundenen Arenen bieten den Akteuren auch Optionen für eine taktische Nutzung solcher Bindungen, um die eigenen Ziele durchzusetzen. Verhandlungen in der Verwaltung stellen also ein Spiel auf mehreren Ebenen dar, in welchem die Regeln der Verwaltungshierarchie und die Regeln, denen die beteiligten privaten Akteure in ihren Organisationen oder Netzwerken unterliegen, selektiv wirken.

Während sich die kooperative Verwaltung in der Praxis entwickelt hat, stellt das New Public Management ein Konzept für eine Reform der Verwaltung dar, das aus der Kritik am bürokratischen Modell hervorgegangen ist und in den vergangenen zwei Jahrzehnten in vielen Staaten mehr oder weniger konsequent umgesetzt wurde (als Überblick Pollitt/Bouckaert 2004; Schedler/Proeller 2003). Mit der Reform sollen die Funktionsgrenzen und die Arbeitsteilung zwischen Staat und Privaten neu bestimmt werden. Ferner soll die Effizienz der Verwaltung erhöht werden, indem politische Zielsetzung und ausführende Tätigkeit klarer getrennt werden, die dezentralen operationalen Einheiten mehr Autonomie erhalten und durch Leistungswettbewerbe, Zielvereinbarungen sowie ein systematisches Controlling gesteuert werden.

Die Veränderung der Aufgabenverteilung zwischen öffentlicher Verwaltung und privaten Unternehmen soll den Anbieterwettbewerb stärken, entweder indem vormals öffentliche Aufgaben durch den Markt erstellt und verteilt werden oder indem sich staatliche Behörden der Konkurrenz stellen müssen. Innerhalb der öffentlichen Verwaltung werden ebenfalls Leistungsanreize durch Wettbewerbe gestärkt, die hierarchische Koordination wird durch Elemente von Verhandlungen ergänzt. Die Trennung von strategischen Aufgaben der politischen Führung und operativem Geschäft der Verwaltung entspricht einer Funktionsdifferenzierung zwischen Principals und Agents, die die hierarchische Koordination auf das notwendige Maß reduziert und den ausführenden Einheiten Freiräume verleiht. Steuerung erfolgt ex ante durch ausgehandelte (manchmal auch verordnete) Ziel- und Leistungsvereinbarungen und die damit verbundenen Anreize, also in Verhandlungen im Schatten der Hierarchie. Ex post sollen Systeme der Leistungskontrolle die hierarchische Steuerung effektiver machen. Die Informationsasymmetrien und Verselbständigungstendenzen in der so gestärkten Hierarchie sollen durch Wettbewerb verringert werden, der sowohl zielgerichtete Leistungsanreize setzen als auch für Transparenz über die Ausführung von Zielen sorgen soll.

New Public Management wird von einzelnen Verwaltungsforschern als Governance bezeichnet (z.B. Rhodes 2000). Das ist insofern nicht falsch, als das Konzept eine Kombination von Governance-Mechanismen enthält. In der Verwaltungswirklichkeit funktionieren diese aber nicht immer, weil sie auf etablierte Institutionen und Interaktionsmodi treffen. So scheitert die Trennung von Politik und Verwaltung an der Tatsache, dass Politiker in der Parteienkonkurrenz veranlasst werden, sich um konkrete Anliegen ihrer Wähler und damit um Details zu kümmern, anstatt sich auf längerfristige und allgemeine Ziele zu konzentrieren. Ferner widerspricht sie der hierarchischen Steuerung der Verwaltung durch Gesetze, welche die Grundlage ihrer demokratischen Legitimation bildet. Zielvereinbarungen mutieren in der Verwaltungshierarchie nicht selten zu verordneten Vorgaben. Globalbudgets widersprechen den Interessen der Parlamente, die Finanzen der Verwaltung zu kontrollieren. Anbieterwettbewerbe scheitern oft an fehlender Konkurrenz bei spezifischen Aufgaben, Leistungswettbewerbe an mangelnder Bereitschaft, sich dem Vergleich zu stellen, oder an starken Netzwerken zwischen Verwaltungen und ihren Klienten (→ Politischer Wettbewerb). Die Verwaltungsreformen haben damit kein Governance-Modell implementiert, sondern eine Veränderung in der Kombination von Governance-Modi erzeugt, deren Funktionsweise von der normativen Theorie zum Teil erheblich abweicht. Aber genauso wie die Emergenz der kooperativen Verwaltung hat die Verwaltungsmodernisierung die hierarchischen Interaktionslogiken der bürokratischen Verwaltung signifikant modifiziert.

5 Herausforderungen des Verfassungsstaates – Governance der Verfassungspolitik

Grenzüberschreitungen der Politik sowie Veränderungen in den Funktionsmodi der Demokratie und der Bürokratie stellen den Verfassungsstaat nicht infrage, aber sie erzwingen Anpassungen der Verfassung. Erforderlich sind Regelungen über die Außenvertretung des Staates und die Beteiligung von Parlamenten an der internationalen Politik. Dezentralisierung und Europäische Integration erfordern Anpassungen von Kompetenzverteilungen und Koordinationsverfahren zwischen den Ebenen. Das Verhältnis von Menschenrechten und Staatsbürgerschaftsrechten gerät durch Einflüsse internationaler Konventionen in Bewegung. Funktionsgrenzen des Staates, die traditionell durch Abwehrrechte der Individuen definiert sind, werden durch Grundrechtsbeschränkungen neu austariert und durch Staatsziele offener normiert. Angesichts der Ausbreitung von Verhandlungssystemen und Politiknetzwerken werden Forderungen nach einer Revitalisierung von Parlamenten und direktdemokratischen Verfahren erhoben. Verfassungen, die die institutionelle Ordnung des Staates gewährleisten sollen, werden dadurch zum Gegenstand von Politik, und dies nicht in einer einmaligen Staatsreform, sondern dauerhaft im anhaltenden Wandel des Staates.

Diese Anpassungen von Verfassungen erfolgen zum Teil in Verfahren der Verfassungsänderung, in denen wegen qualifizierter Mehrheitsregeln die Konkurrenz der Parteien ausgesetzt wird und Entscheidungen ausgehandelt werden. Sie resultieren aber auch aus dem Zusammenspiel von verfasster Politik und Verfassungsrechtsprechung. Letztere entscheidet Konflikte, welche Verfassungsnormen betreffen, und kann durch Interpretation der

Verfassung den Status quo verändern oder ihn gegen eine schleichende Aushöhlung verteidigen. Dabei antizipiert das Verfassungsgericht Veränderungen in der politischen Meinungsbildung (Vanberg 2005). Parlamente, Regierungen, Parteien und Verbände wiederum antizipieren seine Entscheidungen, wenn klagebefugte Akteure im politischen Prozess Zweifel an der Verfassungsmäßigkeit von Entscheidungen erheben. Vermittelt werden die Interaktionen durch Experten, die den verfassungspolitischen Diskurs öffentlich austragen. Verfassungsänderungen resultieren damit aus einem Prozess der wechselseitigen Anpassung.

Verfassungspolitik stellt eine Form von „Meta-Governance“ dar (Jessop 2002: 242). Sie resultiert aus Governance-Versagen der „normalen“ Politik, aus dauerhaften Blockaden der Interaktionen von Akteuren, die bei Entscheidungen zusammenwirken müssen, aus der Eskalation von Konflikten zwischen konkurrierenden Akteuren oder aus hegemonialer Überlegenheit von Akteuren, die nicht anerkannt ist. Es ist kein Zufall, dass an der Wende vom 20. zum 21. Jahrhundert sich der Wandel des Nationalstaates in vielen Ländern in einer zunehmenden Artikulation von Verfassungsfragen und einer wachsenden Bedeutung von Verfassungspolitik zeigt.

6 Stärkung oder Schwächung des Staates?

Die Perspektivenverschiebung vom Staat als Institution (Government) hin zu Governance wird dabei vielfach mit der These vom Souveränitätsverlust oder Niedergang des Staates verbunden. Entsprechende Prognosen oder Analysen ziehen sich durch die Staatswissenschaft der letzten beiden Jahrhunderte (Nachweise bei Benz 2001: 223-231). Auch gegenwärtig beschreiben Historiker die Entwicklung des Staates als einen Prozess des Aufstiegs und Abstiegs (Reinhard 1999). Sozialwissenschaftler sprechen von einer Transformation, welche zu einer „Zerfaserung“ von Staatlichkeit führe (Zürn/Leibfried 2005: 17-27). Als Ursachen gelten vor allem die Globalisierung von Wirtschaft und Gesellschaft sowie die Überforderung des Leistungsstaates angesichts steigender Ansprüche der Bevölkerung und veränderter gesellschaftlicher Bedingungen.

Gegen diese Entwicklungsbeschreibungen wird hier die Auffassung vertreten, dass die analytische Perspektive der Governance-Forschung auf Dynamiken verweist, die in der Funktionsweise einer komplexen institutionellen Konfiguration, wie sie der moderne Staat darstellt, angelegt sind. Ihre Untersuchung erlaubt es, den Wandel des Staates präziser zu beschreiben. Ob in diesem Veränderungsprozess der Staat verliert oder gewinnt, ist eine Frage, die abstrakt nicht beantwortet werden kann. Governance jedenfalls bedeutet alles andere als das Ende der Herrschaftsform des Nationalstaates.

Literatur

Andersen, Svein S./Burns, Tom R., 1992: Societal Decision-making. Democratic Challenges to State Technocracy. Aldershot: Dartmouth.

Benz, Arthur, 1994: Kooperative Verwaltung. Funktionen, Voraussetzungen und Folgen. Baden-Baden: Nomos.
Benz, Arthur, 2001: Der moderne Staat. Grundlagen der politologischen Analyse. München/Wien: Oldenbourg.
Benz, Arthur, 2004: Path-dependent Institutions and Strategic Veto-Players. National Parliaments in the European Union, in: West European Politics 29 (5), 875-900.
Czada, Roland, 2003: Der Begriff der Verhandlungsdemokratie und die vergleichende Policyforschung, in: Renate Mayntz/Wolfgang Streeck (Hrsg.), Die Reformierbarkeit der Demokratie. Frankfurt a.M./New York: Campus, 173-204.
Heller, Hermann, 1983: Staatslehre. Tübingen: Mohr (6. Aufl., Org. 1934).
Hoffmann-Riem, Wolfgang, 2005: Governance im Gewährleistungsstaat – Vom Nutzen der Governance-Perspektive für die Rechtswissenschaft, in: Gunnar Folke Schuppert (Hrsg.), Governance-Forschung. Baden-Baden: Nomos, 195-219.
Jessop, Bob, 2002: The Future of the Capitalist State. Cambridge: Polity Press.
Lehmbruch, Gerhard, 1967: Proporzdemokratie. Politisches System und politische Kultur in der Schweiz und in Österreich. Tübingen: Mohr.
Lijphart, Arend, 1999: Patterns of Democracy. Government Forms and Performance in Thirty-Six Countries. New Haven/London: Yale University Press.
Mayntz, Renate, 1997: Verwaltungsreform und gesellschaftlicher Wandel, in: Edgar Grande/Rainer Prätorius (Hrsg.), Modernisierung des Staates? Baden-Baden: Nomos, 65-74.
Papadopoulos, Yannis, 2005: Taking Stock of Multi-level Governance Networks, in: European Political Science 4, 316-327.
Pollitt, Christopher/Bouckaert, Geert, 2004: Public Management Reform. A Comparative Analysis. Oxford: Oxford University Press (2. Aufl.).
Putnam, Robert D., 1988: Diplomacy and Domestic Politics. The Logic of Two-level Games, in: International Organization 42, 427-460.
Reinhard, Wolfgang, 1999: Geschichte der Staatsgewalt. Eine vergleichende Verfassungsgeschichte Europas von den Anfängen bis zur Gegenwart. München: Beck.
Rhodes, Rod A.W., 2000: Governance and Public Administration, in: Jon Pierre (Hrsg.), Debating Governance. Oxford: Oxford University Press, 54-90.
Scharpf, Fritz W., 1989: Der Bundesrat und die Kooperation auf der „dritten Ebene“, in: Bundesrat (Hrsg.), Vierzig Jahre Bundesrat. Baden-Baden: Nomos, 121-162.
Scharpf, Fritz W., 1991: Der Staat am Ende des zwanzigsten Jahrhunderts, in: Politische Vierteljahresschrift 32, 621-634.
Scharpf, Fritz W., 1997: Games Real Actors Play. Actor-Centered Institutionalism in Policy Research. Boulder, Col.: Westview Press.
Schedler, Kuno/Proeller, Isabella, 2003: New Public Management. Bern u.a.: Haupt.
Schimank, Uwe, 2005: Weltgesellschaft und Nationalgesellschaften. Funktionen und Staatsgrenzen, in: Zeitschrift für Soziologie 34, 394-414.
Schuppert, Gunnar Folke, 1997: Vom produzierenden zum gewährleistenden Staat. Privatisierung als Veränderung staatlicher Handlungsformen, in: Klaus König/Angelika Benz (Hrsg.), Privatisierung und staatliche Regulierung. Baden-Baden: Nomos, 539-575.
Sørensen, Georg, 2004: The Transformation of the State. Beyond the Myth of Retreat. New York: Palgrave Macmillan.
Stein, Lorenz von, 1887: Handbuch der Verwaltungslehre. Stuttgart: Cotta´sche Buchhandlung (3. Aufl.).
Weber, Max, 1976: Wirtschaft und Gesellschaft. Tübingen: Mohr-Siebeck (Studienausgabe, Org. 1921).
Vanberg, Georg, 2005: The Politics of Constitutional Review in Germany. Cambridge: Cambridge University Press.
Zürn, Michael, 1998: Regieren jenseits des Nationalstaates. Frankfurt a.M.: Suhrkamp.

Zürn, Michael/Leibfried, Stephan, 2005: Reconfiguring the national constellation, in: Stephan Leibfried/Michael Zürn (Hrsg.), Transformations of the State? Cambridge: Cambridge University Press, 1-36.

Dietrich Fürst

3.7 Regional Governance

Die Diskussion zu Regional Governance richtet sich auf die Frage, wie Entwicklungsprozesse auf regionaler Ebene in einer zunehmend fragmentierten und sektoralisierten Welt verwirklicht werden können. Angenommen wird, dass Akteure hierbei gemeinschaftliche Lösungen finden müssen. Wenn etwa in einer schrumpfenden Region jeder isoliert handelt, löst dies einen Circulus vitiosus sich beschleunigender Abwanderung aus, weil niemand Zukunftschancen sieht. Setzen sich dagegen die Akteure zusammen, entwickeln Ideen des „Standhaltens" und bemühen sich um eine gemeinsame Aufbruchstimmung, lässt sich der Prozess möglicherweise aufhalten. Solche kollektiven Governance-Prozesse werden deshalb schon seit längerem in der Innenstadtsanierung oder bei der Aufwertung von Straßenzügen genutzt. Wenn jeder auf sich gestellt ist, unterbleibt die Sanierung; denn Einzelgebäudesanierung rentiert sich nicht, wenn das Umfeld weiter verkommt. Solche suboptimalen Entscheidungen als Folge mangelnder Koordination werden in der Literatur mit dem Begriff „Gefangenen-Dilemma" (Scharpf 2000: 131) oder „Rationalitätsfalle" bezeichnet. Sie können ursächlich für „Aufstieg und Niedergang regionaler Wirtschaftscluster" sein, vor allem dann, wenn Gemeinschaften im Zuge der Modernisierung erodieren (Glassmann/Voelzkow 2005). Dies zu verhindern erfordert die Identifikation und Bearbeitung von Gemeinschaftsaufgaben durch eine größere Zahl von Akteuren aus unterschiedlichen Bereichen, die zur Kooperation eines Anstoßes oder Promotors bedürfen. Zur Bezeichnung der dabei entstandenen Formen und Interaktionsmuster hat sich der Begriff Regional Governance durchgesetzt.

1 Kontext der Diskussion und Begriffsklärung

Die Thematik von Regional Governance ist vergleichsweise alt: Die Genealogie des Begriffes lässt sich auf die Institutionenökonomie zurückführen, aber auch in der Theorie der Internationalen Beziehungen finden sich sehr frühe Diskussionen unter dem Stichwort Global Governance (→ Global Governance). Dort wurden Probleme benannt, die auch in der späteren Diskussion um Regional Governance relevant wurden: Es geht um ein engeres Zusammenwirken von Akteuren, ohne dass formale Strukturen existieren, die dieses Zusammenwirken regeln.

Die Diskussion zu Regional Governance kam zuerst in Großbritannien, konkret in England, auf (Rhodes 1996). Dort befasste man sich mit der Frage, wie die Selbststeuerungsfähigkeit von Regionen gestärkt werden kann, die in England nicht formal organisiert sind (Allmendinger 2003). Hintergrund war, dass die EU und der britische Staat von den Regionen erwarteten, dass sich die relevanten Akteure zu kollektiver Handlungsfähigkeit zusammenfinden und die Entwicklung der Region gemeinsam planen. Als „relevante Akteure" galten dabei nicht nur Kommunalpolitiker, sondern vor allem auch Vertreter der Wirtschaft und der Zivilgesellschaft.

Gegen das Zustandekommen des Zusammenspiels dieser Akteure sprach eine Reihe theoretischer Überlegungen:

- Zu erfüllen war eine Gemeinschaftsaufgabe, die ex definitione einen Nutzenüberschuss für die Allgemeinheit erzeugt, der aber nicht von den Handelnden vollständig angeeignet werden kann. Es entstehen also Differenzen zwischen den individuellen Kosten des kollektiven Handelns und dessen individuell realisierbarem Nutzen.
- Nichtstaatliche und nichtkommunale Akteure spielen in der gesellschaftlichen Problembearbeitung, vor allem auf regionaler und kommunaler Ebene, eine wachsende Rolle (als Koproduzenten oder als Vetospieler) und müssen in das staatliche/kommunale Handeln integriert werden.
- Die kooperierenden Akteure stammen aus Kontexten mit unterschiedlichen Handlungslogiken: Politiker (die von Macht und Wahlen bestimmt werden), Wirtschaftsakteure (die von Gewinnmaximierung im Markt beeinflusst werden), Akteure der Zivilgesellschaft (die an sozialer Anerkennung und Solidarität interessiert sind).
- Der Raumbezug für kollektives Handeln unterliegt Änderungen: Traditionelle Regionalpolitik, in der Politiker und Verwaltungsbeamte das kollektive Handeln bestimmen, findet im Rahmen administrativ abgegrenzter Regionen statt. Politiker und Beamte sind aus Gründen ihrer Legitimation auf diese territoriale Ausrichtung angewiesen. Dort werden sie gewählt oder von der Gebietskörperschaft beschäftigt und dort befinden sich diejenigen, auf die sich ihr Handeln bezieht und die ihr Handeln bewerten und sanktionieren können. Dagegen sind wirtschaftliche und zivilgesellschaftliche Akteure immer weniger an solche Räume gebunden, es sei denn, sie sind in hohem Maße abhängig von Gebietskörperschaften (zum Beispiel bei der Vergabe von Subventionen). Ihr Handeln richtet sich vielmehr an funktionalen Zusammenhängen aus: Sie interagieren mit denen, die am meisten zur gemeinsamen Problembearbeitung beitragen können. Diese Akteure können außerhalb administrativer Grenzziehungen ihren Sitz haben – und dies trifft immer häufiger zu.

Darüber hinaus haben sich die Bedingungen für die Zusammenarbeit verändert:

- Die Grenzen zwischen Staat und Gesellschaft haben sich verschoben. Die Grenzziehung wird diffuser und offener, weil immer mehr Aktivitäten des Staates und der Kommunen in Partnerschaft mit Privaten durchgeführt werden, sei es, dass man „Public Private Partnerships" bildet, Funktionen auf private Unternehmen „outsourcet", aber die Zielbestimmung in öffentlicher Hand behält, sei es, dass staatliche und kommunale Rechtsnormen oder Programme immer häufiger in kooperativen Beziehungen vollzogen werden (informales Verwaltungshandeln).
- Tradierte Rechtsnormen sind auf diese Kooperationen schwer anzuwenden, weil die Arbeitsteilung mit politischen Vertretungsorganen (Gemeinderäten, Kreistagen) un-

scharf geworden ist und zudem das öffentliche Recht allein nicht greift. Denn die Governance-Diskussion macht deutlich, dass es heute immer mehr um Prozesse der Selbststeuerung geht, die relativ schwach institutionalisiert und organisiert sind und sich folglich dem juristischen Regelsystem entziehen. Staatstätigkeit ist immer weniger interventionistisch (worauf das Verwaltungsrecht abstellt) und immer mehr auf Führung, Orientierung und Organisation von gesellschaftlichen Prozessen ausgerichtet (→ Rechtswissenschaftliche Perspektive).

- Die Region ist als gesellschaftlich relevante Handlungsebene aufgewertet bzw. neu entdeckt worden und wird als relevante Ebene der gesellschaftlichen Steuerung wahrgenommen („re-scaling", vgl. Brenner 2003). Diese Diskussion hat unter dem Stichwort „new regionalism" in der angelsächsischen Literatur erhebliche Aufmerksamkeit erfahren (Hamilton 2004: 456).

Der Governance-Begriff zielt deshalb auch nicht auf den traditionellen Steuerungsbegriff der „intentionalen Handlungsbeeinflussung", sondern auf Strukturen und Prozesse der Handlungskoordination zwischen Akteuren (Scharpf 2000). Dabei wird konstatiert, dass die Grenzen zwischen Steuerungssubjekt und Steuerungsobjekt verschwimmen, weil die Adressaten selbst beim Entwerfen der Regeln und bei ihrer Durchsetzung mitwirken (Mayntz 1997). Die neuartigen Steuerungsmuster verschaffen Akteuren Zugang zu gesellschaftlichen Entscheidungszentren, die ihnen durch die formalen Strukturen verwehrt sind, und Entscheidungszentren können sich verschieben, weil immer mehr Funktionen vom Staat auf Private und auf Formen der Selbststeuerung verlagert werden, weil Private an staatlichen Entscheidungen beteiligt oder Funktionen dezentralisiert werden.

2 Theoriebezüge und paradigmatische Ausrichtung

Die Governance-Diskussion schafft deshalb kein neues Paradigma zur Beschreibung oder Analyse gesellschaftlicher Steuerungsvorgänge, sondern stellt lediglich einen Perspektivenwechsel dar: Es geht jetzt weniger um Akteure und Prozesse, sondern um Regelsysteme (deren Entstehung, Wirkung und Fehlentwicklungen) und um die Steuerung kollektiven Handelns über paradigmatische Änderungen im Handlungssystem der Akteure (Veränderung der Handlungs- und Interaktionsorientierungen). War die klassische Steuerungstheorie akteurzentriert, ist die Governance-Diskussion als institutionalistisch zu bezeichnen (Mayntz 2005: 16).

Obwohl der Fokus klar ist, sind die in der Literatur verwendeten Definitionen keineswegs einheitlich (Überblick: Kersbergen/Waarden 2004; Kooiman 1999; Benz/Fürst 2003). Sie variieren je nachdem,

- ob das Konzept normativ oder empirisch-analytisch verwendet wird,
- ob man die abstrakten Mechanismen diskutiert oder konkrete Regime behandeln will,
- ob man mit Governance Änderungen in den Systemen gesellschaftlicher Steuerung zum Ausdruck bringen will, die einen neuen analytischen Zugang erfordern,

- oder ob man sich auf neue Analyseperspektiven konzentriert, die in bisherigen Theorien eher vernachlässigt wurden.

Im Detail gibt es darüber hinaus Meinungsverschiedenheiten, ob der Begriff alle Koordinationsmechanismen (also Hierarchie und Markt genauso wie Netzwerke) umfasst oder sich auf Netzwerke beschränkt, ob man die Umsetzung von Entscheidungen einbezieht oder nur die Phase der Planung, ob Governance immer den Verbund von Akteuren unterschiedlicher Handlungslogiken meint oder ob auch Akteure derselben Handlungslogik, aber mit unterschiedlichen organisatorischen Bindungen damit zu erfassen sind.

In der deutschen raumwissenschaftlichen Diskussion scheint sich ein Konsens herausgebildet zu haben, von Regional Governance dann zu sprechen, wenn man sich auf netzwerkartige regionale Formen der Selbststeuerung unter Einbezug von Akteuren aus Politik, Verwaltung, Wirtschaft und/oder Zivilgesellschaft bezieht und sich der Prozess darauf richtet, die regionale Entwicklung voranzutreiben. Dabei kommt es primär auf die horizontale (gleiche hierarchische Ebene) und weniger auf die vertikale Kooperation (über hierarchische Ebenen hinweg) an, wenngleich Governance-Prozesse die vertikale Kooperation immer mit einbeziehen (→ Multilevel Governance).

Dass Regional Governance primär auf einen Perspektivenwechsel verweist, wird deutlich, wenn man die Governance-Diskussion mit vergleichbaren Theorieansätzen zum koordinierten Handeln in der Region vergleicht:

- Die Korporatismusforschung betrifft primär die wirtschaftliche Makrosteuerung sowie Fragen der Konsensbildung und Machtteilung zwischen Kapital, Arbeit und Staat. Es geht um informales Vorentscheiden unter Führung staatlicher Stellen. Aber mit der Erweiterung auf die Meso-Ebene (Region) weitet sich die Diskussion immer mehr in Richtung Governance aus (Lehmbruch 1996: 742-743).
- Die Urban-Regime-Forschung steht zwar der Governance-Diskussion sehr nahe (Hamilton 2004), verengt aber den Blick auf kommunale Entscheidungsprozesse im Zusammenspiel von Wirtschaft und Kommunalpolitik (Dowding 2001). Es geht dabei um Handlungskoalitionen zwischen öffentlichen und privaten Akteuren, die informal organisiert sind, gemeinsame politische Aufgaben verfolgen, auf wirtschaftliche Belange ausgerichtet sind und eine längerfristige Stabilität in der Kooperation aufweisen (also nicht nur projektgebunden zusammenarbeiten) (→ Regimetheorie). Empirisch bezieht sich der Ansatz primär auf das kommunale Institutionensystem der USA.
- Die Diskussion über politische Netzwerke (→ Netzwerke), die sich mit sektoraler Politikformulierung im Zusammenspiel von Staat, privater Selbststeuerung und Verbandspolitik befasst (Mayntz 1993), betrachtet primär den Informations- und Wissensaustausch, verweist aber auch auf Probleme, wie sie Regional Governance stellt (zum Beispiel paternalistische Konstellationen, Dominanz von Partikularinteressen).
- Der Milieu-Forschung (Crevoisier 2001) geht es weniger um die Prozesse der Kooperation als um die strukturellen Voraussetzungen regionaler Innovationen und Umstrukturierungen im Zusammenspiel von technologischen Entwicklungen, organisatorischen Änderungen und raumstrukturellen Gegebenheiten. Ähnliches gilt für die Dis-

kussionen zu „lernenden Regionen“ (Hassink 2001) und zu „innovatorischen regionalen Systemen“ (Thomi/Werner 2001).

- Auch die Partizipationsforschung hat viele Berührungspunkte zur Governance, weil sie die Betroffenen von Problemlösungsprozessen zu aktiven Mitspielern („stakeholders“) machen will, die, insbesondere in der Variante der Participatory Governance, über aktivierende Moderation in die Suche nach geeigneten Problemlösungen einbezogen werden. Der Fokus liegt hier auf der Gestaltung der wirksamen Teilhabe, der sozialen Selektivität der Arrangements u.Ä.
- Selbst die (wirtschaftswissenschaftliche) Cluster-Forschung diskutiert über weite Strecken faktisch Governance (Sternberg u.a. 2004), weil sie sich mit der thematischen Vernetzung von Betrieben befasst. Allerdings interessieren hier inhaltliche Verflechtungen von Unternehmen und öffentlichen Einrichtungen (→ Wirtschaft).

Deshalb verwundert nicht, dass diese verwandten Forschungsfelder die Governance-Diskussion beeinflusst haben. In besonderem Maße gilt das für die Netzwerkforschung (Thema: Wissensvermittlung und Lernen; Morgan u.a. 2000), die Korporatismusforschung (Thema: Konfliktregelung in kapitalistischen Systemen; vgl. Lehmbruch 1996; Voelzkow 1998) und die Urban-Regime-Theorie (Thema: kooperative regionale Entwicklungssteuerung; Hamilton 2004).

3 Wie funktioniert Regional Governance?

In der Governance-Forschung besteht Konsens darüber, dass es *das* Schema von Governance nicht gibt. Das ist leicht verständlich. Wenn Governance ein schwach institutionalisiertes Zusammenspiel von Akteuren ist, dann kommt es auf das Verhalten von einzelnen Personen an. Dieses wird aber durch eine Vielzahl von Kontextbedingungen bestimmt, wie Erfahrungen, historisch gewachsene soziale Prägungen, institutionelle Einbindungen (mit der Folge von „Mehrebenenproblemen“), spezifische Anreize (unterschiedliche „Handlungslogiken“ in Markt, Politik und sozialen Vereinigungen) u.Ä. Deshalb unterscheidet man zwischen (vgl. Lange/Schimank 2004: 23-24):

- *Mechanismen* der Governance, worunter man generalisierbare Befunde zur Entstehung und Wirkung von Regelsystemen sowie zum Verhalten von Akteuren in Kollektiven etc. versteht, und
- *Regimen* der Governance, womit man die konkrete Ausformung von Governance in einzelnen Regionen bezeichnet.

Governance-Mechanismen (→ Elementare Mechanismen) sind zu unterscheiden von Interaktionsformen. Diese können in einseitigem Handeln, Verhandlung, Mehrheitsentscheidungen und hierarchischer Steuerung bestehen (Scharpf 2000: Kap. 5-8).

Governance-Regime bilden sich durch das Zusammenspiel unterschiedlicher Koordinationsmechanismen (Lange/Schimank 2004: 23), wobei diese sich verstärken, konterkarieren oder neutralisieren können. Von Interesse ist, nach welcher Logik sich Mechanismen aggregieren. In der Literatur gibt es Beispiele dafür: Hierarchie und Netzwerke können konstruktiv zusammenwirken („Selbstkoordination im Schatten der Hierarchie") (→ Hierarchie), und auch der Wettbewerb kann diesen Effekt haben (Selbstkoordination durch Wettbewerbsmechanismen) (→ Politischer Wettbewerb). Aber die Mechanismen können sich auch konterkarieren (Hierarchie lähmt die Selbstkoordination).

Das Konzept von Regional Governance ist noch nicht systematisch entwickelt worden. Noch dominieren Überlegungen zur Relevanz von Governance, zu deren Abgrenzung gegenüber anderen Formen gesellschaftlicher Steuerung, zu wesentlichen Merkmalen der Governance u.Ä. die Diskussion. Demgegenüber sind die Erkenntnisse zu Governance-Prozessen noch relativ begrenzt: Es überwiegen intuitive, an Fallbeispielen gewonnene Aussagen. Eine „Theorie der Governance" gibt es nicht – und es wird sie wegen der Vielfalt der Erscheinungsformen auch nicht geben können. Man wird lediglich eine Systematik von relevanten Variablen und Strukturelementen gewinnen, was Scharpf als „Ansätze" bezeichnet (Scharpf 2000: 64).

Auch wenn es konsensbasierte Ansätze noch nicht gibt, liegen doch einige grundlegende Erkenntnisse vor:

- Governance wird wesentlich vom *Kontext* bestimmt: Ein regionalwirtschaftlicher Kontext bildet andere Formen der Governance aus (Glassmann/Voelzkow 2005) als der Kontext der Stadtteilentwicklung (zum Beispiel Programm „Soziale Stadt"; Fürst u.a. 2005). Im ersten Fall werden die Governance-Regime stärker von Wettbewerb und Kooperation, im zweiten Fall stärker von Solidarität und Hierarchie geprägt. Da Kontexte historisch entstanden sind, spielt die sogenannte Pfadabhängigkeit von Governance eine beachtliche Rolle (Lange/Schimank 2004: 27) (→ Pfadabhängigkeit).
- Kollektives Handeln setzt voraus, dass viele Akteure einen entsprechenden Handlungsbedarf erkennen und dieser sich nicht durch individuelles Handeln befriedigen lässt. Das Erkennen eines „kollektiven Handlungsbedarfs" erfordert in der Regel, dass Akteure lernen. Dies kann durch spezifische Anreize ausgelöst werden, wie etwa die EU-Strukturfonds-Mittel (und entsprechende nationale Fördermaßnahmen). Aber auch Einsichten in wechselseitige Abhängigkeiten können einzelne Akteure veranlassen, das Kollektiv zu suchen, weil Individualstrategien etwa wegen zu hoher Kosten oder wegen mangelnder Zielerreichung suboptimal bleiben. Der wirksamste Anlass zum Lernen ist meistens ein Handlungszwang, der am schnellsten und am stärksten gleichgerichtete Problemwahrnehmungen erzeugt. Handlungszwänge wirken vor allem bei Politikern als treibende Kraft: Sie reagieren auf Probleme stärker als auf Optionen, weil Probleme, die in den Medien akzentuiert werden, die Wiederwahl gefährden. Demgegenüber wird das Versagen, Optionen nicht wahrgenommen zu haben, politisch kaum sanktioniert. Zudem erfordert die Nutzung von Optionen einen komplizierten Prozess der Konsensbildung über Definitionen und Wahrnehmungen. Man einigt sich immer schneller auf die Beseitigung eines Mangels als auf die Nutzung einer Chance. Akteure in der Wirtschaft werden dagegen unter dem Konkurrenzdruck und der Börsenabhängigkeit sehr viel stärker gezwungen, Optionen auszuschöpfen.
- Lernprozesse beziehen sich sowohl auf die *Handlungsorientierung* der Akteure (egozentrisch, gemeinwohlorientiert) als auch auf die *Interaktionsorientierung* der Akteurs-

konstellation (kompetitiv, kooperativ). Governance verstärkt die Handlungsorientierung in Richtung auf die Gemeinwohlperspektive und die Interaktionsorientierung zugunsten eines kooperativen Verhaltens (→ Verhandlungen).

- Problemdruck und Optionen, die kollektiv definiert werden können, finden sich primär im *Bereich der Wirtschaftsentwicklung* (→ Wirtschaft). Deshalb haben sich Governance-Modelle auch primär im Kontext der Wirtschaftspolitik gebildet. Das gilt vor allem für die regionale Ebene. Denn auf lokaler Ebene formieren sich Governance-Muster auch um Fragen der Stadterneuerung, der Verbesserung der Lebensqualität, des Abbaus sozialer Spannungen, der Verbesserung der internen Integration u.Ä.
- Kollektive Lernprozesse werden verstärkt, wenn es geeignete „opportunity structures" (Maloney u.a. 2000: 809-810) gibt. Darunter versteht man Rahmenbedingungen, welche die Wahrnehmung und Denkmuster von Akteuren in gleicher Richtung beeinflussen können. Gelegenheitsstrukturen können durch Förderprogramme, Diskussionen in der Öffentlichkeit, gelungene und propagierte „best practices" u.Ä. entwickelt werden.
- Die *Mitwirkung der Akteure* ist – durch ihre jeweilige Handlungslogik und institutionelle Einbindung bedingt – ungleich ausgebildet. Während Vertreter der Wirtschaft sich eher in konkreten Projekten engagieren, sind Politiker und Vertreter der Zivilgesellschaft eher bereit, auch allgemeinere Diskussionen über Leitbilder, Visionen und Zielszenarien der kollektiven Entwicklung zu führen. Das kann aber dazu führen, dass die von Politikern und Vertretern der Zivilgesellschaft favorisierte Diskurskultur bei Vertretern der Wirtschaft den Eindruck erzeugt, dass die Kosten-Nutzen-Situation des kollektiven Handelns sich für sie ungünstig darstellt, da vordergründig nur langsam, wenn überhaupt Ergebnisse erzielt werden.
- Kollektives Handeln braucht *Vermittlung*: Es muss eine Führungsinstanz geben, die den Governance-Prozess in Gang setzt und wesentliche Definitionsaufgaben übernimmt, also den Zweck des kollektiven Handelns präzisiert, dafür Mehrheiten zu gewinnen sucht, Foren bereitstellt und die notwendigen logistischen Vorarbeiten übernimmt. Institutionalisierte regionale Akteure können leichter solche Führungsaufgaben übernehmen als individuelle Akteure und sind deshalb – zumindest in Deutschland – typische Promotoren von Governance.
- Bei der Selbstrekrutierung solcher Promotoren spielen sowohl *Tradition und institutioneller Kontext* als auch *Charakteristika des relevanten Regierungssystems* (Glassmann/Voelzkow 2005: 19-20) eine große Rolle. In den USA, wo staatliche Interventionen und die regionale Ebene schwächer institutionalisiert sind, kommen die Vermittler überwiegend aus der Privatwirtschaft oder aus zivilgesellschaftlichen Bezügen. Für die USA wird sogar die These vertreten, dass Regional Governance vor allem von der Privatwirtschaft vorangetrieben wird und die Politik eher ins Schlepptau genommen werden muss (Hamilton 2004: 459-460).
- Die unterschiedliche Promotorenschaft und das Objekt der Governance, die einander wechselseitig bedingen, prägen die Governance-Muster über den *dominierenden Interaktionsmodus*. Dieses Wechselverhältnis hat starken Einfluss darauf, ob Politiker oder nichtstaatliche Akteure dominieren, ob Diskursforen oder Projekte vorherrschen, ob wirtschaftliche Belange oder Bürgerbelange im Vordergrund stehen u.Ä. Kommen die Promotoren aus der Wirtschaft und geht es primär um Aufgaben der regionalen Wett-

bewerbsfähigkeit, so wird der Interaktionsmodus stärker von ökonomischen Kosten-Nutzen-Überlegungen beeinflusst, als wenn Politiker dominieren und die Aufgabe der Verbesserung der Lebensqualität im Vordergrund steht.

- Vermittler können aber wenig ausrichten, wenn sie nicht auf *Resonanz* treffen. Resonanz bedeutet die prinzipielle Bereitschaft der anzusprechenden Akteure, sich für Gemeinschaftsaufgaben zu engagieren. Eine solche Bereitschaft ist sicherlich dort größer, wo es bereits gewachsene Kooperationsformen gibt, wo Erfahrungen mit kollektiver Bearbeitung von Gemeinschaftsaufgaben vorliegen, wo Netzwerke existieren, aus denen sich relativ schnell Akteure mobilisieren lassen etc. (Putnam 1993). Man geht auch davon aus, dass dort, wo Regionalplanungsorganisationen funktionieren, sich auch entsprechende Resonanzstrukturen gebildet haben (Hamilton 2004: 461-462).
- Kollektives Handeln verlangt ein Mindestmaß an *Regeln*. Deshalb „zielen Governance-Prozesse auf Änderungen von verhaltenssteuernden Wirkungen institutioneller Regeln (‚meta governance')" (Benz 2004: 20). Viele der Regeln sind genereller Natur und stammen aus der Soziokultur des Alltagslebens. Weitere Bindungen entstehen gruppendynamisch, etwa wenn „Netzwerkbeziehungen die Gefahr des Opportunismus mit Hilfe zweier Mechanismen reduzieren, dem längeren ‚Schatten der Zukunft' und der höheren Sichtbarkeit von Transaktionen für dritte Akteure" (Scharpf 2000: 232). Aber es bedarf auch vereinbarter Regeln, die sich auf das konkrete Kollektiv, die konkrete Aufgabe beziehen – wie etwa Mitgliedschaftsregeln, Entscheidungsregeln, Konfliktregeln, Sanktionsregeln sowie Kontroll- und Evaluationsregeln. Für die Handlungsfähigkeit macht es einen großen Unterschied, ob Mehrheitsentscheidungen oder nur Konsenserfordernis zugelassen ist, ob Informationen frei zugänglich sind oder nach Zugänglichkeit klassifiziert werden oder sogar nur „aufbereitet" verteilt werden können, ob es eine „Jedermann-Beteiligung" gibt oder Filter vorgeschaltet werden u.Ä. (→ Neoinstitutionalismus).

Bezogen auf das *Prozessmanagement* von Governance, liegt inzwischen ebenfalls empirisches Wissen aus unterschiedlichen Handlungsfeldern vor: Vor allem die Regionalmanagement-Diskussion, aber auch die rasante Entwicklung von Moderation und Mediation haben inzwischen differenzierte Kenntnisse hervorgebracht, welche Faktoren solche Prozesse unterstützen und umgekehrt auch behindern können. Man weiß heute, dass für kollektive Lernprozesse die Inszenierung wichtig ist; sie bündelt Aufmerksamkeit, wertet die Gemeinschaftsaufgabe auf und mobilisiert höherrangige Akteure, die den Prozess unterstützen.

Darüber hinaus weiß man auch, welche Rolle die Prozessstrukturierung nach „Meilensteinen" bzw. Erfolgselementen spielt, wie bedeutsam die Bildung von Sozialkapital über sozio-emotionale Bindungen der Akteure untereinander ist (→ Netzwerke), dass Governance heute mehr denn je professionelle Moderation benötigt etc. Da Vertrauen zur Stabilisierung von Prozessen wichtig ist, kommt den Aktivitäten, die soziale Kommunikation stärken, Interaktionen intensivieren und Vertrauen aufbauen helfen, eine zentrale Funktion zu.

Governance-Prozesse tendieren zur Institutionalisierung – zumindest bilden sich ein organisatorischer Kern (zum Beispiel Entwicklungsagentur) sowie eine „Lenkungsgruppe" heraus, sobald der regionale Diskurs in konkrete Projekte übergeleitet worden ist. Dafür sprechen zwei Gründe. Zum einen mindert die Institutionalisierung das Risiko der Interaktion – die Prozesse werden verlässlicher, und Mitglieder können auf Aushandlungsergebnisse vertrauen –, zum anderen begünstigt Institutionalisierung die Effizienzsteigerung. Denn Projekte erfordern komplexere Managementmethoden, die auch das Vertrags-, Finanz-, Kosten- und Zeitmanagement umfassen (→ Neoinstitutionalismus). Locker gekoppelte Netzwerke können – trotz Bildung von Sozialkapital (Vertrauen, Solidarität) – nicht sicherstellen, dass sich die Akteure auch finanziell und mit Personalressourcen stärker engagieren. Allerdings führt Institutionalisierung zu Fragen der Legitimation, sodass Gremien dazu tendieren, repräsentativ besetzt zu werden, was ihre Handlungsfähigkeit mindern kann.

4 Externe Abhängigkeiten und Spannungslagen – Grenzen von Regional Governance

Governance-Arrangements sind kein Ersatz für feste Institutionen, sondern ergänzen sie und machen sie geschmeidiger. Aber da sie nur intermediäre Funktionen zwischen bestehenden Government-Strukturen erfüllen, werden sie von Letzteren beeinflusst. Das wird deutlich bei allen Vollzugsaufgaben, die Ressourceneinsatz und Mitwirkung entsprechender Kompetenzträger verlangen. „Weiche" Governance-Arrangements laufen dann Gefahr, Widerstände zu mobilisieren, etwa weil sie mit den Landkreisen und Großgemeinden in Konflikt geraten, die um Autonomie- und Kompetenzeinbußen fürchten. Das kann konkret dazu führen, dass deren Vertreter Widerspruch und Bedenken äußern, das Tempo der Kooperation verlangsamen oder gar ganz aussteigen (vgl. zu Widerstandsformen Walker/Hurley 2004: 736-737). Die Governance-Diskussion konzentriert sich deshalb auf solche Handlungsfelder, in denen autonom handelnde Akteure Kooperations- und Synergieeffekte erreichen können bzw. in denen die Kooperation neue Handlungsmöglichkeiten eröffnet und Transaktionskosten (zum Beispiel Risiken, Informationskosten, Kreativitätsschranken) abbauen kann.

Mithin finden sich Restriktionen und Spannungslagen sowohl innerhalb der Governance-Prozesse als auch in ihren Abhängigkeiten von einem externen institutionalisierten Umfeld. Denn in der Regel verhandelt man in den Governance-Prozessen über Ressourcen, die von externen Institutionen kontrolliert werden, zum Beispiel von Bewilligungs- und Genehmigungsbehörden, von Vollzugsorganisationen sowie von Entscheidungsgremien mit entsprechenden Aufgaben- und Finanzkompetenzen.

Die internen wie externen Restriktionen wirken sich bei Verteilungsfragen im weitesten Sinne besonders aus. Zwar können Governance-Arrangements unter bestimmten Bedingungen Verteilungskonflikte lösen, aber das hängt erstens vom Kooperationswillen und Sozialkapital der Beteiligten, zweitens vom Thema (hat es Potenziale für Win-win-Spiele oder ist es ein Nullsummenspiel), drittens vom Verhandlungsgeschick der Moderatoren und viertens vom institutionellen Rahmen (institutionelle Konsenszwänge) ab (→ Verhandlungen).

Ein zweites Problem der externen Restriktionen betrifft die Legitimation oder, weiter gefasst, die Demokratieverträglichkeit (→ Demokratie und Legitimation). Seit sich die Zahl informeller „Runder Tische", „Clearingstellen", „Regionalkonferenzen" etc. erheblich erhöht hat, werden auch Stimmen lauter, die vor diesen „intermediären Graubereichen", insbesondere vor deren demokratiegefährdendem Potenzial, warnen. Faktisch werden hier Vorentscheidungssysteme geschaffen, die häufig Interessen und Informationen selektiv behandeln und deren Akteure nicht rechenschaftspflichtig sind.

Das Legitimationsproblem gehört in die Problematik von Mehrebenensystemen, in denen – transaktionsökonomisch gesprochen – der „Prinzipal" seinen „Agenten" nur bedingt steuern kann (→ Multilevel Governance). Die politische Kontrollierbarkeit ist auch deshalb eingeschränkt, weil ein in Governance-Prozessen gefundener Konsens von einem Gemeinderat schlecht wieder infrage gestellt werden kann, ohne dass sich dieser als „Spielverderber" darstellt. Daher kann die faktische Bindungswirkung von Verhandlungsergebnissen erheblich sein und die Entscheidungskompetenz der legitimierten politischen Organe beschneiden.

Solche Vorentscheidungssysteme gefährden die Demokratie allerdings nicht prinzipiell. Zum Teil verbessern sie die Qualität der politischen Entscheidungen, indem sie fachlich gehaltvollere und hinsichtlich der Interessen ausgewogenere und leichter umsetzbare Ergebnisse erzeugen. Das ist dann der Fall, wenn sich die Beteiligten als verantwortungsvoll erweisen und *fact-, future- and other-regarding* handeln (Offe/Preuss, zit. nach Papadopoulos 2004: 226), also sachorientiert, zukunftsbezogen und mit Rücksicht auf die Belange nicht beteiligter Dritter agieren. Deshalb kommt es nicht nur auf die inputbezogene Legitimation (über gewählte Repräsentanten) an, sondern auch auf die outputbezogene Legitimation von Governance durch Ergebnisse.

Ein drittes Problem – der internen Restriktionen – hängt mit internen Differenzierungsprozessen zusammen: Funktionierende Governance verlangt eine gewisse Arbeitsteilung zwischen den Akteuren. Damit werden herausgehobene Funktionen geschaffen und Machtungleichheiten erzeugt, die Quelle von Konflikten sein können. Insbesondere Leitungsfunktionen sind hier sehr sensibel zu behandeln. Hinzu kommt, dass Machtungleichgewichte über das Mehrebenen-Entscheidungssystem verstärkt werden: Diejenigen, die in machtvolle Organisationen eingebunden sind, transportieren diese Macht in den Governance-Prozess, und wenn es lediglich darum geht, dass sie eine faktisch größere Vetomacht geltend machen können.

Ein viertes, in letzter Zeit immer häufiger genanntes Problem folgt aus dem Raumbezug. Themen, welche die Politik interessieren, werden in der Regel territorial artikuliert, das heißt aus der Perspektive einer politisch-administrativen Gebietseinheit und durch Akteure, die an Gebietskörperschaften rechtlich und politisch gebunden sind. Dagegen beziehen sich Themen, welche die Wirtschaft beschäftigen, immer seltener auf einen abgegrenzten Raum, vielmehr wirken sie über die administrativen Grenzen hinaus. Dieser wirtschaftliche Wandel vom Gebiet zum „space of flows" (Castells 1999) erzeugt bei Politikern Interaktionsschwierigkeiten. Zum einen können sie mit solchen Kooperationen keine Wähler interessieren oder Wahlstimmen gewinnen, zum anderen betrachten sie solche Zusammenarbeit mit Skepsis, da sie häufig als Vorstufe einer „freiwilligen Gebietsreform" gilt. Politiker sind daher deutlich zurückhaltender als Vertreter der Wirtschaft, die diese Bedrohung nicht kennen. Da sie aber eher unter Handlungsdruck zu Kooperationen neigen und der Handlungsdruck häufig vom Staat geschaffen wird (zum Beispiel Kooperationspflichten oder

Kooperationsförderung über Subventionen), wird vorschnell die Diskussion um eine Gebietsreform in Gang gesetzt, die Verweigerungshaltungen in der Kommunalpolitik auslöst.

Ein fünftes und gravierendes Problem liegt in der mangelnden „Nachhaltigkeit" (im Sinne von Dauerhaftigkeit) solcher Prozesse: In Deutschland beobachtet man, dass die meisten netzwerkartigen, auf Kooperation gestützten regionalen Governance-Formen nach dem Auslaufen staatlicher Fördermittel in sich zusammenfielen. Es gibt jedoch auch andere Beispiele: Dort, wo sich die Wirtschaft engagiert, gelingt es häufig, solche Prozesse über einen längeren Zeitraum aufrechtzuerhalten (zum Beispiel Aktivitäten „pro Ruhrgebiet", „pro Brandenburg", „pro Hannover"). Möglicherweise sind Governance-Prozesse besonders labil, die primär auf kommunales Engagement angewiesen sind. Hier werden Ängste kommunaler Akteure um ihre Autonomie zwar durch den finanziellen Anreiz in Schach gehalten, dominieren aber wieder, sobald solche Anreize oder Handlungszwänge wegfallen.

Die Problemliste lässt sich verlängern. Zum einen gelten für Governance-Prozesse *intern* all die Schwierigkeiten, denen auch Netzwerkstrategien unterliegen. Diese beziehen sich vor allem auf das Prozessmanagement und auf die Frage der Stabilität und Leistungsfähigkeit der Netzwerke unter sich ändernden Kontextbedingungen (Messner 1995). Netzwerke tendieren dazu, Entscheidungsblockaden zu erzeugen, sich auf suboptimale Kompromisse zu einigen oder eine Einigung zulasten Dritter zu fördern. Verhandlungsergebnissen fehlt es oft an Verbindlichkeit, weshalb Akteure, die sie nicht einhalten, nicht sanktioniert werden können. Ferner nimmt die Politikverflechtung zu mit der Folge, dass die Konsenskosten deutlich höher sind als in institutionalisierten Strukturen, in denen sich Routinen der Konfliktregelung entwickeln. Zum anderen sind aber auch alle jene Probleme der *externen* Restriktionen relevant, die informelle Prozesse für politisch-administrative Institutionen verursachen. Das Regelsystem wird aufgeweicht, die Kontrollintensität nimmt ab, formell nicht vorgesehene Einflussmöglichkeiten Dritter gewinnen an Gewicht, und generell verschieben sich die offiziellen Machtverhältnisse zugunsten informeller Machtstrukturen.

Interessant ist schließlich die Frage, ob die mit der Finanznot der öffentlichen Hand und dem Zwang zur höheren Ressourceneffizienz verbundenen Anstrengungen um Gebietsreformen und New Public Management die Governance-Prozesse behindern können. Diese richten sich auf größere Gebietseinheiten durch Zusammenlegung von Gebietskörperschaften und auf Einsparung hierarchischer Ebenen. Die daraus entstehenden leistungsfähigen politisch-administrativen Einheiten können die Bereitschaft der Privatwirtschaft und der Zivilgesellschaft mindern, sich für öffentliche Aufgaben einzusetzen, weil die neugeschaffenen Großeinheiten als kompetent und zuständig betrachtet werden. New Public Management intensiviert engeres institutionelles Kosten-Nutzen-Denken, was gemeinwohlorientierte Interaktionen zwischen Institutionen behindert (→ Public Management und Public Governance).

Damit aber stellt sich die Frage, ob sich die Beschäftigung mit Regional Governance lohnt. In der in Deutschland schon seit fast einem Jahrzehnt laufenden Diskussion (vgl. Pütz 2004; Fürst/Zimmermann 2005) bildeten sich dazu konträre Auffassungen: Die einen meinen, dass der Governance-Begriff keinen analytischen Wert habe, vielmehr Verwirrung stifte, weil er Neues suggeriere, aber weitgehend Bekanntes treffe. Andere halten den Governance-Begriff zur Beschreibung und Erklärung neuer gesellschaftlicher Steuerungsformen für hilfreich und fruchtbar (vgl. die Delphi-Untersuchung von Pütz 2004: 85-86). Allerdings werden die analytischen Potenziale noch zu wenig ausgeschöpft – etwa hinsichtlich des Perspektivenwechsels auf Regelsysteme, der Fokussierung auf kollektive Lernprozesse und Formen der *paradigmatischen Steuerung* sowie der Aufwertung „weicher" Formen kollektiven Handelns gegenüber „harten" Formen der Gebiets- und Funktionalreform. Ein Grund für diese unzureichende Ausschöpfung liegt darin, dass zwar Governance-Mechanismen zu beschreiben sind, aber Governance-Regime von so vielen Variablen und Kontextbedingungen bestimmt werden, dass generalisierbare Aussagen nicht zu gewinnen sind. Der Tatbestand, dass immer wieder neue theoretische Ansätze (Korporatismus, „learning region", „creative milieu", Governance u.Ä.) auf das gleiche Phänomen angewandt werden (Erledigung von Gemeinschaftsaufgaben jenseits sektoralisierter und fragmentierter institutioneller Strukturen), verweist jedoch darauf, dass neue Steuerungsphänomene wahrgenommen werden, für welche die bisherigen Theorien nicht aussagekräftig genug sind. Was fehlt, ist eine Synthese dieser neuen theoretischen Ansätze, die sehr viel ähnlicher sind, als ihre Protagonisten glauben machen wollen.

Literatur

Allmendinger, Philip, 2003: Re-Scaling, Integration and Competition. Future Challenges for Development Planning, in: International Planning Studies 8, 323-328.

Benz, Arthur, 2004: Governance – Modebegriff oder nützliches sozialwissenschaftliches Konzept?, in: Arthur Benz (Hrsg.), Governance – Regieren in komplexen Regelsystemen. Eine Einführung. Wiesbaden: VS, 11-28.

Benz, Arthur/Fürst, Dietrich, 2003: Region – „Regionale Governance" – Regionalentwicklung, in: Bernd Adamaschek/Marga Pröhl (Hrsg.), Regionen erfolgreich steuern. Gütersloh: Bertelsmann, 11-66.

Brenner, Neil, 2003: Standortpolitik, State Rescaling and the New Metropolitan Governance in Western Europe, in: DISP 152, 15-25.

Castells, Manuel, 1999: Governing the Space of Flows, in: Urban Geography 20, 294-302.

Crevoisier, Olivier, 2001: Der Ansatz des kreativen Milieus, in: Zeitschrift für Wirtschaftsgeographie 45, 246-256.

Dowding, Keith, 2001: Explaining Urban Regimes, in: International Journal of Urban and Regional Research 25, 7-19.

Fürst, Dietrich/Cools, Marion/Zimmermann, Karsten, 2005: Neue Ansätze integrierter Stadtteilentwicklung. Placemaking und Local Governance. Erkner: Institut für Regionalentwicklung und Strukturforschung (Regio transfer 4).

Fürst, Dietrich/Zimmermann, Karsten, 2005: Governance – ein tragfähiges Analysekonzept für Prozesse regionaler oder lokaler Selbststeuerung? Endbericht DFG-Forschungsprojekt FU 101/22-1 (als Manuskript vervielfältigt).

Glassmann, Ulrich/Voelzkow, Helmut, 2005: Regionen im Wettbewerb. Die Governance regionaler Wirtschaftscluster, in: Susanne Lütz u.a., Governance in der politischen Ökonomie. Hagen: FernUniversität (Kurs Nr. 03906), 216-279.

Hamilton, David K., 2004: Developing Regional Regimes. A Comparison of Two Metropolitan Areas, in: Journal of Urban Affairs 26, 455-477.

Hassink, Robert, 2001: The Learning Region, in: Zeitschrift für Wirtschaftsgeographie 45, 219-230.

Kersbergen, Kees van/Waarden, Frans van, 2004: "Governance" as a Bridge between Disciplines. Cross-Disciplinary Inspiration Regarding Shifts in Governance and Problems of Governability, Accountability and Legitimacy, in: European Journal of Political Research 43, 143-171.

Kooiman, Jan, 1999: Social-Political Governance. Overview, Reflections and Design, in: Public Management 1, 68-92.

Lange, Stefan/Schimank, Uwe, 2004: Governance und gesellschaftliche Integration, in: Stefan Lange/Uwe Schimank (Hrsg.), Governance und gesellschaftliche Integration. Wiesbaden: VS, 9-46.

Lehmbruch, Gerhard, 1996: Der Beitrag der Korporatismusforschung zur Entwicklung der Steuerungstheorie, in: Politische Vierteljahresschrift 37, 735-751.

Maloney, William/Smith, Graham/Stoker, Gerry, 2000: Social Capital and Urban Governance. Adding a more Contextual "Top-Down" Perspective, in: Political Studies 48, 802-820.

Mayntz, Renate, 1993: Policy-Netzwerke und die Logik von Verhandlungssystemen, in: Adrienne Héritier (Hrsg.), Policy-Analyse. Kritik und Neuorientierung. Opladen: Westdeutscher Verlag (PVS Sonderheft 24), 39-56.

Mayntz, Renate, 1997: Politische Steuerung: Aufstieg, Niedergang und Transformation einer Theorie, in: Renate Mayntz, Soziale Dynamik und politische Steuerung. Theoretische und methodologische Überlegungen. Frankfurt a.M./New York: Campus, 263-292.

Mayntz, Renate, 2005: Governance-Theorie als fortentwickelte Steuerungstheorie?, in: Gunnar F. Schuppert (Hrsg.), Governance-Forschung. Vergewisserung über Stand und Entwicklungslinien. Baden-Baden: Nomos, 11-20.

Messner, Dirk, 1995: Die Netzwerkgesellschaft. Wirtschaftliche Entwicklung und internationale Wettbewerbsfähigkeit als Probleme gesellschaftlicher Steuerung. Köln: Weltforum.

Morgan, Bob/Brooksbank, David/Connolly, Michael, 2000: The Role of Networking in the New Political Economy of Regional Development, in: European Planning Studies 8, 319-336.

Papadopoulos, Yannis, 2004: Governance und Demokratie, in: Arthur Benz (Hrsg.), Governance – Regieren in komplexen Regelsystemen. Eine Einführung. Wiesbaden: VS, 215-234.

Pütz, Marco, 2004: Regional Governance. Theoretisch-konzeptionelle Grundlagen und eine Analyse nachhaltiger Siedlungsentwicklung in der Metropolregion München. München: oekom.

Putnam, Robert, 1993: Making Democracy Work. Civic Traditions in Modern Italy. Princeton: Princeton U.P.

Rhodes, Rod A.W., 1996: The New Governance. Governing without Government, in: Political Studies 44, 652-667.

Scharpf, Fritz W., 2000: Interaktionsformen. Akteurzentrierter Institutionalismus in der Politikforschung. Opladen: Leske + Budrich.

Sternberg, Rolf/Kiese, Matthias/Schätzl, Ludwig, 2004: Clusteransätze in der regionalen Wirtschaftsförderung. Theoretische Überlegungen und empirische Beispiele aus Wolfsburg und Hannover, in: Zeitschrift für Wirtschaftsgeographie 48, 164-181.

Thomi, Walter/Werner, Robert, 2001: Regionale Innovationssysteme, in: Zeitschrift für Wirtschaftsgeographie 45, 202-218.

Voelzkow, Helmut, 1998: „Inszenierter Korporatismus". Neue Formen strukturpolitischer Steuerung auf regionaler Ebene, in: Hans-Joachim Kujath (Hrsg.), Strategien der regionalen Stabilisierung. Wirtschaftliche und politische Antworten auf die Internationalisierung des Raumes. Berlin: sigma, 215-232.

Walker, Peter A./Hurley, Patrick T., 2004: Collaboration Derailed. The Politics of "Community-Based" Resource Management in Nevada County, in: Society and Natural Resources 17, 735-751.

Lars Holtkamp

3.8 Local Governance

Der Begriff Local Governance wird in der aktuellen Diskussion recht unterschiedlich verwendet. Überblickartig lassen sich drei Begriffsdimensionen unterscheiden (Bogumil/Holtkamp 2004; Pierre 2005). Erstens steht Governance für eine neue *analytische* Perspektive der Politikwissenschaft. Politische und gesellschaftliche Koordination wird danach zunehmend als Zusammenspiel von Hierarchie, Politiknetzwerken und Markt interpretiert. Damit wird aber noch keine Aussage darüber getroffen, ob sich die politische Steuerung im Zeitablauf auch tatsächlich inhaltlich verändert hat. Zweitens werden unter dem Begriff Governance *deskriptiv* auch weitgehende inhaltliche Veränderungen der politischen Steuerung subsumiert. Und schließlich wird unter dem Begriff Governance – hier im Sinne von *Good Governance* – darüber diskutiert, wie sich politische Koordinierung aus *normativer* Sicht verändern sollte. Diese unterschiedlichen Begriffsdimensionen sollen im Folgenden an zentralen Ergebnissen der lokalen Politikforschung verdeutlicht werden, nachdem die wesentlichen Rahmenbedingungen kommunalen Handelns herausgearbeitet wurden.

1 Lokale Rahmenbedingungen

Um die Besonderheiten von Local Governance erfassen zu können, müssen die spezifischen institutionellen Rahmenbedingungen und das Verhältnis der Kommunen zu den Bürgern berücksichtigt werden.

Im Vergleich zur globalen und regionalen Ebene finden sich auf der lokalen Ebene in Deutschland weiterentwickelte Regierungs- und Verwaltungssysteme. Im Gegensatz zur nationalen Ebene kann die kommunale Ebene diese Regierungssysteme aber nicht durch eine eigene Verfassungsgebung maßgeblich mitprägen. Die Kommunalverfassungstypen werden auf der Ebene der Bundesländer festgelegt, und in den 1990er Jahren hat sich mit der flächendeckenden Einführung der Direktwahl des Bürgermeisters und der Möglichkeit von Bürgerbegehren ein präsidentieller Kommunalverfassungstyp mit direktdemokratischen Elementen in Deutschland durchgesetzt.

Im Rahmen der föderalstaatlichen Ordnung der Bundesrepublik (→ Nationalstaat) sind die Kommunen Träger der grundgesetzlich garantierten kommunalen Selbstverwaltung (Art. 28, Abs. 2 GG). In ihrem Gebiet sind sie grundsätzlich die Träger der gesamten örtlichen öffentlichen Verwaltung und gehören neben dem Bund und den Ländern zu den öffentlichen Gebietskörperschaften. Dennoch sind die Kommunen staatsrechtlich Teil der Länder, unterliegen damit ihrem Aufsichts- und Weisungsrecht und sind die Vollzugsinstanz für die meisten Bundes- und Landesgesetze. Die Kommunen haben in Deutschland traditionell ein breites Aufgabenprofil. Sie sind u.a. zuständig für die Daseinsvorsorge (Abfall und Energieversorgung) und haben wesentliche Kompetenzen in Teilbereichen der Sozialpolitik, die sie in enger Kooperation mit den Wohlfahrtsverbänden wahrnehmen (→ Wohlfahrt). Dieses breite Aufgabenprofil der Kommunen und die Selbstverwaltungsgarantie im Grundgesetz haben lange dazu geführt, dass den deutschen Kommunen in international vergleichenden Studien die stärkste Autonomie und die größten Handlungsspielräume bescheinigt wurden. Allerdings haben einige westliche Industriestaaten zwischenzeitlich mehr Kompetenzen an die Kommunen delegiert, während die überwiegend exogen ausgelöste kommunale Haushaltskrise die Handlungsspielräume der deutschen Kommunen seit Anfang der 1990er Jahre zunehmend begrenzt. Bereits Mitte der 1990er Jahre fallen die deutschen Kommunen im europäischen Vergleich hinsichtlich der lokalen Handlungsspielräume ins Mittelfeld zurück, wenn man nicht nur die formalen Kompetenzen, sondern auch die Haushaltsspielräume berücksichtigt (Vetter 2002: 141). Seither hat sich die Haushaltssituation der Kommunen in Deutschland noch deutlich weiter verschlechtert (Bogumil/Holtkamp 2006).

Weiterhin charakteristisch für die lokale Ebene ist der Begriff Nähe, der unterschiedliche Beziehungsebenen umfasst. Räumlich sind sich die Bürger und ihre Repräsentanten auf kommunaler Ebene am nächsten. Sachlich wird eine größere Problemnähe sowohl der kommunalen Entscheidungsträger als auch der Bürger (aufgrund guter Ortskenntnisse) vermutet. Sozial kann in Gemeinden eher ein Kleinklima des Vertrauens entstehen, und emotional besteht eine größere Identifikationsbereitschaft der Bürger auf kommunaler Ebene. Diese Nähe der kommunalen Ebene führt dazu, dass die Parteien und Verbände als Vermittler von den Bürgern und den Ratsmitgliedern weniger benötigt werden. Es dominiert eine personenbezogene Kommunikation; grundsätzliche Konflikte werden gerade aufgrund dieser Nähe eher vermieden, und der direkte Einbezug vieler Bürger in politische Willensbildungs- und Planungsprozesse ist fast nur auf der kommunalen Ebene möglich. Allerdings ist zu berücksichtigen, dass diese Nähe sich mit zunehmender Gemeindegröße relativiert und Parteien einen starken Einfluss auf die im internationalen Vergleich durchschnittlich relativ großen Kommunen in Deutschland nehmen (Gabriel/Eisenmann 2005: 127). Diese starke Parteipolitisierung trifft in Deutschland aber bei Verwaltungspraktikern und Juristen traditionell auf starke Vorbehalte, die eher eine parteidistanzierte Selbstverwaltungskonzeption präferieren, in der die Verwaltungsspitze und bedingt die Bürger gestärkt und der Parteieneinfluss reduziert werden soll.

2 Local Governance als Analyseperspektive

Die neue Analyseperspektive, die durch die Governance-Forschung eröffnet wird, findet sich in der sogenannten Steuerungsdiskussion in den deutschen Politikwissenschaften spätestens seit den 1990er Jahren. Gerade mit dem prominenten Konzept des Verhandelns „im Schatten der Hierarchie" zeigt sich eine typische Verschiebung der politikwissenschaftlichen Debatte in Deutschland (→ Verhandlungen). Politische Steuerung und Formen gesellschaftlicher Koordination werden weniger getrennt bzw. als Alternativen diskutiert. Der Steuerungsbegriff wurde zunehmend ersetzt durch den Governance-Begriff, der „einseitige Steuerung als eine mögliche Variante einschließt" (Mayntz/Scharpf 1995: 16). Governance im umfassenden Sinne meint demnach alle Formen der sozialen Koordination, unabhängig davon, ob sie im staatlichen, ökonomischen oder zivilgesellschaftlichen Sektor stattfindet. Der Staat ist nun nicht mehr die Institution, die sich vom Markt und von der Gesellschaft klar unterscheidet (dies wäre Government), sondern Hierarchie, Markt und Politiknetzwerke gelten als Governance-Typen, die in unterschiedlichen Kombinationen genutzt werden. Auch in der internationalen Local-Governance-Debatte wird diese neue Analyseperspektive deutlich hervorgehoben. Die Governance-Perspektive führt dazu, dass alle relevanten gesellschaftlichen Akteure und die kommunalen Entscheidungsträger (kommunale Vertretungskörperschaft und Wahlbeamte) betrachtet werden, „to search for processes and mechanisms through which significant and resource-full actors coordinate their actions and resources" (Pierre 2005: 452).

Während die deutsche Politikwissenschaft dieser Governance-Perspektive in der Steuerungsdiskussion seit Jahren einen prominenten Platz einräumt, blieb sie in der lokalen Politikforschung in Deutschland lange Zeit weitgehend unberücksichtigt. Das Interesse lokaler Politikforscher fokussierte eher auf die politische Willensbildung in den Kommunen und damit auf Fragen der Inputlegitimität des politisch-administrativen Systems. Erst Ende der 1960er Jahre stieß die lokale Ebene überhaupt auf politikwissenschaftliches Interesse in Deutschland. Die Politikwissenschaft grenzte sich dabei stark von der parteidistanzierten Selbstverwaltungskonzeption in den juristisch dominierten Kommunalwissenschaften ab. Der politische Charakter der kommunalen Selbstverwaltung wurde hervorgehoben und eine stärkere Parteipolitisierung und Aufwertung der kommunalen Vertretungskörperschaft empfohlen. Bis heute sind Fragen der Inputlegitimität des kommunalpolitischen Systems in der lokalen Politikforschung in Deutschland prägend. Gerade das Verhältnis zwischen Politik und Verwaltung wurde zur forschungleitenden Fragestellung und führte zu einer Konzentration auf die politischen Entscheidungsträger und die Wirkungsweise von institutionellen Rahmenbedingungen und unterschiedlichen kommunalen Regierungssystemen (Gissendanner 2002: 182-183).

Die Governance-Diskussion findet demgegenüber nur sehr zögerlich Eingang in die lokale Politikforschung in Deutschland und wird eher als Versuch gedeutet, kommunale Reformmaßnahmen auf dem Hintergrund ihrer Leistungen für die Input- und Outputlegitimität zu bewerten (Heinelt 2004; Haus/Heinelt 2005).

Die Wurzeln des Begriffes Local Governance lassen sich vor allem im US-amerikanischen Konzept der Urbanen Regime verorten. Bereits Stone (1989) spricht in der wegweisenden Studie über Urbane Regime in Atlanta von „governance coalitions". Urbane Regime wurden zunächst im US-amerikanischen Kontext als relativ dauerhafte sektorenübergreifende Koalitionen zwischen gewählten Kommunalvertretern und der Privatwirtschaft verstanden, die durch die Bündelung von Ressourcen und Kompetenzen eine erfolgreiche wachstumsorientierte Stadtentwicklungspolitik initiieren (Stoker 1995: 58-59). Ausgangspunkt dieser Analysen sind die Komplexität kommunaler Aufgaben und die begrenzten formalen Kompetenzen der kommunalen Entscheidungsträger. Urbane Regime sind danach Arrangements, durch die lokale Regierungen mit dem starken Einbezug der Privatwirtschaft ihre Handlungsfähigkeit stärken können (Mossberger/Stoker 2001). Im Kern geht es darum, wirtschaftlichen Erfolg in den Städten aus einer akteurszentrierten Perspektive zu erklären. Damit fokussieren die Regimetheorie und auch die internationale Local-Governance-Forschung primär auf Fragen der Steuerungsfähigkeit (Stoker 2000: 62-63), während die Etablierung demokratischer Beteiligungsverfahren im Gegensatz zur lokalen Politikforschung in Deutschland anfangs nur eine untergeordnete Rolle spielte.

3 Local Governance als empirischer Trend

Unter dem Begriff Local Governance werden auch vermehrt Veränderungen der Koordinations- und Steuerungsmechanismen diskutiert. Im Fokus stehen dabei zunächst Tendenzen stärkerer gesellschaftlicher, ökonomischer und politischer Selbststeuerung und die damit verbundene Zunahme von interorganisatorischer Kooperation und Koordination sowie die daraus resultierende neue Kombination von Steuerungstypen, die aus Politiknetzwerken, aber kombiniert mit Hierarchie und Marktelementen, bestehen. Bezogen auf Local Governance, kann man nun unterscheiden zwischen Governance im Sinne einer zunehmenden Pluralität von kommunalen Institutionen und politischen Steuerungsmodi (Andrew/Goldsmith 1998) und Local Governance als einer Entwicklung, die ausschließlich zu einer größeren Bedeutung der Koordinierung durch Politiknetzwerke führt, bis hin zu der Extremposition von Local Governance als „autonomous, self-organising network" (Davies 2002: 301) (→ Netzwerke).

In stärker empirisch fundierten Arbeiten über Local Governance in westlichen Industrienationen – zunächst vor allem fokussiert auf die Entwicklungen in Großbritannien – wird deutlich, dass eher von einer zunehmenden Pluralität der politischen Steuerungsmodi auszugehen ist und dass in einigen Ländern gleichzeitig Trends einer stärkeren Marktorientierung, Netzwerkorientierung und Hierarchisierung zu verzeichnen sind, wobei die Rolle, die Local Government in Governance-Strukturen spielt, außerordentlich variabel ist (Pierre 1999: 2005). Danach kommt es in einigen Ländern zur Einführung von Wettbewerbselementen und Privatisierungsmaßnahmen sowie zur Einführung von New Public Management. Verhandlungslösungen werden zunehmend in Politiknetzwerken gesucht, und zeitgleich wird als Form der Hierarchisierung der an der Verwaltungsspitze stehende Bürgermeister stark aufgewertet (John 2001; Denters/Rose 2005: 254-255).

Für diese Veränderungen der Governance-Strukturen werden vor allem relativ einheitliche sozioökonomische (und bedingt institutionelle) Trends in den westlichen Industrieländern verantwortlich gemacht, die dazu führen, dass verstärkt die Effizienz, die Effektivität und die Inputlegitimität staatlichen Handelns in den zunehmend transnationalen Reformdiskursen auf dem Prüfstand stehen (Holtkamp u.a. 2006; Vetter/Kersting 2003).

Erstens wurde seit den 1990er Jahren durch gravierende gesellschaftliche und politische Veränderungen die Effizienz staatlicher Leistungsproduktion immer wichtiger. Ursache hierfür sind u.a. der im Zuge der Globalisierung verschärfte Standortwettbewerb und die durch die Konvergenzkriterien der Europäischen Währungsunion entstehenden Verschuldungsgrenzen (Wollmann 2002a: 81). In vielen westlichen Industrieländern wird darüber hinaus eine stärkere Delegation von Aufgaben an die Kommunen ohne dementsprechende bessere finanzielle Ausstattung konstatiert, die zu geringen kommunalen Finanzspielräumen beigetragen hat (Caulfield 2002). Zweitens wird die Vorstellung einer hierarchischen Überordnung des Staates bzw. der kommunalen Entscheidungsträger gegenüber der Gesellschaft nicht nur in der politikwissenschaftlichen Debatte, sondern auch in der kommunalen Praxis brüchig. Die zunehmend komplexeren kommunalen Probleme lassen sich durch die klassischen Steuerungsmedien (Geld und Recht) kaum noch effektiv lösen. Nur in enger Kooperation mit den „Steuerungsadressaten" sind viele angestrebte Politikergebnisse noch erzielbar. Auch um sich als Stadt im internationalen Wettbewerb im Zuge der Globalisierung erfolgreich positionieren zu können, wird häufig eine enge Kooperation zwischen politisch-administrativen und ökonomischen Eliten angestrebt (John 2001: 10-11). Drittens werden vermehrt Legitimitätsdefizite auf der Inputseite des politischen Systems bilanziert. Die spätestens seit den 1990er Jahren rückläufige Zahl der Parteimitglieder, die Abnahme der Parteiidentifikation der Wähler und die sinkende Wahlbeteiligung sind deutliche Anzeichen für die zunehmende Distanz zu den Parteien als vormals zentralem Bindeglied zwischen Staat, Gesellschaft und Bürgern (Denter/Rose 2005: 5-6). Die Bürger sind immer unzufriedener mit den Politikern aller föderalen Ebenen, vertreten zunehmend den Standpunkt, dass ihr Wunsch nach einem ruhigen und beschaulichen Wohnumfeld der gesamtstädtischen Planung nicht untergeordnet werden soll, und fordern stärkere Mitspracherechte in ihrer jeweiligen Gemeinde (John 2001: 13-14). Im Zuge dieses Wertewandels verlieren traditionelle Partizipationskanäle an Bedeutung, während die Bürger sich sehr stark themenzentriert und zeitlich gebunden jenseits von Parteien und etablierten Verbänden beteiligen wollen. Dies scheint aufgrund der Nähe der Kommunen fast nur auf dieser Ebene in starkem Maße realisierbar zu sein.

Auf diese relativ einheitlichen sozioökonomischen Trends reagieren die Kommunen in den westlichen Industrieländern aber durchaus unterschiedlich. So führen beispielsweise die Globalisierung und der zunehmende Standortwettbewerb nicht zu einem weitgehenden Konvergenzprozess, in dem die Institutionengenese sich als ökonomische Optimierung darstellt, die schließlich zu einem einheitlichen, effizienten Institutionensetting in den Kommunen führt (→ Neoinstitutionalismus). Vielmehr werden die Antworten auf diese globalen Herausforderungen gefiltert durch nationale und kommunale Spezifika. Insgesamt lassen sich keineswegs in allen Kommunen Trends in Richtung mehr Markt, Politiknetzwerke und Hierarchie im gleichen Maße konstatieren, was auf variierende institutionelle Rahmenbedingungen, Besonderheiten der politischen Kultur und spezifische Akteurskonstellationen zurückgeführt werden kann (DiGaetano/Strom 2003). Für die deutschen Kommunen kann man überblickartig die folgenden Governance-Trends konstatieren:

Während Deutschland auf Bundes- und Landesebene im Hinblick auf die stärkere Wettbewerbsorientierung im Zuge der Verwaltungsreform als extrem rückschrittlich eingeordnet wird, gelten die deutschen Kommunen international als Spitzenreiter bei der Einführung von New-Public-Management-Konzepten. Hierbei ist allerdings zu berücksichtigen, dass sich die deutschen Kommunen auf der Konzeptebene am von der Kommunalen Gemeinschaftsstelle (KGSt) entwickelten Neuen Steuerungsmodell orientieren, das sich vor allem auf die Binnenmodernisierung konzentrierte und den Wettbewerb zwischen öffentlichen und privaten Anbietern, der den Kernbestandteil des New Public Management in anderen Ländern bildet, weitgehend ausklammerte. Zudem wurden die internationalen Vergleiche vor allem auf der Konzeptebene vorgenommen (zum Beispiel Denters/Rose 2005:

249), während der reale (höchst defizitäre) Umsetzungsstand der Verwaltungsreform in deutschen Kommunen kaum berücksichtigt wurde.

Nach dem Konzept des Neuen Steuerungsmodells sollten quasimarktliche Elemente in die Kommunalverwaltungen eingebaut werden (→ Markt). Es sollten stärker autonome, leistungsorientierte Fachbereiche herausgebildet werden, die eine stärkere Budgethoheit haben und sich nicht mehr nur durch Verhandlungen abstimmen, sondern eher durch quasimarktliche Beziehungen interagieren sollten. Leistungen des einen Fachbereichs sollten dem anderen Fachbereich in Rechnung gestellt werden, der sich dann überlegen kann, ob er tatsächlich dieses Angebot wahrnimmt oder lieber selbst die Leistungen erbringt oder auf dem Markt einkauft, was eine Aufhebung des Kontrahierungszwanges innerhalb der Verwaltung voraussetzt. Zusätzlich wurde auf einen interkommunalen Leistungsvergleich gesetzt, der die Kommunen auf einen durch die Öffentlichkeit vermittelten Leistungswettbewerb verpflichten sollte (→ Politischer Wettbewerb). Beide Wettbewerbsformen wurden aber in den deutschen Kommunen kaum umgesetzt. So haben die Fachbereiche in der Regel nur geringe Budgetkompetenzen, weil die Ratsmitglieder weiterhin im Detail intervenieren und im Zuge der Haushaltskrise ehemals delegierte Kompetenzen durch zentrale Einsparvorgaben zurückgeführt werden (Holtkamp 2002; Kuhlmann 2006). Im Kern wurde das Neue Steuerungsmodell, nachdem es in vielen Kommunen vor allem mit sehr aufwendigen – teils bürokratisch anmutenden – Formen der Kosten- und Leistungsrechnung und der Erstellung von Produktkatalogen eingeführt wurde, zumindest als Gesamtmodell in den allermeisten Kommunen „zu den Akten gelegt". Berücksichtigt man also nicht nur die verabschiedeten Reformkonzepte und die Reformrhetorik, sondern auch den realen Umsetzungsstand der Verwaltungsreform, sind die deutschen Kommunen im internationalen Vergleich sicherlich nicht führend. Auch der interkommunale Leistungsvergleich wird in Deutschland nur noch bedingt praktiziert und schafft in der Praxis keinen Wettbewerb zwischen den Kommunen. Diese nehmen in der Regel nur dann an interkommunalen Leistungsvergleichen teil, wenn ihnen zugesichert wird, dass die Ergebnisse nicht als Rangliste mit Namensnennung veröffentlicht werden. Damit haben sie sich dem öffentlichen Leistungswettbewerb weitgehend entzogen (Kuhlmann 2005: 24).

Demgegenüber wurden Privatisierungsmaßnahmen insbesondere bei der kommunalen Daseinsvorsorge viel stärker umgesetzt. In den Bereichen der Abfallentsorgung, des ÖPNV und der Stromversorgung sind zunehmend Initiativen der formellen und materiellen Privatisierung zu verzeichnen (Bogumil/Holtkamp 2002). Weiterhin kann in deutschen Großstädten zweifelsfrei eine Bedeutungszunahme von Public Private Partnerships (PPPs) in Bezug auf konkrete Projekte konstatiert werden (Sack 2005). Kennzeichnend ist aber auch in der kommunalen Daseinsvorsorge, dass nur bedingt Wettbewerbselemente eingeführt werden (Kuhlmann 2004: 379; Wollmann 2002b: 513). Insbesondere der Wettbewerb im Markt, der Kunden eine Exitoption bietet, ist fast nur im Stromsektor eingeführt worden. In allen anderen Bereichen haben sich die Kommunen nachhaltig dagegen gewehrt, auf ihrem Gebiet in Wettbewerb zu anderen Anbietern zu treten, und eher auf die Teilprivatisierung kommunaler Monopole gesetzt. Im Bereich der kommunalen Sozialpolitik, die wie die Jugendhilfe dem direkten Zugriff der Kommunen unterliegt, sind demgegenüber in Deutschland kaum Privatisierungsmaßnahmen zu verzeichnen.

Bereits seit Mitte der 1990er Jahre ist weiterhin eine rapide zunehmende Bedeutung kommunal inszenierter, zeitlich begrenzter Politiknetzwerke in nahezu allen Gemeindegrößenklassen in Deutschland festzustellen. Sogenannte Bürgerforen wurden als Elemente der kooperativen Demokratie vor allem vermehrt im Rahmen der Lokalen Agenda, des Stadtmarketings und der sozialen Stadtteilarbeit initiiert. Auf die Wirkungen dieser Verfahren und die daraus resultierenden politikwissenschaftlichen Empfehlungen wird noch abschließend unter dem Punkt Good Local Governance einzugehen sein.

Parallel zum Ausbau von Politiknetzwerken ist eine stärkere Hierarchisierung kommunaler Entscheidungsprozesse zumindest in Bezug auf den direktgewählten Bürgermeister zu konstatieren. Häufig nutzen die Bürgermeister die kooperative Demokratie, um die für die Direktwahl wesentliche Bürgernähe zu vermitteln, politische Themen auf die kommunale Agenda zu bringen und den Rat indirekt unter Druck zu setzen (Bogumil/Holtkamp 2006). Durch den Einsatz von Bürgerforen konnten die Bürgermeister in gewissem Maße ihre Machtposition gegenüber der kommunalen Vertretungskörperschaft ausbauen. Maßgeblicher dürfte aber die Reform der Kommunalverfassungen auf der Ebene der Bundesländer gewesen sein. Dem hauptamtlichen Verwaltungschef wurden hierbei sukzessive mehr Kompetenzen zugesprochen, und wesentliche Gegenspieler wie zum Beispiel der ehrenamtliche Bürgermeister in der früheren Norddeutschen Ratsverfassung wurden abgeschafft (Holtkamp 2005a). Hinzu kam im Zuge der Haushaltskrise nach anfänglicher Delegation von Aufgaben im Rahmen der Verwaltungsmodernisierung eine zunehmende Bedeutung zentraler Einsparvorgaben und bipolarer Vorverhandlungen mit den Aufsichtsbehörden im Rahmen des Haushaltsgenehmigungsprozesses, die nachhaltig die Position des Bürgermeisters (und des Kämmerers) stärkte (Holtkamp 2002).

Insgesamt zeichnen sich also in Bezug auf die Governance-Strukturen in vielen deutschen Kommunen empirische Trends zu einer starken Hierarchisierung, zu einem zunehmenden Einsatz von Politiknetzwerken und zu einer vergleichsweise geringen Wettbewerbsorientierung bei relativ starken Privatisierungsinitiativen ab. Damit unterscheiden sich die Governance-Trends in deutschen Kommunen maßgeblich von denen in anderen Staaten. Die skizzierten sozioökonomischen Herausforderungen hinsichtlich Effizienz, Effektivität und Inputlegitimität werden in Deutschland also durchaus anders verarbeitet als in anderen Ländern. Wenn man die bisherigen – empirisch noch wenig abgesicherten – Ergebnisse der international vergleichenden New-Public-Management- und Local-Governance-Forschung sowie die bereits beschriebenen Spezifika der kommunalen Ebene in Deutschland berücksichtigt, können für diese Ausprägung der Governance-Trends vor allem vier Erklärungsvariablen angeführt werden, die hier nur kurz angerissen werden sollen (→ Public Management und Public Governance):

Zunächst ist als Sonderfaktor die deutsche Einheit als Ursache für starke Veränderungen der Governance-Strukturen (auch in den Kommunen der alten Bundesländer) hervorzuheben. So haben die Heranziehung aller öffentlichen Haushalte in den alten Bundesländern zur Finanzierung der deutschen Einheit und die auch durch die Wiedervereinigung ausgelösten strukturellen Wirtschaftsprobleme Deutschlands maßgeblich zu der bis heute anhaltenden tiefgreifenden kommunalen Haushaltskrise beigetragen (Schwarting 2003: 47). Die überwiegend exogen bedingte Haushaltskrise hat maßgeblich zur zunächst zügigen Verbreitung des Neuen Steuerungsmodells und zur Umsetzung von Privatisierungsmaßnahmen und PPPs geführt. Die Kommunen hofften dadurch Leistungen effizienter produzieren, Vermögenserlöse zur Deckung der Fehlbeträge im Verwaltungshaushalt einstellen, privates Vermögen für Investitionen außerhalb des Vermögenshaushalts akquirieren und sich bedingt auf „Schleichwegen" auch der vermehrten Kontrolle durch die Aufsichtsbehörden entziehen zu können. Die Erfahrungen der Wendezeit mit umfassender Bürgerbeteiligung an runden Tischen in ostdeutschen Kommunen haben zudem maßgeblich die Einführung der Direktwahl des Bürgermeisters und bedingt auch den Einsatz von partizipativen Politiknetzwerken forciert (Bogumil/Holtkamp 2006).

Zweitens ist die Vielzahl von institutionellen Vetopositionen auf der Bundesebene und in den Kommunen als Erklärungsvariable für die Ausprägung der Governance-Trends anzuführen. Aufgrund der föderalen Strukturen konnten durch zentralstaatliche Initiativen kaum wettbewerbsorientierte Elemente auf kommunaler Ebene forciert werden. Somit ging die New-Public-Management-Reform – anders als in vielen anderen westlichen Industriestaaten – in Deutschland fast ausschließlich von den Kommunen aus (Caulfield/Larsen 2002: 15; Pollitt/Bouckaert 2000: 239), was auch in Deutschland im Gegensatz zu eher zentralistischen Staaten zu einer erheblichen Varianz der kommunalen Reformansätze beitrug. Eine stärkere Wettbewerbsorientierung wurde von den Kommunen u.a. aufgrund des Widerstands der Fachverwaltungen und der Vetopositionen des Personalrates in Kombination mit dem starren öffentlichen Dienstrecht kaum angestrebt. Der direkte Wettbewerb mit privaten Anbietern (bzw. die Aufhebung des Kontrahierungszwanges in der Verwaltung) führte bei diesen Rahmenbedingungen eher zu zusätzlichen kommunalen Haushaltsbelastungen, weil das Verwaltungspersonal bei geringerer Nachfrage nach den Produkten der Verwaltung nur sehr langsam, vor allem durch Verrentung, abbaubar wäre. Demgegenüber konnte bei der Teilprivatisierung öffentlicher Monopole das vorhandene Personal meist in Kooperation mit den Personalräten problemlos übergeleitet werden. Lediglich im Bereich des Strommarktes konnte durch die Intervention der EU-Ebene ein Wettbewerb im Markt initiiert werden. Durch kommunale Vetopositionen – insbesondere durch Bürgerbegehren und institutionalisierte korporatistische Strukturen in der Jugendhilfe – wurden aber auch einige Privatisierungsinitiativen gestoppt. Die Vielzahl kommunaler Vetopositionen (Klagerechte von Anwohnern, Bürgerbegehren und die Direktwahl des Bürgermeisters) hat auch bewirkt, dass vermehrt gesellschaftliche Akteure in Politiknetzwerke einbezogen wurden, um durch frühzeitige Einbindung den Einsatz dieser Vetopositionen zu verhindern. Die formal starke institutionelle Stellung der Kommunen im deutschen Föderalismus hat dazu beigetragen, dass die Städte stärker auf die vermehrten Partizipationswünsche der Bürger eingehen, als dies in eher zentralistischen Ländern der Fall ist (Vetter/Kersting 2003: 347).

Neben der stark etatistischen politischen Kultur in Deutschland (DiGaetano/Strom 2003), der Rechtsstaatstradition und der Dominanz des Weberschen Bürokratietypus, die vor allem zu einer pfadabhängig geringen Offenheit gegenüber wettbewerbsorientierten Verfahren beigetragen haben dürften, ist als deutsche Besonderheit die Dominanz der parteidistanzierten Selbstverwaltungskonzeption im Kreis der Reformpromotoren zu erwähnen (→ Pfadabhängigkeit). Die wesentlichen Reforminitiativen wurden inhaltlich von der Kommunalen Gemeinschaftsstelle (KGSt) und ihrem damaligen Vorstand Gerhard Banner vorbereitet. Durch ihre langjährige Organisationsberatung der Kommunen war die KGSt „wie kaum eine andere Institution geeignet, eine Diskurs- und Reformkoalition zwischen sich (kommunalen Praktikern) und Wissenschaftlern zu begründen" (Wollmann 2002b: 514). Insbesondere Gerhard Banner präferierte eine Selbstverwaltungskonzeption, in der der Verwaltungschef und die Bürger eine starke Rolle spielen sollen, während der Parteieneinfluss stark zu begrenzen ist. Dieses Vorverständnis unter Verweis auf die bereits skizzierten Effizienz- und Legitimationsprobleme war ausschlaggebend für seine einflussreichen Reforminitiativen in Bezug auf das Neue Steuerungsmodell, die Direktwahl des Bürgermeisters und die kooperative Demokratie, die auch auf eine Begrenzung des Parteieneinflusses hinauslaufen sollten.

Auf der Akteursebene ist aber zu berücksichtigen, dass die Parteipolitisierung in vielen deutschen Kommunen relativ weit fortgeschritten ist und die lokalen Parteien diese Reforminitiativen, sofern diese nicht (wie die Einführung der Direktwahl des Bürgermeisters) gänzlich der kommunalen Ebene entzogen waren, zum Teil erfolgreich unterlaufen haben. So wurden beispielsweise im Rahmen des Neuen Steuerungsmodells von den Mehrheitsfraktionen kaum klare Ziele entwickelt bzw. ein öffentlicher interkommunaler Leistungsvergleich vermieden, weil sie der Opposition kein „Futter" für die konkurrenzdemokratisch geprägte Auseinandersetzung geben (Kritik an mangelnder Zielerreichung und schlechter Platzierung im interkommunalen Vergleich) und eher nichtöffentlich auf einzelne Detailentscheidungen der Verwaltung direkt Einfluss nehmen wollten (Kuhlmann 2005; Holtkamp 2002) (→ Politischer Wettbewerb).

Insgesamt ist diese integrierte Analyse empirischer Trends unter dem Begriff Local Governance auch dazu geeignet, die in Deutschland getrennt voneinander verlaufenden Debatten über New Public Management, die Kommunalverfassungsreformen und partizipative Formen zu verbinden und damit die Wechselwirkungen sowie die Ursachen dieser Trends systematischer zu erfassen.

4 Good Local Governance

Unter dem Titel „Good Local Governance" firmieren sehr unterschiedliche Reformkonzepte, die zum Teil von internationalen Organisationen oder nationalstaatlichen Regierungen angestoßen wurden. In Deutschland wurden solche Reformkonzepte vor allem von unterschiedlichen Stiftungen – wie der Bertelsmannstiftung oder der Hans-Böckler-Stiftung – propagiert, die aber in die kommunale Praxis im Gegensatz zum Konzept des Neuen Steuerungsmodells oder der Bürgerkommune kaum Einzug gehalten haben. In der lokalen Politikforschung wurden schon früh aus normativer Perspektive insbesondere die kommunal inszenierten Politiknetzwerke als Governance-Form empfohlen. Ähnlich wie die kommunalen Entscheidungsträger erwartete man von diesen Bürgerforen eine gleichzeitige Steigerung der Input- und Outputlegitimität des kommunalen Entscheidungssystems. In Bezug auf die Outputlegitimität wurden vielfältige Leistungen prognostiziert: Durch die Nutzung von gesellschaftlichem Wissen sollten problemadäquatere Lösungen und neue Ideen entwickelt werden; die Implementationsressourcen gesellschaftlicher Akteure sollten die zunehmend bescheideneren staatlichen Ressourcen ergänzen, und die frühzeitige Beteiligung sollte Implementationswiderstände sowie Realisierungszeiten von infrastrukturellen Großvorhaben reduzieren. Aufgrund der Nähe der Kommunen zu ihren Bürgern könnten danach Bürgerforen – anders als Politiknetzwerke auf den höheren föderalen Ebenen – zudem die Inputlegitimität erhöhen. Sie könnten aus dieser Sicht zu besseren Partizipationschancen und dadurch auch zu einem Abbau der vielzitierten Politik(er)verdrossenheit sowie einer erhöhten Responsivität von Politikern führen. Darüber hinaus entstünde ein Begründungszwang für alle Beteiligten, was die Transparenz politischer Entscheidungsprozesse erhöhte (zu einem kritischen Gesamtüberblick über die Argumente vgl. Holtkamp 2005b). Gerade diese erwarteten positiven Effekte hinsichtlich der Inputlegitimität führten in der lokalen Politikforschung in Deutschland – entsprechend der Forschungstradition – zu einer regelrechten Netzwerkeuphorie, während ausschließlich effizienzorientierte Reformkonzepte (New Public Management, PPP und Privatisierungsvorhaben) deutlich skeptischer beurteilt wurden.

Gemessen an diesen hohen Erwartungen der lokalen Politikforschung, kommen empirische Untersuchungen zu Elementen der kooperativen Demokratie zu einem ernüchternden Fazit. In Bezug auf die Inputlegitimität lässt sich konstatieren, dass Bürgerforen häufig nicht zu einem Abbau der Politik(er)verdrossenheit beitragen, sondern diese durch die mangelnde Umsetzung der Beteiligungsergebnisse forcieren. Hinzu kommen eine extrem sozialselektive Zusammensetzung, die Externalisierung von Kosten auf unbeteiligte Dritte und eine mangelnde Transparenz bei den vielen zeitgleich ablaufenden Beteiligungsverfahren. Auch die erwartete höhere Outputlegitimation durch eine gemeinsame Implementation der Beteiligungsergebnisse mit Bürgern und Verbänden hat sich in vielen Fällen kaum eingestellt. Aufgrund der Kollektivgutproblematik und der etatistischen politischen Kultur bringen gesellschaftliche Akteure kaum eigene Implementationsressourcen ein; grundsätzliche Konflikte können nicht konsensual gelöst werden, und die Realisierung von Planungsvorhaben wird eher verzögert. Darüber hinaus entstehen in Bürgerforen häufig relativ einseitige Sichtweisen, und mögliche Interessen- und Zielkonflikte werden kaum thematisiert.

Diese negative Leistungsbilanz von Bürgerforen kann aber aus Sicht der lokalen Politikforschung durch ein aktives „Interdependenzenmanagement" (Mayntz 1996: 160) der kommunalen Entscheidungsträger maßgeblich verbessert werden. Im Rahmen dieses Interdependenzenmanagements müssten die kommunalen Entscheidungsträger klare Themen für Bürgerbeteiligung vorgeben, um die Umsetzbarkeit der Beteiligungsergebnisse zu erhöhen. Zusätzlich sollten sie auf eine pluralere Zusammensetzung der Gremien hinwirken, die Ergebnisse der unterschiedlichen Beteiligungsgremien zusammenführen und mit autoritativen Entscheidungen drohen („Rute im Fenster"), um die Konsensbereitschaft der Akteure zu erhöhen. Dieses aktive Interdependenzenmanagement wird vor allem dem im Zuge der Hierarchisierung deutlich aufgewerteten Bürgermeister zugewiesen, der im Übrigen nicht nur im Fall von Beteiligungsverfahren, sondern auch bei den zunehmenden kommunalen Ausgründungen und Privatisierungsmaßnahmen die gesamtstädtischen Interessen vertreten und die fragmentierten Bereiche zusammenführen soll. Ob dies zumindest ansatzweise realisierbar ist, wird sich in empirischen Untersuchungen noch erweisen müssen. Zumindest zeigt sich damit auch in der lokalen Politikforschung ein Trend weg von der normativen Überhöhung eines Governance-Typs hin zu der Empfehlung eines ausgewogenen Governance-Mix, in dem Government durchaus noch eine zentrale Rolle spielen sollte.

Literatur

Andrew, Caroline/Goldsmith, Michael, 1998: From Local Government to Local Governance – and Beyond? in: International Political Science Review 19, 101-117.

Bogumil, Jörg/Holtkamp, Lars, 2002: Liberalisierung und Privatisierung kommunaler Aufgaben – Auswirkungen auf das kommunale Entscheidungssystem, in: Jens Libbe/Stephan Tomerius/ Jan-Hendrick Trapp (Hrsg.), Liberalisierung und Privatisierung öffentlicher Aufgabenerfüllung – Soziale und umweltpolitische Perspektiven im Zeichen des Wettbewerbs. Berlin: Deutsches Institut für Urbanistik, 71-91.

Bogumil, Jörg/ Holtkamp, Lars, 2004: Local Governance und gesellschaftliche Integration, in: Stefan Lange/Uwe Schimank (Hrsg.), Governance und gesellschaftliche Integration. Wiesbaden: VS, 147-166.

Bogumil, Jörg Holtkamp, Lars, 2006: Kommunalpolitik und Kommunalverwaltung – Eine policyorientierte Einführung. Wiesbaden: VS, im Erscheinen begriffen.

Caulfield, Janice, 2002: Local Government Finance in OECD Countries, in: Janice Caulfield/Helge Larsen (Hrsg.), Local Government at the Millennium. Opladen: Leske + Budrich, 153-167.

Caulfield, Janice/Larsen, Helge, 2002: Introduction, in: Janice Caulfield/Helge Larsen (Hrsg.), Local Government at the Millennium. Opladen: Leske + Budrich, 9-23.

Davies, Jonathan S., 2002: The Governance of Urban Regeneration: A Critique of the 'Governing without Government' Thesis, in: Public Administration 80, 303-322.

Denters, Bas/Rose, Lawrence E. (Hrsg.), 2005: Comparing Local Governance – Trends and Developments. New York: Palgrave Macmillan.

DiGaetano, Alan/Strom, Elisabeth, 2003: Comparative Urban Governance – An Integrated Approach, in: Urban Affairs Review 38, 356-395.

Gabriel, Oscar/Eisenmann, Susanne, 2005: Local Government in the German federal system, in: Bas Denters /Lawrence E. Rose (Hrsg.), Comparing Local Governance – Trends and Developments. New York: Palgrave Macmillan, 120-138.

Gissendanner, Scott, 2002: Urbane Regime in den USA und Deutschland. Eine Einführung, in: Planungsrundschau 5, 173-187.

Haus, Michael/Heinelt, Hubert, 2005: Neue Formen des Regierens auf lokaler Ebene, in: Michael Haus /Hubert Heinelt /Björn Egner/Christine König (Hrsg.), Partizipation und Führung in der lokalen Politik. Baden-Baden: Nomos, 15-75.

Heinelt, Hubert, 2004: Governance auf lokaler Ebene, in: Arthur Benz (Hrsg.), Governance – Regieren in komplexen Regelsystemen – Eine Einführung. Wiesbaden: VS, 29-44.

Holtkamp, Lars, 2002: Kommunale Haushaltspolitik in den 90er Jahren – Der Wandel von polity, politics und policy, in: Jörg Bogumil (Hrsg.), Kommunale Entscheidungsprozesse im Wandel. Opladen: Leske + Budrich, 55-73.

Holtkamp, Lars, 2005a: Reform der Kommunalverfassungen in den alten Bundesländern – eine Ursachenanalyse, in: Jörg Bogumil/Hubert Heinelt (Hrsg.), Bürgermeister in Deutschland – Politikwissenschaftliche Studien zu direkt gewählten Bürgermeistern. Wiesbaden: VS, 13-32.

Holtkamp, Lars, 2005b: Neue Formen kommunaler Bürgerbeteiligung - Netzwerkeuphorie und Beteiligungsrealität, in: Oebbecke, Janbernd (Hrsg.), Nicht-normative Steuerung in dezentralen Systemen. Stuttgart: Franz Steiner, 15-34.

Holtkamp, Lars/Bogumil, Jörg/Kißler, Leo, 2006: Kooperative Demokratie – Die Förderung von Bürgerengagement und Bürgerbeteiligung. Studien zur Demokratieforschung. Frankfurt a.M.: Campus.

John, Peter, 2001: Local Governance in Western Europe. London: Sage.

Kuhlmann, Sabine, 2004: Evaluation lokaler Verwaltungspolitik. Umsetzung und Wirksamkeit des Neuen Steuerungsmodells in den deutschen Kommunen, in: PVS 45, 370-394.

Kuhlmann, Sabine, 2005: Selbstevaluation durch Leistungsvergleiche in deutschen Kommunen, in: Zeitschrift für Evaluation 7, 7-28.

Kuhlmann, Sabine, 2006: Hat das „Neue Steuerungsmodell" versagt? Lehren aus der „Ökonomisierung" von Politik und Verwaltung, in: Verwaltung und Management 12, 149-152.

Mayntz, Renate, 1996: Politische Steuerung: Aufstieg, Niedergang und Transformation einer Theorie, in: PVS-Sonderheft 26, Opladen, 148-168.

Mayntz, Renate/Scharpf, Fritz W., 1995: Gesellschaftliche Selbstregelung und politische Steuerung. Frankfurt: Campus.

Mossberger, Karen/Stoker, Gerry, 2001: The Evolution of Urban Regime Theory – The Challenge of Conceptualization, in: Urban Affairs Review 36, 810-835.

Pierre, Jon, 1999: Models of Urban Governance – The Institutional Dimension of Urban Politics, in: Urban Affairs Review 34, 372-396.

Pierre, Jon, 2005: Comparative Urban Governance – Uncovering Complex Causalities, in: Urban Affairs Review 40, 446-462.

Pollitt, Christopher/Bouckaert, Geert, 2000: Public Management Reform. A Comparative Analysis. Oxford: Oxford University Press.

Sack, Detlev, 2005: Staat, Markt und Partnerschaft? Zum institutionellen Wandel durch sektorübergreifende Kooperationen, in: Michael Haus (Hrsg.), Institutionenwandel lokaler Politik in Deutschland. Wiesbaden: VS, 132-154.

Stone, Clarance N., 1989: Regime Politics: Governing Atlanta 1946-1988. Lawrence: University Press of Kansas.

Schwarting, Gunnar, 2003: Haushaltskonsolidierung in Kommunen. Berlin: Erich Schmidt.

Stoker, Gerry, 1995: Regime Theory and Urban Politics, in: David Judge/Gerry Stoker/Harold Wolmann (Hrsg.), Theories of Urban Politics, London: Sage, 53-71.

Stoker, Gerry, 2000: Urban Political Science and the Challenge of Urban Governance, in: Jon Pierre (Hrsg.), Debating Governance. Oxford: Oxford University Press, 91-109.

Vetter, Angelika, 2002: Lokale Politik als Ressource der Demokratie in Europa? Lokale Autonomie, lokale Strukturen und die Einstellungen der Bürger zur lokalen Politik. Opladen: Leske + Budrich.

Vetter, Angelika/Kersting, Norbert, 2003: Reforming local government – Heading for efficiency and democracy; in: Norbert Kersting/Angelika Vetter (Hrsg.), Reforming Local Government in Europe. Opladen: Leske + Budrich, 333-349.

Wollmann, Hellmut, 2002a: Recent Democratic and Administrative Reforms in Germany's Local Government. Persistence and Change, in: Janice Caulfield/Helge Larsen (Hrsg.), Local Government at the Millennium. Opladen: Leske + Budrich, 63-89.

Wollmann, Hellmut, 2002b: Verwaltungspolitische Reformdiskurse und -verläufe im internationalen Vergleich, in: Klaus König (Hrsg.), Deutsche Verwaltung an der Wende zum 21. Jahrhundert. Baden-Baden: Nomos, 489-524.

Dagmar Eberle

3.9 Corporate Governance

Das Thema „Corporate Governance" bezeichnet einen Strang der ökonomischen Governance-Forschung (→ Wirtschaft). Hier geht es um Governance-Probleme auf der Mikroebene des einzelnen Unternehmens – also um das „Steuern und Koordinieren [...] mit dem Ziel des Managements von Interdependenzen" (Benz 2004: 25) zwischen verschiedenen am Unternehmensgeschehen beteiligten Akteurgruppen. Der folgende Beitrag erläutert einleitend den Begriff der Corporate Governance und sodann die verschiedenen Corporate-Governance-Modelle in westlichen Industrieländern. In einem dritten Abschnitt werden die prominentesten Analyseperspektiven der Corporate-Governance-Forschung vorgestellt. Das darauffolgende Kapitel widmet sich dem Wandel der Corporate Governance seit den 1980er Jahren. Ein Ausblick auf künftige Forschungsperspektiven schließt den Beitrag ab.

1 Corporate Governance – Begriff und Problemlagen

Wohl kaum ein Begriff hat im vergangenen Jahrzehnt eine so rasante Karriere gemacht wie jener der Corporate Governance, der Strukturen, Regeln und Praktiken der Steuerung und Kontrolle von börsennotierten (Groß-)Unternehmen bezeichnet. Entstanden in den späteren 1970er Jahren, blieb die bis dahin ungebräuchliche Wortkombination über Jahre primär dem Diskurs amerikanischer Rechtsexperten vorbehalten. Erst Mitte der 1990er Jahre fasste der Begriff in Kontinentaleuropa Fuß und wurde schließlich in den letzten Jahren zum vielgebrauchten Schlagwort in Politik und breiterer Öffentlichkeit (vgl. Frentrop 2003: 7-12). Die damit umschriebenen Koordinations- und Regelungsfragen gehen jedoch zurück bis in die Anfänge des modernen Kapitalismus. Denn mit der Aktiengesellschaft entstand eine neue Form der ökonomischen Organisation, in der Eigentum und Verfügungsmacht im Unternehmen tendenziell auseinanderfallen. Da in Aktiengesellschaften angestellte, meist professionelle Manager, die selbst nicht notwendigerweise Anteile am Unternehmen halten, Entscheidungsgewalt über das von den Investoren eingebrachte Kapital innehaben, muss den Anteilseignern an Kontrollmechanismen gegenüber dem Management gelegen sein, um zu verhindern, dass die Unternehmensleitung potenziell abweichende Eigeninteressen vor die (Profitinteressen der Anteilseigner stellt.

Wenn sich die Corporate-Governance-Diskussion primär um große börsennotierte Aktiengesellschaften dreht, dann nicht nur, weil in ihnen Probleme der Governance besonders prägnant zutage treten (v. Werder 2003: 5). Zwar finden sich in angelsächsischen Ländern mehr börsennotierte Großunternehmen als in Kontinentaleuropa, doch sie dominieren hier wie dort vielfach Industrie, Banken, Versicherungen und Handel. Wie große Unternehmen ihre finanziellen und nichtfinanziellen Ressourcen einsetzen, hat signifikante Auswirkungen auf die Leistungsfähigkeit einer Volkswirtschaft und die Einkommensverteilung. Der Zusammenbruch einer großen Kapitalgesellschaft vermag auf die ganze nationale Ökonomie auszustrahlen und, insbesondere wenn er mit betrügerischen Manipulationen einhergeht, das Vertrauen in die Kapitalmärkte zu untergraben (O'Sullivan 2001: 1; Streeck/Höpner 2003: 13).

Angesichts der Vielzahl von Ansprüchen und Interessen gesellschaftlicher Akteure, die in Großunternehmen aufeinandertreffen, lassen sich Governance-Probleme nicht per se auf das Verhältnis zwischen Management und Investoren beschränken, obgleich dieses in der Debatte vielfach im Vordergrund steht. Auch eine Reihe anderer Gruppen – Arbeitnehmer, Fremdkapitalgeber, Lieferanten, Kunden und der Staat selbst, der über seine regulative Rolle hinaus die notwendigen Infrastrukturen bereitstellt – leistet einen Beitrag zur Wertschöpfung im Unternehmen und erwartet angemessene Gegenleistungen, hat also ein ökonomisch fundiertes Interesse am Unternehmensgeschehen (Streeck/Höpner 2003: 13; v. Werder 2003: 9). Ob die Interessen dieser oft als Stakeholder bezeichneten Gruppen in der Unternehmensführung eigenständige Berücksichtigung finden und sie Einfluss auf die Unternehmenspolitik nehmen können, hängt von den national divergierenden Corporate Governance-Regimen ab. Diese institutionellen Muster entstehen aus dem Zusammenspiel rechtlicher oder selbstregulativer Regelungen, vor allem des Gesellschafts-, Kapitalmarkt- und Arbeitsrechts, ökonomischer Kräfte und Institutionen wie der Eigentümerstruktur und gesellschaftlicher Beziehungen.

2 Corporate Governance-Modelle

Seit den 1990er Jahren ist eine umfangreiche vergleichende Literatur aus der Feder von Juristen, Wirtschafts- und Sozialwissenschaftlern entstanden, die systematische Variationen in der Art und Weise, wie westliche Gesellschaften ihre Großunternehmen organisieren, erkundet (vgl. Franks/Mayer 1995; Hall/Soskice 2001; Schmidt/Spindler 2002). Mechanismen der Unternehmenskontrolle können in der Binnenorganisation des Unternehmens oder in seinen Marktumwelten verortet sein. Über gesetzliche und/oder selbstregulative Regelungen zur Ausgestaltung der unternehmensinternen Entscheidungsprozesse sowie zur Zusammensetzung, zu den Rechten und Pflichten der Unternehmensorgane erhalten Stakeholder Informations-, Entscheidungs- und Kontrollrechte. Das wichtigste Organ der internen Corporate Governance ist der Verwaltungs- bzw. Aufsichtsrat der Kapitalgesellschaft, der über die Geschäftsführung des Managements wacht. Dieses Gremium wird (zumindest zu einem bedeutenden Teil) von den Aktionären auf der Gesellschafterversammlung gewählt, die auch über wesentliche Unternehmensentscheidungen abstimmen kann. Bei Pflichtverstößen können Anteilseigner Klage gegen das Management und/oder das Kontrollgremium einreichen (vgl. Mann 2003: 78-89).

Dagegen vollzieht sich die externe Corporate Governance über den Wettbewerbsdruck auf Kapital-, Güter- und Arbeitsmärkten, der geschäftsschädigendes Verhalten des Managements eindämmt. Als zentraler Mechanismus gilt hier der Kapitalmarkt in seiner Funktion als Markt für Übernahmen. Bei einer schlechten Geschäftspolitik muss das Management mit einer (feindlichen) Übernahme durch ein anderes Unternehmen rechnen, in deren Folge es in der Regel ausgewechselt wird. Wichtig für das Funktionieren der externen wie der internen Kontrolle sind Pflichten zur Offenlegung von wichtigen Unternehmensentscheidungen und Unternehmensergebnissen. Rechnungslegung und -prüfung erfüllen Informations- und Überprüfungsfunktionen nach innen für die Organe und Akteure im Unternehmen und nach außen für die Kapitalmarktteilnehmer (Baetge/Thiele 1998).

Analog zur Unterscheidung zwischen dem „unkoordinierten" Kapitalismus der angelsächsischen Länder und dem „koordinierten" Kapitalismus, der in kontinentaleuropäischen Ländern und Japan zu finden ist (→ Wirtschaft), stellt die vergleichende Corporate-Governance-Forschung marktorientierten „Outsider"-Systemen, in denen die Unternehmenskontrolle primär auf externen Mechanismen basiert, netzwerkorientierte „Insider"-Systeme gegenüber, die vor allem auf interne Formen der Einflussnahme und Überwachung setzen. Mit diesen beiden Idealtypen verbindet sich eine interessenmonistische bzw. eine mehr interessenpluralistische Ausrichtung. Im angelsächsischen Verständnis ist das Unternehmen primär eine Vereinigung zur Mehrung des Wohlstandes der Anteilseigner; Fragen der Unternehmensführung und -kontrolle kreisen daher exklusiv um das Verhältnis zwischen dem Management und den Aktionären, die nach einer Maximierung ihrer Kapitalrendite streben. Der Anteilsbesitz ist breit gestreut unter einer Vielzahl von Investoren, für die aufgrund ihrer in der Regel geringen Anteile kein Anreiz besteht, aktiv auf die Unternehmenspolitik einzuwirken. Sie bleiben Outsider und verkaufen bei Missfallen mit der Performance des Managements ihre Anteile, was den Preis der Aktie fallen lässt. Da schwache Aktienkurse potenzielle Aufkäufer anziehen, gilt es für das Management, den Wert des Unternehmens auf dem Kapitalmarkt über eine an hohen Dividenden orientierte Unternehmenspolitik möglichst nach oben zu treiben.

Für eine solche marktbasierte Outsider-Kontrolle bedarf es liquider Kapitalmärkte und strenger Publizitäts- und Transparenzvorschriften. Aktionärsfreundliche Rechnungslegungsstandards sind daran orientiert, die finanzielle Lage des Unternehmens akkurat und transparent darzustellen. Interne Kontrollen sind in marktbasierten Systemen dagegen nachrangig. Das Topmanagement dominiert vielfach den Verwaltungsrat. Den Mitarbeitern des Unternehmens werden keine Partizipationsrechte zugestanden. Als paradigmatisches Beispiel für das marktorientierte Modell sind in der vergleichenden Literatur in der Regel die USA und/oder Großbritannien behandelt worden.

Im Gegensatz zu den distanzierten, eher kurzfristig orientierten Beziehungen im Outsider-System ist das Management im Insidermodell der Corporate Governance in ein breiteres, vergleichsweise stabiles Netzwerk von Interessen eingebunden. Die Eigentümerstrukturen weisen eine hohe Konzentration auf, und Firmen sind nicht selten durch Kapital- und personelle Verflechtungen verbunden. Die Besitzer größerer Anteile – Familien, Banken, Versicherungen, andere Unternehmen oder auch der Staat – verfolgen mit ihren Investitionen längerfristige strategische Ziele wie die Absicherung von Krediten oder die Festigung anderer Geschäftsbeziehungen. Das Vorhandensein von „geduldigem Kapital" durch Großaktionäre und eine Unternehmensfinanzierung, die maßgeblich über Bankkredite statt über den Kapitalmarkt erfolgt, machen Preismechanismen weniger bedeutsam für die Unternehmensführung. Mit der relativen Immunität vom Druck des Kapitalmarktes verbindet sich eine institutionelle, stärker gemeinwohlorientierte Sicht des Unternehmens, gesetzliche

Regelungen sichern oft die Einbindung verschiedener Stakeholder in die internen Entscheidungsprozesse ab (Streeck 2001).

Als exemplarisch für dieses Modell hat die Forschung Deutschland betrachtet. In dessen zweistufigem Modell der Unternehmensleitung wird der Vorstand, dem die Geschäftsführung obliegt, vom Aufsichtsrat ernannt und kontrolliert. Letzterem kommt eine Funktion der Interessenvertretung wie des Interessenausgleichs zu, sitzen dort doch neben Repräsentanten der Großaktionäre und Banken auch Vertreter der Arbeitnehmer (Davies 2001). Die Insider verfügen über einen wesentlich besseren Zugang zu Unternehmensinformationen als Kleinaktionäre, Bilanzen sind wenig transparent und mit dem Vorsichtsprinzip vor allem am Gläubigerschutz ausgerichtet.

3 Analytische Perspektiven auf die Corporate Governance

In der Forschung zur Corporate Governance dominieren die Wirtschafts- und Rechtswissenschaften. Politikwissenschaftliche und soziologische Arbeiten sind deutlich in der Minderheit, auch wenn das Interesse in diesen Disziplinen wächst. Der unbestrittene Klassiker der Corporate-Governance-Literatur ist die Studie „The Modern Corporation and Private Property" von Adolf Berle und Gardiner Means aus dem Jahr 1932 (Berle/Means 1991). Berle und Means fassten den Wandel der Eigentümerstrukturen in amerikanischen Unternehmen hin zum Streubesitz in die berühmte Formel „separation of ownership and control". Sie gehörten zu den ersten Autoren, die auf die daraus resultierende Machtverschiebung von den im Unternehmen weitgehend einflusslosen Investoren zur Gilde der Manager aufmerksam machten.

Governance-Fragen waren lange ein fast exklusives Tummelfeld von Juristen, die sich mit Regeln des Gesellschafts- und Kapitalmarktrechtes befassten. Die neoklassische Ökonomie behandelte die Firma als Produktionseinheit, die der Profitmaximierung dient. Ihr Inneres blieb eine „black box" (Frentrop 2003: 23-25; Jensen/Meckling 1976: 3). Dies änderte sich, als die „goldenen" Nachkriegsjahrzehnte in die Rezession der 1970er Jahre übergingen. Michael C. Jensen und William H. Meckling reformulierten das Verhältnis zwischen Anteilseignern und Managern in einem für die amerikanische Diskussion wegweisenden Papier aus dem Jahr 1976 als Prinzipal-Agent-Beziehung. Beiden Parteien wird nutzenmaximierendes Verhalten unterstellt. Agency-Konflikte entstehen aus der opportunistischen Haltung des Managements, das sich finanzielle oder andere Vorteile zu verschaffen sucht. Auch sind Manager, anders als diversifizierte Aktionäre, nicht daran interessiert, mit dem Unternehmen größere, potenziell ertragreiche Risiken einzugehen.

Die Priorität der Aktionäre in der Corporate Governance leitet sich in der Agency-Theorie her aus einer Sicht der Firma als Nexus von Verträgen. Während anderen Vertragspartnern – Angestellten, Lieferanten etc. – vertraglich feste Auszahlungen zugesichert sind, ist den Aktionären eine angemessene Rendite auf ihr investiertes Kapital nicht sicher. Als „residual claimants" haben sie gleichzeitig ein besonderes Interesse an der optimalen Nutzung von Unternehmensressourcen, können aber ihre eigenen Risiken durch Diversifizierung ihrer Anlagen reduzieren. So ist es ökonomisch vorteilhaft, dass es spezifisch den Aktionären zukommt, im Unternehmen das Restrisiko zu tragen, und auf diese Rolle gründen sich ihre Kontrollrechte (Jensen/Meckling 1976). Damit etabliert die Agency-Theorie implizit normative Standards der Corporate Governance sowie einen verengten Fokus für die Forschung. Im angloamerikanischen Raum hat der Ansatz, der in der „neuen Institutionenökonomie" (→ Neoinstitutionalismus) wurzelt, weitgehende Dominanz in den Wirtschafts- und Rechtswissenschaften erlangt. Auch hierzulande findet er in diesen Disziplinen zunehmend Anklang.

Aus Sicht der angloamerikanischen ökonomischen Perspektive galt die von Berle und Means diagnostizierte weitgehende Trennung von Eigentum und Kontrolle lange als unvermeidlich für moderne Großunternehmen. Mit der Wahrnehmung, dass es sich hier um ein primär angloamerikanisches Phänomen handelte, entwickelte sich seit Mitte der 1990er Jahre eine lebhaft geführte Diskussion über die Ursachen der nationalen Divergenzen in der Corporate Governance. Ein Strang der Debatte fokussiert auf die Interdependenzen zwischen rechtlichen Regelungen und der Unternehmensfinanzierung und -kontrolle. Wegweisend, wenn auch umstritten waren hier die unter dem Label „quality of corporate law" firmierenden Arbeiten einer Gruppe von amerikanischen Ökonomen. La Porta u.a. konstatieren eine negative Korrelation zwischen der Konzentration der Eigentümerstrukturen und dem rechtlichen Schutz für Minderheitsaktionäre gegen eine Übervorteilung durch Manager oder Großaktionäre. Wie (klein-)aktionärsfreundlich Gesellschafts- und Kapitalmarktrecht sind, hängt von der Rechtstradition ab: Länder des „common law" sichern die Aktionäre besser ab als Länder, deren Rechtssystem auf dem römischen Recht beruht. In Letzteren halten Investoren daher größere Anteilspakete, um direkten Einfluss auf das Management zu gewinnen, und die Nachfrage nach Aktien durch Kleinaktionäre ist schwach (La Porta u.a. 1998).

Ein zweiter Strang der Debatte geht in doppelter Hinsicht über die „quality of corporate law" These hinaus: Er fokussiert auf die hinter rechtlichen Regelungen liegenden Politics, erklärt also unterschiedliche Konfigurationen auf der Mikroebene des Unternehmens wesentlich durch (makro)politische Interessenkonstellationen, und nimmt eine weitere Analyseperspektive ein als der klassische Prinzipal-Agent-Ansatz. Der prominenteste Ansatz dieser Richtung stammt von dem amerikanischen Rechtswissenschaftler Mark Roe. Roe identifiziert den politischen Einfluss von Arbeitnehmerinteressen, manifestiert durch die Stärke linker, „sozialdemokratischer" Parteien, als zentrale Variable für die Persistenz von Insider-Systemen auf dem europäischen Kontinent. In Sozialdemokratien schützen formelle Beteiligungsmechanismen und rechtliche Regelungen zur Arbeitsplatzsicherheit die Position der Arbeitnehmer; Manager fühlen sich gedrängt, arbeitnehmer- statt aktionärsfreundliche Strategien zu verfolgen. Weil die Politik die Kluft zwischen Aktionären und Management vergrößert, stellen konzentrierte Eigentümerstrukturen für Erstere den besten Weg dar, ihre Interessen im Unternehmen geltend zu machen (Roe 2003).

In der Politikwissenschaft sind jüngst Arbeiten entstanden, die die Politics der Corporate Governance noch differenzierter durchspielen und politisch-institutionell einbetten. So suchen Peter A. Gourevitch und James J. Shinn, untermauert von Länderbeispielen, aufzuzeigen, dass die Gesetze und Regulierungsvorschriften, die Outsider- oder Insider-Regime der Corporate-Governance formen, auf je unterschiedliche politische Konfigurationen der Trias Eigentümer, Manager und Arbeitnehmer zurückgehen können. Finden sich zum Beispiel Manager und Arbeitnehmer gegen die Eigentümer zusammen, so können sich daraus unterschiedliche Varianten eines Insider-Modells ergeben: bei Erfolg der Allianz ein korporatistischer Kompromiss, im Fall einer Niederlage ein oligarchisches Modell direkter Eigentümerkontrolle. Arbeitnehmer mögen sich aber auch mit Minderheitsaktionären zu einer „Transparenzkoalition" gegen die Manager verbinden, insbesondere dann, wenn sie durch Pensionsfonds selbst Anteilseigner sind. Welche Konstellationen sich in der politischen Arena durchsetzen, hängt von den politischen Strategien und Ressourcen der verschiedenen Gruppierungen wie von den politisch-institutionellen Mechanismen der Entscheidungsfindung ab (Gourevitch/Shinn 2005; vgl. für einen parteienzentrierten Politics-Ansatz Cioffi/Höpner 2006).

Eine größere Zahl von politikwissenschaftlichen und soziologischen Studien zur Corporate Governance nimmt dagegen eine institutionelle, systemorientierte Perspektive als Ausgangspunkt (vgl. zum Beispiel Höpner 2003). Der theoretische Ansatz, der hier dominiert, ist der „Varieties of Capitalism" (VoC)-Ansatz von Peter A. Hall und David Soskice (Hall/Soskice 2001) (→ Wirtschaft). Der VoC-Ansatz geht davon aus, dass sich eine Marktwirtschaft aus einer Reihe von einander komplementären und funktional zusammenhängenden Subsystemen zusammensetzt, die in ihrer nationalen Konfiguration einen komparativen Leistungsvorteil ausmachen. Die Corporate Governance ist eine dieser Teilsphären; dazu zählen weiterhin das System der industriellen Beziehungen, die Aus- und Weiterbildung und die zwischenbetrieblichen Beziehungen. In unkoordinierten, liberalen Ökonomien sind die Relationen zwischen und innerhalb von Firmen in allen Teilbereichen vorrangig durch wettbewerbliche Marktmechanismen und hierarchische Organisationsformen charakterisiert, im koordinierten, kapitaleuropäischen Kapitalismus herrschen dagegen nichtmarktförmige Koordinationsmuster vor. Hall/Soskice bieten keine Erklärung für die Entstehung spezifischer Kapitalismus- und Corporate-Governance-Modelle. Vielmehr arbeiten sie – mit breiterem Fokus, aber mit ähnlichem Ergebnis wie die vergleichende wirtschafts- und rechtswissenschaftliche Literatur – die Funktionsmechanismen und -bedingungen unterschiedlicher Corporate-Governance-Regime heraus und offerieren Prognosen zu deren Entwicklungsdynamik (s. Kap. 5).

4 Corporate Governance im Wandel

Reformen der Corporate Governance sind vielfach durch aufsehenerregende Unternehmensschieflagen und Finanzskandale angetrieben worden, die das Funktionieren bestehender Kontrollarrangements infrage stellten. Doch die Corporate-Governance-Regime der westlichen Industrieländer sahen sich seit den 1980er Jahren noch mehr durch strukturelle ökonomische Veränderungen und Probleme herausgefordert – die Globalisierung und Liberalisierung von Kapital- und Gütermärkten, den Aufstieg institutioneller Investoren und nationale ökonomische Krisen und Performanceschwächen (Cioffi/Höpner 2006). Hinzu kamen politische Bestrebungen der EU zur Harmonisierung des Kapitalmarkt- und Gesellschaftsrechtes. Während die liberalen Corporate-Governance-Regime besser dafür gerüstet scheinen, diese Herausforderungen zu bewältigen, dürfte deren destabilisierender Effekt auf die traditionellen Muster der Verteilung von Macht und Einfluss in den netzwerkorientierten Systemen besonders hoch sein. Angesichts dessen ist die Frage einer Konvergenz auf das angelsächsische Modell hin in den Mittelpunkt der aktuellen Corporate-Governance-Debatte gerückt.

Allerdings resultierte auch in den angelsächsischen Ökonomien aus den Reaktionen von Firmen, Interessengruppen und Politik auf veränderte Umwelten und Problemlagen ein signifikanter Wandel. Dies zeigt sich am Beispiel der USA. Auch wenn der Primat der Aktionäre im amerikanischen Gesellschaftsrecht verankert ist, hat sich eine streng auf die „Maximierung des Shareholder-Value" ausgerichtete Unternehmenspolitik erst in den 1980er und 1990er Jahren durchgesetzt, als die Manager deutlich an Entscheidungsfreiheit gegenüber kapitalmarktorientierten Interessen einbüßten. Die wachsende Marktmacht professioneller, institutioneller Investoren, die die finanziellen Rücklagen und insbesondere die Pensionen von mehr und mehr Amerikanern managten, sowie Leistungsschwächen von Unternehmen bereiteten den Boden für die massive Übernahmewelle der 1980er Jahre, die sich durch einen bis dahin unbekannten hohen Grad an feindlichen Übernahmeangeboten auszeichnete (Holmstrom/Kaplan 2001).

Zwar ebbte die Welle feindlicher Übernahmen Ende der 1980er Jahre ab, doch die dramatische Zunahme von Aktienoptionen für Manager trug bedeutend dazu bei, dass diese sich mit Nachdruck dem Shareholder-Value verschrieben und ihren Aktionären über wesentlich höhere Dividenden und Aktienrückkäufe drastisch höhere Anteile am Gewinn nach Steuern zufließen ließen (Holmstrom/Kaplan 2001; O'Sullivan 2001). Einige institutionelle Anleger, vor allem öffentliche und gewerkschaftliche Pensionsfonds, begannen in den späten 1980er Jahren insbesondere bei Firmen mit unterdurchschnittlicher Performance Voice-Strategien, zum Beispiel Anträge auf Hauptversammlungen, wahrzunehmen (O'Sullivan 2001). U.a. drängten sie auf Veränderungen in der internen Corporate Governance, um die Kontrollfunktion des Boards zu stärken. Mit der Berufung einer Mehrzahl externer Direktoren, die vom Unternehmen und seinem Management unabhängig sind, und der Bildung von Ausschüssen zu wichtigen Themen wie Rechnungslegung und -prüfung, der Auswahl von Direktoren und der Gehaltspolitik sollte innerhalb des Verwaltungsrates ein Gegengewicht zum Management etabliert werden. In Reaktion auf den Druck von Investoren und auf gleichgerichtete Einflüsse durch die Börse und die Gerichte haben viele Unternehmen ihre Boards zumindest formal nach diesen Leitvorstellungen umgebildet (Branson 2003). Allerdings haben Kommentatoren Zweifel an den erhofften Vorteilen der Aufsicht durch unabhängige Direktoren zum Ausdruck gebracht (Becht u.a. 2002: 42, 67).

Kodifiziert wurde der Trend zu einer unabhängigeren Aufsichtsfunktion des Boards mit dem Sarbanes-Oxley Act von 2002, der umfangreichsten Corporate-Governance-Reform in den USA seit den 1930er Jahren. Das Gesetz entstand in Reaktion auf eine Serie von Unternehmenszusammenbrüchen, Betrügereien und Bilanzmanipulationen und schrieb eine Vielzahl von neuen Auflagen, Kontrollen und Offenlegungspflichten für Manager, Direktoren und Wirtschaftsprüfer vor (Cioffi/Höpner 2006).

Damit sind drei Entwicklungstrends beschrieben – die Verschärfung der externen Kontrolle, die Stärkung der internen Kontrollmechanismen und Bestrebungen zur Erhöhung der Informationsqualität und Verlässlichkeit von Publizität und Prüfung –, die sich in unterschiedlichen Ausprägungen auch in kontinentaleuropäischen Ländern wie Deutschland und Frankreich nachzeichnen lassen. Im deutschen Corporate-Governance-Regime haben auf der Eigentümerseite seit Mitte der 1990er Jahre ausländische wie einheimische institutionelle Investoren stark an Bedeutung gewonnen, während eine fortschreitende Entflechtung der personellen und Kapitalverbindungen zwischen den Unternehmen zu beobachten ist. Die Unternehmenskontrolle verschiebt sich damit von der Überwachung durch traditionelle Insider mehr zur externen Kontrolle durch den Kapitalmarkt, und in den Führungsetagen von international orientierten Großkonzernen gewann etwa ab 1995 eine aktionärsorientierte Unternehmenspolitik zunehmend an Boden (Höpner 2003).

Von besonderer Signifikanz ist dabei der Rückzug der großen Banken, waren diese doch die zentralen Akteure der internen Kontrolle in deutschen Unternehmen und nahmen eine Beschützerfunktion vor feindlichen Übernahmen wahr (Höpner 2003). Wie das erfolgreiche feindliche Übernahmeangebot von Vodafone für Mannesmann attestiert, wurden in diesem gewandelten Umfeld solche Kontrollwechsel zu einer realen Bedrohung für deutsche Unternehmen. 2002 entstand mit der Verabschiedung des Übernahmegesetzes ein regulativer Rahmen, der zwar unter bestimmten Bedingungen Verteidigungsmaßnahmen des Zielunternehmens erlaubt, jedoch ein faires und transparentes Verfahren für den Umgang mit Übernahmeangeboten etabliert (Krause 2002).

Seit 1998 hat eine Reihe gesetzlicher Maßnahmen die auf der Unternehmensebene sichtbare Entflechtung und Vermarktlichung unterfüttert und befördert. Die Abschaffung der Körperschaftssteuer auf Gewinne aus Beteiligungsveräußerungen im Jahr 2000 zielte darauf, die Erosion des Unternehmensnetzwerkes voranzutreiben. Das 1998 verabschiedete „Gesetz zur Kontrolle und Transparenz im Unternehmensbereich" sollte deutsche Unternehmen attraktiver für in- und ausländische Anleger machen, indem es u.a. den Einfluss traditioneller Insider schwächte, so durch die Abschaffung von Höchst- und Mehrfachstimmrechten, und die Überwachungsfunktion des Aufsichtrates stärkte (Cioffi/Höpner 2006; Ziegler 2000). Insbesondere mit Blick auf die Erwartungen angelsächsischer Investoren entstand 2002 ein freiwilliger Verhaltenskodex, der international und national anerkannte Standards der Corporate Governance niederlegt. Vorbild für diese auch in anderen europäischen Ländern verbreitete Form der Selbstregulierung war der britische „Code of Best Practice" von 1992, doch die Vorgaben zur Unabhängigkeit der Aufsichtsratsmitglieder sind bislang vergleichsweise zurückhaltend ausgefallen.

Vollzog sich die partielle Konvergenz von Regelungen zur internen Kontrolle auf angelsächsische Vorbilder hin mehr über den Weg der Policy-Diffusion, so führte die Kombination von US-amerikanischer Hegemonie und EU-Maßnahmen zu einer weit stärkeren Harmonisierung von Regulierungsstandards und -mustern im Bereich der Rechnungslegung und -prüfung. Um deutschen Unternehmen den Zugang zu internationalen Kapitalmärkten zu erleichtern, erlaubte die deutsche Regierung 1998 börsennotierten Unternehmen die Anwendung amerikanischer oder internationaler statt nationaler Rechnungslegungsstandards für den Konzernabschluss; seit 2005 sind die internationalen Standards (IAS/IFRS) aufgrund einer EU-Verordnung verbindlich (Ernst 1999; Dewing/Russell 2004). Zentrale Impulse für eine stärkere Überwachung der Rechnungslegung in den Unternehmen und der Wirtschaftsprüfer als Profession kamen ebenfalls von den USA, die drohten, die mit dem Sarbanes-Oxley Act eingeführten Kontrollen auch auf ausländische Prüfungsgesellschaften anzuwenden, welche in den USA notierte Unternehmen prüfen, sowie von nachfolgenden EU-Aktivitäten. So wurden in Deutschland 2004 u.a. eine unabhängige Aufsicht für die

Wirtschaftsprüfer und eine privatrechtlich organisierte „Bilanzpolizei" eingeführt, um Bilanzmanipulationen künftig vorzubeugen.

Auch wenn sich im deutschen Corporate-Governance-System auf Firmen- wie auf politischer Ebene eine beträchtliche Annäherung an das angelsächsische Outsider-System konstatieren lässt, bleiben vornehmlich in der internen wie der externen Kontrolle Divergenzen, die aus den Traditionslinien des deutschen Modells herrühren. So zeigt sich die institutionelle Struktur der internen Kontrolle mitsamt der Mitbestimmung bislang vergleichsweise stabil, was auf die stärkere soziopolitische Verwurzelung dieser Arrangements verweist. Nach wie vor sind die Eigentümerkonzentration wie die Anteile von anderen Unternehmen gehaltener Aktien relativ hoch (Vitols 2003). Aus der Reorientierung der Unternehmensführung resultierte im Verlauf der 1990er Jahre eine sichtliche Veränderung in der Wertschöpfungsverteilung zugunsten der Aktionäre und zuungunsten der Beschäftigten. Im Vergleich lag aber der Anteil der Aktionäre an der Wertschöpfung in Unternehmen Ende der 1990er Jahre noch weit hinter angelsächsischen Standards zurück (Beyer/Hassel 2003). Auch sind feindliche Übernahmeversuche noch selten.

In vergleichender Perspektive verweisen die Wandlungsprozesse in marktorientierten wie in netzwerkorientierten Corporate-Governance-Regimen auf systemübergreifende Umwälzungen in der politischen Ökonomie westlicher Industrieländer, die mit dem Schlagwort „Finanzmarktkapitalismus" beschrieben werden (Windolf 2005). Finanzinteressen haben in den Firmen wie in der politischen Arena wesentlich an Bedeutung gewonnen, während Manager und andere traditionelle Insider an Autonomie und Einfluss eingebüßt haben (Cioffi/Höpner 2006). Stellt die wachsende Vermarktlichung für die angelsächsischen Systeme eine Intensivierung deren liberalen Charakters dar, so bedeutet sie einen fundamentaleren Wandel für die Governance-Strukturen und normativen Orientierungen in den kontinentaleuropäischen Systemen. Politisch konfliktfrei waren diese Verschiebungen in keinem der beiden Systemtypen, und hier wie dort wurde und wird debattiert, ob Shareholder-Value-Strategien nicht zugunsten kurzfristiger Profite zu einer problematischen Vernachlässigung längerfristiger Investitions- und Personalentwicklungsprogramme führen (vgl. Jürgens 2005; O'Sullivan 2001).

5 Forschungsperspektiven

Ähnlich wie in der breiteren politisch-ökonomischen Debatte (→ Wirtschaft) oszillieren die Positionen in der Forschung zur Bewertung der Wandlungsprozesse zwischen Thesen einer starken Konvergenz zum angelsächsischen System hin (zum Beispiel Hansman/Kraakman 2004) und Pfadabhängigkeitsprognosen, wie sie beispielsweise derVoC-Ansatz postuliert. Zumindest in der politikwissenschaftlichen und soziologischen Forschung hat sich mittlerweile ein weitgehender Konsens darüber herausgebildet, dass man es in netzwerkorientierten Systemen mit einem Prozess der Hybridisierung zu tun hat, also der Verbindung marktlicher oder marktorientierter Governance-Praktiken und Strukturen mit traditionellen Elementen.

Eine solche Hybridisierung wird für Deutschland horizontal im Corporate-Governance-Regime diagnostiziert wie im übergeordneten Produktionsregime, wo eine liberalisierte Corporate Governance mit einem weiterhin sozialpartnerschaftlichen System der industriellen Beziehungen zusammentrifft (zum Beispiel Beyer/Hassel 2003; Höpner 2003). Andere Arbeiten betonen eine vertikale Differenzierung in der Corporate Governance zwischen international orientierten Großunternehmen und mehr traditionell geprägten börsennotierten mittelständischen Unternehmen (Mann 2003). Schließlich postuliert das Konzept des „verhandelten Shareholder-Value" (Vitols 2003) eine Hybridisierung hinsichtlich der Akteure, als die deutsche Stakeholder-Koalition um die institutionellen Investoren erweitert wird. Aus der institutionellen, systemorientierten Perspektive der Corporate-Governance-Forschung stellt sich somit die Frage nach dem institutionellen „Fit" und der Leistungsfähigkeit dieser potenziell spannungsreichen Mixturen von Governance-Mechanismen, was bislang nur ansatzweise erforscht ist (vgl. die Beiträge in Streeck/Höpner 2003).

Was die Politics der Corporate-Governance-Regulierung angeht, so gibt es über konzeptionelle Überlegungen hinaus noch wenige empirische Erkenntnisse über die Triebkräfte des Wandels, zumal in vergleichender Perspektive. Bislang vorliegende Studien fokussieren überwiegend auf nationale Akteure und Entscheidungsprozesse wie den Einfluss parteipolitischer Faktoren, trieben doch überraschenderweise häufig Regierungen und Parteien der linken Mitte die Reformprozesse voran (Cioffi/Höpner 2006). Ein nationaler Fokus greift jedoch zu kurz, weil die nationalen Corporate-Governance-Regime längst hochgradig porös geworden sind für Einflüsse transnationaler privater wie öffentlicher Akteure.

Es gilt folglich, für die Corporate-Governance-Forschung Ansätze fruchtbar zu machen, die die transnationale Dimension in den Blick nehmen. So bietet eine Verknüpfung der vergleichenden institutionellen politischen Ökonomie mit der internationalen politischen Ökonomie, die auf das Wirken transnationaler Akteure in der länderübergreifenden Angleichung von Regulierungsmodellen abhebt, einen analytischen Rahmen, mit dem sich die je spezifische Filterung des Einflusses transnationaler Interessen und Institutionen durch nationale institutionelle Kontexte erkunden lässt. Der Europäisierungsliteratur lassen sich Hinweise auf Mechanismen des Transfers von Konzepten und Standards der Regulierung entnehmen (zum Beispiel Radaelli 2003). Analog zu der dort vorgenommenen Unterscheidung zwischen vertikalen und horizontalen Mechanismen der Europäisierung lassen sich beispielsweise die Entwicklungen im Bereich der Rechnungslegung und -prüfung zu einem beträchtlichen Maß als Top-down-Prozess der Angleichung durch US-Hegemonie und EU-Aktivitäten fassen, während Harmonisierungseffekte im Bereich der Regelungen zur internen Kontrolle offenbar mehr horizontalen Mechanismen wie dem regulativen Wettbewerb und der Imitation von nationalen „best practices" – in Gestalt des britischen Corporate-Governance-Codes – zuzuschreiben sind (→ Policy-Transfer und Policy-Diffusion).

Thematisch muss sich die empirische Corporate-Governance-Forschung stärker öffnen für neue globale und nationale Aktivitäten zur Durchsetzung sozialer und ökologischer Prinzipien in der Unternehmensführung. In gewissem Maße gegenläufig zu den Vermarktlichungsprozessen in der Corporate Governance hat sich im vergangenen Jahrzehnt eine zunehmend wirkungsmächtige „Corporate-Social-Responsibility"-Bewegung entwickelt, die bislang vor allem mit freiwilligen Instrumenten operiert, wie Partnerschaftsinitiativen zwischen NGOs und Unternehmen bzw. Verbänden, Verhaltenskodizes, zum Beispiel dem von der UNO initiierten „Global Compact", bei dem sich teilnehmende Unternehmen auf die Einhaltung von Mindeststandards in puncto Umwelt-, Menschenrechtsschutz und Arbeitsbedingungen verpflichten, und Nachhaltigkeitsratings (Jürgens 2005). Auch öffentliche Akteure wie die EU befördern mittlerweile diesen Trend durch Offenlegungsanforderungen für geschäftlich bedeutsame Umwelt- und Arbeitnehmerbelange. Auf der Nachfrageseite gibt es Anzeichen dafür, dass Fondsmanager und Analysten sozialen und ökologischen Aspekten zunehmend Aufmerksamkeit schenken. Aus Sicht der Corporate Governance scheinen markt- wie netzwerkorientierte Regime um soziale und ökologische NGOs als neue Akteurgruppe erweitert zu werden. Es bleibt abzuwarten, ob sich die „Corporate-Social-Responsibility"-Debatte in nachhaltigen Veränderungen von Standards und Praktiken der Corporate Governance niederschlägt und auf welchen Wegen dies geschieht.

Literatur

Baetge, Jörg/Thiele, Stefan, 1998: Disclosure and Auditing as Affecting Corporate Governance, in: Klaus Hopt/Hideki Kanda/Mark Roe/Eddy Wymeersch/Stefan Prigge (Hrsg.), Comparative Corporate Governance. The State of the Art and Emerging Research. Oxford: Oxford University Press, 719-741.

Becht, Marco/Bolton, Patrick/Roëll, Ailsa, 2002: Corporate Governance and Control. ECGI Finance Working Paper No. 02/2002.

Benz, Arthur (Hrsg.), 2004: Governance – Regieren in komplexen Regelsystemen. Eine Einführung. Wiesbaden: VS.

Berle, Adolf/Means, Gardiner 1991: The Modern Corporation and Private Property. New Brunswick: Transaction Publ.

Beyer, Jürgen/Hassel, Anke, 2003: Die Folgen von Konvergenz. Der Einfluss der Internationalisierung auf die Wertschöpfungsverteilung in großen Unternehmen, in: Jürgen Beyer (Hrsg.), Vom Zukunfts- zum Auslaufmodell? Die deutsche Wirtschaftsordnung im Wandel. Wiesbaden: Westdeutscher Verlag, 155-184.

Branson, Douglas M., 2003: Enron – When All Systems Fail: Creative Destruction or Roadmap to Corporate Governance Reform?, in: Villanova Law Review 48 (4), 989-1021.

Cioffi, John W./Höpner, Martin, 2006: Das parteipolitische Paradox des Finanzmarktkapitalismus. Aktionärsorientierte Reformen in Deutschland, Frankreich, Italien und den USA, in: Politische Vierteljahresschrift (PVS) (im Erscheinen).

Davies, Paul, 2001: Struktur der Unternehmensführung in Großbritannien und Deutschland: Konvergenz oder fortbestehende Divergenz?, in: Zeitschrift für Unternehmens- und Gesellschaftsrecht 30 (2), 268-293.

Dewing, Ian P./Russell, Peter O., 2004: Accounting, Auditing and Corporate Governance of European Listed Countries: EU Policy Developments Before and After Enron, in: Journal of Common Market Studies 42 (2), 289-319.

Ernst, Christoph, 1999: Überblick über die Änderungen des Handelsgesetzbuches zur Rechnungslegung und Abschlussprüfung, in: Dietrich Dörner/Norbert Pfitzer/Dieter Menold (Hrsg.), Reform des Aktienrechts, der Rechnungslegung und Prüfung: KonTraG – KapAEG – EuroEG – StückAG. Stuttgart: Schäffer-Poeschel Verlag, 321-367.

Franks, Julian/Mayer, Colin, 1995: Ownership and Control, in: Horst Siebert (Hrsg.), Trends in Business Organization: Do Participation and Cooperation Increase Competitiveness? Tübingen: Mohr.

Frentrop, Paul 2003: A History of Corporate Governance, 1602-2002. Amsterdam: Prometheus Amsterdam.

Gourevitch, Peter A./Shinn, James J., 2005: Political Power and Corporate Control: The New Global Politics of Corporate Governance. Princeton/Oxford: Princeton University Press.

Hall, Peter A./Soskice, David W., 2001: An Introduction to Varieties of Capitalism, in: Peter A. Hall/David W. Soskice (Hrsg.): Varieties of Capitalism. The Institutional Foundations of Comparative Advantage. Oxford: Oxford University Press, 1-68.

Hansman, Henry/Kraakman, Reinier, 2004: The End of History for Corporate Law, in: Jeffrey N. Gordon/Mark J. Roe (Hrsg.): Convergence and Persistence in Corporate Governance. Cambridge: Cambridge University Press, 33-68.

Höpner, Martin, 2003: Wer beherrscht die Unternehmen? Shareholder Value, Managerherrschaft und Mitbestimmung in Deutschland. Frankfurt/M.: Campus.

Holmstrom, Bengt/Kaplan, Steven N., 2001: Corporate Governance and the Merger Activity in the U.S.: Making Sense of the 1980s and 1990s. Massachusetts Institute of Technology, Department of Economics: Working Paper 01-11.

Jensen, Michael C./Meckling, William H., 1976: Theory of the Firm: Managerial Behavior, Agency Costs and Ownership Structure, in: Journal of Financial Economics 3 (4), 305-360.

Jürgens, Ulrich, 2005: Corporate Governance – Anwendungsfelder und Entwicklungen, in: Gunnar Folke Schuppert (Hrsg.), Governance-Forschung: Vergewisserung über Stand und Entwicklungslinien. Baden-Baden: Nomos, 47-71.

Krause, Hartmut, 2002: Das deutsche Übernahmegesetz vor dem Hintergrund der EU-Richtlinie, in: Zeitschrift für Unternehmens- und Gesellschaftsrecht 31 (4-5), 500-519.

La Porta, Rafael/Lopez-de-Silanes, Florencio/Shleifer, Andrei/Vishny, Robert W., 1998: Law and Finance, in: Journal of Political Economy 106, 1113-1155.

Mann, Alexander, 2003: Corporate Governance Systeme. Funktion und Entwicklung am Beispiel von Deutschland und Großbritannien. Berlin: Duncker & Humblot.

O'Sullivan, Mary A., 2001: Contests for Corporate Control. Corporate Governance and Economic Performance in the United States and Germany. Oxford: Oxford University Press.

Radaelli, Claudio M., 2003: The Europeanization of Public Policy, in: Kevin Featherstone/Claudio M. Radaelli (Hrsg.), The Politics of Europeanization. Oxford: Oxford University Press, 27-56.

Roe, *Mark J.*, 2003: Political Determinants of Corporate Governance: Political Context, Corporate Impact. Oxford: Oxford University Press.

Schmidt, Reinhardt H./Spindler, Gerald, 2002: Path Dependence, Corporate Governance and Complementarity, in: International Finance 5 (3), 311-335.

Streeck, Wolfgang, 2001: The Transformation of Corporate Organization in Europe: An Overview. Max-Planck-Institut für Gesellschaftsforschung: MPIfG Working Paper 01/8.

Streeck, Wolfgang/Höpner, Martin, 2003: Einleitung: Alle Macht dem Markt?, in: Wolfgang Streeck/Martin Höpner (Hrsg.), Alle Macht dem Markt? Fallstudien zur Abwicklung der Deutschland AG. Frankfurt /M.: Campus, 11-59.

Vitols, Sigurt, 2003: Verhandelter Shareholder Value. Die deutsche Variante einer angloamerikanischen Praxis, in: Jürgen Beyer (Hrsg.): Vom Zukunfts- zum Auslaufmodell? Die deutsche Wirtschaftsordnung im Wandel. Wiesbaden: Westdeutscher Verlag, 132-154.

Windolf, Paul, 2005: Vom Manager- zum Finanzmarktkapitalismus. Sonderheft der Kölner Zeitschrift für Soziologie und Sozialpsychologie. Wiesbaden: VS.

Werder, Axel v., 2003: Ökonomische Grundfragen der Corporate Governance, in: Peter Hommelhoff/Klaus J. Hopt/Axel v. Werder (Hrsg.), Handbuch Corporate Governance. Leitung und Überwachung börsennotierter Unternehmen in der Rechts- und Wirtschaftspraxis. Stuttgart: Schäffer-Poeschel Verlag, 3-27.

Ziegler, Nicholas J., 2000: Corporate Governance and the Politics of Property Rights in Germany, in: Politics & Society 28 (2), 195-221.

Susanne Lütz

3.10 Wirtschaft

Die auf „institutionelle Steuerung von Wirtschaft" fokussierte Governance-Forschung speist sich noch ausgeprägter als die im engeren Sinn politikwissenschaftliche Debatte aus der Tradition der Institutionenökonomie (vgl. als Überblick Lütz 2006). Ausgangspunkt ist hierbei die Annahme, dass wirtschaftliches Handeln nicht ausschließlich über den *Markt*, sondern durch eine Vielzahl nichtmarktförmiger Koordinationsformen organisiert werden kann. 1937 wies Ronald Coase darauf hin, dass neben dem Markt auch die Unternehmensorganisation und damit die Firma zur Verwirklichung „effizienter" Transaktionen in der Wirtschaft beiträgt. Diese Überlegungen wurden von Oliver Williamson (1985) zum Forschungsprogramm der Institutionenökonomie ausgebaut (→ Neoinstitutionalismus). Mit Governance bezeichnet Williamson institutionelle Regelungen in und zwischen Unternehmen, die der Verringerung von Transaktionskosten dienen.

Die Einführung des Governance-Konzeptes in den Wirtschaftswissenschaften spiegelt eine Sichtweise wirtschaftlicher Transaktionen wider, die sich von der der Neoklassik erheblich unterscheidet. Der scheinbare Automatismus des Marktmechanismus, die „unsichtbare Hand", ist nicht unter allen Umständen eine effiziente Form der Koordination wirtschaftlicher Transaktionen. Spezielle Güter können nicht in beliebiger Arbeitsteilung hergestellt werden, sondern erfordern eine Organisation der Produktionsaktivitäten in und zwischen Unternehmen. Neben der bereits erwähnten *Unternehmenshierarchie* gerieten somit bilaterale Beziehungen zwischen Unternehmen, Unternehmenskooperationen oder auch regionale Produktionscluster und damit *Netzwerke* in den Blick der Governance-Debatte, die sich auf diese Weise auch zur Industrie- und Wirtschaftssoziologie sowie zur Managementforschung öffnete. Die Neokorporatismusforschung zeigte, dass auch *Verbände* unter bestimmten Bedingungen wirtschaftliche Koordinationsleistungen erbringen und zur Produktion von Club- oder gar Kollektivgütern für ihre Mitglieder beitragen können (Streeck/Schmitter 1985). Damit ändert sich das Bild des Marktes von einem anonymen Tauschmechanismus hin zu einem in Institutionen und Regeln eingebetteten System, das nicht zuletzt auf der Fixierung von Eigentumsrechten basiert, aber auch auf Regeln, die faire Tauschverhältnisse schaffen. Der *Staat* ist somit als Instanz, die sowohl Eigentumsrechte definiert als auch deren Einhaltung garantiert, und nicht zuletzt als Produzent öffentlicher Güter fundamentaler Bestandteil der institutionellen Umwelt des Marktes.

Der vorliegende Beitrag vermittelt zunächst einen Überblick über die unterschiedlichen Zweige der auf die Wirtschaft bezogenen Governance-Forschung, deren historische Vorläufer sowie die aktuelle Kontroverse um die Frage der Wandlungsfähigkeit moderner kapitalistischer Institutionen. Abschließend werden die Vor- und Nachteile der Governance-Perspektive sowie zukünftige Forschungsperspektiven diskutiert.

1 Zweige der Governance-Debatte

Im Blickpunkt der auf die Wirtschaft ausgerichteten Governance-Perspektive steht das einzelne Unternehmen, seine Binnenstrukturen, vor allem jedoch seine Transaktionen mit der Umwelt. Je nach Art der Transaktion kann es sich hierbei um regionale Produktionscluster, branchenspezifische, aber auch branchenübergreifende Zusammenarbeit von Unternehmen oder nationale Konfigurationen einer Marktwirtschaft handeln. Die Economic-Governance-Forschung fragt nach Formen sozialer Einbettung wirtschaftlicher Aktivitäten, nach den Konfigurationen von Governance-Typen in Wirtschafts- und Produktionszusammenhängen und nach der komparativen Leistungsfähigkeit unterschiedlicher Varianten der institutionellen Steuerung von Wirtschaft. Demnach lassen sich drei Ebenen einer Governance-orientierten Betrachtung der Wirtschaft unterscheiden: die Makro-, Meso- und Mikroebene.

Governance-Studien, die den Blick auf die nationale *Makroebene* richten, sind in der auf ökonomische Strukturen gerichteten Governance-Debatte sicher die prominentesten. Konstitutiv ist hierbei die Vorstellung, dass eine nationale politische Ökonomie durch eine spezifische Konfiguration von Institutionen gekennzeichnet ist und dass es entsprechend nicht eine einheitliche Form von Kapitalismus gibt, sondern viele mögliche. Michel Alberts „Capitalisme contre Capitalisme" (1991) brachte aus Sicht eines Praktikers erstmals den Begriff Varieties of Capitalism in die Debatte ein. Albert unterscheidet zwei Grundtypen des Kapitalismus – das durch Prinzipien wie Individualismus, Präferenz für kurzfristige Erträge und Flexibilität gekennzeichnete angelsächsische Modell und das „rheinische" (auch Japan mit einschließende) Kapitalismusmodell, welches auf längerfristigen Verpflichtungen und Konsensorientierung basiert. Vivien Schmidts Typologie unterscheidet wiederum zwischen „market, managed and state capitalism" (Schmidt 2002), wohingegen Vertreter der Regulationsschule „marktbasierte, sozialdemokratische, kontinentaleuropäische, asiatische und Mittelmeermodelle" des Kapitalismus ausmachen (Amable 2003).

Bei dem hinsichtlich seiner Heuristik am weitesten entwickelten, zugleich auch am heftigsten umstrittenen Ansatz handelt es sich um die Perspektive „Varieties of Capitalism" (VoC) von Peter A. Hall und David Soskice (Hall/Soskice 2001). Anknüpfend an die Institutionenökonomik werden kapitalistische Strukturen als Lösungen für Probleme kollektiven Handelns begriffen. Nationale Varianten des Kapitalismus begründen sich demnach durch die Art und Weise, wie Unternehmen ihre Koordinationsprobleme lösen. Letztere entstehen, wenn Firmen bestrebt sind, ihre Kernkompetenzen zu entwickeln, die es ihnen ermöglichen, Güter und Dienstleistungen profitabel auf dem Markt anzubieten. Die Förderung von Kernkompetenzen, so die Annahme, macht es erforderlich, erfolgreich Beziehungen zu anderen Akteuren zu unterhalten. Innerhalb des Unternehmens zählen hierzu Beschäftigte und Aktionäre; in den Außenbeziehungen spielen Kontakte zu Zulieferern, Kooperationspartnern im Bereich von Forschung und Entwicklung, Gewerkschaften, Verbänden oder auch zum Staat eine wichtige Rolle.

Ausgehend von dieser „relationalen Sicht des Unternehmens", unterscheidet der VoC-Ansatz Produktionssphären, in denen Koordinationsprobleme zu lösen sind, die in engem Zusammenhang mit der Förderung unternehmerischer Kernkompetenzen stehen: Im Bereich der *industriellen Beziehungen* geht es um die Abstimmung mit Arbeitnehmern über Löhne und Arbeitsbedingungen; im Bereich der *Aus- und Weiterbildung* müssen Unternehmen sich der Frage stellen, wie sie die hinreichende Qualifikation ihrer Beschäftigten sicherstellen; die Sphäre der *Unternehmensverfassung und -kontrolle* umfasst die Beziehungen zwischen einem Unternehmen und seinen Eigentümern, aber auch externen Kapitalgebern. Bei den *zwischenbetrieblichen Beziehungen* sind Kontakte zu Zulieferern, Abnehmern, aber auch zu Forschungseinrichtungen oder solchen der Technologieförderung gemeint. Zusammengenommen bilden diese einzelnen Produktionssphären funktional zusammenhängende und einander komplementäre Subsysteme, die in ihrer nationalen Konfiguration einen komparativen Leistungsvorteil ausmachen. In den liberalen, unkoordinierten angelsächsischen Ökonomien dominieren wettbewerbliche Marktmechanismen und hierarchische Kontrolle die Governance-Konfiguration; demgegenüber sind koordinierte, organisierte Ökonomien vorwiegend durch nichtmarktförmige Koordinationsformen gekennzeichnet, wobei das jeweilige Mischungsverhältnis zwischen Netzwerken, Verbänden und Staat national variieren kann.

Die auf *Sektoren* oder *regionale Produktionszusammenhänge* gerichtete Governance-Forschung hat, verglichen mit der Diskussion um nationale Kapitalismustypologien, bislang weniger Aufmerksamkeit erfahren. Bezogen auf Wirtschaftssektoren, interessieren unter Governance-Aspekten die Normen und Institutionen, die die Koordination von Transaktionen und produktiven Tätigkeiten innerhalb von Sektoren und über Sektorgrenzen hinweg befördern. Die „Governance of Industries" wurde in der amerikanischen Wirtschaftssoziologie zu Beginn der 1990er Jahre ein Thema (Hollingsworth u.a. 1994). In Deutschland richtete sich das Interesse der sektoralen Governance-Forschung auf die Konfiguration und Transformation sogenannter staatsnaher Sektoren, gesellschaftlicher Funktionsbereiche, die nicht zum Kernbestand hoheitlicher Staatsfunktionen gehören, für die der Staat jedoch ein Maß an Verantwortung übernommen hat, das weiter geht als eine ordnungs-, konjunktur- oder strukturpolitische Intervention, aber weniger weit als eine unmittelbare Leistungserbringung durch den Staatsapparat (Mayntz/Scharpf 1995: 13). Inhaltlich handelt es sich dabei um höchst heterogene Dienstleistungsbereiche (wie etwa die Infrastruktursektoren, das Bildungswesen oder die Agrarwirtschaft), welche in den entwickelten westlichen Gesellschaften während der Nachkriegsjahrzehnte eine ökonomische Bedeutung erlangten, die der der marktwirtschaftlich verfassten Sektoren nahekommt.

Mit Bezug auf regionale Produktionszusammenhänge hat sich seit Mitte der 1990er Jahre ein international vergleichend ausgerichteter Forschungszweig herausgebildet, der regionale Ökonomien als lokale Produktionssysteme begreift, in denen überwiegend mittelständische Firmen mit komplementären Teilaufgaben kooperieren. Durch den Verbund können sich KMUs als komplexe Einheit gegenüber der denkbaren Alternative eines vertikal integrierten Großunternehmens behaupten. Allerdings mangelt es Klein- und Mittelbetrieben häufig an spezifischen Ressourcen (wie etwa dem Know-how bei der Technologieeinführung, Informationen über Kapitalbeschaffung oder Marktentwicklungen), um ihre Wettbewerbsvorteile auch tatsächlich zur Geltung zu bringen. Im Rahmen einer regionalen Ökonomie lassen sich solche Defizite jedoch durch die Bereitstellung „kollektiver Wettbewerbsgüter" ausgleichen, die auf diese Weise zur Erhöhung der Wettbewerbsfähigkeit der beteiligten Unternehmen beitragen (Crouch u.a. 2004).

Die *Mikroebene* der Unternehmensorganisation wird in der momentan wiederaufgelebten interdisziplinär besetzten Corporate-Governance-Debatte zum Thema (→ Corporate

Governance). In den Innen- und Außenbeziehungen von Unternehmen werden spezifische Muster der Koordination und Aufteilung von Macht und Einfluss zwischen Managern, Anteilseignern, Kreditgebern, Beschäftigten, kooperierenden Unternehmen und nicht zuletzt dem Staat festgelegt (vgl. O'Sullivan 2001). Inhaltlich geht es dabei um Bestimmungen, die den unternehmensinternen Entscheidungsprozess aufgliedern, die Zusammensetzung und Kompetenzverteilung zwischen Entscheidungsgremien festlegen und die Offenlegung von Informationen über Entscheidungsprozesse und -ergebnisse gegenüber Aktionären und der Unternehmensöffentlichkeit regeln.

2 Historische Vorläufer des Governance-Ansatzes

Die Erkenntnis, dass kapitalistische Strukturen immer auch durch nichtmarktförmige Institutionen organisiert sind, ist für die Soziologie und die politische Ökonomie nicht neu.

Max Webers Theorie einer fortschreitenden Rationalisierung der westlichen Kultur und Zivilisation lieferte Argumente für eine institutionalistische Perspektive auf die moderne Ökonomie. In seiner „Wirtschaftsgeschichte" (1923) zeigt Weber, dass die Entstehung des rationalen Kapitalismus die Entwicklung institutioneller Regelungen im Hinblick auf Eigentum, Recht und Finanzen zur Voraussetzung hatte. Karl Polanyi (1944) wiederum argumentierte, dass der angeblich sich selbst regulierende Markt des 19. Jahrhunderts bereits durch staatliche Rahmenbedingungen bedingt war, die sowohl für die Entstehung als auch für die Bändigung des Marktsystems als konstitutiv erscheinen (→ Markt).

Rudolf Hilferding (1910) und Andrew Shonfield (1965) legten wichtige Grundlagen für eine Typisierung nationaler Marktwirtschaften auf der Basis ihrer institutionellen Verfasstheit. Beide zeigten, dass ökonomische Planungs- und Lenkungskapazitäten sowohl durch Selbstorganisation von Wirtschaft und Finanzkapital als auch durch Intervention des Staates in das Wirtschaftsgeschehen aufgebaut werden konnten. Andrew Shonfields Klassiker „Modern Capitalism" (1965) zeigte, dass westliche Industriestaaten den Wiederaufbau der Wirtschaft in den ersten beiden Nachkriegsjahrzehnten nicht dem freien Spiel der Marktkräfte überließen, sondern auf vielfältige Weise planend in den Marktprozess eingriffen und auf diese Weise zu stetig steigenden Wachstumsraten beitrugen. Je nach Staatstradition und dem Grad an verbandlicher oder gesellschaftlicher Selbstorganisation unterschied Shonfield divergierende nationale Stile der Intervention in die Wirtschaft. Den deutschen Kapitalismus charakterisierte Shonfield als hochgradig verbandlich organisiert und die Steuerung der Wirtschaft als kooperativ. Demgegenüber waren in Frankreich die Planungsphilosophie sowie die dazugehörenden Institutionen traditionell sehr ausgeprägt. Der britische Staat bevorzugte in aller Regel eine „Arms-length"-Beziehung zur Wirtschaft und verzichtete deshalb auf formalisierte, industriepolitisch motivierte und vor allem längerfristig koordinierte Formen der Intervention.

Während Andrew Shonfield die Diversität in der Organisation kapitalistischer Systeme maßgeblich in unterschiedlichen Formen und Graden staatlicher Intervention ins Marktgeschehen sah, entwickelte Alfred Chandler (1978) eine Kapitalismustypologie, die den Akzent eher auf Strukturen ökonomischer Organisation und Produktion legte. Demnach entspricht die Struktur der amerikanischen Wirtschaft einem hochgradig wettbewerblichen *managerial capitalism*, der durch autarke und stabile Firmenhierarchien gekennzeichnet ist, welche ihren Aufstieg dem Siegeszug der Massenproduktion verdanken. In Großbritannien verblieben Unternehmen nach dem Zweiten Weltkrieg ausgeprägter als in den USA im Familienbesitz und das Management in der Hand der Firmengründer (*personal capitalism*). In Deutschland wiederum investierten Firmengründer im verarbeitenden Gewerbe ähnlich wie in den USA in den Ausbau von Unternehmenshierarchien, die Produktions-, Marketing- und Vertriebskapazitäten integrierten. Während die amerikanischen Firmenhierarchien untereinander aggressiv um Marktanteile konkurrierten, schlossen sich die deutschen Unternehmen zu Kartellen oder in Verbänden zusammen. Zudem zeigte sich das Management im deutschen Modell des *cooperative managerial capitalism* aufgeschlossener für die Belange der eigenen Arbeitnehmer als in den USA.

Für die Regionalökonomie waren die Arbeiten von Alfred Marshall wegweisend. Bereits 1919 argumentierte dieser entgegen dem damaligen Mainstream in der Ökonomie, dass selbst in Zeiten der Massenproduktion nicht nur der Großbetrieb und damit die Firmenhierarchie ein Modell zur Sicherstellung von Produktivität und Profitabilität war. Frühindustrielle Wirtschaftsregionen in Mittelengland waren nicht zuletzt deshalb überdurchschnittlich erfolgreich, weil hier eine Vielzahl von Kleinbetrieben ihr Warenangebot durch arbeitsteilige Kooperation kundenorientiert ausdifferenzieren konnte (Marshall 1919). Mitte der 1980er Jahre rückte die Region als Wirtschaftszusammenhang, angeregt durch industriesoziologische Arbeiten, zu neuen, flexiblen Produktionskonzepten in den Vordergrund (Piore/Sabel 1985). In Baden-Württemberg oder der italienischen Emilia Romagna wurden flexible Produktionstechniken ausgemacht, die denen ähneln, welche Mitte des 19. Jahrhunderts (etwa in der amerikanischen Textilindustrie) bereits existierten. Im Unterschied zur standardisierten Massenproduktion richtet sich die „flexible Spezialisierung" auf die Bereitstellung von Produkten für unterschiedliche Konsumentenwünsche und operiert mit schnell wandelnden Technologien. Flexible Produktionsformen benötigen nicht nur höherqualifizierte Arbeitnehmer als die standardisierte Massenproduktion, sondern auch stabile Kontakte zu Zulieferern und Kunden, um über Kundenwünsche und Bedingungen ihrer Umsetzung informiert zu bleiben. Daraus ergibt sich ein Bedarf an Einbettung in ein stabiles Kooperationsnetzwerk, das zur räumlichen Zusammenballung funktional interdependenter Betriebe in Form von Produktionsclustern führt.

In den 1980er Jahren rückte die Frage nach der Leistungsfähigkeit dezentraler Steuerungsformen auch in den Mittelpunkt der auf die Ebene einzelner Wirtschaftssektoren gerichteten Governance-Debatte. Die deutsche „Modell-Deutschland"-Diskussion richtete den Blick auf Fragen industrieller Strukturanpassung in Branchen wie der Stahlindustrie und auf institutionelle Muster der dortigen Krisenregulierung. Demgegenüber nahm die angelsächsische Neokorporatismusdiskussion (vgl. Streeck/Schmitter 1985) die Leistungsfähigkeit korporatistischer Verbände in den Blick und thematisierte damit die Arten von Kollektivgütern, die Verbände dann produzieren können, wenn sie organisatorisch stabilisiert sind und als „private Interessenregierungen" auftreten. Hierzu zählen Maßnahmen der Aus- und Weiterbildung, die Festlegung von Produkt- und Prozessstandards oder auch die Preisfestsetzung in wettbewerbsbeschränkten Branchen wie der pharmazeutischen Industrie. Weitergeführt wurde die Analyse sektoraler Governance-Strukturen dann in der amerikanischen Wirtschaftssoziologie und der bereits genannten Diskussion um „Governance of Industries" (Campbell u.a. 1991; Hollingsworth u.a. 1994) sowie in der auf sektorale Wandlungsprozesse fokussierten Europa- und Transformationsforschung (vgl. Schmidt 2006; Beyer 2006).

3 Zwischen Pfadabhängigkeit und Wandel – aktuelle Kontroversen in der Debatte

Kapitalistische Ökonomien können also mehr oder weniger stark von nichtmarktförmigen Governance-Formen durchdrungen sein. In den 1970er und frühen 1980er Jahren wuchs das wissenschaftliche Interesse an der Ausgestaltung kapitalistischer Diversität, weil gerade die „institutionenreicheren" Industrieländer offenbar besser in der Lage waren, Probleme von Inflation und Arbeitslosigkeit zu bewältigen. Aus Sicht der Neokorporatismusdiskussion lag die Ursache für den wirtschaftlichen Erfolg organisierter Ökonomien in den skandinavischen Ländern, den Niederlanden oder in Österreich maßgeblich in der zentralisierten Organisationsstruktur von Gewerkschaften und Arbeitgeberverbänden, welche eine über verschiedene Industriesektoren hinweg koordinierte Industrie- und Arbeitsmarktpolitik unterstützte, die dem keynesianischen Leitbild einer gesamtwirtschaftlichen Nachfragesteuerung verhaftet war.

Im Zuge der Wende zu einer „angebotsorientierten" Wirtschaftspolitik in den 1980er Jahren wurden die Möglichkeiten für Nationalstaaten eingeschränkt, kompensatorische Wirtschaftspolitik keynesianischer Prägung zu betreiben. Deregulierung und Privatisierung der Wirtschaft wurden zunächst in liberalen Ökonomien wie Großbritannien und den USA zum Programm und avancierten zur Leitlinie des europäischen Binnenmarktes wie auch zum Leitmodell der Wirtschaftstransformation in Osteuropa. Zu Beginn der 1990er Jahre hatten sich die Vorzeichen verkehrt – einige Länder des früheren kontinentaleuropäischen Erfolgsmodells haben seitdem mit hohen Arbeitslosenraten, steigender Inflation und wachsenden Haushaltsdefiziten zu kämpfen, während sich die amerikanische Wirtschaft wiederbelebte.

Welche Chancen bestehen vor dem Hintergrund des offenkundigen Vordringens des Marktes jedoch für die Aufrechterhaltung kapitalistischer Vielfalt? Wie reagieren nationale Ökonomien auf den im Zuge der globalen Integration von Güter- und Kapitalmärkten gewachsenen Wettbewerb zwischen Produktionsregimen? Dies sind die Fragen, die im Mittelpunkt aktueller Kontroversen in der Governance-Debatte stehen.

Vertreter der *Konvergenzthese* interpretieren die gegenwärtigen Veränderungen als Prozess der Durchsetzung eines hegemonialen neoliberalen Kapitalismusmodells. Dieses werde nicht zuletzt durch soziale und politische Koalitionen weitergetragen, welche zur Restrukturierung heimischer Institutionen rund um den „Wettbewerbsstaat" führten. Insgesamt ergeben sich allenfalls „permissive Bedingungen" für Wandel, welche lediglich die Entstehung von „Varieties of Neoliberalism" und damit „Diversität innerhalb von Konvergenz" zulassen (vgl. Soederberg u.a. 2005).

Demgegenüber gehen Autoren, die der „Varieties-of-Capitalism"-Tradition eng verhaftet sind, eher von relativer Stabilität nationaler Institutionen gegenüber externem Anpassungsdruck aus. Diese resultiert u.a. aus der Vorstellung, die einzelnen Funktionselemente des Kapitalismus seien einander komplementär, weshalb einzelne Elemente auch nicht einseitig aus dem institutionellen Rahmen herausgelöst werden könnten. Hall/Soskice sehen institutionelle Komplementaritäten im Wesentlichen dann gegeben, wenn die Existenz (Effizienz) einer Institution die Gewinne durch eine andere bzw. deren Effizienz erhöht, woraus sich komparative Wettbewerbsvorteile ergeben (Hall/Soskice 2001: 17). Unternehmen, die am Erhalt ihres nationalen Wettbewerbsvorteils interessiert sind, verlassen deshalb auch unter Bedingungen von Europäisierung und Globalisierung nicht einfach ihre nationalen institutionellen Kontexte. Zudem wird der Fortbestand bestehender Governance-Konfigurationen auch im Sinne des „historischen Institutionalismus" mit historischen Pfadabhängigkeiten begründet (→ Pfadabhängigkeit; Neoinstitutionalismus). Weil diese Konfigurationen historisch gewachsen sind, etwa vom jeweiligen Zeitpunkt der Industrialisierung oder der Staatsentwicklung abhängen, konstituieren sie relativ beständige nationale Pfade, die den Weg der Anpassung einzelner Nationalstaaten an neue Rahmenbedingungen maßgeblich vorbestimmen. Nicht die Konvergenz hin zu stärkerer Marktförmigkeit von Governance-Strukturen, sondern vielmehr eine zunehmende *Divergenz* nationaler Anpassungsreaktionen sei die Antwort auf globale Herausforderungen (vgl. etwa Berger/Dore 1996; Kitschelt u.a. 1999).

Mittlerweile hat sich eine dritte Perspektive entwickelt, die die Wandlungsprozesse in kapitalistischen Ökonomien in den Mittelpunkt der Betrachtung rückt und den Blick auf die neuen Mixturen richtet, die sich in Governance-Konfigurationen unterschiedlichster Produktionszusammenhänge abzeichnen (Morgan u.a. 2004; Streeck/Thelen 2005). Eine Reorganisation kapitalistischer Institutionen erscheint umso wahrscheinlicher, je weniger von der internen Kohärenz und Komplementarität eines nationalen Kapitalismusmodells ausgegangen wird. Colin Crouch hat hervorgehoben, dass gerade die interne Differenzierung, die Inkohärenz und letztlich die Heterogenität in institutionellen Strukturen die Grundlage für die Überwindung von Pfadabhängigkeiten darstellen können. Akteure haben Alternativen zur Verfügung, wenn etablierte Wege blockiert sind, und können Ordnungselemente unterschiedlicher Pfade miteinander kombinieren (Crouch 2005). Institutionelle Heterogenität in nationalen Modellen des Kapitalismus gerät dann ins Blickfeld, wenn weniger der (angelsächsische oder rheinische) Idealtyp, sondern die Mixtur aus Governance-Mechanismen hervorgehoben wird, die letztlich in jedem Typ von Kapitalismus vorzufinden ist. Praktisch stellen alle fortgeschrittenen Ökonomien Mischsysteme der drei elementaren Governance-Formen Markt, Unternehmenshierarchie und Staat dar. In Ökonomien des kontinentaleuropäischen Typs spielten zumindest bislang zudem Verbände und Netzwerke eine zentrale Rolle, wobei die Intervention des Staates sich auf einem Kontinuum von substanzieller, mit Zwangsmitteln ausgestatteter Regulierung (Frankreich) bis hin zu eher prozeduraler, Verfahren und rechtliche Rahmenbedingungen vorgebender Steuerung (Deutschland) erstrecken kann. Selbst im minimalen Hybridmodell stünde Unternehmen also eine gewisse *requisite variety* an institutionellen Elementen zur Verfügung, die unter bestimmten Bedingungen rekombiniert werden können.

Institutionelle Heterogenität ergibt sich zudem daraus, dass Governance-Modi nach Sektoren, regionalen Standorten oder Unternehmensgröße variieren können. In staatsnahen Sektoren (wie der Telekommunikation oder dem Elektrizitätssektor) hat der Staat nach wie vor eine größere Bedeutung als in anderen Sektoren, auch wenn sich hier ein Form- und Funktionswandel staatlicher Intervention vollzogen hat, der den Staat weniger als Eigentümer oder Gewährleister für die Bereitstellung von Infrastruktur, sondern vielmehr als Regulierer eines privatisierten Marktes unter Aspekten der Sicherung von Wettbewerb und Verbraucherschutz vorsieht (Czada u.a. 2003).

Institutionelle Inkohärenz ergibt sich schließlich auch dann, wenn davon ausgegangen wird, dass sich Veränderungen in einem Subsystem (im Sinne von Hall/Soskice 2001) auch unabhängig von der relativen Stabilität der anderen Subsysteme einstellen können. Beispiel hierfür wäre die bereits an anderer Stelle erwähnte Vermarktlichung der Unternehmensfinanzierung in Deutschland, die mit der relativen Stabilität des Systems der beruflichen Ausbildung kontrastiert.

Zusammengenommen verweisen alle diese Punkte darauf, dass die dem Varieties-of-Capitalism-Ansatz zugrunde liegende Annahme der Komplementarität einzelner Produktionssphären und ihrer Institutionen in dieser Eindeutigkeit nicht aufrechterhalten werden kann. Nicht zufällig werden in der theoretischen Debatte um die Plausibilität der Komplementaritätsannahme (vgl. Crouch u.a. 2005) unterschiedliche Argumente für eine eher „lose Kopplung" einzelner kapitalistischer Subsysteme präsentiert. Wolfgang Streeck und Robert Boyer beispielsweise betonen, dass Institutionen nicht als komplementär zueinander konzipiert werden, sondern oftmals durch einen Prozess der Improvisation, des Experimentierens und der stetigen Modifikation entstehen. Institutionen in unterschiedlichen Produktionssphären würden zudem oftmals durch unterschiedliche Eliten kontrolliert, weshalb ein Konsens über erwünschte oder gar effiziente Formen institutioneller Komplementarität gar nicht bestehe. Manche Sektoren oder auch Produktionssphären seien beispielsweise internationalisierter als andere, weshalb sich ein nationales Produktionsregime auch nicht leicht durch ein hierarchisches Zentrum steuern lasse. Richard Deeg (2004) wiederum plädiert dafür, von „variablen Komplementaritäten" auszugehen, das heißt von der Annahme, dass Subsysteme einander auf verschiedene Weise und unter verschiedenen Bedingungen ergänzen können. Nationale politische Ökonomien, so der derzeitige Befund, scheinen unter zugespitztem Wettbewerbsdruck immer stärker zu *institutionellen Hybriden* zu mutieren, die in ihrer neuen Gesamtkonfiguration zwar wiederum einzigartig sind, in ihren Teilen jedoch anderen (liberalen) Modellen einer Marktwirtschaft ähnlicher werden.

4 Fazit

Auch in Zeiten eines offenkundigen Vordringens des Marktparadigmas als Leitbild und Form der Koordination ökonomischer Transaktionen sind Produktionszusammenhänge eingebettet in eine Konfiguration unterschiedlicher Governance-Elemente, unter denen der Markt nur eines unter anderen darstellt (→ Markt). Das Wissen über die Interaktion der unterschiedlichen Governance-Typen und über die mit ihnen verbundenen Vor- und Nachteile ist somit sicher ein Schlüssel für die gesellschaftliche Gestaltung der Rahmenbedingungen für die Ökonomie.

Die Analyseperspektive des Governance-Ansatzes erlaubt es zudem, Debatten zusammenzuführen, die Probleme der „Einbettung von Wirtschaft" aus unterschiedlichster Sicht thematisieren, jedoch üblicherweise nicht voneinander Kenntnis nehmen. Dies gilt beispielsweise für die Regionalökonomie, die auf Sektortransformation fokussierte Governance-Debatte oder auch für die neuere sozialwissenschaftliche Corporate-Governance-Forschung. Zwar behandeln diese Diskussionen unterschiedliche Untersuchungsgegenstände, jedoch steht in allen Debatten die Frage nach der Struktur von Governance-Konfigurationen, ihrer Performanz und/oder Dynamik bzw. ihrer Transformation im Mittelpunkt des Interesses. Ansätze, die auf Ländertypologien abstellen, bieten zudem eine Heuristik, die als Ausgangspunkt für Ländervergleiche genutzt werden kann, auch wenn die mangelnde Vollständigkeit der bestehenden Systematik, wie beim VoC-Ansatz, immer wieder Anlass zur Kritik bietet.

Schwächen des Governance-Ansatzes liegen sicherlich in der Erfassung und vor allem Erklärung von *Prozessen* kapitalistischer Transformation. Mit der Governance-Systematik lassen sich Mixturen von Governance-Elementen im Sinne „institutioneller Gleichgewichte" beschreiben, die den jeweiligen Anfangs- und Endpunkt von Transformationsprozessen markieren; nicht erfasst werden hingegen die Kausalmechanismen, die die Transformation von Punkt A nach Punkt B antreiben. Governance-Analysen sind oftmals durch einen impliziten Funktionalismus gekennzeichnet, der nicht zuletzt auf die institutionenökonomische Tradition des Ansatzes zurückgeht. Wenn Institutionen als „geronnene Lösung" für die Koordinationsprobleme wirtschaftlicher Akteure betrachtet werden, geraten die Prozesse, vor allem jedoch die Konflikte, welche zur Genese, Reproduktion, aber auch Transformation von Governance-Strukturen führen, leicht aus dem Blickfeld. Diese Sichtweise zeigt sich sehr ausgeprägt im „Varieties-of-Capitalism"-Ansatz, welcher einzelne kapitalistische Produktionssphären und deren Institutionen als systemisch miteinander verbunden und insofern als schwer veränderbar ansieht. Die Systemperspektive geht hier in einen Strukturdeterminismus über, welcher das Handeln der Akteure maßgeblich durch die Anreize und Restriktionen des nationalen Governance-Gefüges bestimmt sieht und wenig Raum für institutionelle Spannungen, Präferenzänderungen der Akteure oder Umbrüche von Leitbildern lässt. Diese Einwände müssen jedoch nicht gegen die Anwendbarkeit des Governance-Ansatzes zur Analyse kapitalistischer Transformationsprozesse sprechen; gefordert wäre allerdings eine Erweiterung des betrachteten Variablenspektrums. Dazu gehört vor allem ein stärkerer Akteurbezug der Analyse im Sinne der Annahme, dass Strukturen eben auch das Ergebnis von Strategien, Konflikten, nichtintendierten Effekten oder auch dominanten Paradigmen darstellen und sich entsprechend wandeln können.

Die mittelfristig größte Herausforderung für die auf die politische Ökonomie ausgerichtete Governance-Forschung scheint mir jedoch darin zu liegen, das Verhältnis zwischen globalen, nationalen, sektoralen, regionalen oder auch unternehmensbezogenen Produktionszusammenhängen und deren Governance-Strukturen zu beleuchten. Wenn im Zuge von Globalisierung nationale Institutionengefüge zunehmend inkohärenter werden, Unternehmensstrategien sich je nach Unternehmensgröße,-sektor und Weltregion zunehmend ausdifferenzieren und auch die politischen Spielräume, wirtschaftliche Rahmenbedingungen auszugestalten, je nach Politikfeld sehr unterschiedlich groß sein können, stellt sich die Frage nach der relevanten Ebene von Produktionsregimen. Betrachtet man nach wie vor die nationale Ebene und damit den nationalen Kapitalismustyp als prägendes Institutionengefüge und richtet den Blick auf die in diesem Modell entstehenden „Inkohärenzen"? Sollte im

Mittelpunkt der Betrachtung eher der Wirtschaftssektor oder vielmehr ein global tätiges Unternehmen und dessen national variierende Konfiguration von Governance-Elementen stehen? Nicht nur unter analytischen Gesichtspunkten, sondern auch unter dem Aspekt der politischen Gestaltbarkeit wirtschaftlicher Rahmenbedingungen ist die Identifikation der in Zukunft relevanten „Einheit" von Produktionsregimen eine zentrale Aufgabe der zukünftigen Governance-Forschung.

Literatur

Albert, Michel, 1991: Capitalisme contre capitalisme. Paris: Seuil.

Amable, Bruno, 2003: The Diversity of Modern Capitalism. Oxford: Oxford University Press.

Berger, Suzanne/Dore, Ronald (Hrsg.), 1996: National Diversity and Global Capitalism. Ithaca/New York: Cornell University Press.

Beyer, Jürgen, 2006: Vom Sozialismus zu Demokratie und Marktwirtschaft –Systemtransformation als Governance-Problem, in: Susanne Lütz (Hrsg.), Governance in der politischen Ökonomie. Reihe „Governance". Band 6. Wiesbaden: VS, 107-165.

Campbell, John L./Hollingsworth, J. Rogers/Lindberg, Leon L., 1991: Governance of the American Economy. Cambridge u.a.: Cambridge University Press.

Chandler, Alfred D., 1978: The Visible Hand. The Managerial Revolution in American Business. Cambridge, MA./London: Harvard University Press.

Crouch, Colin, 2005: Die Bedeutung von Governance für Vielfalt und Wandel im modernen Kapitalismus, in: Max Miller (Hrsg.), Welten des Kapitalismus. Institutionelle Alternativen in der globalisierten Ökonomie. Frankfurt a.M.: Campus, 101-127.

Crouch, Colin/Trigilia, Carlo/Voelzkow, Helmut/Le Galès, Patrick (Hrsg.), 2004: Changing Governance of Local Economies. Oxford: Oxford University Press.

Crouch, Colin/Streeck, Wolfgang/Boyer, Robert/Amable, Bruno/Hall, Peter A./Jackson, Gregory, 2005: Dialogue on "Institutional complementarity and political economy", in: Socio-Economic Review 3, 359-382.

Czada, Roland/Lütz, Susanne/Mette, Stefan, 2003: Regulative Politik. Zähmungen von Markt und Technik. Reihe Grundwissen Politik, Band 28. Opladen: Leske + Budrich.

Deeg, Richard, 2004: Path Dependency, Institutional Complementarity, and Change in National Business Systems, in: Glenn Morgan/Richard Whitley/Eli Moen (Hrsg.), Changing Capitalism? Internationalization, Institutional Change, and Systems of Economic Organization. Oxford: Oxford University Press, 21-52.

Hall, Peter A./Soskice, David (Hrsg.), 2001: Varieties of Capitalism. The Institutional Foundations of Comparative Advantage. Oxford: Oxford University Press.

Hilferding, Rudolf, 1910: Das Finanzkapital. Eine Studie über die jüngste Entwicklung des Kapitalismus. Wien: Ignaz Brand & Co.

Hollingsworth, J. Rogers/Schmitter, Philippe C./Streeck, Wolfgang (Hrsg.), 1994: Governing Capitalist Economies. Performance and Control of Economic Sectors. New York/Oxford: Oxford University Press.

Kitschelt, Herbert/Marks, Gary/Lange, Peter (Hrsg.), 1999: Continuity and Change in Contemporary Capitalism. Cambridge: Cambridge University Press.

Lütz, Susanne (Hrsg.), 2006: Governance in der politischen Ökonomie. Reihe „Governance". Band 6. Wiesbaden: VS.

Marshall, Alfred, 1919: Industry and Trade. London: Macmillan.

Mayntz, Renate/Scharpf, Fritz W., 1995: Steuerung und Selbstorganisation in staatsnahen Sektoren, in: Renate Mayntz/Fritz W. Scharpf (Hrsg.), Gesellschaftliche Selbstregelung und politische Steuerung. Frankfurt a. M.: Campus, 9-38.

Morgan, Glenn/Whitley, Richard/Moen, Eli (Hrsg.), 2004: Changing Capitalisms? Internationalization, Institutional Change, and Systems of Economic Organization. Oxford: Oxford University Press.

O'Sullivan, Mary A., 2001: Contests for Corporate Control. Corporate Governance and Economic Performance in the United States and in Germany. Oxford: Oxford University Press.

Piore, Michael J./Sabel, Charles F., 1985: Das Ende der Massenproduktion. Berlin: Wagenbach.

Polanyi, Karl, 1944: The Great Transformation: The Political and Economic Origins of Our Time. Boston, Mass.: Beacon Press.

Schmidt, Susanne K., 2006: "Governance of Industries" – die Transformation staatsnaher Wirtschaftssektoren im Zuge von Liberalisierung und Europäisierung, in: Susanne Lütz (Hrsg.), Governance in der politischen Ökonomie. Reihe „Governance". Band 6. Wiesbaden: VS, 167-217.

Schmidt, Vivien A., 2002: The Future of European Capitalism. Oxford: Oxford University Press.

Shonfield, Andrew, 1965: Modern Capitalism. The Changing Balance of Public and Private Power. London/Oxford: Oxford University Press.

Soederberg, Susanne/ Menz, Georg/Cerny, Philip C. (Hrsg.), 2005: Internalizing Globalization: The Rise of Neoliberalism and the Erosion of National Models of Capitalism. London: Palgrave.

Streeck, Wolfgang/Schmitter, Philippe C. (Hrsg.), 1985: Private Interest Government. Beyond Market and the State. London/Beverly Hills: Sage.

Streeck, Wolfgang/Thelen, Kathleen (Hrsg.), 2005: Beyond Continuity. Institutional Change in Advanced Political Economies. Oxford: Oxford University Press.

Weber, Max, 1923: Wirtschaftsgeschichte. Abriß der universalen Sozial- und Wirtschaftsgeschichte. München: Duncker & Humblot.

Williamson, Oliver E., 1985: The Economic Institutions of Capitalism. New York: The Free Press.

Ingo Bode

3.11 Wohlfahrt

In westlichen Gesellschaften werden so unterschiedliche Dinge wie die Sicherstellung von Einkommensersatzleistungen, die Gesundheits- und Pflegeversorgung oder auch professionelle Hilfe in schwierigen Lebenslagen zumindest teilweise als Aufgabe „der Politik" bzw. als Gegenstand öffentlicher Interventionen betrachtet. Die sozialwissenschaftliche Auseinandersetzung mit solchen Interventionen dreht sich dabei zunehmend um die Frage, wie und mit welchen Konsequenzen gesteuert wird bzw. gesteuert werden soll. Es geht um mehr Wirtschaftlichkeit oder auch um höhere demokratische Legitimität, und immer häufiger fällt das Stichwort Governance. Dies liegt nicht zuletzt daran, dass die Rolle nichtstaatlicher Instanzen im Bereich der sozialen Daseinsvorsorge heute in einem neuen Licht gesehen wird. Es ist ein Bewusstsein dafür entstanden, dass die „Steuerungsfrage" ganze Wohlfahrtssysteme und nicht allein staatliche Einrichtungen oder Sozialgesetze adressiert.

Dieser Beitrag versteht sich als Einführung in eine solchermaßen systembezogene Betrachtung von Governance-Prozessen im Wohlfahrtsstaat. Nach einigen Bemerkungen zum Verwendungskontext des Governance-Begriffes werden der gesellschaftliche Rahmen dieser Prozesse sowie die sie prägenden Steuerungslogiken behandelt. Das dritte Kapitel fokussiert auf jüngere Wandlungstendenzen und beleuchtet deren Hintergründe sowie Ausprägungen. Im vierten Kapitel geht es um internationale Unterschiede sowohl hinsichtlich der in länderspezifischen „Wohlfahrtsregimen" gewachsenen Governance-Strukturen als auch in Bezug auf transnationale Veränderungen. Der Ausblick diskutiert kurz die Frage nach den (absehbaren) Folgen der ‚New Governance of Welfare'.

1 Der sozialwissenschaftliche Blick auf die Governance of Welfare: normativ, kritisch oder analytisch?

Der Begriff Governance wird im Zusammenhang mit sozialer Daseinsvorsorge gegenwärtig in unterschiedlicher Lesart verwendet (Daly 2003). Auf der einen Seite ist er populär geworden als Label für eine spezifische Form sozialadministrativer bzw. sozialpolitischer *Um*steuerung. Governance tritt *normativ* an die Stelle von Government: In Wohlfahrtssystemen soll weniger regiert und mehr reguliert werden, der Staat soll moderieren und nicht verteilen (Priddat 2004). Die in der Nachkriegsepoche etablierten Routinen der Steuerung von Wohlfahrtssystemen gelten als ineffizient bzw. – aufgrund einer Überlastung des Staates mit Steuerungsaufgaben – immer weniger praktikabel. Good Governance erscheint nur mehr möglich durch stärker markt- oder netzwerkförmige Steuerungen. Mit solchen Konzepten (und ihrer Anwendung) setzen sich – auf der anderen Seite – viele auch kritisch auseinander. Diagnostiziert wird ein Abschied von demokratisch legitimierten sowie an staatlicher Ergebnisverantwortung ausgerichteten Steuerungsformen. Dies, so die Kritiker, korrespondiert mit massiven, vornehmlich betriebswirtschaftlich ausgerichteten Rationalisierungsprozessen und provoziert Abstriche am Qualitätsniveau bzw. an der Nachhaltigkeit sozialer Daseinsvorsorge (Dahme/Wohlfahrt 2003). Governance steht hier für Steuerungsverzicht bzw. die faktische Ausrichtung von Steuerungsprozessen an Interessen sanktionsstarker Gruppen (zum Beispiel kommerzielle Leistungsanbieter).

Aus analytischer Sicht markiert der Begriff Governance of Welfare demgegenüber schlicht ein Terrain für die Rekonstruktion ‚real existierender' Steuerungsprozesse und ihres Wandels. Der wissenschaftliche Blick richtet sich auf den Gesamtkontext der Planung, Ausführung und Steuerung sozialer Daseinsvorsorge, und er ermöglicht eine Zusammenschau von Potenzialen, Widersprüchen und Folgeproblemen spezifischer Governance-Konstellationen. Es geht darum, wie Akteure und Instanzen, die Einkommensersatz zuteilen, Benachteiligtenprogramme implementieren oder Sozialplanung betreiben, steuernd tätig werden bzw. wie sich dabei ihr Handlungsspielraum gestaltet. Grundlegend ist die empirische Tatsache, dass in Wohlfahrtssystemen westlichen Typs die Organisation sozialer Daseinsvorsorge nicht allein von der „Programmierungstätigkeit" politischer Eliten abhängt, sondern auf mehreren Ebenen ausgehandelt, arbeitsteilig bewerkstelligt sowie unter Einfluss unterschiedlicher Steuerungslogiken ausgestaltet wird. Interessant sind somit vor allem qualitative Veränderungen in Governance-Prozessen. Besteht darüber Klarheit, lassen sich Governance-Konzepte und -konstellationen differenzierter beurteilen.

2 Rahmenbedingungen und Steuerungslogiken der Governance of Welfare

Für herkömmliche Theorien des Wohlfahrtsstaates ist die Erfolgsstory fortgeschrittener Industriegesellschaften schnell erzählt: Die Marktwirtschaft kümmert sich um betriebswirtschaftliche Exzellenz, der Staat um soziale Daseinsvorsorge, und daraus wird das Positivsummenspiel des modernen Wohlfahrtskapitalismus (Huf 1998). Es gab und gibt gewiss verschiedene Versionen der Deutung jenes gesellschaftlichen Prozesses, der zur Entstehung von Versicherungssystemen und öffentlich regulierten sozialen Dienstleistungen führt – so etwa eliten- und konflikttheoretische oder auch funktionalistische (die Reproduktionsvoraussetzungen moderner Industriegesellschaften fokussierende) Interpretationen. Vorherrschend war jedoch lange Zeit die Vorstellung, dass es „der Staat" ist, der als Korrektiv der durch die Marktökonomie erzeugten sozialen Verwerfungen wirkt.

Sosehr damit wesentliche Rahmenbedingungen des westlichen Wohlfahrtskapitalismus umrissen sind, so unsensibel erscheint die staatszentrierte Betrachtung für die Feinheiten der genannten Arbeitsteilung. Dies gilt bereits für die Unterscheidung von distributiven pädagogischen und ökologischen Interventionsformen (im Sinne von Kaufmann 2002: 86-104): Während Erstere vor allem als Transferprogramme organisiert werden, geht es bei Letzteren auch und vor allem um Dienstleistungen, die wiederum entweder an Personen (zum Beispiel Sozialarbeit) oder aber an Settings (zum Beispiel Stadtteil- oder Bildungsinfrastruktur) ansetzen. Die Steuerung von Wohlfahrtssystemen umfasst nun sowohl die Aushandlung von Transferregelungen und „Produktionsnormen" innerhalb des politischen Systems (unter Beteiligung von nichtstaatlichen Akteuren) als auch die Koordination verschiedenartiger Interventionsinstanzen (zum Beispiel Versicherungsträger, Sozialverwaltung, Wohlfahrtsverbände) in der Versorgungspraxis selbst. Nicht selten geht es auch um die Vermittlung zwischen diesen beiden Dimensionen, zum Beispiel bei der Armutsbekämpfung oder bei der Betreuung von Arbeitslosengeldbeziehern.

Die Geschichte westlicher Sozialstaaten ist in beiden Bereichen von einem wohlfahrtspluralistischen Zusammenspiel von Politik, Verwaltung, Verbänden, Sozialprofessionen und Privathaushalten geprägt, wenngleich im Rahmen unterschiedlicher nationaler Arrangements. Die Programmierung und die Implementierung von wohlfahrtsstaatlich vermittelten Transfers und Dienstleistungen erfolgen dementsprechend über ein komplexes Ineinandergreifen verschiedenartiger Handlungsorientierungen. Da ist zunächst die Eigendynamik von Wohlfahrtsbürokratien, die für die „Verwaltung des Sozialen" (Harrach u.a. 2000) zuständig sind und dabei zumindest teilweise eigensinnig operieren – im Sinne einer „bürokratischen Ethik" oder aber im Stil rigiden Amtshandelns. Hinzu kommt der Normenkodex sozialer und medizinischer Professionen. Dessen Geltung verschafft bestimmten Leistungserbringern politische Macht, aber gleichzeitig auch Spielräume für eine fachlich-autonome und vertrauensbasierte Arbeit mit Klienten und Patienten (Harrison/Smith 2004). Systemrelevant sind ferner diverse Vereinigungen und Verbände, die kollektive Anliegen in Steuerungsallianzen bzw. „Interessenregierungen" (Streeck/Schmitter 1985) einbringen, ihr Handeln aber häufig – sowohl organisationsintern als auch im Umgang mit „Steuerungspartnern" – auf den kleinsten gemeinsamen Nenner einstellen müssen. Solche Vereinigungen sind vielfach auch in die Praxis sozialer Daseinsvorsorge involviert; das gilt zum Beispiel für Gewerkschaften (als Selbstverwalter) oder für Wohlfahrtsverbände. Nicht unwesentliche Ingredienzien des „Wohlfahrtspluralismus" (Evers/Olk 1996) sind schließlich gemeinschaftliche bzw. familiäre Beziehungen, für die informelle, häufig aber auch unverbindliche Orientierungen charakteristisch sind. All dies prägt die soziale Daseinsvorsorge neben- und miteinander. Wohlfahrtssysteme unterliegen deshalb einer „multilevel governance" (van Kersbergen/van Waarden 2004: 149) bzw. reproduzieren sich über „multiple modes of governance" (Tenbensel 2005).

Betrachtet man formale Governance-Prozesse, so lassen sich verschiedene Steuerungslogiken unterscheiden: bürokratisch-administrative, netzwerkförmige und einzelvertragsbasierte bzw. marktnahe (Kaufmann 2002: 171-174; Tenbensel 2005). Bürokratisch-administrative Steuerung liegt vor, wenn amtliche Vorschriften die Vergabe von Transfers und Leistungen diktieren und es hauptsächlich darum geht, den Leistungsanspruch nach Recht und Gesetz, aber fallindividuell festzulegen. Einzelvertragsbasierte bzw. marktförmige Steuerungsformen werden durch Interaktionen nutzenorientierter Einzelakteure bzw. -organisationen auf der Basis unmittelbar verrechenbarer Leistungen und Gegenleistungen charakterisiert. In Wohlfahrtssystemen ist dies selten in Reinform anzutreffen – vielmehr gibt es eine Reihe regulierter Märkte für soziale oder gesundheitsbezogene Dienstleistungen, auf denen verschiedene Anbieter konkurrieren und mit öffentlichen Geldgebern zeitlich befristete Verträge abschließen, auf deren Grundlage sie dann auch um individuelle Kunden werben. Es handelt sich hier also um Formen der „quasi-market Governance"

(Brandsen 2004). Netzwerkförmige Steuerungen zeichnen sich dadurch aus, dass mehrere steuerungsrelevante Akteure (zum Beispiel Politiker, Berufsgruppen, Verwaltungsakteure, Verbände, Privatunternehmen) gezielt interagieren und sich dabei auch auf regulative Normen verständigen oder Verfahren der „co-Governance" (Kooiman 2003: 96) entwickeln. Dies umfasst auch Anstrengungen von Individuen und Bürgergruppen, sich praktisch oder kommunikativ in (häufig lokale) Kooperationsprozesse einzubringen – in Gestalt handfesten freiwilligen Engagements oder der Beteiligung an runden Tischen, Anhörungen, Mediationsverfahren etc. (Blomgren-Bingham u.a. 2005). Selbsthilfe und ehrenamtliche Aktivitäten, aber auch Bewegungshandeln und „political voice" stehen für „Governance-Leistungen der Zivilgesellschaft" (Schuppert 2004). Einen netzwerkförmigen Charakter können auch Koordinationsprozesse aufweisen, bei denen es um professionell-fachliche Standards geht (Tenbensel 2005). Die Abstimmung solcher Standards ist für bestimmte Felder der sozialen Daseinsvorsorge (zum Beispiel Altenhilfe) essenziell.

Struktur, Verlauf und Ergebnis der Governance of Welfare hängen nun ganz wesentlich davon ab, welche Koordinationsmechanismen jeweils zur Geltung kommen und wie sie aufeinander bezogen sind. Teilweise greifen hier strukturelle Momente: Die Zahlung staatlicher Renten beispielsweise ist steuerungstechnisch gesehen „monopolistisch", während bereits die (bürokratische) Gewährung von Leistungen einer gesetzlichen Krankenversicherung professionellen Beistand erfordert und insofern pluralisiert ist. Vieles hängt indes von der institutionell festgelegten Aufgabenverteilung ab: In einigen Ländern gibt es Selbstverwaltungsmechanismen im Sozialversicherungssektor, sodass hier potenziell plural(er) gesteuert wird. Ferner ist dort, wo soziale Hilfe aus einer (zum Beispiel kommunalen) Hand erbracht wird, der Governance-Prozess weniger stark pluralisiert als in den – international häufig anzutreffenden – Fällen einer Delegation der Aufgabenerfüllung an freie Träger. Sind deren Beziehungen zu öffentlichen Kostenträgern (wie Sozialämtern oder Körperschaften der Sozialversicherung) nach dem Modell der „quasi-market governance" organisiert, stellt sich das Steuerungsgeschehen strukturell anders dar als im Falle einer geplanten und konsensuell ausgehandelten Partnerschaft. Allgemein gilt: In der Governance of Welfare gibt es einiges an evolutionärer Dynamik und internationaler Varianz.

3 Der Wandel der Governance of Welfare

Westliche Wohlfahrtssysteme haben im Verlauf des 20. Jahrhunderts spezifische Governance-Konstellationen ausgebildet. Solche Konstellationen zeichnen sich durch die Dominanz (nicht Alleinherrschaft) bzw. eine spezifische Kombination einzelner Steuerungslogiken aus. Es existieren Steuerungskulturen, die – trotz nationaler Einfärbung – länderübergreifend in bestimmten historischen Phasen vorherrschen, im Zeitverlauf aber dynamisch sind. So erwies sich der Wohlfahrtspluralismus in vielen westlichen Ländern lange Zeit als hochgradig organisiert, das heißt planerisch koordiniert und inhaltlich standardisiert (Bode 2004). Von Sozialpartnern verwaltete Transfersysteme garantierten Unterstützungsansprüche im kodierten Leistungsfall (vor allem, aber nicht nur für Kerngruppen am Arbeitsmarkt), und im Bereich sozialer Dienste trafen Politik und Verwaltung verbindliche Arrangements mit gemeinnützigen Anbietern. Kostenträger vergaben Ressourcen und Vertrauen, die Leistungserbringer lieferten Kostennachweise für die von ihnen unterhaltene Infrastruktur (Personal, Einrichtungen). Dies korrespondierte mit expandierender Sozialstaatlichkeit sowie – besonders in einer Reihe kontinentaleuropäischer Gesellschaften – mit einer vergleichsweise weitreichenden Regulierung der Marktwirtschaft durch Politik und Verbände (Streeck 1999). Auch die Sozialprofessionen erwiesen sich als äußerst einflussreich. Allgemein herrschte eine optimistische Steuerungskultur, die auf konsensorientierte Aushandlung plus administrative Planung abstellte – wobei es Newcomer und Außenseiter häufig schwer hatten, in die auf Strukturbewahrung gepoolten Partnerschaftskartelle einzudringen.

Diese vielfach als korporatistisch bezeichnete Governance-Konstellation ist mittlerweile jedoch zum Auslaufmodell geworden. Der Wohlfahrtspluralismus nimmt einen zunehmend komplexeren Charakter an. Einerseits kommt es in den 1980er und 1990er Jahren zum Siegeszug des sogenannten New Public Management und – damit zusammenhängend – zur Verbreitung betriebswirtschaftlicher Rationalisierungskonzepte bei den für die Administration oder Produktion sozialer Daseinsvorsorge zuständigen Organisationen (→ Public Management und Public Governance). Man kann diese Entwicklung mit der Verengung von (Gewinn-)Verteilungsspielräumen in einer weniger wachstumsdynamischen und stärker internationalisierten Marktökonomie in Verbindung bringen, aber auch mit dem schleichenden Macht- und Kohäsionsverlust bis dato einflussreicher Kollektivakteure (Gewerkschaften, soziale Bewegungen, Sozialprofessionen). Der Formwandel von Marktökonomien und der Strukturwandel der Zivilgesellschaft (Brömme/Strasser 2001) scheinen einander zu ergänzen.

Jedenfalls sind im Sozialrecht weitreichende Veränderungen erfolgt – in Deutschland durch jene Gesetzesnovellierungen, die in den 1990er Jahren die sozialen Dienste, die Pflegeversorgung und das Gesundheitswesen betrafen, und, besonders einschneidend, im Zuge der sogenannten Agenda 2010. In den Transfersystemen geht es um die Neugestaltung des Verhältnisses zwischen Kostenträgern und Transferempfängern – der Bezug bestimmter Einkommensersatzleistungen wird verknüpft mit vertragsförmig fixierten Verhaltensaufforderungen (Aktivierung, Verpflichtung zu Eingliederungsmaßnahmen etc.), die die (Arbeits-)Marktgängigkeit von Sozialstaatsklienten erhöhen sollen (Trube 2004). Im Dienstleistungsbereich zielen die vorgenommenen Veränderungen auf die Abschöpfung von (unterstellten) Wirtschaftlichkeitsreserven in der Sozial- und Gesundheitsadministration (zum Beispiel durch Kassenwettbewerb) sowie bei Anbietern sozialer Dienste. Letztere sind mit einer (partiellen) Kontraktualisierung ihrer Beziehungen zu Kostenträgern konfrontiert und entwickeln dementsprechend einen wettbewerblichen Habitus (Dahme u.a. 2005). Grundlage dieser Vertragsbeziehungen werden auf numerischen Output gerichtete Evaluationen; Versuchen von Anbietern, unter Wettbewerbsdruck die Leistungsqualität latent einzuschränken, soll durch Qualitätskontrollen und stärkere Verbraucherrechte – also durch Kontextsteuerung – entgegengewirkt werden. Auch gewerbliche Anbieter wurden nun zugelassen bzw. an Public Private Partnerships beteiligt. Allgemein werden verstärkt nicht- oder parastaatliche Instanzen (Quangos) mit der Leistungsverwaltung und -erstellung betraut – was gemeinhin als Übergang vom Leistungs- zum Gewährleistungsstaat gedeutet wird (Nullmeier 2003) (→ Nationalstaat).

Unter diesen Bedingungen steht Governance nicht mehr – oder nicht mehr nur – für wohlfahrtsbürokratische Planung plus partnerschaftliche Koordinierung, sondern auch für marktliche Arrangements sowie für betriebliche Kosten-Nutzen-Orientierung, und zwar auf mehreren Ebenen: bei der sozialpolitischen Programmierung, im Verwaltungshandeln und bei der Leistungserstellung. Die für Marktökonomien konstitutive Dynamik von Risiko und Wettbewerb wird (gebrochen) ins Wohlfahrtssystem übertragen, Angebotsdifferenzierung, Verfahrensinnovationen und Kapital(re)generierung werden zur Daueraufgabe, das Wohlfahrtssystem unterliegt einem permanenten Des- und Reorganisationsprozess.

Andererseits gibt es jedoch Anzeichen einer netzwerkbasierten Dynamisierung von Partnerschaftsbeziehungen im Wohlfahrtssystem (→ Netzwerke). Manche Analysen akzentuieren gerade diesen Aspekt des Systemwandels und reservieren den Begriff Governance für Veränderungen, die über die beschriebene durch das New Public Management geprägte Desorganisationsdynamik hinausweisen. Diagnostiziert wird dabei eine Entwicklung hin zu mehr Co-Governance bzw. hin zu einer „new governance" auf Netzwerkbasis (Radcliffe/Dent 2005; ähnlich Jann/Wegrich 2004) – also die Herausbildung eines dritten Weges zwischen Top-down-Steuerung und Quasimarktherrschaft. Solche Ansätze können sich empirisch auf eine in der jüngeren Vergangenheit durchaus augenfällige Entwicklung stützen, die die Rolle nichtstaatlicher Akteure in der arbeitsteiligen Organisation der sozialen Daseinsvorsorge betrifft. Handelte es sich in der Epoche "durchorganisierter" Interakteurbeziehungen bei den zivilgesellschaftlichen Partnern des politisch-administrativen Systems in der Regel um hochgradig institutionalisierte und professionalisierte Organisationen, so hat sich seit Ende der 1970er Jahre eine neue Generation von Wohlfahrtspartnern herausgebildet, die für sich eine größere Nähe zu speziellen sozialen Bedürfnissen, eine stärkere Involvierung bürgerschaftlichen Engagements und nicht selten auch eine realistischere Haltung gegenüber den Möglichkeiten und Grenzen wohlfahrtsstaatlichen Handelns in Anspruch nehmen (Bode/Evers 2004). Kleinteilige Projekte, die Akzeptanz von Spotverträgen mit Kostenträgern und gemischte Arbeitsverhältnisse (halb ehrenamtlich, halb beruflich) sind für diese neuen Partner charakteristisch. Das, was viele Wohlfahrtssysteme seit langem ausgezeichnet hat – nämlich die Einbindung der Zivilgesellschaft in die soziale Daseinsvorsorge –, erscheint hier in einem neuen Gewand.

Wieweit es Sinn macht, solche Partnerschaften als paradigmatischen Ausdruck einer New Governance bzw. Substitution von Government *und* New Public Management im sozialstaatlichen Steuerungsprozess aufzufassen, ist allerdings streitbar. Abgesehen davon, dass die „third way story" (Tenbensel 2005: 277) den Wohlfahrtspluralismus *vor* dem Aufschwung des New Public Management unterschätzt, handelt es sich bei den neuen Formen zivilgesellschaftlicher Beteiligung bislang um ein zartes Pflänzchen. In Deutschland jedenfalls sind viele Programme und Maßnahmen, die sich an der Vision der bürgerschaftlichen Aktivierung orientieren, bislang kaum über den Status von Pilotprojekten hinausgekommen – was manche auf die begrenzte „‚Aktivierbarkeit' wohlfahrtsstaatlicher Adressaten" (Ullrich 2003) zurückführen. Zwar haben staatliche Instanzen und auch einige „big player" unter den traditionelleren Trägern der Daseinsvorsorge Initiativen ergriffen, um diese Vision mit Leben zu füllen – im „Modellverbund Soziale Stadt" oder im Hinblick auf die Mobilisierung des „neuen Ehrenamtes" über sogenannte „Freiwilligenagenturen". Im Vergleich zu den grundlegenden Umbauprozessen, die mit der Verbreitung des New Public Management bzw. betriebswirtschaftlicher Rationalisierungsprogramme verbunden sind, entfalten solche Initiativen bislang aber nur eine begrenzte Reichweite: Viele funktionieren nach dem Prinzip von „trial and error" und in einem durch Konkurrenz geprägten Fördersystem des „stop and go". Da sie Motivationsverluste provozieren und umfassendere bzw. längerfristige Kooperationsprozesse erschweren, laufen sie nicht selten Gefahr, weitere Desorganisationseffekte auszulösen.

4 Die internationale Perspektive

Ein wesentlicher – wenngleich meist unausgesprochener – Ertrag der international vergleichenden Wohlfahrtsstaatsforschung besteht in der Aufdeckung nationalspezifischer Steuerungskulturen. Die geläufigen, insbesondere durch die Arbeiten von Esping-Andersen (1990) popularisierten Regimetypologien lassen sich durchaus im Hinblick auf systemspezifische Governance-Konstellationen hin betrachten und zudem – wenigstens gebrochen – mit dem in Deckung bringen, was gemeinhin als „varieties of capitalism" bezeichnet wird (→ Wirtschaft). So überdecken sich die Unterschiede in den Steuerungskulturen zumindest teilweise mit dem, was in Vergleichen zwischen koordinierten und liberal-dezentralisierten Marktwirtschaften als differenzbildend gilt.

Die klassische Typologie von Esping-Andersen, die inzwischen weiter ausgefeilt worden ist (Arts/Gelissen 2002), sieht für nordeuropäische Gesellschaften ein sogenanntes sozialdemokratisches Regime, in dem staatlich-bürokratische Interventionen einen hohen Stellenwert einnehmen. Familiär-gemeinschaftliche Zuständigkeiten spielen eine ebenso geringe Rolle wie marktliche Organisationsformen. Dem gegenüber steht ein liberaler Typus, in dem die soziale Absicherung sowie – in Teilbereichen – der Zugang zu personenbezogenen sozialen Dienstleistungen in vergleichsweise starkem Maße über den Markt organisiert werden (das gilt beispielsweise für die Altersversorgung oder die Kinderbetreuung). Der sozialdemokratische und der liberale Regimetypus unterscheiden sich wiederum beide vom korporatistischen Modell, das in mehrerlei Hinsicht eine intermediäre Konfiguration aufweist: Strukturbildend sind hier eine eher verbandlich als staatlich organisierte (und stark am Arbeitnehmerstatus ausgerichtete) soziale Sicherung sowie die vergleichsweise starke Involvierung von Familien und nichtstaatlichen, gemeinnützigen Trägern in die soziale Daseinsvorsorge.

Man kann diese Differenzierungen unmittelbarer auf die oben genannten Steuerungslogiken beziehen. Einschlägig ist die Unterscheidung zwischen etatistischen, korporatistischen und pluralistischen Konstellationen: Etatistisch steht für zentralstaatlich-bürokratisch dominierte Wohlfahrtssysteme, korporatistisch für institutionalisierte Partnerschaften zwischen Staat und Verbänden. Als pluralistisch gelten Systeme, in denen verschiedene Akteure in fluktuierender und schwach regulierter Weise an Operationen des Wohlfahrtssystems beteiligt sind. Idealtypisch werden diese Konstellationen häufig mit einzelnen Ländern in Verbindung gebracht: Frankreich etwa gilt als etatistisch, Deutschland als korporatistisch und Großbritannien als pluralistisch (Merkel 2001). In der Realität von Wohlfahrtssystemen stellen sich diese Governance-Konstellationen allerdings selten als homogen dar. So hat es in der französischen Staatsadministration schon immer eine Parallelwirklichkeit lokalisierter Netzwerkbeziehungen gegeben (Gaudin 1998), während in Großbritannien immer auch

Wert auf eine zentralstaatlich-bürokratische Kontrolle (von Teilen) des Wohlfahrtssystems gelegt wurde (Newman 2003).

In evolutionärer Perspektive rücken mithin viele Regimeunterschiede in den Hintergrund. Zumindest gibt es gute Gründe, davon auszugehen, dass es in anderen Ländern so etwas wie funktionale Äquivalente zum deutschen „Wohlfahrtskorporatismus" gegeben hat (Bode 2004). Auch die liberalen und sozialdemokratischen Regime der Nachkriegsepoche erscheinen im Rückblick als Varianten einer hochgradig organisierten Governance-Konstellation. Denn in beiden Regimen lassen sich ein Trend zur inhaltlichen Standardisierung der Daseinsvorsorge sowie eine allgemeine Orientierung an planerischer Systemkoordination nachweisen. Belege dafür liefern beispielsweise die aktive Mitwirkung zivilgesellschaftlicher Organisationen an der Gestaltung von Sozialprogrammen in Nordeuropa und die quasikorporatistische Steuerung des britischen Gesundheitswesens in den Nachkriegsjahrzehnten.

Angesichts dieser gemeinsamen Vergangenheit europäischer Governance-Regime verwundert es denn auch nicht, dass die Diskussion über New Governance stark internationalisiert ist. Die deutsche Debatte scheint dabei maßgeblich durch konzeptionelle und teilweise auch politisch-institutionelle Entwicklungen in den angelsächsischen Gesellschaften inspiriert. Zumindest bei grober Betrachtung zeigt sich im Transformationsprozess westlicher Wohlfahrtssysteme ein länderübergreifender Mainstream, der sich aus beiden der im dritten Abschnitt skizzierten Tendenzen zusammensetzt. Was den Aspekt der Co-Governance betrifft, so haben in vielen Ländern Europas in der Tat mehr oder weniger weit reichende „Aktionseinheiten" von (para)staatlichen Instanzen einerseits und eher schwach institutionalisierten Initiativen bzw. Vereinigungen andererseits an Bedeutung gewonnen. Die politischen Eliten verfolgen ganz offensichtlich das Ziel, auf diese Weise neue zivilgesellschaftliche Ressourcen zu erschließen. Mindestens ebenso auffällig erscheint aber der internationale Trend hin zu einer volatilen, häufig quasimarktlich arrangierten Daseinsvorsorge in Verbindung mit outputzentrierter Evaluation und staatlicher Kontextsteuerung (→ Markt). Der Prozess der Desorganisierung – der Deregulierungen im Wirtschaftssystem, aber auch dem Strukturwandel der Zivilgesellschaft folgt – vollzieht sich mithin (ebenfalls) regimeübergreifend.

Dies gilt ungeachtet der Tatsache, dass sich Variationen in den nationalen Arrangements der New Governance ausmachen lassen. Das betrifft wiederum beide der oben genannten Aspekte – also die Assoziierung zivilgesellschaftlicher Akteure und den Rückgriff auf mehr marktliche bzw. einzelvertragliche Steuerung. Vergleicht man hier nur die britische, französische und deutsche Konstellation, so unterscheidet sich die Assoziierung neuer zivilgesellschaftlicher Partner vor allem im Hinblick auf die Verbindlichkeit von Kooperationen, aber auch in Bezug auf deren symbolischen Status. Letzterer ist in Großbritannien markant und in Deutschland eher schwach ausgebildet. Für die britische Staatsadministration ist die dezidierte Kooptation nichtstaatlicher Träger eher neu, in Deutschland besteht sie im Grundsatz bereits seit der Weimarer Republik – wobei der Kooptations*modus* sich hierzulande sukzessive zu lockern scheint. Aufgrund der zumindest in symbolischer Hinsicht ausgesprochen staatszentrierten Tradition des Wohlfahrtssystems in Frankreich wirkt der auf die „vie associative" gerichtete neue Partnerschaftsdiskurs dort vergleichsweise bahnbrechend, wenngleich die Kooptation nichtstaatlicher Träger *als solche* in diesem Land kein Novum darstellt.

Der Wandel in Richtung „quasi-market governance" scheint in Großbritannien am weitesten vorangeschritten. Das gilt zunächst für Aktivierungsprogramme im Bereich der Sozialtransfers, die nach dem Grundsatz von Leistung und (marktgängiger) Gegenleistung organisiert werden. Mit Hartz IV ist dieser Grundsatz auch in Deutschland mittlerweile fest etabliert. Im französischen Sozialhilferecht gibt es das Gegenleistungsprinzip zwar schon seit Ende der 1980er Jahre – es wird allerdings großzügig interpretiert. Ein ähnliches Gefälle ist im Bereich sozialer Dienste zu beobachten. In Großbritannien ist die unter Thatcher ausgebildete Vorstellung einer „Geschäftspartnerschaft" von Kostenträgern und Leistungserbringern durch New Labour zwar dadurch relativiert worden, dass es nun vermehrt um Qualität und Nachhaltigkeit gehen soll, die Grundlagen der quasi-market governance blieben jedoch weitgehend unangetastet. Deutschland befindet sich auf halbem Weg zum britischen Modell, wobei der Trend zu Wohlfahrtsmärkten durch die gewachsenen korporatistischen Strukturen gedämpft wird. Demgegenüber ist eine explizit auf mehr Markt und Wettbewerb zielende Steuerungssystematik in Frankreichs Wohlfahrtssystem nur an den Rändern zu beobachten – was nicht bedeutet, dass die für die New Governance charakteristische Outputorientierung nicht auch hier allgemein Platz greift.

Inwieweit sich hier jenseits des Mainstreams, der allgemein mit der Verflüssigung von Differenzen in den „varieties of capitalism" einhergeht (Crouch 2005), Systemunterschiede dauerhafter halten, bleibt abzuwarten. Ein *ent*differenzierender Einfluss könnte von der Europäischen Union ausgehen. Zumindest in Teilbereichen der sozialen Daseinsvorsorge sind seit einiger Zeit Versuche erkennbar, Governance-Prozesse transnational zu strukturieren, wodurch sich eine grenzüberschreitende Mehrebenensteuerung etablieren könnte (→ Europäische Union). Europaweit festgelegten *prozeduralen* Normen (zum Beispiel in Bezug auf grenzüberschreitende Gleichbehandlung) sowie deren Interpretation durch den Europäischen Gerichtshof kommt schon heute eine hohe Bedeutung zu. Perspektivisch geht es hier nicht einfach nur um die Harmonisierung von bestimmten Leistungsansprüchen, Ausschreibungsrichtlinien oder Regeln für öffentliche Zuwendungen. Vielmehr steht der institutionelle Status deutscher Sozialversicherungsträger (vor allem im Gesundheitswesen) sowie der Wohlfahrtsverbände zur Disposition – vor allem im Hinblick auf die Frage, ob Dienstleistungen in deren Wirkungsbereich den EU-weit einheitlich festgelegten Niederlassungs- und Wirtschaftsfreiheiten unterliegen (sollen), was etwa die besondere Förderung der Wohlfahrtspflege oder die Regulierungskompetenzen deutscher Krankenkassenverbände unterminierte.

Im Hinblick auf die *substanzielle* Seite der sozialen Daseinsvorsorge dürften europäische Regulierungen die nationalen Vorgaben für die sozialen Transfer- und Dienstleistungssysteme zunächst nur in Randbereichen bzw. im Hinblick auf Mindeststandards beeinflussen. Allerdings scheint die „offene Methode der Koordinierung" – die die Staatengemeinschaft zu einem an einheitlichen Kriterien ausgerichteten Vergleich bestehender nationaler Bestimmungen zwingt und deshalb vielfach auch als „soft regulation" bezeichnet wird – dafür zu sorgen, dass der oben beschriebene Mainstream der New Governance of Welfare „steuerungskulturell" an Boden gewinnt (Borrás/Jacobsson 2004). Möglicherweise ist diese

Entwicklung aber im Zuge der europäischen Verfassungsgebung bzw. der diesbezüglichen Abstimmungsergebnisse in Frankreich und den Niederlanden aufgehalten worden.

5 Ausblick

Welches sind die Folgen der dargelegten internationalen Entwicklungsdynamik? Ruft man sich die eingangs skizzierten Lesarten der New Governance of Welfare in Erinnerung, so setzen jene „Modernisierer“, die für mehr markt- und netzwerkförmige Steuerungen eintreten, auf Effizienzgewinne und zivilgesellschaftliche Eigeninitiative. Sozialunternehmer sorgen für frischen Wind, die Konzentration auf das Zähl- und Messbare macht Daseinsvorsorge billiger und adäquater. Die durch europäische Vorgaben arrondierte Deregulierung befördert Good Governance. Die Kritiker hingegen warnen vor restriktiven Wirkungen einer solchen New Governance of Welfare. Die Erzielung nachhaltiger Outcomes – also von Wohlfahrtsgewinnen, die kurzfristig nicht messbar sind und erst langfristig greifen – sowie eine an komplexen sozialen Problemlagen orientierte nachhaltige Verbesserungspraxis werden aus ihrem Blickwinkel durch marktförmige Steuerungen behindert. Flächendeckende Qualitäts- und Wohlfahrtsverluste sind unvermeidbar und auch mittels (letzten Endes) unverbindlicher Netzwerksteuerungen nicht korrigierbar. Auch die demokratische Legitimation der Steuerungsprozesse nimmt Schaden – nicht zuletzt angesichts der Wirtschaftsfreiheiten priorisierenden EU-Regulierungen.

Wer aber hat recht? Die rekonstruktiv-analytische Perspektive auf die Wandlung von Governance-Prozessen in Wohlfahrtssystemen legt nahe, dass sowohl die Modernisierer als auch deren Kritiker jeweils einen Teil der Wirklichkeit beschreiben. Die Krux der New Governance besteht gerade in deren widersprüchlichen Effekten. In demselben Maße, wie sie Akteure zu Innovationen und mehr Kreativität anregt oder Chancen auf lokale Positivsummenspiele eröffnet, erzeugt sie Verlierer, Kapitalvernichtung und Kontingenz im Hinblick auf die Qualität sozialer Daseinsvorsorge. Ebenso impliziert die Europäisierung von Steuerungskulturen, dass internationale Erfahrungen in heimischen Regulierungsarenen zum Thema werden, was Prozessinnovationen bzw. synergieträchtige Co-Governance-Konzepte befördern kann; gleichzeitig gerät soziale Daseinsvorsorge stärker in den Sog eines auf kurzfristigen Output fixierten Wettbewerbs, dessen Folgen wiederum durch nationale und europäische Kontextsteuerung (nach)bearbeitet werden.

Die New Governance of Welfare führt insgesamt zur Normalisierung von Ungleichzeitigkeit in dem Sinne, dass sie kreativ und zugleich zerstörerisch wirkt und somit systematisch für Leistungsschwankungen sorgt. Auf diese Weise entsteht ein dynamisches Nebeneinander von Wohlfahrtsgewinnen und -verlusten. Welche Effekte und wo genau sie erzielt werden, hängt in hohem Maße davon ab, wie Governance-Prozesse im Einzelnen arrangiert und gegebenenfalls qua Kontextsteuerung korrigiert werden. Ähnlich wie bei der Regulierung von Wirtschaftssystemen scheint die Kombinierbarkeit von Steuerungslogiken eher zu- als abzunehmen, obwohl unter dem Strich die Marktlogik relativ einflussreicher wird. Die zunehmende wechselseitige Beobachtung sowohl nationaler wie auch lokaler Variationen vergrößert das Repertoire an Steuerungsoptionen, und es wird nicht zuletzt von Entwicklungen in der Zivilgesellschaft abhängen, welche Optionen wie, wo und zu welchem Zweck zum Einsatz kommen. Trotz Mainstream ist die Zukunft also noch offen.

Literatur

Arts, Wil A./Gelissen, John, 2002: Three Worlds of Welfare Capitalism or More? A state-of-the-art report, in: Journal of European Social Policy 12 (2), 137-158.

Blomgren-Bingham, Lisa/Nabatchi, Tina/O'Leary, Rosemary, 2005: The New Governance. Practices and processes for stakeholder and citizen participation in the work of government, in: Public Administration 65 (5), 545-585.

Bode, Ingo, 2004: Disorganisierter Wohlfahrtskapitalismus. Die Reorganisation des Sozialsektors in Deutschland, Frankreich und Großbritannien. Wiesbaden: VS.

Bode, Ingo/Evers, Adalbert, 2004: From Institutional Fixation to Entrepreneurial Mobility? The German Third sector and its contemporary challenges, in: Adalbert Evers/Jean-Louis Laville (Hrsg.), The Third Sector in Europe. Cheltenham: Edward Elgar, 101-121.

Borrás, Susana/Jacobsson, Kerstin, 2004: The open method of co-ordination and new governance patterns in the EU, in: Journal of European Public Policy (11) 2, 185-208.

Brandsen, Taco, 2004: Quasi-Market Governance. An anatomy of innovation. Utrecht: Lemma Publishers.

Brömme, Norbert/Strasser, Hermann, 2001: Gespaltene Bürgergesellschaft. Die ungleichen Folgen des Strukturwandels von Engagement und Partizipation, in: Aus Politik und Zeitgeschichte (B 25-26), 6-14.

Crouch, Colin, 2005: Die Bedeutung von Governance für Vielfalt und Wandel, in: Max Miller (Hrsg.), Welten des Kapitalismus. Institutionelle Alternativen in der globalisierten Ökonomie. Frankfurt/New York: Campus, 101-126.

Dahme, Heinz-Jürgen/Wohlfahrt, Norbert, 2003: Aktivierungspolitik und der Umbau des Sozialstaats. Gesellschaftliche Modernisierung durch angebotsorientierte Sozialpolitik, in: Heinz-Jürgen Dahme/Hans-Uwe Otto/Achim Trube/Norbert Wohlfahrt (Hrsg.), Soziale Arbeit für den aktivierenden Staat. Opladen: Leske + Budrich, 37-56.

Dahme, Heinz-Jürgen/Kühnlein, Gertrud/Wohlfahrt, Norbert, 2005: Zwischen Wettbewerb und Subsidiarität. Wohlfahrtsverbände unterwegs in die Sozialwirtschaft. Berlin: Sigma.

Daly, Mary, 2003: Governance and Social Policy, in: Journal of Social Policy 32 (1), 113-128.

Esping-Andersen, Gøsta, 1990: The Three Worlds of Welfare Capitalism. Cambridge: Cambridge University Press.

Evers, Adalbert/Olk, Thomas, 1996: Wohlfahrtspluralismus – Analytische und normativ-politische Dimensionen eines Leitbegriffs, in: Adalbert Evers/Thomas Olk (Hrsg.), Wohlfahrtspluralismus. Vom Wohlfahrtsstaat zur Wohlfahrtsgesellschaft. Opladen: Westdeutscher Verlag, 9-60.

Gaudin, Jean-Pierre, 1998: Modern Governance, Yesterday and Today: Some clarifications to be gained from French government policies, in: International Social Science 55 (1), 47-55.

Harrach, Eva-Marie von/Loer, Thomas/Schmidtke, Oliver, 2000: Verwaltung des Sozialen. Formen der subjektiven Bewältigung eines Strukturkonflikts. Konstanz: UVK.

Harrison, Stephen/Smith, Carole, 2004: Trust and Moral Motivation. Redundant resources in health and social care?, in: Policy & Politics 32 (3), 371-386.

Huf, Stefan, 1998: Sozialstaat und Moderne. Modernisierungseffekte staatlicher Sozialpolitik. Berlin: Duncker & Humblot.

Jann, Werner/Wegrich, Kai, 2004: Governance und Verwaltungspolitik, in: Arthur Benz (Hrsg.), Governance – Regieren in komplexen Regelsystemen. Wiesbaden: VS, 193-214.

Kaufmann, Franz-Xaver, 2002: Sozialpolitik und Sozialstaat. Soziologische Analysen. Opladen: Leske + Budrich.

Kersbergen, Kees van/Waarden, Frans van, 2004: Governance as a Bridge between Disciplines. Cross-disciplanary inspiration regarding shifts in Governance and problems of governability, accountability and legitimacy, in: European Journal of Political Research 43 (2), 143-171.

Kooiman, Jan, 2003: Governing as Governance. London: Sage.

Merkel, Wolfgang, 2001: Sozialpolitik, in: Karl-Rudolf Korte/Werner Weidenfeld (Hrsg.), Trendreport Deutschland. Opladen: Leske + Budrich, 289-326.

Newman, Janet, 2003: Modernising Governance. New Labour, policy and society. 3. Auflage. London: Sage.

Nullmeier, Frank, 2003: Wohlfahrtsmärkte und Bürgerengagement in der Marktgesellschaft, in: Jutta Allmendinger (Hrsg.), Entstaatlichung und soziale Sicherheit. Verhandlungen des 31. Kongresses der Deutschen Gesellschaft für Soziologie in Leipzig 2002. Opladen: Leske + Budrich, 961-974.

Priddat, Birger P., 2004: New Governance. Sozialpolitik als human capital investment, in: Susanne Lütz/Roland Czada (Hrsg.), Wohlfahrtsstaat – Transformation und Perspektiven. Wiesbaden: VS, 91-106.

Radcliffe, James/Dent, Mike, 2005: From New Public Management to the New Governance?, in: Policy & Politics 33 (4), 617-622.

Schuppert, Gunnar Folke, 2004: Governance-Leistungen der Zivilgesellschaft, in: Dieter Gosewinkel/Dieter Rucht/Wolfgang van den Daele/Jürgen Kocka (Hrsg.), Zivilgesellschaft – national und transnational. WZB-Jahrbuch 2003. Berlin: Sigma, 245-264.

Streeck, Wolfgang, 1999: Korporatismus in Deutschland. Zwischen Nationalstaat und Europäischer Union. Frankfurt a. M./New York: Campus.

Streeck, Wolfgang/Schmitter, Philippe C., 1985: Gemeinschaft, Markt und Staat – und die Verbände? Der mögliche Beitrag von Interessenregierungen zur sozialen Ordnung, in: Journal für Sozialforschung 25 (2), 133-157.

Tenbensel, Tim, 2005: Multiple Modes of Governance: Disentangling the alternatives to hierarchies and markets, in: Public Management Review 7 (2), 267-288.

Trube, Achim, 2004: Die neue deutsche Arbeitsmarktpolitik und der Wandel des Sozialstaats, in: Sozialer Fortschritt 53 (3), 62-68.

Ullrich, Carsten, 2003: Die ‚Aktivierbarkeit' wohlfahrtsstaatlicher Adressaten. Zu den Grenzen aktivierender Sozialpolitik, in: Jutta Allmendinger (Hrsg.), Entstaatlichung und soziale Sicherheit. Verhandlungen des 31. Kongresses der Deutschen Gesellschaft für Soziologie in Leipzig 2002. Opladen: Leske + Budrich, 946-960.

Stephan Bröchler

3.12 Technik

Technische Innovationen versprechen Lösungen und verursachen Probleme. Kontroversen etwa um die Kernenergie, moderne Informations- und Kommunikationstechniken oder die Gentechnik zeigen, dass neue Techniken nicht nur eine Reihe technischer, sondern auch ökonomischer, ökologischer und politischer Probleme aufwerfen. Denn jede neue technische Innovation erzeugt notwendigerweise Paradoxien im gesellschaftlichen Umgang mit ihr (Simonis 1999: 150): Technische Innovationen erweitern und verschließen zugleich Handlungsmöglichkeiten; sie verringern und erzeugen zugleich Unsicherheit, und sie führen sowohl zur Stabilisierung als auch zur Destabilisierung der gesellschaftlichen Reproduktion. Die Einbettung technischer Innovationen in die Gesellschaft wird so zu einem problematischen, zuweilen konfliktären öffentlichen Prozess. Die Problematisierung ist zugleich Anstoß dafür, dass die Auseinandersetzung mit der Technikentwicklung zu einem Gegenstand sozialwissenschaftlicher Forschung wird (Mayntz 2001: 3).

Mit der Analyse der Chancen und Risiken der Einbettung technischer Innovationen in die Gesellschaft setzt sich eine Reihe sozialwissenschaftlicher Forschungsrichtungen, wie Institutionenökonomie, Technikgeneseforschung, Regionalforschung, Theorie großtechnischer Systeme, Risiko- und Gestaltungsforschung, politische Ökonomie, Technikrecht oder Technikpolitologie, auseinander, die unter dem Begriff sozialwissenschaftliche Technikforschung zusammengefasst werden (Lang/Sauer 1997: 14). Eine wichtige übergreifende Fragestellung lautet, ob und gegebenenfalls wie sich die Technikentwicklung durch den Staat steuern lässt. Analysen zur politischen Techniksteuerung untersuchen die Handlungsspielräume des Staates im Prozess der gesellschaftlichen Institutionalisierung technischer Systeme, um selbstgesetzten (politischen) Zielen Geltungskraft zu verleihen (Simonis 1992: 28-29). Doch einer staatlichen Techniksteuerung allein durch Regierungen oder Parlamente sind enge Grenzen gesetzt. Eine andere Richtung der sozialwissenschaftlichen Technikforschung konkretisiert die allgemeinen Probleme der Steuerungstheorie im Blick auf die Vermeidung von Technikrisiken und die Entwicklung von Handlungskorridoren im Umgang mit technischen Innovationen. Technikfolgenabschätzung (TA; im Rahmen dieses Beitrags wird der Begriff synonym mit Technikfolgenbewertung und Technology Assessment benutzt) sucht Wege, mithilfe wissenschaftlicher und kommunikativer Beiträge technikbezogene gesellschaftliche Probleme zu bearbeiten. Der Stand der Forschung sowohl zur Steuerungstheorie als auch zur Technikfolgenabschätzung zeigt, dass das Leitbild vom Steuerungszentrum Staat nicht mehr leitet. Es zeigt sich, dass Techniken im komplexen Zusammenwirken verschiedener staatlicher und nichtstaatlicher Akteure häufig in netzwerkartigen Strukturen gestaltet werden (Weyer 1997). Aus Sicht der Governance-Forschung erweisen sich die gewonnenen Erkenntnisse der sozialwissenschaftlichen Technikforschung als relevant. Bestätigt sich doch für den Bereich der Technikentwicklung auch hier die Kernaussage der Governance-Forschung, dass die Erfüllung komplexer Aufgaben immer weniger auf die Durchsetzungsmacht des vermeintlich souveränen Staates vertrauen kann, sondern dass Regierungen und Verwaltungen nur im Zusammenwirken mit anderen Akteuren ihre Aufgaben erfüllen können (Benz 2004: 17).

Governance stellt einen mehrdeutigen Begriff dar, dessen Verwendung für ein besseres Verständnis an dieser Stelle kurz präzisiert werden soll. Diesem Beitrag liegt ein analytisches Verständnis von Governance zugrunde (Benz 2004; Mayntz 2004; 2005). Das Erkenntnisinteresse der analytischen Perspektive liegt darin, mithilfe des Begriffs Governance die veränderte Rolle des Staates im Blick auf die Gesellschaft zu erforschen. Im Rahmen des analytischen Verständnisses lassen sich ein weiter und ein enger Governance-Begriff unterscheiden. In einem weiten Begriffsverständnis geht es um die Analyse aller Formen von Regelungsstrukturen im Spektrum von hoheitlichem Handeln staatlicher Akteure über unterschiedliche Formen des Zusammenwirkens der Akteursgruppen bis zu zivilgesellschaftlicher Selbstregelung (Mayntz 2004: 66). Im engeren Sinn untersucht Governance netzwerkartige Strukturen im Zusammenwirken staatlicher und zivilgesellschaftlicher Akteure (Benz 2004: 18). Der analytische Ansatz unterscheidet sich von einem Verständnis von Governance als einer normativen Vorstellung bzw. einem politischen Leitbild. Der spezifische Governance-Fokus dieses Beitrags liegt darin, dass das Zusammenwirken von Staat und zivilgesellschaftlichen Akteuren im Bereich der Technikentwicklung zum Gegenstand der Untersuchungen gemacht wird. Im Zentrum steht die Frage, welchen Beitrag Governance zur Analyse der Einbettung technischer Innovationen in die Gesellschaft leistet. Anknüpfungspunkte zu Problemstellungen und zum Verhältnis von Governance zur sozialwissenschaftlichen Technikforschung werden für drei Bereiche aufgezeigt. Am Beginn wird herausgearbeitet, wie Governance für die Analyse der politischen Techniksteuerung fruchtbar gemacht werden kann. Zur Lösung welcher Probleme der Techniksteuerung kann Governance beitragen? In einem zweiten Schritt wird gezeigt, worin der Gewinn der Anwendung der Governance-Perspektive auf die Technikfolgenabschätzung liegt. Wie hilft Governance die Leistungsfähigkeit des nationalen TA-Systems besser zu analysieren? Die Analyse der Bedeutung von Governance für die sozialwissenschaftliche Technikforschung steht noch am Beginn. Deshalb wird in einem dritten Schritt – zumindest exemplarisch – der Blick auf aktuelle Forschungsergebnisse gerichtet. Wie wird der Governance-Aspekt in aktuellen Studien zur Technikentwicklung in die Analysen einbezogen?

1 Politische Techniksteuerung und Governance

Eine wichtige Fragestellung innerhalb der sozialwissenschaftlichen Technikforschung lautet, ob und gegebenenfalls wie sich die Technikentwicklung durch den Staat steuern lässt. Daher geht es in diesem Abschnitt um die Frage, wie das Governance-Konzept zur Analyse der Techniksteuerung beiträgt. In welchen Bereichen lassen sich Anknüpfungspunkte für die Anwendung der Governance-Perspektive zur Analyse der Art und Weise der Techniksteuerung identifizieren?

Im Rahmen politischer Techniksteuerung wird die Fähigkeit staatlicher Akteure analysiert, im Prozess der Einbettung technischer Innovationen in die Gesellschaft eigene politische Ziele zur Geltung zu bringen. Politische Techniksteuerung macht sich zur Umsetzung dieses Forschungsprogramms die Erkenntnisse sowohl der allgemeinen Steuerungstheorie (Schimank 2006) als auch der sozialwissenschaftlichen Technikforschung (Mayntz 2001; Rammert 1998) zunutze. Eine zentrale Frage der Steuerungstheorie besteht darin, wie die Steuerungsfähigkeit von Staat und Politik einzuschätzen ist. Einerseits wird die Steuerungsfähigkeit des Staates bei der Bearbeitung kollektiver Aufgaben – besonders in der Durchsetzung regulativer Politik mit ihren Instrumenten Gebot, Verbot und Strafandrohung – (Mayntz 2004: 68) zunehmend infrage gestellt. Andererseits wird ein signifikanter Bedarf an politischer Steuerung diagnostiziert (Martinsen 1992: 51). In den Debattenbeiträgen zur politischen Techniksteuerung wird das Problem der Steuerung im Blick auf zwei Aspekte diskutiert:

Ein erster Weg, zur Lösung der Steuerungsfrage beizutragen, liegt in der Analyse der als gegensätzlich eingeführten Steuerungsformen *Planung* und *Evolution* (Martinsen 1992). Steuerung durch „Planung" orientiere sich an der Vorstellung, dass die zentralen politischen Institutionen die Fähigkeit besäßen, die gesellschaftliche Umwelt konzeptionell zu gestalten. Demgegenüber setze Steuerung durch „Evolution" auf Deregulierung und Entstaatlichung und somit auf Handlungsabstinenz des Staates im Blick auf die Gesellschaft. Im Rahmen dieser Analyse vermag keiner der beiden Steuerungstypen zu reüssieren. Im Gegenteil: Beide Steuerungsformen, so die These, erweisen sich als „suboptimal" (Martinsen 1992: 55). Steuerung durch Planung führe zu Staats- und durch Evolution zu Marktversagen. Der mögliche Ausweg aus der steuerungstheoretischen Sackgasse wird in der Suche nach einem dritten Weg gesehen. Doch auch hier zeichne sich ein gangbarer neuer Weg nicht ab. Funktionalistische Ansätze, normative Varianten der Handlungstheorie, Theorien strategischen Verhaltens, differenzierungstheoretische Ansätze, anwendungsorientierte Systemtheorie und Ansätze differenzieller Politik seien lediglich Syntheseversuche, die aus dem Anziehungsbereich des einen oder anderen Pols nicht heraustreten können.

Die Analyse der Debatte um einen dritten Weg der Steuerung eröffnet jedoch einen interessanten Anknüpfungspunkt für die Governance-Forschung. Angesichts der Fixierung auf die polare Konstruktion von Planung versus Evolution ermöglicht die Governance-Sicht eine Perspektivveränderung der politischen Techniksteuerung. Ausgangspunkt für die veränderte Sicht des Steuerungsproblems ist, dass sich Planung und Evolution aus Sicht von Governance nicht nur als Gegensatz interpretieren lassen, sondern in ihrem Wechselverhältnis zueinander für die Analyse fruchtbar gemacht werden können. Auf der Basis eines weiten Begriffes von Governance (Benz 2004: 17-18; Mayntz 2004: 66-67) eröffnet dies eine Forschungsperspektive, in der sich politische Techniksteuerung als Neben- und Miteinander unterschiedlicher Formen von rein staatlicher (Planung) bis zu rein zivilgesellschaftlicher Regelung (Evolution) untersuchen lässt. Die Perspektivveränderung eröffnet eine Perspektiverweiterung der politischen Techniksteuerung; denn nicht nur die reinen Steuerungsformen Planung und Evolution können zum Gegenstand analytisch orientierter Governance-Forschung gemacht werden, sondern auch das Spektrum an Steuerungs- und Koordinationsformen zwischen den Maximalpunkten des Kontinuums. In einem gewissen Sinn stellt Governance einen dritten Weg dar; jedoch nicht in einem normativen Sinn als Erfindung einer neuen Steuerungsform jenseits von Planung und Evolution, vielmehr in einem analytischen Verständnis als Instrument, um die Bandbreite sozialer Handlungskoordination zwischen beiden Polen besser verstehen zu können.

Einen zweiten Zugang unternimmt der Versuch, Handlungstheorie und Systemtheorie für die allgemeine Steuerungstheorie fruchtbar zu machen und daraus Konsequenzen für die politische Techniksteuerung zu ziehen (Simonis 1993; 1999). In der Debatte um die Steuerungsfähigkeit kommt beiden Theorien eine bedeutsame Rolle zu. Während systemtheoretische Ansätze die Steuerungsfähigkeit des Staates als sehr gering einschätzen, räumen handlungstheoretisch orientierte Ansätze dem Staat bedeutsamere Handlungsspielräume ein. Eine synthetisierende Position erschließt akteurspezifische Handlungsrationalitäten und die Rationalität von Systemen als sich ergänzende und wechselseitig bedingende Steuerungspotenziale (Simonis 1993: 40). Seit den 1990er Jahren wurde diese Perspektive im Rahmen der sozialwissenschaftlichen Technikforschung fortentwickelt. Sie soll es erlauben, die Art und Weise der Einbettung technischer Innovationen zu analysieren, und soll darüber hinaus als politisch gestaltendes Instrument dienen (Simonis 1999; 2001; Lang/Sauer 1997). Zentraler Ansatzpunkt ist ein Verständnis, bei dem Technik als komplexer sozialer Prozess verstanden wird (Lutz 1986). Sozialen und institutionellen Faktoren wird für den Erfolg von Innovationen eine entscheidende Bedeutung zugemessen (Lang/Sauer 1997: 14).

Die Kontextualisierung technischer Innovationen – ihre Institutionalisierung (→ Neoinstitutionalismus) – lässt sich nicht als ein linear fortschreitender Prozess begreifen, eine Vorstellung, die noch dem technikdeterministischen Denken zugrunde lag. Analysen, besonders zur Technikgenese (Rammert 1998), zeigen, dass sich Technikentwicklung als mehrstufiger Selektionsprozess mit unterschiedlichen Akteuren in häufig langwierigen und rekursiven Entwicklungs- und Gestaltungsnetzwerken vollzieht (Krohn 1997; Weyer 1997). Im Innovationsprozess werden unterschiedliche Phasen differenziert: Invention einer neuen technischen Möglichkeit, Erforschung und Erprobung der technischen Realisierbarkeit und Einbettung der neuen technischen Problemlösung in die gesellschaftliche Anwendung und Nutzung. Der letzten Phase kommt für die Kontextualisierung eine zentrale Bedeutung zu. Hier bedürfen die Geräte der Gestaltung im Rahmen eines Funktionsraumes, in dem soziale Praktiken, Nutzungsweisen, Konsumgewohnheiten oder auch neue Märkte sowohl erfunden als auch institutionalisiert werden müssen (Lang/Sauer 1997: 19). Analytisch sind bei der Bearbeitung technischer Innovationen unterschiedliche gesellschaftliche Teilsysteme zu unterscheiden, die institutionell an diesem Prozess beteiligt sind: wissenschaftlich-technisches, ökonomisches, soziokulturelles und politisch-rechtliches System (Simonis 1999: 165-166).

Die Ausgangsfrage, ob staatlichen Akteuren im modernen Staat (→ Nationalstaat) Steuerungspotenziale zukommen, wird für den Bereich der Technikentwicklung bejaht. Potenziale der politischen Techniksteuerung werden in Beteiligung, Entwicklung von Leitbildern, Pluralismus und institutionellem Inkrementalismus lokalisiert (Simonis 1993: 52). Aus Sicht der politischen Techniksteuerung kommen Staat und Politik bei der Schaffung institutioneller Bedingungen für Innovationsfähigkeit, besonders durch Kontext- und Paradigmensteuerung, wichtige Steuerungs- und Koordinationsfunktionen bei der Einbettung von technischen Innovationen in die Gesellschaft zu (Lang/Sauer 1997: 27). Aufgaben werden vor allem im Bereich der systemischen und intersystemischen Koordination auf Handlungsebenen in Mehrebenensystemen, im Bereich der Konfliktbewältigung und der Konsensfindung identifiziert (Simonis 1999: 171). Aus Sicht der politischen Techniksteuerung zeigt sich eine hohe Anschlussfähigkeit zu Governance. In weiten Bereichen lässt sich politische Techniksteuerung als ein konkretisierter Gegenstandsbereich von Governance verstehen: Beide teilen die hohe Bedeutung des Zusammenwirkens von staatlichen und privaten Akteuren für das Problemlösungshandeln (Simonis 1999: 171; Mayntz 2004: 68). Politische Techniksteuerung wie Governance nehmen die Leistungsfähigkeit von Institutionensystemen in den Blick (Lang/Sauer 1997: 14; Benz 2004: 20). Übereinstimmung zeigt sich auch in der Einschätzung der Bedeutung von netzwerkartigen Strukturen (Lang/Sauer 1997: 27; Benz 2004: 18). Ein gemeinsamer Nenner liegt weiterhin im geteilten Verständnis der Relevanz von Verhandlungen zwischen „divergierenden partikularen Interessen und ihrer Fähigkeit zum wechselseitigen Ausgleich und damit zur gemeinsamen Problemlösung" (Mayntz 2005: 18). In beiden Konzepten wird im Blick auf staatliche Akteure eine Schwerpunktverlagerung des kooperativen Staates hin zu Koordinationsaufgaben festgestellt (Lang/Sauer 1997: 28; Mayntz 2005: 15).

Im Blick auf die Konvergenzen ist aus Sicht der politischen Techniksteuerung besonders die Forschungsperspektive des engen Begriffes von Governance anschlussfähig. Denn mithilfe dieser Governance-Orientierung lassen sich die horizontalen und netzwerkartigen Strukturen des Zusammenwirkens zwischen staatlichen und bürgergesellschaftlichen Akteuren im Rahmen von (Innovations-)Netzwerken analysieren (→ Netzwerke). Trotz der offensichtlichen Übereinstimmungen ist politische Techniksteuerung mehr als ein Anwendungsfall von Governance. Eine wichtige Differenz liegt im „Problemlösungsbias" (Mayntz 2005: 17) von Governance. Im Zentrum des Interesses von Governance steht die Analyse der gelungenen bzw. der misslungenen Problemlösung. Mit dieser Fixierung werden Fragen von Machterhalt und Machterwerb ausgeblendet (Mayntz 2004: 74). Der Ansatz der politischen Techniksteuerung teilt diese selektive Perspektive nicht. Im Rahmen der politischen Techniksteuerung wird die Politisierung der Technik als strukturelle Voraussetzung mitgedacht (Simonis 1993: 42). Deutlich wird dies beispielsweise, wenn Studien auf die Bedeutung von Machtpotenzialen einzelner Akteure für Tempo und Richtung technischer Entwicklungen aufmerksam machen (Werle 1995) oder wenn die Entwicklung technischer Systeme als Generierung und Verteilung von Risikopotenzialen definiert wird (Simonis 1999: 156).

2 Governance-Perspektiven in der Technikfolgenabschätzung

Einen weiteren Ansatz, der sich der sozialwissenschaftlichen Technikforschung und ihrem Interesse an der Analyse der Einbettung technischer Innovationen in die Gesellschaft zuordnen lässt, stellt die Technikfolgenabschätzung (Bröchler u.a. 1999) dar. Unter dem Begriff TA werden im Weiteren wissenschaftliche und kommunikative Beiträge zusammengefasst, die darauf abstellen, einen Beitrag zur Lösung technikbezogener gesellschaftlicher Probleme zu leisten (Grunwald 2002: 52-53). TA beinhaltet einen breiten Zielkranz (Paschen 1991: 20-21): Erforschung und Bewertung der Bedingungen und potenziellen Auswirkungen der Einführung und Anwendung von Techniken, Identifikation und Analyse gesellschaftlicher Konfliktfelder, die aus der Anwendung und Nutzung von Technik resultieren, Aufzeigen und Überprüfung der Handlungsmöglichkeiten zur Verbesserung der Technik und der Art und Weise ihrer Anwendung. TA lässt sich dabei als ein reflexiver Steuerungsmechanismus in Politik, Wirtschaft und Gesellschaft verstehen, der auf die Veränderung von Technisierungsprozessen abstellt (Simonis 2001: 432). Der Beitrag von TA für die Politik liegt darin, eine wissenschaftliche Informationsbasis für die staatlichen Akteure bereitzustellen, mit deren Hilfe sie in die Lage versetzt werden, antizipativ und kontrollierend auf die Technikentwicklung einzuwirken (Bechmann 1991: 60). Im Rahmen eines reaktiven, unkoordinierten, inkrementellen, intransparenten und pfadabhängigen Prozesses kommt es in Deutschland seit Ende der 1970er Jahre zur Institutionalisierung unterschiedlicher TA-Verfahren und TA-Kapazitäten (Simonis 2001: 435). Ansatzpunkt für die Governance-Perspektive ist die Frage, wie die Leistungsfähigkeit der institutionalisierten Strukturen von TA bei der Bearbeitung von Technikkonflikten einzuschätzen ist. Leistet TA einen Beitrag zur Lösung der technikbezogenen Konflikte der Gesellschaft? Zum heutigen Zeitpunkt steht die Analyse der Relevanz von Governance für TA noch am Beginn. Trotz der frühen Phase, in der eine solche Analyse unternommen wird, zeigen Entwicklungen, dass die TA-Community das Thema Governance zunehmend aufgreift.

In den Beiträgen zur Technikfolgenabschätzung vollzieht sich ein Perspektivwechsel (Simonis 2001; Grunwald 2002). Während früher die Ausdifferenzierung verschiedener TA-Verfahren, wie strategischer TA, konstruktiver TA, parlamentarischer TA, partizipativer TA oder deliberativer TA, mit dem Argument kritisiert wurde, Prämissen und Ziele des „Idealkonzeptes“ mehr als minder gravierend zu verfehlen, setzt sich eine neue Sichtweise durch. Thematisiert wird nun prima facie das Gemeinsame in den Ansätzen (Grunwald 2002: 156). Unterschiede werden nicht mehr als Abweichung vom „richtigen“ TA-Konzept, sondern mit spezifischen kontextuellen Erwartungen, Problemen und Hintergründen jedes einzelnen Ansatzes erklärt (Paschen 1999). Die veränderte Sichtweise ist Ausdruck einer Entwicklung, in deren Folge die Technikfolgenabschätzung und ihre unterschiedlichen Verfahren zunehmend als ein ausdifferenziertes Institutionensystem interpretiert werden. Der Gewinn, der aus dieser Sicht gewonnen werden kann, liegt darin, dass das institutionalisierte TA-System in den Blick genommen wird. Analytisch wird das deutsche TA-System als eine ausdifferenzierte Regelungsstruktur verstanden, die auf die Bearbeitung unterschiedlicher technikbezogener gesellschaftlicher Problemkonstellationen spezialisiert ist. Jedes TA-Verfahren kennzeichnet dabei ein spezifisches Vermittlungsregime (Simonis 2001: 435-443): Strategische TA zielt auf die Steigerung der Rationalität von Entscheidungen in Staat und Unternehmen; konstruktive TA will einen Beitrag zur wirtschafts-, umwelt- und sozialverträglichen Gestaltung ganz konkreter soziotechnischer Systeme leisten; parlamentarische TA dient zur Unterstützung der Willensbildung und der Stärkung der Entscheidungskompetenz der Parlamentarier; partizipativer TA geht es um gesellschaftliche Konsensbildung und die Mitgestaltung von Technisierungsprozessen; deliberative TA intendiert die „Erfindung“ verallgemeinerungsfähiger Handlungsnormen.

Das Verständnis von TA als einer institutionalisierten problembearbeitenden Regelungsstruktur schlägt die Brücke zu Governance. Aus Governance-Sicht wird das nationale TA-System mit seinen unterschiedlichen TA-Verfahren als Regelungsstruktur mit unterschiedlichen Formen von Governance interpretiert (Bröchler 2005: 348-349). Die verschiedenen TA-Ansätze werden als differente Verhandlungssysteme begriffen, in denen staatliche, wissenschaftliche und zunehmend auch zivilgesellschaftliche Akteure in unterschiedlichen Konstellationen kooperieren (→ Verhandlungen). Angeregt werden Forschungen zur Analyse der Bedingungen des Erfolgs bzw. Misserfolgs des Zusammenwirkens staatlicher und bürgergesellschaftlicher Akteure im Bereich der Technikfolgenabschätzung (Bröchler 2005: 350-351). Auf Forschungsbedarfe wird hier für drei Bereiche hingewiesen: Analysen zur Problemlösungsfähigkeit des bestehenden TA-Regelungssystems, Untersuchungen der Willensbildungs- und Entscheidungsprozesse in TA-Regelungsprozessen (unter Einschluss herrschaftssoziologischer Aspekte wie Macht, Herrschaft und Interesse) sowie die Erforschung der Fähigkeit zur Selbststeuerung und Koordination des Governance-Systems der TA. In der vorgeschlagenen Forschungsperspektive kommt ein analytisches Verständnis von Governance (Benz 2004; Mayntz 2004) zum Ausdruck. Im Unterschied zu einer normativ orientierten Governance-Perspektive wird nicht bereits aus dem Vorhandensein einer Regelungsstruktur des Zusammenwirkens im Bereich der Technikfolgenabschätzung die Lösung der technikbezogenen gesellschaftlichen Probleme erwartet. Aus Sicht des analytischen Governance-Ansatzes kann die Frage der Leistungsfähigkeit erst mithilfe der Forschung beantwortet werden. Aus dieser Orientierung folgt zweitens, dass Technikfolgenabschätzung sich nicht auf Governance reduziert. Im Blick auf die Ausdifferenziertheit sowohl von TA, als auch von Governance-Ansätzen griffe ein solches Verständnis notwendigerweise zu kurz. Aus Sicht des skizzierten Verständnisses stellt Governance ein spezifisches Instrument zur Analyse des Systems von Technikfolgenabschätzung dar.

3 Governance-Sichtweisen in Policy-Analysen zur Technikentwicklung

Im folgenden Abschnitt wird die Bedeutung von Governance in Studien zur Technikentwicklung in den Blick genommen. Governance als eine explizite Forschungsperspektive steht zwar noch am Beginn, doch es zeigt sich, dass die veränderte Sichtweise im Rahmen von Studien zur Technikentwicklung bereits fruchtbar gemacht wird. Im Rahmen dieses Beitrags kann lediglich für zwei Technikbereiche die Relevanz von Governance angedeutet werden. Am Beispiel des konvergenten Kommunikationssektors (Mediamatik) und der Nanotechnologie wird dargestellt, wie Governance-Sichtweisen in die Forschung einbezogen werden.

Ein Bereich innerhalb der sozialwissenschaftlichen Technikforschung, in dem explizit Governance als Forschungsperspektive zur Anwendung kommt, sind Analysen zur *Mediamatik,* also zu den Veränderungen des gesellschaftlichen Kommunikationssystems besonders im Blick auf die Konvergenz von elektronischen und nichtelektronischen Massenmedien sowie der Telekommunikation, wobei dem Computersektor eine verbindende Rolle zugemessen wird (Latzer u.a. 2002: 18). Ausgangspunkt der Studien ist die Diagnose, dass im Übergang zur Informationsgesellschaft die traditionellen Instrumente staatlicher Steuerung im konvergenten Kommunikationssektor in die Krise geraten. Als Reaktion auf die Steuerungskrise wird eine Transformation von Staatlichkeit im Bereich der Mediamatik diagnostiziert (Latzer u.a. 2002: 7). Es bilden sich neue Formen des Zusammenwirkens staatlicher und bürgergesellschaftlicher Akteure. Unabhängige Regulierungsbehörden für Medien und Telekommunikation werden gegründet. Im Rahmen der Analysen wird die Bedeutung der Selbst- und Koregulierung im veränderten Regulierungssystem der Mediamatik erforscht. Mithilfe des analytischen Governance-Ansatzes werden die institutionelle Struktur von Selbst- und Koregulierung im österreichischen Mediamatiksektor sowie dessen Einbettung in das nationale Regulierungssystem untersucht und um Ergebnisse ausgewählter Länderbeispiele angereichert. Die Analysen der Transformation von Staatlichkeit in der Mediamatik mithilfe der Governance erweisen sich als ertragreich. Es werden Einblicke in die Praxis der Selbst- und Koregulierung im Mediamatiksektor vermittelt und Erkenntnisse über Anwendungsmuster, Funktionsweisen, Regulierungsinstrumente und die Involvierung von Stakeholdern deutlich gemacht. Den Forschungen zur Mediamatik liegt dabei ein weiter Begriff von Governance zugrunde. Unterschiedliche Ausprägungen der Selbst- und Koregulierung werden auf einem Kontinuum zwischen Markt und Staat nach dem Grad staatlicher und privater Involvierung verortet (Latzer u.a. 2002: 160). Um die unterschiedlichen Formen des Zusammenwirkens auf dem Kontinuum abbilden zu können, wird ein Analyseraster mit 17 unterschiedlichen Kategorien entwickelt. Der entwickelte Analyseraster kann als Grundlage für weitere komparative Untersuchungen dienen. Die Ergebnisse der Forschungen zeigen, dass im Bereich der Mediamatik eine Erweiterung des klassischen Government in Richtung Governance stattfindet. Vertikal lässt sich eine verstärkte Mehrebenenregulierung im Mediamatiksektor feststellen (→ Multilevel Governance). Horizontal kommt es zur stärkeren Einbindung privater Akteure in den Regulierungsprozess (Latzer 2006: 12). Perspektivisch wird eine weitere Zunahme von Selbst- und Koregulierung besonders bei internetbasierten Diensten prognostiziert.

Als zweites Beispiel für die Relevanz von Governance in der sozialwissenschaftlichen Technikforschung kann die *Nanotechnologie* gelten (Paschen u.a. 2003). Zu Beginn des 21. Jahrhunderts stellt Nanotechnologie eine Zukunftstechnologie dar, für die sich zwar Konfliktpotenziale benennen lassen, in der es jedoch noch zu keinen manifesten Technikkonflikten gekommen ist. In der öffentlichen Wahrnehmung herrscht ein positives Meinungsbild vor (Schaper-Rinkel 2006: 1). Diese Stimmung wird durch Hoffnungen gespeist, die neue Technologie trage als Zukunftstechnologie zur Lösung etwa von Umweltproblemen, zur optimierten Ressourceneffizienz und zur Verlängerung des Lebens bei. Doch regen sich auch Zweifel im Blick auf die möglichen Risiken in den Bereichen Gesundheit, Umwelt oder Datenschutz. Ob sich eher die Chancen oder die Risiken bewahrheiten, ist heute noch eine weitgehend offene Frage, denn die Nanotechnologie als technische Innovation befindet sich erst am Anfang ihrer Entwicklung und gesellschaftlichen Einbettung. Vor dem Hintergrund dieser Ausgangslage sollen im Rahmen des Projektes „Politik der Nanotechnologie. Leitbilder und technologiepolitische Strategien im internationalen Kontext" an der Freien Universität Berlin Innovationspfade und politische Gestaltungsmöglichkeiten der Nanotechnologie ausgeleuchtet werden. Publikationen im Rahmen des Forschungsprojektes (Schaper-Rinkel 2006) erlauben eine erste Einschätzung der Bedeutung von Governancestrukturen für den politischen Umgang mit der Nanotechnologie zu Beginn ihrer gesellschaftlichen Kontextualisierung. Vor dem Hintergrund eines weiten Begriffes von Governance wird gezeigt, dass im Bereich der Nanotechnologie unterschiedliche Governance-Formen institutionalisiert sind. Die Bandbreite reiche von traditionellen Formen hoheitlicher staatlicher Steuerung über kooperative Verhandlungssysteme bis hin zu Formen der gesellschaftlichen Selbststeuerung. Es zeichnet sich eine heterogene Governance-Struktur ab: Zum einen finden sich Regelungsstrukturen, die zum Ziel haben, durch Bereitstellung von erheblichen staatlichen Finanzmitteln Nanotechnologie im Rahmen von Standortpolitik zu fördern. Zum anderen wird eine Governance-Struktur diagnostiziert, die durch unterschiedliche Formen des kooperativen Zusammenwirkens staatlicher Akteure, von Expertengemeinschaften und Umweltakteuren charakterisiert ist: „Regierungen, Industrie, Wissenschaft und NGOs sind gemeinsam in vielfältigen Foren miteinander im Gespräch und stellen gemeinsam ein hohes Wissensdefizit über die Auswirkungen der technologischen Entwicklung fest" (Schaper-Rinkel 2006: 14-15). Als problematisch wird festgestellt, dass die Governance-Formen nicht aufeinander bezogen, sondern voneinander abgekoppelt sind. So drohe, dass auf der einen Seite Forschung und schnelle Umsetzung nanotechnologischer Anwendungen vorangetrieben werden, während auf der anderen Seite die Dialoge in den partizipativen Verfahren folgenlos blieben. Die Befunde über die Konstruktion der Governance-Struktur im Bereich der Nanotechnologie sind in hohem Maße anschlussfähig an die sozialwissenschaftliche Technikforschung. Dies gilt besonders im Hinblick auf mögliche zukünftig auftretende Technikkonflikte im Bereich der Nanotechnologie, wie sie bereits von der Schweizer Rückversicherungsgesellschaft Swiss-Re unter dem Begriff des möglichen „revolutionären Risikos" thematisiert werden (Swiss Re 2004: 40). Zum heutigen Zeitpunkt erweist sich die Governance-Struktur als funktional, ermöglicht sie doch scheinbar den Gleichklang einerseits traditioneller Innovationspolitik mit dem Fokus auf Standortpolitik und Wettbewerbsförderung und andererseits sozialer Befriedung durch partizipative Verfahren. Aus Sicht der sozialwissenschaftlichen Technikforschung erscheint es jedoch nicht nur sehr fraglich, ob diese Regelungsstrukturen eine soziale Einbettung nanotechnologischer Anwendungen befördern können, sondern es ist auch ungewiss, ob sich die augenblickliche Governance-Struktur im Fall eines auftretenden Technikkonfliktes als belastbar erweist.

4 Fazit

Ausgangspunkt des Beitrags war die Erkenntnis, dass jede technische Innovation notwendigerweise Paradoxien erzeugt. Eine „Lösung" des Zukunftsparadoxes kann es nicht geben, sonst wäre es kein Paradoxon. Doch sozialwissenschaftliche Technikforschung trägt mit ihren Analysen zur Einbettung technischer Innovationen in die Gesellschaft dazu bei, zumindest die Bearbeitung dieser Paradoxien ein Stück weit zu verbessern. Für den Bereich der sozialwissenschaftlichen Technikforschung lässt sich festhalten, dass der Einbezug von Governance einen wichtigen forschungsstrategischen wie auch – in Ansätzen – empirischen Beitrag für die Analyse der Technikentwicklung leistet. Bezüglich der Frage nach der Möglichkeit politischer Techniksteuerung erlaubt der Governance-Ansatz Erweiterungen bisheriger Perspektiven. Doch die Analyse zeigt auch die Grenze der Anwendung. Denn politische Techniksteuerung lässt sich nicht sinnvoll auf den Governance-Fokus reduzieren. Für den Bereich der Technikfolgenabschätzung zeigt sich ebenfalls, wie fruchtbar die Governance-Orientierung aus forschungsstrategischer Sicht ist. Der analytische Ansatz erweist sich für den Bereich der Technikfolgenabschätzung als Perspektiverweiterung und -ergänzung.

Denn die Erkenntnis, dass die verschiedenen TA-Verfahren als eine Regelungsstruktur mit unterschiedlichen institutionalisierten Formen von Governance-Regimen interpretiert werden können, ermöglicht es, die Leistungsfähigkeit von TA als System besser zu erforschen. Wiederum zeigen sich Differenzen, die dazu führen, dass Governance von Technik und Technikfolgenabschätzung nicht in eins gesetzt werden können. Schließlich verdeutlicht der Blick in die Forschungspraxis, dass sich die sozialwissenschaftliche Technikforschung die Governance-Perspektive bereits aneignet und produktiv in die Analysen zur Technikentwicklung einbezieht.

Literatur

Bechmann, Gotthard, 1991: Folgen, Adressaten, Institutionalisierungs- und Rationalitätsmuster. Einige Dilemmata der Technikfolgen-Abschätzung, in: Thomas Petermann (Hrsg.), Technikfolgen-Abschätzung als Technikforschung und Politikberatung. Frankfurt a.M./New York: Campus, 43-71.

Benz, Arthur (Hrsg.), 2004: Governance – Modebegriff oder nützliches sozialwissenschaftliches Konzept?, in: Arthur Benz, Governance – Regieren in komplexen Regelsystemen. Eine Einführung. Wiesbaden: VS, 11-28.

Bröchler, Stephan, 2005: Governance in der Technikfolgenabschätzung. Eine Annäherung, in: Alfons Bora/Michael Decker/Armin Grunwald/Ortwin Renn (Hrsg.), Technik in einer fragilen Welt. Die Rolle der Technikfolgenabschätzung. Berlin: Edition Sigma, 341-352.

Bröchler, Stephan/Simonis, Georg/Sundermann, Karsten (Hrsg.), 1999: Handbuch Technikfolgenabschätzung (3 Bd.). Berlin: Edition Sigma.

Grunwald, Armin, 2002: Technikfolgenabschätzung – Eine Einführung. Berlin: Edition Sigma.

Krohn, Wolfgang, 1997: Rekursive Lernprozesse: Experimentelle Praktiken in der Gesellschaft – Das Beispiel der Abfallwirtschaft, in: Technik und Gesellschaft, Jahrbuch 9. Frankfurt a.M.: Campus, 411-433.

Lang, Christa/Sauer, Dieter, 1997: Paradoxien der Innovation. Perspektiven eines gesellschaftlichen Innovationsmanagements unter den Bedingungen der Globalisierung (Programm), in: Verbund sozialwissenschaftliche Technikforschung: Mitteilungen, Heft 19. München: Druckerei Novotny, 9-39.

Latzer, Michael, 2006: Medien- und Telekommunikationspolitik. Unordnung durch Konvergenz – Ordnung durch Mediamatikpolitik, in: Institut für Technikfolgen-Abschätzung, manu:script, Heft 06. Wien.

Latzer, Michael/Just, Natascha/Saurwein, Florian/Slominski, Peter, 2002: Selbst- und Ko-Regulierung im Mediamatiksektor. Alternative Regulierungsformen zwischen Staat und Markt. Wiesbaden: Westdeutscher Verlag.

Lutz, Burkhart, 1986: Das Ende des Technikdeterminismus und die Folgen – soziologische Technikforschung vor neuen Aufgaben und neuen Problemen, in: Burkhart Lutz (Hrsg.), Technik und sozialer Wandel. Verhandlungen des 23. Deutschen Soziologentages in Hamburg. Frankfurt a.M./New York: Campus, 34-51.

Martinsen, Renate, 1992: Theorien politischer Steuerung – auf der Suche nach dem dritten Weg, in: Klaus Grimmer/Jürgen Häusler/Stefan Kuhlmann/Georg Simonis (Hrsg.), Politische Techniksteuerung. Berlin: Edition Sigma, 51-73.

Mayntz, Renate, 2001: Triebkräfte der Technikentwicklung und die Rolle des Staates, in: Georg Simonis/Renate Martinsen/Thomas Saretzki (Hrsg.), Politik und Technik – Analysen zum Verhältnis von technologischem, politischem und staatlichem Wandel am Anfang des 21. Jahrhunderts (PVS-Sonderheft 31/2000). Wiesbaden: Westdeutscher Verlag, 3-18.

Mayntz, Renate, 2004: Governance im modernen Staat, in: Arthur Benz (Hrsg.), Governance – Regieren in komplexen Regelsystemen. Eine Einführung. Wiesbaden: VS, 65-76.

Mayntz, Renate, 2005: Governance Theory als fortentwickelte Steuerungstheorie?, in: Gunnar Folke Schuppert (Hrsg.), Governance-Forschung. Vergewisserung über Stand und Entwicklungslinien. Baden-Baden: Nomos, 11-20.

Paschen, Herbert, 1991: Einige Probleme bei der Realisierung des TA-Konzepts, in: Thomas Petermann (Hrsg.), Technikfolgen-Abschätzung als Technikforschung und Politikberatung. Frankfurt a.M./New York: Campus, 95-119.

Paschen, Herbert, 1999: Technikfolgenabschätzung in Deutschland – Aufgaben und Herausforderungen, in: Thomas Petermann/Reinhard Coenen (Hrsg.), Technikfolgenabschätzung in Deutschland. Bilanz und Perspektiven. Frankfurt a.M./New York: Campus, 47-62.

Paschen, Herbert/Coenen, Christopher/Fleischer, Torsten/Grünwald, Reinhard/Oertel, Dagmar/Revermann, Christoph, 2003: Nanotechnologie. Endbericht, TAB Arbeitsberichte Nr. 92. Berlin.

Rammert, Werner, 1998: Was ist Technikforschung? Entwicklung und Entfaltung eines sozialwissenschaftlichen Forschungsprogramms, in: Bettina Heintz/B. Nievergelt (Hrsg.), Wissenschafts- und Technikforschung in der Schweiz. Zürich: Heintz von Seismo, 161-193.

Schaper-Rinkel, Petra, 2006: Nanotechnologiepolitik. Die Antizipation potentieller Umwelt- und Technikkonflikte in der Governance der Nanotechnologie, in: Peter H. Feindt/Thomas Saretzki, Umwelt- und Technikkonflikte. Wiesbaden: VS (im Erscheinen).

Schimank, Uwe, 2006: Teilsystemische Autonomie und politische Gesellschaftssteuerung. Wiesbaden: VS.

Simonis, Georg, 1992: Forschungsstrategische Überlegungen zur politischen Techniksteuerung, in: Klaus Grimmer/Jürgen Häusler/Stefan Kuhlmann/Georg Simonis (Hrsg.), Politische Techniksteuerung. Opladen: Leske + Budrich, 13-50.

Simonis, Georg, 1993: Macht und Ohnmacht staatlicher Techniksteuerung – können Politik und Staat den Kurs eines Technisierungsprozesses heute wirklich noch beeinflussen?, in: Herbert Kubicek/Peter Seeger (Hrsg.), Perspektive Techniksteuerung. Interdisziplinäre Sichtweisen eines Schlüsselproblems entwickelter Industriegesellschaften. Berlin: Edition Sigma, 39-57.

Simonis, Georg, 1999: Die Zukunftsfähigkeit von Innovationen: das Z-Paradox, in: Dieter Sauer/Christa Lang (Hrsg.), Paradoxien der Innovation. Perspektiven sozialwissenschaftlicher Innovationsforschung. Frankfurt a.M./New York: Campus, 149-173.

Simonis, Georg, 2001: Die TA-Landschaft in Deutschland – Potenziale reflexiver Techniksteuerung, in: Georg Simonis/Renate Martinsen/Thomas Saretzki (Hrsg.), Politik und Technik – Analysen zum Verhältnis von technologischem, politischem und staatlichem Wandel am Anfang des 21. Jahrhunderts (PVS-Sonderheft 31/2000). Wiesbaden: Westdeutscher Verlag, 425-456.

Swiss Re, Swiss Reinsurance Company, 2004: Nanotechnologie. Kleine Teile – große Zukunft. Zürich.

Werle, Raimund, 1995: Rational Choice und rationale Technikentwicklung. Einige Dilemmata der Technikkoordination, in: Technik und Gesellschaft, Jahrbuch 8. Frankfurt a.M.: Campus, 49-76.

Weyer, Johannes, 1997: Partizipative Technikgestaltung. Perspektiven einer neuen Forschungs- und Technologiepolitik, in: Johannes Weyer/Ulrich Kirchner/Lars Riedl/Johannes F. K. Schmidt, Technik, die Gesellschaft schafft. Soziale Netzwerke als Ort der Technikgenese. Berlin: Edition Sigma, 329-346.

Brigitte Biermann

3.13 Umwelt

Umweltpolitik ist eine vergleichsweise junge Policy, die erst in den 1970er Jahren entstand. Daher ist es erstaunlich, dass gerade hier eine Vielfalt von Governance-Formen und dabei einbezogenen politischen Ebenen und Akteuren auszumachen ist, die kontinuierlich erweitert wird. Nach der Startphase von Umweltpolitik wurden nationalstaatlich geregelte Bereiche internationalisiert; heute zeichnet sich der Umweltbereich durch Multilevel Governance von lokalen bis globalen Institutionen aus.

Dieser Beitrag beschreibt die Governance-Strukturen im Umweltbereich hinsichtlich dieser Entwicklung; dabei wird Governance als Steuerung und Koordination mit einer Betonung wechselseitiger Handlungsabstimmungen definiert, die auf Beobachtung, Beeinflussung oder Verhandlung beruhen können (→ Elementare Mechanismen). Die ursprüngliche, vorwiegend hierarchische umweltpolitische Regelsteuerung, die von Umsetzungsdefiziten, einer wenig funktionalen Beschränkung auf die Umweltdimension und somit nur in Teilbereichen greifenden Maßnahmen gekennzeichnet ist, wird ergänzt um Governance-Ansätze, die insbesondere Anpassungs-, Verhandlungs- und marktbezogene Mechanismen umfassen. Neben den realen, empirisch nachweisbaren neuen Governance-Formen im Politikfeld Umwelt wird hier zudem auf wissenschaftlich diskutierte Weiterentwicklungsansätze eingegangen.

Governance im Politikfeld Umwelt wird ausgehend von ihren spezifischen Merkmalen analysiert, die in der räumlichen und zeitlichen Dimension, in unterschiedlichen Deutungsmustern sowie im Gerechtigkeitsbezug bzw. in Normativität bestehen. Darauf aufbauend werden die unterschiedlichen Formen von Umwelt-Governance typisiert und hinsichtlich ihrer Bedeutung für die Lösung von Umweltproblemen sowie bezogen auf ihren Beitrag zur politischen Legitimität von Umweltpolitik bewertet.

1 Merkmale von Umwelt-Governance

Die *territoriale Reichweite* von Umweltproblemen kann lokal bis regional sein. Die wichtigsten Umweltprobleme sind jedoch Weltumweltprobleme, die an mehreren Orten bzw. in mehreren Staaten der Welt wahrgenommen werden. Sie unterscheiden sich in:

- globale, tendenziell alle Menschen gefährdende Probleme,
- regionale, also alle Menschen in einer Region, die sich über mindestens zwei Staaten erstreckt, betreffende Probleme,
- lokale Probleme, die in gleicher Weise an verschiedenen Orten entstehen,

- Gemeingutprobleme, die globale Gemeingüter bzw. das gemeinsame Erbe der Menschheit bedrohen (List 1994).

Umweltprobleme werden in einigen Regionen stärker als in anderen verursacht; ihre Folgen werden in einigen Regionen stärker in Form von Gesundheitsbelastungen, Katastrophen, Armut und Zerstörung wahrgenommen als in anderen. Insbesondere für Probleme, die an anderen Orten als denen ihrer Entstehung wahrgenommen werden, stehen Gegenmaßnahmen steigenden Anforderungen und mangelnder Akzeptanz gegenüber (SRU 2004: 864-866). Angesichts wachsenden Ressourcenverbrauchs und zunehmender Umweltverschmutzung, die einen partiellen oder globalen Zusammenbruch der Weltökologie verursachen könnten, werden globale Politikansätze für notwendig erachtet (Simonis 1996).

Im Bereich des Mediums Luft wurden Umweltprobleme, zum Beispiel Schadstoffemissionen aus Industrieanlagen und Fahrzeugen, lange als lokales Problem aufgefasst. Die räumliche Dimension von Umwelt-Governance entwickelte sich weiter: Nach dem Bau hoher Schornsteine zur räumlichen Verteilung von Schadstoffen in den 1980er Jahren werden nun übernationale Lösungen angestrebt, zum Beispiel durch die EU-Regulierung zu den Feinstaubimmissionen aus Fahrzeugen. Der Abbau der stratosphärischen Ozonschicht („Ozonloch"), der die Schutzschildfunktion der Stratosphäre mindert, ist eine grenzüberschreitende Problematik. Sie wirkt sich in einigen Regionen stark negativ aus. Die Ursache liegt in Industriestaaten, die ozonschädigende Stoffe wie zum Beispiel Fluorchlorkohlenwasserstoffe (FCKW) produzieren. Ende der 1970er Jahre bildete sich eine internationale Wissenschaftsgemeinschaft zur Erforschung der Ursachen des Ozonlochs. Es entstand ein internationales Ozonregime (→ Regimetheorie), das einen etappenweisen Produktionsstopp bestimmter FCKW-haltiger Produkte (Montrealer Protokoll 1987) und weitere Produktionseinschränkungen vorsieht. Trotz dieses funktionierenden Ozonregimes wird sich die Situation der Stratosphäre frühestens in der Mitte des 21. Jahrhunderts normalisieren.

In der *zeitlichen Dimension* muss zwischen lösbaren (bzw. bereits weitgehend gelösten) und persistenten Umweltproblemen unterschieden werden. Letztere treten erst verzögert ein, sind in der Regel global und auf komplexe, sich summierende Faktoren zurückzuführen. Beispiele sind der Verlust an biologischer Vielfalt und die Emission von Treibhausgasen, bei denen umweltpolitische Maßnahmen auch über längere Zeit hinweg keine Verbesserungen erzielt haben.

Ein Beispiel für eine Governance-Form, bei der die zeitliche Dimension zentral ist, ist die Regulierung der POPs (Persistente Organische Schadstoffe). Stoffe dieser Gruppe, zu denen das bekannte DDT zählt, sind nur schwer abbaubar und verbreiten sich in Wasser, Boden und Luft über weite Strecken. Sie reichern sich schleichend in lebendem Gewebe an, schädigen Immun-, Hormon- und Nervensysteme und erregen Krebs. Die DDT-Konzentration in Fischen erreichte ihren Höchststand zum Beispiel erst zehn Jahre nachdem die Anwendung von DDT eingeschränkt wurde. Maßnahmen, die auf festgestellte Schäden reagieren, vermeiden ein Anwachsen der schädlichen Wirkungen nicht unmittelbar. 2001 wurde mit dem Stockholmer Übereinkommen (POP-Konvention) die Verwendung des „Dirty Dozen", der zwölf besonders gefährlichen POPs, eingeschränkt. Um der Zeitdimension dieser Problemstoffe annähernd gerecht zu werden, sieht die POP-Konvention ein

Prüfverfahren für neuentwickelte potenziell hochgefährliche POPs vor, dessen Anwendung im Einzelfall nicht von den Vertragsstaaten ratifiziert werden muss.

Umweltprobleme müssen wahrgenommen und bewertet werden *(Deutungsdimension)*. Einige werden von vielen Menschen direkt wahrgenommen, zum Beispiel Straßenlärm oder Gesundheitsprobleme durch verschmutztes Trinkwasser. Dagegen tangiert zum Beispiel eine reduzierte Vielfalt von Spezies nur die wenigen Menschen, die auf ihre Nutzung angewiesen sind. Viele Phänomene werden erst durch wissenschaftliche Interpretationen bzw. ExpertInnenwissen als Umweltprobleme erkannt und kausal ihren Ursachen zugeordnet (zum Beispiel Radioaktivität, Ozonloch, Klimawandel). Sie sind somit von gesellschaftlichen Definitionsprozessen abhängig (Beck 1986: 29-30). Welche Rolle Wissenschaft und Politik in diesen Prozessen spielen und inwiefern sich die Materialität von Umwelt mit politischen Diskursen vermischt bzw. vermischen sollte, wird sozialwissenschaftlich diskutiert (Latour 2001). Die Umweltprobleme selbst werden also durch politisch-wissenschaftliche Interpretationen definiert. Zudem bestimmen ihre Darstellung in Medien und die öffentlichen Kommunikationsformen mit über die Verbreitung von Problembewusstsein und die Akzeptanz umweltpolitischer Maßnahmen.

Ob Maßnahmen zur Lösung eines so definierten Umweltproblems getroffen werden, wird von weiteren Faktoren beeinflusst. In der Regel werden nicht die Instrumente eingesetzt, die aus Sicht der von negativen Umweltwirkungen Betroffenen notwendig sind. Vielmehr können umweltpolitische Maßnahmen auf Interessen und Handlungskapazitäten bei politisch-gesellschaftlichen Institutionen zurückgeführt werden. Umweltpolitische Interessenanalysen verdeutlichen, dass eine Umweltkatastrophe nur als solche politisch wahrgenommen wird, sofern Mittel zu ihrer Behebung vorhanden sind („Katastrophenparadox"). Die Umweltbelastung selbst ist für die Herausbildung wirksamer Umweltpolitik also gegenüber dem Stand der Handlungskapazitäten nachrangig. Bei der Formulierung und Durchsetzung von umweltpolitischen Maßnahmen dominieren folglich Helfer- und Verursacherinteressen gegenüber Betroffeneninteressen (Prittwitz 1990).

Im Bereich der internationalen Bearbeitung des Klimawandels sind konfliktäre Wahrnehmungen und Deutungen vorherrschend. Das UN-Klimaregime funktioniert aufgrund seiner wissenschaftlichen Begleitung durch das IPCC (Intergovernmental Panel on Climate Change). Dieses Gremium wertet seit 1988 weltweite Klimaforschungsergebnisse aus. Seine Berichte enthalten politische Interpretationen, die an internationalen Konsens heranreichen. Auf dieser Grundlage verpflichten sich die beteiligten Staaten, ihre Treibhausgasemissionen zu reduzieren. Die USA jedoch, die für ein Viertel der weltweiten Kohlendioxidemissionen verantwortlich sind, beteiligen sich nicht am UN-Klimaregime. Sie finanzieren stattdessen ein eigenes Climate Change Science Program und setzen anstatt auf Emissionsreduktionsverpflichtungen auf die Förderung klimafreundlicher Technologien (→ Technik).

Die weltweit frei nutzbaren natürlichen globalen Gemeinschaftsgüter, wie die Ozeane, die Atmosphäre und die Biosphäre, sind im Dilemma der Übernutzung gefangen, weil einzelne Nutzende unbewusst oder strategisch (rational) geplant diese Güter übernutzen (Hardin 1968: 1244). Die globalen Treibhausgasemissionen sind in der Summe eine solche Übernutzung des Klimas; die Auswirkungen sind regional sehr unterschiedlich verteilt und reichen von punktueller Erleichterung landwirtschaftlicher Produktion über Überflutungen bis zur Wüstenbildung.

Dominierte das Dilemma der natürlichen Gemeinschaftsgüter (→ Gemeinschaft) die internationale Politik, so agierten alle Staaten als „Trittbrettfahrer": Sie versuchten die Kosten von Umweltmaßnahmen, zum Beispiel für reduzierte Treibhausgasemissionen, auf andere abzuwälzen. Das UN-Klimaregime formuliert bei der Bearbeitung dieser Emissionsproblematik jedoch einen doppelten Gerechtigkeitsanspruch: zwischen den unterschiedlich emittierenden und betroffenen Regionen einen gerechten Ausgleich herzustellen und das Klima auch für kommende Generationen zu schützen (*Normativität von Umwelt-Governance*). Wie es zu solchen Governance-Formen kommt, die die gesellschaftliche Einbettung ökonomischer Handlungen unterstreichen (Ostrom 1977) und „gerechte" Lösungen der Gemeingutprobleme anstreben, lässt sich an diesem Beispiel verdeutlichen: Das UN-Klimaregime bekam den entscheidenden Startimpuls durch Gerechtigkeitsforderungen von Entwicklungsländern. Die Ausgestaltung seines Kioto-Protokolls behält die bestehende zwischen Individuen und den Staaten der Nord- und Südhalbkugel „ungerechte" Verteilung der Emissionen bei (Helm/Simonis 2001; Brouns 2004). Jedoch wurde auf dieser Basis eine Absenkung der Emissionen vereinbart (→ Verhandlungen). Diese dient dem normativen Ziel, heutige und zukünftige Generationen vor Klimakatastrophen zu schützen. Flexible Mechanismen unter staatlicher Kontrolle, die Verschmutzungsrechte in und zwischen Staaten ökonomisch handelbar machen, sollen ebenso zum Klimaschutz beitragen wie weichere Instrumente, zum Beispiel nationale Klimaschutzprogramme und transnationale Klimabündnisse europäischer Städte mit indigenen Völkern der Regenwälder. Mindestens in ihrer Rhetorik zielen alle diese Maßnahmen auf Gerechtigkeit, um die beibehaltene ungerechte Verteilung abzufedern.

Im Ergebnis unterliegen Umweltprobleme und ihre Lösung folgenden Restriktionen: Sie sind abhängig von der örtlichen und zeitlichen Erfahrbarkeit von Umweltproblemen sowie ein Konstrukt aus wissenschaftlichen und politischen Deutungen; insbesondere bestehende Kapazitäten bestimmen die Problemlösungsansätze. Umwelt-Governance findet zudem unter normativen Vorzeichen statt und beinhaltet Wertentscheidungen bezüglich zu schützender Güter. Gerechtigkeitsentscheidungen werden insbesondere bei der Governance von Gemeingutproblemen getroffen, deren Entstehung und Auswirkungen regional unterschiedlich verteilt sind und über die wissenschaftliche Unsicherheit besteht.

Nachdem die Umweltproblematik als Phänomen und Problem von Umwelt-Governance strukturiert wurde, erfolgt nun ein Perspektivenwechsel, indem die bestehenden Governance-Formen systematisch bezüglich ihrer Leistungsfähigkeit zur Lösung von Umweltproblemen untersucht werden.

2 Formen von Umwelt-Governance

Die Koordination im Umweltbereich wird hier in hierarchische und kooperative Governance-Formen unterteilt; die kooperativen Ansätze werden weiter differenziert in selbstverpflichtende horizontale und konkurrenzbasierte. Zudem werden komplexe Governance-Formen als Mischformen aus den Ansätzen dargestellt.

Hierarchische Umwelt-Governance betrifft eine bestimmte zu regulierende Materie und eine abstrakte Gruppe von AdressatInnen, denen relativ geringe Freiräume bei der Implementation bleiben. Vom Ansatz her ist hierarchische Regulierung ortsgebunden; zum Beispiel bezieht sich nationalstaatliche Regulierung auf das Territorium innerhalb der Staatsgrenzen.

Hierarchische Regulierung ist, wird sie entsprechend umgesetzt, zielgenau und in der Regel mit Sanktionen bewehrt (→ Hierarchie). Die Vorteile dieser Governance-Form können aber negative Folgen mit sich bringen, zum Beispiel

- die Verschiebung von negativen Umwelteffekten von den regulierten Bereichen in unregulierte,
- die Verschiebung von Umweltproblemen aus einem Territorium in andere, zum Beispiel die Auslagerung „schmutziger" Produktion in Länder mit geringeren Umweltstandards.

Durch die Internationalisierung von Politik entsteht hierarchische Umweltregulierung auf mehreren Ebenen. Seit europäische Staaten der EU den größeren Teil der Umweltregulierung übertrugen, stehen die Regulierungen auf lokalen bis europäischen Politikebenen in einer wechselseitigen Abhängigkeit voneinander; dabei hat der Nationalstaat im Ergebnis nicht an Bedeutung verloren, sondern an Beziehungen bzw. Aufgaben gewonnen (Simonis 2005). Die AdressatInnen europäischer Umweltregulierung (→ Europäische Union) kritisieren die Intransparenz dieses Mehrebenensystems nicht zu Unrecht, da die demokratische Willensbildung ebenso wie die Verantwortungsstrukturen über verschiedene Ebenen verteilt sind und Verantwortlichkeiten von einer auf die andere Ebene verschoben werden (→ Multilevel Governance).

Um formal hierarchische Umweltpolitik auch auf internationaler Ebene zu ermöglichen, wird die Einrichtung einer UN-Umweltorganisation diskutiert. Für effektive hierarchische Regulierung müsste die Organisation mit Finanzmitteln sowie mit bindenden Konfliktregulierungs- und Kontrollmechanismen ausgestattet sein. Zudem brauchte sie Kapazitäten, um das Umweltthema mit insbesondere der Handels- und Finanzpolitik zu verknüpfen. Die aktuelle Diskussion sieht die Organisation insofern kritisch, als auch in den flexiblen institutionellen Arrangements der bestehenden internationalen Umwelt-Governance-Struktur Vorteile gesehen werden (Campbell 2004; Biermann/Bauer 2005).

Um die Fragmentierung der internationalen Umwelt-Governance-Struktur zu verringern und wissenschaftliche Doppelarbeit zu vermeiden, wird ein verstärktes „Clustering" multilateraler Umweltabkommen diskutiert, wie es zum Beispiel in der gemeinsamen Finanzfazilität (GEF) für das Klima- und das Biodiversitätsregime bereits besteht (Oberthür 2005).

Nicht nur auf internationaler Ebene, auch in den einzelnen Staaten weltweit sind eine zunehmende Institutionalisierung der Umweltpolitik und der Ausbau von Umweltkapazitäten zu beobachten, auch wenn diese nicht unbedingt effektiv genutzt werden (Weidner/Jänicke 2002). Zudem erweitert sich die Palette der eingesetzten umweltpolitischen Instrumente kontinuierlich: von den anfänglich rein ordnungspolitischen (zum Beispiel Grenzwerte) um informatorische (zum Beispiel Umweltzeichen) über prozedurale und politikintegrative (zum Beispiel Umweltverträglichkeitsprüfung) bis zu marktorientierten Instrumenten (→ Markt). War die Konstellation zwischen Regierungen, Unternehmen und

Zivilgesellschaft zu Beginn konfrontativ, so spielt heute die partnerschaftliche Kooperation als ergänzende Interaktionsform eine wichtige Rolle, wie sich am aktuell verbreiteten Instrument der freiwilligen Vereinbarungen zwischen staatlichen Stellen und VerursacherInnen von Umweltbelastungen zeigt.

Der Einsatz neuer umweltpolitischer Instrumente erfolgt im Rahmen der Einführung *kooperativer Governance-Formen*. Kooperationen sollen der Entlastung staatlicher Stellen dienen. Im Hintergrund steht dabei, dass der hierarchische Staat bei der Steuerung komplexer Umweltprobleme an Grenzen stößt (→ Nationalstaat). Nicht immer wird er aus freien Stücken zum „interaktiven Staat", dem als letzte „hierarchische" Option bleibt, nichtstaatlichen Akteuren seine Kooperation zu verweigern.

Kooperative Governance nimmt verschiedene Formen an (z.B. Knill/Lenschow 2003), insbesondere Verhandlungskonstellationen und Netzwerke (→ Netzwerke), die sich durch Ziel- und Ergebnisorientierung auszeichnen. Indem auch nichtstaatliche Akteure (Unternehmen, korporative Akteure, Non-Profit-Organisationen und Zivilgesellschaften) an der kooperativen Definition und Umsetzung von Zielen beteiligt sind, werden ihre Ressourcen zur Lösung von Umweltproblemen eingebunden. In der Praxis bedeutet dies Kooperationsformen, die exklusiv gegenüber bestimmten Gruppen bleiben. Zum Beispiel verstärken sie die Stimmen von Frauen kaum (Holland-Cunz 2001).

Anstelle formaler Legitimation durch das politisch-parlamentarische System oder Instrumente direkter Demokratie besitzen kooperative Governance-Formen lediglich Legitimität: Zielfindungs- und Umsetzungsprozesse sind mit Lerneffekten und der Bündelung von Wissen verbunden. Sie ermöglichen frühe Anpassungsreaktionen in den betroffenen Kontexten, die nicht zuletzt staatlichen Verwaltungen Umsetzung und Kontrolle der Umweltmaßnahmen erleichtern. Vor allem aber legitimiert sich kooperative Governance durch ihren Output, wenn es zu effektiven Maßnahmen kommt, die geringe Kosten verursachen.

Die institutionalisierte Zusammenarbeit von insbesondere Wirtschaftsakteuren wird unter den Begriff Selbststeuerung gefasst. Aktuell wird die Kooperation zwischen ursprünglich „antagonistischen" Profit- und Non-Profit-Akteuren untersucht, zum Beispiel zwischen Industrie und Umwelt-NGOs (Pattberg 2006). Waren private Akteure lange eine intervenierende Variable im internationalen System, so schaffen sie nun selbständig themenspezifische transnationale Normen. Die seit den 1990er Jahren weltweit vorgenommenen Liberalisierungen und Privatisierungen vormals staatlich gelenkter Versorgungseinrichtungen (Energie- und Wasserversorgung, Abfallwirtschaft) sollten Selbststeuerung erleichtern. Sie bedeuteten jedoch nur in Ausnahmefällen marktbezogene Deregulierungen im Sinne des Rückzugs von staatlichen Interventionen; vielmehr erhielten die Staaten neue Aufgaben, zum Beispiel im Wettbewerbsrecht und bei der Einrichtung von Regulierungsbehörden.

Staatliche Stellen partizipieren in kooperativen Governance-Formen vor allem durch Supervision und Kontextsteuerung (→ Rechtswissenschaftliche Perspektive). Supervision soll reflexive Umweltpolitik fördern, indem zum Beispiel nichtstaatlichen Akteuren Umweltmanagementsysteme als Instrumente zur Selbstprüfung freiwilligen umweltfreundlichen Verhaltens zur Verfügung gestellt werden. Bei der Kontextsteuerung nimmt der Staat die Rolle eines Partners unter vielen in verbandlichen bzw. ExpertInnengremien ein. Zugleich lenkt er die Selbststeuerung indirekt durch Verfahrensregeln, Organisationshilfen für schwache Gremienmitglieder und den „Schatten staatlicher Autorität und des Rechts"

(Voelzkow/Eichener 2002 zitiert nach SRU 2004: 888). Die verbleibende staatliche Verantwortung wird denn auch von einzelnen Forschern als „notwendige Fiktion" politischer Aktionsfähigkeit beurteilt (Czada/Schimank 2000 zitiert nach SRU 2004: 887).

Die Stärken horizontaler freiwilliger Kooperation liegen folglich in der Bündelung von Ressourcen und Problemsichten, ihrer wechselseitigen Anpassung und Aushandlung und im Ergebnis in konsensualen effektiven Maßnahmen. Die Bindungswirkung dieser Governance-Form wird häufig unterschätzt. Auch zur Lösung persistenter Umweltprobleme leistet kooperative Governance dann einen Beitrag, wenn Akteure, die langfristige Umweltinteressen vertreten, aufgrund ihrer Kompetenzen und ihres gesellschaftlichen Stellenwertes als Kooperationspartner Teil institutionalisierter Zusammenarbeit werden.

Horizontal wirkende Governance entsteht jedoch nicht nur in Form freiwilliger Koordination, bei der Akteure, insbesondere Staaten, ihre Handlungskapazitäten aus Eigeninteresse erweitern, sondern auch aufgrund von Konkurrenzdruck *(konkurrenzbasierte Umwelt-Governance)*. Ein großer Teil von Politikdiffusion wird auf politischen und technologischen Wettbewerbsdruck zurückgeführt (→ Politischer Wettbewerb). Vorreiterstaaten erhöhen durch ihre umweltpolitischen Errungenschaften (zum Beispiel Technologieentwicklung) ihre internationalen Marktchancen. Die Pioniere bringen als Voraussetzung eine hohe politische Kapazität mit, stellen also institutionelle, ökonomische und informationelle Rahmenbedingungen für Umweltinnovationen bereit. Dies geht in der Regel einher mit einer relativen Stärke der „green advocacy coalition" eines Landes. Intellektuelle Pioniere werden durch ihre effektiven umweltpolitischen Governance-Formen zu Vorbildern für andere Staaten (Jänicke 2006). Neben den Pionierländern sind auch sogenannte „lead markets" als horizontale Koordinationsmechanismen zwischen Staaten für politischen Wettbewerb und den internationalen umweltpolitischen Modernisierungsprozess bedeutsam (Jänicke/Jacob 2006).

Im Anschluss an die horizontale Diffusion der Regulierungsmuster zwischen Staaten werden sie häufig in internationale Abkommen übernommen und dadurch auch für „latecomers" verpflichtend (→ Policy-Transfer und Policy-Diffusion).

Innerhalb der EU sind die Prozesse mittlerweile gut untersucht worden, bei denen Mitgliedstaaten um Übertragung ihrer Regulierungsmuster auf die EU konkurrieren oder sich für die am wenigsten weitgehende EU-Regulierung einsetzen, der sie ihre nationale und subnationale Gesetzgebung anpassen müssten (Knill 2003). Im europäischen Kontext kann als Beispiel für Politikdiffusion das Ökolabel genannt werden, das sich, ausgehend von Deutschland, über andere europäische und nichteuropäische Staaten verbreitete; anschließend wurde es auf EU-Ebene für alle Mitgliedstaaten verpflichtend eingeführt. Das Beispiel Energiesteuern zeigt komplexere Diffusionsprozesse: Ein Vorschlagsentwurf der Europäischen Kommission aus 1997 stimulierte in Schweden und Dänemark Regulierungen, die als funktionierende Beispiele die europäische Regelung beeinflussen sollten („pusher by example"). Aufgrund innerstaatlicher Widerstände gegen das als ökonomiefeindlich aufgefasste Instrument blieb die Anzahl der Länder gering, die tatsächlich Energiesteuern einführten, bis 2003 in der EU eine entsprechende Richtlinie verabschiedet wurde (Busch u.a. 2006).

Im Ergebnis kommt es durch Konkurrenzprozesse nicht zu einem „race to the bottom", sondern zur Einführung besserer Umweltschutzinstrumente. Verantwortlich dafür, dass die konkurrierenden Governance-Formen Politikergebnisse produzieren, die normativen Umweltschutzzielen entsprechen, ist jedoch ein staatlicher Regulierungsrahmen: So entstehen Pionierstaaten aufgrund innenpolitischer Umweltkapazitäten und sorgen internationale Vereinbarungen dafür, erreichte Regulierungsstandards auch in solchen Staaten zu implementieren, die sich der Konkurrenz politischer Koordination ansonsten entzogen hätten. Auch durch Konkurrenzmechanismen wird staatliche Intervention folglich nicht reduziert, sondern das staatliche Steuerungsrepertoire ergänzt.

Die Wirkungen und Grenzen der dargestellten Governance-Formen lassen sich folgendermaßen zusammenfassen:

- Hierarchische Governance gilt (trotz Implementationsproblemen) als ansatzweise treffsicher; sie bedeutet jedoch oft die räumliche Verschiebung von Umwelteffekten.
- Freiwillige horizontale Kooperation führt zwar zur Bündelung von Ressourcen und zur Kooperation unterschiedlicher Akteure, aber selten zu einer langfristig ausgerichteten Ursachenbekämpfung.
- Konkurrenzbasierte Governance bleibt von (insbesondere national)staatlicher Regulierung und also auch von politischen Deutungen bezüglich der Umweltprobleme und ihrer Lösungen abhängig.

Im Anschluss werden daher Ansätze dargestellt, die eine Kombination der Governance-Formen beinhalten, die Schwächen ausgleichen und Vorzüge integrieren könnten.

Als *komplexe Governance-Formen* in diesem Sinne werden hier internationale Regime und die Agenda 21 dargestellt.

In internationalen Regimen (→ Regimetheorie) kooperieren Staaten horizontal und gehen freiwillige Selbstverpflichtungen zu grenzüberschreitenden Umweltthemen (zum Beispiel Ozon, Klima, Biodiversität) ein. Regime bedienen sich wiederholter Konferenzen zur Überprüfung und Weiterentwicklung der Selbstverpflichtungen. Sie bilden internationale Institutionen aus, in denen insbesondere auch Akteure einer transnationalen Zivilgesellschaft kooperieren. Durch die stetigen Verhandlungen entwickeln sie sich häufig zu politischen und wissenschaftlichen Autoritäten (Haas 1992), die Reflexivität und Weiterentwicklung von Problemlösungen ermöglichen.

Nach der ersten Weltklimakonferenz zum anthropogenen globalen Klimawandel 1979 entstand schrittweise eine Konvention zum Schutz des Weltklimas. Sie wurde 1992 bei der Weltkonferenz zu Umwelt und Entwicklung in Rio de Janeiro (UNCED) geschaffen, von 158 Staaten unterzeichnet und trat 1994 in Kraft. Bei der Vertragsstaatenkonferenz 1997 in Kioto verpflichteten sich die Industriestaaten, bis 2012 die Emissionen der sechs wichtigsten Treibhausgase gegenüber 1990 um durchschnittlich insgesamt fünf Prozent zu verringern. Als unterstützende Maßnahmen wurden die flexiblen Mechanismen (Formen des Emissions- und Investitionshandels und die Anrechnung von Treibhausgasspeichern) eingeführt. Das Klimaregime sieht die Überwachung der Einhaltung der Reduktionsverpflichtungen (Fortschrittsberichte und Einhaltungsausschuss) und Sanktionsmechanismen für die Nichteinhaltung vor. Erst 2005 hatten ausreichend viele Staaten bzw. Emittenten das Kioto-Protokoll angenommen, und es trat in Kraft.

Zur Umsetzung der Verpflichtungen zur Emissionsreduktion wurde innerhalb der EU zum 1. Januar 2005 das europäische Emissionshandelssystem eingeführt, das Verschmutzungsrechte zwischen Staaten handelbar macht. Zur europäischen und in ihrer Ausgestaltung nationalstaatlichen Kontrolle von Emissionsrechten kommen marktwirtschaftliche Preismechanismen bei der Umsetzung durch Unternehmen. Während der Emissionshandel grundsätzlich als effektives Instrument gilt, kritisieren Umweltverbände seine Ausgestaltung: Die staatliche Zuteilung unterhöhle die Anreize zum Einsatz klimafreundlicher Energieversorgungs- und Industrieanlagen (zum Beispiel www.germanwatch.org).

Auch zur komplexen Governance-Form Klimaregime gehören die nationalen Klimaschutzprogramme mit ihren Zielvorgaben für nationale und subnationale Politikprogramme sowie die transnationalen Städtepartnerschaften.

Obwohl umweltpolitische Interessenkonstellationen bzw. Helfer- oder Verursacherinteressen aus ökonomisch und sicherheitspolitisch mächtigen Staaten zu Beginn die Regime dominieren, entwickeln die Institutionen sich weiter und erzeugen innenpolitischen und transnationalen Druck. Im Ergebnis verwirklichen Regime Ansätze von „Regieren jenseits des Nationalstaats", indem sie effektive und – marktkorrigierend auch zwischen Staaten mit unterschiedlicher wirtschaftlicher Leistungskraft – positive Integration bewirken (Zürn 1998). So finden zum Beispiel Ursachenbekämpfung und Betroffeneninteressen im Klimaregime durchaus Unterstützung, auch wenn sein Beitrag zur Verlangsamung des Klimawandels im Ergebnis gering ist.

Auf das Zusammenspiel der politischen Kräfte in den beteiligten Staaten wirken sich internationale Regime unterschiedlich aus. Teils sorgt der Druck privater Akteure auf nationale Regierungen dafür, dass die Effektivität der internationalen Regime gering bleibt, teils stärken die Regime Regierungen gegenüber kritischen Akteuren. In der Regel erweitern die an Regimen beteiligten Staaten ihre Umweltkapazitäten (Young 1999: 276-277).

Auch die Agenda 21 ist eine komplexe Umwelt-Governance-Struktur in diesem Sinn. Ausgehend von der globalen Umweltkrise und der Forderung von Entwicklungsländern, zur Überlebenssicherung aller Menschen Umweltschutz und Entwicklungsproblematik nicht mehr getrennt voneinander zu behandeln, verpflichteten sich 1992, ebenfalls bei der UNCED, über 170 Staaten zur Agenda 21 und damit zur nachhaltigen Entwicklung ihrer Politik. Im Nachhaltigkeitsansatz der Agenda 21 ist Umwelt nur Teil eines größeren Problemkomplexes, nämlich einer gleichrangigen Konstellation ökonomischer, sozial-kultureller und ökologischer Komponenten, die an Gerechtigkeitsparametern ausgerichtet ist und zur langfristigen Abschaffung von Umweltzerstörung und Armut beitragen soll. Die Agenda 21 hat aber nicht nur aufgrund dieser inhaltlichen Vorgaben eine Leitbildfunktion. Auch in prozeduraler Hinsicht ist sie normativ auf eine Veränderung bestehender Governance-Formen ausgerichtet: Sie regt die Staaten zum Wettbewerb um nachhaltige Produktions- und Konsumstrukturen an; die Legitimität nachhaltiger Entwicklung soll zudem über die weiche Institutionalisierung der Beteiligung nichtstaatlicher Akteure an politischen Entscheidungen verstärkt werden.

Aus der Agenda 21 entstand ein „unverbindliches Institutionensystem zur Förderung nachhaltiger Entwicklung" (Simonis 2005: 325) auf der internationalen Ebene. Nachfolgekonferenzen und neue Organisationen evaluieren das Konzept und unterstreichen die globale Legitimität des Leitbildes für lokale bis globale Politik. Zudem hat sich eine internationale Forschungsgemeinde gebildet, die insbesondere transdisziplinäre Forschungsansätze erprobt. Durch regionale und nationale Nachhaltigkeitsstrategien und die „Lokalen Agenden 21" soll Nachhaltigkeit systematisch in Politiken und Maßnahmen verankert werden. Jedoch hat Beteiligung an der Agenda 21 das Ziel effizienterer Politik, nicht die Auflösung ungerechter, zum Beispiel geschlechterhierarchischer, Strukturen (Wichterich 1992). Im Ergebnis wertet das Nachhaltigkeitskonzept repräsentativdemokratische Prozeduren ergänzende Kooperationsformen allein normativ auf.

Das hochgesteckte Ziel, die Lösung von Umweltproblemen mit ökonomisch und sozial nachhaltigen Ansätzen zu verknüpfen, führt zu Konflikten zwischen Umwelt- und anderen Problemen. Zwischenlösungen haben meist zur Folge, dass ursprüngliche Nachhaltigkeitsziele zum Teil fallengelassen werden. Gerechtigkeitsansprüche zwischen heutigen und mit zukünftigen Generationen auszugleichen widerspricht den Zeithorizonten politischer Institutionen. Insofern überfordert das Konzept politische AkteurInnen und Institutionen,

- weil zu viele Themen gleichzeitig zu bearbeiten und zu viele Schnittstellen zu berücksichtigen sind und
- weil die Beteiligungserweiterungen nicht zu formaler Legitimation und in der Praxis kaum zur Legitimität von Nachhaltigkeit beitragen (Biermann 2006).

Die Agenda 21 bietet jedoch Ansatzpunkte für Zielformulierungen, die relative Fortschritte bei der inhaltlichen Zielerreichung und bei der Beteiligungserweiterung ermöglichen. Für effektive Umweltpolitik bietet die komplexe Governance-Form Agenda 21 folglich zwei Ansatzpunkte:

- Ziele, Umsetzung und Weiterentwicklung in den Rahmen gesellschaftlicher Diskussionen um eine policyübergreifende nachhaltige Entwicklung zu stellen und
- umweltpolitische Koordinationsergebnisse einer etappenweisen Evaluation zu unterziehen.

3 Legitimität von Umwelt-Governance

Angesichts der kontinuierlichen Erweiterung von Governance-Formen im Politikfeld Umwelt ist festzuhalten, dass einerseits die starke Stellung von Staaten und staatlichen Akteuren bei der Umwelt-Governance erhalten bleibt und andererseits nichtstaatliche Akteure aktive Rollen bei der Etablierung staatlich organisierter Mechanismen und in selbstgesteuerten transnationalen Initiativen übernehmen. Damit stellt sich die Frage, welcher Beitrag hinsichtlich der Lösung von Umweltproblemen den erweiterten Governance-Formen und den veränderten Akteurkonstellationen zugeschrieben werden kann? Umweltpolitische Maßnahmen und ihr Einfluss auf den Zustand der natürlichen Umwelt unterliegen Unsicherheiten auf vier Ebenen:

- Umweltprobleme und die Folgen politischer Umweltmaßnahmen machen nicht an territorialen Grenzen halt.

- Die zeitliche Dauer und die Veränderungsdynamiken von Umweltauswirkungen sind häufig unbekannt. Somit können auch die Wirkungen eingesetzter Umweltinstrumente nicht vollständig prognostiziert werden.
- Mit Umweltpolitik sind immer Entscheidungen zwischen unterschiedlichen Gerechtigkeitsansprüchen und normativen Gesellschaftszielen verbunden.
- Umweltpolitik ist aufgrund vorliegender Erkenntnisse über Lösungen von Umweltproblemen und ihrer Verknüpfung mit dem Nichtwissen grundsätzlich konfliktär.

Aus einer anthropozentrischen Sicht, die nicht den Zustand der natürlichen Umwelt, sondern die Reproduktionsfähigkeit der Gesellschaften in den Vordergrund rückt, haben die neuen Governance-Formen im Ergebnis wenig Erfolg: Zwar hat sich durch umweltpolitische Maßnahmen der Zustand der natürlichen Umwelt in Teilbereichen und damit die Lebensqualität vieler Menschen insbesondere in den Industrieländern verbessert, der anthropogene Klimawandel und die fortschreitende Industrialisierung armer Länder mit wenig umweltfreundlichen Technologien erzeugen jedoch globale Umweltprobleme mit unübersehbaren, tendenziell steigenden negativen Folgen.

Die wichtigste positive Folge der Governance-Strukturen ist die Entstehung globaler Wissenschaftsgemeinschaften, die Problemlösungen vorschlagen. Sie sind Teil der erweiterten Akteurkonstellationen und verweisen auf die Legitimationsfragen von Umwelt-Governance, die zum Abschluss dieses Beitrags kritisch beleuchtet werden.

Hierarchische und kooperative Governance-Formen sind durch unterschiedliche Formen von formaler Legitimation und Legitimität gekennzeichnet. Legitimierte hierarchische Governance-Formen zielen auf detailgenaue Umsetzung; ihre Implementation ist jedoch häufig unzureichend, und sie schaffen keinen Anreiz für weitergehende oder innovative Umweltmaßnahmen. Dagegen können freiwillige horizontale und konkurrenzbasierte Governance-Formen durch die Ausbreitung effektiverer Instrumente der Umweltregulierung und die Verbreitung wissenschaftlichen Umweltwissens legitimiert werden.

Die kooperativen Governance-Formen entbehren jedoch durch die selektive Beteiligung von privaten Individuen und Organisationen formaler Legitimation. Zudem verringern sie in der Praxis staatliche Interventionen nicht wesentlich und schränken darüber hinaus staatliche Kontrollmöglichkeiten ein, wenn hierarchische Interventionsmöglichkeiten zurückgenommen werden.

Mischformen, die hierarchische, kooperative und teils auch konkurrenzbasierte Formen einschließen, erzeugen andere Legitimitätsprobleme: Durch die nichtformalisierte Einbeziehung zivilgesellschaftlicher Akteure geraten formal legitimierte politische Institutionen in Schwierigkeiten, wenn sie bei der Lösung von Ziel- und Deutungskonflikten mit unterschiedlichen Beteiligungsansprüchen konfrontiert werden.

Im Ergebnis tragen die im Umweltbereich stetig erweiterten Governance-Formen sowohl zur Weiterentwicklung von Problemdefinitionen als auch zum Einsatz effektiver neuer Problemlösungsinstrumente bei. Jedoch nehmen gleichzeitig die Komplexität der Umweltprobleme und das Nichtwissen um die Zusammenhänge zu.

Die Herausforderung an die politikwissenschaftliche Forschung besteht damit in der konzeptionellen Fundierung und empiriebasierten Evaluation von Governance-Formen, mit denen normative Entscheidungen zur Lösung von Umweltproblemen vorbereitet werden können. Die Entscheidungen umfassen dann sowohl die Auswahl der vorrangig zu lösenden Umweltprobleme als auch den jeweils problemadäquaten Mix von hierarchischen und kooperativen Governance-Formen.

Literatur

Beck, Ulrich, 1986: Risikogesellschaft. Auf dem Weg in eine andere Moderne. Frankfurt a.M.: Suhrkamp.

Biermann, Brigitte, 2006: Nachhaltige Nahrungs-Netzwerke. Eine Analyse der prozeduralen und der materiellen Dimension lokaler Nachhaltigkeitspolitik. Hagen: FernUniversität in Hagen. Institut für Politikwissenschaft (Dissertation).

Biermann, Frank/Bauer, Steffen, 2005 (Hrsg.): A World Environment Organization: Solution or Threat for Effective International Environmental Governance? Aldershot: Ashgate.

Brouns, Bernd, 2004: Was ist gerecht? Nutzungsrechte an natürlichen Ressourcen in der Klima- und Biodiversitätspolitik. Wuppertal: Wuppertal-Institut für Klima, Umwelt, Energie GmbH, Wuppertal Paper Nr. 146, 1-49.

Busch, Per-Olof/Jörgens, Helge/Tews, Kerstin, 2006: The Global Diffusion of Regulatory Instruments: The Making of a New International Environmental Regime, in: Martin Jänicke/Klaus Jacob (Hrsg.), Environmental Governance in Global Perspective. New Approaches to Ecological and Political Modernisation. Berlin: Freie Universität Berlin. Department of Political and Social Sciences. FFU Report 01-2006. Special edition, 123-144.

Campbell, Laura B., 2004: The effectiveness of the WTO and WIPO: Lessons for environmental governance?, in: Norichika Kanie/Peter M. Haas (Hrsg.), Emerging forces in environmental governance. New York: United Nations University Press, 51-67.

Haas, Peter M., 1992: Introduction: Epistemic Communities and International Policy Coordination, in: International Organization 46 No.1, 1-35.

Hardin, Garrett, 1968: The Tragedy of the Commons, in: Science No. 3859, www.jstor.org, 1243-1248.

Helm, Carsten/Simonis, Udo E., 2001: Verteilungsgerechtigkeit in der Internationalen Umweltpolitik. Theoretische Fundierung und exemplarische Formulierung, in: Claus Leggewie/Richard Münch (Hrsg.), Politik im 21. Jahrhundert. Frankfurt a.M.: Suhrkamp, 211-227.

Holland-Cunz, Barbara, 2001: Perspektiven der Verhandlungsdemokratie –Governance-Prozesse aus frauenpolitischer Sicht, in: Claus Leggewie/Richard Münch (Hrsg.), Politik im 21. Jahrhundert. Frankfurt a.M.: Suhrkamp, 281-296.

Jänicke, Martin, 2006: Trend Setters in Environmental Policy: The Character and Role of Pioneer Countries, in: Martin Jänicke/Klaus Jacob (Hrsg.), Environmental Governance in Global Perspective (s.o. Busch u.a.), 51-66.

Jänicke, Martin/Jacob, Klaus, 2006: Lead Markets for Environmental Innovations: A New Role for the Nation State, in: Martin Jänicke/Klaus Jacob (Hrsg.), Environmental Governance in Global Perspective (s.o. Busch u.a.), 30-50.

Knill, Christoph, 2003: Europäische Umweltpolitik. Steuerungsprobleme und Regulierungsmuster im Mehrebenensystem. Opladen: Leske + Budrich.

Knill, Christoph/Lenschow, Andrea, 2003: Modes of Regulation in the Governance of the European Union: Towards a Comprehensive Evaluation, in: European Integration online Papers (EIoP) Vol. 7, Nr.1, http://eiop.or.at/eiop/texte/2003-001a.htm, 08.09.2006.

Latour, Bruno, 2001: Das Parlament der Dinge. Für eine politische Ökologie. Frankfurt a.M.: Suhrkamp.

List, Martin, 1994: Der Schutz der natürlichen Umwelt als Gegenstand internationaler Politik, in: Martin List/Wolfgang Reichardt/Georg Simonis (Hrsg.), Internationale Politik – Probleme und Grundbegriffe. Hagen: FernUniversität (polis).

Oberthür, Sebastian, 2005: Clustering of multilateral environmental agreements: Potentials and limitations, in: W. Bradnee Chambers/Jessica F. Green (Hrsg.), Reforming international environmental governance: From institutional limits to innovative reforms. Tokyo u.a.: United Nations University Press, 40-65.

Ostrom, Elinor, 1977: Collective Action and the Tragedy of the Commons, in: Garrett Hardin/John Baden (Hrsg.), Managing the Commons. San Francisco: Freeman, 173-181.

Pattberg, Philipp, 2006: The Institutionalization of Private Governance: How business and non-profit organizations agree on transnational rules, in: Martin Jänicke/Klaus Jacob (Hrsg.), Environmental Governance in Global Perspective (s.o. Busch u.a.), 386-410.

Prittwitz, Volker von, 1990: Das Katastrophenparadox. Elemente einer Theorie der Umweltpolitik. Opladen: Leske + Budrich.

Simonis, Georg, 2005: Weltumweltpolitik: Erweiterung von staatlicher Handlungsfähigkeit durch Global Governance?, in: Maria Behrens (Hrsg.), Globalisierung als politische Herausforderung. Global Governance zwischen Utopie und Realität. Wiesbaden: VS, 313-345.

Simonis, Udo E., 1996 (Hrsg.): Weltumweltpolitik. Grundriss und Bausteine eines neuen Politikfeldes. Berlin: edition sigma.

SRU, 2004: Umweltgutachten 2004. Umweltpolitische Handlungsfähigkeit sichern. Berlin/Wiesbaden: Der Rat von Sachverständigen für Umweltfragen.

Weidner, Helmut/Jänicke, Martin, 2002 (Hrsg.): Capacity Building in National Environmental Policy. A Comparative Study of 17 Countries. Berlin u.a.: Springer.

Wichterich, Christa, 1992: Die Erde bemuttern. Frauen und Ökologie nach dem Erdgipfel in Rio. Köln: Heinrich-Böll-Stiftung.

Young, Oran R., 1999: Regime Effectiveness: Taking Stock, in: Oran R. Young (Hrsg.), International Environmental Regimes. Causal Connections and Behavioral Mechanismus. Cambridge: MIT Press, 276-277.

Zürn, Michael, 1998: Regieren jenseits des Nationalstaats. Hrsg. von Ulrich Beck. Frankfurt a.M.: Suhrkamp.

Jochen Gläser / Stefan Lange

3.14 Wissenschaft

Obwohl die moderne Wissenschaft existenziell von der Alimentierung durch externe Akteure abhängt, entwickelt sie sich mit einer erstaunlichen Unabhängigkeit von deren Intentionen. Es ist deshalb nicht verwunderlich, dass die Diskussion über die Gestaltung und Gestaltbarkeit von Wissenschaft ein Dauerbrenner der Wissenschaftsforschung ist. Sie stand Pate bei der Geburt der Wissenschaftssoziologie und ist seitdem – in der jeweils aktuellen Phraseologie – ein wichtiger Diskussionsstrang. Robert K. Mertons (1938; 1942) Arbeiten zu gesellschaftlichen Einflüssen auf die Entstehung der modernen Wissenschaft und zum Verhältnis von Wissenschaft und demokratischer Sozialstruktur setzten das Thema. Der Essay „The Endless Frontier" von Vannevar Bush (1945), der die Finanzierung einer autonomen Grundlagenforschung durch den Staat begründete, war zwar ein politisches Dokument, hat aber auch die Wissenschaftsforschung nachhaltig beeinflusst. Wenig später hat Michael Polanyi (1962) sich in seinem noch heute lesenswerten Essay „The Republic of Science" gegen die Idee einer zentral geplanten Wissenschaft gewandt und betont, dass die Autonomie der Wissenschaft eine ihrer zentralen Erfolgsbedingungen ist.

Danach verlagerte sich das Interesse von der politischen Frage, ob man Wissenschaft steuern solle, auf die soziologische Frage, ob dies überhaupt möglich sei. Im Kontext der Planungsdebatte der 1970er Jahre fragte die empirische Wissenschaftsforschung nach den Bedingungen, unter denen eine politische Steuerung der Wissenschaft erfolgreich sein könnte. Empirische Untersuchungen zur Planung und Steuerung der Forschung zeigten, dass die Steuerung der Wissenschaft ohne Beteiligung der Wissenschaftler nicht möglich ist und dass diese Beteiligung externe Steuerungsversuche weitgehend modifizieren kann (Van den Daele u.a. 1979). Diese Beobachtung wurde später unter das Konzept der Kontextsteuerung gefasst, dem zufolge eine Steuerung der Wissenschaft nur indirekt durch die Gestaltung von deren Funktionsbedingungen möglich ist (Braun 1997; → Kybernetik und Systemtheorie).

Nach diesen prinzipiellen Befunden fächerte die Forschung auf. Politikwissenschaftliche Untersuchungen fragen seitdem nach den Effekten spezifischer institutioneller Arrangements für die politische Einflussnahme auf Forschung. Wichtige Themen dieser Untersuchungen sind die historische Dynamik traditioneller Institutionen wie der Universitäten, die Rolle und Funktionsprobleme von Organisationen der Forschungsförderung, die sich öffnende Schere zwischen dem Ressourcenbedarf der Wissenschaft und den finanziellen Möglichkeiten des Staates sowie die gesellschaftliche Suche nach neuen Möglichkeiten des Umgangs mit Risiken und ethischen Problemen der Forschung. All diese Untersuchungen bestätigen den grundsätzlichen Befund früherer Analysen: Richtung und Tempo des wissenschaftlichen Fortschritts können offenbar von außen nur in gewissen Grenzen beeinflusst werden. Dieser Befund wird hier in fünf Schritten näher ausgeführt: Die Governance der Wissenschaft muss der eigentümlichen sozialen Ordnung der Fachgemeinschaften Rechnung tragen, die durch ein endogenes Governance-Defizit charakterisiert ist (1). Dadurch entsteht ein systematisches „Gemeinschaftsversagen" der Wissenschaft bei der Erfüllung externer Leistungserwartungen (2). Formale Organisationen und Förderprogramme kompensieren dieses Gemeinschaftsversagen (3), sind aber auf die Partizipation der Wissenschaft in ihrer eigenen Governance angewiesen und deshalb in ihrer Wirksamkeit begrenzt (4). Neue Entwicklungen in der sozialen Ordnung und der Governance der Wissenschaft verringern die Autonomie des einzelnen Wissenschaftlers, können aber die inhärenten Begrenzungen einer Governance der Wissenschaft nicht grundsätzlich überwinden (5).

1 Soziale Ordnung und endogenes Governance-Defizit der Wissenschaft

Die Resistenz der Wissenschaft gegen externe Einflussnahme entspringt ihrer sozialen Ordnung. Die das wissenschaftliche Wissen produzierenden Fachgemeinschaften weisen das für Gemeinschaften charakteristische Defizit endogener Governance auf, das zugleich ein Defizit von Kanälen für die Intervention exogener Governance ist (→ Gemeinschaft).

Die Mitglieder einer Fachgemeinschaft beziehen sich auf einen gemeinsamen Wissensbestand, den sie testen, verändern und erweitern. Mitglied in einer solchen Fachgemeinschaft wird man nicht durch eine explizite Entscheidung, sondern durch sein Verhalten als Mitglied. Als Mitglied einer Fachgemeinschaft verhält sich, wer ihr Wissen in der eigenen Arbeit benutzt. Selbst wenn eine Benutzung des Wissens nicht in dem Sinne erfolgreich ist, dass sie zu neuem Wissen führt, so beinhaltet sie doch zumindest einen Test des existierenden Wissens auf seine Verwendbarkeit in einer spezifischen Forschungssituation. Ein solcher Test ist der kleinstmögliche Beitrag zur gemeinschaftlichen Wissensproduktion und konstituiert deshalb die Mitgliedschaft in einer Fachgemeinschaft.

Die Teilnehmer an der Wissensproduktion einer Fachgemeinschaft stimmen ihre Handlungen indirekt miteinander ab, indem sie sich am selben Wissensbestand orientieren. Die Mitglieder beobachten den Wissensbestand ihrer Fachgemeinschaft, identifizieren Lücken und formulieren für sich Forschungsaufgaben, die auf die Schließung dieser Lücken gerichtet sind. Da jedes Mitglied einer Fachgemeinschaft denselben Wissensbestand beobachtet, vermittelt dieser die wechselseitige Abstimmung der nur unvollständig übereinander informierten Mitglieder. Neben der Beobachtung einer emergenten Struktur trägt auch die wechselseitige Beobachtung der Mitglieder, die in die ubiquitäre informelle Kommunikation der Wissenschaftler eingebettet ist, zur Abstimmung des Handelns bei.

Diese für alle Gemeinschaften charakteristische, auf Beobachtung basierende Mitgliedschaft ist für die unscharfen und sich ständig verändernden Grenzen der Fachgemeinschaften verantwortlich. Jeder Wissenschaftler nimmt ja den Wissensbestand anders wahr und leitet deshalb aus ihm auch individuell spezifische Bezüge und Gemeinsamkeiten ab. Entsprechend unterschiedlich werden eigene und fremde Mitgliedschaften wahrgenommen. Wissenschaftler gehören außerdem häufig mehreren Fachgemeinschaften an und wechseln diese im Verlauf ihrer Karriere.

Die auf der Beobachtung des Wissensbestandes beruhende Handlungsabstimmung ist aus mehreren Gründen unvollkommen. Wissenschaftler treffen ihre Entscheidungen unabhängig von anderen Mitgliedern der Fachgemeinschaft und unter unvollständiger Information über deren Handlungen. Die unvollständige Information und eine geteilte Wahrnehmung von Prioritäten in der Wissensproduktion lassen stets einige der Mitglieder äquivalente Forschungsaufgaben formulieren. Da die Fachgemeinschaft nur neues Wissen verwendet, konkurrieren Wissenschaftler um die erstmalige Lösung von Problemen (→ Politischer Wettbewerb). Diese Konkurrenz wird dadurch verschärft, dass die Lösung von Problemen, die für den Erkenntnisfortschritt der Fachgemeinschaft besonders wichtig sind, überdurchschnittlichen Reputationsgewinn verspricht. Die Konkurrenz um erstmalige Problemlösungen führt immer wieder zu Mehrfachentdeckungen. Unvollständige Informationen und die individuell geprägten Wahrnehmungen des Wissensbestandes lassen die Wissenschaftler außerdem immer wieder Beiträge erarbeiten, die die Gemeinschaft für irrelevant hält und nicht verwendet.

Die in Publikationen angebotenen Beiträge gehen in den gemeinschaftlichen Wissensbestand ein, wenn Mitglieder der Fachgemeinschaft sie in ihrer eigenen Arbeit verwenden. Es gibt keinen Prozess der expliziten Prüfung und Zertifizierung neuen Wissens. Die Integration eines Beitrages ist ein Aggregateffekt seiner Verwendung für die Erzeugung neuen Wissens durch andere Mitglieder der Gemeinschaft, die darüber wiederum autonom entscheiden. Nur die Angebote, die auf diese Weise zum „Rohstoff" der kollektiven Produktion werden, gehen in den gemeinsamen Wissensbestand ein.

Die Produktion später nicht verwendeter Beiträge erscheint auf den ersten Blick als eine Verschwendung von Potenzial. Die auf dezentralisierten autonomen Entscheidungen beruhende Produktion ist aber der besonderen Unsicherheit wissenschaftlicher Produktion angemessen. In der Produktion wissenschaftlichen Wissens sind ja nicht nur die Lösungen unbekannt, sondern auch die Probleme selbst und damit die Mittel der Problemlösung. Wenn zu Beginn eines Produktionsprozesses niemand sagen kann, worin die Aufgabe besteht, wie sie gelöst werden, und wer sie lösen kann, dann scheint es in der Tat zweckmäßig, wenn viele Akteure voneinander unabhängig Problemformulierungen und Lösungswege ausprobieren.

Damit die gemeinschaftliche Wissensproduktion durch die Beobachtung eines Wissensbestandes geordnet werden kann, muss dieser allen potenziellen Produzenten zugänglich sein. Dies wird durch die öffentliche wissenschaftliche Kommunikation sichergestellt, in der Publikationen über den Buch- und Zeitschriftenmarkt allen Interessenten zugänglich gemacht werden. Konferenzen dienen ebenfalls der Kommunikation. Sie sind nicht nur aktueller, sondern unterstützen auch die wechselseitige Beobachtung, indem sie Gelegenheiten für nichtöffentliche informelle Kommunikation bieten.

Wie in anderen Gemeinschaften auch tragen in wissenschaftlichen Gemeinschaften informelle Institutionen und Eliten zur sozialen Ordnung der Fachgemeinschaft bei. Die informellen Institutionen sind primär soziotechnischer Natur. Es handelt sich um Produktionsregeln, deren Befolgung die Passfähigkeit lokal erzeugter Beiträge zum gemeinsamen Wissen gewährleisten soll. In den Fachgemeinschaften existieren Regeln für das Experimentieren und Beobachten, für den Umgang mit dem vorhandenen Wissen, für die Darstellung von Ergebnissen in Publikationen usw. Die informellen Institutionen haben eine gewisse

Bindungswirkung für die an der Wissensproduktion Beteiligten, da offensichtliche Verstöße gegen die Produktionsregeln sanktioniert werden.

Die Eliten der Fachgemeinschaft sind Leistungseliten, die sich durch die Produktion von als besonders wichtig angesehenen Beiträgen auszeichnen (Mulkay 1976). Ihre Einflussnahme auf die Fachgemeinschaft vollzieht sich also zuallererst über die orientierende Wirkung, die ihre Beiträge in der weiteren Wissensproduktion entfalten. Eliten haben außerdem eine herausgehobene Rolle bei der Heranbildung des wissenschaftlichen Nachwuchses der Fachgemeinschaft, bei der Entwicklung von Standards und bei der kollektiven Meinungsbildung über wichtige und aussichtsreiche Richtungen der Wissensproduktion. Weder die Beiträge noch die Meinungen der Eliten haben jedoch irgendeine formelle Bindungswirkung für die Mitglieder – wer ihnen folgt, tut das freiwillig.

Ein für wissenschaftliche Gemeinschaften spezifischer endogener Governance-Mechanismus ist der Peer-Review, das heißt die Beurteilung von Forschungsvorhaben und Forschungsergebnissen durch ausgewählte Fachkollegen (Gläser 2006). Dieser Mechanismus durchdringt mittlerweile alle Bereiche wissenschaftlichen Arbeitens. Er trifft eine Auswahl von für die Gemeinschaft besonders relevanten Vorhaben und Manuskripten und passt diese in einem kollektiven Konstruktionsprozess den Erwartungen der Gemeinschaft an. Dieser Mechanismus wird auch zunehmend durch die Wissenschaftspolitik für die externe Governance der Wissenschaft genutzt (siehe Abschnitt 5).

Trotz Beobachtung informeller Institutionen, Einflussnahme der Eliten und Peer-Review leidet die Fachgemeinschaft an dem für Gemeinschaften charakteristischen Defizit endogener Governance. Ihre fluiden und informellen Strukturen sind zum Beispiel nicht in der Lage, die wissenschaftliche Kommunikation zu gewährleisten, obwohl diese eine notwendige Bedingung gemeinschaftlicher Wissensproduktion ist. Deshalb bedient sich die Wissenschaft dafür anderer sozialer Ordnungen. Neben dem Markt (→ Markt) für Bücher und Zeitschriften helfen wissenschaftliche Gesellschaften der Fachgemeinschaften, das heißt formale Organisationen (→ Organisationstheorien), die Kommunikation zwischen den Mitgliedern aufrechtzuerhalten, indem sie Zeitschriften herausgeben und Konferenzen abhalten. Die wissenschaftlichen Gesellschaften dienen auch der kollektiven Meinungs- und Willensbildung bezüglich der Produktionsbedingungen der Fachgemeinschaften und betreiben ein entsprechendes Lobbying.

2 Leistungserwartungen der Gesellschaft und „Gemeinschaftsversagen"

Wenn wir sie analytisch von den sie überlagernden anderen sozialen Ordnungen unterscheiden, dann zeigt sich, dass die gemeinschaftliche Wissensproduktion primär auf der Beobachtung ihres Rohstoffes, Arbeitsgegenstandes und Produktes, das heißt des wissenschaftlichen Wissens, beruht. Die für die Wissensproduktion erforderlichen materiellen Ressourcen werden jedoch nicht durch die Gemeinschaft selbst erzeugt. Der Lebensunterhalt der Produzenten, die materiellen Mittel für die lokale Produktion von Beiträgen zum gemeinsamen Wissen und die Mittel für die Kommunikation dieser Beiträge müssen den

Fachgemeinschaften von der Gesellschaft zugeführt werden. Die moderne Wissenschaft wird von anderen gesellschaftlichen Teilsystemen unterhalten. Diese erwarten dafür Gegenleistungen: Unternehmen finanzieren Forschung, weil sie sich Innovationen und dadurch Vorteile auf dem Markt erwarten. Der Staat finanziert Forschung als Quelle von Innovationen, als Potenzial für Problemlösungen, als Dienstleister in der Berufsausbildung und als Beitrag zur Erweiterung des Kulturgutes Wissen, das – noch! – als Wert an sich gesehen wird. Darüber hinaus erwartet die Gesellschaft, dass die von ihr finanzierte Wissenschaft bestimmten Verhaltenserwartungen entspricht, insbesondere in Bezug auf die Ethik und auf Gefährdungen der Bürger.

Solche Erwartungen zu formulieren bewirkt allerdings noch nichts. Das Problem besteht nicht darin, dass die Fachgemeinschaften die Erwartungen der Gesellschaft nicht erfüllen wollen. Fachgemeinschaften „wollen" überhaupt nichts. Wie allen Gemeinschaften fehlt ihnen eine Struktur, die es ermöglicht, kollektive Ziele zu formulieren und für ihre Mitglieder bindende Entscheidungen zu treffen. Die Gesellschaft sieht sich mit dem Defizit an endogener Governance konfrontiert, das im Fall der wissenschaftlichen Gemeinschaften als „Gemeinschaftsversagen" bei der Erfüllung gesellschaftlicher Erwartungen beschrieben werden kann. Die Entwicklung der Fachgemeinschaft ist ein Aggregateffekt autonomer individueller Entscheidungen, die sich primär an lokalen Gegebenheiten und den internen Aussichten, etwas zum Wissensbestand der Gemeinschaft beitragen zu können, orientieren. Das bedeutet, dass es in den Fachgemeinschaften keine Instanz gibt, die Wissenschaftler zur Bearbeitung eines bestimmten Problems, zur Einhaltung einer Mindestqualität oder zur Befolgung gesellschaftlicher Verhaltenserwartungen zwingen könnte. Fachgemeinschaften können als solche auch keine kollektive Entscheidung über die Richtungen der Wissensproduktion treffen. Die Wissensproduktion „driftet" im Gefolge wahrgenommener Erkenntnischancen. Hinzu kommt, dass die Fachgemeinschaften auch die Produktion von Beiträgen unbekannter oder fragwürdiger Qualität tolerieren, da es wegen der inhärenten Unsicherheiten der Wissensproduktion häufig schwer ist, marginale, nonkonformistische und schlechte Beiträge voneinander zu unterscheiden. Der Produktionsmechanismus der Fachgemeinschaften ist deshalb darauf ausgerichtet, die Mitglieder zunächst einmal alles produzieren zu lassen und erst im Nachhinein verwendbare Beiträge zu selektieren. Da außerdem die Beobachtung, auf deren Grundlage Aufgaben formuliert werden, auf den Wissensbestand und informelle Institutionen der Fachgemeinschaft fokussiert ist, werden externe gesellschaftliche Normen und Leistungserwartungen nicht unbedingt wahrgenommen. Der Produktionsmechanismus der Fachgemeinschaft ist gewissermaßen „blind" für außerhalb ihrer existierende Phänomene (Gläser 2006).

Die Governance der Wissenschaft kompensiert dieses Gemeinschaftsversagen, indem sie die Zuweisung von Ressourcen an die Erfüllung von Leistungserwartungen bindet und die Forschung reguliert, das heißt zur Einhaltung gesellschaftlicher Regeln bei der Wissensproduktion zwingt. Da die Fachgemeinschaften nicht kollektiv handlungsfähig sind, können die Erwartungen nicht unmittelbar an sie adressiert werden. Bereits die Kommunikation von externen Erwartungen an die Wissenschaft bedarf deshalb spezifischer Schnittstellen. Am besten geeignet, weil mit allen anderen gesellschaftlichen Teilsystemen und insbesondere mit der Politik kompatibel, sind formale Organisationen (Schimank 1991). Formale Organisationen sind zunächst die sozialen Gebilde, in denen Fachgemeinschaften Forschung durchführen. Sie schaffen die allgemeinen Voraussetzungen für die Durchführung von Forschung, indem sie Arbeitsverträge mit Wissenschaftlern schließen und ihnen die für die Forschung benötigte technische und logistische Infrastruktur bereitstellen. Jede Organisation beherbergt dabei nur Teile von Fachgemeinschaften und damit unselbständige Teile von deren Produktionsprozessen. Obwohl heute nahezu die gesamte Wissensproduktion in formalen Organisationen stattfindet, ist deren soziale Ordnung für die Wissensproduktion sekundär. Sie ist lediglich eine gesellschaftskompatible Form, die Fachgemeinschaften annehmen müssen, um ihren Austausch mit wissenschaftsexternen Akteuren zu realisieren. Darüber hinaus gibt es formale Organisationen, die Interaktionen zwischen wissenschaftlichen Gemeinschaften und gesellschaftlichen Akteuren vermitteln. Solche intermediären Organisationen führen meist keine Forschung durch, sondern verteilen als Förderorganisationen Ressourcen, organisieren den Dialog zwischen Wissenschaft und Politik oder entwerfen institutionelle Arrangements zur Förderung und Regulierung der Forschung (Braun 1993).

3 Instrumente der Governance

Forschung findet sich heute in einer Vielzahl von Organisationsformen, die durch nationale Entwicklungspfade, die Quellen der Finanzierung der Forschung und die jeweils an die Forschung adressierten Leistungserwartungen bestimmt werden. In den westlichen Gesellschaften dominieren drei Grundvarianten der formalen Organisation von Forschung, deren Anteile jeweils länderspezifisch variieren (Braun/Schimank 1992; Schimank 1995a: 106-111).

Unternehmen organisieren Forschung, um Innovationen zu generieren, mit denen sie am Markt Gewinne erzielen können. Außerdem brauchen sie ein wissenschaftliches Potenzial, das die Probleme bearbeiten kann, die in den immer stärker wissenschaftsbasierten Produktionsprozessen auftreten. Die Industrieforschung ist deshalb stärker als jede andere organisierte Forschung einem nichtwissenschaftlichen organisationalen Leistungsprozess untergeordnet und wird im Interesse dieses Leistungsprozesses gesteuert. Projekte, die keinen Erfolg (im Sinne marktfähiger Innovationen) versprechen, können durch Entzug der Ressourcen radikal abgebrochen und ihre Bearbeiter auf andere Themen umgesetzt werden (Grande/Häusler 1992: 342-347).

Diese scheinbar wirkungsmächtige hierarchische Steuerung der Industrieforschung bricht sich aber in dem Maße an der Eigenlogik wissenschaftlicher Produktion, wie die Industrieforschung innovationsvorbereitende, marktfernere Themen bearbeitet (→ Hierarchie). In nicht wenigen Unternehmen tritt heute die gesamte Palette von Forschungsorientierungen bis hin zu anwendungsferner Grundlagenforschung auf. Die innovationsferner arbeitenden Industrieforscher agieren nicht nur als Mitglieder der Organisation, sondern auch als Mitglieder einer Fachgemeinschaft. Das Unternehmen sieht sich deshalb mit der konkurrierenden Autorität der Fachgemeinschaft und den Unsicherheiten der gemeinschaftlichen Wissensproduktion konfrontiert. Das grundsätzliche Dilemma der Governance der Industrieforschung besteht darin, dass Industrieforschung als Teil der Wissensproduktion einer Fachgemeinschaft autonomer Entscheidungen der Wissenschaftler bedarf sowie inhärent unsicher und spontan ist, während sie als Produktionsvorbereitung in einen geplanten organisationalen Leistungsprozess eingeordnet werden muss. Eine erfolgreiche Beteiligung der Wissenschaftler an der Wissensproduktion der Fachgemeinschaft ist erforderlich, um die Aufnahmefähigkeit des Unternehmens für Wissen aufrechtzuerhalten und auf dem Stand der Forschung zu bleiben. Die damit verbundenen Unsicherheiten und die notwendige Autonomie der Industrieforscher gefährden aber gerade die Innovationsprozesse, derentwegen die Forschung überhaupt nur durchgeführt wird (Grande/Häusler 1994: 350-359).

Universitäten sind die dominierende Form der Institutionalisierung staatlich finanzierter Forschung. Wo die Gesellschaft universitäre Forschung unterhält, tut sie das, um die Dienstleistungsfunktion der Universität in der Berufsausbildung zu unterstützen. Der Grundgedanke der modernen Universität besteht darin, dass die wissenschaftliche Ausbildung durch aktive Wissenschaftler vorgenommen werden soll, weil nur so das höchste Niveau und die wissenschaftliche Aktualität der Lehre gesichert werden können. Dieser Überzeugung entspricht das Prinzip der Einheit von Forschung und Lehre, das den meisten nationalen Universitätssystemen zugrunde liegt.

Da die Universitäten wegen ihrer Dienstleistungen für die Gesellschaft unterhalten werden, werden sie auch primär über die Lehre finanziert. Dabei gibt es eine große Bandbreite von Finanzierungsmodellen: von privaten Universitäten, die die Kosten der Lehre vollständig durch Beiträge der Studierenden decken, über staatlich finanzierte Universitäten mit Beteiligung der Studierenden durch Studiengebühren bis hin zu vollständiger staatlicher Finanzierung.

Anders als die Industrieforschung ist die universitäre Forschung dem dominierenden Leistungsprozess ihrer Organisation nicht untergeordnet. Ihr Beitrag zur Lehre besteht lediglich darin, diese auf hohem Niveau und aktuell zu halten und eine marginale Einbeziehung der Studierenden in Forschungsprozesse zu ermöglichen. Diese geringe Verkopplung – das „organisatorische Nebeneinander" von Forschung und Lehre (Schimank 1995a: 107-108) – impliziert, dass es keine inhaltlich spezifischen Leistungserwartungen an die universitäre Forschung gibt und sich diese mithin großer Autonomie erfreut. Die Universität ist eine Organisation, die die in ihr ablaufende Forschung kaum inhaltlich beeinflussen kann. Selbst Qualitätserwartungen kann sie nur mit Mühe durchsetzen. Sogar in Universitäten, die durch eine hierarchische interne Steuerung und eine nur rudimentäre akademische Selbstverwaltung charakterisiert sind, liegen Entscheidungen über die Forschungsinhalte bei den Wissenschaftlern selbst. Als Governance-Instrument bleibt der Hochschuladministration dann häufig nur die strategische Rekrutierung. Bei der Beurteilung der Kandidaten ist sie aber in der Regel wieder auf ihre Wissenschaftler angewiesen.

Zugleich befindet sich die universitäre Forschung in einem ständigen Konflikt mit der Lehre, der sich insbesondere in der Zeit- und Ressourcenkonkurrenz und in der Auseinandersetzung über die Bedeutung der jeweiligen Qualitätskriterien äußert. In diesem Konflikt ist sie der Lehre wegen deren grundsätzlicher Priorität unterlegen. Dieselbe Konstellation, die die Autonomie der universitären Forschung begründet, untergräbt die materielle Basis dieser Forschung (Schimank 1995b).

Industrieforschung und universitäre Forschung sind jeweils im Zusammenhang mit einem anderen Leistungsprozess organisiert. Es gibt aber auch formale Organisationen, deren einziger Leistungsprozess die Forschung ist. Solche spezifischen Forschungseinrichtungen können privat, staatlich oder gemischt finanziert werden. Die in ihnen betriebene Forschung kann auf ganz unterschiedliche Leistungserwartungen der Geldgeber ausgerichtet sein (Hohn/Schimank 1990: 386-394). Staatlich finanzierte Forschungseinrichtungen können der Grundlagenforschung, der Forschung an Großgeräten, der vorwettbewerblichen Anwendungsforschung und dem Technologietransfer oder der Unterstützung hoheitlicher Aufgaben gewidmet sein. Privat finanzierte Forschungseinrichtungen finden sich ebenfalls im gesamten Spektrum von der Grundlagenforschung bis hin zum Technologietransfer oder können kommerziell als Unternehmen agieren, die Forschungsergebnisse verkaufen.

Reine Forschungsorganisationen bilden intern die informellen Strukturen der Fachgemeinschaften ab, indem sie die leitenden Positionen in der Organisationshierarchie durch Wissenschaftler mit hohem Status in der Fachgemeinschaft – idealiter Mitglieder der Elite – besetzen. Sie sehen sich deshalb vor allem mit zwei Typen von Governance-Problemen konfrontiert: Organisationsintern müssen häufig die Leistungsprozesse und der Ressourcenbedarf mehrerer Fachgemeinschaften miteinander abgeglichen und Kooperationen organisiert werden, um die von den Geldgebern erhofften Synergieeffekte zu realisieren. Die Beziehungen der Forschungseinrichtungen zu ihrer Umwelt werden dadurch geprägt, dass die Geldgeber ihre spezifischen Leistungserwartungen an die Organisation adressieren und die Resistenz der organisierten Fachgemeinschaften überwinden müssen (→ Public Management und Public Governance). Für das letztgenannte Problem gibt es mehrere institutionelle Lösungen. Forschungsorganisationen haben heute meist Beiräte, in denen Wissenschaftler aus anderen Forschungseinrichtungen und Vertreter der Geldgeber über die Einhaltung der Mission der Organisation wachen. Außerdem finden regelmäßig Evaluationen statt, in denen Wissenschaftler die Qualität und das Profil einer Forschungsorganisation beurteilen und Empfehlungen zur Zukunft der Organisation geben. Die Forschungspolitik kann die Steuerung anwendungsorientierter Forschung auch an die Adressaten dieser Forschung delegieren (die ihrerseits über aufnehmende und damit kompetente Forschungspotenziale verfügen) und ihre Finanzierung vom Erfolg einer Organisation in der Kooperation mit diesen Adressaten abhängig machen.

Alle drei Formen der Governance von und in formalen Organisationen beruhen auf derselben Grundkonstellation: Da inhaltliche Entscheidungen über wissenschaftliche Wahrheiten, Methoden und ertragreiche Fragestellungen nur durch Wissenschaftler getroffen werden können, müssen Letztere die Governance-Bemühungen externer Akteure – etwa bestimmte thematische Prioritätensetzungen – in wissenschaftlich folgenreiche Entscheidungen übersetzen.

Neben der institutionellen Trägerschaft und Finanzierung von Organisationen ist ein zweiter wichtiger Kanal, über den Ressourcen für die Wissenschaft bereitgestellt werden, die programmförmige Finanzierung von Forschungsvorhaben. Einen Grenzfall stellt die punktuelle Finanzierung eines ganz bestimmten Forschungsvorhabens dar. Weitreichender sind Förderprogramme, die private und staatliche Geldgeber auflegen und in deren Rahmen sich Wissenschaftler oder Forschungsorganisationen um die Förderung inhaltlich spezifizierter Forschungsvorhaben bewerben können. Der wichtigste Adressat dieser Förderprogramme ist die anderweitig nur schwer beeinflussbare universitäre Forschung. Diese Form der Finanzierung erlaubt es den Geldgebern, sehr spezifische Leistungserwartungen zu formulieren. Die an der Überwindung thematischer oder struktureller Defizite interessierte Forschungspolitik kann Förderprogramme für einzelne Wissenschaftsgebiete, zur Förderung interdisziplinärer Kooperation oder der Kooperation von Universitäten und Industrie oder zur Förderung von Nachwuchswissenschaftlern auflegen. In all diesen Fällen wird die Bereitstellung der Ressourcen von der Zusicherung abhängig gemacht, tatsächlich Forschungsvorhaben mit den gewünschten Eigenschaften durchzuführen. Dabei bedarf es wieder des Urteils der Fachkollegen, ob die Zusicherungen plausibel sind und eingehalten werden können, ob es sich also um thematisch einschlägige, qualitativ hochwertige und erfolgversprechende Forschungsvorhaben handelt. Die Industrie kann sich zur Prüfung der Angebote ihres eigenen Forschungspotenzials bedienen. Staatlich finanzierte Förderprogramme werden durch die Politik in Zusammenarbeit mit Wissenschaftlern entworfen und greifen für die Vergabe von Forschungsgeldern auf den Peer Review zurück, das heißt auf die Begutachtung der Vorhaben durch Fachkollegen aus anderen Forschungseinrichtungen.

Die Forschungspolitik überträgt diese Form der Forschungsförderung – das Entwerfen von Förderprogrammen und die Verteilung der Mittel – häufig Förderorganisationen. Diese Förderorganisationen können als intermediäre Organisationen angesehen werden, da ihr Leistungsprozess die Vermittlung zwischen gesellschaftlichen Teilsystemen ist. Ihre Bedeutung für die Governance der Forschung wächst, weil der Staat immer mehr Ressourcen in Form der kompetitiven Projektförderung verteilt, während der Anteil der institutionellen Forschungsförderung, das heißt der Grundfinanzierung von Forschungsorganisationen und Forschung in Universitäten, abnimmt. Die Finanzierung der Forschung durch Förderorganisationen kann die Bearbeitung gesellschaftlich relevanter Themenfelder oder gar bestimmter Anwendungsfelder zum Ziel haben. Sie kann aber auch die Themensetzung der Fachgemeinschaft überlassen und sich auf die Erwartung hoher Qualität beschränken. Diese Erwartung wird durch den Wettbewerb der Wissenschaftler erfüllt. Da die Ressourcen knapp sind, muss die Fachgemeinschaft im Peer-Review-Verfahren die besten (thematisch vordringlichen und erfolgversprechenden) Projekte zur Finanzierung auswählen. Das Dilemma der Förderorganisationen, in denen Wissenschaftler im Auftrag der Politik Ressourcen vergeben, liegt in der Gefahr der Vereinnahmung dieser Wissenschaftler durch eine der beiden Seiten, das heißt durch die Politik oder die Fachgemeinschaften (Braun 1993).

Wissenschaftspolitische Akteure können nicht nur über die Zuführung von Ressourcen, sondern auch durch die Gestaltung der institutionellen Bedingungen Einfluss auf die Forschung nehmen. Die Strukturen der öffentlich finanzierten Forschungsorganisationen, die Gestaltung der Arbeitsrechtsverhältnisse und die Regelungen zur Patentierung von Forschungsergebnissen sind nur einige Beispiele für institutionelle Arrangements, die Richtung und Tempo des wissenschaftlichen Fortschritts nachhaltig zu beeinflussen vermögen, ohne die Ressourcenverteilung in der Wissenschaft direkt zu beeinflussen. Eine in diesem Kontext immer wichtiger werdende Form der Governance ist die Regulierung der Themen- und Methodenwahl. Die Gesellschaft wird sich zunehmend der Tatsache bewusst, dass Forschung selbst ein Risiko für die Gesellschaft sein kann und dass die Implementation unsicherer Technologien die Gesellschaft selbst in ein Labor verwandelt (Krohn/Weyer 1989). Hinzu kommt, dass die heutige Forschung ethische Standards der Gesellschaft herausfordert oder neue ethische Probleme aufwirft. Die Risikodebatte und der Ethikdiskurs in der Gesellschaft haben das Bedürfnis nach einer Regulierung der Forschung und nach einer stärkeren gesellschaftlichen Diskussion der Forschungsethik aufkommen lassen.

Die Erarbeitung politischer Entscheidungen zu den institutionellen Bedingungen der Forschung erfolgt für gewöhnlich in einem Dialog zwischen Wissenschaft, Politik und anderen gesellschaftlichen Akteuren. Dieser Dialog kann in eigenen intermediären Organisationen institutionalisiert sein – zum Beispiel im deutschen Wissenschaftsrat.

4 Leistungsfähigkeit und Grenzen der Governance der Forschung

Die Mittel, mit denen wissenschaftsexterne Akteure ihre Interessen durchsetzen können, erscheinen auf den ersten Blick außerordentlich leistungsfähig. Sie verfügen über die Ressourcen, die Forschung überhaupt erst möglich machen. Die Politik gestaltet überdies die institutionellen Bedingungen, unter denen die Fachgemeinschaften in einem Land Wissen produzieren – von der formalen Organisation der Forschung bis hin zum Arbeits- und Erfinderrecht. Die wissenschaftsexternen Akteure sehen sich aber mit dem bereits erwähnten prinzipiellen Hindernis konfrontiert: Ihr Wissen über die Wissenschaft reicht nicht aus, um die ihnen zur Verfügung stehenden Mittel zielgenau einzusetzen. Keine der erforderlichen Entscheidungen kann ohne Rückgriff auf das esoterische Wissen der Fachgemeinschaften getroffen werden. Gesellschaftliche Probleme müssen in wissenschaftliche übersetzt, Qualität muss an den Standards der Fachgemeinschaften gemessen werden. Dazu ist jeweils ein kompetentes Urteil über die Inhalte der Wissensproduktion erforderlich. Deshalb werden Wissenschaftler systematisch in die Governance der Forschung einbezogen und damit betraut, wissenschaftsexterne Erwartungen in wissenschaftliche Ziele und Kriterien zu übersetzen, die dann im Peer Review zur Grundlage von Entscheidungen über Forschungsinhalte werden.

Diese komplexen Übersetzungen und Entscheidungsprozesse sind anfällig für Störungen, die die Effekte der exogenen Governance von den Intentionen der Beteiligten abweichen lassen. So ist aufgrund der inhärenten Unsicherheit der Wissensproduktion nicht immer absehbar, ob Intentionen der wissenschaftsexternen Akteure oder Leistungsversprechen der Wissenschaft überhaupt erfüllbar sind. Ein Teil der Ressourcen wird deshalb stets vergeben, ohne dass daraus Beiträge zu den von externen Akteuren gewünschten Forschungen entstehen. Neben diesen „technischen" Abweichungen, die den inhärenten Unbestimmtheiten der Wissensproduktion geschuldet sind, wird die Governance der Forschung auch durch die Interessengegensätze der Beteiligten beschränkt. Wissenschaftler lassen sich nicht einfach durch die Politik vereinnahmen, sondern haben eigene Interessen. In der Ressourcenakquisition für ihre eigene Forschung nutzen Wissenschaftler die unvermeidlichen Unbestimmtheiten in den Forschungsprogrammen, um Etikettenschwindel zu betreiben, das heißt die einschlägige Relevanz ihrer Projekte zu behaupten, um mit den erhaltenen Ressourcen andere Forschungsziele zu verfolgen. In politischen Entscheidungsprozessen vertreten Peers die Interessen ihrer eigenen Fachgemeinschaft und versuchen deren Ressourcenversorgung zu maximieren. So gibt es zum Beispiel in Evaluationen einen latenten Konflikt zwischen der Erwartung der Wissenschaftspolitik, nur exzellente Forschung zu fördern, und den Solidaritätsnormen der Fachgemeinschaft, für die mittelmäßige Forschung auf ihrem Gebiet dem Schrumpfen der Fachgemeinschaft allemal vorzuziehen ist. Außerdem sind Wissenschaftler von der Bedeutung der Autonomie der Forschung für deren Erfolg überzeugt und versuchen ihrer Ansicht nach zu weit gehende Eingriffe externer Akteure zu blockieren.

Diese technischen Probleme und Interessengegensätze beschränken die Möglichkeiten externer Akteure, mittels Governance ihre Intentionen zu verwirklichen. Sie werden die angestrebten Ziele stets nur ungefähr oder gar nicht erreichen. Zugleich ist es wahrscheinlich, dass die Governance der Forschung auch nichtintendierte Effekte hat. Eine immer wieder auftauchende Befürchtung lautet etwa, dass der Rückgang der Grundfinanzierung und die zunehmende Abhängigkeit der Wissenschaftler vom Peer Review der Forschungsförderung eine Orientierung am Mainstream erzwänge und unorthodoxe Ansätze allmählich verschwinden ließe (Henkel 2000: 141). Über solche Effekte gibt es bislang kaum gesichertes Wissen.

5 Neue Trends in der Governance der Forschung

Die beschriebenen Grundkonstellationen der Governance unterliegen gegenwärtig in vielen Aspekten einem Wandel, dessen Ergebnisse nur schwer absehbar sind. Der Erfolg der Wissenschaft in der zweiten Hälfte des 20. Jahrhunderts hat einerseits Veränderungen in der sozialen Ordnung der gemeinschaftlichen Wissensproduktion und andererseits Veränderungen in der Akteurkonstellation der Governance, insbesondere in den Interessen und Governance-Instrumenten externer Akteure, initiiert.

Ein erster Erfolg der Wissenschaft besteht darin, dass sie in erheblichem Maße Ressourcen zu akquirieren und in den westlichen Ländern über mehrere Jahrzehnte hinweg exponentiell zu wachsen vermochte. Dieses rasche Wachstum hat die Binnendifferenzierung und damit die Spezialisierung vorangetrieben. Wegen der damit einhergehenden Verengung der Expertise des einzelnen Wissenschaftlers können Beiträge zum gemeinschaftlichen Wissen immer häufiger nur noch in Kooperation mehrerer Wissenschaftler erzeugt werden. Das Individuum als Beiträge erzeugendes Mitglied der Produktionsgemeinschaft wird durch Gruppen unterschiedlicher Dauerhaftigkeit ersetzt. Neben relativ stabilen lokalen Forschungsgruppen entstehen nationale und internationale Netzwerke, die ebenfalls relativ dauerhaft angelegt sein können oder ad hoc für eine einzige oder wenige Kooperationen gebildet werden (→ Netzwerke).

Die wachsende Spezialisierung hat auch Konsequenzen für die Fähigkeit der Wissenschaftler, Publikationen wissenschaftlich auf ihre Relevanz und Qualität hin zu beurteilen. Wissenschaftler müssen zunehmend Publikationen benutzen oder Kooperationspartner wählen, ohne dass sie in der Lage sind, deren Qualität inhaltlich hinreichend zu beurteilen. Deshalb wächst die Rolle von Kriterien zweiter Ordnung in diesen in den wissenschaftlichen Alltag eingewobenen Bewertungen. Die Reputation der Organisation und die Position des Wissenschaftlers in ihr, die Reputation der Zeitschrift, in der ein Aufsatz publiziert wurde, die Zahl der Zitierungen und die Urteile von Kollegen unterstützen oder ersetzen die Beurteilung der wissenschaftlichen Inhalte.

Das Wachstum der Wissenschaft ist mittlerweile zu einem Problem geworden, weil es immer schwieriger wird, sie weiter auf dem erreichten hohen Niveau zu finanzieren. Seit ungefähr zwei Jahrzehnten beobachten wir den Übergang von exponentiellem Wachstum zu Stagnation – dem sogenannten „steady state" der Wissenschaft (Cozzens u.a. 1990). Dass Wissenschaft trotz der Finanzierungsprobleme auf diesem hohen Niveau unterhalten wird, verdankt sie ihrem Erfolg bei der Erfüllung gesellschaftlicher Leistungserwartungen. Das Schlagwort von der „Wissensgesellschaft" (Stehr 1994) drückt zugleich die wachsende Abhängigkeit der Gesellschaft von wissenschaftlichem Fortschritt und das gesellschaftliche Bewusstsein dieser Abhängigkeit aus. Dieser Wandel in den Umweltbeziehungen der Wissenschaft wird in zwei neueren Theorieansätzen reflektiert. Die These von der Herausbildung eines „neuen Modus" der Wissensproduktion besagt, dass wissenschaftliches Wissen zunehmend in heterogenen Organisationskontexten, in interdisziplinären Kooperationen und in den sozialen Kontexten seiner späteren Verwendung produziert wird, was lokalen Zielen und Qualitätskriterien eine dominierende Rolle einräumt (Gibbons u.a. 1994; Nowotny u.a. 2001). Andere Autoren behaupten, dass wir gegenwärtig eine „Triple Helix" der Koevolution von Universität, Industrie und Staat beobachten, in der jeder der drei Akteurtypen zunehmend die Funktionen der anderen mit wahrnimmt (Etzkowitz/Leydesdorff 1998; Etzkowitz 1999).

Während diese Theorien noch umstritten sind, lassen sich empirisch einige Veränderungen in der Governance der Forschung beobachten, die auf die Finanzierungsprobleme und das gewachsene Wissenschaftsbewusstsein der Gesellschaft zurückgehen. Die wichtigste dieser Veränderungen ist die Einführung des New Public Management (NPM) für staatlich finanzierte Bildungs- und Forschungseinrichtungen (Amaral u.a. 2003; Fisch/Koch 2005). NPM bedeutet einen Rückzug des Staates aus der Detailregulierung der staatlich finanzierten Forschung und eine stärkere Betonung von Wettbewerb und Markt, insbesondere durch eine leistungsabhängige Grundfinanzierung der Organisationen (→ Public Management und Public Governance). Die Höhe dieser Grundfinanzierung kann idealtypisch entweder im Rahmen eines landesweiten Evaluationswettbewerbs wie des britischen Research Assessment Exercise, eines auf Leistungsindikatoren gestützten Formelsystems wie des australischen Grant Schemes oder durch eine Form des Kontraktmanagements, zum Beispiel die Zielvereinbarungen des Staates mit den Hochschulen in Deutschland oder Österreich, festgelegt werden. Die beiden erstgenannten Varianten sollen sicherstellen, dass die staatlichen Mittel nur den besten Forschungseinrichtungen zugute kommen. Zielvereinbarungen koppeln dagegen das Versprechen einer inkrementellen Fortschreibung der öffentlichen Grundfinanzierung an die Einhaltung bestimmter staatlicher Leistungserwartungen, die von Einrichtung zu Einrichtung unterschiedlich ausfallen können und Interpretationsspielräume lassen. In den nationalen Forschungssystemen des OECD-Raumes dominieren heute indikatorengestützte Formelsysteme und Zielvereinbarungen in je nach Land und Organisation unterschiedlichen Kombinationen und Gewichtungen.

Die leistungsbasierte Grundfinanzierung wird im NPM durch die zunehmende Einbindung externer Stakeholder aus Wirtschaft und Gesellschaft in das Management der Forschungsorganisationen ergänzt. Die Einflussnahme der Stakeholder wird in Boards of Regents, Beiräten und Kuratorien institutionalisiert und reicht von der Beratung der Organisationsleitung bis zur Mitentscheidung in zentralen Fragen der Struktur und Funktion der jeweiligen Einrichtung.

In allen Varianten des NPM soll eine forcierte, an privatwirtschaftlicher Unternehmensführung orientierte hierarchische Selbststeuerung die für die Steigerung der Forschungsleistungen erforderliche interne Handlungsfähigkeit der Einrichtungen sicherstellen. Intendiert ist hiermit eine Transformation der Forschungsorganisationen – insbesondere der Universitäten – von „loosely coupled systems" (Weick 1976) in korporative Akteure (Krücken/Meier 2006), die das Forschungshandeln ihrer Subeinheiten und Mitglieder an interne Zielvereinbarungen binden können.

Voraussetzung für ein solches NPM ist eine ubiquitäre Messung von Forschungsleistungen. Deshalb lässt sich in letzter Zeit eine starke Zunahme von Evaluationen auf allen Aggregatebenen – von einzelnen Wissenschaftlern über Forschungsorganisationen bis hin zu supranationalen Forschungsräumen – beobachten. Die stark wachsende Nachfrage nach Evaluationen und die Aufwendigkeit des Peer Review verhelfen gegenwärtig quantitativen Evaluationen auf der Basis der Drittmitteleinwerbung, bibliometrischer Daten und weiterer Indikatoren zum Durchbruch. Diese quantitativen Evaluationen haben aus der Sicht der Akteure in Forschungspolitik und -management überdies den Vorzug, ohne explizite Urteile ausgewählter Gutachter auszukommen, aber dennoch auf Bewertungen von Mitgliedern der Fachgemeinschaft zu beruhen, die im Peer Review von Drittmittelprojekten und Publikationen sowie bei Entscheidungen über Zitierungen vorgenommen werden. Auch unabhängig von politischen und Managementkontexten gewinnen öffentliche Rankings von Forschungseinrichtungen rasch an Popularität. Die Validität dieser in Zeitungen oder Zeitschriften veröffentlichten und mitunter sogar von diesen in Auftrag gegebenen Rankings ist fragwürdig (Liebeskind/Ludwig-Mayerhofer 2005; Van Raan 2005). Ihre Publizität verleiht ihnen nichtsdestotrotz politische Wirkungsmacht (Weingart/Maasen 2007).

Die Wirkungen dieser neuen Entwicklungen in der Governance der Forschung lassen sich gegenwärtig schwer abschätzen. In Ländern, in denen das NPM seit längerem etabliert ist, lassen sich eine Stärkung der internen Hierarchien von Forschungseinrichtungen und eine Schwächung der akademischen Selbstverwaltung beobachten. Die Autonomie des Wissenschaftlers gegenüber seiner Organisation sinkt, da diese aus einem neuen Bestandsinteresse heraus zu einem Mikromanagement der Forschungsleistungen gezwungen ist. Zugleich scheint sich die Autonomie des Wissenschaftlers gegenüber seiner Fachgemeinschaft zu verringern, da die Fortsetzung der Forschungsarbeiten vom permanenten Erfolg in Evaluationen abhängig wird. Der Einfluss der Eliten der Fachgemeinschaften, die die qualitativen Evaluationen durchführen, wird dagegen gestärkt.

Diese Trends verstärken den Druck auf die Wissenschaftler, Risiken zu vermeiden und im Mainstream ihres Fachgebietes zu forschen. Es lässt sich aber schwer voraussagen, wie die internationalen Fachgemeinschaften auf die neuen Entwicklungen in der Governance der Wissenschaft faktisch reagieren werden. Das endogene Governance-Defizit und die „Drift" der Fachgemeinschaften begründen nämlich auch deren Fähigkeit, sich an Veränderungen in lokalen institutionellen Umgebungen anzupassen. Es muss deshalb als offen gelten, wie die Wissenschaft die neuen Entwicklungen der Governance verarbeitet.

Literatur

Amaral, Alberto/Meek, Lynne/Larsen, Ingvild M. (Hrsg.), 2003: The Higher Education Managerial Revolution? Dordrecht: Kluwer.

Braun, Dietmar, 1993: Politische Steuerungsfähigkeit in intermediären Systemen am Beispiel der Forschungsförderung, in: Politische Vierteljahresschrift 34, 249-271.

Braun, Dietmar, 1997: Die Politische Steuerung der Wissenschaft. Ein Beitrag zum „kooperativen Staat". Frankfurt a.M.: Campus.

Braun, Dietmar/Schimank, Uwe, 1992: Organisatorische Koexistenzen des Forschungssystems mit anderen gesellschaftlichen Teilsystemen: Die prekäre Autonomie wissenschaftlicher Forschung, in: Journal für Sozialforschung 32, 319-336.

Bush, Vannevar, 1945: Science The Endless Frontier. A Report to the President by Vannevar Bush, Director of the Office of Scientific Research and Development. Washington: United States Government Printing Office.

Cozzens, Susan E./Healey, Peter/Rip, Aric/Ziman, John (Hrsg.), 1990: The Research System in Transition. Dordrecht: Kluwer.

Etzkowitz, Henry, 1999: Academia Agonistes: The "Triple Helix" of Government-University-Industry Relationships in the United States, in: Dietmar Braun/François-Xavier Merrien (Hrsg.), Towards a New Model of Governance for Universities? A Comparative View. London: Jessica Kingsley, 78-99.

Etzkowitz, Henry/Leydesdorff, Loet, 1998: The Endless Transition: A "Triple Helix" of University-Industry-Government Relations, in: Minerva 36, 203-208.

Fisch, Rudolf/Koch, Stefan (Hrsg.), 2005: Neue Steuerung von Bildung und Wissenschaft. Schule – Hochschule – Forschung. Bonn: Lemmens.

Gibbons, Michael/Limoges, Camille/Nowotny, Helga/Schwartzman, Simon/Scott, Peter/Trow, Martin, 1994: The New Production of Knowledge. The Dynamics of Science and Research in Contemporary Societies. London: Sage.

Gläser, Jochen, 2006: Wissenschaftliche Produktionsgemeinschaften. Die soziale Ordnung der Forschung. Frankfurt a.M.: Campus.

Grande, Edgar/Häusler, Jürgen, 1992: Forschung in der Industrie, in: Klaus Grimmer/Jürgen Häusler/Stefan Kuhlmann/Georg Simonis (Hrsg.), Politische Techniksteuerung. Opladen: Leske + Budrich, 333-359.

Grande, Edgar/Häusler, Jürgen, 1994: Industrieforschung und Forschungspolitik: Staatliche Steuerungspotentiale in der Informationstechnik. Frankfurt a.M.: Campus.

Henkel, Mary, 2000: Academic Identities and Policy Change in Higher Education. London: Jessica Kingsley.

Hohn, Hans-Willy/Schimank, Uwe, 1990: Konflikte und Gleichgewichte im Forschungssystem: Akteurkonstellationen und Entwicklungspfade in der staatlich finanzierten außeruniversitären Forschung. Frankfurt a.M.: Campus.

Krohn, Wolfgang/Weyer, Johannes, 1989: Gesellschaft als Labor. Die Erzeugung sozialer Risiken durch experimentelle Forschung, in: Soziale Welt 40, 349-373.

Krücken, Georg/Meier, Frank, 2006: Turning the University into an Organizational Actor, in: Gili Drori/John Meyer/Hokyu Hwang (Hrsg.), Globalization and Organization. Oxford: Oxford University Press, i.E.

Liebeskind, Uta/Ludwig-Mayerhofer, Wolfgang, 2005: Auf der Suche nach der Wunsch-Universität – im Stich gelassen. Anspruch und Wirklichkeit von Hochschulrankings, in: Soziologie 34, 442-462.

Merton, Robert K., 1970 [1938]: Science, Technology and Society in Seventeenth Century England. New York: Howard Fertig.

Merton, Robert K., 1972 [1942]: Wissenschaft und demokratische Sozialstruktur, in: Peter Weingart (Hrsg.), Wissenschaftssoziologie I. Wissenschaftliche Entwicklung als sozialer Prozeß. Frankfurt a.M.: Fischer Athenäum, 45-59.

Mulkay, Michael, 1976: The Mediating Role of the Scientific Elite, in: Social Studies of Science 6, 445-470.

Nowotny, Helga/Scott, Peter/Gibbons, Michael, 2001: Re-Thinking Science. Knowledge and the Public in an Age of Uncertainty. Cambridge: Polity Press.

Polanyi, Michael, 1962: The Republic of Science. Its Political and Economic Theory, in: Minerva 1, 54-73.

Schimank, Uwe, 1991: Politische Steuerung in der Organisationsgesellschaft – am Beispiel der Forschungspolitik, in: Wolfgang Zapf (Hrsg.), Die Modernisierung moderner Gesellschaften. Frankfurt a.M.: Campus, 505-516.

Schimank, Uwe, 1995a: Politische Steuerung und Selbstregulation des Systems organisierter Forschung, in: Renate Mayntz/Fritz W. Scharpf (Hrsg.), Gesellschaftliche Selbstregelung und politische Steuerung. Frankfurt a.M.: Campus, 101-139.

Schimank, Uwe, 1995b: Hochschulforschung im Schatten der Lehre. Frankfurt a.M.: Campus.

Stehr, Nico, 1994: Knowledge Societies. London: Sage.

Van den Daele, Wolfgang/Krohn, Wolfgang/Weingart, Peter (Hrsg.), 1979: Geplante Forschung. Vergleichende Studien über den Einfluß politischer Programme auf die Wissenschaftsentwicklung. Frankfurt a.M.: Suhrkamp.

Van Raan, Anthony F. J., 2005: Fatal Attraction: Conceptual and Methodological Problems in the Ranking of Universities by Bibliometric Methods, in: Scientometrics 62, 133-143.

Weick, Karl E., 1976: Educational Organizations as Loosely Coupled Systems, in: Administrative Science Quarterly 21, 1-19.

Weingart, Peter/Maasen, Sabine, 2007: Elite by Rankings – The Appearance of the Enterprising University, in: Richard Whitley/Jochen Gläser/Kate Barker (Hrsg.), The Changing Governance of the Sciences: The Advent of Research Evaluation Systems. Yearbook Sociology of the Sciences. Dordrecht: Kluwer i. E..

Otfried Jarren / Patrick Donges

3.15 Massenmedien

Mit dem Begriff Medienpolitik wird ein eigenständiges, in seinen sozialen, zeitlichen und sachlichen Dimensionen offenes Handlungssystem bezeichnet, das vorrangig durch Kommunikation konstituiert wird und sich auf die Massenmedien als Regelungsfeld bezieht (Jarren/Donges 1997: 239; Donges 2002). Gegenstand von Medienpolitik ist die öffentliche Kommunikation innerhalb einzelner Massenmedien, wobei traditionell die Politikfelder Pressepolitik, Rundfunkpolitik und der noch etwas diffuse Bereich der Neuen Medien (Internet, Onlinedienste etc.) unterschieden werden können. Medienpolitik hebt ab auf die Regulierung der Rahmenbedingungen, unter denen Kommunikationsaussagen innerhalb dieser Medien entstehen und verbreitet werden. Medienpolitik ist damit zu unterscheiden von der politischen Kommunikation, in der staatliche und politische Akteure selbst als Kommunikatoren tätig werden (Vowe 2003).

Die Freiheit der Medien ist in demokratischen Gesellschaften ein hohes Gut (→ Demokratie und Legitimation). Dass Politik dennoch in den Medienbereich interveniert und diesen zu regeln versucht, kann sowohl mit einem Markt- als auch mit einem Staatsversagen erklärt werden.

Ein Marktversagen herrscht vor allem im Rundfunkbereich vor (→ Markt). Dies kann darauf zurückgeführt werden, dass es sich bei Rundfunkpublizistik um ein öffentliches Gut handelt, bei dem es keine Konsumrivalität oder kein sogenanntes Ausschlussprinzip gibt, das heißt, der Rundfunkempfang einer Person A schließt den einer anderen Person B nicht aus. Dies erschwert die Herausbildung eines direkten Preises. Rundfunk wird daher, abgesehen von Formen des Pay-TV und Pay-per-view, indirekt über Werbung und Gebühren finanziert. Der publizistische Markt zwischen Rundfunkanbieter und Rezipient basiert nicht auf Zahlungen, sondern auf dem Tausch von Geschenken – Rundfunkanbieter „verschenken" Programme gegen die Zuwendung des Publikums, die sie dann an die werbetreibende Wirtschaft verkaufen können (Kiefer 1999; Theis-Berglmair 2000).

Ein Versagen des publizistischen Marktes wird ferner dadurch begünstigt, dass Medienangebote insgesamt sogenannte Erfahrungs- oder Vertrauensgüter darstellen, deren Eigenschaften wie Relevanz, Wahrheit, Ausgewogenheit, Fairness, Aktualität etc. erst nach der Rezeption, manchmal überhaupt nicht oder nur teilweise erkennbar sind. Vor allem aber fehlt eine Qualitätstransparenz im Bereich der Publizistik: Publizistische Güter sind sehr komplex, ihre einzelnen Elemente weisen unterschiedliche Qualitätskriterien auf, die mit wenigen Ausnahmen nicht messbar sind bzw. eine sehr kostspielige Messung erforderten. Der Rezipient ist wegen seiner unvollständigen Informationen über das Gut darauf angewiesen, den Anbietern zu vertrauen (Heinrich 1996; Kiefer 1999; Theis-Berglmair 2000).

Ein Staatsversagen lässt sich im Medienbereich deshalb konstatieren, weil staatliche Akteure hier nicht nur Gestaltungsziele verfolgen, sondern auch und vorrangig Machtziele.

Politische wie staatliche Akteure sind in demokratischen Gesellschaften zentral auf öffentliche Zustimmung angewiesen, und um diese zu erreichen, müssen sie kommunizieren (→ Demokratie und Legitimation). Akteure haben daher ein vitales Eigeninteresse daran, Medien als Kommunikationskanäle zu kontrollieren oder zu beeinflussen. Ergebnis dieses Staatsversagens ist beispielsweise im Rundfunkbereich die enorme Parteipolitisierung von Aufsichtsgremien, etwa bei den öffentlich-rechtlichen Rundfunkanbietern oder bei den Landesmedienanstalten. Medienpolitik steht damit vor der paradoxen Aufgabe, die Medien und hier vor allem den Rundfunk durch politische Regelungen vor der Politik zu schützen.

Die Governance-Perspektive wird bislang auf den Bereich der Medienpolitik nur vereinzelt bezogen. Die Debatte darüber, ob und was mit dem Begriff Governance analytisch gegenüber alternativen Begriffen wie Medienpolitik oder -regulierung gewonnen werden kann, steht noch am Anfang (Donges 2006). Dabei kann eine Governance-Perspektive, bezogen auf Medien, durchaus sinnvoll sein, berücksichtigt sie doch stärker als eine staatszentrierte Sichtweise, dass an der Ausgestaltung der Medienordnung wie auch in der praktischen Medienpolitik neben staatlichen und politischen zahlreiche andere Akteure mitwirken: Akteure des ökonomischen Systems, intermediäre Akteure wie Gewerkschaften, Verbände, Kirchen, kulturelle Organisationen, Bildungseinrichtungen etc. sowie Akteure außerhalb des nationalstaatlichen Rahmens wie etwa auf der Ebene der EU und der WTO.

Der Begriff Governance weist insbesondere auf die bedeutende Rolle von Institutionen in der Medienpolitik hin (→ Neoinstitutionalismus). Auch für das Politikfeld Medienpolitik kann gezeigt werden, dass es bei der Bearbeitung einzelner Probleme weniger um eine effiziente Lösung geht als vielmehr darum, die Legitimität für einmal gefundene Lösungen und etablierte Organisationen zu erhöhen. Einmal gewählte Muster der Problembearbeitung verselbständigen sich, und auch „erfolgreich scheiternde Organisationen", die nur noch symbolisch agieren, können erfolgreich überleben, da sie legitimierend wirken.

Der folgende Beitrag gibt daher eine laufende Debatte wieder und versteht sich nicht als abschließende Darstellung eines Forschungsstandes. Wir gehen zunächst auf eine Abgrenzung der Regelungsformen der Governance und des Government ein und vertreten die These, dass beide Formen der Regelung im Feld der Medienpolitik vorkommen und ihre Berechtigung haben (1). Daran anschließend werden Defizite des Government (2) wie auch der Governance (3) in der deutschen Medienpolitik diskutiert. Abschließend wird die These skizziert, dass Medienpolitik beides benötigt: Government als Voraussetzung von Governance und Governance zur Sicherung von Government (4).

1 Government und Governance in der Medienregulierung

Wir halten es für sinnvoll, die Begriffe Government und Governance analytisch zu unterscheiden. Government steht hier für die kontinentaleuropäische Tradition von Politik. Der Staat greift aus dieser Sicht in gesellschaftliche Prozesse vor allem durch Rechtsetzung ein. Recht wiederum ist an das Medium Macht gebunden, über das legitim nur der Staat als Akteur verfügen kann. Government basiert also auf einer hierarchischen Über- und Unterordnung von Akteuren. Regulierung im Sinne von Government meint damit zudem ein Steuerungsprogramm, das staatlichen Akteuren ermöglicht, mithilfe des Steuerungsmediums Recht intentional und mit dem Ziel der Erreichung spezifischer Wirkungen in gesellschaftliche Teilsysteme einzugreifen (Jarren u.a. 2002: 104). Governance bezeichnet demgegenüber in allgemeiner Form „Muster der Interdependenzbewältigung zwischen Akteuren" (Lange/Schimank 2004: 19), bezogen auf politische Sachverhalte, enger das „Gesamt aller nebeneinander bestehenden Formen der kollektiven Regelung gesellschaftlicher Sachverhalte: von der institutionalisierten zivilgesellschaftlichen Selbstregelung über verschiedene Formen des Zusammenwirkens staatlicher und privater Akteure bis hin zu hoheitlichem Handeln staatlicher Akteure" (Mayntz 2005: 15).

Zentral für die Perspektive der Governance ist, dass hier nicht von einem unitaristischen Akteur Staat, sondern von einer Vielzahl komplex verflochtener staatlicher Akteure ausgegangen wird (→ Multilevel Governance). Im Zentrum stehen zudem die institutionellen Regelungsstrukturen, nicht der Steuerungsakteur und seine Möglichkeiten. Die Governance-Perspektive macht damit Anleihen bei einem angelsächsischen Verständnis von Politik: Nicht die Regierung oder der Staat, sondern gesellschaftliche Akteure und/oder Marktbeziehungen sollen für die Realisierung öffentlicher Interessen sorgen; nur bei Marktversagen greift der Staat regulierend ein. Governance steht damit stärker für nichthierarchische Beziehungen zwischen staatlichen und privaten Akteuren, sodass die Unterscheidung von (staatlichen) Steuerungssubjekten und (nichtstaatlichen) Steuerungsobjekten zumindest fragwürdig wird (Mayntz/Scharpf 1995: 10; Schuppert 2005).

In der Diskussion um Government und Governance im Medienbereich muss berücksichtigt werden, dass vor allem die Rundfunkpolitik in Deutschland sehr stark von einer leistungsorientierten staatlichen Intervention geprägt ist. Leistungen sind im Fall des Rundfunks vorrangig die Programme, deren Umfang und Eigenschaften regulativ gesteuert werden sollen. Eine solche Form von Government findet sich empirisch vor allem in den kontinentaleuropäischen Ländern Deutschland und Frankreich (Donges 2002: 271). In angelsächsischen Ländern wie den USA, Neuseeland oder Großbritannien orientiert sich die Politik stärker an einer Regulierung von Prozessen. Insbesondere das britische Modell steht prominent dafür, dass sich Politik stark auf die Setzung von Verfahrensregeln stützt, die die publizistische Orientierung des Rundfunks und die Professionalität der handelnden Akteure absichern soll. Insofern sollte in Deutschland und bezogen auf die bundesdeutsche medienpolitische Praxis nicht vorschnell von einer Governance-Perspektive auf den Medienbereich gesprochen werden: Die Traditionen des Politikfeldes sprechen – zumindest bislang – eher für Government.

2 Defizite von Government – das Beispiel Rundfunk

Für eine Analyse von Government in der Medienpolitik und der Schwächen dieses Politikkonzeptes eignet sich der Bereich der Rundfunkpolitik. Anders als im Bereich der Presse, wo der Staat trotz bestehender Probleme (vor allem in Form der Pressekonzentration wie des Marktzutritts) auf eine Regulierung weitgehend verzichtet, war der Rundfunk seit seiner Einführung sehr starken staatlichen Steuerungsversuchen ausgesetzt. Andererseits ist dem Staat aufgrund der Medienfreiheit keine grundlegende Gestaltung der Rundfunkordnung möglich, es kann nicht „durchregiert" werden. Daraus resultiert ein hohes Maß an

Pfadabhängigkeit bei Problemlösungsversuchen, auch weil immer auf bestehende Normen und Regeln sowie vorhandene Organisationen und Akteure zurückgegriffen werden muss (→ Pfadabhängigkeit). Dies schließt das Anknüpfen an einmal etablierte Leitbilder ein.

Die Einführung des Organisationsmodells eines öffentlich-rechtlichen Rundfunks nach dem Vorbild der britischen BBC erfolgte nach Gründung der Bundesrepublik nicht aus Überzeugung der Regierenden, sondern die westlichen Alliierten entschieden zum Teil gegen den Willen der deutschen Politiker. Gerade die Bundesregierung unter Adenauer orientierte sich noch sehr stark an den Leitbildern des Rundfunks der Weimarer Republik, der unmittelbar von der Reichsregierung kontrolliert wurde und somit von den Nationalsozialisten auch nicht „übernommen" werden musste. Symptomatisch für das Festhalten an alten Leitvorstellungen ist der Versuch Adenauers, eine regierungsnahe Rundfunkanstalt des Bundes unter dem Namen „Deutschland-Fernsehen" zu schaffen. Dieses Vorhaben wurde 1961 vom Bundesverfassungsgericht für verfassungswidrig erklärt – die erste Entscheidung in einer Reihe von Urteilen, mit denen das Gericht die Grundzüge der Rundfunkpolitik festlegte.

Rundfunkpolitik ist in Deutschland Sache der Länder (→ Multilevel Governance). Innerhalb der Länder sind rundfunkpolitische Fragen in der Regel den Staatskanzleien zugeordnet, nicht etwa den Kultusministerien. Auch daran zeigt sich das politische Konzept des Government: An rundfunkpolitischen Entscheidungen wirken faktisch hauptsächlich statushohe Akteure der Exekutive, wie die Ministerpräsidenten oder die Leiter der Staatskanzleien, mit.

Der notwendige Abstimmungsprozess der Länder untereinander bringt es zudem mit sich, dass relevante medienpolitische Entscheidungen eher in informellen, geheimen Verhandlungen statt in parlamentarisch-öffentlichen Debatten getroffen werden. Diese Arkanpolitik wirkt sich vorrangig auf den öffentlichen Rundfunk aus, der im Leitungsbereich (Intendanz, Direktoren, Chefredakteure und leitende Redakteure) weitgehend in den Händen der großen Parteien ist („Proporz"). Faktisch haben CDU/CSU und SPD ihren Einfluss auf den öffentlichen Rundfunk ständig vergrößern und vielfach monopolisieren können. Die Zusammensetzung von Gremien der öffentlich-rechtlichen Rundfunkanstalten führt zudem dazu, dass hochrangige Staatsvertreter Einfluss auf Haushalts-, Programm- und Personalentscheidungen nehmen. Aufgrund der gemeinsamen Macht- und Einflussinteressen wehren die großen politischen Parteien Debatten über diesen Zustand ab, auch indem sie vielfältige Kooperationen mit anderen gesellschaftlichen Organisationen in den Aufsichtsgremien eingehen und deren Vertreter einbeziehen („Freundeskreise"). Außerdem obliegen die öffentlichen Anstalten der in den jeweiligen Staatskanzleien angesiedelten Rechtsaufsicht, sodass eine große Nähe zur Parteipolitik in den Stäben der jeweiligen Staatskanzleien herbeigeführt werden kann. Damit hat sich im öffentlichen Rundfunk ein Stück weit jene Verstaatlichung vollzogen, die das Bundesverfassungsgericht mit seiner Entscheidung gegen das sogenannte „Adenauer-Fernsehen" 1961 verhindern wollte. Zwar ist ein zentralstaatlicher Regierungsrundfunk, wie von Adenauer angestrebt, nicht möglich, doch ist der Einfluss von hohen Parteifunktionären und Mitgliedern der Exekutive heute systemwidrig hoch.

Die Probleme – aber zugleich auch die Pfadabhängigkeit – dieses Politikmodells zeigten sich bei der Einführung des privaten Rundfunks, der zu Beginn der 1980er Jahre eine

Neuordnung der institutionellen Regeln notwendig machte. Das Leitbild des „Binnenpluralismus", das den öffentlichen Rundfunk kennzeichnete, wurde – reformuliert in einen „Außenpluralismus" – auch zur Institutionalisierung des Privatrundfunks genutzt. Außenpluralität sollte durch eine Vielzahl von Anbietern und Angeboten erreicht werden, ohne dass es allerdings für dieses Ziel operationalisierbare Vorgaben und für die Zielkontrolle gesellschaftliche Gremien mit entsprechenden Kompetenzen gibt. Die neugebildeten Landesmedienanstalten als Regulierungs- und Lizenzbehörden haben zwar Vertreter gesellschaftlicher Gruppen in ihren Gremien, doch haben sie auf wirtschaftsrelevante Entscheidungen – und um die geht es hier im Wesentlichen – keinen Einfluss. Auf ein außenplurales Gesamtangebot hatten und haben diese Gremien auch nie einen Einfluss gehabt. Zudem können sie Programmentscheidungen nur nachvollziehen, aber nicht wirksam beeinflussen. Die Idee einer gesellschaftlichen Rückbindung auch des privaten Rundfunks, die mit der Leitidee des „Außenpluralismus" angelegt war, wurde nie verwirklicht.

Ein Vergleich mit dem Ausland zeigt, dass auch andere Modelle möglich sind. Gerade in angelsächsischen Ländern werden trotz ökonomischer Deregulierung publizistische Anforderungen auch an private Sender formuliert und – zumindest teilweise – durchgesetzt. In Großbritannien konnte sich selbst Thatcher nicht mit der Idee durchsetzen, Rundfunklizenzen ohne inhaltliche Anforderungen an die Programme via Auktionsverfahren zu versteigern (Hoffmann-Riem 1991). Australien gilt als Paradebeispiel für die Möglichkeiten einer Koregulierung, das heißt eines Zusammenspiels staatlicher und privater Akteure, im Rundfunkbereich. Dort sind auch kommerzielle Rundfunkanbieter verpflichtet, gemeinsam für den gesamten Sektor einen Code of Practice zu entwickeln, der in allgemeiner Form die Qualität der Programme, den Schutz von Kindern und Jugendlichen sowie das Verbot von sexuellen und gewaltverherrlichenden Darstellungen regelt. Diese Codes of Practice müssen von der Regulierungsbehörde genehmigt werden, wobei das Verfahren öffentlich zu erfolgen hat, um eine breite Debatte über Programmgrundsätze zu ermöglichen (Hoffmann-Riem u.a. 2000).

In Deutschland hingegen existieren im Bereich der Rundfunkpolitik kaum ausformulierte Ordnungsvorstellungen oder Politikkonzepte, weil so von den Akteuren „einfacher" partei- oder landespolitische Ziele um- bzw. durchgesetzt werden können. Die Zuständigkeit der Länder für den Rundfunk etwa führt dazu, dass der Wettbewerb auch zwischen diesen stattfindet, was einen Subventions- und Deregulierungswettbewerb fördert (→ Politischer Wettbewerb). Es geht politischen wie auch ökonomischen Akteuren vor allem darum, gute Ausgangsbedingungen für den nationalen und internationalen Wettbewerb zu erhalten (Standortpolitik). So prägte in den 1990er Jahren die Allianz zwischen dem SPD-regierten Nordrhein-Westfalen, der in Gütersloh ansässigen Bertelsmann-Gruppe und ihrer in Köln beheimateten Fernsehgruppe RTL auf der einen sowie zwischen Bayern und der in München ansässigen Kirch-Gruppe die Rundfunkpolitik sehr stark. Die Mitte der 1980er Jahre gegründeten Regulierungsbehörden werden eng parteipolitisch geführt und dienen zunächst der Förderung der jeweiligen Rundfunkunternehmen. Rundfunkpolitik wird zur ökonomisch motivierten Standortpolitik, auch wenn die Rhetorik politischer Akteure an alten Pluralitätskonzepten festhält. Gerade das Festhalten an alten Modellen des Government im machtpolitischen Interesse verhindert es, die durch die Kommerzialisierung des gesamten Rundfunksektors entstehenden Probleme überhaupt erkennen und bearbeiten zu können.

3 Defizite von Governance – das Beispiel Medienselbstkontrolle

Form und Wirksamkeit von Governance im Medienbereich lassen sich an Selbstkontrolleinrichtungen wie dem Deutschen Presserat oder der Freiwilligen Selbstkontrolle Fernsehen (FSF) zeigen.

Der Deutsche Presserat wird von vier Standesorganisationen getragen: dem Bundesverband Deutscher Zeitungsverleger (BDZV), dem Verband Deutscher Zeitschriftenverleger (VDZ), dem Deutschen Journalisten-Verband (DJV) und der Deutschen Journalistinnen- und Journalisten-Union (dju) in ver.di. Laut seinen Statuten verfolgt der Presserat unter anderem die Aufgabe, Missstände im Pressewesen festzustellen und auf deren Beseitigung hinzuwirken, Beschwerden über einzelne Zeitungen, Zeitschriften oder Pressedienste zu prüfen, Empfehlungen und Richtlinien für die publizistische Arbeit zu geben sowie „im Einvernehmen mit den Trägerorganisationen Entwicklungen entgegenzutreten, die die freie Information und Meinungsbildung des Bürgers gefährden könnten" (Satzung für den Trägerverein des Deutschen Presserates e.V. in der Fassung vom 25. November 2003, § 9). Unabhängig von allgemeinen berufsethischen Normen und Zielen, die durch Presseräte verfolgt werden und die durchaus eine medienübergreifende Bedeutung erlangt haben, kann man am Deutschen Presserat sehen, wie hier das tarifvertraglich bekannte Sozialpartnerschaftsmodell der Teilbranche Presse auf die Trägerschaft übertragen wurde. Die Beteiligung anderer Akteure und ihrer Interessen wie Vertreter der Rezipienten, nichtgewerkschaftlich organisierter Journalistinnen und Journalisten etc. war und ist nicht vorgesehen. Der Deutsche Presserat wirkt so nur für einen Teil der Branche und bezieht nur bestimmte Akteure ein, aber zugleich legitimiert er damit „die Presse" insgesamt. Dass es auch anders hätte gehen können, zeigt beispielsweise der Schweizer Presserat, in dem Publikumsvertreter zumindest advokatorisch die Interessen der Rezipienten wahrzunehmen versuchen.

Die Freiwillige Selbstkontrolle Fernsehen (FSF) wird von 18 privaten deutschen Fernsehanbietern getragen. Ihre Gründung geht zurück auf politische Auseinandersetzungen um die Darstellung von Gewalt in den privat-kommerziellen Fernsehprogrammen Anfang der 1990er Jahre. Der Vorstand der FSF besteht aus Vertretern der beteiligten Sender, in das Kuratorium sind auch Wissenschaftler, Jugendschutzbeauftragte etc. involviert. Die FSF kann daher als Beispiel einer erzwungenen Selbstorganisation gelten, bei der die Anbieter entsprechende Verfahren selbst implementieren, um einer staatlichen Regulierung zu entgehen (Vowe 1997: 240). Die FSF ist damit ein gutes Beispiel für das Finden einer punktuellen Lösung, die längerfristige Folgen zeitigt: Zur Beseitigung eines bestimmten Problems – Gewaltdarstellungen im privaten Fernsehprogramm – greift die Politik auf vorhandene Akteure, meist Unternehmen oder Branchenverbände, zurück. Diese gründen ihrerseits zur Vermeidung staatlicher Regulierung neue Organisationen. Die Gesellschaft als Adressat massenmedialer Kommunikation hat in diesen weder Sitz noch Stimme; die Branche bleibt unter sich, hat aber etwas zu ihrer gesellschaftlichen Legitimation getan. So ist generell erklärbar, warum es keine zivilgesellschaftlichen Akteure im Medienbereich gibt, obwohl es doch um die Bearbeitung von Problemen mit den Medien aus Sicht der Gesellschaft gehen sollte. Die legitimatorische Funktion zeigt sich bereits anhand der Namenwahl: Anders als der Name des Vereins impliziert, ist die FSF nicht für das gesamte Fernsehprogramm der privaten Sender zuständig, sondern prüft lediglich Spielfilme (eigen- und fremdproduzierte), Serien und Realitysendungen. Der öffentliche Rundfunk bleibt zudem außen vor. Es werden auch keine positiven Ordnungsvorstellungen entwickelt, sondern nur Beschwerden bearbeitet.

4 Die Notwendigkeit von Governance und Government im Medienbereich

Medienpolitik reagiert, wie im ersten Abschnitt dargestellt, sowohl auf ein Markt- als auch auf ein Staatsversagen im Medienbereich. Problematisch sind in Deutschland vor allem zwei Phänomene: erstens das Nichtvorhandensein zivilgesellschaftlicher oder gesellschaftspolitischer Akteure jenseits des engeren Bereichs von (Staats-)Politik. Es gibt somit keinen Kanal, um gesellschaftliche Interessen im Medienbereich vermitteln zu können. Solche zivilgesellschaftlichen Akteure wären auch für die Politik nützlich, weil sie – im Idealfall – nicht parteipolitisch motiviert sind, sondern aus Gestaltungsinteressen heraus Defizite im Medienbereich thematisieren könnten (Jarren/Donges 2000; 2001). Das zweite Problem der Medienpolitik besteht darin, dass auch der öffentliche Diskurs über die Leistungen und Defizite des Medienbereichs auf die Vermittlung von Medien angewiesen ist. Medien fordern zwar von anderen gesellschaftlichen Akteuren gern Transparenz und eine Begründung ihres Handelns ein, verhalten sich aber selbst gegenüber Medienkritik nur wenig responsiv (Weiß 2005). Vor allem verhindern sie mitunter erfolgreich gesellschaftliche Diskussionen über die Rolle der Medien und die für sie gültigen Werte und Normen.

Eine Lösung dieser Regulierungsprobleme könnte darin bestehen, dass die Politik es sich zunehmend zur Aufgabe macht, medienkritische Diskurse mit dem Ziel einer Her- und Bereitstellung gesellschaftlicher Sichtbarkeit und Zurechenbarkeit von Problemen des Mediensystems zu organisieren. Hierzu wären Aspekte des Government wie auch der Governance von Bedeutung.

Die Funktion des Politischen besteht nicht nur und nicht immer in der Herstellung kollektiv verbindlicher Entscheidungen, „sondern auch in der Herstellung und Bereitstellung von gesellschaftlicher Sichtbarkeit und Zurechenbarkeit" (Nassehi 2002: 45). Dies geschieht durch öffentliche, massenmedial vermittelte Kommunikation. Öffentlichkeit, Sichtbarkeit und Zurechenbarkeit sind Voraussetzungen dafür, dass nichtstaatliche Akteure wie Medienorganisationen an sie herangetragene gesellschaftliche Anforderungen im Sinne einer Governance bearbeiten. Erst Diskussionen in der Öffentlichkeit können zu bestimmten Formen von Selbstbindung, Branchenregeln etc. führen. Gerade im Medienbereich, wo Medienorganisationen auch auf die öffentliche Diskussion ihrer eigenen Belange Einfluss nehmen können, stellt sich ein solcher medienkritischer Diskurs nicht von selbst her. Es bedarf letztlich des Staates mit seinem Drohpotenzial, um Formen von Governance im Mediensektor auf Dauer zu stellen und abzusichern. Dies zeigt sich besonders an Formen der reaktiven

Institutionalisierung im Bereich der Medienselbstkontrolle wie etwa der angesprochenen FSF. Vorrangig durch Government, so durch die Wahrung und den Ausbau struktureller Diversität (institutioneller wie organisatorischer Vielfalt), werden im Medienbereich die Voraussetzungen für die unterschiedlichen Formen von Government wie auch Governance sowohl geschaffen als auch beeinflusst.

Empirisch lässt sich zeigen, dass Formen von Medienselbstkontrolle bislang nur reaktiv institutionalisiert wurden und sich zentrale Branchenakteure dagegen sträuben, Formen der Media Governance zu implementieren und umzusetzen. Sich allein auf Reputation fördernde oder Reputation entziehende Kommunikationsprozesse zu verlassen, wie es in manchen Media-Governance-Modellen angedacht wird, reicht nicht aus: Unter mediengesellschaftlichen Bedingungen bestehen beträchtliche Risiken, wenn keine hinreichende Responsivität der Medienorganisationen bezüglich medienkritischer Anforderungen vorhanden ist. Die Gründe für diese Annahme sind vielfältig und in der empirischen Forschung recht gut belegt: Medienkonzentration, crossmediale Promotionen (zum Beispiel wechselseitige Werbung von Zeitungen und Rundfunksendern der gleichen Verlagsgruppe füreinander), Status der internen wie der externen Medienkritik, professionelle Begrenzungen im Journalismus wie etwa das Fehlen von Standards, anhand derer mögliches Fehlverhalten angesprochen werden kann. Nur durch das Thematisieren von Problemen und das Aufgreifen von medienkritischen Positionen sowie durch die Deutung dieser Probleme in der öffentlichen politischen Kommunikation, und das meint unter mediengesellschaftlichen Bedingungen: in den maßgeblich von den Medien beeinflussten Diskursen, ergeben sich zunächst kommunikative wie auch in der Folge möglicherweise materielle Eingriffsmöglichkeiten für staatliche bzw. politische Akteure.

Medienorganisationen stellen sowohl für Government- wie auch für Governance-Konzepte eine Art Sonderfall dar: Durch die von ihnen gesteuerte Thematisierung von Problemen sowie durch die Benennung von Ursachen und Folgen beeinflussen sie die öffentliche Debatte über Medienpolitik wesentlich und wirken auf die Deutungen und somit auf die Problemlösungsmöglichkeiten maßgeblich ein. Sie wirken damit unmittelbar auf ihre eigenen Handlungsbedingungen ein. Aus diesem Grund sind für Medienpolitik im Sinne einer Regulierung öffentlicher Kommunikation drei Punkte wichtig:

- Formulierung von Normen und Anforderungen an Medienorganisationen, so auch durch Lizenzurkunden. Durch die normative Verpflichtung werden rekursive Beziehungsstrukturen zwischen Medienorganisationen und dem Staat bzw. der Politik wie auch zwischen Branchenakteuren und der Gesellschaft begründet, die diskursiv genutzt werden können.
- Erhaltung von Vielfalt und Wettbewerb, das heißt strukturelle Diversität als zentrales Gestaltungsziel, bezogen auf die Ermöglichung einer vielfältigen Diskurskultur in den Medien bzw. in der von den Medien maßgeblich beeinflussten öffentlichen Kommunikation durch Struktur- und Organisationsvorgaben.
- Schaffung und Förderung von medienbezogenen Organisationen bzw. Akteuren, also Etablierung zivilgesellschaftlicher Organisationen. Diese mögen zwar aufgrund ihrer geringen Organisations- und/oder Konfliktfähigkeit Probleme bei der Erreichung von Medienöffentlichkeit haben, sind aber unerlässlich, um auf Fehlentwicklungen auf-

merksam zu machen und eine Debatte um die positive Ausgestaltung des Mediensystems zu fördern.

Jedenfalls lehrt uns der institutionalistische Blick auf die Medienentwicklung: Mit jeder Institutionalisierung medienpolitischer Arrangements wurde entweder auf bestehende Branchenorganisationen zurückgegriffen, oder aus diesen heraus wurden neue entwickelt. Dies erfolgte meist reaktiv, zur Bearbeitung eines konkreten Problems, ohne dass eine nachhaltige Problembewältigung im Sinne von Governance angestrebt wurde. Zivilgesellschaftliche Akteure fehlen jedoch. Sie wären notwendig für die Absicherung des Diskurses über Medienleistungen wie Medienfehlleistungen und damit ein gesellschaftspolitischer Beitrag für die Herausbildung einer Mediengesellschaft.

Literatur

Donges, Patrick, 2002: Rundfunkpolitik zwischen Sollen, Wollen und Können. Eine theoretische und komparative Analyse der politischen Steuerung des Rundfunks. Wiesbaden: Westdeutscher Verlag.

Donges, Patrick (Hrsg.), 2006: Von der Medienpolitik zur Media Governance? Neue Ansätze, Formen und Problemstellungen der Regelung öffentlicher Kommunikation. Köln: Halem.

Heinrich, Jürgen, 1996: Qualitätswettbewerb und/oder Kostenwettbewerb im Mediensektor?, in: Rundfunk und Fernsehen 44, 165-185.

Hoffmann-Riem, Wolfgang, 1991: Zwischen ökonomischer Deregulierung und politisch-moralischer Überregulierung – zur Neuordnung des Rundfunksystems in Großbritannien, in: Rundfunk und Fernsehen 39, 17-28.

Hoffmann-Riem, Wolfgang/Schulz, Wolfgang/Held, Thorsten, 2000: Konvergenz und Regulierung. Optionen für rechtliche Regelungen und Aufsichtsstrukturen im Bereich Information, Kommunikation und Medien. Baden-Baden: Nomos.

Jarren, Otfried/Donges, Patrick, 1997: Ende der Massenkommunikation – Ende der Medienpolitik?, in: Hermann Fünfgeld/Claudia Mast (Hrsg.), Massenkommunikation. Ergebnisse und Perspektiven. Opladen: Westdeutscher Verlag, 231-252.

Jarren, Otfried/Donges, Patrick, 2000: Medienregulierung durch die Gesellschaft? Eine steuerungstheoretische und komparative Studie mit Schwerpunkt Schweiz. Wiesbaden: Westdeutscher Verlag.

Jarren, Otfried/Donges, Patrick, 2001: Medienregulierung als gesellschaftliche Aufgabe? Ein Mehrebenen-Akteur-Modell zur Steuerung der Medienentwicklung aus sozialwissenschaftlicher Perspektive, in: Helge Rossen-Stadtfeld/Joachim Wieland (Hrsg.), Steuerung medienvermittelter Kommunikation. Theorie, Praxis, Perspektiven. Baden-Baden: Nomos, 35-50.

Jarren, Otfried/Weber, Rolf H./Donges, Patrick/Dörr, Bianka/Künzler, Matthias/Puppis, Manuel, 2002: Rundfunkregulierung. Leitbilder, Modelle und Erfahrungen im internationalen Vergleich. Eine sozial- und rechtswissenschaftliche Analyse. Zürich: Seismo.

Kiefer, Marie-Luise, 1999: Das Rundfunkpublikum als Bürger und Kunde, in: Dieter Schwarzkopf (Hrsg.), Rundfunkpolitik in Deutschland. Wettbewerb und Öffentlichkeit. Band 2. München: dtv, 701-744.

Lange, Stefan/Schimank, Uwe, 2004: Governance und gesellschaftliche Integration, in: Stefan Lange/Uwe Schimank (Hrsg.), Governance und gesellschaftliche Integration. Wiesbaden: VS, 9-44.

Mayntz, Renate, 2005: Governance Theory als fortentwickelte Steuerungstheorie?, in: Gunnar Folke Schuppert (Hrsg.), Governance-Forschung. Vergewisserung über Stand und Entwicklungslinien. Baden-Baden: Nomos, 11-20.

Mayntz, Renate/Scharpf, Fritz W., 1995: Steuerung und Selbstorganisation in staatsnahen Sektoren, in: Renate Mayntz/Fritz W. Scharpf (Hrsg.), Gesellschaftliche Selbstregelung und politische Steuerung. Frankfurt a.M.: Campus, 9-38.

Nassehi, Armin, 2002: Politik des Staates oder Politik der Gesellschaft? Kollektivität als Problemformel des Politischen, in: Kai-Uwe Hellmann/Rainer Schmalz-Bruns (Hrsg.), Theorie der Politik. Niklas Luhmanns politische Soziologie. Frankfurt a.M.: Suhrkamp, 38-59.

Schuppert, Gunnar Folke, 2005: Governance im Spiegel der Wissenschaftsdisziplinen, in: Gunnar Folke Schuppert (Hrsg.), Governance-Forschung. Vergewisserung über Stand und Entwicklungslinien. Baden-Baden: Nomos, 371-469.

Theis-Berglmair, Anna Maria, 2000: Aufmerksamkeit und Geld, schenken und zahlen. Zum Verhältnis von Publizistik und Wirtschaft in einer Kommunikationsgesellschaft – Konsequenzen für die Medienökonomie, in: Publizistik 45, 310-329.

Vowe, Gerhard, 1997: Medienpolitik im Spannungsfeld von staatlicher Steuerung und Selbstregulierung. Das Beispiel der „Freiwilligen Selbstkontrolle Fernsehen", in: Heribert Schatz/Otfried Jarren/Bettina Knaup (Hrsg.), Machtkonzentration in der Multimediagesellschaft? Beiträge zu einer Neubestimmung des Verhältnisses von politischer und medialer Macht. Opladen: Westdeutscher Verlag, 216-243.

Vowe, Gerhard, 2003: Medienpolitik – Regulierung der medialen öffentlichen Kommunikation, in: Günter Bentele/Hans-Bernd Brosius/Otfried Jarren (Hrsg.), Öffentliche Kommunikation. Handbuch Kommunikations- und Medienwissenschaft. Wiesbaden: Westdeutscher Verlag, 210-227.

Weiß, Ralph (Hrsg.), 2005: Zur Kritik der Medienkritik. Wie Zeitungen das Fernsehen beobachten. Berlin: Vistas.

Wolfgang Hein

3.16 Entwicklung

„Entwicklung" stellt einerseits ein Konzept im Rahmen eines umfassenden sozialwissenschaftlichen Diskurses dar, andererseits – jedenfalls seit Ende des Zweiten Weltkrieges – ein Ziel politischer Strategien. Da es sich um ein Ziel handelt, das von vielen unterschiedlichen Akteuren teils kooperativ, teils konfliktiv verfolgt wird, kann globale Entwicklungspolitik bereits als ein typisches Beispiel von Global Governance angesehen werden, auch wenn dieses Konzept erst sehr viel später entwickelt worden ist. Die Definition von Renate Mayntz bietet einen guten Ausgangspunkt zum Verständnis der Problematik: „Governance meint [...] das Gesamt aller nebeneinander bestehenden Formen der kollektiven Regelung gesellschaftlicher Sachverhalte; von der institutionalisierten zivilgesellschaftlichen Selbstregelung über verschiedene Formen des Zusammenwirkens staatlicher und privater Akteure bis hin zum hoheitlichen Handeln staatlicher Akteure" (Mayntz 2004: 66).

Governance ist dann das Ergebnis des intentionellen Handelns vieler Akteure, die allerdings gesellschaftliche Entwicklung, weder durch Kooperation noch über die Hegemonie einzelner oder weniger dominanter Akteure vermittelt, gezielt bestimmen können (→ Elementare Mechanismen). Dieser Prozess weltgesellschaftlicher Selbstorganisation ist jedoch durchaus strukturiert, wobei unterschiedliche analytische Zugänge jeweils andere Zusammenhänge in den Vordergrund stellen: a) Die Analyse historischer Phasen kapitalistischer Regulation (→ Regulationstheorie) führt zur Identifikation eines Wandels dominanter Governance-Strukturen, wobei im untersuchten Zeitraum fordistische und postfordistische Strukturen zu unterscheiden sind (vgl. Hein 2000); b) in einer akteurstheoretischen Perspektive wird der Einfluss mächtigerer Akteure auf diejenigen weltgesellschaftlichen Strukturen analysiert, die die Chancen des Erfolgs von Strategien bestimmen; c) die diskurstheoretische Analyse arbeitet heraus, wie der wissenschaftliche und politische Diskurs über Entwicklung und Entwicklungsstrategien seinen Gegenstand in einem sich historisch wandelnden Feld von Ereignissen und Regelmäßigkeiten konstruiert. In einem solchen Feld, das natürlich von Interessen und Machtverhältnissen geprägt ist, werden zwar viele Konzepte vorgeschlagen, aber paradigmatischen Charakter gewinnen sie erst, wenn sie von sehr vielen als plausibel und in irgendeiner Form als nützlich anerkannt werden.

Eine systematische Analyse, die diesen Überlegungen folgt, kann in einem kurzen Beitrag, der auch die verschiedenen Instrumente und Problembereiche der Global Governance von Entwicklung thematisieren soll, nicht geleistet werden (→ Global Governance). Der Bezug auf den Entwicklungsdiskurs, auf wichtige Akteure und den Wandel von Instrumenten internationaler Entwicklungspolitik sollte es allerdings dem Leser ermöglichen, den Zusammenhang zu diesen einleitenden Überlegungen herzustellen.

1 Genese und Wandel von Entwicklungsnormen

Die Vorstellung der „Entwicklung" von Gesellschaften ist ein typisches Produkt der frühen Moderne und reicht in die Anfänge bürgerlichen ökonomischen Denkens zurück. „Entwicklungstheorie" war in ihren Ursprüngen auf das Ziel des wirtschaftlichen Fortschritts – meist mit sozialem Fortschritt gleichgesetzt – bezogen (vgl. Kößler 1998). Für die weiter fortgeschrittenen Länder wurde das Ziel der „nachholenden Entwicklung" zur zentralen Norm. Die Vorstellung, dass „unterentwickelte Länder" eine eigene Kategorie von Ländern darstellten, die sich qualitativ von den Industrieländern unterschieden und deren Förderung Aufgabe der Letzteren sei, findet sich jedoch erst in der Nachkriegszeit.

Auch wenn bereits 1944 die Weltbank mit dem Auftrag gegründet wurde, „die Entwicklung der produktiven Einrichtungen und Ressourcen in weniger entwickelten Ländern zu ermutigen" (vgl. die IBRD Articles of Agreement von 1944), so wird heute oft die Inaugural Address des US-Präsidenten Truman zu seiner zweiten Amtszeit am 20. Januar 1949 als die Geburtsstunde der Entwicklungspolitik gesehen:

> „[...] we must embark on a bold new program for making the benefits of our scientific advances and industrial progress available for the improvement and growth of underdeveloped areas. More than half the people of the world are living in conditions approaching misery. [...] Their poverty is a handicap and a threat both to them and to more prosperous areas. [...] Greater production is the key to prosperity and peace [...]. Only by helping the least fortunate of its members to help themselves can the human family achieve the decent, satisfying life that is the right of all people" (zit. nach: www.yale.edu/lawweb/avalon/presiden/inaug/truman.htm).

Diese Formulierungen von Truman charakterisieren grundlegende Zusammenhänge der zeitgenössischen Idee von Entwicklung, die – zwar mit einem sich wandelnden Verständnis einzelner Aspekte – heute vielleicht universeller denn je akzeptiert werden (vgl. etwa Meyer 2005).

Drei zentrale Faktoren bestimmten die Strukturierung der Weltordnung der Nachkriegszeit:

1. Der politische Wille der Siegermächte, eine Ordnung zu schaffen, die eine Wiederholung der Katastrophe der beiden Weltkriege verhindert, führte zur Etablierung (prinzipiell) starker Organisationen zur Friedenssicherung, zur Sicherung der Stabilität der Weltwirtschaft (UN-System *mit* Weltbank und IWF; vgl. Abs. 4) und zur Proklamation der Menschenrechte als zentraler Norm.
2. Der Dekolonisationsprozess führte zu einer erheblichen Stärkung der Gruppe der Schwachen innerhalb des Konzertes unabhängiger Nationalstaaten mit einem (zunächst vor allem als Wiedergutmachung für das Unrecht der Kolonisierung gesehen) starken Anspruch auf Unterstützung.
3. Die sich eher hinter dem Rücken der politischen Akteure durchsetzende Dominanz der in den USA entstandenen fordistischen Akkumulationsweise korrespondierte zunächst einmal mit einem staats- und modernisierungsorientierten Entwicklungskonzept (vgl. Hein 1998; 2000).

Die Entwicklungsstrategien der Länder des Südens sahen zunächst den Staat als zentrale Entwicklungsagentur, zum Teil anknüpfend an dessen historische Rolle in den Industrieländern, zum Teil ausgehend von sozialistischen Konzepten. Die entwicklungstheoretischen Diskussionen kreisten um die Suche nach zentralen Faktoren, die die Schwelle von Unterentwicklung zu Entwicklung überschreiten helfen könnten: so etwa nach den Faktoren, die einen „take-off into self-sustained growth" in Gang setzen würden (Rostow), nach einem „big push", der die Beharrungskraft traditioneller gesellschaftlicher Strukturen überwände (Rosenstein-Rodan), oder aber nach einer gezielten politischen Gegensteuerung zur Überwindung von Teufelskreisen von Armut und Unterentwicklung (Myrdal).

Dabei verdeckte die politische und ideologische Ost-West-Konfrontation zunächst einen heute weitgehend akzeptierten Tatbestand: Die grundlegenden Ziele (real)sozialistischer und westlich-kapitalistischer Entwicklungsvorstellungen unterschieden sich nicht erheblich (vgl. Hurtienne 1986). Allerdings bestanden offensichtlich unterschiedliche Vorstellungen über die Wege, auf denen diese Ziele erreicht werden sollten: Dies betrifft zum einen das grundsätzliche Verhältnis zwischen Staat und Gesellschaft (Marktwirtschaft versus Zentralverwaltungswirtschaft; pluralistische Demokratie versus „demokratischen Zentralismus"), zum anderen das Verhältnis zwischen Territorialstaat und internationaler Umwelt. Die sozialistischen Staaten schienen zunächst von der Herauslösung aus einer ungleichen internationalen Arbeitsteilung zu profitieren, wobei erst beim Erreichen eines gewissen Entwicklungsstandes deutlich wurde, dass dies auch einen Verzicht auf den Nutzen einer Organisation der Produktion im globalen Maßstab bedeutete.

Die Ähnlichkeiten der Entwicklungsziele in Ost und West traten zum ersten Mal mit der in den 1970er Jahren einsetzenden Umweltdiskussion (→ Umwelt) in den Vordergrund: Ausgelöst durch die Ölkrise, die Hungersnot in der Sahelzone (Ausdehnung der Wüsten) und zunehmende Umweltprobleme in den Industrieländern, verstärkte sich die Einsicht in die Endlichkeit der natürlichen Ressourcen und die Probleme einer primär an Wirtschaftswachstum orientierten Strategie. „Nachhaltige Entwicklung" wurde zu einem neuen Schlagwort, das die Diskussionen über Entwicklung beeinflusste und eine Kritik modernisierungsorientierter Entwicklungskonzepte mit sich brachte. Der Diskurs über „sustainability" stellte in seinen radikaleren Ausprägungen die Grundannahme, dass Entwicklung Wachstum und Beschleunigung des technischen Fortschritts bedeutet, infrage. Daran knüpfte eine radikale Kritik des Entwicklungsbegriffes an (vgl. sog. Post-Development-Diskurs, Ziai 2004). Letztlich aber ließen die globalen Machtverhältnisse und die sich herausbildenden neuen Technologien (Informations- und Kommunikationstechnologien, Transport etc.) einem fundamental wachstumskritischen Paradigma kaum eine Chance (→ Technik).

Die 1970er Jahre mit den Auseinandersetzungen um eine (interventionistisch orientierte) neue Weltwirtschaftsordnung können als Endpunkt der Konflikte um nationale Modernisierungsstrategien im Rahmen der westlichen Welt gesehen werden. Strategien einer schuldenfinanzierten industriellen Entwicklung mit dem Ziel, die Entwicklung der alten Industrieländer nachzuvollziehen, führten in den meisten Fällen immer tiefer in eine Verschuldungskrise, in der es kaum Alternativen zur Akzeptanz der Konditionen von Weltbank und IWF für die Gewährung von Strukturanpassungskrediten und damit zur Integration in den Prozess der neoliberalen Globalisierung gab.

Gegenwärtig werden fast überall auf der Welt (mit Ausnahme der wenigen „Pariastaaten") Entwicklungsvorstellungen von Positionen geprägt, die als Ausdruck neoliberaler Gouvernementalität gesehen werden können. Wirtschaftswachstum, Marktorientierung, Wettbewerbsfähigkeit und Rechtsstaatlichkeit werden weitgehend als notwendige Rahmenbedingungen für Entwicklung akzeptiert (wenn auch teilweise nur in Ermangelung realistischer Alternativen), ebenso allerdings auch die Notwendigkeit ökologischer Modernisierung und zunehmender Ressourceneffizienz.

Die wachsende Bedeutung internationaler Rahmenbedingungen (→ Regimetheorie) für Entwicklung (Handelsordnung, Zugang zu Krediten und Technologie, vielfältige internationale Vereinbarungen und Regulierungen auch im sozialpolitischen Bereich einschließlich entsprechender Transferprozesse) wird weitgehend anerkannt; die Forderung (etwa der deutschen Entwicklungspolitik) nach globaler Strukturpolitik wird deklamatorisch von vielen Akteuren dieses Politikfeldes unterstützt, auch wenn die entsprechenden Konsequenzen auf der ökonomischen und zum Teil auch auf der völkerrechtlichen Ebene auf sich warten lassen. Die Kritik, dass Armut als ein zumindest billigend in Kauf genommener Gegenpol zu Reichtum und Fortschritt in den Industrieländern betrachtet werde (Folge der im Interesse der Letzteren gelegenen Ausbeutung billiger Rohstoffe und billiger Arbeitskräfte), ist zumindest auf einem Auge blind: Das Interesse an einer Verbreiterung der Basis weltwirtschaftlicher Wachstumsprozesse und an politischer Stabilität verlangt, auch die potenziell zerstörerischen Konsequenzen kapitalistischen Wachstums im Blick zu behalten.

Diese Perspektive trat seit Mitte der 1990er Jahre stärker in den Vordergrund, nachdem deutlich wurde, dass man auch in den Industrieländern nicht in Ruhe abwarten konnte, bis die Strukturanpassungsstrategien ihre angenommenen Wirkungen entfalteten – abgesehen davon, dass die effektiven Wirkungen häufig nicht den Erwartungen der Optimisten entsprachen. Globalisierung ist nicht zu haben, ohne dass auch die Kehrseiten der Entwicklung auf die „reichen" Länder zurückwirken. Dass ökologischer Raubbau in der Dritten Welt (Regenwaldzerstörung, Überfischung und Verschmutzung der Meere, rasches Wachstum der CO_2-Emissionen) auch die Industrieländer träfe, wurde bereits seit den 1980er Jahren thematisiert; die Bedrohung durch zunehmende politische Instabilität als Folge von Staatszerfall, ethnischen Konflikten usw., aber auch die erneute Bedrohung durch die Verbreitung von Infektionskrankheiten führten im folgenden Jahrzehnt zunehmend zur Formulierung eines erweiterten *Sicherheitsbegriffes* (vgl. etwa Nachbarn in Einer Welt 1995: 86-89). Wie auch immer die Konsequenzen dieser „secutarisation" zu beurteilen sind, sie bringt zum Ausdruck, dass die Industrieländer sich zunehmend unter Druck sahen, aus eigenen Interessen gerade auch den ärmsten Teilen des Südens eine verstärkte Aufmerksamkeit zu widmen.

Die 1990er Jahre wurden ein Jahrzehnt der Weltkonferenzen, die diesen wachsenden Problemlösungsdruck reflektierten. Global Governance wurde zum zentralen Begriff internationaler Politik (Global Governance). Angesichts einer sich rasch verstärkenden weltgesellschaftlichen Integration reichten die Institutionen, die die internationale Politik der Nachkriegszeit prägten und die weitestgehend auf die Entwicklung nationaler Gesellschaften und die Beziehungen zwischen ihnen bezogen waren, nicht mehr, um die neuen Probleme in den Griff zu bekommen. Auch wenn die Weltkonferenzen im Sinne einer effektiven Steuerung der behandelten Probleme nur sehr bedingt erfolgreich waren, leiteten sie doch weitgehende Prozesse einer weltgesellschaftlichen Normbildung ein, die sich verstärkt auf die Fragen einer globalen Verantwortung für die Umsetzung von Menschenrechten (auch der ökonomischen, sozialen und kulturellen Menschenrechte) bezog und damit auch notwendigerweise auf die Beziehungen zwischen den Regeln, die die Schaffung globaler Märkte förderten (vor allem die Transformation des GATT in die WTO).

Durch den Globalisierungsprozess wurde die „Wohlfahrt" von Menschen in anderen Territorien zu einem weltgesellschaftlichen Problem, damit auch, wie oben betont, zu einem Problem globaler Sicherheit. Diese Entwicklung findet ihren Ausdruck darin, dass etwa die G-7/8-Treffen sich häufiger mit sozialen Themen beschäftigen und schließlich mit der Problematik des Kampfes gegen HIV/AIDS zum ersten Mal globale Gesundheitspolitik zum Thema einer Sitzung des UN-Sicherheitsrates (2000) wurde. Die OECD beschäftigte sich mit den Konsequenzen der Resolutionen der verschiedenen Weltkonferenzen für die Entwicklungspolitik im 21. Jahrhundert und entwickelte schließlich das Konzept der *Millennium Development Goals (MDGs)*, das von der Millenniumsvollversammlung der Vereinten Nationen angenommen wurde. Dies ist zwar nicht das erste Mal, dass internationale Entwicklungsziele formuliert wurden, doch zeigen die umfassenden Bemühungen, die Kosten der Verfolgung dieser Ziele zu berechnen, sowie das Monitoring der Entwicklung in den Jahren seit 2000, dass das Projekt MDGs von der „internationalen Gemeinschaft" vergleichsweise ernst genommen wird (vgl. Bartsch/Kohlmorgen 2005). Allerdings deutet sich auch in diesem Fall die bekannte Spannung zwischen akzeptierten Herausforderungen und mangelndem finanziellen Engagement an.

2 Instrumente der Entwicklungszusammenarbeit

Im erklärten Selbstverständnis des Nordens handelt es sich bei Entwicklungszusammenarbeit (vgl. dazu umfassend Nuscheler 2004) immer noch um Transferleistungen, um „den Nutzen unseres wissenschaftlichen und industriellen Fortschritts für die Verbesserung der Situation und das wirtschaftliche Wachstum den unterentwickelten Gebieten zugänglich zu machen" (Truman). Damit sind prinzipiell drei Typen von Problemen verbunden, die im Folgenden behandelt werden:

a. die komplizierte Vermittlung mit den spezifischen Interessenlagen der jeweiligen Akteure sowie vielfältige Interaktionen mit anderen Politikbereichen,
b. Zweifel an der Legitimität der Strategien aus der Sicht des Südens bzw. kritischer zivilgesellschaftlicher Organisationen sowie
c. die objektive Schwierigkeit, angesichts der Komplexität gesellschaftlicher Entwicklungsprozesse tatsächlich optimale Entwicklungsstrategien zu fördern.

Zu unterscheiden sind die folgenden zentralen Instrumente von Entwicklungspolitik:

- *Entwicklungshilfe:* Entwicklungshilfe umfasst in erster Linie Transferleistungen, wobei grob zwischen dem Transfer von Wissen („technische Hilfe") und dem Transfer finanzieller Mittel unterschieden werden kann. Daneben gibt es den speziellen Bereich der humanitären bzw. Notstandshilfe. Der gesamte finanzielle Wert der öffentlichen Entwicklungshilfe wird von der OECD unter dem Begriff der Official Development Aid (ODA) zusammengefasst. Neben der klassischen Projekthilfe spielen die Formen der Programm- und der Budgethilfe eine wachsende Rolle: Während die Projekthilfe eine starke Kontrolle des Gebers über die Verwendung der Hilfe ermöglicht, aber – bei einer Vielzahl von Gebern und damit einzelner Projekte – Koordinationsprobleme für den Empfänger mit sich bringt, erlaubt die Programm- und erst recht die Budgethilfe dem Empfängerland die selbstkoordinierte Nutzung von Hilfeleistungen zugunsten einer selbstentworfenen Politik. Dies könnte zwar helfen, lokale Kapazitäten und gesellschaftliche Strukturen zu stärken, setzt aber effektive nationale Planungs- und Verteilungsmechanismen und Kontrollen gegen Korruption und Misswirtschaft voraus. Wie gut auch immer konzipiert, enthalten Transferleistungen strukturverzerrende Elemente, die u.a. Mechanismen des Rentseeking fördern.

- *Handel:* Angesichts der inhärenten Probleme von Entwicklungshilfe wird von vielen Kritikern „Handel statt Hilfe" gefordert, das heißt vor allem die Förderung einer nachhaltigen Weltmarkteinbindung. Dies betrifft u.a. die Stärkung von Präferenzsystemen zugunsten der Entwicklungsländer etwa im Rahmen von GATT und WTO sowie Präferenzen in bilateralen/regionalen Freihandelsabkommen; ein gutes Beispiel sind in diesem Sinne die Handelspräferenzen der EU für die assoziierten Staaten Afrikas, der Karibik und des Pazifiks (AKP-Staaten). Im Jahr 2001 wurde von der EU die *Everything-but-Arms-Initiative* verkündet, die den Abbau sämtlicher Abgaben, Quoten und Zölle auf Importe aus den sogenannten Least Developed Countries bis 2004 vorsieht – mit der Ausnahme dort hergestellter Waffen. Typischerweise bleiben gewisse Beschränkungen für „sensiblere" Produkte wie Bananen, Zucker und Reis bis 2006 bzw. sogar 2009 bestehen. Dies verweist auf den Tatbestand, dass trotz der grundsätzlichen Akzeptanz von Handelspräferenzen als Teil von Entwicklungspolitik die EU-Länder und die USA in den Bereichen des Agrar- und Textilhandels ihre Eigeninteressen gegen die Exportinteressen der Entwicklungsländer durchgesetzt haben.
- *Politik:* Neben den strategischen Ausrichtungen von Transferleistungen spielen übergreifende Aspekte der Außenpolitik gegenüber den Entwicklungsländern und den diese betreffenden internationalen Organisationen eine Rolle. Dies betrifft meist eine generelle Förderung bestimmter Entwicklungen im Süden wie die regionale Kooperation oder eine besonders enge Kooperation mit demokratischen Regimen im Sinne der Förderung von Good Governance oder von Global Governance im Sinne einer Verbesserung allgemeiner Rahmenbedingungen für Entwicklung.

3 Formen der Entwicklungshilfe (bilateral, multilateral, regional)

In der Frühzeit der Entwicklungszusammenarbeit dominierte die bilaterale Hilfe, auch wenn die Bedeutung der Weltbank und der Institutionen des UN-Systems als multilaterale Geber bereits in den 1950er Jahren wuchs. Regionale Zusammenarbeit spielt eigentlich nur im Rahmen der EU eine gewisse Rolle; die afrikanischen Staaten bemühten sich in den vergangenen Jahren darum, mit der African Union (und in diesem Rahmen der New Economic

Policy for African Development/NEPAD) eine regionale Organisation der Empfängerkoordination aufzubauen – bisher allerdings mit sehr ungewissen Perspektiven.

Bilaterale Hilfe verbindet trotz aller moralisierenden Rhetorik im Allgemeinen vielfältige wirtschaftliche und politische Interessen der Geberländer mit der Leistung von Entwicklungshilfe, etwa Exportförderung, Sicherung des Zugangs zu Rohstoffen, Förderung von Direktinvestitionen, spezifische politische Ziele wie die Anerkennung von Prinzipien (Hallsteindoktrin: Nichtanerkennung der DDR), geopolitische Strategien, Stärkung kultureller Einflusssphären (Frankophonie). Die Beteiligung vielfältiger Fachministerien, die wenig Bezug zur Entwicklungsproblematik haben, führt zu komplizierten und nicht unbedingt sachgerechten Entscheidungsprozessen. Die Chance, dass sich angesichts der vielfältigen Einflussnahme bornierter Eigeninteressen vieler Akteure Entwicklungsförderung im Sinne eines „aufgeklärten Eigeninteresses" (Nuscheler 2004: 451) durchsetzt, erscheint zumindest im Rahmen bilateraler Politik relativ gering.

Multilaterale Hilfe erscheint zunächst einmal vielversprechender und angesichts des mit der Globalisierung gewachsenen Bedarfs an globaler Kooperation auch zeitgemäßer. In den 1990er Jahren stieg der Anteil der multilateralen ODA an den gesamten öffentlichen Leistungen von 26 Prozent (1990) auf 35 Prozent (1997) und blieb seitdem ziemlich stabil (nach OECD/DAC-Statistiken). Zweifellos ist die Bindung an spezifische nationale Interessen geringer; allerdings stellen auch die Strategien multilateraler Organisationen das Ergebnis von Interessenkonflikten und Machtverhältnissen dar.

Während grundsätzlich die Finanzierung einer multilateralen Organisation bedeutet, dass die Geldgeber darauf verzichten, diese Mittel unmittelbar für eigene Interessen zu verwenden, wächst das Gewicht der sogenannten außerordentlichen Budgets vieler Organisationen. Damit aber werden gezielt bestimmte Projekte einer UN-Organisation durch einzelne Geberländer gefördert, was Letzteren dann doch wieder einen größeren Einfluss auf die Arbeit dieser Organisation gibt. Bei allen Vorteilen multilateraler Hilfe sollte auch nicht übersehen werden, dass die Entscheidungsstrukturen häufig schwerfälliger als im Fall bilateraler Kooperation sind und die Probleme der externen Intervention in soziale Prozesse grundsätzlich keine anderen sind.

Die EU-Entwicklungshilfe stellt in diesem Zusammenhang gewissermaßen einen Zwitter dar: Sie ist multilateral aus der Perspektive der Geberstaaten, eher bilateral aus der Sicht der Empfängerstaaten (Konkurrenz mit den USA, Japan etc.). Die EU-Hilfe macht nur etwa 17 Prozent der gesamten ODA-Leistungen der EU-Mitgliedstaaten aus, wobei der Maastrichter Vertrag (1993) allerdings eine Koordination der gesamten bi- und multilateralen Hilfe verlangt und die EU-Staaten verpflichtet, bei allen Entscheidungen mit Auswirkungen auf die Entwicklungsländer die Kohärenz mit entwicklungspolitischen Zielen zu beachten. Die Fortschritte in dieser Richtung sind allerdings minimal. War die EU-Politik bis zur Jahrtausendwende durch die Lomé-Abkommen relativ „konservativ" geprägt (Handelspräferenzen + Stabilisierung der Rohstofferlöse), so ist mit dem Cotonou-Abkommen eine Anpassung an die durch die WTO geprägte Welthandelsordnung (Abbau der Präferenzen bei gleichzeitiger Liberalisierung des Zugangs zum EU-Markt) verbunden. Die von der Weltbank verfolgten Ziele der Förderung von Good Governance und der Armutsbekämpfung wurden auch von der EU übernommen, wobei allerdings die Anstrengungen der EU, vor allem im zuletzt genannten Bereich, von den meisten Beobachtern nicht besonders positiv bewertet werden.

4 Internationale Entwicklungsorganisationen: UNDP und UN-Sonderorganisationen, Weltbank, Katastrophenhilfe

Die Vereinten Nationen übernahmen schon in der zweiten Hälfte der 1940er Jahre verschiedene Aktivitäten der Entwicklungsförderung zunächst vor allem im Bereich der technischen Zusammenarbeit. Im Jahr 1965 wurde das UNDP gegründet und fasste verschiedene UN-Aktivitäten im Bereich der technischen Hilfe zusammen. Das UNDP ist dem Wirtschafts- und Sozialrat der Vereinten Nationen (ECOSOC) untergeordnet. Das Entwicklungsprogramm ist die wichtigste Koordinations- und Finanzierungsinstitution des UN-Systems und unterhält 136 Länderbüros, deren Leiter in vielen Fällen auch als Koordinatoren für alle in einem Land tätigen UN-Organisationen fungieren. Im Zusammenhang mit der jüngsten Reform des Wirtschafts- und Sozialbereichs der UN hat das UNDP in der UN-Gruppe für Entwicklung (United Nations Development Group – UNDG), die zur besseren Koordinierung der technischen Entwicklungszusammenarbeit eingerichtet wurde, die leitende Funktion eingenommen.

Verschiedene UN-Sonderorganisationen spielen darüber hinaus eine starke Rolle in der globalen Entwicklungspolitik, wie etwa WHO, FAO und UNIDO. Dem UNDP gelingt es nur bedingt, die verschiedenen Aktivitäten innerhalb der Vereinten Nationen zu koordinieren. Hier spielt sicherlich die Verdichtung weltgesellschaftlicher Strukturen eine zentrale Rolle, wodurch spezifische, sektorbezogene Aktivitäten eine rasch wachsende Bedeutung erlangt haben. Dies hat, wie etwa der Gesundheitsbereich zeigt, paradoxerweise eher zu einer Schwächung der UN-Organisationen beigetragen: Je bedeutender die finanziellen Mittel wurden, die für die Erfüllung bestimmter Aufgaben als notwendig anerkannt wurden, umso mehr traten nationalstaatliche Interessen und Konzepte wieder in den Vordergrund. Sowohl die Legitimität (konkrete Entscheidungsstrukturen) als auch die Effektivität (Bürokratie) von Entscheidungsstrukturen in den UN-Organisationen wurde infrage gestellt und häufig neuen institutionellen Strukturen mehr Vertrauen entgegengebracht. Ein Beispiel ist etwa der Aufbau des Global Fund to Fight AIDS, Tuberculosis and Malaria in Form einer Global Public Private Partnership, nachdem sich vor allem die USA, aber auch einige andere G-8-Staaten weigerten, die beschlossenen erheblichen Mittel zur AIDS-Bekämpfung durch eine UN-Organisation verwalten zu lassen.

Die Weltbank (vgl. Tetzlaff 1996) war zunächst – korrespondierend zur technischen Hilfe der UNDP-Vorgängerorganisationen – vor allem als zentrale Organisation der finanziellen Hilfe im UN-System vorgesehen. Angesichts der Entscheidungsstrukturen in den Organisationen des Bretton-Woods-Systems und der sich gleichzeitig zugunsten der Entwicklungsländer verschiebenden Mehrheiten im UN-System durch den Beitritt der ehemaligen Kolonien wurden beide Gruppen von Organisationen eher zu Exponenten von Interessengegensätzen, was zu teilweise parallelen Strukturen führte. Diese Parallelität findet sich heute noch in der Veröffentlichung breitrezipierter Berichte mit unterschiedlichen programmatischen Tendenzen zu zentralen Entwicklungsfragen wieder: einerseits der Weltentwicklungsbericht der Weltbank und andererseits der Bericht über menschliche Entwicklung (Human Development Report) des UNDP. Auch die Gründung der UNCTAD als Organisation zur Stärkung entwicklungfördernder Politiken im Bereich des internationalen Handels (als Gegenpol zur Liberalisierungsorientierung des GATT) kann in diesem Zusammenhang gesehen werden.

Konflikte und Interessengegensätze sind immer wieder deutlich geworden, haben aber nicht durchweg die Entscheidungen dieser Institutionen geprägt. Trotz aller Konkurrenz wurde die Weltbank im Laufe der Jahrzehnte zur mit Abstand wichtigsten internationalen Entwicklungsorganisation. Zweifellos spielte der Umfang der zur Verfügung stehenden Mittel eine entscheidende Rolle für die Expansion der Weltbank, aber auch die Aufgabe der Stabilisierung des Internationalen Währungssystems in Verbindung mit dem IWF ist dabei nicht zu vergessen. Währungskrisen stellen sicherlich eine grundlegende Gefährdung nationaler Entwicklung dar, womit Sanktionsdrohungen von IWF und Weltbank etwa im Rahmen von Strukturanpassungsprogrammen ein besonderes Gewicht bekamen. Gewisse vorher umstrittene Ziele werden immer breiter (grundsätzlich) akzeptiert. Konzepte einer liberalen Weltwirtschaft, bürgerlich-demokratischer politischer Systeme und der Armutsbekämpfung als Ziel globaler Sozialpolitik sind zu einer breit anerkannten Basis der Politik multilateraler Organisationen geworden, was u.a. im politischen Instrument der *Poverty Reduction Strategy-Papers* zum Ausdruck kommt (PRSPs, vgl. Booth 2006).

In vielen Studien zur Entwicklungspolitik wird die Katastrophenhilfe eher am Rande behandelt: Dies ist insofern gerechtfertigt, als diese Maßnahmen auf akute Notsituationen reagieren und nicht unter dem Gesichtspunkt ihrer langfristigen Wirkungen konzipiert werden – obwohl solche Überlegungen zunehmend berücksichtigt werden. Auch wenn in spezifischen Fällen immer wieder ein Mangel an Hilfsgütern beklagt wird, kann die Politik der Katastrophenhilfe insgesamt eher als ein Beleg für eine wachsende weltgesellschaftliche Verantwortung gesehen werden. Das UN Office for the Coordination of Humanitarian Affairs sammelt umfassende Informationen über drohende und akute Krisen und koordiniert die Katastrophenhilfe einer Vielzahl von Akteuren (UN-Organisationen, Rotes Kreuz, viele neue NGOs).

So besteht ein System der Nahrungsmittelnotstandshilfe mit Frühwarnsystemen (FAO, USA) und umfassenden Schätzungen des Bedarfs an Hilfslieferungen sowie genauen Berichten zur Situation in Krisenregionen. Dieses System kann als weitgehend erfolgreich angesehen werden, wobei die konkreten Erfolge natürlich von der Art der Herausforderung abhängen (etwa Behinderung von Leistungen durch mangelnde Infrastruktur bzw. infolge bewaffneter Konflikte). Insgesamt legen die relativen Erfolge der Notstandshilfe die Frage nahe, warum eine Bekämpfung chronischer Unterernährung nicht mit gleicher Intensität möglich ist.

Im Fall der Nothilfe sind die zu treffenden Entscheidungen häufig sehr eng mit den Fragen nach den Möglichkeiten bzw. Notwendigkeiten militärischer Intervention (friedenerhaltende Maßnahmen, Verhinderung von Völkermord) verknüpft und betreffen damit den Grenzbereich zwischen Entwicklungspolitik und direkter Intervention internationaler Akteure etwa im Fall massiver Menschenrechtsverletzungen.

5 Private Akteure: Zivilgesellschaft und transnationale Unternehmen

Dass Entwicklung mit dem Wachstum privater Investitionen zu tun hat, deren Ziel jedoch nicht Entwicklung ist, sondern die Realisierung von Verwertungschancen, ist ein Grundtatbestand kapitalistischer Gesellschaften. Die Beziehung zwischen Unternehmen und Entwicklungspolitik ist heute unter zwei Perspektiven zu sehen: zum einen die klassische Frage, durch welche Maßnahmen Entwicklungspolitik private Investitionen so steuern kann, dass sie langfristige Entwicklungsprozesse fördern, und zum anderen, inwieweit es möglich ist, durch öffentlich-private Partnerschaften bestimmte Kompetenzen privatwirtschaftlicher Akteure direkt in Entwicklungspolitik einzubinden.

NGOs sind private Akteure, die offensichtlich einer anderen Handlungslogik folgen, wobei man mit March und Olson (1989) von einer Logik der Angemessenheit („appropriateness") sprechen kann; Maßstab ist ein kollektives Verständnis der Angemessenheit des Verhaltens im Hinblick auf eine bestimmte Herausforderung. Dies kann konkrete Hilfeleistungen, aber auch eine primär advokative Strategie bedeuten. NGOs sind ein extrem disparates Phänomen, was bereits der Begriff, der lediglich die negative Abgrenzung „nichtstaatlich" enthält, erwarten lässt. Je nachdem, welchen sozialen Hintergrund spezifische NGOs haben, vertreten sie gegensätzliche politische Positionen, sind in unterschiedlichen kirchlichen Gruppen verankert oder repräsentieren spezifische Interessen.

Auch NGOs sind kein neues Phänomen. Kirchliche und bestimmte zivilgesellschaftliche Gruppen (etwa Weltfriedensdienst, Terres des Hommes) in der Entwicklungspolitik gibt es fast so lange wie die bilaterale staatliche Zusammenarbeit. Zunächst einmal handelte es sich um Organisationen, die die staatliche Kooperation, meist mit konkreten Projekten, zum Teil aus einer kritischen Perspektive, ergänzten. Als eine besondere und zunehmend einflussreichere Gruppe werden die NGOs allerdings erst seit den 1980er Jahren wahrgenommen, als die klassischen NGOs durch neue soziale Bewegungen ergänzt wurden. Diese wiederum sind zu einem beträchtlichen Teil aus Solidaritätsbewegungen (gegen den Vietnamkrieg, gegen den Putsch in Chile 1973) entstanden. Als die Distanz auch gegenüber linken Regierungen größer wurde, orientierte sich die radikalere Kritik stärker auf entwicklungspolitische Themen wie Strukturanpassung, Geschlechtergleichstellung, Armutsbekämpfung, Menschenrechte. Die verbesserten Kommunikations- und Kontaktmöglichkeiten ermöglichten die Globalisierung sozialer Bewegungen, das Entstehen einer globalen Zivilgesellschaft und damit einer kritischen Öffentlichkeit als Kontrollinstanz für die Einhaltung der Menschenrechte – vor allem auch mit einem stärkeren Gewicht der wirtschaftlichen, sozialen und kulturellen Menschenrechte. Globale soziale Bewegungen übten einen starken Druck auf Akteure der Entwicklungszusammenarbeit aus, was allerdings bei diesen auch auf ein wachsendes Bewusstsein der Risiken einer zunehmenden sozialen Polarisierung stieß. Eine zunehmende Professionalisierung vieler NGOs verband sich mit einer wachsenden Offenheit staatlicher und zwischenstaatlicher Organisationen der Entwicklungspolitik gegenüber sozialen Themen und führte (etwa auch im Rahmen der Armutsreduktionsstrategie der Weltbank [PRSPs etc.] zum Entstehen einer neuen *internationalen Entwicklungselite* (vgl. Gould 2006), deren Rolle im Wesentlichen in der Vermittlung zwischen lokalen und internationalen Experten und den Trägern lokaler Institutionen der Problemlösung besteht.

Vor diesem Hintergrund – sowie dem relativen Bedeutungsverlust des Staates als verantwortlicher Instanz für Entwicklung – ist es nicht erstaunlich, dass (Global) Public Private Partnerships als neue Formen der Entwicklungskooperation unter Einbezug sowohl von Unternehmen als auch von NGOs an Bedeutung gewinnen konnten. Damit kann auf private Kapitalbeiträge, vor allem aber auch auf die Kompetenzen von Unternehmen etwa im Bereich von Forschung und Entwicklung zurückgegriffen werden. Wichtig ist dabei zu verhindern, dass private Unternehmen den öffentlichen Beitrag für ihre eigenen Ziele instrumentalisieren. Das ist sicherlich in spezifischen Situationen möglich, wenn gewisse Ziele der Unternehmen unmittelbar mit entwicklungspolitischen Zielen übereinstimmen. Ein Beispiel dafür ist das sogenannte Workplace-Programm von DaimlerChrysler im Kampf gegen HIV/AIDS in Südafrika, wo das Unternehmen ein Interesse daran hat, qualifizierte Mitarbeiter nicht zu verlieren, und gleichzeitig ein entwicklungspolitisches Interesse daran besteht, eine konsequente Politik der südafrikanischen Regierung gegen HIV/AIDS zu erreichen. Generell kann gesagt werden, dass transnationale Unternehmen zunehmend unter öffentlichen Druck geraten, „korporative soziale Verantwortung" zu beweisen.

6 Staatlichkeit und Good Governance

In den ersten Jahrzehnten internationaler Entwicklungspolitik wurde der sich modernisierende Staat praktisch von allen Akteuren als der zentrale Träger von Entwicklungspolitik angesehen. Seit den 1980er Jahren wird die Kompetenz des Nationalstaates gleich von zwei Seiten her beschnitten. Zum einen bringt der Globalisierungsprozess eine Reduktion nationalstaatlicher Steuerungskapazität mit sich, zum anderen dominieren Vorstellungen einer Begrenzung der staatlichen Rolle in der Ökonomie und in der Gesellschaft (→ Nationalstaat). Immer wieder aufflammende Verschuldungskrisen, Deindustrialisierung und die Schwächung staatlicher Sozial- und Infrastrukturpolitik zumindest in den ärmsten Staaten stellten die Hoffnungen auf effektive Prozesse nationaler Integration immer gründlicher infrage. Andererseits wurde der Rückzug des Staates aus der Ökonomie durchaus im Sinne einer Stärkung von Good Governance gesehen, das heißt einer Beschränkung des Staates auf seine Kernaufgaben (Ausgleich der Zahlungsbilanz, Stabilisierung der Währung, Abbau des Staatsdefizits), der Reduktion von Rentseeking und damit auch der Bedeutung der Korruption im politischen Prozess.

Seit den 1990er Jahren (und vor allem nach dem 11. September 2001) trat zunehmend die Kontrolle der nationalen Territorien und damit das Gewaltmonopol des Staates in den Vordergrund. Die Bedeutung der Durchsetzung des staatlichen Gewaltmonopols eines Landes wächst mit der weltgesellschaftlichen Integration (vgl. Kößler 1994), da damit Rechtsbrüche in einem Land zunehmend zu einer Bedrohung in anderen Teilen der Welt werden können (z.B. internationale Kriminalität). Die Weltbank und die Industrieländer realisierten die Bedeutung einer Konsolidierung der Territorialstaaten im Süden in Verbindung mit den zunehmenden Problemen prekärer Staatlichkeit bis hin zum Staatszerfall vor allem in den armen Ländern (→ Transformation). In diesem Zusammenhang wurde verbreitet erkannt, dass die sozialpolitischen Probleme und die Kontrolle ihrer politischen Sprengkraft nicht allein der Dynamik der Märkte überlassen werden können (→ Markt). Armutsbekämpfung wurde nun – u.a. im Rahmen der *Poverty Reduction Strategies* – in eine umfassendere Strategie der Strukturanpassung *und* Good Governance integriert.

7 Harmonisierung und Effektivität von Entwicklungskooperation

Die *Poverty Reduction Strategy Papers* sollen zu einer verbesserten Koordination der entwicklungspolitischen Kooperation führen. Dennoch blieben die Verhandlungen zwischen Gebern (ob bilateral oder multilateral) und Empfängern von Hilfe weiterhin die Grundlage der Kooperation, wobei die vielfältigen Formen des Einbezugs privater Akteure eine effektive Zusammenarbeit noch erschwerten. Die bilateralen Geber waren selten bereit, auf ihre spezifischen außenpolitischen Ziele zu verzichten.

Die Internationale Konferenz für Entwicklungsfinanzierung in Monterrey hat (unter Bezug auf Punkt 8 der Millennium Development Goals: *Develop a global partnership for development*) die Notwendigkeit einer verbesserten Praxis der Entwicklungskooperation energisch auf die Tagesordnung gesetzt. Als Reaktion darauf organisierte das Development Assistance Committee (DAC) der OECD zwei sogenannte High-Level International Fora on Harmonization (Rom, Februar 2003) und on Aid Effectiveness (Paris, März 2005), die zur Paris Declaration on AID Effectiveness führten. Beteiligt waren Delegierte aus mehr als fünfzig Industrie- und Entwicklungsländern sowie zwanzig internationalen Organisationen. Die genannte Erklärung verlangt einerseits eine Kooperation bei der Stärkung der entwicklungspolitischen Kapazitäten sowie der Managementfähigkeiten der Partnerländer im Bereich der öffentlichen Finanzen, andererseits eine bessere Harmonisierung und eine Vereinfachung der Prozeduren auf der Seite der Geberländer und -organisationen. Darüber hinaus sollen die Institutionen und Governance-Strukturen fragiler Staaten gestärkt und ein System gegenseitiger Verantwortlichkeit im Gebrauch entwicklungspolitischer Ressourcen aufgebaut werden. Das klingt harmlos, hat aber erhebliche Auswirkungen auf die Entwicklungskooperation: Eine bessere Koordination der von *vielen verschiedenen* Geberländern und -organisationen stammenden Hilfe ist an eine stärkere Kontrolle der Empfängerstaaten über die Nutzung dieser Mittel gekoppelt; diese Hilfe soll verstärkt in Form von Budgethilfe oder Sektorhilfe gegeben werden und deren sachgemäße Verwendung durch Institutionen der Empfängerländer (Rechnungshof, parlamentarische Kontrollausschüsse etc.) kontrolliert werden. Good Governance, eine „gute Regierungsführung", impliziert schließlich, dass die betreffenden Länder auch in der Lage sind, Kredite und Unterstützungen aller Art verantwortungsbewusst zu nutzen.

8 Entwicklung als Problem globaler Politik

Führen die Harmonisierung von Entwicklungskooperation und eine Stärkung der Empfängerländer bei einer gleichzeitigen Sicherung der Prinzipien von Good Governance zu einer effektiveren Förderung von Entwicklung? Oder bedeutet es letztlich eine umfassendere Konditionalität, in der abweichende Positionen weiter marginalisiert werden? Tatsächlich lässt sich ein Entstehen weltgesellschaftlichen Bewusstseins feststellen: Die Spannung zwischen Globalisierung und globaler Marktintegration einerseits, ungleicher Entwicklung und globaler (sozialer) Stabilität andererseits wird zunehmend wahrgenommen (→ Markt). Machtressourcen in politischen Entscheidungsprozessen sind zwar weiterhin ungleich verteilt, doch die wachsende Gefährdung der „Reichen" durch Instabilität in armen Regionen bei einer gleichzeitig zunehmenden normativen Integration führt tendenziell zu einer stärkeren Anerkennung auch der wirtschaftlichen, sozialen und kulturellen Menschenrechte aus wohlverstandenem Eigeninteresse der Industrieländer. Dies könnte auf globale Prozesse gesellschaftlicher Kompromissbildung hindeuten, wie sie die Stabilisierung kapitalistischer Gesellschaften auf der Ebene der metropolitanen Nationalstaaten ermöglicht hat.

Der zentrale Unterschied liegt darin, dass Souveränität (das Monopol legitimer Gewaltanwendung und politische Autorität) und die Grundlage von Demokratie (also „Herrschaft des Volkes") weiterhin auf der territorialstaatlichen Ebene liegen und dass eine Stärkung von Souveränität gleichzeitig eine Voraussetzung von Entwicklung darstellt. Die damit zusammenhängenden Probleme können nicht in wenigen Sätzen erläutert werden, aber sie dürfen auch nicht durch eine künstliche Stilisierung *nationaler Ownership* von Entwicklungspolitik übertüncht werden. Soll „aid effectiveness" durch eine weltweite Harmonisierung entwicklungspolitischer Ziele (im Sinne von Armutsreduktion und Good Governance) optimiert werden, dann kann *nationale Ownership* nicht mehr bedeuten als die Autonomie eines Bundesstaates in einer Weltföderation (→ Multilevel Governance). Wenn ein Staat diese Form des „pooling of sovereignty" nicht akzeptieren will und (grundsätzlich zu Recht) auf die mangelnde Legitimität multilateraler Instanzen bzw. unilateraler Interventionen aus angeblich wohlverstandenem globalen Ordnungsinteresse verweist, dann gibt es offensichtlich ein Problem, und zwar auch dann, wenn es um Menschenrechte, globale Sicherheit u.Ä. geht.

Der Verzicht auf eine Global Governance von Entwicklung kann dieses Problem angesichts global interdependenter Reproduktionsstrukturen nicht lösen. Die Spannung zwischen einer chaotischen Konkurrenz zwischen vielen Akteuren, die nach Koordination drängt, sowie einer Harmonisierung, die nach alternativen Konzepten sucht, ist grundsätzlich nicht zu überwinden – höchstens rein abstrakt durch die Institutionalisierung transnationaler demokratischer Entscheidungsprozesse, die den Ergebnissen demokratische Legitimität gibt und die Opposition institutionalisiert, also die Überwindung konkurrierender Souveränitäten.

Literatur

Bartsch, Sonja/Kohlmorgen, Lars, 2005: The Millennium Development Goals and global governance: The role of institutions in poverty reduction, in: Nord-Süd aktuell, xix. Jg. Heft 3-4, 259-276.

Booth, David, 2006: Missing links in the politics of development: Learning from the PRSP experiment, in: Nord-Süd aktuell, xix. Jg. Heft 3-4, 239-245.

Gould, Jeremy, 2006: The New Conditionality. The Politics of Poverty Reduction Strategies. London: Zed Books.

Hein, Wolfgang, 1998: Unterentwicklung. Krise der Peripherie. Opladen: Leske + Budrich.

Hein, Wolfgang, 2000: Die „Dritte Welt" seit 50 Jahren: Aufstieg und Fall eines politischen Begriffs, in: Nord-Süd aktuell, xiv. Jahrgang, Heft 4: 619-644.

Hurtienne, Thomas, 1986: Fordismus, Entwicklungstheorie und Dritte Welt, in: Peripherie, Nr. 22/23: 60-110.

Kößler, Reinhart, 1994: Postkoloniale Staaten. Elemente eines Bezugsrahmens. Hamburg: Schriften des Deutschen Übersee-Instituts.

Kößler, Reinhart, 1998: Entwicklung. Münster: Westfälisches Dampfboot.

March, James/Olson, Johan P., 1989: Rediscovering Institutions. The Organizational Basis of Politics. New York: The Free Press.

Mayntz, Renate, 2004: Governance im modernen Staat, in: Arthur Benz (Hrsg.), Governance – Regieren in komplexen Regelsystemen. Eine Einführung. Wiesbaden: VS, 65-76.

Meyer, John W., 2005: Weltkultur. Wie die westlichen Prinzipien die Welt durchdringen. Frankfurt a.M.: Suhrkamp.

Nachbarn in Einer Welt. Der Bericht der Kommission für Weltordnungspolitik, 1995. Bonn: Stiftung Entwicklung und Frieden.

Nuscheler, Franz, 2004: Entwicklungspolitik. Bonn: Dietz.

Tetzlaff, Rainer, 1996: Weltbank und Weltwährungsfonds – Gestalter der Bretton-Woods-Ära. Opladen: Leske + Budrich.

Ziai, Aram, 2004: Entwicklung als Ideologie? Das klassische Entwicklungsparadigma und die Post-Development-Kritik. Hamburg: Schriften des Deutschen Übersee-Instituts.

Verzeichnis der Autorinnen und Autoren

Maria Behrens, PD Dr.
Johann Wolfgang Goethe-Universität Frankfurt a.M., Vertretung der Professur für Politikwissenschaft mit dem Schwerpunkt Internationale Beziehungen und Internationale Ökonomie

Arthur Benz, Prof. Dr.
FernUniversität in Hagen, Lehrgebiet Politikwissenschaft I: Staat und Regieren

Brigitte Biermann, Dr.
Fernuniversität Hagen, Lehrgebiet Politikwissenschaft II: Internationale Konflikte und Umweltpolitik

Joachim Blatter, Prof. Dr.
Assistant Professor an der Erasmus Universität Rotterdam, Department of Public Administration

Ingo Bode, PD Dr.
Universität Duisburg-Essen, Institut für Soziologie

Stephan Bröchler, PD Dr.
FernUniversität Hagen, Lehrgebiet Politikwissenschaft V: Demokratie und Entwicklung

Roland Czada, Prof. Dr.
Universität Osnabrück, Lehrgebiet Staat und Innenpolitik

Marian Döhler, Prof. Dr.
FernUniversität in Hagen, Lehrgebiet Politikwissenschaft IV: Politik und Verwaltung

Patrick Donges, Dr.
Universität Zürich, Institut für Publizistikwissenschaft und Medienforschung

Dagmar Eberle, Dipl.-Pol.
FernUniversität in Hagen, Lehrgebiet Politikwissenschaft III: Politische Regulierung und Steuerung

Rainer Eising, Prof. Dr.
Universität Jena, Professur für Europäische Studien

Dietrich Fürst, Prof. Dr.
Universität Hannover, Institut für Umweltplanung, Abteilung Landesplanung und Raumforschung

Jochen Gläser, Ph.D. Dr.
Australien National University in Canberra, Research Evaluation and Policy Project

Wolfgang Hein, Prof. Dr.
German Institute of Global and Area Studies Hamburg, Institut für Iberoamerika-Kunde

Lars Holtkamp, Dr.
FernUniversität in Hagen, Lehrgebiet Politikwissenschaft III: Politische Regulierung und Steuerung

Dorothea Jansen, Prof. Dr.
Deutsche Hochschule für Verwaltungswissenschaften in Speyer, Lehrstuhl für Soziologie der Organisation

Otfried Jarren, Prof. Dr.
Universität Zürich, Institut für Publizistikwissenschaft und Medienforschung

Doris Kühlers
Universität Hamburg, Fakultät für Rechtswissenschaft, Forschungsstelle Recht und Innovation

Stefan Lange, Dr.
Deutsche Hochschule für Verwaltungswissenschaften in Speyer, wissenschaftlicher Assistent am Stiftungslehrstuhl für Wissenschaftsorganisation, Hochschul- und Wissenschaftsmanagement

Hans-Joachim Lauth, Prof. Dr.
FernUniversität in Hagen, Lehrgebiet Politikwissenschaft V: Demokratie und Entwicklung

Andrea Lenschow, Jun. Prof. Ph.D.
Universität Osnabrück, Lehrgebiet Europäische Integration

Martin List, Dr.
FernUniversität in Hagen, Lehrgebiet Politikwissenschaft II: Internationale Konflikte und Umweltpolitik

Susanne Lütz, Prof. Dr.
FernUniversität in Hagen, Lehrgebiet Politikwissenschaft III: Politische Regulierung und Steuerung

Arne Pilniok
Universität Hamburg, Fakultät für Rechtswissenschaft, Forschungsstelle Recht und Innovation

Alexander Reichwein, Dipl.-Pol.
Johann Wolfgang Goethe-Universität Frankfurt a.M., Lehrgebiet für Politikwissenschaft mit dem Schwerpunkt Internationale Beziehungen und Internationale Ökonomie

Kuno Schedler, Prof. Dr.
Universität St. Gallen, Institut für öffentliche Dienstleistung und Tourismus, Lehrstuhl Public Management Center of Excellence

Uwe Schimank, Prof. Dr.
FernUniversität in Hagen, Lehrgebiet Soziologie II: Handeln und Strukturen

Georg Simonis, Prof. Dr.
FernUniversität in Hagen, Lehrgebiet Politikwissenschaft II: Internationale Konflikte und Umweltpolitik

Hans-Heinrich Trute, Prof. Dr.
Universität Hamburg, Fakultät für Rechtswissenschaft, Forschungsstelle Recht und Innovation

Andreas Wald, Dr.
European Business School Oestrich-Winkel, Studienleiter „Aviation Management" am Stiftungslehrstuhl für industrielles Management

Raymund Werle, Ph.D.
Max Planck Institut für Gesellschaftsforschung, Köln

MIX
Papier aus verantwortungsvollen Quellen
Paper from responsible sources
FSC® C105338

Printed by Books on Demand, Germany